Johann Friedrich

Tagebuch: Während des vaticanischen Concils

Johann Friedrich

Tagebuch: Während des vaticanischen Concils

ISBN/EAN: 9783744721042

Hergestellt in Europa, USA, Kanada, Australien, Japan

Cover: Foto ©ninafisch / pixelio.de

Weitere Bücher finden Sie auf **www.hansebooks.com**

Tagebuch

Während des Vaticanischen Concils

geführt

von

Dr. J. Friedrich,

Professor der Theologie und Mitglied der k. Akademie
in München.

Tagebuch.

Während des Vaticanischen Concils

geführt

von

Dr. J. Friedrich,
Prof. der Theol. u. Mitglied der k. Akademie der Wissenschaften in München.

Nördlingen.
Druck und Verlag der C. H. Beck'schen Buchhandlung.
1871.

Vorwort.

Während meines Aufenthaltes in Rom legte ich ein Diarium über die vaticanische Bischofsversammlung an, welches ich hiemit in Auszügen dem Publikum übergebe. Der Beruf eines Kirchenhistorikers, den ich einmal habe, hatte mir dies von selbst nahegelegt; noch mehr mußten mich dazu aber meine Spezialstudien über das Concil von Trient veranlassen, welchen ich seit fast einem Decennium neben meinen sonstigen kirchenhistorischen Studien obliege. Wer also, wie ich, weiß, wie die wahre Geschichte des Concils von Trient nur erst aus einer Menge von Diarien, Privatcorrespondenzen und amtlichen Berichten geschöpft werden kann, der würde sich einer groben Unterlassungssünde schuldig gemacht haben, wenn er in der Stellung, welche ich während der vaticanischen Versammlung innehatte, kein Diarium geführt hätte. Ich oblag dieser Pflicht, als welche ich die Führung des Tagebuches betrachtete, mit der möglichst großen Sorgfalt und Genauigkeit. So weit wie möglich sind überall Personen, Ort, Zeit und sonstige Umstände genau verzeichnet, wenn sie auch in dieser Veröffentlichung wegen leicht begreiflicher Gründe nicht immer so bestimmt hervorgehoben sind. Sonst pflegen eben Tagebücher erst nach dem Tode der Verfasser veröffentlicht zu werden, und auch das meinige war ursprünglich nicht dazu angelegt, um durch mich selbst noch dem großen Publikum vorgelegt zu werden. Da aber die Verwirrung, welche die Bischöfe durch ihre Versammlung in der katholischen Kirche verursachten, zwingt, so schnell wie möglich die vollste Klarheit über diese Versammlung zu verbreiten, so entschloß ich mich auf den Rath verschiedener Männer, selbst schon mein Tagebuch zu veröffentlichen. Gerade dieser Umstand aber, daß ich selbst und fast unmittelbar nach der Vertagung der vaticanischen Versammlung, in einer Zeit also, wo fast alle mitwirkenden Personen noch leben, dasselbe publicire, bringt es mit sich, daß nur Auszüge gegeben werden können und namentlich dasjenige, was das Concil selbst nicht berührt, ungedruckt bleiben muß. Gleichwohl glaube ich auch für das reichhaltige Material, welches ich jetzt biete, den Dank aller jener für meine oft nicht geringe Mühe erwarten zu dürfen, welchen Aufklärung über das Vaticanum wirklich eine Angelegenheit ist.

Gegenüber voraussichtlichen Vorwürfen Seitens der mir jetzt feindlichen Partei bemerke ich noch, daß ich zu meinen Notizen stets auf loyalstem Wege gelangte, nie „aushorchte", wie B. Ketteler über den Verfasser der Concilsbriefe in der Allgemeinen Zeitung sich auszudrücken beliebte, oder ein unerlaubtes Mittel gebrauchte. Wer während dieser Versammlung in Rom war, weiß, daß es zur Fertigung eines Tagebuches, wie das meinige ist, nur des Entschlusses und der Ausdauer bedurfte, es zu führen.

Ich lebe der festen Ueberzeugung, daß auch mein Tagebuch zur Versöhnung beitragen werde, wenn die blinde Leidenschaft, welche durch dasselbe wahrscheinlich momentan noch gesteigert werden dürfte, sich einmal gelegt haben und Ruhe und Besonnenheit wieder an ihre Stelle getreten sein werden. Wie ich auf Grund historischer Erkenntniß schon in Rom den Verlauf des Concils und die nächsten Ereignisse und Folgen voraussah und voraussagte, so bin ich auch über die gegenwärtige Verwirrung orientirt und sehe ihr Ende klar voraus. Ich bin deshalb gegenüber den ungerechten Censuren und Anschuldigungen der Bischöfe wie dem leidenschaftlichen Toben der ultramontanen Presse innerlich so ruhig, wie ich es bisher kaum je in meinem Leben war. Ich lebe sogar der festen Hoffnung, daß man einst ähnlich einem heiligmäßigen Cardinale von uns noch fagen wird: Audire potuistis medias inter tribulationes inferiores istos, alta voce dicentes: Et si omnes devastatori ecclesiae obediunt Eugenio, et discedunt unusquisque a veritate fidei et sanctorum patrum institutionibus, et consentiunt mandatis Eugenii: nos quidem, et fratres nostri constantes erimus, et pro veritate fidei, et sanctorum patrum traditionibus mori non dubitamus ... Nec enim aut minis territi, aut spoliis mutati sunt; nec eos metus, nec spes ulla a sancto proposito divertit. Man wird ähnlich sagen: Ubi nunc Conciliorum autoritas? ubi fides? ubi decreta? ubi reformatio? nempe omnia libidini Eugenii ac temeritati jam diu commissa fuissent, victorque nefandissimi propositi sui ille fuisset, nisi quos modo spernitis inferiores sibi restitissent. Auch wir kämpfen für die Autorität der echten und wahren Concilien und ihre Decrete, für die Tradition der heiligen Väter gegen päpstliche Mandate, welche auf einem Afterconcile, wie es unsere Bischöfe selbst in Rom charakterisirten, erlassen worden sind.

München, 21. November 1871.

Der Verfasser.

München, 22.—23. November 1869.

Concilien waren stets in der Geschichte der Kirche wichtige Ereignisse. Es ist darum selbstverständlich, daß sie für einen Theologen, insbesondere für einen Kirchenhistoriker, das größte Interesse bieten müssen. So lag denn längst der Gedanke dunkel in mir, während des Concils in Rom sein zu können. Allein unter meinen Umständen und Verhältnissen war nicht daran zu denken; gleichwohl verfolgte ich die immer mehr anwachsende Concilsliteratur mit größter Aufmerksamkeit, einzelne Fragen, welche vermuthungsweise zur Behandlung kommen könnten, studirte ich einläßlich. So nahm ich namentlich das Studium der Frage über die persönliche Unfehlbarkeit, welches ich schon vor Jahren einmal begonnen hatte, wieder auf und schrieb ich eine Abhandlung über die leibliche Himmelfahrt Mariens, welche jedoch in Folge der weiteren Entwicklung der Dinge nicht veröffentlicht wurde. Ende August ging ich nach Trient, um auf der dortigen Stadtbibliothek Studien über die Geschichte des Concils von Trient zu machen. Ein reiches handschriftliches Material ermöglichte nicht unbedeutende Ausbeute. Hier nun traf mich Ende September ein Brief Döllingers, worin ich aufgefordert wurde, als Theologe Sr. Eminenz, des Hrn. Cardinals Hohenlohe, nach Rom zu gehen. So sehr ich dem Concile beizuwohnen wünschte, jetzt erschreckte mich diese Nachricht doch nicht wenig, indem ich mir vorstellte, daß auch auf dem Vaticanischen Concile wie einst zu Trient die Theologen der Concilsväter zur öffentlichen Theilnahme an den Arbeiten des Concils berufen sein würden. Ich fragte mich, ob ich wirklich gewachsen sei, die mir gestellte Aufgabe zu lösen. Ich hatte die immer größer werdende Gährung der Geister beobachtet, sowie ich mir nicht verhehlen konnte, daß das Verhalten der baier. Regierung und unserer Facultät zum Concil meine Stellung in Rom äußerst schwierig machen müsse. In dieser Verlegenheit legte ich die Entscheidung in die Hände eines sich bei mir befindenden kranken Mitschülers und bewährten Freundes, des kgl. Seminarpräfekten Schäfer in Bamberg. Er rieth mir entschieden zur Annahme der Einladung, nachdem er sowohl die Schwierigkeiten als Vortheile reiflich erwogen hatte. Mitte Oktober kehrte ich nach München zurück, um noch Studien zu machen und andere Vorbereitungen zu treffen.

In der Ungewißheit über das, was das Concil zu behandeln haben werde, in der Aufregung, welche die Civiltà cattolica, die Maria-Laacher Stimmen u. s. w. hervorgerufen hatten, blieb mir nichts anderes übrig, als die hier berührten Themate zum Gegenstande meines Studiums vor der Abreise zu machen. Natürlich mußte „Janus" dabei Hand- und Wegweiser sein; denn Jeder wird bekennen müssen, daß hier die Frage der Infallibilität von einer neuen Seite behandelt wird, indem die bisherige Schablone verlassen ist. Ich verglich zunächst Alles an der Hand der Quellen durch, was „Janus" sagte, und wo er nur behauptete, mußte ich das Begründete oder Unbegründete der Behauptung untersuchen. Ich kam dabei zu schätzbarem Materiale, zu überraschenden Resultaten, muß jedoch bemerken, daß sich Döllinger während dieser ganzen Zeit in gar keine theologische Discussion mit mir einließ.

Während ich mich so in die bewegenden Fragen zu arbeiten hatte, war ich selbstverständlich veranlaßt, mich nach diesem und anderem zu erkundigen, was lediglich auf äußerliche Dinge, wie die clericale Kleidung, Bezug hatte. Ich ersah mir dazu den Secretär unseres Erzbischofs, der schon früher in Rom gewesen war. Es konnte natürlich nicht ausbleiben, daß auch auf die eigentlichen Conciliumsfragen übergegangen wurde, da dieser Herr zugleich als Theologe des Münchener Erzbischofs figuriren soll und muß. Leider hatte ich von diesen Begegnungen nur unangenehme Eindrücke davontragen können: Brochuren-Literatur war das einzige Material seines Studiums; dabei die Erscheinung, daß er so unselbständig war, daß er fast nach jeder Lecture einer neuen Brochure je nach deren Charakter pro oder contra sprach. „Janus", gegen den er einige Artikel für das (Münchener) Pastoralblatt schreiben wollte, studirte er kritisch einzig und allein an der Hand der Conciliengeschichte Hefele's und der Kirchengeschichte Döllinger's. Von einem Quellenstudium, von einem Nachschlagen einer Quellensammlung — eine Concilien= oder Kirchenvätersammlung gibt's und braucht's in einem erzbischöflichen Palais nicht! — keine Rede. Und diese Leute nennen sich Theologen und wollen beim Concile als solche gelten, dachte ich mir. Gleichwohl erzählte mir der Herr mit sichtlichem Behagen und hoher Selbstbefriedigung, daß er Abt Wimmer aus Amerika zum Gegner der Infallibilität gemacht habe!

Bei einer solchen Gelegenheit und kurz nach dem Erscheinen der (Döllinger'schen) „Erwägungen" war es, daß ich mit genanntem Herren über die berühmte Stelle des hl. Irenäus sprach. Ich gestand ihm allerdings sofort zu, daß ich „ad hanc ecclesiam convenire" nicht nach der landläufigen Weise interpretire: nach der Sprache der Concilien und päpstlichen Schreiben heiße dieser Ausdruck: „zusammenkommen" oder „appelliren". Das war freilich für ihn ein sonderbares Novum, das er kopfschüttelnd hinnahm. Als ich aber auf Grund des Irenäus der römischen Kirche den Charakter, Erhalterin der apostolischen Tradition für sich allein und neben oder auch ohne die allgemeine Kirche zu sein, absprach, da stieß ich auf vollständigen Unglauben. Ich mußte mich schließlich auf die Grammatik berufen, wenn Irenäus so klar und bestimmt sagt: in qua ab his qui sunt undique (i. e. omni ecclesia nach Irenäus selbst) servata est ab Apostolis traditio. Zuletzt meinte der erzbischöfliche Theologe: nun meine Ansicht lasse sich noch hören und könne zum Theil auch plausibel erscheinen. Das Beste bei diesem Dispute war aber, daß ich die Stelle des Irenäus, um gewissermaßen ad oculos zu demonstriren, im erzbischöflichen Palais nur in Dreys Symbolik finden konnte. Wozu auch einen vollständigen Text des Irenäus besitzen! Nebenbei, da gerade von Irenäus die Rede ist, sei es bemerkt, wie die Verranntheit auch gegen Unredlichkeit blind machen kann. Dechamps, der Erzbischof von Mecheln, erkühnt sich in seiner

Conciliumsbrochure so weit, daß er ab his &c. geradezu mit „für die allgemeine Kirche" übersetzt. Die Sache der Kirche, des Glaubens sollte nicht mit unredlichen Waffen geführt werden, wie es leider noch kecker der Jesuit Weninger in seiner Schrift über die Infallibilität thut: omnia ad majorem Pii IX. gloriam.

Das beständige Schelten und Schmähen des erzbischöflichen Theologen auf „Janus" veranlaßte mich einmal zur Aeußerung: man sollte dankbar sein, daß dieses Buch erschien, welches die Frage der Infallibilität von einem anderen und allseitigeren Gesichtspunkte behandelt; bei einem Concile handle es sich ja nur um Eruirung der Wahrheit und man müsse jedem dankbar sein, der dazu beitrage. Möchten die Theologen und namentlich die Bischöfe denselben so benützen, wie ich, um nämlich mittels desselben sich in die Quellen zu studiren, sie würden bald anders über dieses Buch urtheilen. Was antwortete mir der Herr? „Da kennen Sie die Bischöfe wenig, wenn Sie glauben, daß die etwas studiren, und gar wie Sie studirt wissen wollen!" Dies Geständniß, das eigenthümliche Lachen und die Gesticulationen des Mannes frappirten mich außerordentlich; ich hatte eine bessere Meinung von unseren Bischöfen, und namentlich hätte ich in so wichtigem Momente ein solch Bekenntniß von so eingeweihter Seite nicht erwartet. Alle Welt ist in Spannung, liest und studirt die brennende Frage, nur die Bischöfe allein sollten davon nicht berührt werden? Unglaublich! Doch ich werde bald in Rom sehen, ob der erzbischöfliche Secretär richtig urtheilte oder nicht. Jedenfalls verwandelte sich seitdem meine Zuversicht auf den deutschen Episcopat in große Besorgniß.

Das Gerücht verbreitete sich natürlich bald, daß ich nach Rom gehen werde; allein man wußte nicht, zu welchem Zwecke oder zu wem: die verschiedensten Ansichten wurden ausgesprochen, namentlich erhielt sich diejenige, nach der ich der baierischen Gesandtschaft als Theologe beigegeben sei. Die mannichfaltigsten theils schlauen theils tölpelhaften Fragen wurden mir gestellt. Bald aber wurde es ruchbar, daß ich der Theologe des Hrn. Card. Hohenlohe sei; aber dennoch erhält sich die Ansicht fort, daß ich Gesandtschaftstheologe sei, wovon nur ich nichts weiß.

Bin und werde immer begieriger, wie sich das Concil gestalten wird. Auch wirkliche Theologen sehen mit größter Ruhe den Dingen entgegen. Vor wenigen Tagen besuchte mich Professor Dr. Hipler aus Braunsberg — wir wurden mitsammen hier zu Doctoren der Theologie creirt —, welcher seinen Bischof, Krementz von Ermland, als Concilstheologe nach Rom begleitet. Auf meine Frage: auf welche Gegenstände er sich gefaßt mache? antwortete er: bis jetzt habe er noch gar keine Ahnung davon; auch die Unfehlbarkeitsfrage habe er noch nicht näher studirt; er wohne in einem Diöcesan=collegium, das die Ermländer in Rom besitzen, wo er eine Bibliothek finden werde; an Zeit zum Studium werde es auch nicht fehlen. Nun, vielleicht hat er Recht; die Acclamation macht ja möglicher=weise alles Studium unnöthig.

Trient, 1. Dezember 1869.

Am 24. Abreise von München; zunächst Aufenthalt in Innsbruck, dann in Trient. Der Abschied von München war mir durch einen eigenthümlichen Umstand sehr erschwert worden. Am 22. Nov. Abends lud mich ein Bekannter ein, der Abreise der Erz=bischöfe von München und Bamberg und des Bischofs von Augs=burg am Bahnhofe beizuwohnen. Zwar keiner dieser Herren selbst, aber der Bediente des Erzbischofs von Bamberg sagte mir das viel=bedeutende Wort: „Sie werden aber doch nicht als Spion nach Rom kommen?" Es ist selbstverständlich, daß „der Franz" dies nicht aus sich selbst hatte, vielmehr wahrscheinlich von meinen Freunden, besonders den Doctores Romani in Bamberg, ausging. Ich war auf der einen Seite indignirt darüber, daß ich solches aus dem Munde eines Bedienten hören mußte, auf der anderen doch wieder sehr dankbar dafür, daß ich erfuhr, was man in bestimmten Kreisen über den Zweck meiner Reise aussprengt. Ich sagte jedoch dem „Franz": „Mögen sich die Bischöfe hüten, daß sie keinen Ver=rath an der Kirche begehen; wie aber diese verpflichtet sind, nach bestem Wissen und Gewissen zu sprechen, so auch ich als Theologe."

So will man schon im Voraus meine etwaige Thätigkeit in Rom untergraben!

Schon auf dem Wege bis Trient konnte ich beobachten, wie doch eigentlich unsere Bischöfe die ihrem hohen Berufe zukommende Achtung nicht mehr in den Augen der Welt besitzen. Gleichwohl ist zwischen Deutschland und Italien ein himmelweiter Unterschied: je weiter nach dem Süden, desto geringer die Achtung vor dem Clerus, und ich möchte einem preußischen Adeligen Recht geben, der mir im Herbste zu Trient sagte: er sei schon in den verschiedensten Ländern gewesen, aber er habe überall die Beobachtung gemacht, daß der Clerus, der katholische wie protestantische, weit weniger geachtet sei als in Deutschland, was wohl mit der höheren Bildung des deutschen Clerus zusammenhange.

In Innsbruck kam Hr. Landesarchivar Dr. Schönherr mit größter Freundlichkeit meinem Wunsche entgegen, von den Repertorien des dortigen Archivs Einsicht zu nehmen. — 27. Nov. Ankunft in Trient; ich nehme eine Abschrift der Briefe Aleanders über den Reichstag zu Worms 1521.[1]) In der „deutschen Kirche" dem Fürstbischof Zwerger von Seckau (Graz) vorgestellt: seinem Aussehen und gesellschaftlichen Auftreten nach hält man ihn nicht für den Fanatiker in jesuitischem Sinne, der er wirklich ist. Die Predigt, welche er zum Conciliums-Jubiläum in Trient hielt, gerade kein oratorisches Meisterstück, zeichnete sich durch Popularität und noch mehr dadurch aus, daß sie vom Concil nur mit einem Worte Erwähnung that, während schon den ganzen Monat November hindurch der B. Riccabona durch Missionen, zuletzt in Maria maggiore und der Kathedrale von Jesuiten, sein Volk für die Utopien des Jesuitismus, welchen das Concil seine Sanction geben soll, fanatisiren läßt. Am Schlusse ließ der Jesuit ein gedrucktes Gebet vertheilen, welches einen Glaubensakt im Voraus hinsichtlich alles dessen erwecken sollte, was künftig das Concil beschließen würde. B. Riccabona gab einen Ablaß von 40 Tagen darauf. Die gebildeteren Classen sind

---

[1]) Abgedruckt als Anhang meiner Abhandlung: Der Reichstag zu Worms 1521. Nach den Briefen des päpstl. Nuntius Aleander. Sitzungs-Berichte der kgl. bayr. Akad. d. Wiss. 1871.

auch hier gegen eine persönliche Unfehlbarkeit des Papstes, vielleicht aber mehr aus Haß gegen die Jesuiten, denen, wenigstens den italienischen, sie Alles zutrauen. Ein Gelehrter warnte mich namentlich vor dem jesuitischen Gifte und meinte, es sei gut, daß Döllinger nicht nach Rom geht, vielleicht käme er nicht mehr zurück. Auch daß die Jesuiten mittels ihrer Reichthümer die Hand in den Ministerien und Kabinetten haben, wurde mir betheuert, und dafür Ricasoli (?) genannt, in dessen Papieren man die Belege dafür gefunden. Suchen Sie die Jesuiten, wurde mir gesagt, nicht blos in der Jesuitenkleidung; sie treten in den verschiedensten Trachten auf. Die Masse des tyrolischen Volkes ist dagegen blindlings gläubig; dessen versicherte den B. Riccabona eine Deputation von circa 70 Mann aus der Gegend von Bozen und Meran am Tage vor seiner Abreise (1. Dez.). In meinem Gasthofe (deutsche Kaiserkrone) hatte ich das Vergnügen, drei dieser Deputirten kennen zu lernen: zwei davon schienen etwas civilisirtere Bauern zu sein, den dritten aber konnte man nach Haltung, Sprache und Tracht für einen Mann aus besserem Stande, etwa für einen Gerichtsbeamten, halten. Die beiden ersteren taxirten Alles nach dem Messelesen. Als sie mich fragten, wer ich denn sei, und ich ihnen antwortete, daß ich Theologe sei und als solcher jetzt nach Rom gehe, wollten sie wissen, ob ich denn schon beim Messelesen sei. Das Staunen wurde freilich groß, als ich ihnen bemerkte, daß ich schon seit Jahren Professor für angehende „Messeleser" sei. Ein vernünftigeres Wort in diesen oder ähnlichen Dingen war mit ihnen nicht zu reden, während sie sonst gesunden Menschenverstand genug verriethen. Als diese beiden gegangen, sprach ich mit dem Dritten, einem Geschäftsmanne, über das Concil. Er wisse nicht weiter, sagte er, als daß es sich um die „Unfehlbarkeit der Kirche" handle, und daß in München draußen ein Bischof Döllinger sie leugne. Als ich ihm dies als unrichtig dargethan hatte, meinte er: „so hat man uns die Sache immer ummäntelt; das Andere geht mir auch nicht ein; denn jeder Mensch kann fehlen." Ich verdenke aber den Meranern dies Alles nicht; ist ja das Trienter Volk noch viel unwissender. Ein Hr. v. Alvensleben erkundigte sich im Herbste, nachdem ich aus dem Speisesaal gegangen, bei der Wirthschaft, wer ich sei; jedenfalls müßte ich ein Geistlicher sein, nur wisse er nicht, ob ich katholischer oder protestantischer sei. Darauf ward ihm die Antwort: Das wisse man auch nicht; man habe mich aber in der „deutschen Kirche" Messe lesen sehen!

Rom, 5. Dezember 1869.

Am 2. Dez. Abreise von Trient nach Rom. Von Bologna bis Florenz in Gesellschaft des B. Beckmann von Osnabrück, eines einfachen aber praktisch tüchtigen Mannes, der mir Manches aus seiner Diöcese und Wirksamkeit in den nordischen Missionen erzählte, aber das Ministerium Hohenlohe und den baierischen Schulgesetzentwurf mit ungünstigen Augen betrachtete. Am 4. Dez. kam ich endlich, nachdem ich einem Raubmordanfalle in der Eisenbahn (vor Terni) glücklich entgangen war, in Rom an. Sehr schlechtes Wetter. Auch nur zum Umkleiden finde ich in drei Gasthöfen kein Zimmer; in der Erwartung großen Menschenconfluxes fragt man überall: wie lange man bleiben wolle. Ich miethe für einen Nachmittag in einem Privathause um 10 Lire (Francs) ein Zimmer. Noch ehe ich zu Sr. Eminenz, dem Hrn. Card. Fürsten Hohenlohe, gehe, suche ich die Erzbischöfe von München und Bamberg und den Bischof von Augsburg auf, welche eine gemeinschaftliche Wohnung gemiethet haben. Ich werde sehr freundlich aufgenommen. Man erzählt mir von der Prosynodalversammlung am Donnerstag (2. Dezbr.), Audienzen beim Papste. Eine Methodus und ein Ordo[1], welche den äußeren Gang des Concils regeln sollen, ist in ihren Händen. Man ist voll Erwartung, aber auch voll Vertrauen auf die Curie. Die Hauptsache ist für mich zu erfahren, welche Gegenstände etwa als

---

[1] Methodus servanda in prima sessione sacri Concilii oecumenici quod in patriarchali basilica s. Petri in Vaticano celebrabitur. Romae 1869. — Literae apostolicae quibus ordo generalis in ss. oecum. Concilii Vaticani celebratione servandus constituitur. Sonst auch „Bulle Multiplices inter" genannt.

dem Concil zu unterbreiten bereits bekannt geworden sein dürften. Davon noch keine Ahnung!

Am Abende empfängt mich in sehr freundlicher Weise der Hr. Card. Hohenlohe. Auch ihm ist noch nichts über die vom Concil zu behandelnden Materien bekannt geworden; nur hatte wenige Tage vorher Card. de Angelis geäußert: man könne ohne lange Verhandlungen und ohne Bedenken zu den Vorlagen Placet sagen, es handle sich nur um Verdammung der Principien des Jahres 1789. Ich bitte mir Methodus und Ordo, die einzigen Aktenstücke, welche das Concil betreffend bis jetzt bekannt geworden sind, zur näheren Einsicht aus. Sonderbar, daß in dem ersteren das Concil das erste Vaticanische (öcumenische) Concil heißt! Ist denn eine periodische Wiederkehr öcumenischer Concilien im Vatican beschlossen? Wie immer, eine solche Benennung ergab sich sonst erst später, wenn andere am gleichen Orte nachgefolgt waren. Doch ist dies ein sehr unbedeutender Punkt, welcher zum Tadel der Methodus Veranlassung bieten mag; viel wichtiger sind andere. Wer mit der Praxis und Geschichte der früheren allgemeinen Concilien bekannt ist, muß es sogleich auffallend finden, daß sie, ohne das Concil vorher zu hören, ganz wesentliche Punkte schon im Voraus als abgethan feststellt. So lautet der Titel der Decrete: „Pius Episcopus servus servorum Dei, sacro approbante Concilio, ad perpetuam rei memoriam." pg. 27 nr. 119: „Tum scrutatores cum Secretario ad solium accedentes suffragiorum summam rite consignatam Summo Pontifici subministrabunt, ut per supremam ejus auctoritatem accedat confirmatio et habeatur promulgatio." Bestätigung und Promulgation der Beschlüsse soll aber nach nr. 120 l. c. so geschehen: „Summus Pontifex alta voce decreta confirmabit praescriptam pronuntians formulam nempe „Decreta modo lecta placuerunt Patribus, nemine dissentiente (vel si qui forte dissenserint tot numero exceptis) „Nosque sacro approbante Concilio illa ita decernimus, statuimus atque sancimus ut lecta sunt." Dazu bilden eine Ergänzung die Worte des Ordo pg. XIV: Jamvero suffragiis collectis, Concilii Secretarius una cum supradictis scrutatoribus penes Pontificalem Nostram Cathedram, iis accurate dirimendis ac numerandis operam dabunt, ac de ipsis ad Nos referent: Nos deinde supremam Nostram sententiam edicemus, camque enunciari et promulgari mandabimus, hac adhibita solemni formula „decreta modo lecta etc." Wer nun weiß, was in der römischen Luft liegt, wer die Entstehung und Ausbildung, sowie die Grundlage der päpstlichen Infallibilitätstheorie kennt, muß doch im höchsten Grade schon gegen diese Aktenstücke argwöhnisch werden. Praktisch, das muß jeder Kenner sagen, liegt sie bereits in diesen Sätzen: der Papst und nur er ist Alles, ist derjenige, welcher entscheidet und definirt; ihm und nicht dem Concile ist hier schon die Unfehlbarkeit zugeschrieben. Und da es in der Aufschrift der Methodus heißt, daß schon in der ersten öffentlichen Sitzung, welche auf den 8. Dezember anberaumt ist, diese Formel zur Anwendung kommen soll, so ist der Papst zugleich auch derjenige, welcher ohne Beirath und Discussion des Concils die Decrete formulirt. Noch weiß man nicht, was Gegenstand der Beschlußfassung auf dem Concile sein soll, und doch sind schon auf den 8. Dezember zu definirende Decrete angekündigt! Was soll dies bedeuten? Ist etwa wirklich eine Acclamation, die päpstliche Infallibilität betr., auf den 8. Dezember in Aussicht genommen, wie die Civiltà cattolica angekündigt hatte? Oder soll wie zu Trient blos über den Beginn des Concils decretirt und die Lebensweise der Mitglieder festgestellt werden, was vom Papst schon im Voraus im Ordo geschah? Wer kann es sagen? Ich für meine Person bin außerordentlich beunruhigt. Noch mehr steigt meine Aufregung, da ich im Ordo pg. VI auch noch lese: II. De jure et modo proponendi. Licet jus et munus proponendi negotia, quae in Sancta Oecumenica Synodo tractari debebunt, de iisque Patrum sententias rogandi nonnisi ad Nos, et ad hanc Apostolicam Sedem pertineant, nihilominus non modo optamus, sed etiam hortamur, ut si qui inter Concilii Patres aliquid proponendum habuerint, quod ad publicam utilitatem conferre posse existiment, id libere exequi velint. Also auch das Propositionsrecht auf dem Concile dem Papste allein zugeschrieben und den Bischöfen entzogen! Ganz anders auf den alten Concilien und zu Trient einst darüber die langwierigsten

Verhandlungen, hier zu Rom 1869 wird die so tiefeingreifende Frage, ehe das Concil noch zusammentritt, mit einem einzigen Federstrich erledigt! Freilich sollen die Bischöfe auch die Erlaubniß haben, Vorschläge einzubringen; allein nicht wie einst bei dem Concile selbst und in gleichberechtigter Weise mit dem Papste, sondern nur bei einer Commission, die zu ernennen sich der Papst speciell vorbehielt: sie hat die Vorschläge der Bischöfe zu prüfen, dem Papste vorzulegen, und nur wenn der Papst sie acceptirt und dem Concile vorlegt, soll dieses davon Kenntniß und Vollmacht haben, sie zu behandeln! Außerdem sollen zwei Commissionen von je fünf Mitgliedern durch geheime Wahl aus den Concilsvätern constituirt werden, von denen die erstere die Entschuldigungen, die Vollmachten der Procuratoren und die Gesuche jener Väter prüfen soll, welche sich vor Beendigung des Concils von Rom entfernen wollen; die andere soll etwa entstehende Reibungen hinsichtlich der Rangordnung erledigen, und im Falle sie nicht zu einem definitiven Beschlusse gelangen kann, die Sache der Generalcongregation vortragen. Wichtiger sind vier andere Deputationen, welche aus den Concilsvätern vom Concile selbst gewählt werden und aus je 24 Mitgliedern bestehen sollen: für die Gegenstände des Glaubens, der kirchlichen Disciplin, der geistlichen Orden und endlich des orientalischen Ritus. Für eine jede wird der Papst einen Cardinal als Vorsitzenden ernennen. Auch das Bureau des Concils ist darin bereits festgestellt: als Präsidenten: der Cardinalbischof Reisach, die Cardinalpriester de Luca, Bizzarri, Bilio und der Cardinaldiacon Capalti; als Secretäre: Bischof Feßler von St. Pölten und Protonotar Ludw. Jacobini u. s. w. Alle welche beim Concil betheiligt sind: die Väter des Concils, Theologen, Canonisten, alle welche den Vätern oder Beamten des Concils in Bezug auf dieses an die Hand gehen, sind zum Stillschweigen über die Verhandlungen des Concils verpflichtet; jedoch haben nur die Beamten ohne bischöflichen Charakter sich eidlich zum Stillschweigen zu verpflichten, was bereits nach der Prosynodalsitzung vom 2. Dezember geschah.

Heute (5. Dez.) Vormittags zu St. Peter gefahren. Ich war überrascht, als ich zum ersten Male auf den Stufen von St. Peter stand und den Platz mit seiner Umgebung überschaute. Die Ueberraschung erhöhte sich, als ich in das Gotteshaus mit seinen colossalen Dimensionen trat; nur das Promeniren und Conversiren der Hunderte von Einheimischen und Fremden, Geistlichen und Laien, machte auf mich einen sehr störenden Eindruck. Wie ganz anders sind es wir Deutsche in unseren Kirchen gewöhnt! Nach diesem ersten Besuche in St. Peter fuhr ich zum deutschen Nationalstift Anima, welches eigenthümlich genug ausschließlich unter österreichischer Protektion und Verwaltung steht. Ich suchte und fand S. Eminenz, Hrn. Card. Fürsten Schwarzenberg, eine hohe, prächtige Erscheinung. Wir sprachen über die oben angeführten Stellen der Geschäftsordnung und er gestand, daß er selbst schon dieselben bemerkt und sehr verfänglich gefunden habe; allein er wisse nicht, auf welche Weise in dieser Beziehung etwas zu erreichen sein würde, oder eine Vorstellung dagegen angebracht werden könnte. (Uebrigens höre ich, daß französische Bischöfe bereits eine Vorstellung gegen die Geschäftsordnung an den Papst bringen wollen.) Dann bedauerte er, daß Döllinger nicht in Rom sei. Hatte er doch, wie ich in meinen hieher gebrachten Papieren lese, noch am 30. Dezbr. von Prag an denselben geschrieben: „Noch immer schwebt mir vor, wie viel Ihre Anwesenheit in Rom während des Concils nützen könnte, weßhalb ich mir noch jetzt die ganz unbefangene Frage erlaube, ob Sie sich denn wirklich nicht entschließen könnten, nach Rom zu kommen, wenn von dort her noch eine Einladung an Sie ergehen sollte." Ich selbst hatte im Auftrage des Erzbischofs von München Döllinger auf 10. November Morgens zwischen 7 und 8 Uhr zu einer Zusammenkunft mit dem Hrn. Cardinal in der erzbischöflichen Wohnung eingeladen. Döllinger lehnte meines Wissens nicht ganz ab, weshalb der Hr. Cardinal mir sagte, ich möchte an ihn nach München schreiben, ob er denn nicht sich in Rom aus freien Stücken einfinden und aufhalten wolle. Er halte viel auf Kirchengeschichte und in den vom Concil wahrscheinlich zu behandelnden Fragen werde sie ohne Zweifel die Hauptrolle zu spielen haben; sollte sich Propst Döllinger nicht zur Hieherkunft entschließen können, so sei es ihm wenigstens ein Trost, daß noch drei andere Kirchenhistoriker: die

Bischöfe Feßler und Hefele und ich anwesend seien. Namentlich beklagte er auch die Beurtheilung des Werthes der Kirchengeschichte für die Heranbildung der Geistlichen Seitens der deutschen in Fulda versammelten Bischöfe: er werde, soweit sein Einfluß reiche, nie das Studium derselben beeinträchtigen lassen. Schließlich trug er mir auf, Hrn. Card. Hohenlohe zu sagen, wegen eines Versammlungslokales der deutschen und österreichisch-ungarischen Bischöfe keine Schritte zu thun, ehe er nicht zu ihm gekommen sein werde, und übergab mir seine Desideria¹) zur Ueberbringung an Hrn. Cardinal H., jedoch unter der Bedingung größten Stillschweigens. Da aber ein römischer Prälat eben angemeldet wurde, mußte ich sie noch vor ihm selbst in die Tasche schieben, um nicht Verdacht und Gerede zu erregen.

Rom, 6. Dezember 1869.

Bereits hat ein eigenthümliches banges Gefühl viele Bischöfe erfaßt. Die Geschäftsordnung fängt an mit vorurtheilsfreierem Auge betrachtet zu werden, und man findet darin manche Gefahr für die bischöflichen Rechte. Die von der Civiltà cattolica in Aussicht gestellte Acclamation läßt sie ebenfalls nicht zur Ruhe kommen, indem sie meinen, sie dürften nur berufen sein, um am 8. Dezember Zeugen dieses Schauspieles zu sein. Man suchte sich zu vergewissern, welche Decrete denn am 8. Dez. verkündigt werden sollen; allein obwohl man versichert, es sei nur das Decret der förmlichen Eröffnung des Concils zu publiciren, wollen doch Manche von ihrem Argwohne nicht lassen. B. Dinkel sagt mir, daß B. Feßler bei einem Besuche, den er ihm und den beiden baierischen Erzbischöfen machte, die geheimnißvolle Bemerkung fallen ließ, es werde allerdings „etwas Dogmatisches" vorkommen; wahrscheinlich, meint B. Dinkel, sollen die Decrete, welche seit dem Concil von Trient über Jansenismus ꝛc. erlassen wurden, vom Concil neuerdings bestätigt werden, — eine Ansicht, die ich insofern für un-

---

¹) Abgedruckt in meinen Documenta ad illustrandum Concilium Vaticanum anni 1870, I, 280—288.

wahrscheinlich erklären zu dürfen glaubte, weil ja dadurch zugestanden würde, daß sie bis jetzt nur provisorisch waren, und damit zugleich auch die Theorie von der päpstlichen Unfehlbarkeit Schaden leiden müßte. Diese Geheimthuerei mit dem, was das Concil doch eigentlich zur Aufgabe haben soll, wird übrigens nicht gut aufgenommen, während man gerade bei den Bischöfen, welche keine Freunde einer Definition der päpstlichen Unfehlbarkeit zu sein scheinen, einer großen Besorgniß hinsichtlich dieser Frage begegnet. Sie machen auch gar kein Hehl daraus, daß sie dieselbe bisher viel zu wenig in's Auge gefaßt und studirt haben. Sie trauten der Curie zu sehr und meinten wirklich zur Lösung ganz anderer Aufgaben berufen zu sein. Praktische oder disciplinäre Fragen scheinen ihnen vorzuschweben, wie einzelne auch andeuten.

Die deutschen Bischöfe hatten sich ja schon 1867 vom 16.—21. Oktober auf ihrer Versammlung in Fulda eingehend mit solchen Fragen beschäftigt, wie ich aus dem mir vorliegenden (geheimen) Protocolle erkenne. Hatte doch der Papst selbst (und ebenso der Nuntius in München an den Erzbischof von Cöln) in einem Breve v. 30. September 1867 zur Berathung der 17 „quaestiones quae ab Apostolica Sede Episcopis proponuntur" und anderer Materien aufgefordert, von der Versammlung wie von den einzelnen Theilnehmern Berichterstattung darüber verlangt und selbst die Erwartung ausgesprochen, daß dieselbe den Arbeiten des bevorstehenden Concils sehr förderlich sein könnte. Auch dieses Material, wollte es das Concil erledigen, hätte gewiß zu interessanten Debatten und tiefeingreifenden Beschlüssen geführt. So sagen die Bischöfe zu Fulda über quaestio I: „Es wird constatirt, daß in einzelnen Diözesen Akatholiken nicht als „patrini", wohl aber als „testes honorarii" bei kath. Taufen zugelassen werden, resp. zugelassen werden können. Es wird auch über die hier und dort vorkommende Gewohnheit, daß der Küster bei den kath. Taufen, bei welchen Protestanten als patrini honorarii fungiren, die Funktion des „levans" versieht und das Glaubensbekenntniß ablegt, bemerkt, dies genüge nicht ganz der kirchlichen Vorschrift hinsichtlich der Pathen, weil diese auch die Obliegenheit, für die kath. Erziehung nöthigen Falls

zu sorgen, in sich begreife, was sicherlich der Küster nicht immer erfüllen könne. Weiters wurde erörtert, ob ein Katholik bei einer protestantischen Taufe Pathe sein könnte, insbesondere wenn man die Versicherung hat, es werde das zu taufende Kind in der protestantischen Confession erzogen werden, welche Frage vom hl. Alphons für Deutschland bejaht wird." Ueber die obligatorische Civilehe (qu. III) geben sie ein sehr charakteristisches Urtheil: „Als Mittel gegen die aus der obligaten Civilehe entstehenden großen Uebel 2c. 2c. empfehle sich seelsorgerliche, resp. pfarramtliche Wachsamkeit, Belehrung und Ermahnung, nach Umständen und Zuträglichkeit auch Verhängung von Censuren. Zugleich kommt zur Sprache, ob es nicht überhaupt anzurathen wäre, da vielleicht in ganz Deutschland die obligate Civilehe eingeführt werde, die vortridentinische Form der Eheschließung wieder in Geltung treten zu lassen." Ad qu. IV: „Das von den gemischten Ehecontrahenten gegebene Versprechen über die vorgeschriebenen Clauseln werde der Mehrzahl nach gehalten; in gegentheiligen Fällen wäre es angezeigt, die betreffenden Katholiken, welche die Schuld tragen, daß die kath. Erziehung unterbleibt, vom Empfang der hl. Sacramente auszuschließen, und zwar durch Vermittlung des Pfarrers coram testibus. Erörtert wurde weiter die Frage, ob es nicht zweckmäßig sei, in den Fällen, wo die kath. Kindererziehung nicht versprochen wird, die Proclamationen zu unterlassen oder davon zu dispensiren."
Ad qu. VI (Schule): „Hiefür werden als Mittel empfohlen: pädagogische Vorbereitung der Geistlichen für die Schule, strenge Ueberwachung der Schule und fleißige Visitation derselben durch die Geistlichen, oberhirtliche Sorge dafür, daß der Klerus diese als eine vorzügliche Pflicht seines Amtes ansehe. In Bezug auf die höheren Schulen wird empfohlen, dahin zu wirken, daß möglichst viele talentvolle Geistliche philologische Studien machen, und eine sorgfältige Auswahl der Religionslehrer an den Gymnasien." Ad qu. VII (gründliche Bildung des Clerus in Philosophie und Theologie; lateinische Sprache): „Als Mittel werden bezeichnet: Es soll wenigstens ein Vortrag über eine theol. Disciplin in lateinischer Sprache stattfinden; sodann öfteres Lesen der hl. Schrift nach der

Vulgata, der lateinischen Kirchenväter und Discussion hierüber in latein. Sprache; weiter gründliches Studium der Philosophie nach bewährten Autoren, kirchliche Behandlung der Exegese, fleißiges Studium des jus canonicum, namentlich des Concils von Trient mit den Entscheidungen der s. Congregatio Concilii." Ad qu. XIII: „Die causae privationis et translationis parochi bedürfen einer Vermehrung, namentlich müssen die simplex fornicatio notoria und manifestus concubinatus die poena privationis nach sich ziehen. Es wird ferner hingewiesen, wie schwierig und nachtheilig es sei, daß die Pfarrer nur durch eine förmliche Straf=Sentenz entfernt werden können. Ein Mitglied bemerkt, es sei zu überlegen, ob nicht auf dem zu berufenden allgemeinen Concil in Rom das ganze Bene=ficialwesen, das ja größtentheils nur aus dem Feudalrechte geboren, reformirt, resp. aufgehoben werden sollte." Dagegen wird in der nächsten Sitzung v. 18. Okt. „unter Hervorhebung der hievon zu befürchtenden nachtheiligen Folgen nicht blos für die kirchlichen Vermögensfragen, sondern auch für das in einer so bedenklichen und aufgeregten Zeit doppelt nothwendige Vertrauen des Klerus zur Erwägung empfohlen, ob nicht zunächst und vorläufig das Institut der kirchlichen Commenden als ein Mittel der Beseitigung vielfacher nicht zu verkennender Uebelstände beim hl. Stuhle zu beantragen sei." — „Bei der Berathung über qu. 15 wurde die Nothwendig=keit einer Revision und Festsetzung des canonischen Strafproceßver=fahrens erkannt, und bemerkt, daß namentlich Zweifel über die Giltigkeit der Appellation wegen Mangels der sogen. apostoli ent=standen seien." — „Bei qu. 16 (Dienstboten bei Akatholiken u. s. w.) wurde hervorgehoben, daß bei der in Deutschland stattfindenden außerordentlichen Mischung der confessionellen Verhältnisse eine Er=neuerung des strengen kirchlichen Verbots nicht opportun erscheine, daß aber dem kath. Volk durch die Pfarrer öfters eingeschärft werde, bei Juden oder Akatholiken keine Dienste zu nehmen." — „Die qu. 17 gab Veranlassung, auf den sehr bedauerlichen Zustand u verweisen, der in Betreff der kirchlichen Begräbnißstätten durch die Gesetzgebung einzelner Landestheile in Deutschland herbeigeführt ist, indem Communal= und Simultan=Kirchhöfe bestünden, auf denen eine unterschiedslose Bestattung der Leichen von Katholiken und Protestanten stattfinde, während an anderen Orten wenigstens eine räumliche Trennung der Confessionen nachgegeben sei. Man einigte sich dahin, daß in Fällen ersterer Art die kirchliche Benediction des Platzes vorzuenthalten und nur eine Benediction des einzelnen tumulus zu ertheilen sei. Bei entgegenstehender Praxis soll durch eine Anfrage beim hl. Stuhle die Entscheidung über ihre Zulässigkeit herbeigeführt werden. Auch wurden Zweifel angeregt, ob das Grabgeläute für protestantische Beerdigungen zu gestatten sei." — In einer anderen Sitzung geschah „die Anregung positiver Vorlagen für das in Aussicht gestellte Concil und zwar sowohl in Betreff einer Aenderung der kirchlichen Gesetzgebung als einer authentischen Interpretation wichtiger, die Seelsorge betreffender Bestimmungen:

    a. die Aufhebung des Ehehindernisses des 3. u. 4. Grades der Affinität ex copula licita und des 2. Grades der Affinität ex copula illicita;

    b. die Aufhebung der kirchlichen Bestimmung, wonach eine Dispens ob reticitam copulam incestuosam ungültig ist oder durch die zwischen der Nachsuchung und der Vollziehung der Dispens gepflogene copula incestuosa ungültig wird;

    c. eine Revision, resp. Reduction der päpstlichen Reservatfälle;

    d. die Aufhebung der Censur wegen des Verkehrs mit namentlich Excommunicirten;

    e. eine Entscheidung über die Frage, ob die lectio et retentio der im Index verzeichneten Bücher und Schriften außerdem daß sie sündhaft sei, in Deutschland auch die kirchlichen Censuren nach sich ziehe;

    f. die Aufhebung der irregularitas ex baptismo haud mala fide peracto, so wie der irregularitas ex matrimonio haereticorum mixto genitorum;

    g. Aufhebung der Censur für kath. Civilrichter, welche in ihrer amtlichen Eigenschaft zu einer Ehescheidungs=Sentenz quoad vinculum cooperiren, damit hierdurch größeren Calamitäten vorgebeugt werde, welche durch Beseitigung der Katholiken aus dem Civil-Richterstande entstehen würden;

h. Ausdehnung der den Bischöfen in den Quinquennal-Facultäten ertheilten facultas dispensandi super aetate ordinandorum auch auf die utilitas Ecclesiae, nicht blos auf die penuria Cleri;

i. desgleichen der facultas ordinandi extra tempora dahin, daß die hl. Weihen an jedem Tage ertheilt werden mögen;

k. ob und wann ein gewöhnlicher Beichtvater von den reservirten Sünden indirect absolviren dürfe, resp. solle;

l. ob und wann ein Pönitent, der von einem bevollmächtigten Beichtvater auch von reservirten Sünden absolvirt, aber wegen Mangels der gehörigen Reue ꝛc. ungültig losgesprochen worden, in einer späteren Beichte von einem gewöhnlichen Beichtvater oder von den nochmals gebeichteten reservirten Sünden losgesprochen werden könne."

„Bei Gelegenheit der Discussion obiger Fragen wurde auch hervorgehoben, daß es wünschenswerth sei, die Verordnung über Dispositionsbefugnisse der Priester in Betreff der bona ex beneficiis et officiis ecclesiasticis acquisita neuerdings in Erinnerung zu bringen und einzuschärfen, sowie die Vorschriften über die Sündhaftigkeit des Wuchers, wenn auch die Erhebung der gesetzlich zulässigen Zinsen statthaft, und gegenwärtig in vielen Staaten das Maaß der Zinsen unbeschränkt sei."[1]

---

[1] Diese Frage, den Wucher betr., wurde auch wirklich für das Concil in Aussicht genommen. In der Vorbereitungs-Commission arbeitete Erzb. Cardoni das Votum aus: Commissio theologico-dogmatica. Mense Decembri 1869: Votum Rmi D. Jos. Cardoni archiep. Edesseni consultoris de usuris. Pgg. 241 in gr. 8. Pg. 218 sqq. beantragt er: Submisso judicio existimarem Decretum de Usuris a proximo Concilio esse condendum; etenim vidimus patronos aliquos usurarum silentio Tridentini quoad usuras tamquam argumento abusos esse ad eas propugnandas, hinc majore ratione usumfructum posteriores Patroni exciperent ex Concilii Vaticani silentio, si post pertractationem de usuris nullum ederetur decretum. In hoc autem Decreto haec nobis videntur esse tradenda. I. Dogma Catholicum de usuris est confirmandum, ne haeretici Catho-

„Auch wurde nachträglich für wünschenswerth erklärt, daß zu den causis remotionis parochi noch leichtsinniges Schuldenmachen (namentlich Wechselschulden) und Trunksucht hinzugefügt und daß nach Feststellung der Nichtidoneität eines Pfarrers durch eine Sentenz oder ein Urtheil der Prosynodal=Examinatoren in Rücksicht auf die salus publica entweder die simplex translatio oder die permutatio

---

licae Ecclesiae irrideant, quasi eius doctrina ob publicas temporum circumstantias variationibus obnoxia sit, si mitiora circa usuram edoceat. II. In expositione dogmatis est definiendum, usuram omnem sive moderatam, sive immodicam, sive a pauperibus, sive a divitibus, et negotiatoribus, quae est lucrum ex mutuo vi mutui perceptum, vetitam esse iure divino, quod tum ex veteri, et novo testamento, tum ex constanti SS. Patrum et Ecclesiae traditione eruitur. III. Cum usura stricte sumpta, quae ex iure Divino illicita est, in mutuo tantum suam sedem habeat, dari possunt alii contractus de quorum licitudine a Theologis libere discutiendum Concilium relinquat. IV. Cum usura non sit, si aliquid ultra sortem in mutuo accipiatur ex titulis extrinsecis lucri cessantis, et damni emergentis, vel periculi amittendae sortis, et in praesentibus civilis societatis conditionibus semper praesto sint occasiones ad lucrum exponendi pecunias, (exceptis casibus, in quibus ex lege caritatis, quae etiam eleemosynas praecipit, gratis etiam cum periculo amittendae sortis quis mutuare tenetur) iugiter mutuantes titulum obtinent auctarium exigendi ex lucro sibi cessante, qui titulus communiter in hisce mutui contractibus hodie invenitur. V. Sedulo est inculcandum, veram usuram committere, qui hoc titulo maius lucrum, quam sibi vere cessaverit, exigeret. VI. Declaretur quod Princeps Supremus sua potestate utens, ius habet quemadmodum in aliis contractibus, ita etiam in mutuo aliquam ob publicum bonum taxam imponere a mutuatario solvendam, item et ius mutuanti concedere potest, ut sibi eam exigat, et id ut divites ad mutuandum alliciat in publicam commercii utilitatem. Auctarium autem quod vi huius legis exigitur, cum non exigatur ex mutuo vi mutui, sed ex alia extrinseca causa, solum occasione mutui, usura non est. Fortasse addi posset, quod si lex taxae quantitatem constituet, legali taxae standum sit, dummodo relative moderata; si autem id non fuerit a lege constitutum, in hoc casu ad omnem vitandam iniustitiam nil ultra id exigi potest, quod inspectis temporum, regionis, ac pecuniae abundantiae, circumstantiis communiter ab honestis et piis hominibus exigi solet, quemadmodum in emptione et venditione pretium iustum ex communi hominum aestimatione desumitur — In dem später vertheilten Index Schematum befindet sich jedoch kein besonderes Schema de usuris.

necessaria durch Versetzung auf ein anderes officium oder die
Quiescirung durch Gewährung einer pensio aus dem Emeritenfond
gestattet werden möge." — Tiefgreifende reformatorische Ideen sind
dies freilich keineswegs, mehr nur Beseitigung einiger Schwierig=
keiten in der bischöflichen Administration und Ausdehnung ihrer
Herrschaft über die Pfarrer durch die unheilvolle Amovibilität, wie
sie z. B. in Frankreich herrscht. Das Princip der Inamovibilität
der Pfarrer mag viele Nachtheile haben, allein durch Amovibilität
werden sie nicht gehoben: nicht durch äußere Zuchtmittel wird der
Mensch moralisch besser, sondern nur durch Veredlung des inneren
Menschen, welche leider bei unserem Clerus so wenig angestrebt
wird. Wenn ein französischer Bischof im Senat sagen kann: „Mon
clergé est un régiment: il doit marcher, et il marche": so zeigt
er damit nur, wie sehr der christliche Geist in der Hierarchie ver=
flüchtigt ist. Christus wollte keine blinden Werkzeuge schaffen, welche
lediglich Gehorsam kennen, sondern innerlich freie Menschen, welche
auf Grund der errungenen inneren Freiheit handeln und wirken.
Darum heißen alle Christen, seien sie Vorsteher oder einfache Gläu=
bige, Brüder; nichts ist dem Christenthume ferner als eine bischöf=
liche Despotie, wie wir sie jetzt vor Augen haben. — Diese
17 Fragen der Curie waren der einzige Gegenstand, welchen ich
einmal wenige Wochen vor meiner Abreise mit Döllinger besprach.
Wir kamen auch auf die Amovibilität der Pfarrer zu sprechen, und
es wird mir stets denkwürdig bleiben, was mir der greise Lehrer
sagte. Es handelt sich bei diesem Punkte namentlich um Bändigung
der Unzucht unter dem Clerus, die außerdem von den Bischöfen
nicht bewältigt werden kann; Windischmann habe einmal in seiner
und anderer Männer Gegenwart geäußert: „Müßte er auf Grund
der Ordinariats=Akten Antwort geben, ob der Cölibat aufzuheben
sei, oder nicht, so müßte er unbedingt sich für Aufhebung desselben
erklären." — Jedenfalls hatten unsere Bischöfe Rom kein Bedürfniß
nach einem neuen Dogma, heiße es päpstliche Infallibilität oder
leibliche Himmelfahrt Mariens, verrathen. Im Gegentheil hatten
sie noch 1869 von Fulda aus ein Schreiben an den Papst ge=
schickt, worin sie mit Entschiedenheit vor einer Definition der päpst=

lichen Infallibilität warnten.¹) B. Dinkel sagt mir, daß er der Verfasser desselben sei.

Rom, 7. Dezember 1869.

Die Nichtberufung der Regierungen zur Theilnahme am Concil wird strengstens durchgeführt. Die Diplomaten empfangen keinerlei Mittheilungen über dasselbe, auch keine Einladung zur Eröffnungsfeier soll ihnen zugekommen sein, was jedoch nur insofern richtig sein kann, als nicht wie bei früheren allgemeinen Concilien die Gesandten der Fürsten in Mitte der Concilsmitglieder sich einfinden, sondern nur als Staffage in einer Fürsten- und Diplomatenloge dienen sollen. — Der Menschenandrang ist keineswegs so groß, als ihn schon seit Wochen die Zeitungen schildern; der Clerus aller Länder hat ein starkes Contingent gesendet, von den stolzen Monsignori bis herunter zu den schmutzigsten Dorfgeistlichen. Man muß sich an unser Sprüchwort: „Ländlich sittlich" erinnern, um nicht über den Mangel alles Anstandes, nach unseren Begriffen wenigstens, ungehalten zu werden.

---

¹) Die von den Bischöfen 1867 in Fulda besprochenen und nach Rom berichteten Punkte sollten übrigens neben anderen auf dem Concile noch zur Verhandlung gelangen. So: De matrimonio christiano. 1. De matrimonii christ. dignitate et natura. 2. De Ecclesiae circa matrimonium chr. potestate. 3. De matrimonii bonis, in comparatione cum coniugiis quae mixta dicuntur. — De parochis, ubi de modo conferendi parochiales Ecclesias, de parochorum officiis, eorumque remotione. — De seminariis ecclesiasticis, ubi de methodo studiorum, et graduum collatione. — De Patrinis. — De impedimentis matrimonii, ac speciatim de impedimentis cognationis legalis, publicae honestatis, et affinitatis. — De matrimonio quod vocant civili. — De matrimoniis mixtis. — De coemeteriis et sepulturis. — De judiciis, et praxi servanda. — (De modo procedendi ex informata conscientia. — De emendandis populi moribus, ac speciatim de indifferentismo, blasphemia, ebrietate, impudicitia, theatris, choreis, luxu, pravorum librorum ac imaginum diffusione, nec non de educatione filiorum familias, de operariis aliisque famulatum praestantibus. — De sanctificatione festorum. — De Duello. — De suicidio. — De magnetismo et spiritismo. — De occultis societatibus.) Cf. Index Schematum.

Rom, 8. Dezember 1869.

Kanonendonner und Glockengeläute verkündigen den solennen und förmlichen Beginn des Concils; allein die Feier wird durch starkes Regenwetter in ihrer programmmäßigen Entfaltung gehindert. Vielleicht dieser Umstand ist es auch, weshalb der Zudrang zu St. Peter, wenn auch groß, doch nicht so stark war, als man erwarten konnte. Ich befinde mich nur im Schiffe der Peterskirche, höre und sehe deshalb nicht mehr und nicht weniger als andere Zuschauer auch. Außer einer Predigt des Erzbischofs Passavalli, i. p. i., eines Kapuziners aus der Diöcese Trient, hält noch der Papst eine Allocutio an die Väter des Concils und verkündet der Secretär Feßler ein Decret, wodurch das Concil für eröffnet erklärt wird, ein anderes, welches die zweite feierliche Sitzung auf Epiphanie feststellt. Eine geordnete Abstimmung der Väter fand nicht statt. Viele Väter riefen Placet; andere wußten gar nicht, was verlesen war. Die Acclamation unterblieb also. Ein Diplomat schildert die Versammlung als eine großartige.

Rom, 10. Dezember 1869.

Heute erste Generalcongregation. Die Verhandlungen werden geheim gehalten, und hat außer den Vätern Niemand Zutritt. Bekanntgabe der Mitglieder, aus welchen der Papst die Commission zusammensetzte, welche die bischöflichen Anträge zu prüfen haben soll: zwölf Cardinäle, von denen der Cardinalvicar den Vorsitz führen wird; zwei Patriarchen, zehn Erzbischöfe und zwei Bischöfe. Die Zusammensetzung ist den Curialisten, d. h. Infallibilisten und Jesuiten, günstig; das Loos der Anträge der anders gesinnten Bischöfe ist vorauszusehen. Die oben erwähnte Eingabe französischer Bischöfe gegen die Geschäftsordnung ging freilich ab, unterzeichnet von 14 Franzosen und Stroßmayer. Sie weisen in derselben darauf hin, daß für das Ansehen des Concils „reife Prüfung und vollste Discussionsfreiheit" unbedingt nothwendig seien. Sie sehen diese aber gefährdet in der Art und Weise, wie in der Geschäftsordnung die Commission für die Anträge zusammengesetzt und mit Vollmachten ausgestattet werden soll, und beantragen deshalb, daß diese Commission wenigstens die Gründe für die Abweisung eines Antrages angebe und der Antragsteller von derselben gehört werde; noch besser würde es jedoch sein, wenn von dem Concile selbst noch einige Mitglieder für die lediglich vom Papste zusammengesetzte Commission gewählt würden. Die 4 anderen Deputationen, welche vom Concil zwar gewählt werden sollen, könnten im Augenblicke kaum schon mit Erfolg constituirt werden: es handle sich doch darum, die gelehrteren und für jede Materie geeigneteren Männer zu erkiesen, wie könne aber dies jetzt schon geschehen, da sich die Väter gegenseitig noch gar nicht kennen. Außerdem fänden sie es für zweckmäßig, wenn nach Wichtigkeit und Art der Materien die Deputationen neu sich constituirten (ipsarum deputationum iteratae fiant partitiones) und zu ihren Verhandlungen jedem Vater freier Zutritt gestattet würde. Auch eine Modification des conciliarischen Geheimnisses wagen sie unter ihre Bitten aufzunehmen, sowie nebenbei an die Unanimität der Väter bei Definirung von Glaubenssätzen zu erinnern.[1]) Eine Antwort auf diese Vorstellung, welche so begründete praktische Winke enthält, erfolgte nicht; man setzt also die Geschäftsordnung ins Werk. Warum auch nicht? Wenn auch die Bischöfe sich nicht gegenseitig kennen; die Curie kennt schon ihre Leute und nur um diese scheint es ihr zu thun zu sein. Zugleich fand die Wahl von je 5 Mitgliedern für die Commission der judices excusationum und der judices querelarum et controversiarum durch das Concil selbst statt. Auch hier ging die antiinfallibilistisch gesinnte Partei eigentlich leer aus. Die Majorität der deutschen und österreichisch-ungarischen Bischöfe hatte noch keine feste Organisation und die von Card. Schwarzenberg verheißene Liste kam nicht in die Hände der Bischöfe. Gleichwohl hätte es auch nichts genützt. — Eine heute publicirte Bulle „Cum Romanis Pontificibus" — datirt ist sie vom 4. Dezember — sieht den Fall vor, daß der Papst während des Concils mit Tode abgehen sollte. In diesem Falle soll ein neuer Papst nur durch die Cardinäle,

---

[1]) Abgedruckt in meinen Documenta II, 380—83.

nicht aber durch das Concil gewählt werden dürfen; ja dieses soll sofort suspendirt werden und vertagt sein, bis der neugewählte Papst es wieder berufen wird. Diese Verordnung soll aber für alle Zeiten gelten, wenn ein öcumenisches Concil abgehalten wird.

———

Rom, 11. Dezember 1869.

Zwei Resultate hatte die gestrige Generalcongregation: vor Allem zeigte sich aufs Deutlichste, daß die Concils-Aula, deren Herstellung 120,000 Scudi gekostet haben soll, für die Verhandlungen des Concils wegen der schlechten Akustik durchaus untauglich sei; dann aber klärte sich die Situation der beiden Richtungen innerhalb des Concils um ein bedeutendes; die Minorität der Bischöfe sieht sich aus den Commissionen ausgeschlossen. Verschiedene Bischöfe sprechen darum bereits davon, wie auch diese zur Vertretung kommen, überhaupt der Oecumenicität, Wissenschaft und Erfahrung mehr Rechnung getragen werden könne. — Die deutschen und österreichischen Bischöfe versammeln sich bei dem Uditore della Rota, Mgr. Nardi. B. Dinkel hatte mir auch von der Wahl von Bischöfen gesagt, welche die Aufgabe haben sollen, zwischen den verschiedenen Nationalitäten eine Vermittlung herzustellen; so hätte Räß zwischen der deutschen und französischen Gruppe den Verkehr zu bewerkstelligen! — Ich höre, daß man für die Congregationen im Quirinal ein Local zu finden hofft, während die Aula in St. Peter für die feierlichen Sitzungen beibehalten werden soll. — Heute kommt mir auch das erste Schema de fide zu Gesicht. Ein sonderbarer Entwurf! Ueberall die Sprache der Schule, viel zu weit und breit gehalten, wie es sich für ein Concil nicht geziemt. Man erkennt sogleich, wenn man mit der jesuitischen Literatur vertraut ist, daß es von jesuitischen Händen gefertigt sein müsse. Soviel ich bis jetzt sehe, steht auch der Inhalt nicht auf dem Standpunkt, wie ihn deutsche Wissenschaft fordert. Die päpstliche Infallibilität ist noch nicht darin proponirt.

———

Rom, 13. Dezember 1869.

In den vorausgehenden Tagen arbeitete ich auf Wunsch einiger Bischöfe eine Abhandlung über das Definitions- und Propositionsrecht[1]) aus. Einige Freunde besorgen eben Abschriften. — Im Auftrage des Hrn. Card. Hohenlohe ging ich in diesen Tagen auch zum Concilssecretär B. Feßler, um Aufschluß über die Thätigkeit der Theologen der Concilsväter zu erhalten. Ich mußte, daß zu Trient einst jeder auf dem Concil anwesende Theologe nicht blos berechtigt, sondern verpflichtet war, sich an den Arbeiten des Concils selbst zu betheiligen, Voten ausarbeiten und öffentlich vortragen mußte, und daß zu diesen Verhandlungen der „niederen Theologen" jeder Bischof Zutritt hatte. Die Enttäuschung war eine große, als B. Feßler uns (auch Secretär Kagerer war dabei) sagte: beim Concile selbst nichts; nur was sie der Concilsvater, bei dem sie sind, fragt, haben sie zu beantworten; aber auch nur ihm; Versammlungen der Bischöfe dürfen sie nicht anwohnen, sowie sich die Theologen auch selbst nicht versammeln dürfen, um gemeinschaftlich Gegenstände des Concils zu verhandeln.

Noch immer verschweigt man von Oben den Hauptgegenstand des Concils — die päpstliche Infallibilität; allein die Monsignori und Abbati sprechen fast von keinem anderen Gegenstande; auch die Acclamation scheint nach ihnen noch nicht aufgegeben zu sein. Andere Zeichen deuten auf das Nämliche hin. So soll ein Dr. Maupied eine Schrift gegen Dupanloup, die Infallibilität betr., schreiben.[2]) — P. Ambrosius, ein Carmelit aus Würzburg, war von seinem Ordensgeneral, einem Spanier, als Theologe berufen worden. Kaum hatte der General seine Anschauung über die Infallibilität kennen gelernt und war dessen lateinisches Schriftchen über diesen Gegenstand seinen Ordensgenossen bekannt geworden, wurde er sofort seiner Stellung wieder enthoben. Der General

---

[1]) Beilage I.
[2]) Erschien bald unter dem Titel: Réponse à la lettre de Mgr. Dupanloup évêque d'Orléans en date du 11 novembre 1869. (Mit dem Schlußdatum: Rome, ce 28 novembre 1869.) Paris 1869.

glaubte, es würde für den Pater eine Schande sein, nach Deutschland sogleich und aus solchem Grunde zurückzukehren, und wollte ihn nach Malta oder in ein anderes ausländisches Kloster schicken, wahrscheinlich, wie viele vermuthen, um ihn dort durch die bekannten Mittel von seinem Irrglauben zu heilen. P. Ambrosius wollte aber nach Würzburg zurückkehren, hätte jedoch gerne die wichtige und interessante Zeit in Rom zugebracht. S. Eminenz H. Card. Hohenlohe versuchte eine Vermittlung und ließ den Ordensgeneral zu sich bitten. Umsonst, gegen alle Vorstellungen blieb er taub und sein letztes und Hauptargument war: ich kann nicht anders, ich würde unseren Orden vollends zu Grunde richten, wenn zu den Skandalen der Katharina Ubryk und des P. Hyacinthe noch der des P. Ambrosius ruchbar würde. Durch mich ließ P. Ambrosius sogar das dem Hrn. Cardinal übergebene Exemplar seines energischen Schriftchens zurückverlangen, da er es ganz und gar zurückzuziehen wünsche. War es aus seinem eigenen Antriebe geschehen? oder war es Befehl des Generals? Der Hr. Cardinal verweigerte jedoch die Zurückgabe, selbst wenn es der General befohlen hätte, da er einem Cardinal nichts zu sagen habe. P. Ambrosius wandert nach Würzburg zurück, nachdem er kaum in Rom angekommen war. — Kagerer erzählt mir, daß P. Roh, der Jesuit und Theologe (!) des B. Martin v. Paderborn, ihn besucht und geäußert habe: Die päpstliche Unfehlbarkeit wäre wohl nicht auf dem Concil zur Behandlung gekommen, wenn sie nicht so sehr und jetzt gar auch von Bischöfen — er nannte Dupanloup und Maret — bekämpft würde. Jetzt müsse sie definirt werden; denn solche Kämpfe dürften in der Kirche nicht andauern oder sich wiederholen. Die schlauen Jesuiten! Was können sie mittels eines Manövers, wie sie es hinsichtlich der Infallibilität durchführen, nicht Alles noch definiren lassen! — Das Dekret, welches Pius für den Fall seines Ablebens erließ, hat bei manchen Bischöfen Mißstimmung hervorgerufen: man glaubt und fragt mich, ob beim Ableben des Papstes während eines allgemeinen Concils nicht dieses das Wahlrecht habe und ob überhaupt sofort mit dem Tode des Papstes das Concil als suspendirt zu betrachten sei. Ich verneine die erstere

Frage unbedingt, während die Suspension des Concils mir nicht begründbar erscheint.

Die morgige Wahl der Commission de fide hat endlich auch die festere Organisation der Gegner der Infallibilität beschleunigt. Da unlängst schon von 750 Votanten 400 gleichlautende Wahlzettel abgegeben wurden, hat man erkannt, daß man es mit einer fest und eng geschlossenen Majorität zu thun habe, welche ihre Befehle von der Curie entgegennimmt. Man sagt, Card. de Angelis dirigire dieselbe und vertheile die Wahlzettel. Für Morgen haben denn auch die deutschen und österreichisch-ungarischen Bischöfe in Verbindung mit den gleichgesinnten französischen, italienischen und nordamerikanischen Bischöfen eine Liste aufgestellt, mit der sie voraussichtlich nicht durchdringen werden gegenüber einer so großen Mehrzahl curialistischer Bischöfe. Merkwürdig an dieser Liste ist schon, daß sie heute nicht einmal noch vollständig ist und erst morgen die drei noch fehlenden Namen bezeichnet werden sollen. Auf derselben stehen: Tarnoczy, Eberhard, Hefele, Haynald, Stroßmayer, Vancsa, de Labastide, Macedo Costa, Mashab, Mac-Hale, Garcia-Gil, Monescillo, Conolly, Le Fleche, Kenrick, Lynch, Darboy, Dupanloup, Ginoulhiac, David, Ghilardi. Die Namen zeigen schon, daß man noch im Unsicheren über die Persönlichkeiten ist. Senestrey, Stahl, Leonrod und Martin auf Seite der Majorität. Martin soll ja vom Papste zu jener Berathung gerufen gewesen sein, in welcher der Beschluß gefaßt wurde, die päpstliche Infallibilität definiren zu lassen. Am meisten staunt man, daß Ketteler, der im Collegium Germanicum wohnt, zu der Minorität gehört: er soll jedoch schwankend sein.

Rom, 14. Dezember 1869.

Das Ergebniß der heute stattgefundenen Wahl konnte nicht sogleich veröffentlicht werden: die Wahlzettel werden vor einer Commission außerhalb der Generalcongregation gezählt und das Resultat wird in der nächsten Generalcongregation publicirt werden. — Mittlerweile beschäftigt man sich mit der neuen Ueberraschung, welche der

Papst dem Concile bereitete, indem er demselben eine Constitutio qua ecclesiasticae censurae latae sententiae limitantur (datirt vom 11. Oktober) mittheilen läßt. Im Grunde eine neue Auflage der Bulle In coena Domini. Diese Bezeichnung der Constitutio verfängt namentlich bei den Diplomaten. Selbst Bischöfe gestehen, daß sie bis jetzt viele dieser Censuren nicht gekannt haben.

Rom, 18. Dezember 1869.

Ein merkwürdiges Gespräch mit einem römischen Prälaten, Grafen W., darf ich nicht vergessen nachzutragen. Vor Kurzem kam derselbe Abends zu mir. Ich kannte ihn nicht, und er stellte sich mir deshalb selbst vor. Er prangte in dem vollen kirchlichen Ornate seiner Würde. Da ich solche Besuche noch nicht kannte, war ich anfänglich höchlich überrascht: will er mir imponiren, oder mich nach ähnlicher Gewandung lüstern machen, dachte ich mir. Das Gespräch drehte sich bald um die Frage der päpstlichen Infallibilität. Sie werde ohne Zweifel durchgesetzt werden, meinte er, denn wenn sich die Curie etwas vorgenommen, führt sie es auch aus. Ich erwiderte ihm einfach: mir sei die Sache ganz gleichgültig; ich habe nichts weiter zu thun, als nach meinem besten Wissen und Gewissen meine Ansicht auszusprechen und zu vertreten. Thun dies die Bischöfe ebenfalls und kommt ein rechtsgültiger Beschluß zu Stand, weiß ich, was ich als katholischer Priester zu thun haben werde. Ich sei noch überdies in der glücklichen Lage, ohne jede Rücksicht dabei thätig sein zu können; indem ich weder Domherr noch Bischof zu werden trachte, vielmehr mit meiner Stellung als Universitätsprofessor vollkommen zufrieden sei, sei ich auch durchaus unabhängig. Ich beobachtete, mit welcher eigenthümlichen Ueberraschung er meine Worte anhörte. Noch mehr wurde ich selbst jedoch von seiner Entgegnung überrascht: Das sei freilich bei ihm anders; er gehöre zur römischen Prälatur und müsse, wolle er in derselben bleiben, einfach thun, was ihm befohlen werde! Ueber unsere Facultät, der er selbst Anfangs der sechziger Jahre auf ein Semester als Student angehört habe, sagte er, daß sie „häretisch" sei, und als ich ihm dies verwies und ihn um Gründe fragte, berief er sich auf den Papst, der ihm bei seiner Ankunft in Rom gesagt habe, er müsse sein theologisches Studium ganz von vorne wieder beginnen, denn die Münchener Theologie sei nicht katholisch. Zum Schlusse bemerkte ich ihm: unsere Facultät sei so gut katholisch als jede andere, auch römische, der Unterschied bestehe nur darin, daß wir keine Jesuiten seien und uns des Jesuitismus mit allen Kräften zu erwehren suchen.

Der Erzbischof von Edessa i. p. i. Carboni, Mitglied der dogmatischen Vorbereitungscommission, sagte in diesen Tagen einem mir sehr gut bekannten Concilsvater, daß von Seite des Papstes noch kein Beschluß gefaßt sei, ob die Infallibilitätsfrage dem Concile proponirt werden solle, oder nicht. Etwas verstimmt darüber, daß sein 40 Bogen starkes Votum über dieselbe nicht einmal von der Curie gedruckt worden sei, will er es selbst drucken lassen (wie er auch that). Er will sogar sein Manuscript dem betreffenden Concilsvater zur Einsicht und zum Studium aushändigen, bemerkt jedoch dazu, daß er sich mit den kirchenhistorischen Einwürfen fast gar nicht beschäftigt habe, da sie ohne Belang für die Sache seien; doch wolle er vor der Drucklegung noch Einiges darüber beifügen.

Merkwürdig für die Anschauungen der Curie ist es auch, daß bereits vor Beginn des Concils das Fundament für die Errichtung eines Concils-Monumentes gelegt wurde. Sonst denkt man an derartige Dinge erst nach der glücklichen Vollendung eines großen Werkes, hier bedeutet man den Bischöfen gleichsam schon im Voraus, daß man seiner Sache ganz gewiß sei, ein resultatloses Concil eine Sache der Unmöglichkeit sei. Der Boden auf dem das Monument stehen soll, eignet sich so wenig dazu, daß die bisherigen Fundamentirungsarbeiten bereits die hübsche Summe von 20,000 Scudi verschlungen haben sollen. Der Architekt hat absichtlich diesen Platz empfohlen.

Die Diplomaten suchen in stetem Verkehre mit den Bischöfen zu bleiben und öffnen denselben ihre Salons, um ihnen die Möglichkeit öfteren Verkehres unter einander und des Meinungsaustausches zu bieten. Einer der hervorragendsten Diplomaten in Rom fragte mich, wer von den deutschen Bischöfen nach meiner Meinung

sich zu einem Führer der Opposition eignen möchte; er selbst habe
an Ketteler gedacht. Ich konnte leider diese Ansicht nicht theilen:
die Vergangenheit Kettelers biete dafür nicht die geringste Gewähr,
dieselbe habe den Jesuiten gehört, und ihm namentlich verdanken wir
in Deutschland die Einbürgerung und Ausbreitung derselben. Man
dürfe sich nicht von seiner jetzigen Anwandlung sogleich täuschen
lassen, noch wohne er im Collegium Germanicum und habe er nicht
die nothwendigen Proben gegeben, daß er sich vollständig von den
Jesuiten emancipirt habe. Ich glaube zwar nicht, daß er mit vollem
Bewußtsein und absichtlich rein jesuitische Zwecke fördern wolle,
allein er erscheine mir als ihr Werkzeug: er glaubt zu schieben und
wird von ihnen geschoben.

Rom, 20. Dezember 1869.

In der heutigen Generalcongregation wurde das Resultat der
Wahl für die Commission de fide bekannt gegeben. Es war aus=
gefallen, wie zu erwarten war: nur Mitglieder der curialistischen
Majorität sind gewählt; aus der Liste der Minorität befinden sich
nur Erzb. Garcia=Gil und B. Monescillo darunter. Ein gleiches
Loos wird derselben auch bei der heutigen Wahl der Commission
für kirchliche Disciplin zu Theil werden. Ihre Candidaten waren:
Mac=Closkey, Whelan, Kenrick, Ginoulhiac, Darboy, Dupanloup,
David, Ullathorne, de Calabiana, Riccardi, Losanna, Salomone,
Tarnoczy, Melchers, Eberhard, Hefele (auf dem gedruckten Zettel
figurirt noch Lipp), Bostani, Kazagian, Mellus, Hatem, zusammen
wieder nur 20 Namen, denen man noch Haynald und Strohmayer
später beifügte. — Die bisherigen Wahlergebnisse zeigen der Mi=
norität deutlich, daß sie von allem leitenden Einflusse ausgeschlossen
ist, sie und ihre Diöcesen, weitaus der größere Theil der katholischen
Christenheit, in den Commissionen unvertreten sind.

Umsonst baten Dupanloup und Strohmayer, in der Con=
gregation v. 14. Dez. das Wort ergreifen zu dürfen. Card. de Luca,
der statt des kranken Card. Reisach den Vorsitz führt, bemerkte ihnen,
vom Papste festgesetzte Normen dürfen nicht mehr discutirt werden.

Die Unzufriedenheit der Minorität steigt. Allein Alles ist die Folge der Unfehlbarkeitsfrage. Die deutschen Bischöfe hatten sich durch ihr Mahnschreiben, welches sie von Fulda aus an den Papst richteten, in den Augen des Papstes, der Curialisten und Infallibilisten discredibirt. Noch hatte man, in der Hoffnung, daß sie sich besinnen werden, ihren von eben dort datirten Hirtenbrief an das katholische Volk Deutschlands in Rom so mild als möglich zu deuten gesucht; allein da sie in ihrem Widerwillen gegen die Infallibilität beharrten, machten sie sich in den Augen der Curie zugleich zu Mitschuldigen der Hohenlohe'schen Concilspolitik und schienen sie das Gutachten der Münchener theologischen Facultät, ein so großes Verbrechen in den Augen Roms, zu billigen. Wer mit ihnen in Verbindung tritt, macht sich in gleicher Weise verdächtig, so die österreichisch-ungarischen, französischen und amerikanischen Bischöfe. Seit die Infallibilisten ihre Stärke kennen, werden sie von Tag zu Tag rücksichtsloser und behandeln die Minorität, als ob sie beim Concil gar nicht mitzurathen und -thaten hätte. B. Dinkel wirft den Bischöfen der Majorität geradezu „Hochmuth" vor. Die Minorität fühlt sich in den Fesseln der Geschäftsordnung, beim Abgange jeder bischöflichen Initiative und dem Drucke der Partei in den Commissionen immer unbehaglicher: die aufoktroyirte Geschäftsordnung ist darum noch immer eine brennende Frage. Man geht mit Abfassung eines Protestes um.

Die Diplomaten erwägen die Frage: ob sie ihre Regierungen nicht darum angehen sollen, die deutschen Bischöfe zu ermuntern, sich eine würdigere Stellung zu sichern. Auch die neu aufgelegte Abendmahlsbulle haben sie noch nicht vergessen; allein ein gemeinschaftliches Vorgehen ist kaum zu erwarten. Graf Trautmannsdorf ist durchaus nicht geneigt, Schritte zu thun und scheint nur persona grata sein und bleiben zu wollen. Wir wissen ja officiell nicht, sagt er, was im Concil vorgeht, welche Geschäftsordnung besteht, ob die Stimmen der Bischöfe Gehör finden oder nicht. Ueber alles dieses können wir darum auch nicht sprechen. Das einzige, was wir können, ist, daß wir sowohl die Curie als unsere Bischöfe vor Beschlüssen, die unsere Beziehung zur Kirche alteriren würden, warnen und alles Weitere — abwarten. Er thut aber gar nichts. Banneville ist darüber verstimmt, daß er über die Haltung der Curie ganz andere Versicherungen gegeben hatte, als sie jetzt an den Tag tritt. — Man hört aber auch vielfach Bischöfe versichern, daß sie diese Constitutio in ihren Diöcesen nicht verkündigen werden, da auch die Bulle In Coena nicht publicirt sei. Carb. Antonelli hingegen versichert, an der Bulle sei nur das neu, daß 300 Excommunicationen und Reservationen durch sie aufgehoben seien. Die Concordate würden aber durch dieselbe in keiner Weise alterirt, wie z. B. das Asylrecht und die geistlichen Immunitäten durch die Concordate aufgehoben seien. „Was in allen von der Bulle berührten Beziehungen gestern noch keine Geltung hatte, hat sie auch heute nicht." Anders freilich die Diplomaten, von denen Einer z. B. in derselben eine Aufforderung zum Ungehorsame gegen die Gesetze seines Staates erblickt. In § 4 sieht er mit Anderen den Vorläufer und die Anwendung des Infallibilitäts-Dogma. § 5 könnte gegen strafrechtliche Verfolgung eines Bischofes geltend gemacht werden. § 8 bestreitet die Berechtigung des Placetum regium.[1]) Die Art, wie der Papst alle Indulte und Privilegien seiner Vorgänger einseitig aufhebt, raisonnirt derselbe weiter, ist ein schlimmes Ante-

---

[1]) § 4. Omnes et singulos, cuiuscumque status, gradus seu conditionis fuerint, ab ordinationibus seu mandatis Romanorum Pontificum pro tempore existentium ad universale futurum Concilium appellantes, nec non eos, quorum auxilio, consilio vel favore appellatum fuerit. — § 5. Omnes interficientes, mutilantes, percutientes, capientes, carcerantes, detinentes, vel hostiliter insequentes S. R. E. Cardinales, Patriarchas, Æpos, Epos, Sedisque Ap. Legatos, vel Nuncios, aut eos a suis Dioecesibus, Territoriis, Terris, seu Dominiis ejicientes, nec non ea mandantes, vel rata habentes, seu praestantes in eis auxilium, consilium vel favorem. — § 8. Recurrentes ad laicam potestatem ad impediendas litteras vel acta quaelibet a Sede Ap., vel ab ejusdem Legatis aut Delegatis quibuscumque profecta eorumque promulgationem vel executionem directe vel indirecte prohibentes, aut eorum causa sive ipsas partes, sive alios laedentes, vel perterrefacientes. — Auch § 1 erregt viel Anstoß: Omnes a christiana fide apostatas, et omnes ac singulos haereticos, quocumque nomine censeantur, et cuiuscumque sectae existant, eisque credentes, corumque receptores, fautores, ac generaliter quoslibet illorum defensores.

cedens für den Werth anderer vom Papste eingegangener Verbindlichkeiten.

Ich hatte heute Mittags eine Privataudienz beim Papste; er ertheilte auch unserer theologischen Facultät seinen Segen. Als ich Abends Kagerer dies erzählte, äußerte er: möge der Segen auch bewirken, daß die Facultät sich bessere! Warum? fragte ich. Es scheint mir, daß Sie noch immer nicht einsehen, wie man unserer Facultät Unrecht that. Weil sie längst voraussah, was kommen werde, wurde sie stets mit scheelen Augen angesehen und verlästert. Jetzt aber, wo die Bischöfe selbst auf ihrer Seite stehen, sollten Sie doch endlich derartiger Aeußerungen sich begeben.

In diesen Tagen vertheilte man Canonicae et reverentissimae expostulationes apud SS. DD. NN. Pium VII divina providentia Papam. Lugd. 1869 — den Protest der durch Pius VII. depossedirten französischen Bischöfe; dazu ein Schriftchen: à la plus grande gloire de Dieu, par P. A. Métay. Gênes 1869, worin auf Grund dieser Absetzung unter Hinweis auf die Bulle Pauls IV. Cum ex apostolatus officio die Unfehlbarkeit des Papstes bestritten wird. Ich glaube mich nicht zu irren, wenn ich annehme, daß diese Art Argumentation selbst bei den Gegnern der Infallibilität keine Berücksichtigung finden wird. Sie ist zu weit hergeholt.

Der Cardinal Mathieu ist wirklich nach Frankreich abgereist. Mißstimmung über das Verfahren der Curie gegen die französischen Bischöfe ist der Grund. Von diesen hatte sich nämlich ein Theil bei Card. Bonnechose und ein anderer bei Card. Mathieu versammelt. Die einsichtigeren der Bischöfe hatten bald erkannt, daß sie dadurch sich zersplitterten und weniger kräftig sein würden, und verlangten, daß alle Franzosen in einer Versammlung berathen sollten. Card. Bonnechose widersetzte sich und wandte sich schließlich an Card. Antonelli um Verhaltungsmaßregeln. Allein dieser, der sich sonst immer den Schein gab, mit dem Concil nichts zu thun zu haben, war schlau genug einzusehen, daß es besser sei, die französischen Prälaten zu trennen, als sie eine compakte Masse bilden zu lassen; er antwortete: sie sollten sich nur in einer Anzahl von 15—20 versammeln. So waren diese Prälaten bei der Wahl zur

Glaubensdeputation ohne Einfluß, und Mathieu, darüber verstimmt, verließ Rom. Nun vereinigten sich die um Mathieu versammelten Bischöfe mit der anderen Fraction, welche sich bei Bonnechose trafen. Da wollte man, daß auch die Bischöfe der französischen Schweiz, Belgier und Canadier beigezogen würden. Bonnechose hatte jedoch neuerdings darüber Card. Antonelli befragt und von diesem Befehl erhalten, sogleich in der ersten Versammlung zu erklären, daß sie auch die letzte sein müsse.

Rom, 22. Dezember 1869.

Die deutschen und österreich-ungarischen Bischöfe fragten nicht um Erlaubniß bei der Curie an, sich versammeln zu dürfen, und können dies, wenigstens bis jetzt, ungehindert thun. Heute Morgens fand unter Card. Schwarzenbergs Vorsitz eine Versammlung statt, wo zum ersten Male auch Senestrey, Martin und Leonrod erschienen. Der Bischof von Regensburg fühlte sich jedoch nicht behaglich und verließ sofort die Versammlung, als er erfahren hatte, um was es sich handle, indem er Geschäfte vorschützte. Der Gegenstand der Berathung war aber, eine größere Betheiligung und Vertretung des deutschen und österreichischen Episcopates bei den Berathungen der Congregationen zu erreichen. Erzb. Haynald schlug vor, in Verbindung mit den gemäßigteren Elementen des französischen, italienischen, nordamerikanischen, spanischen und orientalischen Episcopates eine Adresse an den Papst zu richten. Darin sollte die Bitte ausgesprochen werden, das ganze Concil in acht nationale Gruppen oder Bureaux zu theilen, welche unter sich zu berathen berechtigt sein sollten, sowie durch je zwei oder drei Mitglieder nicht nur die vier vom Concil gewählten Deputationen, sondern auch die vom Papste allein gebildete Commission für Anträge zu beschicken. Der Papst könne darauf um so eher eingehen, als er dadurch mit seiner auf-oktroyirten Geschäftsordnung ja nicht in Widerspruch treten müsse; auf der anderen Seite würden auch die Hauptbedenken gegen dieselbe beseitigt: Verkümmerung des Propositionsrechtes und Majorisirung der einzelnen Landesepiscopate durch eine von der Curie rein künstlich gebildete Majorität. Würde aber der Papst nicht darauf eingehen (was bestimmt vorauszusetzen ist), so wäre der nationale Standpunkt so in den Vordergrund gestellt, daß die Regierungen für ihre Episcopate eintreten müßten. Dieser Antrag wurde auch wirklich angenommen.¹) Man kann jedoch nicht zweifeln, daß durch diese Einrichtung eine große Zögerung in die Verhandlungen kommen würde, und wenn ich im Augenblicke mich recht erinnere, hatte sie schon das Concil von Trient versucht und als unpraktisch wieder verlassen.

In dieser Versammlung sprach man auch über das Schema de fide und fand es mit seinen Verdammungen für nicht zeitgemäß und überhaupt der Würde eines Conciles nicht entsprechend. Card. Rauscher soll geäußert haben: als Arbeit eines Seminaristen würde er es in seinem Seminare lesen lassen; aber es einem Concile proponiren, sei doch zu stark. Endlich setzte man noch die Wahlliste für die Congregation für Regulare fest: Erzbischof Scherr als ehemaliger Benedictiner darauf.

Rom, 23. Dezember 1869.

Das Schema de fide ist nach dem Bischof von Imola von den Jesuiten Schrader und Franzelin verfertigt worden. Dasselbe wird allgemein als ein schlechtes Machwerk verurtheilt, namentlich auch von den Dominikanern. B. Alberani von Ascoli, ein Carmelit, sagte, daß er es nur zur Hälfte lesen konnte, dann habe er es weggeworfen. Einige Dominikaner von der Inquisition sagten vorgestern auch, daß man durch die Constitutio qua excommunicationes latae sententiae &c., welche hier allgemeine Verstimmung, auch unter dem romanischen Episcopat hervorrief, den Bischöfen gleich vorweg bedeuten wollte, wie viel man nachgeben könne; weiter könne man in der Nachgiebigkeit nicht gehen. — Nach dem Bischof von Imola und P. Tosti von Monte Casino ist auch der italienische Episcopat mit der Behandlung sehr unzufrieden, welche er hier findet. Man spricht davon, daß auch 15 Spanier bereits

---

¹) Die Adresse abgedruckt: Documenta I, 247—250.

den Ultramontanen nicht mehr treu bleiben wollen, woran ich jedoch sehr zweifle; ebenso habe ich kein rechtes Vertrauen auf eine gestrige Aeußerung des Bischofs von Algier, daß nur 7 französische Bischöfe, wie Pie, Plantier ꝛc. zu den ultramontanen gehören. Freilich beobachtet man die Haltung und Handlungsweise des Vaticans sehr genau und die sonst unbedeutendsten und gleichgültigsten Dinge erhalten jetzt eine Bedeutung. Um nur ein Kleines zu erwähnen, mußte ich schon von den verschiedensten Seiten hören, daß es eigentlich doch unerhört sei, daß mir der Papst eine besondere Audienz gewährte, während sie Erzbischöfen und Bischöfen nicht gewährt wurde. Schlechtes Wetter, schlechte und unbequeme Wohnungen und die ganz ungewohnte Kost erhöhen nicht wenig die Verstimmung.

Eine ganz eigenthümliche Rolle spielen die Gesandtschaften. Sie stehen mit dem Concile in gar keiner Beziehung und haben deshalb auch keine Einsicht in die das Concil betreffenden Aktenstücke. Die Staats-Secretarie (Antonelli) will gar nichts vom Concil wissen, d. h. nichts mit ihm zu schaffen haben (eigentlich war Antonelli immer ein Gegner des Concils); es bestehe, sagt man, zwischen ihm und dem Secretariat des Concils eigentlich gar keine Beziehung, und da die Gesandtschaften beim Concil nicht accreditirt sind, können sie durchaus nichts erhalten. Einen Einfluß auf die conciliarischen Angelegenheiten scheint nur die französische Gesandtschaft zu haben, und französische Bischöfe, wie Darboy, sagen ganz offen: man solle hier nur ja nicht zu weit gehen, denn sonst ziehe Napoleon seine Truppen zurück.

Heute Nachmittags ließ mich der Hr. Cardinal auf seiner Spazierfahrt bei B. Stroßmayer vorfahren, der mich von einem Diner her kannte. Str., wohl einer der gewandtesten und bestmeinenden unter der deutsch-ungarischen Gruppe schaut die Dinge viel düsterer an, als z. B. B. Dinkel. „Der Erfolg, welchen sie bis jetzt errangen, ist ein immens kleiner. Das Hauptübel ist der außerordentlich große Mangel an überzeugungstreuen und charakterfesten Männern; es ist ein Jammer, daß man selbst für das, was man als das Richtige erkannt hat, nicht mit der ganzen Entschiedenheit eines Mannes einzustehen wagt. Ich bin tief betrübt. Die übrigen sind geeinigt, da dies der Absolutismus ja ohnehin mit sich bringt, und sind eben dadurch eine Macht." Das Schema tadelt er ebenfalls: „für was soll das Concil veraltete, bereits in der Schule selbst ausgeklungene und nur in der Schule aufgetauchte Streitigkeiten erst hintennach noch discutiren und verdammen?" Dann sagte er mir auch, daß er heute mit einigen Cardinal-Legaten und anderen Bischöfen (als Commission) im Quirinal war, um ein anderes Conciliums-Lokal ausfindig zu machen, jetzt nach zwei Jahren und nachdem das Concil bereits angefangen hat, setzte er mit Recht hinzu. Nächsten Dienstag also soll nach der Wahl der Commission für die Angelegenheiten des Regularklerus die Discussion über das Schema beginnen.

Wie mir Kagerer mittheilt, haben sich die Bischöfe gegenseitig verpflichtet, Niemand etwas von dem zu sagen, was in ihren Versammlungen vorgeht, nicht einmal ihren Theologen! Und sie haben allerdings Recht; denn ihre Secretäre oder Kapläne und Bedienten können sie doch wahrhaftig nicht als Theologen bezeichnen. Da ist auch der Ausspruch des B. Dinkel zu entschuldigen: wir Bischöfe brauchen keine Theologen; wir Bischöfe sind berufen und werden und können die Sache schon ausmachen! Wäre aber unsere theologische Wissenschaft nur wirklich hier vertreten, ich glaube, daß es in Kurzem anders aussehen müßte. Ich erwarte darum mit Sehnsucht Bischof Hefele: er wird gewiß bald das Centrum der Deutschen sein. Dagegen ist es wahrhaft kläglich, Leute, wie z. B. Kagerer, raisonniren zu hören, Leute, welche ohne Vorbereitung hieherkamen, ohne wissenschaftlichen Apparat hier sitzen und nur aufs Gerathewohl hin Theologie treiben.

B. Stahl läßt nun hier durch seinen Neven, Dr. Stahl, einen Zögling des Collegium Germanicum, das Gutachten der Würzburger theologischen Facultät über die Hohenlohe'schen Thesen colportiren. Ich kenne es noch nicht, aber es ist möglich, daß es so Manche wieder stutzig und schwankend macht. Unseren Kagerer scheint es schon wieder etwas imponirt zu haben.

Da kamen auch „die Anfänge des Concils" in der „Allgemeinen Zeitung" jetzt an. Selbstverständlich muß ich sie geschrieben haben und behaupten es namentlich die baierischen Bischöfe und Hagerer. War meine Position bis jetzt hier schon sehr hart, da ich nicht blos ein Schüler Döllingers bin, sondern auch der Münchener theologischen Facultät, welche das verhaßte Gutachten verfaßte, angehöre, so wird sie von jetzt noch viel schwieriger werden. Der „Janus" wird natürlich auch mir auf Rechnung mitgeschrieben.[1]) So heißt es denn nun auch hier: das Palazzo Valentini — die Wohnung des Hrn. Card. Hohenlohe — sei der Herd der Opposition und ich deren Seele, obwohl wir beide mit den Minoritätsbischöfen in gar keinem näheren Zusammenhange stehen, der Hr. Cardinal meines Wissens nie zu den Versammlungen der deutschungarischen Bischöfe eingeladen wurde, ganz bestimmt aber an keiner sich je betheiligt hat.

Von einem Minoriten Gual, Procurator des Erzbischofs von Lima beim Concil, erschien in Paris ein Buch: Oracula pontificia. Größere Ungereimtheiten kann man kaum irgendwo zusammengetragen finden! Es genügt als Beleg pg. 58 sq.: Quid deinde sibi volunt quae sequuntur Christi verba: „Quodcumque ligaveris..." Non enim ligatur et solvitur tantum per praecepta moralia et judicia, sed et per decreta dogmatica seu definitiones fidei, „consilia humana destruentes et omnem altitudinem extollentem se — in obsequium Christi (2. Cor. 10, 4 sq.). Verum, ligatane vel definita esse potuerint in coelis, quae a Petro vel ejus successore erronee ligata vel definita fuerint in terris? Ubinam tunc illud, QUODCUNQUE, sine restrictione rerum et temporum?" Das nennt man Theologie! Allein man sieht daraus recht deutlich, worauf diese Leute zusteuern: sie wollen den Papst zu dem unumschränktesten Tyrannen machen, den gar keine Verantwortung mehr bindet; auf der anderen Seite ist es auch ein unendlicher Gewinn

---

[1]) Ueber „Janus" war selbstverständlich hier viel die Rede. Die verschiedensten Fragen wurden in dieser Beziehung an mich gerichtet. Ich kann nicht unterlassen, zu bemerken, wie Bischöfe Kritik üben. Der Augsburger Bischof sagte mir: er hielt anfänglich auch Döllinger für den Verfasser, allein er sei davon abgekommen, namentlich weil dieser sonst in seinen Werken „italiänisch" mit ä schreibe, „Janus" hingegen „italienisch" mit e!

für seine Günstlinge, indem er, unverantwortlich auch vor Gott, ohne viele Strupel ihre Pläne ausführen kann, und sie selbst zugleich natürlich auch wieder an seiner Unverantwortlichkeit theilnehmen.

Rom, 23. Dezember 1869.

Man erzählt, Card. Schwarzenberg habe erklärt, daß er sich eines anderen besonnen habe: er wolle sich gegen den Papst nicht noch mehr compromittiren. Ebenso von Card. Rauscher, der schon mehrfach geschwankt, daß er, nachdem er vorgestern sein Einverständniß mit den übrigen der deutsch=ungarischen Bischöfen erklärt hatte, nebst Erzb. Tarnoczy sich in der Verweigerung der Unterschrift dem Card. Schwarzenberg angeschlossen habe. Doch dauere die Unterhandlung noch fort und sei die Hoffnung einer Einigung noch nicht aufgegeben. — Auch das Gespenst einer bevorstehenden Acclamation taucht wieder auf. — Gestern verhandelten Haynald und Darboy mit de Luca über die Geschäftsordnung.

———

Rom, 24. Dezember 1869.

Ein Diplomat schildert die Situation äußerst schwarz. Es ist mir unmöglich, alles zu glauben. Insbesondere betont er, daß Card. Schwarzenberg die Adresse an den Papst nicht unterzeichnete; allein wenn es auch wahr ist, so mißfiel ihm wahrscheinlich nur der Modus, ohne deshalb die ganze Richtung zu verlassen, für die einzustehen er noch am Dienstag (21. Dez.) mit solcher Bestimmtheit einem mir bekannten Concilsvater gegenüber erklärte. Immerhin ist das wahre Bild der Situation: schwankende und ungewisse Haltung. — B. Dinkel erklärt mir übrigens das vorstehende Gerücht: die Sache drehte sich darum, eine neue und bessere Form zu finden, da in der gleichen Sache eine französische Deputation, Card. Bonnechose an der Spitze, vom Papste schon abschlägig beschieden worden sei. Am nächsten Dienstag (28. Dez.) beginnen die Debatten. Zwei Franzosen und vier von der deutsch=ungarischen Gruppe werden sich Tags vorher vorschriftsmäßig zum Worte melden. Wer sie sind, wer ferner von der großen Partei der

Rechten sprechen wird, weiß ich nicht. Jedenfalls wird sogleich einer gegen die Formel: Pius . . . approbante Concilio sprechen; aber merkwürdig ist es doch, daß sich einzelne Bischöfe in den Kopf setzen können, approbante Concilio könne bedeuten, und sie fassen es so auf, das Concil habe mehr Autorität als der Papst, ja sei sogar „gallicanisch", d. h. über dem Papst. Wie immer, sie wollen auf der Formel des Tridentinums bestehen, ebenso auf Umarbeitung des Schema; denn ein bestimmtes Schulsystem wollen sie durchaus nicht approbiren.

Ein anderer Saal ist also in Rom nicht zu finden, obwohl hundert Kirchen und Kapellen vorhanden sind, und frühere Concilien haben doch auch in solchen berathen.

Die oppositionellen Bischöfe sind über die Behandlung von Seite der anderen geradezu indignirt. „Wenn wir nur bessere Rathgeber zur Seite hätten," sagte mir B. Dinkel zum Schlusse.

Durch den Tod Reisach's ist freilich eine empfindliche Lücke unter den Curialisten entstanden. Gleichwohl ist er kein so großes Ereigniß, als ich mir dachte. Man ist nur gespannt, ob wieder ein Deutscher und wer zum Cardinal an seine Stelle ernannt werden soll. Eine besondere Fügung Gottes kann man in der Beseitigung dieses Mannes gerade in diesem Augenblicke nicht umhin zu erkennen. Er soll als die Seele des bevorstehenden Concils betrachtet worden sein und namentlich rechnete man darauf, daß es seiner Gewandtheit gelingen werde, die allenfalls widerhaarigen Deutschen zahm zu machen. Seine kirchenpolitischen Projecte, welche er mittels der kirchenpolitischen Section vorbereiten ließ oder vielleicht richtiger unter ihrem Namen selbst vorbereitete, sollen cassirt sein, sowie diese Section selbst eingegangen zu sein scheint. Nach dem Grundsatze: de mortuis nil nisi bene — unterlasse ich es, mehr aus dem Leben Reisachs niederzuschreiben.

Rom, 25. Dezember 1869.

Card. Schwarzenberg ist über das Gerede von seiner Fahnenflucht stark ungehalten und betheuert, daß er und die sich unter

ihm versammelnden Bischöfe von ihrem entschiedenen Vorgehen nicht
zurückkommen werden. Auch B. Ketteler hält noch fest bei der Oppo=
sition aus. Card. Schwarzenberg spricht auch von der möglicher=
weise am 28. Dez. bevorstehenden Acclamation; allein, bemerkt er,
sie werden dann wie Ein Mann Protest dagegen einlegen. Dabei
leitet diese Bischöfe vorzüglich auch die Furcht vor einem großen
Abfall der Laienwelt, eine Gefahr, welche ihnen immer vor Augen
schwebt, und ich glaube mich nicht zu irren, wenn ich aus einzelnen
an mich gerichteten Fragen schließe, daß man mich hier von manchen
Seiten als den in Rom weilenden Vertreter eines bevorstehenden
Schisma betrachtet, wenn die Majorität auf dem Concil die Ober=
hand erhält und ihren Willen durchsetzt. Man fragte mich in
einer Weise, als ob das Schisma schon beschlossene Sache sei und
ich darüber ganz bestimmten Aufschluß geben könne, und natürlich
denkt man sich dabei Döllinger als dessen Haupt.

Rom, 27. Dezember 1869.

Der Papst soll heute sehr deprimirt ausgesehen haben. —
Card. Rauscher hat selbst eine Schrift gegen die Infallibilität ab=
gefaßt und theilt sie im Manuscript seinen Freunden mit. —
Card. Bilio, der Vorstand der dogmatischen Vorbereitungscommission,
aus der das Schema de fide hervorging, gesteht selbst, daß man
an der Curie glaubte, es brauche über das Schema nicht weiter de=
battirt zu werden, sondern es könne an Epiphanie einfach als fertiges
Decret publicirt werden. Da man aber jetzt sehe, daß es ohne De=
batte doch nicht abgehe, so solle an Epiphanie, auf welche die zweite
öffentliche Sitzung anberaumt ist, kein Decret vorgelesen werden.
Dagegen sagte Card. Di Pietro am ersten Feiertage, am Dienstag
solle man stimmen: das Schema sei zu reformiren quoad formam,
nicht aber quoad substantiam.

P. Theiner fragt mich, ob es denn nicht möglich wäre, eine
Subvention in Baiern für Veröffentlichung seiner über Ludwig den
Baier gesammelten Urkunden zu erlangen. Er unternahm die
Collection auf ausdrücklichen Wunsch des hochsel. Königs Max II.,

der jedoch starb, ehe die Arbeit vollendet war. Leider ist Theiner durch die Statuten für das Vaticanische Archiv nicht in der Lage, den Wünschen der Gelehrten auch nur einigermaßen nachzukommen. Noch schlechter steht es mit Benützung der meisten anderen geistlichen Bibliotheken und Archive, deren Vorstände sich in den Kopf gesetzt haben: was Fremde publiciren können, das könnten sie auch, und Jeder sei sich selbst der nächste. So sagte man mir z. B. jüngst in der Vallicellana mit speciellem Hinweise auf Lämmer, der zum großen Verdrusse der Mönche ihre Handschriften ausbeutete und das Ergebniß veröffentlichte. Natürlich; nur wenn man Forschungen über Dinge oder Orte anstellen will, welche in der Geographie und im Kopfe eines römischen Archivars oder Bibliothekars nicht existiren, kann man etwas haben. Aehnlich erging es mir im Archiv ...., dessen Vorstand ich kenne und der mich in dasselbe führte. Ein merkwürdiges Exemplar von Archivar! Er strebt darnach, Theiners Nachfolger zu werden, ohne aber eine ausreichende archivalische und historische Bildung zu besitzen. Er interessirt sich für Alles, nur nicht für das, was eine wirkliche Bedeutung hat, freilich eine sehr erklärliche Erscheinung, da er, so viel ich wenigstens sah, eine Bibliothek nicht zur Seite hat, hier überhaupt neuere historische Werke, außer bei Theiner, kaum zu finden sind. Es thut Einem wirklich das Herz wehe, wenn man solche Tölpel mitten unter diesen Schätzen weilen sieht. Nur wenn man sich für irgend etwas interessirt zeigt, hat es momentan für sie auch einen Werth, um die Antwort geben zu können, daß sie dieses sich selbst zur Publikation vorbehalten. Unwissenheit und Hochmuth sind hier unzertrennliche Genossen besonders der Geistlichen, und wenn einer in die Prälatur und zu irgend einem rothen oder violetten Fetzen gelangt ist, dann glaubt er schon über Alles absprechen und dominiren zu können. Will er, wenn er auch noch so jung ist, einen anderen Posten, z. B. ein Bisthum, so sucht er es natürlich nur, um der Kirche einen besonderen Nutzen zu leisten, wie allen Ernstes unlängst in meiner Gegenwart ein solcher Prälat sagte. Es hat übrigens einen Sinn, wenn man es nur richtig versteht: die Schule der Prälatur hat ihn zum gefügigsten Werkzeug der Curie gebildet, so daß er keinen eigenen Willen mehr hat, sondern nur auf die Winke der Curie horcht. Ist dies das höchste, ist der Vortheil und Nutzen der Curie auch der der Kirche, so hat der junge Laffe auch Recht.

Die Majorität rechnet die Gegner der Infallibilität selbst auf c. 150. Manche unter den Infallibilisten, welche zur Majorität gehören, wünschen wenigstens keine Definition derselben:[1]) die Zahl der oppositionellen Stimmen ist ihnen zu groß.

Rom, 28. Dezember 1869.

Die heutige Generalcongregation wird als ein Ereigniß be= trachtet. Es sollten die Namen der Mitglieder jener Commission bekannt gegeben werden, welche am 20. Dez. waren gewählt worden. Die Minorität hatte auch bei diesem Scrutinium kein anderes Loos als früher. Darauf schritt man zur Wahl der Mitglieder der 3. Commission. Die Minorität hatte sich auf 18 Namen geeinigt. In der Erwartung einer Acclamation hatten die oppositionellen

---

[1]) Gleiches erzählt L'Echo du Vatican, Revue hebdomadaire du concile oecuménique. N. 5 v. 6. Jan. 1870 unter dem Titel: Une belle idée (25. Dez. Abends): Un des plus jeunes pères du Concile, mais un de ceux qui ont le plus à coeur l'infaillibilité personelle du Pape, et qui exerce le plus activement son influence en ce sens, disait: „Il y a environ cent-cinquante opinions grouppées autour de celle du Mgr. Dupanloup et qui, par conséquent sont contraires à l'opportunité de la définition. — Dans ce cas, évidemment le Concile s'abstiendrait; car tous les théologiens sont d'avis que pour la promulgation d'un dogme, c'est la quasiunanimité qui est requise. Pie IX, exposant les motifs qu'il a eus pour proclamer le dogme de l'Immaculée — Conception fait resortir, avec une admirable sagesse, l'unanimité des reponses affir= matives que ses consultations ont amenées. — En sorte que si la question est soulevée, et si elle est traitée selon qu'il semble facile de le prévoir aujourdhui . . . — Eh bien, que voulez-vous? On constatera au moins l'état des croyances sur ce point; on relevera la ma= jorité adhérente de 550 voix contre 160 ou 180. Et ce sera beaucoup pour la consolation des fidèles." — Auch gegen die Anfügung von Anathemen spricht sich dieser Bischof aus. — L'Echo du Vatican ist das Organ des Beichtvaters des Card. Bonaparte.

Bischöfe sich ebenfalls gerüstet. Ein Führer derselben schreibt: „Für den Fall, daß eine Acclamationsdemonstration improvisirt werden wollte, ist für eine ganz formgerechte Gegendemonstration schon gesorgt." So sehr war man überhaupt im Unklaren, was geschehen solle, daß man wirklich meinte, schon in dieser Congregation werde über das Schema abgestimmt werden, und Viele ihre Vota vor der Sitzung abfaßten. Von 14 angemeldeten Rednern sind 7 zu Wort gekommen. Card. Rauscher eröffnete die Discussion mit einer glänzenden Rede, nachdem man die Rednerbühne vorher im ganzen Locale herumgefahren hatte. Kein einziger, darunter fünf Italiener, sprach zu Gunsten des Schema. Einer, der blinde Erzbischof von Nisibis i. p. i., früher Bischof von Terni, Tizzani, zählte auf, was auf den einzelnen früheren Concilien geschehen, dieses Schema aber seien verba, verba, et nihil nisi verba. Der letzte Redner, der Erzb. Conolly von Halifax schloß gar mit den Worten: cum honore esse sepeliendum; nach anderer Version: hoc schema non esse reformandum censeo, sed delendum. Wider Erwarten gut ist also der Anfang und hoffentlich auch der Fortgang. Man erwartete eine Demonstration. Sie hat wirklich stattgefunden, aber nicht zu Gunsten der Curie, nicht der Jesuiten. Man sprach in keiner sehr zarten Weise über das jesuitische Machwerk ohne Klarheit des Gedankens, und Präcision des Ausdruckes, aber mit recht viel jesuitischem Hochmuthe, der seine bisherige blos usurpirte Gewaltherrschaft in der Theologie jetzt durch das Concil approbiren lassen wollte. Card. Bilio soll ganz niedergeschmettert gewesen sein: er erlitt ja als Chef der dogmatischen Commission die erste Niederlage; überhaupt sollen die Cardinäle nach der Congregation ganz verblüfft beijammengestanden sein, während Card. Schwarzenberg einem seiner Freunde sagte: „das ist ja ganz vortrefflich gegangen." Die Situation ist plötzlich verändert: Muth, Selbstgefühl, Vertrauen ist jetzt an die Stelle der Niedergeschlagenheit und Verzagtheit getreten. Immerhin möchte ich auf diesen ersten Erfolg noch nicht so gar viel bauen.

Rom, 29. Dezember 1869.

Tagesgespräch ist noch immer das Ereigniß der gestrigen Sitzung, aus welcher übrigens Erzb. Darboy wich, indem er es für unwürdig erklärte, in einer Congregation Reden anzuwohnen, die man nicht verstehe. Im Uebrigen ist die Freude doch keine ungetrübte, da Card. de Luca, bei dem man sich vor der gestrigen Sitzung befragt hatte, nur für diese die Versicherung geben zu können behauptete, daß keine Acclamation stattfinden werde. B. Stroßmayer, der dies heute in meiner Anwesenheit bei Hrn. Card. H. erzählte, erklärte, sie (die 120—130 oppositionellen Bischöfe) würden aber in einem solchen Falle feierlichen Protest im Namen Christi, der Kirche, ihres Rechtes, ihrer Völker und der gesunden Vernunft einlegen. Jetzt wo man über Alles und überall raisonnire, sollen sie auf dem Concile auf die gesunde Vernunft verzichten. Er werde das nie, weder wegen einer Majorität, noch wegen des Papstes thun. Jetzt, seit er in Rom selbst sei, finde er gar kein Räthsel mehr darin, daß die Reformation und die Trennung der griechischen Kirche von der lateinischen möglich war. Es sei ein wahrer Frevel, mit dem sich der Papst nicht als Stellvertreter des hl. Petrus, sondern Christi darstelle und gerire. Dabei citirt er mit ausführlichen Worten lateinisch die Allocution der Prosynodalsitzung. Er war sehr ungehalten über Titel und Form des Schema, über das er auf Morgen sich zum Worte gemeldet hat. Es sei überhaupt unbegreiflich, meint er, wie man den Bischöfen vor den Kopf stoße, und doch seien sie es, welche die Autorität des Papstes eigentlich stützen und tragen und derselben unter den Völkern in deren Gewissen eine Stätte bereiten. Dafür aber „diese schmähliche Behandlung" der Bischöfe. B. Stroßmayer ist ein Mann von bedeutender Begabung, großer Klarheit des Geistes und Entschiedenheit. Nicht so ist es mit den übrigen Bischöfen, oder wenigstens einem Theile derselben, die eigentlich noch gar nicht recht begreifen, wie sie in diese Position gekommen sind: sie haben mit ihrer mehr oder weniger jesuitischen Vergangenheit vor Fulda noch nicht gebrochen und können und wollen sich doch auch wieder nicht zu ihr bekennen; sie sind noch immer die Gegner der Münchener theologischen

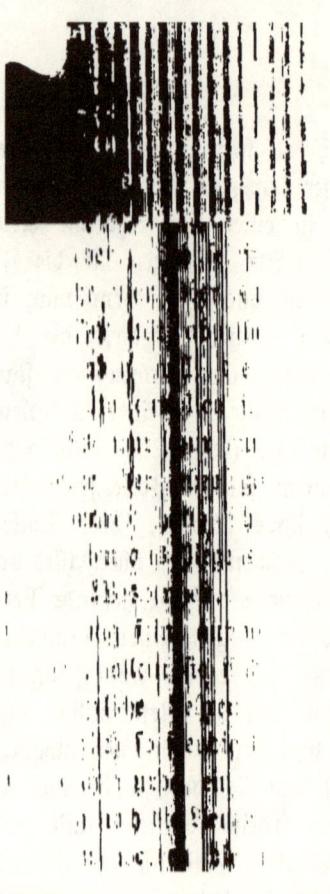

gar nicht mitzutheilen. Hieher gehört wohl auch eine so mysteriös klingende Aeußerung des B. Dinkel gegen mich: „Nun ja, der Hr. Cardinal mag sich nur zurückhalten," d. h., wir brauchen ihn nicht, er würde uns nur compromittiren. Vom 7. Dezember bis Weihnachten wurden also die Versammlungen bei Nardi gehalten; da schrieb ihnen Nardi so plötzlich ab, daß, wie B. Stroßmayer erzählt, Card. Schwarzenberg nichts Besseres thun konnte, als seinen Bedienten vor dem Thore Nardi's zu postiren und die zur Versammlung kommenden Bischöfe abzuweisen. Der Monsignore soll vom Vatican die Weisung bekommen haben; Andere sagen, er habe es aus sich selbst gethan, da er in Ungnade zu fallen glaubte, wenn die oppositionellen deutsch-ungarischen Bischöfe in seinen Gemächern ihre feindseligen Pläne schmieden. Es wird mit dem Verbote der französischen Versammlungen zusammenhängen. Die Versammlungen der deutsch-ungarischen Gruppe sind jetzt in der Wohnung des Card. Rauscher. Card. Schwarzenberg versichert, der Plan einer Petition an den Papst bezüglich der Vertretung in den Commissionen sei noch nicht aufgegeben und die Absicht etwas zu thun von der größeren Mehrzahl der deutsch-ungarischen Bischöfe festgehalten.

Es ist übrigens merkwürdig, während Männer, wie B. Stroßmayer, sich dem bittersten Kummer preisgegeben fühlen, schwelgen andere Bischöfe in der Freude über den gestrigen Erfolg: sie sehen darin einen glänzenden Beweis der Freiheit des Concils, wie z. B. Erzb. Scherr mir sagte: er „fühlte es (bei den gestrigen Reden) wie einen Flügelschlag des hl. Geistes." „Das Concil ist keine „Schmeichlersynode", wenn es auch eine Räubersynode gibt" — wiederholte er mir mehrmals nachdrucksvoll, indem er damit auf die bekannten Artikel der „Allgemeinen Zeitung" im Frühjahre anspielte. Von der Gefahr einer bevorstehenden Acclamation scheinen sie nichts zu wissen oder nichts mehr zu fürchten. — Im Corso kam mir ein römischer Geistlicher, den ich kenne, und der gewöhnlich gut unterrichtet ist, in den Wurf. Ich lenkte bald das Gespräch auf die Acclamation. Da lachte er und sagte: ja, ja, das ist in Aussicht. Als ich ihm bemerkte, wenn sich die Herren vor aller

Welt als Ignoranten in der Kirchengeschichte zeigen wollen, da ja nie mittels bloser Acclamation ein Dogma definirt wurde, so können sie es thun: da konnte er noch immer lachen. Als ich ihm aber sagte: fare acclamazione è fare scisma, machte er ein langes Gesicht, das noch viel bleicher wurde, als es ohnehin schon ist. Der Scheideweg machte einer weiteren Besprechung ein Ende.

Der Bischof von Nizza wollte heute gar wissen, es sei alles nur Spiegelfechterei, Schema ꝛc. Man wolle nur die Unfehlbarkeit des Papstes, damit sei die Bestätigung der Nothwendigkeit der weltlichen Herrschaft und auch über die annexirten Provinzen gegeben. Ich suche hinsichtlich einzelner Punkte Material zu verbreiten.

Rom, 30. Dezember 1869.

Es geht schon länger das Gerücht, daß man am Epiphanietage vor dem Papste die florentinische Glaubensformel beschwören solle. Es wurde auch allgemeiner bekannt, daß der Papst gegenüber Erzb. Melchers und B. Ketteler statt der wirklichen Proclamation seiner eigenen Unfehlbarkeit sich damit zufrieden erklärt habe, daß die florentinische Formel beschworen werde. So lange ich nur gerüchtweise etwas erfuhr, blieb ich dabei ruhig, wiewohl ich darauf aufmerksam machte, daß diese Formel von keinem allgemein als öcumenisch anerkannten Concile herrühre und daher die Beschwörung derselben, ohne vorausgehende Prüfung, kein richtiges Verfahren sein könne. Da aber gestern Lord Acton und vorgestern Graf ... mir es bestätigten, heute sogar Jemand mir sagte: Card. Bilio habe ihm mitgetheilt, daß „man auf Epiphanie das florentinische Glaubensbekenntniß und noch etwas in Bereitschaft habe": fing ich an, mich ernstlicher mit der Sache zu befassen. Ich kam auf den Gedanken, beim Erzbischof von München als meinem Ordinarius eine Vorstellung einzureichen, daß er zu verhindern suchen möge, daß ein verfälschtes oder wenigstens verdächtiges Glaubensbekenntniß vom Concil producirt und beschworen werde. Jedenfalls sei die Frage über die Unverfälschtheit noch nicht entschieden, und stehe es dem Concile deshalb nicht an, nach diesem Aktenstücke zu

greifen. „Im 19. Jahrhundert kann man doch nicht wagen, was
selbst in früheren nicht geschah. Verschiedene Male wurden auf
Concilien die Akten, welche die päpstlichen Legaten mit sich brachten,
einer Prüfung unterworfen: sie fiel nie zu ihren Gunsten aus.
Das gegenwärtige Concil würde sich der Gefahr aussetzen, hinsichtlich
dieses Aktes keine Anerkennung finden zu können, da doch die
Curie und Majorität des Concils kaum soweit ihre Prätensionen
ausdehnen werden, daß sie glauben können, ihr Machtgebot genüge,
um die Vernunft zur Unvernunft zwingen zu können." Man möge
also „zu verhindern suchen, daß die Wissenschaft in eine ernste und
doch so leicht zu verhütende Collision mit dem Concile gerathen müsse."

Eben trug ich die Vorstellung in die Wohnung des Erz=
bischofs Scherr. Ich traf nur Kagerer. Er ließ sich blos über die
Fortsetzung der Artikel über das Concil in der „Allgem. Zeitung"
aus: das sei doch zu stark, gar keine Sprache mehr über eine
solche Versammlung, man setze diese nur selbst herunter. Natürlich
gelte ich immer als der Verfasser oder wenigstens Reporter, und da
helfen alle Versicherungen dagegen nichts, ich muß es einmal sein.
Im Münchener Pastoralblatt versucht sich übrigens Kagerer selbst in
Schilderungen über das Concil.

In der heutigen Generalcongregation sprachen vier Redner:
Vancza, Stroßmayer, Ginoulhiac und Caixal y Estrada — alle
gegen das Schema. Stroßmayer wollte sich über die Formel Pius ꝛc.
verbreiten, es wurde ihm jedoch das Wort entzogen. Card. de
Luca unterbrach ihn mittels der Präsidialglocke und Cardinaldiacon
Capalti sagte: die Geschäftsordnung und Formel der Decrete stehen
einmal durch Ordo und Methodus fest und können nicht mehr in
die Discussion gezogen werden. B. Stroßmayer ging hierauf zu
einem anderen Gegenstande über. Ich meine, die Legaten hatten
von ihrem Standpunkte aus Recht; denn jene der Synode auf=
gedrungenen Aktenstücke wurden ja auch von den oppositionellen
Bischöfen stillschweigend hingenommen. Die Freunde Stroßmayers
ließen es ebenso ruhig jetzt geschehen, daß ihm das Wort genommen
wurde. Man glaubte diese und jene Rücksichten haben zu müssen,
obwohl man längst zur Einsicht gelangt ist, daß man von der

Curie auf die rücksichtsloseste Weise behandelt werde. Man darf nur die Ceremonien in der Peterskirche betrachten, um das Verhältniß der Bischöfe zur Curie zu erkennen. Ekelte mich das Schauspiel schon gleich an, daß sämmtliche Cardinäle und Bischöfe beim Beginne des Concils vor dem gleichsam auf den Altar erhobenen Papste die Kniee beugen mußten, daß er sich am ersten Weihnachtsfeiertage mitten unter die Bischöfe auf seinen Thron tragen ließ — eine wahre Comödie — so wird mir dies alles nachgerade abgeschmackt. Was haben die Menschen nicht aus der Kirche Christi gemacht! Das jetzige Rom hätte das Heidenthum nie überwunden. Ich sage es unumwunden: ich habe an all dem Gepränge, dem die Menschen nachlaufen, nicht das geringste Interesse, da mir beständig die große Gefahr vor Augen schwebt, in welche die Kirche durch den unbeugsamen Eigensinn eines einzigen Mannes gerieth. Ich kann es nicht schildern, wie eigenthümlich mir zu Muth war, als ich am ersten Weihnachtsfeiertag auf seinen Wunsch den Hrn. Cardinal H. in der Peterskirche beim Zuge, als der Papst sich zum Altare tragen ließ, begleitete. Ich sagte es ihm nachher: eine einfache Messe ist mir tausendmal lieber, als dieser Pomp mitten in einer gaffenden, promenirenden und schwatzenden Menge von Seminaristen, Priestern, Mönchen und Fremden. Dazu die unehrerbietige und anstandslose Haltung der meisten Dienst habenden Geistlichen am Altare selbst. Wie anders sei doch die Liturgie der alten Zeit gewesen, wie z. B. Justinus M. sie schildert!

Rom, 31. Dezember 1869.

Der Bischof von Regensburg sagte einem jungen Diplomaten: er kenne keine Versammlung, wo größere Freiheit herrsche, als das Concil. Stroßmayer habe aber so gesprochen, daß er in jeder Versammlung hätte zur Ordnung gerufen werden müssen. Nun, wir kennen ja den B. Ignatius, dem es, wie es scheint, nur wohl ist, wenn er „Throne umstoßen" kann. Was die Freiheit auf dem Concile angeht, so dürfte die „Allgem. Zeitung" selbst ihr Wort als nicht zutreffend bezeichnen müssen, wenn sie blos von einer bevorstehenden „Schmeichlersynode" sprach; jetzt wo das Concil bereits im Gange ist, stellt es sich heraus, daß es eine Schmeichler= und Räubersynode zugleich sein soll.

———

Rom, 1. Januar 1870.

Es wird mir von einem angesehenen Laien gesagt — seine Quelle soll B. Dupanloup sein —, daß Stroßmayer Tags zuvor bei Capalti gewesen sei und ihm mitgetheilt habe, was er am folgenden Tage zu sagen gedenke. Da soll denn die ganze Nacht hindurch im Gesù gearbeitet worden sein, um zu einem Entschlusse zu kommen, was gegen ihn zu thun sei. Ferner soll de Luca als Legat abgesetzt werden, weil er sich nicht energisch genug gezeigt habe. Ich zweifle daran und vermuthe, daß an Reisachs Stelle ein neuer I. Präsident ernannt werde. Weiter soll in der nächsten Sitzung, Montags den 3. Januar, ein neuer Zusatz zum Reglement gemacht werden, der einen neuen Raubversuch an den Bischöfen enthalten soll, und wogegen bereits 23 französische Bischöfe einen Protest unterzeichnet hätten. Endlich, daß der Papst auch verboten habe, daß die deutsch=ungarischen, französischen und americanischen Bischöfe eine Art von internationaler Commission von je 3 Mit= gliedern hätten: es sei dies etwas von revolutionärem Geiste und rieche nach Nationalismus.

Auch Andere bekämpfen die florentinische Glaubensformel.

———

Rom, 2. Januar 1870.

B. Dinkel weiß nichts von dem, was unter dem 1. Januar mitgetheilt ist. Er zeigte sich jedoch gleich anfangs sehr zurück= haltend und zugeknöpft gegen mich. Weiterhin desavouirte er B. Stroßmayer, den er mir bei meiner Ankunft nicht genug loben konnte: derselbe habe gar nichts gut gemacht, die Sache nicht recht angepackt und seine Ansicht schlecht vertheidigt; er habe aber auch blos auf sein eigenes Risico gesprochen, weshalb die übrigen Bischöfe sich auch seiner nicht annehmen konnten. Aufs neue kam die Idee des Hrn. Bischofs, daß approbanto Concilio mehr bedeute, als was dem Papste an Autorität zugeschrieben werde; was ich ihm (brieflich) mitgetheilt habe, daß es auch schon = suadento genommen worden sei, könne er doch nicht hieher beziehen. Ich replicirte, während er eine mir an ihm fremde Miene machte, daß ich dies als Präcedenzfall für die Curie betrachte, und diese durchaus nicht sehr scrupulös war und sei, derartige Dinge auszubeuten; daß aber seine Erklärung des approbanto richtig sein könne, historisch sei sie jedoch unstatthaft.¹) Er schwieg darauf und rühmte mir dann die große Freiheit, die auf dem Concil herrsche: „wohl noch auf keinem anderen herrschte diese Freiheit und wurden solche Dinge gesagt (ich glaube jedoch nicht, daß der Hr. Bischof mit der Geschichte der früheren Concilien sehr genau bekannt ist); nur über die Formel, welche Stroß= mayer berührte, dürfe man nicht reden." Da konnte ich mich denn doch nicht enthalten zu bemerken: „Wenn man freilich alles, was die Curie verlangt, durch jene Formeln im Voraus hingegeben hat, dann kann man leicht über andere Dinge reden lassen, um so mehr als die Reden ohnehin nicht in die Oeffentlichkeit kommen." Der Bischof berief sich dagegen auf die stenographischen Berichte; allein er schien nicht gewußt zu haben, daß diese ganz werthlos sind, wie ich aus B. Stroßmayers Mund selbst habe. Er sagte am 29. De= zember: unwissende junge Leute, die kein Verständniß von der Sache haben, seien diese Stenographen; ihre Berichte seien ganz unbrauch= bar, weshalb er seine Rede niederschreiben und bei den Akten de= poniren lassen werde. B. Dinkel bemerkte noch, daß sie alle ihre Reden niederschreiben werden, und gab meine Ansicht als möglich zu, daß es wahrscheinlich wieder eine doppelte Geschichte dieses Con= cils geben werde, wie beim Concil von Trient: eine officielle der Curie und eine bischöfliche. Außerdem schilderte er die Lage sehr

---

¹) Daß ich hiemit Recht hatte, zeigt der in diesen Tagen in Rom angekommene „Anti-Janus" von Hergenröther S. 126 f.: „Diese Formel läßt sich keineswegs für eine Superiorität des Conciliums deuten; sie spricht weit eher für das Gegentheil." Gleichwohl behauptete B. Dinkel einem Diplo= maten gegenüber: ich könnte ihnen allerdings gute Dienste leisten, aber ich hätte mich auch schon (die Formel betr.) getäuscht!

hoffnungsvoll; selbst die Spanier seien getheilt; viele haben sich noch für gar keine Fraction entschieden und in gutem Glauben bis jetzt gewählt! Endlich jammerte er über die Artikel der „Allgem. Zeitung": er bekomme aus seiner Diöcese von allen Seiten Nachrichten, daß das Volk ganz irre werde,¹) und hier unter den Bischöfen erbittern sie in furchtbarem Grade. Ich nahm eben Veranlassung ihm zu sagen, daß ich mit denselben in Zusammenhang gebracht werde, daß ich aber weder früher noch jetzt Artikel in die „Allgem. Zeitung" schreibe, als auch Kagerer kam. Ich ging darauf mit diesem in seine Wohnung. Es kam auch Erzb. Scherr. Er sagte mir, daß er meine Vorstellung mit Carb. Schwarzenberg, B. Stroßmayer, den ich ja auch kenne und achte, u. a. besprochen habe. Alle hätten es für eine „Thorheit" erklärt, sich an der florentin. Formel zu stoßen oder etwas dagegen thun zu wollen. Es sei ja nichts Unrichtiges in diesem Glaubensbekenntnisse enthalten und überdies ein Bekenntniß eines allgemeinen (sic!) Concils. Daß von demselben kein authentischer Text mehr da ist, sei von keinem Belange. „Wer sagt es Ihnen denn, daß es wahr ist, daß kein ächter Text mehr vorhanden ist? Wer steht denn dafür ein, daß die Akten der anderen alten Concilien noch ächt erhalten sind?" Und wenn es auch wahr wäre, daß der Text der florentinischen Formel gefälscht sei, so ist es ja der Glaube der Kirche u. s. w. Er und Kagerer wußten auch, daß im vaticanischen Archiv eine Originalurkunde sei! Bei der bekannten Disputirmanier dieses Kirchenfürsten kam ich natürlich mit keiner Einrede mehr auf. Als ich auf die nothwendige Collision mit der Wissenschaft hinwies, meinte er: was liege denn daran, wenn Einige daran Anstoß nehmen? Allen könne man es nicht Recht machen u. s. w.

---

¹) Dr. Huttler, Verleger der „Augsburger Postzeitung", erzählte, nachdem ich von Rom nach München zurückgekehrt war, hier, daß er eine Unmasse von Briefen seitens der Pfarrer mit der Aufforderung erhalten habe, die Artikel der „Allgem. Zeitung" zu widerlegen. Er ließ dem B. Tinkel wissen, daß er dazu bereit sei, wenn er ihn mit dem nöthigen Materiale versehen werde. Die Antwort aus Rom lautete aber: Leider seien diese Briefe nur zu wahr und blos in unbedeutenden Einzelnheiten unrichtig!

Einem Mann, der gesagt hat, daß ihm jeder gelehrter Geistlicher
zuwider sei, muß freilich alles, was die Wissenschaft zu bedenken
gibt, ja die ganze Wissenschaft eine „Thorheit" sein. Daran reihte
sich dann eine Fluth von Vorwürfen wegen der Artikel der
„Allgem. Zeitung", welche natürlich auch er für mein Werk be=
trachtet. Sie sind nicht nothwendig, sagte er u. A., denn „jetzt
haben die Bischöfe die Sache in der Hand und sie thun ihre
Schuldigkeit." Aus den weiteren Gesprächen mit Kagerer konnte
ich beobachten, daß er der eigentliche Inspirator war und die
„Thorheit" auf seine Rechnung zu schreiben ist. Ich entschloß
mich, fortan diese Herren mit meinen Besuchen nicht mehr zu be=
lästigen, da ich mich ja selbst mißachten müßte.

Einige Stunden später sagt mir Gräfin Leyden, daß sie schon
mehrmals B. Dupanloup gesehen habe und dieser die Lage als eine
sehr trostlose schildere, also ganz im Widerspruch mit B. Dinkel.
Auch nach der Ansicht eines der hervorragendsten Diplomaten geht
es schlecht. Sein ganzes Gespräch drehte sich um den Gedanken:
„Wir Deutsche müssen uns eigentlich recht sehr schämen über die
erbärmliche Rolle, welche die deutschen Bischöfe hier spielen; wenn
sie nicht noch die ungarischen Bischöfe hätten, welche hier als halbe
Deutsche gelten, würden sie gar wie verlorene Schafe herumirren.
Der deutsche Clerus, resp. Episcopat, habe gar kein Gefühl für
seine Nation" u. s. w.

Wenn ich übrigens Alles ruhig überlege, so werde ich immer
mehr in meinem früheren Gedanken bestärkt, um so mehr als die
Bischöfe mit ihrer ultramontanen Vergangenheit keineswegs gebrochen
haben: sie wollen für ihre Heimat den Schein der Opposition sich
geben, in Wirklichkeit aber sind sie eins mit der großen Majorität
in der Gesinnung. Und daß die Mehrzahl der sogen. oppositionellen
Bischöfe dieser Auffassung der Dinge ist, bezweifeln auch die anderen
Personen nicht, mit denen ich verkehre. Warum sonst das beständige
Ungehaltensein über Verkürzung ihrer Rechte, über schlechte Behand=
lung, ohne je zu einem ernstlichen Schritte kommen zu können?
Warum muß B. Stroßmayer auf sein eigenes Risico über die
principiellste Frage, wie sie dieselbe selbst bezeichnen, sprechen, ohne

ihn zu stützen? Prof. Reinkens schrieb aus Breslau unlängst hieher: „Försters Worte gehören der Opposition, seine Thaten dem Jesuitismus". Es scheint dieses Wort auf die oppositionellen Bischöfe ihrer Mehrzahl nach überhaupt anwendbar zu sein. — B. Förster hat wirklich den infallibilistischen Lorinser bei sich, „von dem er aber nie spricht und den er nirgendshin mit sich bringt," sagte mir ein Concilsvater. — Die Situation mag vielleicht auch der Umstand in etwas aufklären, daß Molitor aus Speier seit einigen Tagen hier eingetroffen ist: er wird sich alle Mühe geben, die früheren Genossen, welche er ja zum großen Theil regiert hatte und die jetzt im Schwanken sind, wieder auf die rechte Fährte zu bringen. Er hatte ja schon das Fuldaer Hirtenschreiben (als Vertreter des jüngst verstorbenen Bischofs von Speier) nicht unterzeichnet!¹)

Durch eine glückliche Verbindung bin ich in der Lage, von einem Privatbriefe Einsicht zu nehmen, welcher an einen Premier — keinen Deutschen — gerichtet ist. Ich füge Einiges aus demselben in mein Tagebuch ein. Jeder Schritt der Curie, heißt es darin, habe die Gefahr vergrößert und das Bedürfniß einer klugen und intelligenten Action von Seite der Staaten gesteigert. Die Geschäftsordnung nehme für den Papst das Recht in Anspruch, Decrete zu machen und Dogmen zu definiren und lasse dem Concil nur die Function des Zustimmens. Nur 18 französische Bischöfe unterzeichneten eine Vorstellung gegen diese Bestimmungen. Am 30. Dez. machte Stroßmayer Einwendungen gegen den Titel eines Decretes und gegen die Formel, welche die Bischöfe von jedem reellen Antheil an der definirenden Autorität ausschloß. Capalti unterbrach ihn: dieser Punkt sei schon durch die Geschäfsordnung erledigt. Str. ging zu einem anderen Gegenstand über, und die übrigen Bischöfe fügten sich schweigend. Der Papst kann jedem Akte des Concils seine Sanction verweigern, das Concil aber kann keinen Akt des Papstes verhindern oder invalidiren oder abrogiren. Dieß hat das

---

¹) Geistl. Rath, Prof. Reithmayr, der dem Bisch. Weis sehr befreundet war, sagte mir jedoch nach meiner Rückkunft aus Rom, daß der Bischof noch vor seinem Tode erklärte, Molitor habe hiebei nicht nach seinem Willen gehandelt!

Concil implicite anerkannt. Darin ist aber das Recht eingeschlossen,
dogmatische Decrete zu erlassen, also — Infallibilität. Hinsichtlich
der Erneuerung der Nachtmahlsbulle thut man alles, um die Mächte
zu beschwichtigen, besonders Frankreich; das Concordat verwahre
dagegen. Obwohl dies völlig unwahr ist, wird es dennoch officiell
gesagt. Die irischen Bischöfe wünschen insofern eine Modification
der Constitution, daß sie in allen vorbehaltenen Fällen absolviren
können, sie würden damit das Princip anerkennen. Die Minorität
ist bis jetzt gestiegen; es zeigen sich selbst Symptome einer Organi=
sation. So wurde ein internationales Comité festgestellt, welches
aus den erleuchtetsten Bischöfen Deutschlands, Frankreichs und
Amerika's besteht. Die für Menabrea über Charakter und wahr=
scheinliche Meinungen der italienischen Bischöfe gemachten Noten sind
nicht ganz ungünstig; es ist aber nicht wahrscheinlich, daß die Oppo=
sition, welche etwa 200 Stimmen zählt, sich noch weiter vermehren
werde. Die eifrigsten Opponenten fühlen ihre Hülflosigkeit und
hoffen auf Ermuthigung von der Laienschaft, wie sich ein preußischer
Prälat (Förster) ausdrücklich äußerte: „sie finden sich den Listen
und Drohungen Roms preisgegeben." Man kann auch überzeugt
sein, alles was Hoffnung und Furcht thun können, wird geschehen,
um ihren Widerstand zu brechen. Einer der mit Muth und Energie
in der Debatte v. 28. Dezember auftrat, klagt schon, man über=
lasse ihn seinem Schicksale, er sei ein ruinirter Mann. Die Po=
sition ist wesentlich verändert, seitdem die Politik der Indifferenz von
den Mächten adoptirt wurde, wozu der Entschluß der französischen
Regierung geführt hat, keinen Theil zu nehmen und keinen Ge=
sandten zum Concil zu schicken. Der Kaiser conferirte mit den
Bischöfen, denen er einen Einfluß auf dem Concil zutraute, ja
sogar mit einigen seiner Regierung ungünstig gesinnten, wie Dupan=
loup, und eröffnete ihnen seine Hoffnungen und Wünsche. Auch
B. Maret sah ihn und meinte einige Zeit, daß ein Gesandter werde
geschickt werden. Allein La Tour d'Auvergne, welcher von dem
früheren Secretär der Gesandtschaft in Rom Armand berathen
wurde, scheint es verhindert zu haben. Ollivier ist ein Mann von
ganz anderem Gepräge, der religiöse Fragen ernsthaft studirt hat.

Seine Ansichten über die alte französische Kirche und das Concordat, welches jene zerstört hat, wird er auf einige Zeit wahrscheinlich geheim halten. Aber seine Ansichten über die römische Frage sind bekannt. Kürzlich hat er Nigra seine Ansicht über die französische Occupation erklärt, und es ist sicher nicht sein Wunsch, in dieser Beziehung der Haltung seiner Vorgänger zu folgen. Gibt er die Occupation auf, wird er die Unterstützung mindestens des halben französischen Episcopates haben. — In diesem Momente rechnet Dupanloup auf etwa 40 von c. 70, die in Rom sind; allein wenn die Krisis kommt, werden es nicht ganz so viele sein; die Krisis kann aber in solcher Gestalt kommen, daß Darboy und Dupanloup und ihre Freunde sich nach der Hülfe umschauen müssen, die der Staat allein gewähren kann. Die Idee, die Unfehlbarkeit durch Acclamation zu proclamiren, ist noch nicht aufgegeben, und wenn die römische Partei sie durch eine einfache Abstimmung durchzusetzen und die Minorität zu erdrücken unternimmt, so werden wenige Bischöfe ein Schisma zu riskiren wagen. Sie werden aber wissen, daß sie ohne Furcht der Isolirung und des Schisma protestiren können, wenn sie von ihren Regierungen gestützt werden. Die fähigsten und populärsten französischen Bischöfe werden dem neuen Minister halbwegs entgegenkommen, wenn er ihnen nur die geringste Ermunterung gibt. Ich weiß, daß sie überlegt haben, was ihre Stellung sein würde, wenn sie das Concil mit einer öffentlichen Protestation verlassen müßten. — Gegenwärtig haben die Regierungen geringen oder keinen Einfluß. Der österreichisch-ungarische Episcopat ist nahezu geeinigt, aber ohne daß der Gesandte darauf Einfluß hätte, der überhaupt wenigen oder keinen Einfluß hat, sowie auch Beust entweder aus Unwissenheit oder natürlicher Leichtfertigkeit keine Idee über das Concil zu haben scheint. Spanien ist in Rom nicht repräsentirt. Die preußischen Bischöfe flößen Arnim kein Vertrauen ein, was dieser schmerzlich empfindet. Er rieth Bismark einen eigenen Gesandten zum Concil zu schicken und ist noch immer entschieden dieser Ansicht. Seine Regierung war im Sommer (1869) auch wirklich darauf eingegangen, allein das Beispiel Frankreichs hätte dies möglich machen müssen. Baiern würde sich anschließen und so hätte das nicht-österreichische Deutschland einen gemeinsamen Repräsentanten. Lavradio kam allerdings mit einem Beglaubigungsschreiben als Gesandter beim Concile, aber er zeigte es nicht, als er fand, was die anderen Mächte gethan, und erklärte sich blos für einen Minister. Spanien wird sich natürlich durch die Erwägung leiten lassen, ob es zweckmäßig sei, seine Gesandtschaft hier unter dem Titel einer Gesandtschaft beim Concil wieder zu eröffnen. Von größter Wichtigkeit wird die Frage für Italien. Die neuen Minister, Lanza und Sella, voll Sehnsucht nach einer kirchlichen Reform, haben sich mit der römischen Schwierigkeit nie beschäftigt, sie ist vielmehr Visconti Venosta ganz überlassen, welcher sich mit Lanza darüber verständigt hat, daß er alle Mittel aufbieten werde, den besseren Theil der Bischöfe zu unterstützen. Ihr Eigenthum ist noch in den Händen der Regierung und ihre Lage eine peinliche und unbeständige. Man wird nun Anordnungen treffen, ihre Angelegenheiten so rasch und günstig als möglich zu schlichten und dabei denen, die es am beßten verdienen, den Vorzug geben. Es ist sogar die Rede davon, das noch nicht verkaufte Eigenthum der Kirche zurückzugeben, nur mit der Bedingung, daß es durch weltliche Beamte verwaltet werde, was jedoch das Parlament beschließen müßte — ein Gedanke, welcher Venosta's Secretär A. Blanc beschäftigt. Venosta ist jedenfalls zur Erkenntniß gelangt, wie wichtig es sei, für das Concil etwas zu thun. Lavradio hat hier die italienischen Interessen zu vertreten und der Papst sprach ihm seinen Wunsch aus, über die kirchliche Frage wieder Unterhandlungen anzuknüpfen. Die Sendung eines italienischen Gesandten beim Concil würde eine versöhnliche Wirkung haben und könnte ein Schritt zur Verständigung sein. Zwar würde der dem König zu gebende Titel eine große Schwierigkeit bilden, aber dieß allein würde die Sendung eines italienischen Gesandten kaum verhindern. Der französische Gesandte, nicht der italienische wird in Rom gefürchtet. Die Veränderung des Ministeriums hat schon große Beunruhigung verursacht, obgleich Banneville erklärt, daß damit keine Veränderung der Politik eintreten werde. Man sagt mir im Vertrauen, daß Niemand sich besser eigne oder weniger unangenehm sein würde, als Rouher. Wenn das neue Ministerium eine allgemeine Aeußerung thut bezüglich seiner Absicht, die französischen Truppen zurückzuberufen, so würde die Anwesenheit Rouher's eine beruhigende Wirkung auf den Hof wie auf das Concil haben. In der That würde jeder Gesandter an das Concil ein neues Unterpfand für die Zeit sein. Es könnte jedoch eine Zeit kommen, wo selbst Dupanloup den Abzug der Truppen als das Mittel die Kirche zu retten betrachtete. — So düster ich auch in die bevorstehende Zukunft blicke, gegenwärtig ist keine Verschlimmerung der Lage eingetreten, im Gegentheil jubelt die Opposition heute. Card. Rauscher, der für völlig römisch galt, hat ein Schriftstück gegen die Unfehlbarkeit in Umlauf gesetzt und am Dienstag (30. Dez.) das Signal zum Angriff gegeben. Er wird von italienischen Prälaten unterstützt... So ist Zeit gewonnen für die Ankunft eines Papieres aus Deutschland, welches die Bischöfe für entscheidend halten. Hefele wird erwartet. Ich fürchte, daß die Bischöfe der Opposition keine Ausdauer haben werden; außer Stroßmayer und Hefele kenne ich unter ihnen keinen solchen Mann; einige der Stärksten geben zu, daß sie annehmen werden, was ihnen zu verhindern nicht gelingen wird. Um diesen Männern Muth und Kraft zu geben, ist die Hülfe des Staates nöthig, und es scheint die Zeit gekommen zu sein, wo vielleicht Englands Rath oder anderer mit England in Einklang redender Mächte die nothwendige Veränderung in der Politik Frankreichs bewirken könnte. Ich höre, daß der Kaiser zögerte und bedenklich ward, als er fand, daß einige dem Kaiserreich für feindlich geltende Prälaten, wie Bonnechose, die Sendung eines außerordentlichen Botschafters empfahlen, während einige seiner Freunde entgegengesetzten Rath gaben. Lavalette soll insbesondere dem Vorschlage nicht günstig gewesen sein.

Aus Baden schickt ein Geistlicher anonym eine Reihe kirchenreformatorischer Vorschläge an Hrn. Card. H. zur Vertretung vor dem Concile. Es ist natürlich für Jeden leicht, einige von den zahlreichen Krebsschäden, an welchen der kirchliche Organismus krankt, aufzuweisen; weit schwerer aber die richtigen Heilmittel dafür zu finden. So geht es diesem Geistlichen.

Rom, 3. Januar 1870.

B. Ketteler ist über die Artikel der „Allgem. Zeitung" beinahe in Tobsucht gefallen. Bei jeder Gelegenheit brüllt er dagegen. Gestern in einem zahlreich besuchten Salon schrie er plötzlich: „die deutschen Blätter sind so gemein, so lügenhaft, daß man sie nicht mehr lesen kann; am allermeisten müssen aber die Artikel der „Allgem. Zeitung" mit ihrem Lügengewebe indigniren."

Nach dem Erzb. Scherr soll endlich doch etwas hinsichtlich der Geschäftsordnung und des Druckes der Protocolle u. s. w. geschehen. Bis jetzt das alte Lied. Die Card. Schwarzenberg und Rauscher sollen beim Papste um eine Audienz einkommen und ihm auseinandersetzen wollen, daß es in der bisherigen Weise nicht fortgehen könne. Auch gegen einen Coup bezüglich der Infallibilität hätten sie sich vorgesehen, indem sie vor die Legaten treten und einen Protest einlegen wollen. Dagegen aber habe B. Martin eine Supplik in Umlauf gesetzt, worin der Papst gebeten wird, selbst seine Infallibilität zu erklären. Es fällt hier nicht schwer, für die ungereimtesten Dinge sofort Unterstützung zu finden. 15 Bischöfe sollen schon unterzeichnet sein, darunter auch drei baierische, natürlich — Senestrey, Stahl und Leonrod!

Die Vorstellung der deutsch-ungarischen Gruppe, die Geschäftsordnung betr., ist endlich fertig und im Umlauf.

In der heutigen General-Congregation wurden die Reden über das Schema fortgesetzt. Die Curie hat ihren Vortheil bereits erkannt: man läßt die Väter über das Schema wacker losziehen, da viele derselben eine so große Freude daran haben und, was für die Curie die Hauptsache ist, darin den Beweis der vollen Freiheit des Concils erblicken. Der römische Clerus sagt es überall und ganz offen, man lasse die Bischöfe reden, so viel sie wollen, um sie hinzuhalten, zu ermüden und auf diese Weise endlich mürbe zu machen. Unterdessen bereite man die Vorlage, die Infallibilität betr., vor, sowie man die Bischöfe allmälig damit vertraut machen wolle. Die vier Redner waren gerade nicht zufrieden mit dem Schema; nur der Patriarch Hassun scheint der Jesuitenpartei anzugehören; er fand, daß im Schema die Autorität des Papstes noch zu wenig stark ausgeprägt sei. Gerade diese Rede wird von römischen Geistlichen dahin gedeutet, daß man die Bischöfe allmälig auf die Vorlage der Infallibilität vorzubereiten beginne. Am besten soll der B. Gastaldi von Saluzzo gesprochen haben. Der Amerikaner Vérot von Savannah brachte durch seine Mittheilungen aus seiner Diöcese die Versammlung in die heiterste Stimmung, ja riß sie sogar bis zum Lachen fort. U. A. soll er beantragt haben, auszusprechen, daß auch die Schwarzen von Adam abstammen; denn in seiner Diöcese bestehe die Ansicht, daß ein anderer Stammvater für die Weißen, ein anderer für die Schwarzen gewesen sei. — Außerdem wurde noch bekannt gegeben, daß der älteste Cardinalpriester de Angelis an Reisach's Stelle zum I. Legaten ernannt sei. Darauf reducirt sich die Nachricht von der Absetzung de Luca's. — Card. Schwarzenberg sagt, daß er mit Card. Rauscher zum Papste gehen werde, wahrscheinlich um die Adresse zu überreichen (Documenta I, 247 ff.). — Man spricht noch immer davon, daß ein Zusatz zum Reglement erscheinen werde, worin bestimmt sein soll, wie und wie lange ein Bischof sprechen dürfe.

Rom, 4. Januar 1870.

Als etwas ganz außerordentliches betrachtet es der römische Clerus, daß ich ein Schüler Döllingers bin. Nachdem vor einiger Zeit die Unità cattolica dies verrathen, wird der Hr. Card. H. von allen Seiten mit Fragen in dieser Beziehung bestürmt. Er antwortet: er und viele Andere haben Döllinger ebenfalls gehört und nennen sich mit Stolz seine Schüler; damit sei aber nicht gesagt, daß diese alle für sämmtliches, was er sagte, einstehen. Eine Schule mit Solidarität gebe es in Deutschland überhaupt nicht. Friedrich hat Döllinger gehört und ist jetzt Professor, selbständig und unabhängig. Er hätte hinzufügen können, daß unsere Schulen eigentlich die Bibliotheken und Archive und unsere Lehrer, auf deren Wort wir schwören, die wahren und ächten Quellen sind. Darin liegt, wie ich Hrn. Cardinal eben auf dem Wege zu St. Peter sagte, der Grund des Zwiespaltes, der zwischen uns und den

Jesuiten 2c. eingetreten ist: daß wir auf die Quellen zurückgehen, diese aber aus der zweiten, dritten oder gar sechsten und siebenten Quelle schöpfen, d. h. eigentlich Alles erst durch die Brille ihres einmal fertigen Systemes ansehen.

Von besonderem Interesse war mir, ein Urtheil über das hohe Cardinals-Collegium aus dem Munde eines mit den Personen und Zuständen in Rom sehr vertrauten Mannes zu hören. „Sie sind, sagte er, rothstrümpfige . . . . ., mit Ausnahme von 4—5, welche nicht einmal im Stande wären, Kapläne an einer Dorf= kirche zu sein." Mir scheint ihre Hauptaufgabe überhaupt nur das Paradiren zu sein. Da kommt mir wieder ein Gedanke, den ich schon seit einigen Wochen in mir herumtrage: wir sind mit unserem theologischen Doctortitel, überhaupt mit unserer Theologie zu wohl= feil geworden. Man sollte in dieser Beziehung wieder so streng wie möglich sein, damit nicht Jeder sich Doctor theologiae schreiben und daraufhin als Theologe geriren kann, der vielleicht seit seiner Promotion nie mehr ernstlich mit Theologie sich beschäftigt hat, und damit möglicherweise auch die Bischöfe und Curie wieder größeren Respect vor der theologischen Wissenschaft bekommen; denn es ist ein altes Sprüchwort: was wohlfeil ist, achtet man nicht. Daher kommt es, daß in den letzten Jahren jeder Bauernkaplan sich über uns zu Gericht setzen zu dürfen glaubte, daher, daß die Bischöfe sich entweder gar keinen Theologen nach Rom mitnahmen, oder ihre Kapläne und Secretäre als Theologen figuriren lassen.

Unter den Rednern in der heutigen Generalcongregation zeichnete sich besonders B. Martin durch seinen Eifer für die Be= strebungen der Curie aus. Er billigte nicht nur das Schema, sondern tadelte auch das bisherige Verfahren der Väter des Concils mit demselben: es sei zwar noch keine förmliche päpstliche Consti= tution, aber doch vom Papste proponirt und müsse deshalb mit der größten Ehrfurcht behandelt werden; aber ganz ungeeignet sei es, von demselben zu sagen: esse delendum. Auch begehrte er, daß der Syllabus, ganz wie er vorliegt, vom Concil angenommen werde. Jedenfalls sprach Martin, wie man hier allgemein davon überzeugt ist, nicht aus sich allein, sondern in höherem Auftrage;

man muß ihm jedoch auch Manches nachsehen, da er ja auch für seine irrgläubigen Schafe sorgen muß und will, und nach Maupied, Réponse à la lettre de Mgr. Dupanloup &c., nur die Definition der päpstlichen Unfehlbarkeit eine Rückkehr der Protestanten herbei= führen kann. Für das Schema las ferner auch der Bischof von Civitavecchia (?), wie man sagt, eine ihm von anderer Hand ge= fertigte Rede ab, die er selbst so wenig verstand, daß er sie nicht einmal richtig vorlesen konnte. Trotzdem bestieg darnach B. David von S. Brieux die Bühne und ließ keinen guten Fetzen am Schema und, auf B. Martin anspielend, sagte er, er wolle zwar nicht mehr sagen: esse delendum; aber si est mortuum, resurgat; möge sich einer der Väter desselben annehmen und ihm neues und besseres Leben einhauchen.

Einen Zusatz zum Reglement gab es bis jetzt noch nicht. Sollte er darin bestehen zu sagen, wie die Väter zu sprechen hätten, so hat dies B. Martin bereits dargethan. Es wurde aber eine neue Methodus in 8. den Vätern heute mitgetheilt. Die Be= deutung derselben mag vielleicht darin liegen, daß einige rituelle Bestimmungen, um welche ich mich nicht bemühe, verändert wurden; die Formeln Pius &c., dann Nosque decernimus &c., sind unver= ändert. Vielleicht will von der Curie damit allerdings angedeutet sein: alle bisherigen Stimmen gegen diese Formeln werden hiemit neuerdings als unzulässig erklärt, der Papst besteht auf seinem Rechte. Endlich wird nach einem gestern ebenfalls mitgetheilten Monitum nicht das Florentinische, sondern Tridentinische Glaubens= bekenntniß in der zweiten feierlichen Sitzung (6. Jan.) zuerst vom Papste, dann von den Vätern abgelegt. Jeder von diesen muß aber einzeln, vor dem Papste auf den Knieen liegend, auf das Evangelium dasselbe beschwören. Uebrigens sagt mir Graf A. gerade, daß man das Florentinum ableisten zu lassen wirklich be= absichtigt hatte; allein de Rossi habe eine Abhandlung darüber ge= schrieben und dann habe man den Benedictiner Smith (als Censor Deputatus am Ende des Theiner'schen Codex diplomaticus dominii temporalis bezeichnet) nach Florenz geschickt, um die dortigen Hand= schriften der florentinischen Confessio zu studiren. — Auch Card.

Schwarzenberg soll sich nach der heutigen Concilssitzung bei Card.
de Luca erkundigt haben, ob das Florentinum beschworen werden solle.

Ich bat heute P. Theiner, mir einmal seine Acta Concilii
Tridentini einsehen zu lassen, da ich ja ein besonderes Interesse
daran haben mußte, nachdem ich mich schon so vielfach mit denselben
beschäftigt hatte. Ich wußte freilich schon seit Jahren, daß deren
Druck auf Befehl des Papstes — und auf Betreiben der Jesuiten,
sagte man mir schon in München — sistirt sei. Jetzt erfuhr ich
noch mehr; Theiner sagte mir, daß ihm verboten sei, auch nur die
Acta Jemanden sehen zu lassen.

Rom, 6. Januar 1870.

Die heutige feierliche Sitzung verlief, ohne besondere Be=
deutung zu haben. Es wurde die professio fidei Tridentina ver=
lesen und beschworen, zuerst vom Papste selbst, dann auf den Knieen
vor dem Papste liegend von den einzelnen Bischöfen. Ich war in
der Theologen=Tribune: nichts Langweiligeres als dieses Ceremoniell,
diese langen Reihen von Bischöfen diesen neuen Akt der Huldigung
vor dem Papste allmälig vollziehen zu sehen. Aber ich war nicht
der einzige, welcher langweilte. Wegen beschränkten Raumes in der
Loge kann immer nur ein Theil der Theologen Platz finden. Eine
Karte mit den Worten: Theologis vel canonum doctoribus queis
datur locus in Synodo tessera und mit näherer Bezeichnung der
Tribune z. B. Pro tribuna superiori cui acceditur a sacello Gre-
goriano B. M. V. — berechtigt zum Eintritt. Das einfache Wort
theologis gegenüber canonum doctoribus könnte andeuten, daß als
Theologe jeder Geistlicher ohne theologischen Grad figuriren könne,
während früher meines Wissens nur Doctoren oder Magister der
Theologie auf allgemeinen Concilien als Theologen Zutritt hatten[1]).
Auf dem Vaticanum sind alle bischöflichen Capläne und Se=
cretäre, dann die Geistlichen, welche das rothe Biret der Cardinäle
tragen u. s. w. Theologen, wenigstens konnte man diese recht zahlreich

---

[1]) Vgl. z. B. Die Geschäfts=Ordnung des Concils von Trient.
Wien 1871. S. 34 u. meine Documenta I, 271.

in den Tribunen vertreten sehen. Eine erbauliche Gesellschaft! Eine öffentliche Sitzung wurde diesmal nicht anberaumt.

Card. Bilio ist ungeheuer verstimmt über die Angriffe der Bischöfe auf das Schema: seine Gesundheit, sagt er, sei in den letzten Tagen außerordentlich angegriffen. Besonders übel ist er aber auf B. David von S. Brieux zu sprechen, der nach B. Martin und diesem zum Trotze wiederholt in zermalmender Weise über das Schema sich ausließ. Von B. Stroßmayer meint er: er sei zu bedauern, daß er auf so falschen Weg gerieth. Als Vorsitzender der Commission pro rebus fidei will er den Burgpfarrer Schwetz aus Wien zum Secretär ernennen. Jedenfalls eine vortreffliche Wahl, wenn man das Interesse der Curie und persönlichen Infallibilität als maßgebend für eine solche Stellung betrachtet. Uebrigens sind die Cardinäle überhaupt über den Mißerfolg des Schema sehr bestürzt, so daß keiner mehr vorgehen und sein bereits ausgearbeitetes Schema den Angriffen der Bischöfe aussetzen will. Card. Bilio wollte jetzt die Commissio de rebus disciplinae vorschieben; aber der ihr präsidirende Cardinal weigerte sich, am Samstag (8. Jan.) sein Schema zur Vertheilung kommen zu lassen. Allein Bilio, beim Papste gerade der Einfluß besitzende Cardinal, bestand auf seinem Verlangen und drang durch. Auch fühlen die anderen Cardinäle, welche über die zu proponirenden Gegenstände so sehr in Unkenntniß gehalten wurden, als die Bischöfe, die unbehagliche Lage, in welche sie durch die Angriffe der Bischöfe auf das Schema gerathen sind. Sie calculiren so: da den Bischöfen nichts vor dem Concil mitgetheilt, keine Meinungsäußerungen darüber von ihnen verlangt wurden, so muß die Curie allein die ganze Verantwortlichkeit tragen. Man konnte erwarten, daß von der obersten kirchlichen Behörde nur ganz tüchtige Arbeiten proponirt würden. Nun ist aber das Gegentheil eingetreten, und das Benehmen des Concils documentirt doch vor aller Welt: ihr seid hinsichtlich eurer wissenschaftlichen oder theologischen Befähigung doch ein sehr inferiores Institut, da ihr ein so ganz schlechtes Papier uns proponiren konntet, in der Meinung, daß daran Alles unantastbar, Alles vortrefflich sei. Die Angriffe auf das Schema sind, man kann das doch nicht leugnen, solche auf die gesammte Curie. Und diese Angriffe muß das Cardinalscollegium in geduldigster Weise Wochen lang sich gefallen lassen, ja in offener Paradestellung mitanhören! Man hatte dies freilich nicht erwartet, wenigstens nicht im Vatican. Vor ungefähr 14 Tagen noch äußerte sich ein Monsignore vom Palaste: das Schema sei ganz perfekt, die Bischöfe würden staunen über dieses vorzügliche Werk; von einer Disputation darüber sei keine Rede, da man allgemein einsehen werde, daß eine solche unnöthig sei. Man denke auch: die Bischöfe würden schon den Muth überhaupt nicht haben, in einer so zahlreichen Versammlung und wahrscheinlich auch vor den Cardinälen viel zu reden! Aber auch Card. Bilio gesteht heute, daß man sich auf eine Disputation im Vatican nicht vorgesehen hatte. Man hatte nämlich an ihn die Fragen gestellt: wie soll denn die Versammlung weiter gehalten werden, da es doch unmöglich sei, in so ungemessener Weise Reden halten zu lassen? und wenn die Reden über den I. Theil des Schema zu Ende sind, was wird dann angefangen werden? welcher Modus wird dann eingehalten werden, da mit den Reden die Discussion doch noch nicht für beschlossen erklärt werden könne? Ja, bekannte Card. Bilio auf die letzten Fragen, hier hat die Geschäftsordnung allerdings eine Lücke, weil man eben an ein solches Verfahren des Concils gegenüber den Propositionen der Curie nicht dachte. Allgemein fragt man sich: wie sollen wohl die Verhandlungen weiter geführt werden? allein Niemand weiß darauf eine Antwort zu geben. — Prof. und Canonicus de Angelis, Mitglied vieler Congregationen und deshalb in Rom sehr angesehen, zugleich auch päpstlicher Theologe, sagte übrigens: man habe bereits beschlossen, wenn die Redner gesprochen, das Schema zurückzuziehen. Nach ihm ist aber dieser I. Theil desselben noch sehr unschuldiger Natur: eine noch weit größere Ueberraschung werde den Bischöfen zu Theil werden in dem folgenden, wo vom römischen Bischofe und der Kirche gehandelt wird. — Bei der Congregation der dogmatischen Vorarbeiten trug sich in diesen Tagen auch zu, daß zu einer Versammlung derselben bei Card. Bilio weder dieser noch P. Schrader (aus Aerger über die bisherige Kritik des I. Theiles des Schema) erschienen. Die anderen Mitglieder deponirten ihre

Papiere einfach auf dem Tische des Cardinals und gingen. Auch schon früher, vor der Eröffnung des Concils sonderten sich beide, Bilio und Schrader, von den übrigen Commissionsmitgliedern zu einer eigenen geheimen Commission ab: ihr Werk ist das Schema. Bilio macht überhaupt kein Hehl daraus, daß die Auswahl der Theologen seiner Commission schlecht getroffen sei, und namentlich ist er mit dem spanischen Consultor wenig befriedigt, so sehr er auch als großer Theologe empfohlen worden war: die sonderbarsten Capriceen habe er im Kopf und möchte er im Concil durchgesetzt wissen. Nach diesem so gepriesenen Theologen müsse die Theologie in Spanien sehr stark darniederliegen.

Rom, 7. Januar 1870.

P. Theiner sagt, man glaube nicht mehr, daß Lord Acton die Concilsbriefe der „Allgem. Zeitung" geschrieben habe; es sei aber allgemeine Annahme, daß sie von Rom ausgehen müssen und ein Auswärtiger sie nicht geschrieben haben könne. Man spreche jetzt davon, daß der Bischof Legat von Triest dahinterstecke, der einen vorzüglichen Theologen bei sich habe. Vom Bischof von Triest wurde mir jedoch auch erzählt, daß er bisher ein äußerst römischer Bischof gewesen sei und viel für Rom und gegen die österreichische Regierung gethan habe; ja daß er insbesondere den Erzbischof von Görz, einen alten Josephiner, an sich gezogen habe, um beim Concil „nicht tolles Zeug zu machen"; aber jetzt sei gerade er selbst so antirömisch, daß er auf die Frage nach seinem Befinden einem Concilsvater antwortete: wie kann es einem gehen bei einer solchen Behandlung! Er soll zu jenen Bischöfen gehören, welche am meisten empört sind.

In Rom sind die zahllosen Mönche eine ganz absonderliche Erscheinung, unter denen sich die Franziskaner (und Kapuziner) besonders durch ihren großen Schmutz auszeichnen. Häufig ganz ekelhafte Gestalten! Nichts Erhebendes in ihrem Gesichte, ihrer Haltung! Von einem Anfluge höheren religiösen Geistes keine Spur! Viele unter ihnen präsentiren sich als Ladroni in religiösem

Habite. Dabei kann man sie überall herumstehen und gaffen sehen: auf dem Corso, bei einer militärischen Parade fehlen ganze Haufen dieser Individuen so wenig, als die Massen der Säcularcleriker und Seminaristen oder wenigstens von Jünglingen und Knaben im geistlichen Gewande, deren manche Einen mitunter um Almosen angehen. Ganz widerwärtig war mir, wenn an frequenten Plätzen unter vielen anderen Bettlern auch ein Franziskanerfrater mit seiner blechernen Bettelbüchse war und sich in fast gleich dreister Weise wie die übrigen den Vorübergehenden aufdrängte, oder wenn ein solcher eben aus einem Hause kam und Einem in zudringlichster Weise seine Büchse vorhielt. Die verschiedensten Gedanken drängen sich da dem ruhig beobachtenden Geiste auf, der nicht vornweg schon alles, was in Rom geschieht und zu sehen ist, für ein Ideal betrachtet, weil es eben in Rom ist. Einen Vortheil schien mir das Mönchthum in Rom übrigens doch zu haben, und ich selbst würde unter den gegenwärtigen römischen Verhältnissen für dessen Beibehaltung stimmen: es ist eine Art von Unschädlichmachung des römischen Proletariates, das außerhalb der Klostermauern nur einen unruhigen und äußerst gefährlichen Bestandtheil der römischen Bevölkerung bilden würde. Wo sonstige Erwerbs- und Nahrungsquellen so beschränkt sind, wie hier in Rom, das so recht ein verrottetes, anachronistisches kleinstaatliches Leben vergangener Jahrhunderte in unserer Zeit repräsentirt, da ist diese Art von Klosterwesen ein sehr gutes und nicht zu verachtendes Auskunftsmittel, sowie ich mir die übergroße Zahl des römischen Clerus, der doch wahrhaftig auch keine goldenen Berge in Aussicht hat, nur in ähnlicher Weise erklären kann: für Viele oder die Meisten ist es nicht der Beruf, sondern einzig der Broderwerb, welcher sie in den geistlichen Stand drängt. Daher auch das nach unseren Begriffen so wenig clericale Leben und Treiben, die Interesselosigkeit an der Wissenschaft, die fast gleich Null zu schätzende Ausbeute der wichtigsten und umfassendsten literarischen Schätze. Daher die Erscheinung, daß sich amtlich mit Verwaltung solcher Schätze betraute Geistliche an dieser ihrer Stellung genügen lassen, diese allein schon als etwas Hohes betrachten und geradezu eigentlich nichts für wissenschaftliche

Verwerthung derselben thun; denn auch ihnen begegnet man überall eher, als bei der Arbeit. Freilich läßt sich nicht leugnen, daß hier noch ein anderer Punkt in Berücksichtigung gezogen werden muß: die Furcht vor Veröffentlichungen, welche irgendwie unangenehm berühren könnten, wie P. Theiner's Leidensgeschichte beweist; man würde ja dadurch in Rom Ansehen sowie Aussicht auf Beförderung verlieren, welche letztere dem römischen Geistlichen doch über Alles geht. Ermannt sich ein römischer Geistlicher zu einer Publication, so hat man dabei häufig den Nebengedanken, damit der Curie gefällig sein zu wollen, um sich einen Titel auf Beförderung zu begründen. Im ganzen ist die letzte Anschauung sehr verzeihlich, allein dem wissenschaftlichen Leben und Streben so ganz zuwider, daß sich unser Einer unmöglich damit befreunden kann, wenn vielleicht deswegen die Schätze eines ganzen Institutes den Augen der Forscher entzogen werden, wie es leider in Rom nicht selten ist. Jeder Gelehrter wird es zu respectiren wissen, wenn ein anderer sich diesen oder jenen wissenschaftlichen Plan entworfen hat und verfolgt; es wird ihm nicht einfallen, diesem ins Handwerk pfuschen zu wollen; aber geradezu ganze Bibliotheken und Archive für sich allein mit Beschlag belegen zu wollen, das ist wahnwitzig und ein sprechender Beweis, wie wenig solche Leute wissenschaftlich und methodisch gebildet sind, und wie ihnen nicht die Beförderung der wissenschaftlichen Erkenntniß, sondern ihr eigener Egoismus am Herzen liegt.[1]

Eben sagt mir Graf A. auf dem Wege, daß er von einigen Bischöfen gehört habe, die Petition der Majorität um Proposition der päpstlichen Infallibilität zähle bereits 500 Unterschriften. Sie soll im Sinne Manning's gehalten sein: „wenn der Papst zur katholischen Kirche spreche." Uebrigens, setzt er bei, trage man sich mit der Hoffnung, daß Dupanloup mit seinem Anhange baldigst beseitigt sein werde.

Heute Nachmittags war ich mit Hrn. Card. H. in der Villa

---

[1] Im Uebrigen klagte auch Erzbischof Scherr nach dem Diner, das er der theologischen Facultät nach seiner Rückkehr gab, Döllinger und mir gegenüber, daß er in Rom in keinem Ordensinstitute, mit Ausnahme eines einzigen, ein wirklich erbauendes klösterliches Leben gefunden habe!

Borghese, außerdem begleitete ihn ein Professor R., der von Fach Philosoph ist, aber an der Propaganda und zwei anderen geistlichen Anstalten Physik lehrt. An einer dieser Anstalten mußte er aus seinen eigenen Mitteln ein physicalisches Cabinet einrichten. Es läßt sich denken, wie dieses beschaffen sein muß. Und wozu die Zersplitterung in drei Lehranstalten? Ich fragte ihn darüber; allein er wußte eigentlich nichts dafür geltend zu machen. Er sprach zwar davon, daß dadurch die „Aneiferung der Zöglinge" gefördert werde; aber als zureichender Grund kann dies dennoch nicht betrachtet werden. Von einem ausreichenden Material zu wissenschaftlichen Arbeiten der Lehrer natürlich keine Rede. — Interessant war es für mich die Zöglinge der Propaganda und des griechischen Institutes hier ebenfalls herumschlendern zu sehen, frei und ungezwungen, aber auch frisch und lebenslustig. Ein Platz in der Umgebung der Villa, eine Art ausgetrockneten Deiches, dient diesen Leuten als Spielplatz. Dabei sieht man sie truppweise, ganz nach ihrem Belieben dahergehen und werden nicht wie bei uns im Laufschritte getrieben. Ueberhaupt dürfen und können unsere Bischöfe gerade in dieser Beziehung lernen, damit sie in ihrer ganz unvernünftigen Auffassung der tridentinischen Vorschriften ihre Jugend in den Knabenseminarien nicht körperlich fast zugrunderichten, indem sie jede Freiheit der Bewegung verpönen und die armen Knaben beinahe hermetisch von der Außenwelt absperren, so daß nur ganz unweltläufige Leute aus denselben hervorgehen. Mit Recht ist darum die deutsche Nation aufgebracht über diese Institute und kann man es als ein Glück betrachten, wenn sie keine tieferen Wurzeln schlagen. Gebe deshalb Gott, daß unsere Bischöfe wenigstens noch hiefür ein offenes Auge haben und künftig nicht noch römischer als Rom sein wollen. Allein ich darf doch nicht verschweigen, daß diese Erziehungsweise eigentlich nur in jenen Instituten herrscht, welche unter keiner jesuitischen Leitung stehen. Und wie auffallend dieser Unterschied ist, kann Jeder schon bemerken, wenn er die Zöglinge des Collegium germanicum durch die Straßen Roms wandeln sieht. Sofort fällt es auf, daß vor Allem die der Jugend eigene Unbefangenheit ihnen abgeht. Man sieht aber, daß wir auch in dieser Beziehung bereits das Opfer der

Jesuiten geworden sind. Sie sind die Dränger und Interpreten der tridentinischen Bestimmungen für unsere Bischöfe gewesen, zwar vielleicht nicht immer direkt, aber doch indirekt durch ihre im Germanicum gebildeten Schüler, die bei uns sogenannten Doctores Romani.

Man verbreitet unter den Vätern des Concils: Buselli, Sulla definibilità dogmatica dell' assunzione corporea di Maria Santissima. Dissertazione teologico-storico-critico. Firenze 1863. Ich konnte die Schrift noch nicht näher ansehen. Der Hr. Card. H. bemerkte mir aber bei dieser Gelegenheit, daß Card. Di Pietro im August v. Js. einen Vortrag darüber hielt. Er soll nach Ohrenzeugen sehr instructiv und plausibel gewesen sein, was sich freilich erklärt, da der Cardinal die Zeugen dieser (apocryphen) Tradition bis auf die Apostelschüler zurückzuführen wußte. Während nämlich bei uns jeder in der kirchlichen Literatur einigermaßen bewanderte Geistliche weiß, daß die Schriften des Dionysius des Areopagiten nicht dem Apostelschüler zugehören, ist dies in Rom noch feststehende Annahme! Man sieht daraus, daß man sich also in Rom wirklich mit dieser Frage beschäftigte; jedoch hatte der Papst schon im Sommer erklärt, daß das Concil nicht damit werde behelligt werden. Dabei erinnere ich mich wieder an die Inschrift über dem Eingang in die Conciliumsaula: Adsis volens ac propitia ecclesiae decus et firmamentum, imple spem in tuo praesidio positam, quae sola omnes haereses interemisti. Das Alterthum und überhaupt nie hat die K i r c h e die Bezeichnung firmamentum ecclesiae von der hl. Maria gebraucht; man sieht aber, wie in Rom alle Begriffe untereinandergewürfelt werden, um etwa schließlich neue Dogmen daraus ableiten zu können.

In der Ungewißheit über die Tragweite einiger Sätze des Schema de fide wollte ich nicht versäumen, mir den nöthigen Rath, wenn auch von auswärts, zu erholen. Die Bemerkungen Hanebergs und Reischls, denen sich auch Döllinger anschloß und die meine eigene Ansicht bestätigen, sind gestern angekommen. Ich ließ heute einem Bischofe eine Abschrift davon zukommen, welche derselbe mit großem Danke entgegennahm.

Rom, 8. Januar 1870.

In der heutigen Generalcongregation sprachen vier Redner, resp. drei, da der lateinische Patriarch von Jerusalem heiser war und seinen Vortrag von einem Anderen vorlesen ließ. Er soll sich der Exegeten, ich will sagen, der wissenschaftlichen Exegeten angenommen und im Sinne Haneberg's eine „inspiratio subsequens" vertheidigt haben. Von den anderen Rednern hebe ich den B. Räß von Straßburg hervor, welcher in „ziemlich roher" Weise sich vernehmen ließ und sich namentlich nicht enthalten konnte, der deutschen Professoren und besonders eines Müncheners (Frohschammer) zu gedenken: es geschehe ihnen ganz Recht, wenn sie verdammt würden. Es drängt sich dabei freilich die Frage auf: ob es taktvoll ist, in dieser Weise auf einem Concile persönlich zu werden, und noch mehr, einen solchen Redner seitens der Legaten gewähren zu lassen? Anfänglich hatte man mir gar gesagt: Räß habe sich besonders über die Münchener Professoren ausgelassen, und, dachte ich mir, gewiß zur Befriedigung der baierischen Bischöfe selbst. — Zugleich kamen zwei Schemata de disciplina zur Vertheilung. Der oben genannte Bischof läßt mir sagen, daß er über sie wie über das Schema de fide Gutachten von wissenschaftlichen Theologen wünsche. Beide sind noch erbärmlicher als das de fide.

Rom, 9. Januar 1870.

Noch immer spricht man von der Rede des Bischofs von Straßburg. Man glaubt, daß er sie aus Obedienz gehalten habe. Die Tendenz war die des B. Martin. Er wies bei den einzelnen Punkten auf die betreffenden päpstlichen Constitutionen hin, in welchen dieselben bereits ihre Erledigung gefunden hätten und aus denen sie einfach ausgehoben seien, und raisonnirte dann so weiter: Ihr habt dies oder jenes gegen diesen Punkt des Schema gesagt; derselbe steht aber in der päpstlichen Constitution x oder y, ergo habt Ihr gegen eine päpstliche Constitution gesprochen.

Audisio, Professor an der Sapienza, colportirt unter seinen Freunden eine Schrift: De Papa fallibili. Man hatte nämlich auch den hl. Antonius als Verfechter der päpstlichen Infallibilität aufgeführt. Nun wurden unter obigem Titel Texte desselben zusammengestellt, welche das Gegentheil beweisen. Card. Bonaparte hat bereits gestern ein Exemplar der Schrift besessen.

B. Dupanloup war gestern sehr verstimmt, ja ganz verstört. Eine französische Dame, welche ihn seit langen Jahren kennt, behauptet, daß sie ihn nie in ihrem Leben so außer Fassung gefunden habe. Ist die mit c. 500 Unterschriften bedeckte Adresse, die Infallibilität betr., daran Schuld? — Die „Allgem. Zeitung" nahm aus einem englischen Blatte die Notiz herüber, daß Card. Schwarzenberg von der Opposition abgefallen sei. Das ist unrichtig. Er trug anfänglich Bedenken, die Adresse zu unterzeichnen, that es aber schließlich doch. Dagegen unterzeichnete jetzt Card. Rauscher nicht, weil man wünschte, daß er sich durch seine Unterschrift nicht etwa für die Zukunft sein Auftreten in wichtigeren Fragen unmöglich machen soll. Das Geschick der Adressen ist jedoch noch nicht bekannt.

Endlich fand ich gestern bei Spithöver auch Hergenröthers Anti-Janus. Ich erwartete in so kurzer Zeit keine abschließende Antwort, diese aber überhaupt nicht von Hergenröther als einem Doctor Romanus, oder wenigstens Zögling des Collegium Germanicum, wenn auch eine seines Namens würdigere. Ein so seichtes Machwerk, die bloße Reproduction früherer Einfälle und unbewiesener Behauptungen, die Confusion in den Materien, die jesuitisch-dialektische Spiegelfechterei, durch Distinktionen historische Facta zu beseitigen, wie man sie in Perrone's Praelectiones finden kann, das Alles treibt einen offenen und ehrlichen Forscher zur Verzweiflung. Ich sprach Hrn. Card. H. über die Bedeutungslosigkeit des „Anti-Janus", ohne ihm zu verhehlen, daß ich auch „Janus" nicht in Allem billige: meine innerste Ueberzeugung sei schon in München gewesen, und „Anti-Janus" mit seiner Confusion und wissenschaftlichen Unehrlichkeit habe mich darin bestärkt, daß die Frage der päpstlichen Infallibilität mindestens noch nicht spruchreif sei. Wo die Theologen noch mit solchen Mitteln und in dieser Weise kämpfen, da braucht und kann die Kirche noch keinen definitiven Ausspruch thun. Welche Bedeutung man übrigens dem

"Anti=Janus" zuschreibt, sagte mir Jemand, geht daraus hervor, daß er bei B. Ketteler beständig auf dem Tische liegt, sowie "Janus" auf dem Tische des Erzbischofs von Paris.

Ich beschäftige mich nebenbei mit der Lecture der Historia Congregationum de auxiliis von Serry. Ich notirte mir daraus bereits einige sehr wichtige Stellen. So pg. 742 aus den Ordens= statuten der Jesuiten: ut si quis aliquid sentiret, quod discreparet ab eo, quod Ecclesia et ejus Doctores communiter sentiunt, suum sensum ipsius Societatis definitioni debeat subjicere. Ferner pg. 277, 284 die von Clemens VIII. (1602) verdammten, in Denzinger's Enchiridion wohlweislich nicht angeführten Thesen der Complutenser Jesuiten, wodurch sie sich der Autorität dieses Papstes, der daran war, ihre "scientia media" zu verdammen, zu entziehen: 1. Non est de fide hunc numero Papam, e. gr. Clementem VIII., esse verum Papam. 2. Major pars Patrum in Concilio, adhuc ante confirmationem Summi Pontificis, est infallibilis veritatis. Die Noten der Censur lauten: velut erroneae, schismaticae, scandalosae. Endlich pg. 284 die Thesen der nämlichen Jesuiten: 1. Revelatio mysteriorum fidei facta Ecclesiae non est necessarium medium, ut certo et infallibiliter cognoscantur; sed prudentialis notitia sufficit. 2. Successio Petri Ap. in Episcopatu Romano jure divino non constat; etsi probabilissimum sit, Christum praecepisse Petro eam fieri. Notatae sunt, quae totius fidei catholicae fundamentum Sedisque Apostolicae auctoritatem subvertere videbantur.

Rom, 9. Januar 1870.

Der heutige Tag wurde dazu verwendet, "Anti=Janus" mit Randglossen zu versehen. Da ihn verschiedene Personen zu lesen verlangten, können sie wohl sehr am Platze sein. Das Ergebniß dieser Schrift ist klar: der Papst allein ist mit göttlicher Autorität umkleidet! Und vor diesem Baal des Jesuitismus will die Majorität des Concils die Kniee beugen! Heißt das nicht den Untergang der Kirche decretiren! Nun, sie mag sich mit dem Rufe zu Grabe legen: Jesuiten, ihr habt mich besiegt! Ist aber der Jesuitismus vollkommen zur Herrschaft gelangt, hat er einmal alle Verhältnisse in die Hand genommen, dann wird man auch der Christenheit sagen: „ipsius Societatis (Jesu) definitioni debeat subjicere!" Noch interessirte mich an „Anti-Janus", daß er pg. 30 thatsächlich die Geschichte des Vaticanischen Concils bis aufs Kleinste im Voraus geschrieben hat, d. h. so wie die leitenden Cardinäle sich dasselbe vorstellten, und dies noch nach den neuesten Geständnissen dieser Cardinäle. Dieselben sind in diesen Memoiren niedergelegt, und zwar längst bevor ich diese Schrift in die Hände bekam. Hergenröther hebt nämlich einen Abschnitt so an: „Ich armer, unwissender Mensch habe den in der Aufschrift dieses Kapitels bezeichneten Abschnitt (S. 8—37) wiederholt und aufmerksam gelesen und mich darnach gefragt, was ich daraus gelernt habe. Da trat mir zunächst die geistreiche Belehrung entgegen: „Die auf dem Concil vereinigten Bischöfe haben nichts zu thun, als das conciliarische Siegel einer Arbeit aufzudrücken, welche der Jesuit Schrader in richtiger Voraussicht bereits geliefert hat." O glückliche Bischöfe! Sie können Fest- und Zweckessen halten, Kunstgenüssen sich hingeben, mit Mitra und Pluviale paradiren, der Siesta pflegen; denn der vorsichtige Jesuitenpater hat für alles Andere vorgesorgt und das Siegel des Conciliums aufzudrücken ist keine schwere Arbeit. Man respondirt höchstens: Placet und Alles ist abgemacht." Nicht kürzer und treffender hätte ein Gegner die Meinung der Curie von einem Concile charakterisiren können. Nur daß den Cardinälen, welche sich im Voraus bei Card. Antonelli erkundigt hatten, bedeutet worden war, keine Zweckessen zu geben; daran theilzunehmen scheint ihnen jedoch nicht verwehrt zu sein.

Der preußische Feldpropst, B. Namszanowski sagt, daß die Opposition gegen die Infallibilität im Steigen sei, und gegen das Bedenken der massenhaften Unterschriften der Infallibilitäts-Petition bemerkt er, daß dies nicht so gefährlich sei: die Infallibilisten hätten sogar Namen (z. B. Krementz von Ermland) darauf gesetzt, welche gar nichts davon wußten, auch nicht dazu gewillt waren und deshalb nachträglich dagegen protestirten. Freilich sagten die Infallibilisten, daß sie mit dieser Definition auch ohne die deutschen Bischöfe fertig werden würden; allein um so größere Energie entfalteten diese, und dies um so mehr, weil sie nur einen großen Abfall von der Kirche voraussahnen können.

Die Briefe über das Concil in der „Allgem. Zeitung" soll jetzt der Legationsrath der preußischen Gesandtschaft, Graf Stirum, ein Protestant, schreiben! Der Papst bietet alles auf, den eigentlichen Verfasser dieser Artikel zu erfahren. Immer noch glaubt man jedoch, daß die Fäden der Opposition im Palazzo Valentini zusammenlaufen!

Rom, 10. Januar 1870.

Die Palme des heutigen Tages trug Erzb. Haynald davon.[1]) Er soll bewunderungswürdig gesprochen haben und überhaupt neben B. Stroßmayer der beste und gewandteste Redner sein. Er wandte sich gegen die beiden Vertheidiger des Schema, die beide — leider muß man es sagen — Deutsche waren, gegen Martin und Räß. Seine Rede soll für diese vernichtend (?) gewesen sein, und dabei war er so rücksichtslos, sie bei ihren Namen zu nennen, wenn er sie auch mit besonderem Lobe belegte. Dabei hielt er sich an die vom Papste selbst erflossenen, das Concil regelnden Aktenstücke, besonders die Literae apostolicae „Multiplices inter", und wies daraus beiden ihr Unrecht nach, den Bischöfen ihr auch vom Papste anerkanntes Recht abzusprechen, auch Richter zu sein und Prüfung anzustellen über das, was ihnen vorgelegt werde. Und auch über die Formel Pius episcopus &c. dürfen die Bischöfe sprechen, wenn es auch unlängst einem derselben nicht gestattet wurde und er deshalb heute nicht darauf zurückkommen werde. Aber das wolle er constatiren, daß sie auch nach dem Papste Richter seien: sie können approbiren, da es heiße approbante Concilio, worin doch liege, daß sie auch disapprobiren könnten. Wir werden sagen: Spiritui Sancto et Nobis placuit. Martin, sagte Haynald öfter, wisse dies freilich,

---

[1]) Ich bemerke hier, daß Scheeben's Periodische Blätter die „Chronik" des Concils ganz unzuverlässig geben.

aber wir wissen es nicht, indem er auf Martins Clique anspielte. Offenbar schlug er nur auf Martin und Räß, um einen Dritten zu treffen, und dienten diese ihm nur dazu, um auf gewandte Weise auf das zurückzukommen, was Stroßmayer angeregt hatte. Der Legat Capalti lauschte mit vorgestrecktem Kopfe, die beiden Hände an den Ohren, auf die Rede Haynalds, wahrscheinlich um einen Punkt zu erhaschen, bei dem er den Erzbischof unterbrechen könnte. Es gelang ihm dies jedoch nicht, so gut hatte dieser seine Rede angelegt und bemessen. Wie bitter dies für die Cardinäle zu hören war, darüber ließe sich manch Charakteristisches erzählen; dagegen wurde ihm schon während der Rede Seitens der Bischöfe mehrmals Beifall gezollt und am Schlusse entstand unter ihnen ein sehr beifälliges Murmeln. Auch der Bischof von Chalons, der die Rednerbühne nicht bestieg, sondern sich vor den Legaten aufpflanzte, soll in sehr energischer Weise gesprochen haben: er wandte sich insbesondere — wenn ich recht berichtet bin — gegen die Phrase „anima est forma corporis" und fragte, was denn dieselbe bedeuten solle. Ein anderer Redner sprach gegen die Thorie der Inspiration der hl. Schriften, wie sie im Schema ausgedrückt ist, und entwickelte seine Anschauung im Sinne Haneberg's. Der griechisch-unirte Bischof von Großwardein mit seinen wenigen, höchst unbedeutenden Worten soll sich nach der glänzenden Rede Haynalds ganz komisch ausgenommen haben. Er empfahl das Schema: er habe zwar anfänglich auch über verschiedene Punkte Bedenken gehegt; allein je länger er sich damit beschäftigte, je mehr schwanden sie. (Früher hatte dieser Bischof in der Versammlung der Deutsch-Ungarn gesagt: non amo multa dogmata. Als er nun nach seiner Rede in der Generalcongregation wieder in der Versammlung erschien, sagte ihm ein Bischof: Graeca fides nulla fides. Darauf blieb er von diesen Versammlungen weg.) Einen sehr günstigen Eindruck machten die Worte eines Chaldäers, B. Chajat von Armadia, der mit so schöner und klarer Stimme sprach: er finde, daß man sich zu viel mit Schulfragen im Schema befasse; besonders sei es eine ganz unnöthige Sache für ein Concil, sich mit einzelnen Anschauungen deutscher Gelehrten zu beschäftigen, das seien zu locale Dinge.

Auch mit Philosophie habe es das Concil nicht zu thun: scientia libera betonte er, sowie auch Haynald und der B. Meignan von Chalons diesen in Rom so verhaßten Ausdruck mit Nachdruck betont haben sollen. Da ist es auch erklärlich, daß sich Card. Bilio während der Rede Haynalds einmal zurückzog, ein Mann, der nichts weiter deutsch versteht, als „deutsche" und „freie Wissenschaft" und diese Worte so oft mit einem innerlichen Schauer wiederholt. Um aber auf den Chaldäer zurückzukommen, so bemerkte er ferner: er wolle sich als Chaldäer zwar kein Urtheil über die lateinische Sprache anmaßen, aber wenn er die Sprache des Schema mit der des Concils von Trient vergleiche, so falle der Vergleich doch sehr zu Ungunsten jenes aus. Schließlich legte er dem Concil noch ans Herz: ob es nicht auch des Nestorianismus, der in seiner Heimat noch so große Bedeutung habe, gedenken wolle? Zwei Redner kamen nicht mehr zu Wort; die Legaten erklärten: die Zeit sei schon weit vorgeschritten, die Discussion über das Schema de fide sei geschlossen, dieses werde als der Besserung bedürftig zurückgezogen und der Commission pro rebus fidei zugewiesen, um nach der nothwendigen Revision durch dieselbe an das Concil zurückzugelangen. Vorläufig sollen die Generalcongregationen sich mit den Schemen de disciplina beschäftigen.

Die Adresse, welche zur Erlangung einer Proposition der Infallibilität des Papstes in Umlauf gesetzt wurde, scheint die deutsch-ungarischen Bischöfe endlich zu einer entscheidenden Resolution geführt zu haben. Der preußische Militärbischof hatte es schon gestern dem Hrn. Card. H. gesagt; ganz siegestrunken kam heute der Erzbischof von München in St. Peter auf ihn zu und meldete ihm, daß jetzt ein entscheidender Schritt geschehen sei. Er meinte das Zustandekommen einer Adresse gegen die Infallibilität (s. dieselbe Documenta I, 250—52, datirt v. 12. Januar). Ueberhaupt treten nunmehr die deutschen Bischöfe selbstbewußter auf. Auch soll sich die Opposition in den letzteren Tagen sehr vermehrt haben. Uebrigens ist es blos ein Manöver gewesen, daß man verbreitete, 500 oder mehr Bischöfe haben die Infallibilitäts-Petition unterzeichnet. B. Alberani von Ascoli, der heute bei Hrn. Cardinal H.

zur Tafel war, sagte, daß ihm dieselbe gestern von Seiten Seneſtrey's zukam, dieſer aber nur 40 Genoſſen hatte (ein Mißverſtändniß Seitens Alberani's). B. Alberani, der einen ſehr intelligenten Kopf hat, meint aber: der richtigere Modus ſei eigentlich, daß in dieſer Frage jeder Biſchof für ſich dem Papſte ſeine Anſicht ſchreibe. Es ſei Jeder freier und ungebundener, zugleich könne man auf dieſe Weiſe den Papſt leichter aufklären, wogegen ſich freilich auch große Bedenken geltend machen laſſen. Uebrigens bemerkte Alberani weiter: die Definition der Infallibilität ſei gar nicht möglich: denn 1) der Papſt könne ſie nicht erklären, 2) das Concil auch nicht, weil ja dadurch ſchon bekundet würde, daß das Concil über dem Papſte ſtehe. Dieſe meines Wiſſens nicht ganz neue Anſicht iſt übrigens durch Mannings, Hergenröthers und der Jeſuiten Theorie beſeitigt, nach der alle Autorität eines Concils ja einzig und allein nur im Papſte liegt, und das Concil kann doch erklären, daß es gar keine Autorität für ſich habe, worauf es doch den eigentlichen Infallibiliſten ankommt. Außerdem erzählte Alberani noch, daß ein orientaliſcher Biſchof unlängſt beim Weggehen aus der Aula ganz verſtimmt äußerte: Ich wähle gar nicht mehr, es hat doch nichts zu bedeuten, wenn die Namen von der Curie vorgeſchrieben werden.

B. Ramszanowski erzählt, daß der König von Preußen ihm bei ſeiner Abſchiedsaudienz ſagte: „Gehen Sie und machen Sie auf dem Concile, was Sie wollen; aber die Infallibilität begünſtigen Sie nicht, denn dieſe könnte nur Ungelegenheiten bereiten." Um ſo mehr, fügte er bei, geben ſich hieſige Prälaten Mühe, ihn und ſeinen Hausgenoſſen, Dr. Hipler, für die Infallibilität zu gewinnen.

Am 8. Januar, bei Gelegenheit der Generalcongregation, hatte Erzb. Manning Hrn. Card. H. geſagt, daß er ein Schriftchen geſchrieben habe, worin er auch über Baiern und die theologiſche Facultät in München ſpreche; er möchte die Anſicht Sr. Eminenz darüber vernehmen. Weiterhin erging er ſich über die hiſtoriſche Schule in der Theologie, welche einen durchaus falſchen Weg gehe: ſie allein ſei zu fürchten, eine Aeußerung, welche der Erzbiſchof von London auch ſonſt häufig thut. Der Hr. Cardinal hatte ihn auf heute zu Tiſch geladen. Wirklich brachte Manning ſein Schriftchen, das nur der III. Theil seines bekannten Hirtenbriefes über das Concil in italienischer Uebersetzung ist. Nachdem die Tafel aufgehoben war, verrieth er auch ein Mährchen über fünf deutsche Bischöfe. So viele sollen es gewesen sein, welche in Fulda auf eine noch schärfere Form des an den Papst zu richtenden Schreibens, ihn von der Definition der Infallibilität abzumahnen, gedrungen hätten. Da sie damit zu keinem Ziele kamen, seien sie auch nicht beim Concile erschienen und hätten sich auch nicht entschuldigt; aber man habe sie ebensowenig seitens der Curie dazu aufgefordert; denn man sei froh, daß sie nicht kamen.

Der Uditore des Hrn. Cardinals, nach welchem die slavische, resp. ungarische Sprache „die Mutter der Sprachen" ist, erzählt: Merode soll in einer Congregation sich mit einem anderen Bischofe sehr scharf über das Concil und die Infallibilität ausgelassen haben. Dem Erzbischof Manning, welcher in der Nähe war, wurde es aber bald zu unerträglich, so daß er ihnen bedeutete: wenn sie nicht schweigen, werde er sie den Legaten denunciren. Da sei aber Merode erst recht losgefahren: das sei ganz recht; sie möchten Gelegenheit haben, es öffentlich vor dem Concile zu sagen; Manning könne sie ihnen auf diese Weise verschaffen. — Ferner wußte derselbe noch, daß P. Franzelin, Mitarbeiter am Schema de fide, wie ein wahres Schreckensbild so blaß in der letzten Versammlung der dogmatischen Commission dagesessen sei. — Der Papst freilich läßt sich noch nicht aus seiner Fassung bringen, er meint, daß eben auch unter die Bischöfe der Geist der Neuerung drang. Wenn diese aber immer von der Form des Schema sprächen, so verständen sie diese schöne alte Sprache eben nicht mehr und möchten auch in den Glauben die moderne Ausdrucksweise getragen wissen! Wer die Civiltà cattolica kennt und dort die bekannte Abhandlung über den Gebrauch der lateinischen Sprache in Theologie und Philosophie gelesen hat, nach welcher die modernen oder Landessprachen nothwendig dem häretischen Zeitgeiste huldigen, der weiß auch, wer hier durch den Mund des Papstes spricht.

Rom, 12. Januar 1870.

Die Zahl der Bischöfe, welche nicht nach Rom kamen, vielmehr sich entschuldigten und durch Procuratoren vertreten lassen wollten, ist 62. In der Convocationsbulle wurden die Bischöfe allerdings verpflichtet, wenn sie nicht selbst erscheinen könnten, Procuratoren mit den nothwendigen Instrumenten zu senden; auch noch in den Bestimmungen des Papstes über die zu constituirenden Commissionen oder Deputationen wurden sie erwähnt; gleichwohl wurde ihnen von Anfang an der Eintritt in's Concil verwehrt. Niemand weiß, warum man diese neue Anordnung traf; dem Concile selbst irgend etwas darüber mitzutheilen, fand man nicht für nothwendig; man verfährt eben hier seitens der Curie mit souveräner Willkür, und Keiner der Bischöfe wagt es durch einen energischen Schritt, derselben zu nahe zu treten.[1]) Höchstens daß man sich zu einer Petition, kaum aber zu einem Proteste aufrafft, auf welche die Curie nicht antwortet; ja, sie thut dann erst gerade das Gegentheil von dem, um was man dieselbe bittet. Daß derartige Petitionen nur beim Papste eingebracht werden dürfen, zeigt überhaupt schon, in welcher falschen Stellung das Concil sich zum Papste befindet. Wissen nun gar die fußfällig bittenden Bischöfe nicht, ihrer Bitte Nachdruck zu geben, etwa wie Paulus dem Petrus in's Angesicht zu widerstehen, oder wie auf dem Concil von Trient mit Verlassung des Concils ernstlich zu drohen, dann werden sie nie eine Berücksichtigung finden, welche sie auch durchaus nicht verdienen. Ich sage deshalb immer, Petitionen einreichen werde bald die Minoritätsbischöfe zu komischen Figuren machen, wenn sie nicht mit aller Energie auf Berücksichtigung ihrer Bitten bestehen. Daran ist aber nicht zu denken, und die Curie weiß dies recht wohl: sie wird und darf darum auch Alles wagen. Die Petitionen und Proteste wer-

---

[1]) Der einzige, welcher wenigstens schriftlich sich der Procuratoren, aber leider erst nach einigen Monaten anzunehmen wagte, war Erzb. Kenrick in seiner observatio zum Unfehlbarkeits-Schema, Synopsis analytica observationum quae a patribus in caput addendum decreto de Ro. Pontificis primatu factae fuerunt (amtliche Ausgabe pg. 240 sq. — Documenta II, 289).

den darum nur für die Zukunft einen Werth haben, wenn es gilt, das Urtheil über das Concil festzustellen.

Wie die Procuratoren für das Concil nicht existiren, so gibt es auch die bei anderen Concilien, wie dem von Trient, für so wichtig erachteten „Congregationen der niederen Theologen", welche keine sitz= und stimmfähigen Prälaten sind, nicht. Zu Trient votirten und saßen die päpstlichen Theologen nur an erster Stelle, aber sie hatten sonst kein Privilegium vor den übrigen Theologen der Concilsväter, Fürsten oder Universitäten voraus, geschweige daß sie allein nur die Congregationen bildeten; zu Rom gibt es nur päpstliche Theologen, welche dem Concil rathend und helfend zur Seite stehen dürfen — eine Verfügung, welche allein schon genügt, die päpst= lichen Anordnungen mit dem größten Mißtrauen zu betrachten. Dazu kommt, daß Niemand weiß, wer die Theologen sind oder wo und was sie berathen, während zu Trient noch die Namen Aller bekannt gegeben wurden, namentlich derjenigen, welche zum Abgeben ihrer Vota kamen, und jedem Concilsvater der Zutritt zu ihren Verhandlungen, welche in der Concils=Aula meistens stattfanden, ge= stattet war. Wer aber das Licht so sehr scheuen muß, wie das jetzige Rom, macht sich schon dadurch äußerst verdächtig. Und wie kleinlich erscheint nicht das jetzige Rom selbst gegenüber dem des 16. Jahrhunderts! Damals war es das Streben selbst der Päpste die besten Vertreter der Theologie ans Concil zu ziehen, jetzt schließt man sie einfach aus, wenn sie nicht von vorne der Curie genehm sind. Man kann darum behaupten, daß beim Vaticanischen Concil die theologische Wissenschaft geradezu ausgeschlossen ist, während sie früher, und noch zu Trient, die erste Instanz beim Concile bildete. Nimmt man hinzu, daß derselben auch eine außerconciliarische Discussion dadurch unmöglich gemacht wurde, daß weder vor noch während des Concils ihr die zu behandelnden Materien bekannt wurden oder werden: so ist dies von der Curie beliebte Verfahren nicht blos unerhört, son= dern geradezu verbrecherisch.[1] Mehrere bischöfliche Theologen sind

---

[1] Es ist interessant eine Stelle hier beizufügen, welche Sickel, Zur Geschichte des Concils v. Trient I, 167 nr. 96 mittheilt und nach welcher der Papst

bereits wieder abgereist. (L'Echo du Vatican, Révue hébdomadaire du Concile oecum. Nr. 8. 28. Janv. 1870, pg. 115: Les théologiens du Concile — sagt: En général, le rôle des théologiens épiscopaux a été jusqu'ici à peu près nul, puisque d'ailleurs le travail des évêques eux-mêmes a été si restreint; ces messieurs ont eu le temps de voir beaucoup Rome, que la plupart ne connaissaient pas, et c'est une bonne fortune.)

Gegenwärtig nehmen die Predigten in S. Andrea della Valle die Aufmerksamkeit in Anspruch. Die französischen, infallibilistisch gesinnten Bischöfe überbieten sich in den albernsten Lobhudeleien, ja man kann sagen, in der Vergötterung des Papstes. Alles, wenn es auch das Widersinnigste ist, beweist nach ihnen die Infallibilität des Papstes, so daß französische Geistliche selbst sich sehr mißbilligend über dieses Gebahren ihrer Bischöfe aussprechen.

Ein sehr eingeweihter römischer Geistlicher sagt mir: die chinesischen Bischöfe seien keineswegs auf Commando der Propaganda nach Rom zum Concile gekommen; sie hätten allerdings bei derselben angefragt, allein von ihr gar keine Antwort erhalten. Da machten sie sich auch ohne Antwort auf den Weg, weil sie ahnten oder erfuhren, daß die Jesuiten mittels des Concils die volle Herrschaft über sie erlangen wollen. Um dies aber zu verhindern, wollen sie insbesondere auf die uralte Frage nach den chinesischen Riten, welche die Jesuiten in China noch immer üben, zurückkommen. Auch den übrigen Bischöfen gehen in Rom von Tag zu Tag mehr die Augen über die Jesuiten auf; jedoch auf das nicht-jesuitische, d. h. nicht von den Jesuiten erzogene, bischöfliche Kleeblatt aus Baiern setze ich in dieser Beziehung wenig Hoffnung: sie

---

selbst alle besseren Theologen ohne Unterschied beruft: Il papa manda tutte le cose che sono allegate da protestanti contra la continuatione del Concilio alli collegii d'Italia, perche le studiano et perche dicano il loro parere. chiama ancora a Roma tutti li miglior theologi d'Italia per mandarli al Concilio di Trento. de più interdo, che S. Santità scriverà al nontio Vormiense che procuri che li migliori theologi d'Allemagna si transferiscano in Trento, dove sarano intertenuti del denario proprio di S. Santità.

begreifen ihre oppositionelle Stellung hier heute so wenig, als vor Wochen. Sie jubeln dem Siege des Jesuitismus in Baiern, vorläufig der Wahl Weiß' zum I. Präsidenten der Kammer der Abgeordneten, in ungezähmter Weise zu. Sie werden zurückkehren, wie sie gekommen. Auch Ketteler weiß sich nicht in seine neue Lage zu finden. Der preußische Militärbischof fragte mich erst gestern wieder, ob ich nichts über ein Zerwürfniß zwischen Ketteler und Schwarzenberg gehört habe. Ersterer habe sich anfänglich sehr energisch, fast am energischsten gegen die Geschäftsordnung und die „Formeln" erklärt, schließlich aber zu ganz anderer Ansicht bekannt und seine Unterschrift zur Adresse in diesem Punkte verweigert (er unterzeichnete jedoch). Näheres wisse er aber nicht.

Gestern war ich auch in S. Paolo fuori le mure. Auf dem Wege dahin wurde mir ein spaßiges Vorkommniß erzählt. Fürstbischof Förster von Breslau wollte dem Erzb. Ledochowski einen Besuch machen. Dieser hatte ihm wenige Tage vorher gesagt, er wohne Fontane di Trevi. Förster befahl nun seinem Kutscher nach tre Fontane zu fahren. Während des weiten Weges dachte er sich schon, das ist doch ein toller Einfall, soweit außerhalb der Stadt zu wohnen, das müsse auch so ein polnischer Zug sein. Wie erstaunt war er aber, als er ankam und fand, daß er sich selbst betrogen hatte! Ich sah in S. Paolo noch den einen Deutschen (Osländer), welcher von jener Colonie deutscher Benediktiner übrig ist, die sich die Aufgabe stellen wollte, in S. Paolo deutscher Wissenschaftlichkeit eine Stätte zu bereiten. Schon beim ersten Versuche waren sie aber den Jesuiten ein Dorn im Auge: diese denuncirten dem Papste das Beginnen als gefährlich und hintertrieben es. Der Abt, des ewigen Chicanirens müde, legte sein Amt nieder und zog sich nach Monte Cassino zurück; allein auch bis dahin verfolgte man ihn. Die Wolters kehrten bekanntlich nach Deutschland zurück und errichteten mit Hülfe einer Fürstin von Hohenzollern zu Beuron ein Benediktiner-Kloster. Wie immer, können die Jesuiten ein von ihnen unabhängiges Streben auch heute noch nicht neben sich ertragen. So haben sie auch die Katakomben an sich gerissen und alle daraus und aus der betreffenden Commission verdrängt, welche nicht mit ihnen halten und gehen. Und so ist auch „de Rossi ganz und gar Jesuit." Ueber die Resultate seiner Forschungen ist man übrigens hier verschiedener Meinung; ich hörte schon öfters sagen, daß er sich schon „große Confusionen" habe zu Schulden kommen lassen.

Von Interesse in der Schrift Mannings: Duo effetti indubitabili del Concilio. Napoli 1869 p. 7 ist folgender Satz: È ormai tempo che le pretensioni della „scienza istorica" e di certi „Scienziati storici" riducansi ai limiti della propria sfera. E ciò farà il Concilio, non con dispute ed altercazioni ma con le sole parole: „È piaciuto allo Spirito Santo ed a noi." Der gute Mann muß aber hinterher erfahren, daß man ihm und dem Concil gar nicht einmal gestattet zu sagen: „È piaciuto allo Spirito Santo ed a noi", sondern nur: es hat Pius IX. gefallen. Das macht aber Männer wie Manning noch nicht scheu; er weiß ja (p. 6): „Non può Ella (la Chiesa) rimanere celata ed è la prova di sè stessa, anteriore alla sua istoria e independente da essa. La sua istoria non può che da essa impararsi! Diese Schrift Mannings ist übrigens eine Schmähschrift gegen das baierische Ministerium, oder eigentlich gegen den Minister Fürsten Hohenlohe und die theologische Facultät in München. Hier in Rom ist sie zugleich ein Angriff auf mich, weshalb ich eine Antwort darauf zu geben nicht unterlassen kann und werde.

Gestern kam mir der Gedanke: es müsse doch einen recht sonderbaren Eindruck machen, daß unsere Bischöfe gegenüber ihren resp. Regierungen so kampfesmuthig stets sind und schnell denselben den Fehdehandschuh hinwerfen, um ihre wirklichen oder vermeintlichen Rechte zu vertheidigen; hier aber in Rom schüchtern und verzagt sind, um einen Kampf um ihre ihnen von Gott verliehenen Rechte gegen die Curie zu beginnen. Den nämlichen Gedanken sprach Legationsrath Graf St. Abends mir gegenüber aus. Er fügte noch hinzu: es werde dies ihre Stellung zu ihren Regierungen künftig sehr erschweren, nachdem diese gesehen haben, daß jene nur ihnen gegenüber Muth haben, nicht auch Rom gegenüber. Die Regierungen werden in ihrer bisher schon gehegten Ansicht bestärkt werden, daß die Bischöfe nur ganz abhängige Werkzeuge Roms seien und keine patriotischen Gesinnungen haben.

Rom, 13. Januar 1870.

Der „Oesterreichische Volksfreund" vom 11. Jänner schreibt: „Eine bekannte Feder schreibt dem „Osservatore Cattolico" aus Rom: „Dieser Tage war Pius IX. auf dem Monte Riccio und machte einen guten Theil des Weges zu Fuß. Sein geliebtes Volk drängt sich um ihn, folgt ihm und ruft aus vollem Halse: „Es lebe der Papst" und wiederholt mit dröhnender Stimme: „Es lebe der unfehlbare Papst." Das ist der Glaube der Leute, das ist ein wahres Plebiscit, das ist, wie man sagen kann, der Wille Gottes. Welche Lehre für manchen Bischof und für jene Weisen dieser Welt, die sich beim Gedanken an die Prärogative fürchten, welche man dem Papste decretiren (sic!) will, während die katholische Welt sie anerkennt und bekennt." Uns ist hier von dieser angeblichen Volksdemonstration nichts bekannt geworden, die man übrigens in ihrem Werthe zu schätzen weiß, wenn man nicht unbekannt mit der Art und Weise ist, wie solche zu Stande kommen, so daß sie in manchem Budget einen ständigen und gar nicht unbedeutenden Posten ausmachen. Pius IX. selbst aber wird wohl wissen, was er von seinem „geliebten Volke" und noch mehr von dessen Demonstrationen zu halten haben wird; er braucht sich ja nur an jene Huldigungen zu erinnern, welche ihm beim Beginne seines Pontificates von demselben „geliebten Volke" gebracht wurden. Gerade gestern war es, daß ich mit dem Hrn. Cardinal H. nach dem Lateran gefahren war. Wir wußten nichts von der angeblichen im Osservatore cattolico erzählten Demonstration; allein ein Haus, bei dem wir, zu Fuße gehend, vorüberkamen und an dem der Besitzer expreß bei Gelegenheit der Besitznahme des Lateran durch Pius IX. neue und theure Fenster anbringen ließ (sie waren damals auch dicht mit Damen und Herren besetzt), veranlaßte den Hrn. Cardinal von den damaligen Huldigungen zu sprechen. Er, der die Geschichte Pius' besser als Viele, vielleicht die Meisten kennt, sagte, daß dem Papste selbst, wenn er vom Volke herausgeholt wurde, um seinen Segen zu ertheilen, nicht immer besonders gut zu Muthe dabei war; ein Jahr nachher hatte er bereits Anstalten zur Flucht gemacht.

Die Infallibilisten mit ihrer Dringlichkeits-Petition, welche von den Erzbischöfen Manning, Spalding und Dechamps ausging, haben denn endlich die Opposition zu einer entschiedeneren Haltung gebracht. Die Adresse jener, welche sagt, die Gottlosigkeit gewisser Leute mache die Definition nothwendig, wird sehr geheim gehalten, doch gelang es durch die Unvorsichtigkeit eines dieser Partei, daß ein Anti-Infallibilist dieselbe mit nach Hause bringen und abschreiben konnte. Von dieser Adresse abgesehen hat die Infallibilistenpartei noch 12 Vertrauensmänner — darunter natürlich Senestrey — aufgestellt, welche mittels eines anderen Formulars die Unterschrift einer Anzahl von Bischöfen zu erlangen suchen. Darauf wird sich das beziehen, was B. Alberani unlängst sagte (s. ob.). Die Infallibilisten rechnen auf 500 Namen. Das schlug denn endlich durch. In einer internationalen Versammlung am Samstag (8. Jan.) wurden Rauscher und Darboy mit der Abfassung einer Gegenadresse beauftragt, welche unbedingt verlangt, daß keine Proposition gemacht werden solle. Die Adresse soll nicht sehr sein, aber energisch gehalten sein und besonders darauf hindeuten, wie es ein größerer Nachtheil für die Kirche sein würde, wenn sie hinsichtlich der Infallibilität des Papstes die Vergangenheit des Papats aufdecken würden. 46 deutsch-ungarische Bischöfe unterzeichnen, nur die bekannten 8 nicht; etwa 36 französische, ein englischer Erzbischof (und noch 3 oder 4 Bischöfe, welche jedoch noch nicht gewonnen sind); die Portugiesen sämmtlich, ein Theil der Amerikaner und einige Orientalen. Die Spanier, sagt man mir, seien vielleicht auch noch zu gewinnen, obwohl sie sich als Infallibilisten bekennen, denn sie sollen nicht wissen, um was es sich eigentlich handelt, vielmehr meinen, der Papst mit den Bischöfen sei infallibel. Dupanloup soll mit ihnen zu verhandeln suchen. Da für den Druck der Adresse hier das Imprimatur nothwendig wäre, was freilich die Infallibilisten einfach umgangen haben sollen, wird sie nicht gedruckt werden können.

Noch mehr als über das I. Schema de fide sind die oppositionellen

Bischöfe über das II. de disciplina — de episcopis &c. — erbost, obwohl es hier eigentlich weniger am Platze ist; allein die allgemeine Verstimmung wird jetzt auch auf unschuldigere Dinge übertragen. Sie begreifen nämlich endlich, daß es sich um Resignation auf ihre sämmtlichen Rechte und um gänzliche Centralisirung derselben im Papste handle, und zwar sowohl in Glaubens= als in Disciplinarsachen. Als Stroßmayer beim Beginne des Concils zum ersten Male diese Ansicht in der Versammlung der deutsch=ungarischen Bischöfe aussprach, „war Hohn die Antwort"; als er es am letzten Samstag ihnen wiederholte, wurde ihm allgemeiner Beifall gezollt. Dieses Schema soll denn nun gar keine Gnade bei ihnen finden. Wie mir der Uditore des Hrn. Cardinals H. sagt, hat es sein Freund L. Jacobini, der II. Secretär des Concils, gemacht.

Es läßt sich übrigens nicht leugnen, daß man in Rom allmälig sehr bestürzt zu werden anfängt. Man hatte nicht einmal eine solche, im Ganzen doch sehr lahme Opposition erwartet. Card. de Silvestri bezeichnete heute beim Leichengottesdienste für Card. Reisach in der Anima die Rede Haynalds als außerordentlich und ließ sich, da er sie nicht selbst gehört habe, darüber referiren. Zwei Dominikaner von der Inquisition baten gestern den Hrn. Card. H., doch seinen Einfluß bei den deutschen Bischöfen dahin geltend machen zu wollen, daß sie die Sache ruhiger betrachten und nicht wie die Franzosen ganz ungeeignete Adressen einreichen. „Es sei ja schrecklich; was soll aus Rom werden? Diese Bischöfe wollen ja gar eine geistliche Decentralisation!" Man fühlt, worin die Religion des römischen Clerus ihren Grund hat: im Herrschen und Dominiren, aber nicht gerade als ersten oder Hauptzweck, sondern um seiner Existenz willen! Und doch können auch diese Dominikaner das ganze Verfahren der Curie nicht billigen. Einer derselben sagte sogar: „das Concil wurde nicht mit dem Kopf, sondern mit den Füßen in Scene gesetzt."

Da am 14. Januar die Discussion über das Schema de episcopis beginnen soll, habe ich dasselbe eingehender studirt. Ich finde, daß es noch schlechter als das de fide ist. Caput I de officio episcoporum fällt sogleich auf, daß nur erst am Schlusse ganz kurz gesagt ist, daß die Bischöfe die "forma gregis" sein sollen; jedoch ist es sehr lobenswerth, daß ihnen gesagt wird, sie müßten allen Gläubigen auch in der Wissenschaft vorangehen. Daß es leider wie bisher bei diesem frommen Wunsche bleiben wird! Weiter springen die Worte in die Augen: ecclesiastica disciplina servetur. Auch hinsichtlich der "mulieres subintroductae" oder "γυναικες συνεισακτοι", als welche die Pfarrköchinnen erscheinen? Diese Einrichtung ist die schmählichste, welche man sich nur denken kann. 1) Die entwürdigendste für die Pfarrer; 2) die drückendste und demüthigendste für die Aushilfsgeistlichkeit, überhaupt ein dunkler Punkt im Leben der Kirche; 3) gibt es keine Einrichtung in der Kirche, welche in so grellem und schreiendem Widerspruche mit den Canonen und Concilien stände; 4) ist diese Einrichtung ein mächtiger Verstoß gegen die christliche Moral, welche verbietet, daß man Jemanden in einer nächsten Gelegenheit zur Sünde läßt. Hierdurch versetzt man aber mit der Selbständigmachung eines Geistlichen diesen, man darf fast sagen kirchlicherseits, in die nächste Gelegenheit zur Sünde. Die Väter des Concils mögen selbst sagen, ob dieser Zustand nicht einer der größten Krebsschäden im kirchlichen, resp. clericalen Leben sei. Sie mögen sagen, ob es nicht nothwendig sei, das Augenmerk des Concils auf diesen wunden Fleck zu lenken? Hat mir doch ein Concilsvater selbst erzählt, daß er einmal in einem geistlichen Hause übernachtete, wo Dechant und Köchin die Aeltern der beiden Kapläne waren! Freilich heißt es in dem Schema de vita et honestate clericorum Cap. III: Quodsi clericus, propriae immemor dignitatis, in impudicitiae sordibus immundoque concubinatu versetur, vel mulierem, de qua possit haberi suspicio, in domo vel extra detinere aut ullam cum ea consuetudinem habere audeat, poenis a sacris Canonibus, et generali praesertim Tridentina Synodo impositis, etiam sine strepitu et figura judicii, et sola facti veritate inspecta, contra eum procedatur. Allein was soll denn damit erzielt werden? Diese Bestimmungen sind schon lange vorhanden, und gleichwohl blieb es beim Alten: sie müssen also nothwendig unzureichend sein. Warum greift man denn nicht wenigstens auf die Verordnungen der alten Kirche zurück und führt sie mit fester Hand durch, nach denen jedes Weib außer den allernächsten Verwandten, verdächtig war und deshalb auch nicht in ein geistliches Haus zugelassen werden durfte. Wollen darum die jetzigen Kirchenfürsten nicht auf die alte Verfassung zurückgreifen, die freilich auch nicht alle Excesse verhindern konnte, und sind sie unfähig, neue und bessere Normen zu finden, so wäre es jedenfalls viel richtiger und weniger verantwortungsvoll für sie, wenn sie ihren Clerus lieber gleich ganz heirathen ließen, als ihn einem solchen Institute preiszugeben und damit seinen Ruf in so zweideutiges Licht zu stellen. Schon daß jetzt diese Rubrik hier stehen muß — vgl. auch die Anträge der deutschen Bischöfe in Fulda 1867, oben S. 16, 19 —, ist traurig genug und sollte ein Beweis sein, daß es in der bisherigen Weise nicht fortgehen könne. Ist es denn nicht schon in einzelnen Diöcesen so weit, daß die Bischöfe eher zum Vertuschen, als zum wirklichen Strafen sich veranlaßt sehen?! — Weiterhin heißt es in diesem Capitel: Dum autem debitum obsequium et obedientiam ergo saeculi Potestates populis praedicant, Ecclesiae huiusque Apostolicae Sedis jura, et Episcopalis ministerii libertatem omnes unanimes atque idipsum invicem sentientes, collatis inter se consiliis, conjunctisque studiis et viribus, strenue tucantur, ut bonus communis causae exitus communi sit tutela ac defensione tutior. Nihil vero admittant quod dignitatis suae decorem et gravitatem dedeceat, et Tridentinae Synodi hac de re monita (sess. 25 c. 17 de ref.) ob oculos habeant. Diese Sätze sind wohl gut gemeint, aber in praxi gewiß erfolglos. Mit solchen allgemein gehaltenen Vorschlägen wird nichts erreicht. Ueberdies versteht sich dies von selbst, und sollte hievon in den Concilsbeschlüssen nur dann die Rede sein, wenn positive Bestimmungen gegeben werden sollen. — Vage, aber vielleicht sehr verfänglich ist der Schluß dieses Capitels: Principes demum et magistratus paterne requirimus, ut sacros Ecclesiae Antistites ac ministros, eorumque optimam operam valido suo patrocinio et praesidio tegere ac tueri studeant, quo ab omnibus ecclesiasticae auctoritati et dignitati debitus exhibeatur honor, observantia, et obedientia;

scientes, Episcopos cum Ecclesiae causam, tum eorum regni agere et salutis, ut provinciarum suarum quieto jure potiantur, ab iisque pro pastorali munere illorum potissimum hominum improbitatem esse cohibendam, et coercendam audaciam, qui mentes pervertere, moresque corrumpere nefarie commoliuntur. Was heißt hier vor Allem optimam operam? Was umfaßt ab omnibus: von Allen sei der kirchlichen Autorität nicht blos Ehre, sondern auch Gehorsam zu leisten? Nach der betreffenden Adnotatio begreift das Wort: Principes et populi: ut a futuro Concilio Principes et populi ad venerandos sacros Pastores, iisque obediendum et obsequium praestandum excitentur. Ist ferner darunter zu verstehen, daß auch von irr- und ungläubigen Staatsangehörigen den Bischöfen Gehorsam geleistet werden soll? ist vielleicht darunter die mittelalterliche Anschauung verborgen, daß die Häretiker trotzdem unter der Jurisdiction der kath. Kirche stehen, wie B. Martin sich erst jüngst als den Bischof auch der Häretiker in seiner Diöcese hinstellte? ferner daß die Ungläubigen gar kein Recht der Existenz eigentlich haben? u. s. w. Und was heißen die Schlußworte des Absatzes? Liegt darin, daß z. B. die Bischöfe ein Recht haben, in die Preß- oder Glaubens- und Gewissensfreiheit, wie sie die modernen Verfassungen garantiren, einzugreifen? Ein allgemeines Concil sollte klar und bestimmt sprechen!

Wer sollte es aber glauben, daß in Caput II dieses Schema — de residentia sc. episcoporum — sogar indirect eine Verurtheilung des constitutionellen Lebens der Neuzeit versucht wird? Es heißt nämlich hier, daß die Bischöfe in einem Jahre nicht über zwei, höchstens 3 Monate, sei es ununterbrochen, sei es in mehreren Fristen, von ihren Sitzen entfernt sein dürfen. Etiam ex causis alias a jure admissis darf es ohne ausdrückliche Erlaubniß des Papstes oder des Patriarchen in der griechisch-unirten Kirche nicht geschehen. Man sieht sich sogleich zur Frage gedrängt: könnten denn hier nicht sogleich Fälle vorgesehen werden, wie z. B. die Mitgliedschaft in der I. Kammer, welche mit manchen Bisthümern dauernd verknüpft ist? wozu unnöthige Häufung von Dispensgesuchen? Aber freilich nach der Civiltà cattolica können die

Bischöfe nur durch die factischen Verhältnisse gezwungen sich an dem verwerflichen constitutionellen Leben betheiligen! Und richtig heißt es in der hieher gehörigen adnotatio: In eo autem quod nunc proponitur, in memoriam revocatur necessitas expressae licentiae Apostolicae, quae hodie ex Urbani VIII. Constit. Sancta Synodus requiritur, etiamsi existat una ex quatuor causis ligitimae absentiae a Tridentino indicatis in sess. XXIII; ex qua ipsa Urbani VIII. Constitutione nulla opus est licentia si agatur de absentia propter visitationem SS. Liminum, vel propter Synodos Provinciales, vel Congregationes seu Assembleas generales quibus ecclesiastici intervenire soleant, vel propter munus aut officium Reipublicae ipsis Ecclesiis adjunctum. **Quia tamen illud quod de Assembleis Urbanus VIII. statuit, videtur respicere Congregationes hujusmodi, quales hodie non existunt, hujus causae mentio in Decreto fuit omissa**, in quo ob similem rationem omissa fuit mentio muneris aut officii Reipublicae Ecclesiis adjuncti. Die an die Stelle dieser alten Versammlungen getretenen Kammern existiren also für die Curie nicht, oder glaubt sie ignoriren zu müssen, ganz entsprechend den jesuitischen Phantasien. Gesetzt aber, es dauerte eine Kammersession länger als 3 Monate, so würden die baierischen Bischöfe, welche Reichsräthe sind, nicht nur zur Erfüllung ihrer Pflicht gegen den Staat erst eine ausdrückliche Erlaubniß des Papstes nöthig haben, sondern sie könnten möglicherweise auch vom Papste ein Verbot erhalten, länger beim Reichsrath zu bleiben und ihre staatsbürgerlichen Pflichten zu erfüllen! Sehr erbaulich für unsere Regierungen und Staaten! Sie werden sich jedoch zu helfen wissen und einfach solche Sitze den Bischöfen entziehen. — In Capitel IV wird den Bischöfen die Pflicht der visitatio liminum Apostolorum in bestimmter Frist eingeschärft: von jetzt an soll aber die Berechnung gleichmäßig von der Verkündigung dieses Decretes gemacht werden. — Caput V erneuert die Bestimmungen über die Provinzialsynoden. Etwas wesentlich Neues ist darin nicht enthalten. In alter Zeit bestand ein Brauch, welcher vielleicht auch jetzt zu beherzigen wäre. Es sollten nämlich auf den Provinzialsynoden auch Priester,

Diakonen, Richter oder Curialen und Privatpersonen zugegen sein, sowie alle jene, welche sich irgendwie verletzt glaubten (die Provinzial= synode bildete ja eine Instanz). Natürlich hatten weder Cleriker noch Laien Sitz und Stimme. Es wäre jedoch zu erwägen, ob nicht in irgend einer Weise eine Beiziehung von berathenden Vertrauensmännern, aus Clerikern und Laien gewählt, von Vortheil sein könnte. Derartige Bestimmungen können natürlich nach den Zeitbedürfnissen getroffen werden; es scheint aber, daß unsere Zeit, wo die Laien in vielen Dingen um so viel gebildeter und erfahrener als der Clerus sind, eine solche Beiziehung erheische. Was sind denn im Grunde genommen die „Generalversammlungen" in einzelnen Ländern anderes? Nur sind und bleiben sie bloße Palliativmittel, weil die Verfassung der Kirche für ein (in unserer Zeit) absolut nothwendiges Bedürfniß keine Sorge getragen hat und zu tragen Lust hat. Neu ist die Verordnung, daß die Metropolitane die Akten der Provinzialsynoden vor der Veröffentlichung nach Rom schicken müssen, um sie zu prüfen. Nach der entsprechenden Adnotatio soll freilich Rom keine eigentliche Approbation geben: approbationem proprie dictam, sed ut expendat an Synodus ad normam SS. Canonum habita fuerit, et corrigat siquid fortasse in Decretis aut nimis rigidum, aut minus rationi congruum deprehendatur! Zu dem Behufe hat denn auch Pius IX. ein neue Censurbehörde bestellt: Notum autem omnibus est, SSmum D. N. hoc nostro tempore specialem suo Decreto constituisse Congregationem quae Synodis provincialibus recognoscendis operam daret. — Wenn Caput VI: de synodis dioecesanis gehandelt wird, hätte man doch eine in dieser Beziehung in Deutschland viel und heftig ven= tilirte Frage nicht umgehen sollen: welche Berechtigung der die Synode constituirende Clerus eigentlich besitzt? Das canonische Recht der mittleren und neueren Zeit ist darüber einig. Allein deswegen hat die Frage doch auch eine praktische Bedeutung, weil factisch manche Bischöfe die Diöcesansynoden deshalb perhorrescirten, weil sie zu große und weit gehende Prätensionen ihres Clerus fürchteten. Dabei kann man sich jedoch nicht verhehlen, daß die ältesten Akten einer solchen Synode, der von Auxerre 578, dem Clerus ein größeres

Recht einräumen, als das neuere Kirchenrecht. Sogar Thomassin. II, 3 c. 73 nr. 4 sagt deshalb über diese Synode: Ultimo canone astruitur, authoritas synodalium constitutionum, synodi totius consensione, ex quo videri possit, abbatibus et parochis suffragii quaedam imago concedi. Dabei hätte Thomassin aber auch die Unterschriften nicht übersehen sollen. Die neuesten Schriftsteller über die Diöcesansynoden wagen nicht einmal mehr soviel zuzugestehen, als Thomassin. Wie aber immer entschieden werden möchte: eine Entscheidung dürfte schon deshalb geboten sein, damit von der einen wie anderen Seite die Competenzfrage nicht Veranlassung gebe, die Diöcesansynode überhaupt wieder nicht abzuhalten. Uebrigens dürfte auch hier die Erwägung sich aufdrängen: ob nicht der Vertretung der Laien in irgend einer Weise, wenn auch nicht als Recht aber doch als zeitgemäße Concession, Rechnung getragen werden soll? Das Alterthum bietet meines Wissens kein Beispiel dafür; allein eine menschliche Einrichtung kann doch auch zeitgemäße Umgestaltungen erfahren, und so gut bei den Visitationen Laien beigezogen werden, eben so gut könnte es bei den Diöcesansynoden geschehen. Sie brauchen nicht gerade zu reinkirchlichen Fragen beigezogen zu werden; es gibt aber noch gar manch andere zu behandeln. Ich berufe mich auch hier wieder auf das Bedürfniß und die Existenz der „Generalversammlungen" und das sonstige Vereinswesen in den Diöcesen. Unlängst faßte man in Deutschland auf einer „Generalversammlung" Beschlüsse über (nicht canonische, sondern freie) Vereinigungen der Geistlichen zur Wahrung ihrer gemeinsamen Interessen. Warum dies? Weil man die Diöcesansynode nicht hält; nur diese ist die rechte Vereinigung des Clerus. Ich werde dabei unwillkürlich an das Vorgehen des Bischofs von Passau gegen obigen Beschluß erinnert, auf den die übrigen baierischen Bischöfe deshalb nicht besonders gut zu sprechen sind; ja Fürst Löwenstein betreibt eben hier eine Zurechtweisung des Bischofs von Passau durch die Curie. Im Grund genommen hatte er aber vollkommen Recht, und als ich diese meine Ansicht einem baierischen Erzbischofe auseinandersetzte, konnte er mir nur erwidern: „aber der Passauer Bischof hält auch keine Diöcesansynoden!" Anderes übergehe ich, namentlich auch die mitunter ganz verfehlte Beweisführung in den Adnotationes.

Rom, 14. Januar 1870.

Die heutige Sitzung hatte das Schema über Disciplin zum Gegenstande der Discussion. Ein Bischof referirt mir darüber: Card. Schwarzenberg eröffnete die Discussion. Er sprach gut und würdevoll, verbreitete sich jedoch nur über die Generalien; namentlich fand er es befremdlich, daß sofort mit dem Episcopate begonnen werde, da es doch über demselben noch ein sehr wichtiges hierarchisches Glied, das Cardinalat, gebe: er könne aber nicht glauben, daß es gut sei, vollständig von demselben zu schweigen, oder daß es gar keiner Reform bedürftig sei. Mein Gewährsmann bemerkte hiezu, daß sie die Absicht hegen, hinsichtlich des Cardinalates besonders zu verlangen: wenn es pro Orbe da sei, solle es auch ex Orbe gewählt werden. Meiner Ansicht nach hat aber Alles zwei Seiten: wir haben es erfahren, was Reisach für uns war, und können ahnen, was ein Senestrey, Martin, Feßler u. A. für uns sein würden. Cardinäle wie Hohenlohe gibt es eben nicht viele; sie kommen aber auch gar nicht auf, so daß die deutschen Bischöfe bereits anfangen, Hrn. Card. H. ernstlichst zu bemitleiden, hier sein zu müssen; auf der anderen Seite spricht man seine Bewunderung darüber ebenso unverhohlen aus, daß er trotzdem sich noch in dieser Verfassung erhalten hat. Es sticht freilich auch, wie Dr. Hipler sagte, das Benehmen der anderen Cardinäle gegen die unbeschreibliche Liebenswürdigkeit des Hrn. Card. H. außerordentlich ab. Noch unlängst sagte mir der Erzbischof von Bamberg offen: er achte den Hrn. Cardinal sehr hoch, er sei ein kindlich frommer Mann, und ähnliches Gerede mehr; aber er müsse gestehen, daß derselbe zu einem Bischofe nicht geeignet sei (wobei er freilich zugleich das Geständniß ablegte, ihn nicht zu kennen!), und er habe deshalb selbst, als er in der Cölner Erzbisthums=Besetzungs=Angelegenheit von Rom um sein Votum über ihn angegangen worden sei, wie andere Bischöfe erklärt: derselbe sei nicht zum Erzbischof von Cöln geeigen=

schaftet!¹) (Rom holt über einen Mann, den es kennt, ja kennen
muß, Gutachten bei Bischöfen ein, die ihn nicht kennen!) Doch die
Anwesenheit in Rom ändert auch hinsichtlich der Beurtheilung von
Personen gar manches, und so sagte man mir gestern von mehreren
Seiten, auch bischöflicher: „einen besseren Bischof, als Card. H.,
könnte man sich an der Spitze einer Diöcese gar nicht denken."

Ich kehre jedoch zu meinem Referate über die Congregation
zurück. Card. Schwarzenberg sagte noch: in's Detail einzugehen,
überlasse er den folgenden Rednern. Nach ihm sprach Card. Mathieu
von Besançon. Er war sehr unzufrieden mit dem Schema, und
bemerkte, daß die Verfasser desselben gar keine praktische Erfahrung
haben müßten. Er wolle nur von dem Capitel über die Capitels=
vicare sprechen. Dasselbe sei z. B. in seiner Diöcese absolut un=
durchführbar: er habe drei Generalvicare, deren Kräfte für die
Menge an Arbeit kaum ausreichen, wobei er die Verhältnisse weiter
auseinandersetzt. Nach dem Tode des Bischofs würde die Arbeit
auf den Schultern des einzigen Capitelvicars ruhen. Das sei ein
Nachtheil für die Verwaltung der Diöcese und für den Capitelsvicar
eine Unmöglichkeit, nachtheilig für die Kirche und den Staat. Dar=
nach sprach der Titularpatriarch Ballerini, ein römischer Prälat:
er fand selbstverständlich das ganze Schema ausgezeichnet bis auf
unbedeutende Kleinigkeiten. Nicht so der ungarische Primas Simor,
der eine glänzende Rede gehalten haben soll. Er bemerkte, wie
Card. Schwarzenberg, mit Staunen, daß nur von Pflichten der
Bischöfe, nicht aber von Rechten derselben im Schema die Rede sei;
stimmte Card. Mathieu bei, daß nur die größte Unkenntniß der Ver=
hältnisse dieses Schema erklärlich mache, und wie er dies an zwei Capiteln
namentlich zeigen wolle: an dem über die Visitation und jenem
über die Residenz. Die Visitationen innerhalb drei oder nach dem
vorgelegten Schema fünf Jahren zu beendigen, könne wohl in
Duodez=Diöcesen möglich sein, in Diöcesen aber wie der seinigen und

---

¹) Uebrigens hatte Card. Geißel, als dessen größtes Verdienst die Be=
förderung des Jesuitismus in Deutschland nach seinem Tode gerühmt wurde,
den ausdrücklichen Wunsch dem Papste geäußert, daß Hr. Card. H. sein
Nachfolger nicht werden möge.

ähnlichen sei es ganz unmöglich. In den Wintermonaten sei es
bei ihm völlig unthunlich, überhaupt zu visitiren, auch kaum in den
Sommermonaten. Was bleibe aber dann noch vom Jahre übrig?
Habe aber der Bischof nur zu visitiren? keine anderen Geschäfte?
Er und die Bischöfe größerer Diöcesen werden es darum eben be=
lassen, wie es ist, weil sie das Unmögliche nicht möglich machen
können. Das Capitel über die Residenz wäre besser ungeschrieben
geblieben. Es verrathe obendrein eine grandiose Unwissenheit.
Erstens müsse er fragen: warum man die früheren Bestimmungen
des Concils von Trient (die vier Gründe) nicht nannte,[1]) oder
glaube man hier, daß die christiana caritas nicht mehr gelte, oder
aufgehört habe? Dem werde er und wohl Keiner der Bischöfe je
beistimmen. Oder die urgens necessitas? Glaube man denn hier
im Ernste, daß auch diese nicht mehr existire? So lange wir
Menschen sind, werde sie bestehen, und er werde keinen Menschen,
auch Rom nicht, fragen, wenn der Arzt ihm befehle, ein Bad außer
seiner Diöcese zu besuchen, dies thun zu dürfen, sollte seine Ab=
wesenheit auch länger als drei Monate dauern. Hier gehe Gottes
Wille, für die Gesundheit Sorge zu tragen, vor. Dann sagte er
auch: was sollen denn künftig die Erzbischöfe für eine Stellung ein=
nehmen? Er könne sich die Frage nur dahin beantworten, daß sie
Denuncianten für Rom werden sollen. Reise z. B. einer seiner
ziemlich zahlreichen Suffragane von seiner Diöcese weg, so brauche
er ihm nichts zu sagen; vielmehr müsse er, der Erzbischof, fortan
in Rom anfragen: hat dieser Bischof von Rom die Erlaubniß er=
halten, sich von seiner Diöcese zu entfernen, oder nicht? Und erst
jetzt habe er die keineswegs angenehme Pflicht, ihn vielleicht zu de=
nunciren! Da aber auch den Nuntien diese Vorschrift anempfohlen
werden soll, so müsse er sich erlauben zu bemerken: er achte, ehre
und liebe zwar die Nuntien sehr, aber eben deswegen möchte er sie
nicht zu blosen Denuncianten herabgewürdigt sehen. Früher habe
auch Theilnahme an den Ständeversammlungen als Entschuldigung

---

[1]) Concil. Trid. sess. XXIII c. 1 de ref. sagt: Nam cum christiana
charitas, urgens necessitas, debita obedientia, ac evidens Ecclesiae, vel
Reipublicae utilitas aliquos nonnunquam abesse postulent, et exigant ...

von der Residenzpflicht gegolten. Die Verfasser des Schema sagen: solche existiren nicht mehr; dagegen müsse er protestiren: er sei gebornes Mitglied der ungarischen Ständeversammlung; dasselbe gelte von einzelnen baierischen Bischöfen und die französischen seien als solche Senatoren u. s. w. Immerhin fehlt die richtige Erkenntniß, die Einsicht, wie all dies System ist, weil man die Civiltà cattolica nicht studirt. Ich machte den Bischof, welcher mir obiges Referat gab, darauf aufmerksam, auch Dr. Hipler. Ob wohl unsere drei bischöflichen Reichsräthe aus Baiern diesen Punkt in der Congregation zur Sprache gebracht hätten, wenn es nicht von anderer Seite geschehen wäre? Ich zweifle daran, der Erzbischof von München hätte es gewiß für eine „Thorheit" gehalten, darüber nur etwas zu sagen. — Dupanloup verzichtete auf das Wort. Zugleich wurde in der eben besprochenen Concilssitzung ein Monitum der Präsidenten[1]) veröffentlicht, worin unter Berufung auf einen ähnlichen, aber nicht gleichen Vorgang auf dem Concil von Trient (17. Febr. 1562) das Secretum pontificium neuerdings eingeschärft wird. Namentlich die Artikel der „Allgem. Zeitung" liegen den Herren stark im Magen. Allein trotz allem ist die römische Clerisei und insbesondere Herr L. Veuillot in seinem Univers von dem Secretum pontificium ausgenommen.

Als einen charakteristischen Zug — und man darf keinen

---

[1]) Nach dem Echo du Vatican, dem Organ des Beichtvaters des Carb. Bonaparte, Nr. 8, 28. Janv. p. 222 hätten die Präsidenten das Monitum mit folgenden Worten veröffentlicht: „Encore, s'il s'agissait du dogme, disaient les présidents, on comprendrait que nos délibérations pussent être répétées dans les journaux; mais il s'agit de la discipline. Les rapports des evêques avec leur clergé, des evêques avec les reguliers et entre eux, toutes les questions des officialités, des synodes, &c., vont être ici ramenées. La moyenne à prendre entre ce que les petits appellent l'arbitraire et ce que les grands redoutent, à savoir le presbyterianisme, tout cela doit arriver au public en décrets, mais nullement en formules discutables . . . Et la grave question des rapports de l'Eglise et de l'Etat? Le Decret est indispensable." Das Echo setzt bei: Résignons nous. Soit; nous verrons comment il sera gardé par les autres ... par l'Univers surtout.

bei Seite lassen, um ein richtiges Gesammtbild zu erlangen — muß ich noch Folgendes nachtragen. Es wurde mir schon vor wenigen Tagen erzählt. Bekannt ist die noch aus den Zeiten verrotteter und überall abgeschaffter Staatsmaximen stammende Rücksichtslosigkeit Roms gegen das Briefgeheimniß. Man wußte, daß dasselbe auch jetzt während des Concils nicht heilig gehalten werde; allein die Bischöfe wollten es nicht glauben oder scheinen geglaubt zu haben, daß sie vor solchen Eingriffen Roms durch ihre Würde und Stellung geschützt sein würden, daß etwa die Spionage-Mannschaft die Hand vor jedem mit einem bischöflichen Siegel versehenen Briefe zurückziehen werde. Es geschah aber anders. Unlängst, zwei Stunden nach einer General-Congregation, wurde auf der Post aus einem bischöflichen Briefe eine ausführliche Relation über die Congregation gezogen!

Gestern sah ich zum ersten Male meinen alten Freund Hipler bei mir. Auch er klagt sehr über die ganze Wirthschaft. „Die Bischöfe, meint er, werden kühler nach Deutschland zurückkehren; ihr Fanatismus von vordem, wo sie alle Akte Roms idealisiren zu müssen glaubten, ist bereits im Verschwinden. Freilich, fügte er hinzu, muß man selbst nach Rom kommen, um mit eigenen Augen zu sehen und mit eigenen Ohren zu hören." Kurz, er stimmt ganz mit mir überein, indem er es wie ich für ein Glück für die Kirche hält, daß das Concil gerade in Rom zusammenkam. Rom mag und wird verlieren, aber die Kirche wird gewinnen. Auch außerdem trafen unsere Anschauungen zusammen, so über die römischen Archivare und Bibliothekare, die zwar jetzt eifersüchtig auf uns fremde Gelehrte sind, aber nicht einmal das Verständniß besitzen, das Wichtige vom Unwichtigen ꝛc. zu scheiden; von wissenschaftlicher oder historischer und diplomatischer Bildung derselben keine Spur. Endlich begreift auch er nicht, was denn eigentlich ein Theologe eines Bischofes, als welcher er mit seinem Bischofe hier sei, bedeuten solle, indem er auch nicht im entferntesten an irgend etwas theilnehmen könne und dürfe. Sein Urtheil über Hergenröther's Anti-Janus ist eine entschiedene Verdammung desselben. Sein Bischof (Krementz), erzählte er mir, hatte beim Papst eine Audienz. Dieser klagte über die vielen und langen Reden und meinte: „es hätten doch 1866 die Preußen die Oesterreicher auch in 14 Tagen geschlagen"; als aber Krementz äußerte: vielleicht könnte für die Dauer der Reden ein bestimmtes Maß der Zeit festgesetzt und dadurch Abkürzung der Verhandlungen erzielt werden, bemerkte Pius eifrigst: nein, nein! das könne und dürfe er nicht thun; da würde man gleich schreien, er beschränke die Freiheit des Concils. Als ob in dem ungemessen lange Redenlassen über gewisse Punkte die Freiheit des Concils bestände!

Rom, 15. Januar 1870.

In der heutigen Sitzung sprachen zumeist Spanier und Italiener, aber Keiner eigentlich für das Schema. Sie zeigten die Ungeschicklichkeiten der römischen Curie. Ein Spanier wollte in das Schema nichts Geringeres gesetzt wissen, als daß jeder Bischof Morgens nach seiner Messe eine Stunde meditire und mindestens ¾ Stunden der geistlichen Lesung widme; alle zwei Monate sollen sich die Bischöfe schließlich mehrtägigen geistlichen Exercitien unterziehen. Die ganze Versammlung war über ein solches Ansinnen frappirt. Dennoch soll er Eingangs seiner Rede hervorgehoben haben, daß es gut und endlich Zeit sei, von den inutilia dogmata (dogmatisches Schema) zur viel wichtigeren Disciplin gekommen zu sein. Ein anderer Bischof sprach wieder über die Capitelsvicare: er kenne so traurige Folgen dieser Einrichtung, daß er das ganze Institut verwerfen müsse; man solle auf die Zeit vor dem Tridentinum zurückgehen und den nächsten Bischof bis zum Ende der Sedis-Vacanz mit der Verwesung der Diöcese betrauen. Allein der gute Mann scheint eben zu übersehen oder nicht zu wissen, daß auch diese von ihm empfohlene Einrichtung sehr viel Nachtheiliges hatte, und man sie gerade deswegen aufgab. Wieder Einer sprach über das Absurde des Capitels von der Residenzpflicht, besonders darüber, daß man erst von Rom aus Urlaub haben müsse. Wie sei es, sagt er, wenn z. B. mein Vater dem Tode nahe wäre? Da müßte ich erst nach Rom schreiben, während vielleicht inzwischen der Tod bereits sein Opfer geholt hat. Er kenne einen solchen Fall. Einer seiner Bekannten schrieb nach Rom und die Antwort kam — nach drei Jahren! Der nämliche Bischof führte auch aus, daß überhaupt die Centralisation in Rom sehr nachtheilig sei. Er wolle nur die Centralisirung des Ehewesens in Rom berühren. Es komme z. B. zu einem Bischofe ein Weib und sage ihm: Sie können mich retten. Er muß ihr antworten: Non possum. Warum aber? Weil die Sache erst nach Rom gehen muß und dazu hat das Weib überdies kein — Geld, und diesen Ausdruck „Geld" (pecunia) wiederholte er öfter, und zwar zum großen Aerger der Curie. Allein dieser Bischof behandelte auch die päpstlichen Rescripte „sehr bagatellmäßig", als „altes, verrostetes Zeug." Kein Redner vergaß aber, immer wieder auf die im Schema ausgelassenen Rechte des Episcopates und darauf zurückzukommen, daß das Cardinalscollegium darin nicht berührt sei. Jedoch in einem nachträglichen Schema ist den Bischöfen die „volle Gewalt über ihren Clerus" zugesprochen. Selbst römische Abbati halten sich sehr über das Schema de vita clericorum auf. Leben wir denn in der Zeit der Longobarden oder Attila's, fragen sie. Das sei ja eine Schmach für den niederen Clerus, nur von ihm in dieser infamirenden Weise (Concubinat rc.) zu sprechen. Ja, bei den Bischöfen vertilgen die dienstfertigen Ordinariate eben, wenn es nothwendig ist, vor deren Ernennung erst die skandalösen Akten und dann heißt es: quod non est in actis, non est in mundo. Allein immer hilft es doch nicht, und erst jüngst sagte mir eine Dame, man sollte doch einmal eine Biographie des Bischofes N. aus der Zeit schreiben, wo er noch Pfarrer war.

Rom, 16. Januar 1870.

Heute früh (Sonntags) erzählte mir der Uditore des Hrn. Card. H., daß im Laufe dieser Woche oder im Anfange der nächstfolgenden ein weiteres dogmatisches Schema de Pontifice Romano mit der Infallibilität des Papstes erscheinen werde. Er ist in der Regel gut unterrichtet und weiß mir meistens schon einige Tage vorher die nächstens bevorstehenden Schritte der Curie anzugeben.

Man sagt mir, es sei unter den gegenwärtigen Umständen absolut nothwendig, daß Erzb. Manning von der theol. Facultät in München eine zwar ruhige, aber entschiedene Antwort erhalte.

Card. Bilio klagt sehr über Irritirung seiner Nerven, wie man sagt, in Folge des Kampfes gegen sein Schema. Auch in der Commissio pro rebus dogmaticis soll es hübsch hergehen; auch Schrader und Franzelin sind wieder beigezogen. Man will wenig ändern, und daß der Primas von Ungarn, als Mitglied der Commission, auf eine durchgreifende Revision und Umarbeitung drang, wurde mit Hohn — so versichert man — aufgenommen. Der Primas soll daher außerordentlich verstimmt gewesen sein, und man vermuthet, daß diese Verstimmung ihm seine scharfe Rede gegen das Disciplinarschema eingegeben habe. So meine Quelle, ein österreichischer Erzbischof. Martin, Dechamps und Pie sind in Verbindung mit Schrader und Franzelin die Revisoren des dogmatischen Schema's. — Schon macht man bestimmte Mittheilungen über die künftige Rede Stroßmayer's. Als ganz positiv wird mir mitgetheilt, daß der Papst römische Abbati zu sich kommen lasse und ihnen auftrage, die deutschen Bischöfe auszuspioniren. Einzelne haben doch Bedenken getragen und es als gegen ihr Gewissen gehend finden wollen, allein Pius erklärte ihnen: es sei zum Frommen der Kirche!

Eben wird eine Lettre d'un vieux curé de campagne à son evêque parti pour le Concile du Vatican. Paris — Imprimerie de Dubuisson — unter die Väter des Concils vertheilt. Es ist der alte Klageruf der französischen Pfarrer über ihre Absetzbarkeit, welchen hier Einer im Namen Vieler, ja, wie er sagt, von 35—40000 Priestern erhebt. Ein merkwürdiges Bild, das sich in den wenigen Zeilen vor unseren Augen aufrollt. Nur nach Willkür und Behagen, sagt er, verfahren die Bischöfe. Ihre Regel faßt sich in die Worte Juvenals zusammen: Sic volo, sic jubeo, sit pro ratione voluntas! Warum muß denn gerade der französische Clerus, und er allein, mit solcher Willkür behandelt werden? Pourquoi nos Evêques tiennent-ils, pour ainsi dire, leur clergé en état de siège, à ce point que l'un d'eux a cru pouvoir dire en plein

Sénat: „Mon clergé est un régiment: il doit marcher,
et il marche". Man hat in Frankreich bischöflicherseits erkannt
was es bedeutet, den Clerus dem Hunger auszuliefern; aber wehe
dem Episcopat, welcher so sehr des christlichen Geistes bar geworden,
daß er auf solche Mittel seine Willkürherrschaft stützt! Glücklich
unser Deutschland, daß wir noch nicht bis zu diesem Stadium fort=
geschritten sind! Aber wo soll denn die Achtung vor dem Clerus
noch Boden finden können, wenn alle Welt sieht, daß sein ganzes
Thun und Walten selbst nicht mehr in höheren Motiven wurzelt?
Doch hören wir unseren Pfarrer selbst weiter: „C'est la faim qui est
le nerf de notre discipline", disait un jour, sans rougir, un grand
vicaire. La faim! quel triste abus! Abuser de ce qu'un pauvre
prêtre a faim, qu'il a à sa charge un père, une mère qui ont
faim et qui comptent sur lui, pour l'obliger à se soumettre à
toutes les exigences du caprice, en lui disant: „Pas un mot, pas
une plainte, pas un murmure, pas même l'ombre d'une velléité
de résistance à l'autorité! ou vous êtes anéanti. „Sic volo, sic
jubeo." „Qu'y a-t-il de plus malheureux pour la religion et le
clergé que l'arbitraire épiscopal (s'écriait dernièrement le plus
célèbre de nos avocats [Jules Favre])? N'est-ce pas lui qui jette
sur le pavé de Paris des centaines de prêtres repoussés de tous
comme des Ilotes et des Parias? Vous apprendrez avec étonne-
ment, M. le procureur impérial, que plus de quatre cents de ces
malheureux ses victimes sont assises sur ces véhicules qui vous
transportent dans la capitale; car un prêtre interdit, c'est un
malheureux sans pain et sans moyen d'en gagner, c'est la plus
grande calamité de notre époque. Il faudrait des âmes généreuses
pour y remédier; mais où sont-elles? . . ." Freilich könne man
appelliren; das kirchliche und Civil=Recht gestatten es. Mais si en
appeler est un droit, ce n'est pas chose facile. L'Evêché lui
remettra-t-il à temps les pièces dont il a besoin? Avant que son
appel soit parvenu, ne l'aura-t-on pas prévenu? L'Evêque a à
Rome des correspondants que ne saurait avoir un pauvre curé
de campagne. Et puis, pour en appeler, pour aller défendre sa
cause, il faut d'argent, et ordinairement un desservant n'en a

guère. Quel est le confrère qui l'aidera de ses conseils, de sa bourse, sachant bien qu'il ne saurait le faire sans s'exposer lui-même à être pour toujours disgracié? D'ailleurs, tous savent bien que quiconque en appelle est un homme perdu, eût-il cent fois raison, gagnât-il son procès à Rome. Que d'exemples, Monseigneur, ne pourrais-je pas citer, de prêtres qui en ont appelé, qui ont gagné leur procès, et qui, cependant, sont encore aujourd'hui dans la disgrâce? Mais ces exemples, vous les connaissez, vous savez aussi comment les évêques s'y prennent pour avoir le dernier mot dans la lutte avec un de leurs curés: ils invoquent l'appui du bras séculier; les gendarmes sont chargés de retirer au curé disgracié les clefs de son église et de son presbytère, après en avoir mis les meubles à la porte, et tout est dit. Le dimanche suivant, on procède à l'installation du curé nouvellement élu, et, s'il le faut, le secours des gendarmes est de nouveau invoqué, afin d'obliger par la force des baïonnettes les paroissiens qui voudraient conserver le prêtre auquel ils ont donné leur confiance depuis plus de trente ans, à accueillir le nouveau ministre de paix qui vient à eux au nom du Seigneur, in nomine Domini, escorté par une troupe de gens armés, pour imposer son ministère à des gens qui n'en veulent pas. Ce que je rapporte ici, Monseigneur, je l'ai vu, vu de mes yeux. Que d'autres faits plus révoltants encore ne pourrais-je pas ajouter? Mais je ne veux pas étendre, outre mesure, cette lettre déjà trop longue." Ich merke nicht, daß ein solcher Brief einen Eindruck macht, ja nur überhaupt besondere Aufmerksamkeit findet. Und natürlich, die darin geschilderten Zustände scheinen ja das Ideal der Bischöfe überhaupt zu sein, wie hinsichtlich des deutschen Episcopates die oben mitgetheilten Auszüge des geheimen Protocolls der Bischofsversammlung von Fulda 1867 zeigen.

Rom, 17. Januar 1870.

Gestern Abends wurde ich noch Seitens des H. Prälaten W., der trotz seines hohen Ranges in der römischen Hofdienerschaft

Neigung zeigte, die ihm vom B. Martin angebotene Kaplanei in Erfurt anzunehmen, inquirirt. Ihm ist meine Anwesenheit bei Hrn. Card. H. besonders widerwärtig: es könnte ja dadurch dessen Einfluß geschmälert werden. Der H. Prälat thut darum Alles, um die darüber aufkommenden Besorgnisse zu zerstreuen. Ueberall sagt er herum, der Hr. Card. H. ist Infallibilist durch und durch, und meine Zeugen sind Dr. Hipler und der preußische Feldpropst. Gestern Abend nun machte er alle Versuche, meine Gesinnung und Stimmung bezüglich der Infallibilität zu erfahren. Wiederholt hörte ich, daß Rom, wenn es einmal einen Vorsatz gefaßt, nicht mehr davon ablasse; daß er glaube, es würden viele oppositionelle Bischöfe schließlich zu den Infallibilisten übergehen. Ich ließ mich aber, um keinen Stoff zu Intriguen gegen mich zu bieten, nicht weiter auf die berührten Themate ein: ich für meine Person, sagte ich, sehe die Sache als eine Gewissenssache an; jeder Bischof muß suchen, sich die bestmögliche Ueberzeugung zu verschaffen, und diese hat er ohne Rücksicht auf andere Dinge auszusprechen. Wenn daher dieser und jener Bischof von seinem Gewissen gedrängt wird, dafür oder dagegen zu stimmen, so werde ich ihn stets achten und ihm wegen seiner Haltung nicht den geringsten Vorwurf zu machen mich für berechtigt halten. Das erstickte freilich bald unsere Unterhaltung, und selbst ein hochangesehener und wohlunterrichteter Concilsvater sagte mir in dieser Beziehung: „Ja, mit Gewissenssache wenn Sie kommen, da werden Sie das Gespräche bald beendigt haben!"

Graf . . . . . . sagte mir gestern, daß selbst der Bischof von Ermeland, den mir wenige Tage vorher Hipler, bekanntlich sein Theologe, als noch etwas schwankend geschildert hatte, sehr entschieden spreche. Er behaupte, daß sie zum Concil versammelt, keineswegs mehr wie in ihrer vereinzelten Stellung zu betrachten seien; auf dem Concil versammelt, seien sie ein wesentliches „Ingredienz" der gesetzgebenden und lehrenden Autorität; dieses Recht stehe ihnen von Gottes wegen zu und könne ihnen vom Papste nicht verkümmert werden. Die wiederholte Einschärfung des Stillschweigens hat große Verstimmung erzeugt. Nach dem edlen Grafen behaupten andere Bischöfe, daß der Papst und die Legaten ihnen gar kein Stillschweigen, und zumal nicht unter einer Todsünde, gebieten könne. Thatsache ist übrigens auch, daß ein angesehener römischer Moralist das Secretum pontificium als nicht unter einer Todsünde verbindend erklärte.

Gestern Abends brachte mir Graf .... auch die Adresse der Infallibilisten: sie ist das Compositum von Unwahrheit und Verläumdung. Ich glaube (auch andere theilen die Ansicht), schon aus der Sprache schließen zu dürfen, daß sie mehr als eine private Arbeit, vielmehr officiell sei. Ein Hauptgewicht scheint in derselben auf das Glaubensbekenntniß der Synode von Lyon gelegt zu werden, da sie ausführlich und wörtlich dasselbe citirt: Et sicut prae ceteris tenetur fidei unitatem defendere: sic et si quae de fide subortae fuerint quaestiones, suo debent judicio definiri. Daß die Autorität dieses Bekenntnisses, wie der Synode überhaupt schwankend sei, kann man hier nicht geltend machen: darauf hören weder die infallibilistischen noch die anti-infallibilistischen Bischöfe, wie Kenntniß der Conciliengeschichte überhaupt eine der schwächsten Seiten der Bischöfe ist. Für viele Bischöfe mag darum in dieser Formel etwas sehr Verfängliches liegen; allein eine richtige Interpretation derselben an der Hand der geschichtlichen Quellen zerstört dieses ganze Truggebilde der Infallibilisten. Man braucht ja nur die Akten des Concils von Ephesus und die Schreiben des P. Julius I, worin das Wort definire Seitens der Päpste ebenfalls gebraucht wird, zu lesen, so ist man darüber vollständig aufgeklärt. Gerade deshalb mag Manning solche Furcht vor der Münchener kirchenhistorischen Schule haben, weil er weiß, daß sie seine und der Seinigen Aufstellungen zu würdigen und auf das richtige Maß der Wahrheit zu reduciren versteht. Ich werde sogleich das „definire" der Synode von Lyon erklären und die Erklärung in andere Hände gelangen lassen. Für gewisse Leute gibt es freilich keine Aufklärung: sie fertigen den Ungelegenen, wenn ihnen, wie in der Regel, ein anderes Argument nicht zur Hand ist, mit der freilich sehr bedeutsam klingenden Phrase ab, welche der Erzbischof von München Anfangs dieses Monats mir entgegenhielt: „Woher wissen Sie denn, daß die Akten dieser alten Concilien ächt erhalten sind?"

Da können wir uns zuletzt auf den verrückten Standpunkt des Jesuiten Harduin stellen, was freilich für die Jesuiten und ihre Anhänger das Bequemste wäre: es gäbe keine lautere Tradition, keine Geschichte mehr; die Kirche ohne Rücksicht auf die unzuverlässige Tradition hätte nur aus ihrem eigenen Bewußtsein zu sprechen. Diese Theorie tauchte gerade auch jetzt wieder auf, z. B. bei Bouvy, der sie von B. Malou entlehnte und von B. Laurent approbiren ließ, bei Hergenröther ꝛc. Das würde eine glückliche Epoche der Dogmenfabricirung geben: kein Einwand aus Tradition und Geschichte käme mehr gegen einen frommen Einfall auf. Die leibliche Himmelfahrt Mariens würde weder das schwierigste, noch das letzte Dogma sein. Der hl. Joseph, für dessen Erhöhung seit geraumer Zeit in den romanischen Ländern in umfassendster Weise agitirt wird, soll ja auch nach der Anschauung frömmelnder Phantasten leiblich im Himmel sein!

Die Zahl der Unterschriften der Infallibilitäts-Adresse beläuft sich auf nur c. 450. Eine beträchtliche Anzahl von Bischöfen will nämlich eine Adresse weder für noch gegen die Infallibilität unterzeichnen. Von Interesse ist ferner, daß Card. Rauscher für seine Schrift de infallibilitate Papae das Imprimatur hier nicht erlangen kann und sie deshalb nach Wien zum Drucke schicken will. Besser hätte Eminenz freilich gethan, wenn sie schon vor dem Concil dieselbe hätte in Wien drucken und verbreiten lassen. Allein da hätte sie sich ja einer Verwandtschaft mit der deutschen Theologie schuldig gemacht, welchen Schein ein deutscher Bischof nicht auf sich ziehen durfte. — Ein Canonicus, den ich heute sprach und der mit B. Stroßmayer eng verbunden ist, sprach die Ansicht aus, daß gewiß verschiedene Bischöfe Rom verlassen und Zeit Lebens die Beschlüsse des Concils nicht proclamiren würden: die Regierungen ständen ihnen überall zur Seite. — Während Manning mit der Sammlung seiner Unterschriften erst bis Samstag (22. Jan.) fertig zu werden gedenkt, ist die oppositionelle Adresse, resp. die drei oppositionellen (die deutsch-ungarische mit c. 40 Unterschriften, französische c. 30 und amerikanische c. 20), schon verwichenen Freitag (14. Jan. — s. dieselben, sowie die übrigen Adressen gegen die Infallibilität in den Documenta 1) an den Papst abgegeben worden. Von mehreren amerikanischen Bischöfen erzählt man sich die Aeußerung, nicht mehr in ihre Diöcesen zurückkehren zu können und zurückzukehren, falls die Infallibilität proclamirt werden sollte; aber ein Bischof versichert mich, daß auch Manning dies von sich behaupte, falls sie nicht proclamirt würde.

Nach dem Canonicus und Professor an der Sapienza de Angelis herrscht die größte Bestürzung an der Curie; insbesondere fürchtet man die französischen Bischöfe, hinter denen Napoleon und die französischen Truppen stehen, und welche die Dispensen und Alles von Rom wegziehen möchten. Was soll aus den Congregationen werden, und wovon leben wir, fragt man. Es sei ein unerträglicher Oppositionsgeist in diese Bischöfe gefahren, ohne daß doch eigentlich ein Grund dazu vorliege. Auf die Bemerkung, daß man die Bischöfe hier ja selbst dazu dränge, indem man sie mit dem größten Mißtrauen behandle, meinte der streng curialistische Canonicus: dem sei nicht ganz so, dieselben seien schon mit oppositionellen Propositionen hierhergekommen; aber er gestand halb und halb zu, daß die Curie einigermaßen dadurch dazu beitrug, weil auch dem Episcopate nichts von Allem mitgetheilt wurde, was auf dem Concile verhandelt werden soll. Und diese Geheimthuerei spiele sich schon vier Jahre fort, indem die Centralcommission für das Concil — es scheint mir ohne Wissen selbst von vielen Cardinälen — schon seit vier Jahren bestehe. (Dasselbe sagte mir auch Dr. Stahl, Neveu und Secretär des B. Stahl von Würzburg in der II. feierlichen Sitzung am 6. Jan. in der Theologenloge: schon im Februar 1866 wurde B. Stahl der Auftrag ertheilt, unter tiefstem Stillschweigen darüber Aufschluß zu geben, ob Hettinger und Hergenröther geeigenschaftet und in der Lage seien, zu den Vorarbeiten des Concils hier verwendet zu werden. Allein erst im Herbste 1867 sei ein zweites, das Berufungs-Schreiben für dieselben erschienen.) Aber der Secretär der Congregation, Erzb. Giannelli i. p. i., fuhr der Canonicus weiter, habe nicht einmal ein Protocoll, so daß man später über die geführten Verhandlungen gar keinen Aufschluß haben konnte! Selbstverständlich kann dies jedoch das Verfahren Roms mit dem Episcopate nicht rechtfertigen. Aber der Prälat gestand weiter, daß in Rom Alles faul sei: wo man nur an etwas rühre, zeige sich, daß es faul und morsch sei. Mit Recht wurde ihm von einem römischen Geistlichen entgegengehalten: und damit dies vor den Augen des ganzen Episcopates aufgedeckt werde, hat man ihn wohl hieher berufen! Ich und ebenso Freund Hipler finden, daß Gottes Wille ein Strafgericht über Rom, eine Reinigung der Curie beschlossen habe. Wir werden sehen. Aber wäre das Concil wo immer zusammengekommen, die Erbärmlichkeit der Curie wäre nie so offenkundig geworden. Allein da vor Allem Gottes Finger hierin erkennbar ist, so müssen wir seine Fügung verehren und anbetungs= würdig finden: es soll und muß eine Ernüchterung Roms und des Episcopates stattfinden; dieser unerträgliche Grad von künstlich er= zeugter und unvernünftiger Schwärmerei für Rom muß wieder auf das richtige Maß zurückgeführt werden, soll das gesunde und normale Leben der Kirche neuerdings eintreten. Endlich soll gestern Abends ein Legat bitterlich geweint haben: der Papst habe zwar die ganze Last der Leitung des Concils auf ihre Schultern gelegt; allein er lasse sie gar nicht zu Berathungen mit sich vor; nach den Sitzungen empfange er sie auf einige Worte, welche sie stehend referiren dürfen, dann werfe er sich wieder dem einen oder anderen Abenturier in die Arme. Was diese ihm sagen, glaubt und befiehlt er durchzu= führen.

Heute war ich auch bei dem sogenannten Sprachenfeste in der Propaganda. Schon einige Tage vorher war es mir von einem alten römischen Geistlichen als eine Komödie bezeichnet worden, und ich selbst hatte im Voraus keine große Vorstellung davon. Es ist ein Schulfest, wie unsere Maifeste; nur daß die unserigen besser executirt sind. Das große Gedränge, das Hin= und Herstoßen ver= anlaßte mich, mit Hipler beim dritten Vortrage bereits wieder das Freie zu suchen. Ich will keinen Tadel darüber aussprechen; wie man aber in unseren Zeitungen so viel Aufhebens davon machen kann, begreife wenigstens ich nicht.

Endlich ist gestern, Sonntags den 16. Jan., auch B. Hefele angekommen. Er wohnte bereits heute der Versammlung der

deutschen Bischöfe bei. Hoffentlich ist seine Ankunft von großer
Bedeutung.

Rom, 18. Januar 1870.

Ein Mann, der gestern eine Reihe von Bischöfen der Oppo=
sition, wie Darboy, Schwarzenberg, Tarnoczy, Förster u. s. w., sah,
sagt mir, daß sie sämmtlich sehr gehobener und freudiger Stimmung
waren: seitdem sie ihre Anti=Infallibilitäts=Adresse zu Stande ge=
bracht und dem Papste übergeben haben und nunmehr ihre Schaar
übersehen können, fühlen sie sich stark und selbst gehoben. Als Einer
aus ihnen die Infallibilitäts=Adresse hervorzog und las, sagte Card.
Schwarzenberg: Ach, diese thun uns nichts; wir stehen fest, auch
wir haben Namen genug! Sie können nicht durchdringen! Förster
hingegen legte ein sehr merkwürdiges Geständniß, freilich in anderer
Beziehung ab. Die Artikel der „Allgem. Zeitung", sagte er, sind
zwar scharf, aber im Ganzen doch recht wahr und zutreffend; sie
haben nur genützt. Wir dürfen es uns selbst im Geheimen schon
gestehen. Die Presse und die Artikel, welche geschadet haben, sind
die ultramontanen: sie haben auf eine ganz falsche Fährte geleitet!

Der Papst sah bei der heutigen Capella papale — es ist
Petri Stuhlfeier — sehr verstimmt aus.

Durch einen eigenthümlichen Zufall, aber keineswegs durch
Theiner, wie man später sagte, ist mir der Modus procedendi in
Concilio Tridentino, den wir zwar auch in München handschriftlich
haben, hier aber Niemand einsehen darf, in die Hände gefallen.
Wie sehr differirt er von der Geschäfsordnung des gegenwärtigen
Concils und wie viel galt damals noch als wesentliche Bedingung
für ein allgemeines Concil, was das Vaticanum für überflüssigen
Luxus betrachtet! Ich excerpire gerade die bedeutsamsten Stellen
daraus. Inzwischen kam B. Hefele zu Hrn. Card. H. und ließ
auch mich zu sich bitten. Ein ehrlicher, offener und gerader Schwabe.
Er begrüßte mich als Collega und ließ es sich nicht nehmen, mich
als solchen auch ferner zu behandeln. Sein erster Gang, sagte er,
war zu Hrn. Cardinal, denn er hätte es für ein Unrecht betrachten

müssen, wenn er dies nicht gethan hätte für all die Güte, Liebens=
würdigkeit und Gnaden, die Card. H. ihm während seines vor=
jährigen Aufenthaltes dahier erwiesen. U. A. sagte er uns, Hrn.
Card. H. und mir: „ich habe dreißig Jahre nach der Infallibilität
gesucht, sie aber nirgends gefunden." Aus unserem Gespräche, als
ich ihn zu Grafen Tauffkirchen und den Cardinälen Caterini und
Bilio begleitete, hebe ich nur hervor, daß schon gestern Mast, sein
nicht sehr entfernter Verwandter, sich bei ihm einfand. „Sie sind
daran Schuld, daß ich jetzt als Bischof hier bin", sprach er ihn an.
Aber auch Molitor von Speier war sofort gestern bei ihm und trug
ihm das Projekt vor, daß er eine Mittelpartei bilden möge; allein
B. Hefele wies ihn mit den Worten ab: „Sie wissen ja von Fulda
her, daß ich mit vollem Bewußtsein und mit Entschiedenheit zur
Linken gehöre. Sie sagten mir ja damals: ‚sie werden mir schon
die häretische Haut abziehen'" — eine scherzhafte Aeußerung Mo=
litors auf den Vortrag Hefele's über die Infallibilität (zu Fulda).
Dabei erzählte er mir auch, daß ihm B. Martin schon zu Fulda
unangenehm ward und eine Aeußerung gegen ihn that, die er nicht
auf sich ruhen lassen konnte und mit den Worten abwehrte: „die
Aeußerung Martins müsse er mit aller Entschiedenheit zurückweisen;
seine vita autoacta stehe als intakt in und außer Deutschland fest.
Was aber die Infallibilität angehe, so könne es sich nicht blos um
Opportunität handeln, sie sei eben n i c h t w a h r." „Allein", setzte
er zur Charakteristik Martins bei: „er war von je ein Queerkopf."

Gerade hatte ich den Besuch des Prof. Vincenzi, des Ver=
theidigers des Origenes, welcher eben beim Concil dessen Reha=
bilitirung betreiben will. Vincenzi ist einer der wenigen gelehrten
Geistlichen Roms und ein anspruchsloser Mann. Voll Eifer für
seine Idee, wird er doch kaum irgend etwas erreichen, so weit ich
die Neigungen der Bischöfe beurtheilen kann. Auch die Aeußerungen,
welche Vincenzi aus seinen Unterredungen mit Bischöfen erzählte,
sind nicht sehr ermuthigend für ihn, jedoch pflegt er höfliche Ab=
lehnungen für halbe Zusagen, sein Petitum zu unterstützen, zu be=
trachten. Natürlich soll ich beim Hrn. Cardinal, dem der letzte
Band seines Buches über Origenes gewidmet ist, in seinem Sinne

thätig sein. Wollen wir erst sehen, ob die Sache wirklich vom Papste dem Concile proponirt wird, woran Vincenzi jedoch selbst zweifelt trotz einer früheren günstigen Aeußerung des Papstes.

Man sendet den Vätern eine ziemlich umfangreiche Schrift zu: Ad patres Vaticanos deprecatio. Veronae 1869. Sie verlangt, daß der hl. Joseph ebenfalls zum Patron der ganzen Kirche erklärt werde. Eine andere gleichen Inhaltes geht von Frankreich aus: Mémoire présenté aux éminents Pères du Concile du Vatican, à l'effet d'obtenir 1. l'institution d'une fête en l'honneur de la sainte famille; 2. la proclamation de saint Joseph comme Patron et Protecteur de l'église universelle. Beauvais, mit einem lithographirten Begleitschreiben an die Cardinäle und wohl auch an die Bischöfe. Das Schriftchen umfaßt 48 Seiten, wovon S. 8—48 Adhäsions-Schreiben der 483 Josephs-Bruderschaften Frankreichs, welche nebst den ausländischen eine Seelenzahl von 1,033,871 repräsentiren. Sie wollen in dem Cult dieses großen Patriarchen erblicken „un remède efficace pour notre société si malade, et (comme) le gage assuré d'une ère de paix pour l'Eglise affligée." Der eigentliche Anstoß ging aber von Pius IX. aus, welcher schon kurz nach seiner Thronbesteigung das Patrocinium des hl. Joseph auf den dritten Sonntag nach Ostern verlegte, damit die Gläubigen nicht ferner durch ihre Arbeiten gehindert würden, wie am 19. März der Fall ist, den hl. Joseph anzurufen — ein Grund, der wenigstens für das „von häretischem Gifte inficirte" katholische Deutschland keine Bedeutung hat, da dieses mindestens bis zur Stunde noch am 19. März zu Ehren des hl. Joseph auf jeden Geschäftserwerb verzichtet. Einen weiteren Schritt that in dieser Sache Pius IX. ferner beim Centenarium in seiner „unsterblichen Allocution", in welcher er „die katholische Kirche und ihre unermeßlichen Bedürfnisse der mächtigen Intercession des hl. Joseph empfahl: „Marie et Joseph sont sortis du coeur des hommes, et tant qu'ils n'y auront point repris l'empire qu'ils y avaient placé, le monde ne sera pas sauvé. Mais j'augure bien des temps à venir. Saint Joseph est mieux connu, plus aimé, plus honoré, il nous sauvera." Damit wird die Bitte verbunden, zur Wiederherstellung des christlichen

Familienlebens als „heilsames Mittel" ein Fest zu Ehren der hl. Familie für die ganze Kirche festzusetzen. Dabei erfahren wir p. 7, daß die deutschen Bischöfe doch wenigstens einen Antrag stellten, der Aussicht auf Verwirklichung haben dürfte, nämlich ein Fest der hl. Familie einzuführen! Mögen sie der „kranken" Gesellschaft damit aufhelfen! Ich meine, an Festen fehlt es unserer Kirche nicht: ihre Vermehrung, namentlich auch unter Pius IX., hat, wie ja die beständigen Klagen des Papstes, der Bischöfe und frömmelnden Eiferer beweisen, keine wesentlichen Veränderungen hervorgerufen. Die Kirche hat die wahren Heilmittel schon längst, ja immer besessen: das göttliche Wort und die Gnadenmittel der Sacramente. Bereite man diesen wieder eine Stätte in den Herzen der Menschen, dann braucht man nicht immer nach der Nahrung falscher, oft widersinniger Legenden oder nagelneuer, jeder Bestätigung entbehrender Visionen sich zu sehnen, oder nach steter Vermehrung des Heiligencultus und anderen äußerlichen und unwesentlichen Dingen zu rufen! Nur Einer ist unser Aller, auch der Heiligen, Lehrer und Meister, er allein der Born des christlichen Lebens: seine Ehre und sein Cult werde vor Allem belebt und gepflegt und es wird sich das Antlitz der Erde erneuern.

Zu den eben angeführten Schriften kommt noch eine andere französische Abhandlung in 4. (pgg. 36): De onanisma conjugali. An der Spitze steht als Definition: Onanisma conjugale hic auditur quando vir, incepto actu conjugali modo debito, semen effundit extra vas foemineum. Nihil aliud. Das ist jedoch genug. Wer einen tieferen Blick in die verderbten sittlichen Zustände des französischen Volkes werfen will, muß diese Abhandlung lesen. Er wird aber zugleich auch staunen über die Dreistigkeit, mit welcher französische Geistliche vom Concile verlangen können, nicht blos daß dies bisher als schwere Sünde beurtheilte und verrufene Verhalten von jetzt an als erlaubt, fast, darf man sagen, als verdienstlich betrachtet werde, sondern auch daß das Privilegium dieser französischen Corruption auf die ganze katholische Christenheit ausgedehnt werde. Ich zweifle jedoch nicht daran, daß der französische Clerus auch mit diesem Ansinnen reussiren würde, wenn er nur zur rechten Zeit und

in dem nämlichen Umfange, wie für die päpstliche Infallibilität, die
Agitation dafür betrieben hätte. Seitdem nicht mehr das Alter=
thum, d. h. Schrift und Tradition, zur Feststellung von Lehren
des Glaubens und der Moral nothwendig ist, sondern es genügt,
wie z. B. jüngst Bouvy, Hergenröther darthaten, daß eine An=
schauung je in einer, auch vielleicht allerneuester Zeit Verbreitung
fand, um sie im rechten Augenblick, wenn etwa ein Papst, oder eine
Nation wie die französische ein Verlangen darnach hat, zu definiren:
seit dieser Zeit hängt Alles nur noch von der Agitation ab, siegt
oder unterliegt, wer sich auf Agitiren versteht oder nicht. Die
Bruderschaften, religiösen Vereine, Frauen= und Mannsklöster mit
ihren Instituten ꝛc. bieten zu derselben den ersten und besten Boden:
sie und was an ihnen hängt, sind die „guten" oder „ächten" Ka=
tholiken, welche den Glauben und die Wünsche der Kirche tragen
und ausdrücken. Spricht sich durch sie eine noch so künstlich unter
ihnen erzeugte und gehegte Anschauung, wie z. B. jetzt das Ver=
langen nach Definition der päpstlichen Unfehlbarkeit aus, muß sie
berücksichtigt, wo möglich dogmatisirt werden. Warnen Katholiken,
welche es aufrichtig und gut mit ihrer Kirche meinen, vor einem
solchen Treiben, werden sie in aller Weise verdächtigt und unschädlich
zu machen gesucht; die Mahnstimmen der Theologen werden durch
den Index erstickt. Das ist die reife Frucht des Jesuitismus in
der Kirche, welche im Stande ist, den ganzen christlichen Glauben
zu vergiften, und leider hat sich Pius IX. dieser destruirenden
Richtung schon zu sehr hingegeben: er wird, ja er muß auf dieser
Bahn fortschreiten.

Rom, 19. Januar 1870.

Die „Excommunicationsbulle" — so nennt man hier die
erneuerte Abendmahls=Bulle — soll wieder suspendirt werden. Die
Dominikaner sind darüber sehr ungehalten, da sie ihr Werk ist.
Dieses, sagen sie, will man ohne Weiteres fallen lassen; aber das
Schema de fide, das Werk der Jesuiten, soll und muß um jeden

Preis gehalten werden. Die Ehre eines Ordens geht freilich der Ehre und dem Nutzen der Kirche vor!

Als ich gestern Mittags von P. Theiner heimkehrte, begegnete mir auf dem Platze bei der Engelsburg auch Dr. Pichler. Er kam von der Seite und that, als ob er mich nicht sehe oder nicht kenne. Nach den Zeitungen soll er ja seinen Abfall von der Kirche offen erklärt haben! Er kam mir noch unmännlicher und würdeloser vor, als früher in München.

Gestern Abends und heute Morgens sah ich das Verzeichniß der Urkunden P. Johannes' XXII. durch, welche Theiner im Auftrage des K. Max II. von Baiern zur Veröffentlichung vorbereitete. Sie sind nicht alle gleich wichtig; aber die Ueberraschung nimmt von Seite zu Seite zu, ein solcher Reichthum des Materials tritt hier vor Augen. Gestern that Theiner auch die charakteristische Aeußerung: „man will jetzt hier gar nichts mehr drucken lassen."

Heute Nachmittags holte mich Pichler, als ich durch die Straßen Roms schlenderte, ein. Er zeigte sich freundlicher als je gegen mich und expektorirte sich gegen die „Augsb. Postzeitung", die ihn als einen Apostaten denuncirte: er habe darüber vor einigen Tagen an die „Augsb. Allgem. Zeitung" eine Erklärung gesandt. Er scheint fast bereits etwas ruhiger zu werden. Uebrigens ist er nur noch auf wenige Tage (seit dem 6. ds.) hier und geht dann weiter nach Neapel und Sicilien, um ein Brustleiden, das ihn in Petersburg befiel, zu beseitigen.

Die französischen Bischöfe haben ein förmliches Bureau etablirt, welches ihre Reden lateinisch auszuarbeiten hat.

Ein Diplomat erzählt mir, daß Rom den Staaten versichern lasse, die Infallibilität sei für sie von gar keiner Gefahr und beziehe sich nur auf dogmatische und moralische Dinge. Vor zwei Tagen soll der Erzbischof von Algier an Kaiser Napoleon im Auftrage des Papstes abgegangen sein, um ihm die eben erwähnte Versicherung zu überbringen (?). Pius IX. soll überdies noch versichern lassen, daß er keine Eingriffe in die Rechte der Staaten machen werde! Er?! und wenn auch vielleicht er nicht mehr, kann er auch für seine Nachfolger einstehen, oder kann er ungeschehen machen, was er und seine Vorgänger bereits ausgesprochen und gethan haben? Von dem Augsburger Bischof sagt er, daß derselbe „mit seinem kleinen Verstande ganz zurückgedrängt und verstummt ist; man hört nichts mehr von ihm." Endlich berichtet er, daß gestern Card. Barnabò, der Vorstand der Propaganda, den orientalischen Bischöfen Vorwürfe gemacht habe. Er soll sogar ziemlich unverblümt gesagt haben: „Hier sitzen und das Brod des Papstes essen und trotzdem Opposition machen, das sei unerhört," worauf ein Prälat unter Thränen das Zimmer verlassen habe. Auch soll ein Orientale im Vatican eine Zurechtweisung erfahren haben. Man muß jedoch zur Beurtheilung dieser Vorkommnisse den römischen Begriff „Wohlthat" kennen. Alles was ein Papst Jemandem erweist, z. B. eine Beförderung, fällt unter diesen Begriff; namentlich gilt dies von den Cardinälen, welche deshalb auch „Creaturen" des betreffenden Papstes heißen; Creatur selbst aber heißt das Kind im Verhältniß zu seinem Vater. Eine solche Creatur des Papstes ist diesem zeitlebens zu Dank verpflichtet für die Wohlthat seiner Geburt, welcher sich vorzüglich dadurch kundgibt, daß sie stets dem Papste zu Willen ist und ihn in Allem unterstützt.

In der heutigen Sitzung sprachen u. A. Darboy und Melchers: sie waren wenigstens die beiden hervorragendsten Redner. Darboy, so wird mir mitgetheilt, erklärte sich gegen einen früheren Redner, welcher die Capitelsvicare zur Zeit Napoleons I. angegriffen hatte, als ob sie unwürdig und der Regierung zu ergeben gewesen seien. Das sei unrichtig: sie waren gleicher Gesinnung mit den Bischöfen gewesen, welche wir als Martyrer verehren. Allerdings sei es nicht recht, wenn man sich zu sehr der Regierung als gefügiges Werkzeug ergebe; allein mit den Bestimmungen des Schema's über diesen Punkt, sowie mit dem was über das Verhältniß der Kirche zum Staate gesagt sei, werde nichts erreicht; man lasse es besser weg, sowie überhaupt am besten das Concil wieder von Vorne angefangen würde. „Er wurde schließlich immer unangenehmer," soll übrigens sehr gut gesprochen haben. Noch stärker und unerträglicher für römische Ohren mußte das sein, was Melchers von Cöln zum Erstaunen aller Welt zu sagen sich gedrungen fühlte. Er sprach gegen die Centralisation in Rom und für die Decentralisirung. Auch die römischen Dispensen seien in der üblichen Weise nicht nothwendig. Er sprach scharf und lange. Der Cardinal-Legat Capalti gab schon immer durch Zeichen dem Vorsitzenden de Luca zu verstehen, daß er ihn zur Ordnung rufen möge; allein dieser wollte es erst thun, als Melchers fast Alles schon gesagt hatte. De Luca bedeutete ihm, daß er von dem Schema abgegangen sei und seine Anträge der dafür zusammengesetzten Commission vorlegen möge. Allein Melchers ließ sich nicht in seiner Ruhe stören und antwortete: er habe schon vor Jahren und jüngst wieder das Gesagte nach Rom berichtet, allein nie habe er eine Antwort darauf erhalten. Darauf fuhr er, als ob nichts vorgefallen wäre, wieder ruhig in seinem Vortrage fort. U. A. las auch der Bischof von Civitavecchia wieder etwas vor, auch einige auf Darboy gemünzte Phrasen, die ihm wahrscheinlich — so meint wenigstens mein Berichterstatter — hinter den Coulissen aufgeschrieben waren. Auch B. Parlatore hatte ein seines Namens würdiges Gerede, in welchem er jedoch von Card. de Luca unterbrochen wurde, weil er so ganz von der Sache abgekommen sei. Am Schlusse hielt ein Capuzinerordens-Bischof dem Concile noch eine Predigt über die ambitio cleri. Er vermied die Rednerbühne und pflanzte sich dicht vor B. Feßler auf. Er soll in einer Weise gesprochen haben, als ob er gerade dem Concils-Secretär Alles sagen wollte, was er jedoch kaum beabsichtigt hatte. An allem Ruine, sagte er, trage diese ambitio, die Stellenjägerei, und zwar durch alle Mittel, besonders auch per feminas, die Schuld. Feßler war durch diesen unerwarteten Zwischenfall sehr verstimmt und äußerte sich: wenn es so weiter gehe, werde das Concil bald zu Ende sein.

Endlich fangen auch die römischen Prälaten an, über den mangelhaften Geschäftsgang zu klagen. Erzb. Franchi, bis zum Sturze Isabella's Nuntius in Madrid, äußerte heute: so könne das Concil doch unmöglich weiter geführt werden, und darin sind nach ihm alle einverstanden. Es sei deshalb die Antrags-Commission beauftragt, Modificationen zu entwerfen, und sollen drei Stadien beobachtet werden: Censur, Berathung und Abstimmung, d. h., die

Censur wird durch die Bischöfe geübt, insoferne sie berechtigt sein sollen, schriftliche Bemerkungen über ein vorgelegtes Schema binnen bestimmter Frist einzusenden, welche die betreffende Commission zur Umänderung der ursprünglichen Vorlage benützen wird. Darauf folgt die mündliche Debatte, endlich die Abstimmung, bei welcher die Majorität entscheidet. Hinsichtlich der päpstlichen Unfehlbarkeit sagt er: wir glauben und hoffen eine Formel für dieselbe finden zu können, die alle, mit Ausnahme der extremsten Ansichten, befriedigen wird. Wenn aber ein namhafter Theil des Episcopates auf seiner bisherigen Opposition gegen die Definition der Infallibilität beharren sollte, so werde die Definirung dieses Dogma's unterbleiben. Die Debatte müsse jedoch stattfinden, und erklären sich schließlich hundert Bischöfe gegen jede Definition, so unterbleibe die feierliche Abstimmung und Promulgirung durch den Papst.

Während man hier keine Spur einer der Infallibilität ungünstigen Schrift auf buchhändlerischem Wege entdecken kann, ist das Schriftchen Scheeben's, wie mir der Autor genannt wird: „Neue Erwägungen über die Frage der päpstlichen Infallibilität aus den anerkannten historischen Werken Döllingers ꝛc." — auch schon hier angekommen. „Es ist ein schmähliches Pamphlet gegen Döllinger," schreibt ein hier sich befindender Geistlicher darüber.

Der Fürstbischof von Breslau klagte gestern, „daß er sich seinem Theologen (Lorinser, ruhmwürdigen Angedenkens an unserer Universität!) nicht anvertrauen könne, der ganz zu den Extremen gehöre, d. h. Jesuiten."

Man will das dogmatische Schema nur mit ganz geringen Abänderungen zur sofortigen Abstimmung, resp. Annahme in der Generalcongregation bringen. Man staunte über dieses Vorhaben; allein Niemand wußte, ob die Legaten, resp. der Papst, zu einem solchen Verfahren berechtigt seien. Man fragte auch mich darüber; allein ich sprach mich sogleich, gestützt auf das Tridentinum, dagegen aus. Den Modus procedendi in Concilio Tridentino kennt auch Hefele; doch meint er, daß ich nur auch zur weiteren Verbreitung der Kenntniß desselben beitragen möge.

Nun soll gar noch eine Adresse pro infallibilitato in Umlauf

gesetzt worden sein, welche die Cardinäle unterzeichnen sollen. Was das für ein schmähliches Treiben ist! Gar keine großartige An=
schauung und ihr entsprechende Handlungsweise! Das Kleinliche, das sich hier in Allem kundgibt, ist wahrhaft ekelhaft.

Rom, 21. Januar 1870.

Heute sprach in der Congregation auch Ketteler. Er schloß sich hinsichtlich des Cardinals=Collegium dem Card. Schwarzenberg, hinsichtlich des Verhältnisses der Bischöfe zu den Regierungen dem Erzb. Darboy an und verlangte, daß die Regierungen und Kapitel — namentlich nannte er dabei Preußen — nicht mehr bei Bischofs=
wahlen betheiligt sein sollen. — Zugleich wurde heute ein neues dogmatisches Schema: de ecclesia Christi — vertheilt, ein ganzes Buch von 47 Seiten Decrete und 196 Seiten Annotationes. Ueber die Infallibilität des Papstes ist, soweit ich in der Schnelligkeit sehen kann, nichts direct gesagt, sondern eigentlich nur das Bekenntniß von Florenz reproducirt. Das dominium temporale ist ebenfalls darin enthalten und soll künftig unter die Glaubensartikel aufge=
nommen werden! Der größte Theil handelt aber von den socialen 2c. Fragen. Kurz, soweit ich sah, gelesen habe ich es noch nicht, der ganze Syllabus. Supremus doctor und daß der Papst über dem Concile stehe, kommt darin vor.

Rom, 22. Januar 1870.

Das Schema de ecclesia übertrifft die früheren sehr an Offenheit und Bestimmtheit. In den Annotationes werden alle Ketzer fast von Anfang an aufgezählt und als im Decrete verdammt bezeichnet. Dann sieht man durch eine Reihe von Blättern, wo von der Gründung der Kirche 2c. die Rede ist, nur den alten Pufendorf, Böhmer, Heineccius 2c., sehr oft Jurieu citirt (auch Richer), um sie zu widerlegen. Die Norm der wahren Lehre ist die jesuitische; überall begegnet nur Bellarmin oder Suarez, auch Petavius sah ich einmal. Möhler ist einmal erwähnt, um in seiner

Schrift gegen Baur zu sehen, welche Irrthümer es bei den Protestanten gebe. Die Confessio Augustana ist öfter verdammt in Punkten, über welche das Concil von Trient schwieg. Die neuere katholische und protestantische Literatur ist in Rom, nach dem Schema zu schließen, gänzlich unbekannt. Ueberhaupt scheint hier die Literaturkenntniß nur bis zur Zeit des Ausbruches der französischen Revolution zu gehen. Während bis dahin jede Meinung eines protestantischen Gelehrten über die Verfassung der Kirche notirt ist, findet man keine Spur von Kenntniß der schweren Verfassungskämpfe innerhalb der protestantischen Kirche in der neuesten Zeit. Charakteristisch genug ist ein ganz obscures protestantisches Gebetbuch aus den dreißiger Jahren als eine wichtige Quelle citirt u. s. w. Wohl aber ist der ganze Streit des armen Card. d'Andrea weit und breit mitgetheilt. War derselbe vielleicht schon in dieser Absicht provocirt worden?! Das Merkwürdigste aber ist, daß ein in politischer und socialer Beziehung so tief stehender Staat wie der Kirchenstaat den übrigen in dieser Beziehung sogar **dogmatische** Vorschriften geben will!

Heute wurde mir erzählt, daß man hier bereits sehr zu bereuen anfängt, daß man Döllinger, dessen Erklärung über die Infallibilitäts=Adresse in der „Allgem. Zeitung" das Hauptereigniß gegenwärtig ist, nicht hieher berufen hat, sei es zu den Vorarbeiten, sei es zum Concil selbst. Der Cardinallegat Bizzarri sagte zu einem römischen Prälaten: die deutschen Bischöfe seien ganz unbegreiflich mit ihrem Eigensinne, da sie früher doch so ergeben waren; allein Döllinger stehe hinter ihnen; er dirigire sie, der in Deutschland wie ein Papst angesehen werde. Er für seine Person sei schon im vorigen Jahre, als er zurückgekehrt, dafür gewesen, daß Döllinger nach Rom berufen werde, und auch der Papst sei nicht entgegen gewesen. Alles wäre anders gegangen. Ganz richtig, wurde dem Prälaten von meinem Berichterstatter geantwortet, entweder hätte er sonnenklar bewiesen, daß die Infallibilität zu dogmatisiren oder nicht. Das Letztere sei das Richtige; allein man hätte sich dann doch wenigstens nicht so blamirt, als es jetzt geschieht. Aber ich muß zur richtigen Auffassung dieser Worte noch hinzufügen, wie man sich die Rolle Döllingers in Rom denkt: er würde — es sind die Worte meines tief eingeweihten Berichterstatters — als Advocat der Curie beigezogen worden sein und natürlich als solcher mit all seinem Geiste und Wissen für die Sache der Curie plaidirt haben! Welch ein Abgrund thut sich da nicht vor unseren Augen auf! Nicht die Wahrheit, nicht das Interesse der Kirche, nicht die alleinige Ehre Gottes ist das Ziel der Curie, sondern nur ihr eigener Vortheil!

Die Curie ist auf Card. Schwarzenberg wegen seiner Rede furchtbar erbost. B. Ketteler hat sich insoferne wieder reingewaschen (er hatte ausdrücklich Schwarzenberg Recht gegeben), als er der Curie Hoffnungen erweckte, die Bischofsernennungen ganz und gar an sich ziehen zu können. Es soll nur bald geschehen, damit noch Molitor Bischof von Speier werden kann. Er hat ja wohl das Verdienst — es wird im Schema allerdings dem verstorbenen B. Weis zugeschrieben — die Form des Schema de ecclesia angegeben zu haben, von seinen hervorragenden Verdiensten um Staat und Kirche in Baiern gar nicht zu reden.

Rom, 22. Januar 1870.

Die heutige General=Congregation hatte keine besondere Bedeutung. Der Vorsitzende, Card. de Angelis, bemerkte umsonst beim Beginne der Sitzung: die Väter, welche das Wort erhalten werden, werden sich kurz fassen, und er hoffe, daß heute die Discussion über die beiden Schemate de disciplina werde beendigt werden. Sofort der Bischof von Moulins kümmerte sich nicht darum, eben so wenig die folgenden Redner. Dreux=Brezé (Moulins) wandte sich in seiner Weise gegen Dupanloup's Rede in der vorausgehenden Sitzung und sprach gegen die Gewohnheit, mehrere Generalvicare in einer Diöcese zu halten: wie es nur einen Gott 2c. gebe, so solle es auch nur einen Generalvicar in einer Diöcese geben. Ein Süd=amerikaner bemerkte: er und andere Collegen seien so weit hergekommen, man wolle ihnen nun auch gestatten, sich auszusprechen und die Leiden der Kirche zu erzählen. Er oder der andere heute zu Wort gekommene Südamerikaner sprach sich auch entschieden dagegen aus, daß man aus dem Schema als einen rechtmäßigen Grund, die Diöcese zu verlassen, die Landtage strich. Sie könnten nur mit der größten Schwierigkeit in die Hauptstadt gelangen, wären sie aber dort angekommen, dann könnten sie, wenn sich der Landtag über drei Monate hinaus erstrecken sollte, unmöglich erst um Erlaubniß nach Rom schreiben, länger beim Landtage bleiben zu dürfen. Seien sie aber nicht beim Landtage, so könnten daraus für die Kirche des Landes die schlimmsten Folgen erwachsen. So ging man bei seiner Landesvertretung vor mehreren Jahren mit der Abfassung eines kirchenfeindlichen Gesetzes um, das ohne Zweifel durchgegangen wäre, würden nicht die Bischöfe erschienen sein und es verhindert haben. Hierauf erklärte ein französischer Bischof gegen Dreux=Brezé: dieser Bischof sei der einzige im ganzen Lande, welcher nur **einen** General=Vicar habe; es sei aber in den meisten Diöcesen geradezu unmöglich, mit nur **einem** durchzukommen.

Rom, 23. Januar 1870.

Das schlechte regnerische Wetter sowie die große Tafel, welche heute Hr. Card. H. gab, hielten mich ab, auszugehen. Sonst nicht gewohnt, Gespräche zu notiren, welche an der Tafel geführt werden, muß ich heute doch davon eine Ausnahme machen. B. Hefele saß mir zur Rechten, Erzb. Melchers zur Linken. Der erstere ist als Schwabe auch ein leut= und redseliger Mann, und so kam es, daß er auch mitunter das Concil berührte. Vor Allem konnte man von ihm erfahren, daß er in der gestrigen Sitzung des Concils nicht war, weil er, abgesehen von seinem Unwohlsein, auf höheren Befehl abwesend sein mußte. Man würde es nicht glauben, wenn es nicht ein unbestreitbares Factum wäre: Card. Antonelli befahl, daß sämmtliche im Quirinal wohnenden Bischöfe am Morgen, während der Concilssitzung, dem Taufakte eines Kindes irgend eines italienischen Exfürsten (des Herzogs von Parma) beizuwohnen hätten! Es waren ihrer zwölf. Außerdem aber waren sechs Cardinäle bei diesem Akte beschäftigt. So wichtig und bedeutsam ist für Rom eine Concilssitzung! Aber freilich gelten hier auch die Exfürsten immer noch als regierende und werden in jeder Beziehung als solche behandelt! Vielleicht bringt das Concil mit der Verdammung der Principien von 1789 auch diese Opfer der Revolution wieder auf ihre Throne zurück, woran ich freilich vorläufig zweifle. — Der Einfluß Hefele's wird sich übrigens bald geltend machen; er ist nicht nur ein sehr gelehrter, sondern auch parlamentarisch geschulter Mann. Schon in den ersten Tagen hat er das Thörichte der Geschäfts= ordnung durchschaut. Die Verfasser derselben müssen noch nie bei einer größeren Versammlung betheiligt gewesen sein, meinte er. Er habe heute B. Feßler gefragt: wie denn eigentlich das Bureau des Concils sich davon vergewissere, ob dieser oder jener Redner eine Unterstützung, sei es durch eine Majorität oder Minorität, oder gar keine für seine Aussetzungen, Vorschläge rc. habe? Darnach müßten doch im Schema von der Revisions=Commission die Veränderungen vorgenommen werden. Allein Feßler gestand, daß man dies gar nicht eigentlich in's Auge gefaßt habe; man nehme an, daß einer im Sinne des Concils gesprochen habe, wenn keine Bewegung oder kein Gemurmel unter den Vätern entstehe! Daß dieses aber auch Zeichen der Beistimmung sein können und nicht nothwendig solche der Mißbilligung sein müssen, scheint es, hat man nicht erwogen, wenn man nicht etwa darauf rechnet, daß die Bewegungen mit drohenden Fäusten unterstützt werden. — Auch dies ließ Hefele einmal fallen, daß er in den Versammlungen der Deutschen schon öfter gesprochen habe, wo er es auch gerne thue, da er hier auf ein freundliches Entgegenkommen zählen könne. Er wird hoffentlich bald der eigentliche Führer derselben werden, da er mit Gewandt= heit der Rede und Muth doch das größte Maß des Wissens unter dieser Gruppe von Bischöfen besitzt. — Der Fürsterzb. Landgraf Fürstenberg erzählte, daß sich bereits ein Historiograph des Concils meldete und ein Tableau vorlegte. Jeder Prälat soll eine kurze Selbstbiographie geben, wie es scheint durch Ausfüllung bestimmter Rubriken, worunter eine lautet: Welche gute Werke er gethan habe? Ein gewiß interessanter Concilshistoriker! Auch das will ich anmerken, was Erzb. Melchers zu Hefele und mir über unsere Facultät in München sagte. Als wir uns setzten, fragte er mich, wer ich sei, obwohl ich ihm schon zweimal vorgestellt war. Er hatte kaum München gehört, so sagte er: er sei auch dort gewesen, im Jahre 1838, und habe dort studirt; damals sei die Facultät vortrefflich gewesen, er habe prächtige Leute dort getroffen; auch Döllinger sei damals schon da gewesen (nach dessen Befinden er sich dann weiter erkundigte); allein jetzt sei die Facultät dieses nicht mehr. „Wir lassen, fuhr er weiter, deswegen jetzt auch keinen Theologen mehr hin." Als ich ihm darauf bemerkte, es sei nicht so arg als man es mache, überhaupt sei das Meiste, was man gegen unsere Facultät sage, unbegründet, erwiderte er: „ja doch; ich kenne Einzelne der Herren." Ich ließ dieses für mich sehr unerquickliche Gespräche selbstverständlich fallen. Erst als Hefele ihn später fragte: „Nicht wahr, Erzb. Excellenz waren auch in München?" und dieser mit denselben Worten wie oben über die Facultät von 1838 sich ausgelassen, obwohl Hefele dazwischengeworfen hatte: „da war mein unvergeßlicher Möhler schon todt": da erlaubte ich mir noch eine Frage an S. Excellenz: „Da werden Excellenz auch Reithmayr kennen, der muß damals schon thätig gewesen sein?" Allein welche Antwort erhielt ich? „Wer ist der? was lehrt der?" Nun erkundigte sich S. Excellenz noch nach einem einzigen Manne, einem gewissen — „Rabler," den er 1838 in München gehört habe. Ich konnte aber zu seinem Erstaunen nicht auf diesen merkwürdigen Mann kommen, den S. Excellenz nicht blos kannte, sondern sogar auch hochzuschätzen schien. Nur nachdem er mir auseinandergesetzt hatte, daß derselbe die beste Legende herausgegeben habe, die aber leider noch nicht vollendet sei, da konnte ich ahnen, daß er von Domdechant Stadler und dessen Heiligen-Lexicon spreche. So war es denn auch. Excellenz geruhten nun sich angelegentlichst nach seinem Befinden zu erkundigen, worauf ich ihm leider — natürlich aber zu seiner großen Verwunderung — sagen mußte, daß Stadler schon längst am Domcapitel in Augsburg war und im vorigen Jahre daselbst als Domdechant gestorben ist. Schließlich bedauerte der Erzbischof außerordentlich, daß St. dieses (nebenbei bemerkt, fast ohne alle Kritik geschriebene) „Kapitalwerk nicht vollenden konnte." Eine Bestätigung dessen, was Döllinger mir einmal von diesem Erzbischofe erzählte, daß er nämlich, als er 1838 in München studirte, öfter um Bücher zu ihm kam, aber nur Legenden, und zwar gerade solche mit den schauerlichsten Wundererzählungen sich ausbat. Wenn darum dieser Mann gegen die römische Centralisation und für Decentralisation sprach, auf der anderen Seite den Bischof von Passau, den er auf seiner Romreise in Passau besuchte, hoch verehrt: so wird man nicht irren, wenn man in Melchers einen Mann von der Richtung des Passauer Bischofs erkennt. Beide sind gleichgeartete Naturen, Autokraten, beide Feinde der allzu großen römischen Centralisation, beide Mystiker und Gegner der deutschen Theologie, nur daß der Passauer weit mehr Geist und wissenschaftliche Bildung besitzt, als Melchers. Mit solchen Männern wird freilich unserer Zeit wenig genützt werden: sie mögen für sich selbst als fromme Männer einen hohen individuellen Werth haben, aber Kirchenregenten, wie sie unsere Zeit fordert, sind sie nicht. Daher bei beiden ein Regiment der Willkür und der schrecklichsten Mißgriffe und Verirrungen. — Ich muß jedoch nochmals auf die Aeußerungen Melchers' über unsere Facultät zurückkommen. Die älteren Professoren scheint der Herr mit Ausnahme Döllingers nicht zu kennen; die jüngeren dann selbstverständlich gar nicht. Als Beweis für letztere Behauptung kann ich wenigstens anführen, daß der Erzbischof von München vor unserer Abreise nach Rom mit gewisser Selbstbefriedigung mir sagte: als es sich in Fulda (1869) auf Antrag des B. Weiß von Speier darum handelte, meine „Kirchengeschichte Deutschlands" dem Klerus zur Anschaffung zu empfehlen, hatte Erzb. Melchers von der Existenz derselben noch gar nichts gewußt.[1]) Angesichts solcher Geständnisse seitens dieses Erzbischofes möchte ich doch die Frage aufwerfen: was weiß dieser Mann von unserer Facultät? woher hat er sich eine so

---

[1]) Uebrigens kann ich auch noch sagen, daß ein anderer Kirchenfürst das Exemplar meiner K.G., welches ich ihm selbst dedicirt hatte, als es nach einigen Jahren wieder in meine Hände gelangte, ebenfalls noch nicht geöffnet hatte!

despectirliche Anschauung von derselben bilden können, da er nicht einmal den Namen Reithmayr kennt? Ist das nicht ebenso empörend, wie scandalös?! Und dennoch war gerade dieser Erzbischof meines Wissens der erste Kirchenfürst, welcher seinen Theologie-Candidaten den Besuch unserer Facultät verbot!

Melchers hat aber trotzdem die größte Sorge, daß die Achtung vor dem römischen Stuhle auch nicht im geringsten geschädigt werde. Die eben vereinbarte Adresse an den Papst suchte er darum zugleich mit dem Erzbischof von Salzburg am 20. Januar durch Weglassung der von den Amerikanern nicht adoptirten Motive zu mildern, und nur der Widerspruch Haynalds verhinderte es. — Der ungarische Primas Simor erachtet sich (22. Jan.) durch eine frühere Aeußerung zu Gunsten des unfehlbaren Papstes gebunden und will ein eigenes Schreiben an den Papst richten.

Der Erzbischof von München erklärt, die Veröffentlichung der „Excommunicationsbulle" sei ohne Kenntniß und Zuthun von seiner Seite im Pastoral-Blatt erfolgt; ein Abdruck ohne Fertigung des Ordinariats sei keine Promulgirung.

Ketteler will in einer nächsten Sitzung der deutsch-ungarischen Bischöfe einen Antrag einbringen, die „Allgem. Zeitung" zu desaboniren. Allein Förster, der es erzählt, sagt: „das geht uns nichts an; wir stehen dazu doch viel zu hoch, und dann sind doch viele Wahrheiten in diesen Artikeln. Spricht Ketteler, werden wir gegen ihn sprechen." — Einige deutsche Bischöfe sprechen davon, daß das Concil vertagt, den Bischöfen die Schemata mit nach Hause gegeben und erst nach einigen Jahren die Verhandlungen wieder aufgenommen werden sollten. Das Beste wäre es freilich; denn von den gegenwärtigen Verhandlungen kann man keinen Erfolg erwarten. Man legt jetzt plötzlich den Bischöfen die schwierigsten theologischen Fragen und Probleme zur conciliarischen Entscheidung vor. Diese, unbekannt mit den zu behandelnden Materien, kamen eben so unvorbereitet nach Rom, nicht blos ohne Theologen, sondern auch ohne Bücher. Die Bibliotheken, wie die Vaticana, sind während des Concils fast unzugänglich, da die Vaticana z. B. nicht blos an den gewöhnlichen Ferientagen, sondern auch an den Tagen, an welchen

Generalcongregationen gehalten werden, geschlossen ist. Dann ist das Bibliothekswesen in Rom überhaupt noch so sehr in dem ganz primitiven Zustande des Mittelalters, daß man Bücher und Handschriften nur in den Bibliotheken selbst benützen kann, was beim Concile deren Benützung durch die Bischöfe außerordentlich erschwert, wenn nicht ganz unmöglich macht. Ueberdies ist in der Vaticana, wie im Vaticanischen Archive, auch noch der Befehl gegeben, nichts zur Benützung zu verabfolgen, was irgendwie mit dem Concile in Beziehung gebracht werden könnte! Als ob ein Concil nicht die einzige Aufgabe hätte, die Wahrheit und nur die Wahrheit auf jede Weise zu erforschen! Endlich fehlt in den römischen Bibliotheken fast ganz die neuere Theologie des Auslandes, namentlich die deutsche. Künftighin sollen jedoch auch Theologen in den Generalcongregationen zugelassen werden, damit sie die Schemata vertheidigen. Ob es wirklich geschieht, ist freilich noch zweifelhaft; dann fragt es sich: wer die Theologen sein sollen? Ist etwa an die theologi praelati zu denken, wie sie beim Concil von Trient bestanden? Mein Berichterstatter will freilich wissen, daß es nicht theologi praelati, sondern theologi minores sein sollen, woran ich jedoch zweifle. Man stelle sich nun aber einen Senestrey als theologus praelatus vor, einen Mann, der nach der Anschauung des Concils von Trient von vorne aus dieser Kategorie ausgeschlossen gewesen wäre! Allein Senestrey ist ein Schüler des Germanicum und ein Beförderer des Jesuitismus wie nicht leicht ein Anderer, und dies genügt, daß er selbst nach Cardoni als ein sehr gelehrter Mann gilt — „uomo bravissimo!" Vielleicht heißt er hier bald auch uomo santissimo, dieser Mann, welcher den Grundsatz: „der Zweck heiligt das Mittel" — so trefflich zu handhaben weiß! Als er Bischof werden wollte und sich der hochsel. König Max II. in Rom befand, war gerade er es, welcher sich als den heftigsten Gegner der Jesuiten gerirte. Er wußte, daß P. Theiner mit denselben auf keinem guten Fuße stehe und K. Max häufig von der Wohnung Theiners aus die Aussicht über die römische Landschaft genieße. Theiner hatte damals keinen besseren Freund als Senestrey, und wirklich gesteht mir der edle Archivar, daß er sich von demselben täuschen ließ.¹) Kaum aber war S. Bischof geworden, kannte er Th. fast nicht mehr, gab es keinen eifrigeren Verbündeten der Jesuiten, als ihn.

Döllinger schreibt mir: „Ueber die Haltung der deutschen Bischöfe ist man selbst in Rom (im Kreise der französischen Bischöfe) sehr erfreut, erbaut und stärkt sich daran. So wird mir von dort, und zwar von einem französischen Bischof geschrieben." Ich kann diese Ansicht nicht ganz theilen.

Rom, 24. Januar 1870.

Ein Mitglied einer der Vorbereitungs=Commissionen sagt mir, daß die Schemata ganz das nämliche sind, was den Verbereitungs= Commissionen von der Curie unterbreitet worden war, und man sich um die Vota der Commissionen gar nicht gekümmert, sondern die Vorlage unverändert gedruckt habe.

Heute hatte der Hr. Card. H. eine Reihe von Bischöfen zur Tafel geladen, fast nur Infallibilisten: außer den drei baierischen Martin von Paderborn und Feßler, dazu noch Ketteler und den preußischen Militärbischof 2c. Als ich Senestreh vorgestellt wurde, hatte er nur die in boshaftester Weise ausgesprochenen Worte für mich: „So, Sie sind der Professor Friedrich!" und damit drehte er mir den Rücken. Bei der Tafel saß Leonrod von Eichstätt mir zur Rechten, Namszanowski zur Linken; neben Leonrod hatte Ketteler Platz genommen. Die Unterhaltung war im besten Zug, auch Leonrod war sehr freundlich gegen mich, als plötzlich Ketteler in ganz unmotivirter Weise über die Concilsbriefe der „Allgem. Zeitung" und dieses Blatt überhaupt herfiel. Alles verstummte, so heftig schrie er. Allein die ganze Expectoration war gegen mich

---

¹) Nach meiner Rückkehr von Rom erzählte in meinem Beisein ein Mann, welcher dem damals einflußreichsten Beamten in Baiern sehr befreundet ist, daß S. noch außerdem der Regierung seine Dienste anbot: er werde, wenn die übrigen Bischöfe in Baiern der Regierung unangenehme Absichten hegten, dieselben der Regierung kundthun und Alles aufbieten, sie zu hinter= treiben!

gerichtet, und namentlich hielt er sich über eine wenige Tage vorher in einem Concilsbriefe enthaltene Beschreibung eines neu erfundenen Gewandes auf, welches der B. Lavigerie von Algier zur Belohnung und Auszeichnung vom Papste erhalten hätte. Eine solche Erfindung des Briefschreibers sei geradezu perfide, „als ob der ganze bischöfliche Stand um ein Kleidungs=Stück gefangen werden könnte." Allein gerade hier fiel ihm der preußische Militärbischof, welcher ununter= richtet in der Sache zu sein schien, in's Wort und sagte: „Ganz richtig, Hr. Collega von Mainz, das nämliche Angebot ist mir gleich anfangs gemacht worden, aber ich habe mit Verachtung ein solches Ansinnen zurückgewiesen." Ketteler's Augen funkelten, als Rams= zanowski dies sagte; ich bemerkte ihm in Eile, daß er Ketteler miß= verstanden habe, und dieser tobte weiter. Nachdem er geendigt hatte, faßte er mich scharf in's Auge, wahrscheinlich um zu beobachten, welchen Eindruck seine takt= und anstandslose Expectoration auf mich gemacht habe; allein ich brauchte K. nicht zu fürchten und blickte ihm eben so scharf in's Auge. Leonrod gab natürlich Ketteler in Allem Recht; „es müsse etwas gegen die „Allgem. Zeitung" ge= schehen", meinte er. Nach der Tafel, als wir eben Café genommen hatten und ich mit Namszanowski sprach, aber gleichwohl Ketteler im Auge behielt, hörte ich aus seinem Munde den merkwürdigen Ausspruch, den er mit Stentorstimme durch das Zimmer schrie: „der größte Vortheil, den das Concil bisher hatte, ist, daß die Amtsbrüder einander kennen lernen und ihre Erfahrungen einander mittheilen können; denn in seiner Diöcese hört ohnehin kein Bischof von seinem Klerus die Wahrheit, schon in Folge seiner unendlich höheren Jurisdiction!" Ich, der einzige anwesende Priester, war empört, eine solche Qualification des niederen Klerus aus dem Munde eines Bischofes zu hören, und drückte sofort B. Namszanowski meine höchste Indignation darüber aus. „Ketteler muß ein schönes Re= giment führen, wenn sein Klerus nicht einmal ihm die Wahrheit zu sagen wagt; wer die Wahrheit hören will und vertragen kann, hört sie auch," bemerkte ich und fügte bei: „übrigens ist die Aeußerung in ihrer Verallgemeinerung eine Beleidigung des ge= sammten Klerus, und ich würde den entschiedensten Protest gegen

Friedrich, Tagebuch. 9

dieselbe einlegen, wenn ich es nicht für unanständig hielte, eine Scene im Zimmer des Hrn. Cardinals zu provociren." Keiner der Bischöfe, welche Ketteler umgaben, hatte — und dies war das schmerzlichste Gefühl für mich — ein Wort der Mißbilligung der Aeußerung oder der Rechtfertigung seines Klerus; besonders nickten Senestrey und Leonrod schmunzelnd Beifall.[1]

Heute fielen mir bei Theiner auch Friedhoff's „Gegenerwägungen" in die Hände, eine Schande für uns Deutsche, nicht sowohl daß eine solche Schrift geschrieben werden konnte, als vielmehr daß der Verfasser derselben Professor an einer deutschen Akademie ist. Also nicht blos die Canonisationen, sondern auch die Index-Decrete sind infallibel! Es gibt darin Dinge, welche hinsichtlich des .... zustandes des Verfassers sehr große Bedenken erregen, Dinge, welche wenigstens den sonnenklaren Beweis liefern, daß es Hrn. Friedhoff an theologischer und besonders kirchenhistorischer Durchbildung sehr gebricht. Als besonders charakterisirend führe ich nur folgende Sätze an: „Was soll man nun gegen die Behauptung von Janus sagen, daß die Hexenprocesse von den Päpsten herrühren? Daß ein pactum cum daemono möglich ist, hat mir mein verehrter Lehrer Dr. Kellermann vom Katheder aus eigener praktischer Erfahrung versichert, wie er sagte. Innocentius VIII. konnte darum mit Recht auch gegen die Zauberer eine Bulle erlassen 2c." Das reicht aus; oder kann ein Professor einer deutschen Akademie noch größeren Blödsinn produciren? Ich konnte auch nicht umhin, den preußischen Legationsrath damit bekannt zu machen. Gleichwohl wird diese Schrift von den infallibilistischen Bischöfen sehr empfohlen!

---

[1] Meine Entrüstung über diese Beleidigung des Gesammtclerus durch K. währte lange noch fort, als ich aus Rom zurückgekehrt war; allein ich muß jetzt demselben wenigstens die Gerechtigkeit widerfahren lassen, daß er den Klerus besser kannte, als ich, und wie die Zeit nach dem Concile zeigte, vollkommen Recht hatte. Die „unendlich höhere Jurisdiction" hat es wirklich zuwege gebracht, daß mit wenigen Ausnahmen der Gesammtclerus nicht wagte, seinen Bischöfen die Wahrheit in's Angesicht zu sagen. Das ist aber die Folge der clericalen Erziehung und der Willkürherrschaft der Bischöfe.

Rom, 25. Januar 1870.

Erzb. Manning schickt Hrn. Card. H. auf der Post ein zweites Exemplar seines Pamphletes gegen dessen Bruder, Hrn. Minister Fürsten Hohenlohe, und die theologische Facultät in München zu. Es wäre Sache der letzteren gewesen, eine solche vor dem Papst und dem Concile ausgesprochene Verläumdung energisch zurückzuweisen. Döllinger schreibt mir aber, daß bei der gegenwärtigen Zusammensetzung der Facultät an einen solchen Schritt nicht zu denken ist. Ich habe deshalb, da ich doch am directesten hier durch diese Schrift angegriffen bin, eine Entgegnung geschrieben und an Reusch nach Bonn geschickt, um sie in's Literaturblatt aufzunehmen. Jetzt ist einmal Schweigen nicht mehr am Platze, und es ist der größte Mißgriff unserer Facultät, daß sie nicht endlich einmal das Netz der Intriguen und das System der Verläumbungen, wodurch seit Jahren unsere Facultät geschädigt wird, offen darlegt. Aber ich begreife auch wieder, wenn sie nicht zu einem solchen Schritte kommt, so lange Mitglieder derselben selbst ihre Gegner unterstützen.

Die Verhandlungen des Concils, resp. das Redenhalten wird nachgerade langweilig. Samstags hatte der Bischof von Moulins gesagt, wie nur Ein Gott rc. sei, so solle auch nur Ein Generalvicar in Einer Diöcese sein. Darüber stellte ihn Stroßmayer am Montag (gestern) zu Rede, indem er erklärte, daß er einen solchen Mißbrauch der h. Schrift zurückweisen müsse. Str. sprach wieder 1½ Stunden, scharf und einschneidend. Vom Papst bis unten müsse reformirt werden, sagte er; ferner stellte er einen Antrag auf Revision des ganzen canonischen Rechtes, welchen dann heute (Dienstags) der Bischof von Saluzzo in bestimmtester und formellster Weise wiederholte: „So und so viele Bestimmungen seien nur unnöthige Beschwerungen der Gewissen." Auch Fürstbischof Zwerger von Seckau sprach über die Visitationen der Diöcesen; es sei allerdings im Schema von vielen Bischöfen Unmögliches verlangt; man solle darum sagen: jeder Bischof müsse jährlich eine bestimmte Anzahl von Pfarreien visitiren. Sehr häufig soll von den Rednern quod semper, quod ubique, quod ab omnibus ausgesprochen werden. Möchten sie es aber namentlich da recht sehr betonen und an demselben festhalten, wo es am nothwendigsten sein wird — bei der Debatte und Abstimmung über die angeblichen Glaubenssätze, welche die Curie der Christenheit aufdrängen will. Einige Redner sprachen sich auch gegen das Schema do vita clericorum aus; es seien darin Ausdrücke gebraucht, wie concubinarii, welche für unsere Zeit ungeeignet sind und den ganzen geistlichen Stand unnöthigerweise in den Augen der Welt heruntersetzen. Und daß dies wahr ist, finde ich auch und habe ich schon öfter ausgesprochen: dieses Schema ist nicht nur die größte Schmach für den niederen Klerus, sondern auch eine ungeheuere Erschwerung unserer Stellung. Wird man da nicht mit einem Schein von Berechtigung sagen: da haben wir ja selbst von Rom und vor, vielleicht auch von dem Concile die Zuchtlosigkeit des Klerus zugestanden? ist bei solchen Zugeständnissen der Cölibat noch zeitgemäß? u. s. w. Dazu kommt aber, daß durchaus kein radicales Mittel zur Steuerung des Concubinats und der Unsittlichkeit angedeutet ist! Endlich hat sich heute auch einmal eine Stimme aus dem Schoße des Cardinalscollegs hören lassen. Cardinal=Bischof di Pietro sprach nämlich pro domo gegen die oft geäußerte Behauptung, daß auch das Cardinalscollegium reformirt werden müsse. Schon vorher hatte er einmal nach einer Congregation geäußert: unsere Reformation bestände eigentlich in einer finanziellen Verbesserung unserer Lage. Dies war nun im Grunde auch die Tendenz seiner Rede: Es kam ihm vor, als ob er im Concil von Trient säße. Damals sei es freilich am Platze gewesen, von Reformation des Cardinalscollegium zu sprechen, damals, als die Cardinäle mit einer so großen Menge von Beneficien bedacht waren, Kinder Cardinäle wurden ꝛc. Jetzt sei aber dies ganz anders geworden. Ihre Stellung sei keine glänzende, keine beneidenswerthe. Man möge daher ihnen, welche zur Beantwortung der Anfragen der Bischöfe hier sitzen müssen, die Stellung nicht noch mehr erschweren. Und wahrhaftig, beneidenswerth ist ein Cardinal nicht. Ich habe jetzt in dieser Beziehung Beobachtungen genug gemacht. Da bin ich doch lieber Professor an unserer Universität, als ein rothbelappter und =bekappter Arrestant in Rom, wozu noch kommt, daß die Cardinäle so völlig ohne allen bestimmenden Einfluß sind, wenn nicht der eine oder andere derselben bei den Jesuiten und dadurch auch bei dem alten launenhaften Papste in Gunst steht. Solange ich jetzt hier bin, habe ich noch nicht gehört, daß der Papst amtlich mit den Cardinälen verkehrt hätte. Selbst in den wichtigsten Fragen, welche durch das Concil an die Curie herantraten, hörte Pius nicht den Rath des Cardinalscollegs.

Man sagt, daß man für die Revision des dogmatischen Schema (N. I), da Martin, Pie und Dechamps unter Beihülfe ihrer Jesuiten der Sache nicht Herr werden können, noch einige andere Theologen beigezogen habe. Man nennt mir darunter einen Franzosen Martin, der mit Canonicus de Angelis sehr befreundet ist und ein ausgezeichneter Theologe sein soll, wozu freilich hier nicht viel gehört. Man braucht nur nicht der Münchener Richtung anzugehören, vielmehr gegen dieselbe, wenn auch in wenig vernünftiger Weise zu polemisiren.

Theiner sagt mir, daß der Erzbischof von München ihm versprochen habe, bei dem Könige Ludwig II. von Baiern um eine Unterstützung für die Drucklegung des Urkundenbuches über Ludwig den Baier, welches er auf ausdrücklichen Auftrag des verstorbenen K. Max II. gearbeitet, zu bitten. Der umfassende und reiche Inhalt desselben läßt es wünschenswerth erscheinen, daß K. Ludwig II. diesen Wunsch seines seligen Vaters, der zur Realisirung desselben auch die nothwendige Subvention versprochen hatte, ausführbar machte.

Es ist interessant zu sehen, wie das officielle Giornale di Roma sich tagtäglich in mißliebigster Weise über das Ministerium Hohenlohe äußert und immer dessen nächstens bevorstehenden Sturz verkündigt. In der heutigen Nummer werden die ultramontanen Staatsbürger Baierns geradezu zu Steuerverweigerung als Revanche an einem solchen Ministerium aufgefordert!

Nach Aussage des Canonicus de Angelis bietet Giese in Münster seit einiger Zeit Alles auf, um Coadjutor daselbst zu werden. Bei Beginn des Concils wollte er auch bei der preußischen Gesandtschaft Theologe werden, und Arnim hatte ihn wirklich in's Auge gefaßt. Allein man rieth ihm davon ab, da sich Giese als

Mitglied der Vorbereitungs-Commission nach Mittheilung eines Collegen als Ignoranten documentirt und zu Allem nur "approbo" gesagt habe. Giese kam wirklich nicht; ich weiß aber nicht, warum? Dagegen schrieb er hieher, in die Anima: man solle sich vor Arnim und überhaupt vor der preußischen Gesandtschaft hüten, denn dort werde die Opposition organisirt und erhalten. Es wird also mit dem Projekte Giese's nichts sein. Kaum war aber die Nachricht hier eingetroffen, daß der Bischof von Münster todt sei, so kam obiger Canonicus zu Hrn. Cardinal H. und bat ihn, dahin zu wirken, daß der Prälat W. Nachfolger desselben werde. Daß es ein Skandal wäre, einen solchen jungen Mann in den deutschen Episcopat zu drängen, überlegen diese römischen Herren nicht; die Hauptsache ist, daß er ein Curialist vom reinsten Wasser ist, den Willen des Papstes als das Höchste und seine einzige Norm anerkennt. — Jetzt soll Arnim, wie mir Hipler sagt, mit Thiel in Braunsberg in Unterhandlung stehen, um ihn, als Theologen zu gewinnen. — Von Breslau ist Canonicus Dr. Wick hier und soll ebenfalls über einen Nachfolger Försters verhandeln. Es soll ein Kaplan Fürst Radziwill dabei in Frage sein. — Natürlich beschäftigen sich besonders unsere baierischen Infallibilisten sehr mit der Ernennung eines Bischofes von Speier, und am letzten Montag ließ sich B. Leonrod an der Tafel des Hrn. Cardinals und mit Zustimmung des B. Ketteler, um dessen Amtsnachbar es sich ja handelte, sehr bitter über Enzler aus, der in einem baierischen Blatte als künftiger Bischof von Speier bezeichnet worden sein soll. Natürlich fürchten unsere fallibilistischen wie infallibilistischen Bischöfe, daß Enzler nicht mit ihrer regierungsfeindlichen Politik einverstanden sein dürfte. Wie man aber immer über Enzler urtheilen mag, wenn er wirklich in's Auge gefaßt wurde, so halte ich die Wahl gerade nicht für eine sehr gelungene, da Schwaben und Pfälzer zu wenig zusammenpassen, Enzler meines Erachtens auch kaum die Eigenschaften zu einem tüchtigen Bischofe hat. Solange man einfach nach der hergebrachten Schablone arbeiten kann, kann man leicht die Rolle eines Bischofes spielen; in außergewöhnlichen Zeiten, wie jetzt beim Concile und wie sie sich voraussichtlich noch weit mehr nach demselben gestalten werden, reicht die bisher beliebte Mittelmäßigkeit in solchen Stellungen sicher nicht mehr aus. Gleich= wohl kann sich Enzler neben den jetzigen Bischöfen recht gut sehen lassen, bei deren Wahl nach der Ueberzeugung eines großen Theiles des baierischen Clerus — alte wohlverdiente Pfarrer sprachen sich darüber öfters gegen mich mit großer Bitterkeit aus — ihre per= sönliche Unbedeutendheit und in Folge dessen ihre vermeintliche Un= schädlichkeit bei der Regierung den Ausschlag gegeben zu haben scheint. Denken denn nicht auch Reithmayr, Thalhofer, Schmid an die Infel? Sie würden von den zunächst betheiligten Bischöfen gewiß mit Freuden als Collegen begrüßt werden. Ob freilich auch wir eine solche Wahl willkommen heißen könnten, bezweifle ich sehr. Wenn ich auch solche Dinge berühre und notire, die mich so ganz und gar nichts angehen, so veranlaßt mich dazu nur, weil ich hier so manchmal damit behelligt werde und dadurch mitunter in eine recht eigenthümliche Situation gerathe, zugleich aber auch der Wunsch, daß gerade Baiern eine hervorragendere Rolle beim Concil spielen sollte. Oder ist es nicht betrübend, daß gerade Baiern, welches man für die Neuzeit den classischen Boden für Theologie nennen könnte, hinter den übrigen Ländern, selbst hinter Ungarn und Oesterreich zurückstehen muß? Eine wahre Ironie! Fühlen sich dann solche Männer in der Enge, machen sie sich durch die empörendsten Aeußerungen Luft, wie heute Erzbischof Gregorius von Scherr es sich über Döllinger einem Franzosen gegenüber erlaubte. Der Franzose selbst, obwohl kein Gesinnungsgenosse Döllingers, war über eine solche Rede eines Erzbischofes ganz indignirt.[1]) Sie ist jedoch nur das Echo dessen, was gewisse Herren unserer Facultät schon längst geäußert haben.

Rom, 27. Januar 1870.

Die heutige Sitzung war nicht uninteressant. Der Gegen= stand, welcher jetzt besprochen wird, ist vita clericorum und catechismus

---

[1]) Ich führe die Aeußerung nur aus Schonung für Döllinger hier nicht an.

parvus. Zuerst erhielt der Primas von Ungarn das Wort. Nach einer langen Einleitung über die Art und Weise wie Brevier und Messe persolvirt werden sollen, und über dasjenige, was im Schema gesagt sein sollte, kam er auf die vita communis nach dem Muster des Barthol. Holzhauser. Dann sprach Martin von Paderborn: er beantragte geradezu Verbot des Haltens von Köchinnen, dagegen sollte das „gemeinsame Leben" eingeführt werden. [Nebenbei bemerke ich, daß mir Hr. Card. H. mittheilte, daß Martin ihn um Unterstützung anging, wenn er seinen Antrag einbringe, den protestantischen Pfarrern, welche katholisch und Priester werden wollen, zu gestatten, daß sie Frau und Kinder behalten dürfen, und ebenso den Laienkelch. Fünf bis sechs prot. Pfarrer hätten ihn darum ersucht.] Für heute begnügte er sich noch zu beantragen, daß man den Geistlichen das Annehmen von Ordens-Insignien verbieten, dagegen das Tragen von Bärten gestatten solle. Der nächste Redner, der Dominikanerbischof Salzano (Verfasser einer nicht sehr bedeutenden Kirchengeschichte) war für die meisten Väter unverständlich. Verot, Bischof von Savannah in Amerika, sprach über das Brevier. Es müsse, meinte er, verbessert werden; denn es enthalte Dinge, welche nicht mehr angingen. Was z. B. von Augustin darin stehe, dürfte er jetzt nicht mehr behaupten, ohne verdammt zu werden. Der Legat de Angelis schellte gewaltig und unterbrach ihn: über die Kirchenväter sei es nicht gestattet in dieser Weise zu sprechen. Der Amerikaner wartete einen Augenblick und fuhr fort, wo er aufgehört hatte, ja, er sagte Gleiches noch von Gregor dem Großen. Da wurde er zum zweiten Male zur Ordnung gerufen: wenn er nicht auf einen anderen Punkt übergehen wolle, möge er die Rednerbühne verlassen. Derselbe bemerkte noch, daß er nur sagen wollte, wie man das Brevier zu beten habe, und trat ab. Auch der unirte Bischof von Großwardein sprach: man habe die unirten Griechen eigentlich gar nicht berücksichtigt, und zählte nun ihre Eigenheiten und Vorzüge auf. Sie hätten übrigens ihr besonderes Kirchenrecht und daran dürfe das Concil nicht rütteln, es sei zwar kurz, aber gut. Breviergebet sei bei ihnen nicht in der Weise obligatorisch wie in der lateinischen Kirche; sie haben es nur zu persolviren, wenn sie Messe lesen, und dauert dann vier Stunden. Sie lesen jedoch nicht täglich Messe, da sie sich an den Tagen, an welchen sie celebriren, der Weiber enthalten müssen, über welchen Punkt er sich dann weiter, als es nothwendig war, erging. Hinsichtlich der Verpflichtung zum Breviergebet ist der unirte Bischof übrigens insofern im Unrechte, als er übersah, daß auch in der lateinischen Kirche ein Gebot der Kirche nie erlassen wurde. Gegen die vita communis wurden jedoch sogleich Bedenken unter den Bischöfen selbst laut. Der Fürsterzbischof von Olmütz, Landgraf von Fürstenberg, meinte: ob denn der Primas von Ungarn die vita communis auch für seine Person mit seinen Domherren führen wolle? Er für seine Person sei bereit dazu, aber seine Olmützer Domherren würden kaum darauf eingehen wollen.

Ueber die Stellung der Bischöfe sagte mir gestern Hipler, daß es noch sehr ungewiß sei, ob nicht auch die Opposition sich durch irgend eine Formel für die Infallibilität fangen lassen werde. Ein Concilsvater sagt mir dagegen heute wieder das Gegentheil. Man weiß also gewiß noch nicht, wie man hält, da die meisten Bischöfe, in Ermangelung gründlichen Studiums der Frage, sich nur auf den Inopportunitäts-Standpunkt stellen, so daß der preußische Militärbischof zu Hipler sagte: wenn man den deutschen Bischöfen die Opportunität darthut, gehen sie vielleicht alle über, und stehe er allein, da er principieller Gegner sei. Man braucht dazu nur die wenigen Sätze zu nehmen, welche jüngst die "Allgem. Zeitung" aus der "Postzeitung" herübernahm: sie stammen jedenfalls von einem der Secretäre der drei anti-infallibilistischen Bischöfe Baierns. Diese Leute kann auch noch ein Friedhoff beeinflußen!

Rom, 28. Januar 1870.

Erzb. Melchers spricht jetzt davon, daß man dem Papste den Gedanken beibringen sollte, von der Proposition und Definition der Infallibilität ganz abzusehen und einen tüchtigen Theologen zu beauftragen, ein Buch über diesen Gegenstand für ein nächstes Concil zu schreiben. Wen würde man denn aber damit beauftragen?

Einen einseitig gebildeten Jesuiten oder Jesuitenschüler, oder Thomisten mit ihrer scheinwissenschaftlichen Methode, welche meinen, mit irgend einer Distinction das beweisen zu können, was in ihr einmal fertiges System paßt? welche auf den ächtesten Quellen beruhende Einwendungen einfach deshalb nicht anerkennen zu dürfen glauben, weil sie ihr System alteriren, und darum Texte corrumpiren oder verstümmeln oder mittels einer ganz unwissenschaftlichen Methode willkürlich deuten? Diese Leute müssen erst einen wissenschaftlichen Ernst, eine heilige Scheu vor der Wissenschaft haben, ehe man ihnen einen Auftrag, wie Melchers meint, geben kann. Dann wird man einsehen, daß nur die historische Schule die Schule der Zukunft sein wird und sein muß. Jedenfalls wäre es aber, wenn es überhaupt zu etwas dergleichen kommen sollte, besser, die Theologen insgesammt zur Bearbeitung des Gegenstandes aufzufordern, aber zur freien und nicht durch die römische Censur gehemmten Bearbeitung, wobei die historische Schule nicht schon von Vorne von der Concurrenz ausgeschlossen wäre. Freilich können wir dann das Ergebniß bereits prognosticiren.

In einer Versammlung der deutschen Bischöfe trug es sich unlängst zu, daß Ketteler den von ihm eingeführten Deharbe'schen Katechismus sehr lobte. Hefele, der damals noch nicht anwesend war und nichts von Ketteler's Rede wußte, behauptete in einer der nächsten Versammlungen, Deharbe's Katechismus sei ganz unbrauchbar; ein Hauptfehler desselben sei, daß er ganz unlogisch sei. Natürlich erhob sich Ketteler sofort für den Jesuiten; allein Hefele ist für die Bischöfe in solchen Dingen eben eine größere Autorität als Ketteler.

In der heutigen Sitzung sprach wieder Melchers. In genere schloß er sich hinsichtlich des Breviers dem gemaßregelten Amerikaner von gestern an. Dann sprach er zur Verherrlichung des verstorbenen Bischofs von Münster, der das gemeinsame Leben in seiner Diöcese eingeführt habe. Entschieden müsse er sich aber gegen das aussprechen, was gestern geäußert wurde, daß man nämlich statt der Köchinnen Laienbrüder einführe. Besser wäre es freilich, wenn die Köchinnen beseitigt werden könnten; da es aber kaum möglich sein werde, so solle man wenigstens darauf bringen, daß sie 50 oder allenfalls 40 Jahre alt sein müssen! Als ob damit etwas erreicht, insbesondere der Clerus vor dem moralischen Ruine gesichert wäre! Muß ein sonderbarer Heiliger sein, dieser Erzbischof von Cöln! Allein man sieht auch daraus recht deutlich, daß es den Bischöfen nur auf den Schein äußerlicher Legalität ankommt. Nach Melchers hielten zwei Spanier recht salbungsvolle Betrachtungen und zuletzt kam ein Armenier zu Wort, der in der Propaganda früher hier gebildet worden ist. Von den ersteren tadelte einer, daß im Schema nur alle vier Jahre Priesterexercitien verlangt würden, er meine, daß sie alle Jahre wiederkehren müßten. Der Armenier hingegen betonte, daß in der armenischen Kirche das Brevier nicht obligat sei kraft eines kirchlichen Gesetzes, und bat, daß man auch diesen Punkt seitens des Concils in die Beschlüsse aufnehmen möge.

Eben sagte mir Graf . . . ., daß der Bischof von Ermeland seinen Namen zuerst auf die Adresse der Infallibilisten gesetzt hatte, ihn dann aber wieder zurücknahm und sich den Fallibilisten zugesellte. (Richtig ist jedoch nach Mittheilung Hiplers, daß Martin ohne Wissen und Willen des Ermeländers dessen Namen auf die Infallibilitäts=Adresse gesetzt hatte, weil er voraussetzen zu dürfen glaubte, daß Krementz Infallibilist sei.)

Rom, 29. Januar 1870.

Ganz merkwürdige Dinge wurden mir heute über die Jesuiten mitgetheilt. Allein es stimmt Alles mit dem überein, was ihre Moralisten so oft sagten: es komme bei Allem nur auf die Absicht an; man könne z. B. mit einer schönen Frau Ehebruch begehen, ohne daß es wirklich ein Ehebruch sei, wenn man sie nämlich nur gebrauche, weil sie schön sei (cf. Hase's Polemik); oder man könne in gewisser Absicht recht gut die Brüste eines Weibes berühren, ohne daß es eine schwere Sünde sei, wovon sie in Venedig die Mammaltheologen hießen! Letzteres erzählte sogar der Ordenshistoriograph Cordara.

Ein Prälat versichert, daß nun die Oppositionsbischöfe bald

anfangen werden, mürbe zu werden: wenn sie noch zwei Monate
da sein werden, werden sie Alles unterzeichnen. Dann erzählte er,
daß Card. Schwarzenberg die Adresse gegen die Infallibilität durch
seinen italienischen Maestro di Camera dem Maestro di Camera des
Papstes, Msgr. Ricci, habe übergeben lassen. Der Papst sei aber dadurch
außerordentlich verletzt worden und habe sie gar nicht angenommen,
sondern sofort an die Legaten gewiesen. Man deutet diese Art der
Uebermittlung der Adresse an den Papst als einen Beweis, daß
Keiner den Muth hatte, persönlich dem Papste damit gegenüber=
zutreten.

B. Place von Marseille spricht von einer schwierigen Defensive
und großen Gefahr, in der sie sich befinden. Insbesondere sei es
so schlimm, daß man nicht recht wisse, woran man sei, ob und wie weit
man den einzelnen Bischöfen trauen dürfe. So habe z. B. Haynald
trotz seiner bisherigen Haltung und Rede einen Jesuiten als Theologen. Und wirklich ist es eine der merkwürdigsten Erscheinungen
auf diesem Concile, daß gerade Männer der Opposition mit den
Jesuiten so liirt sind. Ist es von ihrer Seite nicht aufrichtig ge=
meint? Ich glaube nicht; ich meine vielmehr, daß sie sich vor und
bei Beginn des Concils nicht auskannten. Schlau= und Klugheit
ist es aber von den Jesuiten, daß sie auch Mitglieder ihres Ordens
bei den opponirenden Bischöfen haben. Es deckt scheinbar in
den Augen der Kurzsichtigen, die ja die Mehrzahl der Menschen bilden,
ihren Orden. B. Place selbst sagt, daß für ihn schon die Art
und Weise, wie hier für die Infallibilität agitirt wird, hinreichend
gewesen wäre, um ihn gegen dieselbe einzunehmen. Auch ergeht er
sich über den besseren Modus, wenn es zum Treffen komme und zu
einer Abstimmung geschritten werde: ob sie nämlich sich nur des
Abstimmens enthalten, aber beim Akte zugegen bleiben, oder ob sie
in corpore den Saal verlassen sollen.

Ein Ereigniß von großer Bedeutung, von dem hier viel gesprochen wird, ist, daß der Papst in den letzten Tagen den chal=
däischen Patriarchen zu sich beschied und ihn förmlich zwang, einen
Verzicht auf seine Patriarchal=Rechte zu unterschreiben. Der sehr
alte, schwache Mann wich nach vergeblicher Remonstration dem Drucke

des Papstes. Und damit sofort dieser Verzicht praktische Bedeutung erlange, mußte er auch zwei nicht von ihm, sondern von Card. Barnabò ernannte Bischöfe, welche Morgen von ihm consecrirt werden müssen, anerkennen.[1]) Ist das nicht ein neuer Akt, welcher lediglich im Papalsystem ein Fundament hat? Es sucht sich schon, bevor es noch vom Concil anerkannt ist, volle Geltung zu verschaffen. Nicht blos im abendländischen Patriarchate sollen die Bischöfe ad nutum des Papstes sein, nein! auch im Oriente werden die Patriarchen gewaltthätig ihrer Rechte entkleidet, um sie in Rom an sich zu reißen. Wird der Orient dazu stillschweigen? Wird er sich plötzlich so gefügig zeigen? Und dieser Papalismus, woher hat er denn seine Sanction? Von einem wirklichen allgemeinen Concile? Nein; von den Päpsten, die ihn entweder selbst ersannen, oder doch praktisch zu üben anfingen, ohne dazu irgendwoher eine Berechtigung zu haben. Mögen sie doch ihre Possehtitel dafür aufweisen! Sie reichen nicht bis auf legitimen Boden zurück. Und so oft sich die Kirche selbst wiederfand, wie zu Constanz und Basel, und selbst zu Trient, wurde das Papalsystem ernstlichst bekämpft, nie aber anerkannt, diese so unsittliche Ausgeburt menschlichen Geistes, welche die grauenhafteste Verwilderung der Kirche und die lutherische Reaction dagegen zur Folge hatte. Gerade gestern Abends und heute Morgens, noch ehe ich von dem Gewaltstreich Pius' IX. gegen den chaldäischen Patriarchen hörte, hatte ich mich mit dem Papalsystem, wie es im Schema de ecclesia approbirt werden soll, beschäftigt und noch heute früh Lord Acton gegenüber in einem Briefe ausgesprochen. Ich fürchte nämlich, daß die Bischöfe dieses, das die Wurzel der Infallibilität ist, anerkennen möchten, da sie so gar ergeben gegen den Papst und so blinde, weil großentheils unwissende Verehrer des Mittelalters sind. So wird im Schema de ecclesia mit dem Begriffe eines episcopus universalis manövrirt. Wie viele Bischöfe werden dies durchschauen und wissen, daß es die Grundlage des Papalsystems ist und in der alten Kirche es einen

---

[1]) Vgl. darüber die Notiz im Giornale di Roma Nr. 25. 1. Febbraio, wo die Ernennungsbreven für beide Bischöfe in extenso abgedruckt sind.

solchen nicht gab, sondern nur einen papa universalis? Das ist
aber der edle Pius IX., der Heilige, als welchen ihn die Jesuiten
der Welt darzustellen pflegen, welcher jetzt die katholische Christenheit
mit fundamentlosen Glaubensartikeln zu beschenken gedenkt! Und
wahrhaftig, man ist versucht, dem Wiener „Fremdenblatt" nachzu=
schreiben, wenn es von einem „Größenwahnsinn" des Papstes
spricht (Oesterr. Volksfreund v. 27. Jan. 1870). Man muß die
Dinge hier mit eigenen Augen schauen; man muß die Gelegenheit
haben, in das Getriebe der Curie einen Blick werfen zu dürfen,
dann, aber nur dann erst ist Einem ein Urtheil über diese Dinge
gestattet.

Rom, 30. Januar 1870.

Ein Monsignore, früher Zögling des Collegium Germanicum,
sagt, daß man nächstens ein neues Monitum ergehen lassen wolle,
worin gegen das Schema zu sprechen verboten werde; Gegenstimmen
sollen nur schriftlich eingegeben werden dürfen. So abenteuerlich
dieses klingen mag, daß dieses Manöver in der römischen Clerisei
Vertreter haben mag, wird Niemand zweifelhaft erscheinen, der sie
wie ich kennt. Dennoch besitzt sie wieder zu weltkluge Männer, als
daß sie Ernst damit machen würde.

Der „Oesterr. Volksfreund" v. 27. Januar bringt folgende
Nachricht: „Der Jesuiten=General P. Beckx war auf einer der Listen
zur Wahl der Deputation für die orientalischen Riten. Als er dies
am Tage vor der Wahl erfuhr, begab er sich zum Cardinal=
Präsidenten de Angelis und bat denselben, ihn von der Liste zu
streichen, da er aus leicht zu errathenden Gründen kein Mandat
annehmen könne." Was hat denn aber Cardinallegat de Angelis
auf einer Liste zu streichen? Beruhte diese Nachricht übrigens auf
Wahrheit, so wäre das Verfahren des Generals zwar sehr klug,
aber von keiner wesentlichen Bedeutung für die Sache selbst; die
Jesuiten werden schon dafür gesorgt haben, daß ein oder der andere
Bischof gewählt werden wird, welcher das Interesse derselben ver=
tritt. Vor der Welt aber erscheint man in dieser Weise als

unparteiisch. Uebrigens wird mir versichert, daß P. Beckx von den Bischöfen selbst, und zwar auch von den spanischen, aus der von der Curie bestimmten Liste gestrichen wurde. — Die nämliche Nummer des „Oesterr. Volksfreundes" bringt zugleich das letzte Monitum, das Silentium betr., vollständig in deutscher Uebersetzung, um zu widerlegen, daß es von Feßler ausgegangen sei!

Der Erzbischof von Salzburg erzählt, daß das oben erwähnte, in Aussicht genommene Monitum sich auf alle Reden gemeinsam beziehen soll, die pro et contra gehalten werden: sie sollen alle eingegeben werden, da man mit dem Redenhalten zu keinem Ende komme. Mit Ausnahme des Legaten Bizzarri sind die vier übrigen Legaten mit diesem Vorschlage einverstanden, und heute Morgens ist darüber Berathung gepflogen worden, um einen definitiven Beschluß zu fassen. Der Erzbischof meinte: er „könne nicht anders sagen, als daß dieser bisherige Modus nicht beibehalten werden könne, wenn man vom Fleck kommen wolle, nur frage es sich: ob es besser sei, vom Fleck zu kommen oder nicht?" Es schien ihm momentan der Gedanke des Monitum acceptabel, als ich den Gedanken dazwischenwarf: man sollte sich wenigstens an die Geschäftsordnung des Concils von Trient halten, und ihn fragte: ob er denn diese Geschäftsordnung nicht kenne? Als er diese Frage verneinte, holte ich sie herbei und stellte sie ihm zur Verfügung. Dabei beobachtete ich auch, wie die Bemerkung Hefele's bereits sich verbreitet und anerkannt wird, daß man sich nämlich gar keine Vorstellung davon machen könne, wie die Commissionen die besprochenen Schemen verbessern sollen, da nie darnach gefragt wurde, ob dieser und jener Redner mit seinen Wünschen und Anträgen seitens des Concils eine Unterstützung findet oder nicht. Gut sei es, sagte u. A. der Erzbischof, daß sie jetzt einige ungeeignete Elemente in ihren Versammlungen bei Card. Rauscher (dessen Unwohlsein sehr bedenklich ist) „abgestreift" haben.

Natürlich macht Gratry's Schriftchen hier das größte Aufsehen: Freude darüber auf der einen, Aerger auf der anderen Seite. Dazu kommt, daß es hier eingeschmuggelt werden mußte und trotz allen polizeilichen Präventiv=Maßregeln eingeschmuggelt wurde. Canonicus de Angelis sagte darüber, nachdem er es gelesen hatte: „es verdient eine Antwort." Als man ihn aber fragte: ob er wisse, was man antworten solle, sagte er: „nein! aber es sei ihm klar, entweder müsse man dazu schweigen, oder etwas darauf antworten." Sehr klug!

Die Begegnung mit dem Erzbischofe von Salzburg brachte mich auf den Gedanken, durch ihn als Primas dem deutschen Gesammtepiscopat ein Bittgesuch um Unterstützung der Herstellung eines Codex diplomaticus historiae Ecclesiae Germanicae, wenigstens als Ergänzung der Einzelsammlungen, wenn nicht der Herausgabe von Monumenta der deutschen Kirche übermitteln zu lassen. Sie können und mögen zeigen, ob ihnen so viel an einer Kirchengeschichte Deutschlands liegt, als sie sich in Fulda den Anschein gaben, indem sie meine Kirchengeschichte dem Clerus empfahlen. Es wäre wirklich ein unübertreffliches Denkmal, das sich die deutschen Bischöfe bei Gelegenheit des römischen Concils setzten. Der H. Card. H., ein Freund aller besseren wissenschaftlichen Bestrebungen, bestärkte mich sofort in dem Vorhaben, als ich ihm noch insbesondere vorstellte, wie sehr dadurch auch das wissenschaftliche Leben des Clerus in Deutschland gehoben werden müßte. Ich denke mir, daß z. B. ein Ausschuß gebildet würde, etwa Hefele, Döllinger, Theiner ꝛc. Diese würden den Plan ausarbeiten und dessen Durchführung überwachen. Junge Kräfte könnten zu den Arbeiten herangezogen und beschäftigt werden. Bin begierig, was die hohen Herren dazu sagen, und namentlich, ob der Papst auf Oeffnung seiner Archive zu diesem Zwecke eingehen wird.

Rom, 31. Januar 1870.

Man geht also wirklich damit um, eine Infallibilitätsformel ausfindig zu machen, welche so gefaßt sein soll, daß sie dem Papst die Infallibilität beilegt, aber gleichwohl rückwärts doch nicht mit der Kirchengeschichte in Collision bringt. Man sieht, daß die kirchenhistorische Schule (besonders scheint Gratry, der diese in französischer Manier ausbeutete und mundgerecht machte, diese Wirkung hervorgebracht zu haben) dennoch eine große Bedeutung erlangt hat, und dies trotz der Expectoration und Verläumdung derselben durch den Erzbischof von London. Wie diese Formel lauten soll, oder wer so glücklich sein wird, sie zu finden, ist natürlich noch ungewiß.

Als authentische Nachricht wurde mir heute ferner mitgetheilt, daß die erste in der „Allgem. Zeitung" abgedruckte Infallibilitäts-Adresse von den Jesuiten der Civiltà cattolica verfaßt und gedruckt worden sei. Darauf machten sie sich über die Einfältigkeit dieser Bischöfe lustig, daß sie an sich selbst eine Adresse richten! Also war meine Vermuthung sogleich beim ersten Durchlesen richtig, daß sie von den Jesuiten stammen werde, da der darin sich befindende Ausdruck blaterare ein Lieblingsausdruck Perrone's ist.

Von einem in die Geheimnisse der Diplomatie in der Regel gut eingeweihten Manne wird mir gesagt, daß wirklich ein Brief des französischen Ministers des Inhaltes existirt, daß in dem Augenblicke, in welchem die Infallibilität proclamirt werden sollte, die französischen Truppen abberufen würden.[1]) Unter solchen Umständen könnte man denken, daß auch der Papst und die Curie sich für eine mildere Formel geneigt zeigen werden. Allein dazu kommt es nicht, daß die Curie so weit nachgibt; lieber wird sie die französischen Truppen abziehen lassen und sich dem Schutze Gottes allein überlassen wollen, der ja nach ächtrömischer Ansicht weder den römischen Stuhl noch den Kirchenstaat zu Grunde gehen lassen kann!

Schon früher und auch jetzt wieder spricht man (z. B. ein sehr angesehener Dominikaner) hier davon, daß leider so viele Bischöfe sich von der Secte der Freimaurer beeinflussen lassen!

Manning soll gestern nach Aussage eines mir bekannten Engländers behauptet haben, die Contre-Adresse Rauschers existire gar nicht, und der in der „Allgem. Zeitung" veröffentlichte Text sei eine Fälschung. Hängt dies vielleicht damit zusammen, daß Card. Schwarzenberg sie blos durch seinen Maestro di Camera dem des Papstes übergeben ließ und Pius sie nicht acceptirte. Uebrigens ist

---

[1]) Ist bekanntermaßen wirklich so geschehen; aber freilich in anderem Zusammenhange. Rom und Frankreich büßten ihre Schuld zu gleicher Zeit ab.

die Behauptung auch insoferne richtig, als für das Concil nie eine Eingabe der Minorität existirt, indem dasselbe officiell nie etwas davon erfährt. Die römischen Abbati sind jedoch auch mit der Infallibilitäts=Adresse nicht zufrieden, da in derselben „ex cathedra" fehlt, ein unbestimmter und unbestimmbarer Begriff, mit dem schon so viel Humbug getrieben wurde und natürlich dann in der Folge noch mehr getrieben werden kann.

Heute sprach in der Congregation ein Neapolitaner zur Erheiterung des ganzen heiligen Concils. Er verlangte nämlich, daß der Klerus immer und überall den Talar tragen müsse, da der Heiland ihn ebenfalls getragen, damit auferstanden und in den Himmel gefahren sei ꝛc. Das genügt zur Charakteristik eines Theiles des italienischen Episcopates. Auch B. Dinkel von Augsburg ließ sich vernehmen. Sein Vortrag war schwach und breit, in dem er zum Ekeln oft das Wort concubinarii (in seiner breiten Prediger=Manier also!) wiederholte, so daß ein französischer Cardinal sich darüber ganz empörte. Dinkel wollte nämlich, daß man diesen Punkt im Schema ganz streichen solle. Dabei unterschied er zwischen einem „weiteren und engeren Concubinat" und vertheidigte den ersteren! Denn, meinte er, wenn man diesen Unterschied nicht mache und ersteren nachsehe, könne man nicht durchkommen! Mir schien dies unglaublich, allein es wurde mir wiederholt betheuert, daß er dies gesagt habe. Ich bin noch nicht klar über diesen Punkt. Ferner empfahl er die vita communis nach Holzhauser. Auch gegen das Barttragen der Geistlichen werde er nichts einzuwenden haben. Der einzige baierische Bischof, welcher bis jetzt sprach, hatte also kein Glück; noch weniger würde es den anderen hold sein, denn wo kein Fond, kann es nicht anders kommen. — Dann sprachen noch einige Spanier, ohne Bedeutung. Ein Bischof sprach auch davon, daß der Klerus den gesammten Unterricht an sich reißen müsse, aber durch seine eigene Kraft und wissenschaftliche Tüchtigkeit. Sehr schön und wohlgemeint, aber ohne Verständniß! Möchte übrigens durch das Concil der Sporn zu wissenschaftlicher Thätigkeit dem Klerus gegeben werden! Bis jetzt dürfte man fast eher daran glauben, daß sie durch dasselbe nur werde gehemmt werden. Eine große Achtung vor der Wissenschaft, selbst nur der wissenschaftlichen Theologie hat es bis zum Augenblick noch nicht gezeigt. Im Gegentheil hat ja der Bischof von Augsburg selbst gesagt: „wir brauchen die Theologen nicht;" was er auch mir leise mit den Worten andeutete: „wir haben ausgezeichnete Theologen in unserer Mitte." Nun, die Anti=Infallibilitäts=Adresse ist ein sprechender Beweis dafür! Wie konnten denn wissenschaftlich gebildete, resp. ausgezeichnete Theologen, das Concil von Florenz als ein allgemeines bezeichnen?! Ein ausgezeichneter Theologe setzt sich nicht in so leichtfertiger Weise über eine Thatsache hinweg!

Card. Bilio wird heiterer. Man deutet dies dahin, daß er seines Sieges gewiß zu werden anfängt.

Rom, 1. Februar 1870.

Erzbischof Scherr sagt Aloysi, dem früheren Uditore bei der Münchener Nuntiatur (er will Nuntius in München werden), daß er nicht blos aus Opportunitäts=Gründen, sondern auch aus sachlichen gegen die Definition der Infallibilität sei.

Ich entwarf in den letzten Tagen wie alle Welt eine Infallibilitätsformel, d. h. ich brachte auf einen kurzen und präcisen Ausdruck dasjenige, was die kirchenhistorische Schule allein zugeben kann, was sie verweigern muß. Nach dem mit großem Pompe ausgeführten Trauergottesdienste für Großherzog Leopold von Toscana kam der Hauptagitator für die Infallibilität, V. Martin, zu H. Card. H. Er meinte, nachdem die Sache einmal so weit gekommen, könne man von einem Beschlusse in dieser Beziehung nicht mehr abstehen; es müsse nothwendig etwas geschehen. Natürlich war wieder die „Allgem. Zeitung" der Sündenbock, doch konnte und wollte Martin nicht leugnen, daß die Civiltà cattolica die Veranlassung zu Allem gab. Die einzige Schwierigkeit sei, sagte er, eine passende Formel zu finden und es handle sich dabei nur um die Sicherung der Autorität des Papstes (sic!) und darum, daß den hochmüthigen Professoren der Mund gestopft werde. Nebenbei bedauert er freilich auch die Kluft im Episcopate selbst. Er habe nun selbst zum Schema in dieser Beziehung Vorschläge gemacht. Der H. Cardinal H. bemerkte ihm aber, bei allen bisherigen Vorschlägen scheine ihm immer das Bedenken zu bestehen, daß man trotz einer Definition doch nicht wisse, wann der Papst einen solchen Akt vollziehe oder vollzogen habe; nirgends habe er noch ausreichende Kriterien dafür angegeben gefunden. Martin wollte diesem Einwande zuerst ausweichen; allein schließlich gestand er doch zu, daß es sich um diesen Punkt allerdings wesentlich mithandle. Da producirte nun der Hr. Cardinal meine Formel, ohne zu verrathen, daß sie von einem Professor stamme, dem nach der Ansicht Martins der Mund zu stopfen sei. Zu meinem Erstaunen erklärte sich der Bischof mit derselben vollkommen einverstanden, ein Beweis, wie wenig Verständniß dieser Mann doch eigentlich von der Frage hat; denn das muß jedem Infallibilisten sofort klar sein, daß er mit dieser Formel seine specifische Infallibilität des Papstes aufgibt, ja die Infallibilität des Papstes überhaupt: die päpstliche Gewalt wäre damit wieder auf ihre alten Schranken zurückgewiesen; der Papalismus im Principe aufgegeben! Martin will zu weiteren Verhandlungen wiederkommen. Hierauf producirte er auch zwei Briefe von mehreren protestantischen Pastoren, welche ihn auffordern, zur Herbeiführung einer Aussöhnung mit dem Protestantismus und der griechischen Kirche beim Papste die Aufhebung des Cölibats und die Gestattung des Laienkelches zu bevorworten.[1]) Martin sucht dafür auch die Unterstützung des Hrn. Cardinals, welche er ihm unter der Bedingung zusagte, daß auch ich an der Berathung des Gegenstandes mich betheiligen dürfe. Ich gab dem Hrn. Cardinal die Briefe mit der Bemerkung zurück, daß ich für Gewährung beider Punkte sofort und unbedingt bin, soweit es sich um convertirende Protestanten handelt, sowie ferner der Meinung, Rom dürfte die große Versündigung endlich sühnen, welche es im 16. Jahrh. an unserem armen Deutschland begangen habe. Nur die Hartnäckigkeit Roms und sein Mangel an Verständniß der Verhältnisse habe Deutschland damals an den Protestantismus geknüpft. Würde

---

[1]) Beilage II.

Kaiser Ferdinand I. z. B. beide Punkte von Rom, wohin die Sache vom Concil von Trient gewiesen wurde, haben erlangen können, würde es in Deutschland ganz anders ergangen sein. Es wäre aber bedauernswerth, wenn das Concil in dieser Beziehung gar nichts thäte. Bis jetzt zweifle ich aber, daß Rom auch ein Herz für die Leiden unseres Volkes haben werde.

Dem Erzbischof von Salzburg übergab ich heute die Vorstellung wegen eines Codex diplomaticus historiae Ecclesiae Germanicae. Er nahm sie sehr freundlich entgegen und versprach, nachdem er einige Fragen über den Plan gestellt, seine Unterstützung. Später kam Hipler zu mir; ich zeigte ihm ebenfalls die Vorstellung. Er war sogleich ganz dafür eingenommen, betonte namentlich auch, wie sehr dies zur Hebung des wissenschaftlichen Lebens des jüngeren Klerus beitragen müßte, und versprach, bei den ihm befreundeten Bischöfen dafür zu wirken.

Im Corso traf ich heute mit Kagerer zusammen. Ich will nicht Alles hersetzen, was gesprochen wurde; nur was er von Döllinger sagte, soll aufbewahrt sein, weil es in der Regel auch die Stimmung der drei oppositionellen baierischen Bischöfe ist. Er sagte mir nämlich als etwas ganz Besonderes — es ist freilich auch eine große Entdeckung des Herrn! — daß Döllinger in der Erklärung, worin er das Ehrenbürgerrecht Münchens ablehnte, sich selbst geschlagen habe. Ich war natürlich erstaunt, aber noch mehr staunte er über mich, daß ich diese „nothwendige Consequenz" nicht selbst eingesehen hatte. Er explicirte nun in großem Eifer, daß Döllinger sage, er könne und dürfe nicht dazu beitragen, daß eine rein=innerkirchliche Frage auf ein anderes Gebiet übergetragen werde. Das habe er aber selbst durch seine Entgegnung auf die Infallibilitäts=Adresse gethan. Ich entgegnete: das sehe ich nicht ein; einem Theologen wird es aber doch noch frei stehen, sich an das Publikum zu wenden; ob es in einem Buche geschehe oder in einer Zeitung, sei von keinem wesentlichen Unterschiede. Ich für meine Person betrachte die Sache so, daß es Recht und Pflicht für Döllinger war zu sprechen, wenn er etwas zu sagen hatte. Ja, meinte der erzbischöfliche Theologe, er hätte es aber nicht in der „Allgem.

Zeitung" oder in ähnlicher Weise thun sollen. Wie denn? fragte ich in Erregung gerathend, hätte er es in einer Schrift gethan, wäre sie nach Rom gar nicht gelangt, da nur Infallibilistisches Eingang findet; er mußte also eine Zeitung wählen. Und hat man es den Theologen nicht überhaupt unmöglich gemacht, irgendwie etwas an das Concil zu bringen? Oder ist es nicht so? können Sie es leugnen? Er replicirte: er hätte sich an die baierischen Bischöfe wenden sollen. Nun waren wir auf ein anderes Gebiet gekommen; es genügte meinerseits die Antwort: „um die Vorstellung ad acta zu legen." Kagerer wußte wohl, was ich meinte. Ich fügte jedoch noch hinzu: wenn die baierischen Bischöfe etwas haben wollen, so sollen sie sich selbst an die theologischen Facultäten wenden, deren sie zwei im Lande haben; ich habe aber noch nicht gehört, daß sie dies gethan haben, während andere Bischöfe hocherfreut sind, das Urtheil der hervorragendsten Mitglieder, wie ich es selbst einmal vermittelt habe, zu vernehmen. — Später ging er mir nochmals in die Hand und klagte über das Schema de ecclesia: man wolle darin die Hauptkapitel der Lehre von der Kirche geben, was aber durchaus nicht der Fall sei, ja nicht einmal eine Definition von der Kirche befinde sich darin. Ich fand nun aber gerade das Gegentheil, indem es mir nur zu viele Hauptkapitel enthält. Es handle sich, sagte ich ihm, einfach um die Approbation des Papalismus; ist diese einmal gegeben, ist der Papst allein das Centrum der Kirche und dreht sich Alles um ihn allein, und insoferne reicht das Schema vollständig aus. Da riß er freilich die Augen wieder gewaltig auf und bemerkte selbst, daß im ganzen Schema „episcopus" eigentlich gar nicht vorkomme. Und wozu auch? schloß ich, die Bischöfe sind ja nach dem Schema amovibel 2c. Da braucht dann von ihnen auch gar nicht mehr viel die Rede zu sein. Da er aber das eigentliche Papalsystem mit allen Consequenzen nicht kennt, sagte ich ihm nur unverständliche, ja, nach seiner Haltung zu schließen, unglaubliche Dinge. Seine wiederholte Einladung zu einem Besuche lehnte ich so entschieden als früher ab, da mir ein Besuch unmöglich gemacht sei. In solchen Händen, dachte ich mir, als er gegangen war, müssen unsere Bischöfe sein!

Der Papst fühlte sich heute sehr schwach und mußte sich vor der Trauerfeierlichkeit für den Großherzog von Toscana legen, weshalb sich der Beginn dieser sehr verzögerte.

B. Place macht, ganz entrüstet über die Arroganz, den Hrn. Cardinal H. auf einen Artikel des Univers aufmerksam. Da er der Anfang einer neuen Agitation gegen Hrn. Carb. H. und mich ist, füge ich ihn hier ein. Dimanche 30. Janvier 1870. Plusieurs journaux de province publient la correspondance suivante, datée de Rome le 22 janvier. Nous la produisons comme bonne à faire saisir certains projets et certaines espérances:

Il y a dans ce moment à Rome une recrudescence d'agitation dans le sens des opposants. Voici ce qui se passe et ce qui explique les variations d'attitude de ce qu'on pourrait appeler la minorité. Dès que certains indices peuvent faire croire à un désir de la majorité d'en venir à un vote décisif, les opposants députent quelqu'un (Mgr. Freppel par exemple), pour faire des ouvertures de conciliation. Aussitôt un grand nombre de Pères, ceux qui inclinent aux transactions, s'interposent, et convaincus que les opposants „vont revenir", ils conseillent tous les ménagements. Dès qu'il est rassuré, le groupe de la minorité reprend une activité nouvelle.

Vous savez peut-être que le prince Hohenlohe (de Munich) a fait une seconde circulaire diplomatique pour engager les gouvernements à peser sur le Concile. Ces avances n'ont pas eu plus de succès officiel que la première fois, mais elles ont produit une certaine impression sur quelques ministres. Le comte de Beust, par exemple, a conseillé une surveillance plus active à son ambassadeur à Rome, M. Trauttmannsdorff.

A Rome même, d'autre part, il y a aussi un Hohenlohe cardinal, frère du ministre bavarois et du grand maître de la cour impériale à Vienne. Les trois frères marchent complétement d'accord, et celui de Rome a reçu de Munich un théologien, choisi par le fameux docteur Doellinger (auteur du pamphlet Janus): ce théologien fait les correspondances de la Gazette d'Augsbourg, et le scandale est grand à Rome, car le secret des délibérations conciliaires y est trahi, et l'esprit qui inspire ces lettres est des plus perfides. Or, le cardinal de Hohenlohe, appuyant les dépêches de son frère, de concert avec le cardinal de Schwartzenberg, avec Mgr. Huynald (Hongrois), et quelques autres, est arrivé à produire une certaine surexcitation, non pas dans le Concile, où la majorité est trop écrasante pour s'émouvoir, mais dans les ambassades. C'est ainsi que l'ambassadeur d'Autriche montre aux Evêques de son pays le Postulatum pour l'infaillibilité et leur demande s'ils ont signé ou non.

Le résultat de ces menées sera sans doute de hâter une décision, d'autant plus que le but avoué des opposants est de traîner en longueur, dans l'espoir d'être aidés par des obstacles extérieurs. La minorité, en exagérant tous les chiffres et toutes les probabilités, ne s'éleverait jamais, dit-on, au-delà de 115, sur plus de 700; de ces 115, il faudra retrancher tous ceux qui croient à l'infaillibilité, et ne sont adversaires que de l'opportunité. A la dernière heure, ceux-là céderont et diminueront de plus de moitié l'opposition actuelle de 115. Telle est l'opinion exprimée dans les salons des Pères de la majorité.

Il faut noter que cette correspondance croit servir les opposants.

Das Gerede über mich ist natürlich jetzt wieder um so stärker; allein was thun? Nichts; um so mehr als zugleich auch Card. Schwarzenberg, Erzb. Haynald angegriffen sind. Nur wenn es beim Papste nothwendig werden sollte, würde ich mich zu einer Rechtfertigung verstehen, nie aber durch die Journale. Möge doch einmal der Papst seine unheilvolle Clique von sich weisen und die legitimen Räthe der Kirche hören. Wie gesagt, ich finde es unter meiner Würde, mich mit einem L. Veuillot zu schlagen. So lange dieser in seinem Blatte von „catholiques sans epithète" spricht, vertritt er nicht das katholische Interesse, während ich nur die Kirche kenne und ihr meine Kräfte gewidmet habe. Ueberdies ist der ganze Artikel erlogen und nur darauf berechnet, die Opposition zu sprengen und zu vernichten: er stimmt doch so ganz mit den Manövern überein, welche die Curie hier in's Werk setzen läßt, um die

Opposition einzuschüchtern und zu entmuthigen. Allein das Ganze ist ein schlecht berechnetes Manöver. Wer aber mit Lügen agirt, verdient nur Verachtung und entgeht schließlich auch dem der Lüge gebührenden Lohne nicht! Die himmelschreiende Gemeinheit, mit welcher L'Univers in der nämlichen Nummer über Döllinger herfällt, das hier niederzuschreiben, dagegen sträubt sich die Feder.

Eben erfahre ich, daß eine neue Commission aus Cardinälen und Bischöfen niedergesetzt worden sei, um die Geschäftsordnung umzuändern, resp. brauchbar zu machen; an ihrer Spitze stehe Card. Antonelli. Ferner wird mir versichert, daß man damit umgeht, eine Contre=Revolution in's Werk zu setzen und aus Italien wieder vier conföderirte Staaten zu schaffen: Kirchenstaat, Neapel, Toscana und Piemont, wozu die Väter des Concils behülflich sein sollen. Also dazu hätte man ein Concil berufen, um in Revolution zu machen! Das ist freilich eine neue Aufgabe für ein Concil, welche man vor demselben den Bischöfen nicht mittheilen konnte. Wenn aber wir Deutsche zur Hebung der Kirchenspaltung und damit auch eines Theiles der politischen Misère die Hülfe des Concils verlangen würden, da würde man gewiß gegen alles Bitten und Flehen taub sein.

Die heutige Congregation war ohne größere Bedeutung. Es sprachen zwei Orientalen: der eine, ein Zögling der Propaganda, sprach gegen die Patriarchal=Einrichtung der orientalischen Kirche; auch über Verbesserung des orientalischen Ritus erging er sich. Der andere war nicht verständlich. U. A. ergriff der englische Bischof Clifford das Wort: er hatte nur Lobeserhebungen für den Papst; ihm sei Alles zuständig und zu überlassen; die Väter des Concils hätten eigentlich gar nichts daran zu kritisiren. Dann ließ er sich über die langen Reden der Väter aus, ohne zu beachten, daß er selbst die Geduld der Versammlung eine ganze Stunde in Anspruch nahm. Doch hatte er einen guten Gedanken, daß man nämlich im Schema den Passus über die Verwendung der Beneficialeinkünfte durch die Geistlichen weglassen möge: da sei gegenwärtig keine Gefahr vorhanden, und wo sie noch bestand, da hätten die Regierungen schon hinlänglich gesorgt, daß die vom Schema berührten Vorkommnisse unmöglich seien. Auch heute erklärten sich mehrere Redner gegen die Auslassung des Schema über „concubinarische" Geistliche.

Der Papst hat die letzten vier Assignatores locorum beim Concile ihres Dienstes enthoben. Die Spitze der Anordnung ist jedenfalls gegen den Canonicus Vorsack gerichtet und enthält eine nur schlecht verhüllte Feindseligkeit gegen den B. Stroßmayer, dessen Begleiter er ist. Natürlich macht es großes Aufsehen, und wohin ich komme, spricht man davon. Ich konnte mich aber nicht enthalten, einem hochgestellten Geistlichen gegenüber zu äußern, daß mir diese Verordnung als ganz kleinlich vorkomme und zugleich als Beleidigung für Stroßmayer; es ziemte den Papst ein viel offeneres Auftreten und Handeln. Allein der großartige Ton und Stil früherer Zeiten ist der Curie leider zu sehr abhanden gekommen.

Ueber die Congregation wird mir auch gesagt, daß sich die Bischöfe von Moulins und Poitiers, dann der Card. Pitra sehr viel mit dem Erzbischofe von München beschäftigten und ihm beständig vordemonstrirten. Er verhielt sich jedoch sehr kalt gegen diese Bestrebungen. Wahrscheinlich war von Döllinger die Rede.

Rom, 4. Februar 1870.

Die „Allgem. Zeitung" bringt nach der „Presse" aus Rom vom 31. Januar die Meldung: „Der Card. Caterini hat den Erzbischof von München beauftragt, den Theologen die Vorlesungen Döllingers wegen dessen Häresie zu verbieten." Wir zweifeln an der Richtigkeit dieser Mittheilung, sie stimmt übrigens zu der unterm 3. Februar mitgetheilten Scene in der Generalcongregation. Heute war der Erzbischof sogar „sehr deprimirt und gegen sonst sehr kleinlaut." Man begreift den großen Aerger über Döllinger, wenn man z. B. im „Oesterr. Volksfreund" v. 1. Febr. liest: „Der P. Jules Jaques, aus der Congregation des allerheiligsten Erlösers, hat ein in Belgien gedrucktes Werk mit dem Titel: Vom Papst und vom Concil, oder vollständige Lehre des hl. Alphonsus von Liguori über diesen doppelten Gegenstand veröffentlicht, welches in Einem Bande die gesammte Lehre des

hl. Alphonsus über die Nothwendigkeit, die Suprematie, die Unfehl=
barkeit, die Rechte und die Prärogative des röm. Papstes und seine
Autorität in Bezug auf das öcumen. Concil enthält. Der hl. Vater
hat kürzlich an den Verfasser ein Anerkennungs=Breve gerichtet, in
welchem er die Lehre des hl. Alphonsus „eine von seltener Heilig=
keit entlehnte" (!) nennt, „welche deshalb jeden Verdacht der Partei=
lichkeit ferne halte und sich gewissermaßen als durch den ganz be=
sonderen Beistand Gottes verbürgt, darstelle" (sic!). Auch bezeichnet
er dieses Werk als ein besonders zeitgemäßes, theils wegen des
künstlichen Raisonnements, womit man in diesen letzten Zeiten so
oft wiederlegte Irrthümer zu reproduciren sucht, theils wegen der
kürzlichen Eröffnung des öcumen. Concils. Diese wohlgeordnete
Sammlung der Aussprüche des hl. Alphonsus sei sehr passend, denn
sie zeige die gesunde Lehre und die gewichtigen Gründe, mit welchen
schon vor langer Zeit die Sophismen widerlegt wurden, die unter
dem Schleier der Neuheit durch Broschüren und Zeitungen mit
solcher Sicherheit unter das Volk verbreitet werden, als wären sie
die bisher unbekannte Entdeckung einer höheren Weisheit." Welch
ein offener und keineswegs berechtigter Druck auf das Concil! Weiß
denn Pio IX. nicht, daß die Lehren selbst eines Kirchenlehrers nicht
mehr gelten, als wie weit sie sich auf solide Argumente stützen?
Sind denn in Rom alle gesunden theologischen Begriffe verloren
gegangen?

In den letzten Tagen hielt der Papst im Amerikanischen
Collegium bei Gelegenheit einer Nationalfeier eine Rede, worin er
sich ganz offen und unumwunden über die Opposition eines Theiles
der amerikanischen Bischöfe beklagte, so daß ein Bischof meinem
Gewährsmanne, Grafen . . . ., sagte: „das ist zu viel, nun
geht der Papst gar von Haus zu Haus und übt einen Druck auf
die Bischöfe aus." Derselbe sagte mir auch, daß heute ein alter
Correspondent der „Allgem. Zeitung", welcher sich schon seit Langem
durch . . . Correspondenzen aus Rom sein Brod verdient, vor die
Polizei citirt worden sei, und Graf . . . . wollte gar wissen, daß
man Haussuchungen vornehme, um den Verfasser der „Römischen
Briefe über das Concil" in der „Allgem. Zeitung" ausfindig zu machen.

Die Citation Dressel's, des durch seine Väter-Editionen rühmlichst bekannten Correspondenten der „Allgem. Zeitung" notificirte er dem H. Card. H. selbst in einem Briefe vom 10. Februar in nachstehender Weise: „Euer Eminenz bitte ich, mit einem gehorsamen Gesuche lästig werden zu dürfen. Der Generalsecretär der Polizei Marchese Pio Capranica zeigte mir am 4ten d. Ms. an, ich **müsse Rom verlassen**, man wisse, ich arbeite in Verbindung mit Prof. Friedrich die Römischen Briefe über das Concil für die Allgemeine Zeitung aus, der **Befehl komme aus dem Vatican**. Auf mein Ehrenwort, daß die Beschuldigung durchaus ungegründet sei, erhielt ich die Antwort, er werde berichten. Ich bitte Euer Eminenz unterthänig, durch ein Wort kräftiger Fürsprache eine drohende Gefahr von mir, dem eben von einer Krankheit genesenden blinden Manne, abwenden zu wollen. Ich habe zu große Achtung und Verehrung vor Euer Eminenz Person und hoher Stellung, als daß ich nicht die eine und ganze Wahrheit für Sie hätte und Ihnen zumuthen sollte, sich in einer Sache zu bemühen, die nicht absolut gut wäre. Ich betheuere deßhalb, daß ich mit der Autorschaft der Römischen Briefe über das Concil in der Allgem. Zeitung eben so wenig zu thun habe wie mit der des Korans, daß ich von der Existenz des Prof. Friedrich, von dem ich theologisches Material zu ihrer Ausarbeitung erhalten soll, bis vor fünf Tagen nichts wußte, geschweige mit ihm in Verbindung stehe, daß ich auch nie ein Document über das Concil der Allgem. Zeitung einsandte. Wollte ich solche Briefe schreiben, es würde mir nicht gelingen, schon weil meine Feder nicht gewandt genug ist. — — — Dasselbe gilt von anderen feindlichen Artikeln wie in Nro. 36 (Aufreizung der baierischen „Patrioten" zur Steuerverweigerung).[1]) Wenn man auf einen nichtigen Verdacht hin mit solcher Willkühr vorgehen darf wie gegen mich, so ist es um die Bürgschaft aller persönlichen Ehre und Sicherheit geschehen. Seit dreißig Jahren correspondire ich mit der Allgem. Zeitung, wissenschaftliche Gegenstände und die Chronik

---

[1]) Vgl. oben, wo bemerkt ist, daß das officielle Giornale di Roma den baier. „Patrioten" dieses Mittel gegen das Ministerium Hohenlohe empfahl. Diese Notiz war in die „Allgem. Zeitung" übergegangen.

des Tags, nicht aber feindliche Angriffe auf die erhabene Person
des heiligen Vaters waren der Inhalt meiner Mittheilungen, wes=
halb auch nie der Fall vorkam, daß eine derselben je
auf der Post zurückgehalten wurde. Wenn die Redaction
mitunter sich erlaubte nach ihrem Belieben in meinen Mittheilungen
zu ändern oder die Chiffre zu wechseln, so habe ich das stets be=
dauert. Doch die Intrigue ist mächtig, ohne Euer Eminenz
gnädige Protektion müßte ich das Opfer der Verläumdung werden."
Die preußische Gesandtschaft nahm sich jedoch sofort kräftigst des
preußischen Unterthans an und verhinderte weitere Schritte seitens
der päpstlichen Polizeiwillkür gegen ihn.

Auch in der Versammlung der deutsch=ungarischen Bischöfe
werden die Artikel der „Allgem. Zeitung" besprochen und ich als
ihr Verfasser bestimmt bezeichnet.

In der heutigen Concils=Sitzung sprach der Bischof von Stuhl=
weißenburg zwei Stunden über die vita clericorum; seine Rede soll
jedoch nichts Besonderes geboten haben. Dann ergriff wieder Haynald
das Wort und sprach nicht minder glänzend als früher. Namentlich
verbreitete er sich über das Brevier: man solle nicht vergessen, daß
es einer Reform sehr bedürftig sei. Insbesondere möchte er hier
bei dieser Gelegenheit das historische Studium empfehlen, damit
nicht länger historische Verstöße vorkommen, wie im gegenwärtigen
Brevier, worauf er seine Behauptung durch Beispiele erhärtet, u. A.
daß ein Heiliger gleich um Jahrhunderte falsch angesetzt ist, welches
Beispiel wahrscheinlich vom Grafen Menthon stammt. Seine Familie
besitzt nämlich unter ihren Ahnen auch einen Heiligen, der nach
dem Brevier um einige Jahrhunderte früher gelebt hätte. Ferner
erklärte sich Haynald auch gegen die Erwähnung des Concubinats
der Geistlichen als scandalös. Dann ergriff er die Gelegenheit, dem
Papste einigen Weihrauch zu streuen, endlich aber auch wenige
Worte zu Gunsten der Bischöfe zu sprechen. In dem Eide, welchen
sie bei der Consecration leisten müßten, erinnere er sich immer noch
mit Schauer, daß es heiße: sie wollten keine Hand an den Papst
legen. Wozu das? Die Zeiten seien vorüber, wo die Bischöfe
gegen den Papst sich in Verbindungen einließen, geschweige gar Hand

an ihn zu legen sich einfallen ließen. Nach Haynald sprach der griechische Bischof von Rom, d. h. der für die Ordination der Griechen hier ist. Er verbreitete sich über griechische Riten ꝛc. So betonte er, daß die griechischen Geistlichen nicht, und zwar mit Recht nicht sub gravi zum Breviergebet verpflichtet seien, da dasselbe sechs Stunden zur Persolvirung in Anspruch nehme und bei der Sorge für Pfarrei und Frau und Kinder unmöglich täglich geleistet werden könne. Ein anderer Orientale sprach darauf noch von der Vernachlässigung ihrer Kirche, welcher sie hier begegnen. Es gemahne ihn an die Parabel von dem wohlthätigen Samaritan, der aber für sie oder ihre Kirche bis jetzt sich noch nicht gezeigt habe. Weiterfahrend wandte er das Gleichniß vom Oel und Wein auch auf die Beichte und das pastorelle Wirken überhaupt an: Oel allein, wie Wein allein, sei schädlich; man müsse Beides, Milde und Ernst, mit einander vereinigen.

Der Cardinal-Legat Bizzarri klagt: es ist unmöglich, daß es so fortgeht; jeder Tag ist eine Vermehrung der Blamage; in zwei Monaten ist noch nichts zuwegegebracht. Wenn dies auswärts bekannt würde, müßte ja der größte Scandal veranlaßt werden. Aber wie soll geholfen werden? Das ist eben die große und schwierige Frage, um so schwieriger, als der Papst zwar eine neue Commission für Verbesserung der Geschäftsordnung ernannt hat, aber bereits wieder nichts mehr davon wissen will: er will vielmehr „fermezza" haben. Nun natürlich, Rom kann und darf sich auch in diesen Dingen nicht geirrt haben! Man fragte Card. Bizzarri: warum man denn die Geschäftsordnung von Trient, die man doch haben und kennen muß, nicht benütze? Allein er antwortete: „damals war es leichter, da hatte man nur 50—60 Prälaten" (sic!).

Card. Cullen fragt Card. Bilio: ob denn nicht das Schema über einen kleinen Katechismus einfach dem hl. Stuhle überlassen werden könne, ohne daß noch viele zeitraubenden Reden gehalten werden? Bilio ist verlegen und meint endlich: Morgen sei eine Congregation, da könne man sehen.

Der Uditore des Hrn. Cardinal H., den ich heute bei P. Theiner traf, sagte: man müsse sich sehr in Acht nehmen; jeder, der z. B. als

Theologe eines Carbinals ꝛc. beschäftigt sei, werde sorgfältig über=
wacht; „auch Sie und ich", setzte er hinzu.

Für einen Kenner der Geschichte früherer Concilien ist es
außerordentlich auffallend, daß das Concil als solches sich der re=
ligiösen Uebungen zur Erlangung des göttlichen Beistandes, wie sie
bei früheren Concilien üblich waren, gänzlich enthält. Man lese
z. B. das Buch Richenthals über das Concil von Constanz und
vergleiche damit das Vaticanische Concil. Welch merkwürdiger Con=
trast! Oberflächlichkeit und falsches Vertrauen auf eine seit Langem
vorbereitete Majorität ist an die Stelle jenes tiefernsten christlichen
Sinnes getreten, welcher in jener schweren Zeit die tödtlich kranke
Kirche zu heilen versuchte. Ein ohne absolut nothwendiges Bedürfniß
berufenes Concil mit willkürlich von der Curie gesetzten Aufgaben,
welche zum mindesten ebenfalls nicht im Bedürfnisse der Kirche oder
gar der Zeit liegen, kann selbstverständlich auch nicht den Geist
früherer Concilien athmen. Allem ist darum auch der Charakter
des Gemachten aufgeprägt.

Rom, 5. Februar 1870.

Die Bischöfe predigen freilich auch in Rom, allein nicht für das
Concil, sondern für die von allen Seiten herbeigeeilte neugierige Menge.
In S. Andrea della Valle lassen sie sich vor Allem hören
und zeichnen sich dabei die französischen Infallibilisten insbesondere
durch ihre absurden Uebertreibungen aus, zu welchen sie ihr blinder
Eifer für die Infallibilität fortreißt. L'écho du Vatican Nr. 8
erzählt von einer Predigt, welche B. Labouillerie von Carcassonne
am 11. Januar hielt: Nous avons vu l'Etoile! Il a tout
ramené à cette parole. L'étoile, c'est Jésus-Christ, sa parole et
sa grâce. Sa parole qui est une grâce, sa grâce qui est une
parole intime. — L'étoile, c'est en ce moment le Vatican, c'est
Pie IX! „Nous autres, a-t-il dit, nous pouvons nous tromper;
mais lui, point. Pierre, j'ai prié pour toi afin que ta foi ne
défaille pas. Ou la prière de Jésus-Christ ne vaut rien, ou
Pierre est infaillible." Le raisonnement est très-net, et si ne

pas défaillir dans la foi, ou bien avoir une foi qui ne défaille pas, signifie être infaillible, nous sommes d'avis que le raisonnement est très-concluant. Seulement, ces paroles, afin que la foi ne défaille pas, — prononcées au moment où Pierre va rénier son maître, sans néanmoins y perdre la foi, — signifient-elles tu seras infaillible? Von B. Bertaud von Tulle heißt es: Après une tirade théologique sur la nature du Verbe, il terminait sa période par une plaisanterie qui faisait rire son auditoire; on peut dire qu'il a prêché sur tout le schéma et sur bien d'autres choses encore: l'ordre naturel et l'ordre surnaturel, le système des thomistes et celui des scottistes, tout y passé; la question de l'Infaillibilité par conséquent; Sa Grandeur l'a prouvée par l'Incarnation du Verbe. Je n'ai pu saisir qu'à moitié cette démonstration un peu abstraite. J'ai saisi davantage celle où il a démontré qu'il faut au monde, au monde des petits et des simples, un centre de lumière indéfectible, une personnalité sûre et déterminée, revêtue d'une autorité divine jusqu'à l'infaillibilité. Je comprends très-bien ces prémisses, elles sont si claires; mais je dois à la vérité de dire que l'éminent orateur a été moins concluant quand il a choisi la personne qui est le Pape, au lieu de l'institution qui est l'Eglise; institution, du reste, qu'il a à peine nommée, tant il s'est absorbé dans sa principale idée.

Zur Charakteristik der Situation der Kirche ist es gewiß zweckdienlich, eine recht merkwürdige Aeußerung des Echo du Vatican Nr. 8 pg. 122 über die ultramontane Journalistik hier zu verzeichnen. „J'oubliais. Et la question du journalisme? c'est ici qu'elle va arriver, et nous croyons savoir que, si les dispositions de certains prélats ne changent pas, on démontrera à quel degré nuit à la cause religieuse la conduite irrévérentielle de certains journaux religieux. Un prélat disait, sous forme de plaisanterie: On croit que si les prélats qui sont pour l'infaillibilité consentaient à condamner l'Univers, la moitié au moins des autres évêques se rangerait à la définition du dogme. Nous en avons ri comme d'un amusement; mais il est certain que ceux à qui il appartient d'imprimer le mouvement ne veulent pas le subir. Et c'est souvent pour ne pas sembler obéir à un mot d'ordre du journalisme qu'ils attendent ou même reculent. . ." Pius IX. denkt in dieser Beziehung freilich anders. Hat er doch L. Veuillot, den Redacteur des Univers, selbst nach Rom eingeladen und ihm mit seiner Familie Wohnung im Vatican selbst, sagt man, gegeben! Ja, der ultramontane Journalismus ist eine merkwürdige Erscheinung im kirchlichen Leben der Gegenwart. Der baierische Militärcurat Lucas schrieb vor nicht langer Zeit eine Brochure über die „Versimpelung" des Volkes durch die Presse. Der Mann hätte Recht, wenn er vor Allem die ultramontane damit ins Auge gefaßt hätte, nur hätte er noch hinzufügen müssen, daß sie rascher wie jedes andere Mittel das Volk in unerhörtem Grade demoralisirt.

Rom, 9. Februar 1870.

Der Papst ist über Döllinger sehr ungehalten; er betrachtet ihn als der Häresie verdächtig oder wenigstens sehr nahestehend. Da sei, äußerte er, Günther doch noch viel ehrenwerther, der „sei doch ruhig und sage nichts mehr"! Auf eine Vorstellung, daß man von Döllinger nicht so viel Aufhebens machen sollte, da er ein alter, gefahrloser Mann sei, sagte Pius: ein schöner alter Mann, erhält jetzt Adressen von allen Seiten. Ueberhaupt scheint dem Papste diese Adressenbewegung das Unangenehmste zu sein. Auch daß sich Baltzer wieder bei der Bewegung in Deutschland hervorthue, ist ihm unlieb. Mich nennt er den „preto magro", dem er schon aus dem Grunde nicht gewogen ist, daß er ein Döllingerianer ist. Ueber die Oppositionsbischöfe hat er die Meinung, daß sie sämmtlich schwache Köpfe sind; wenn sie aber trotzdem Opposition machen, so müsse hinter ihnen ein Anderer stehen, der sie inspirire. Selbst Ketteler hat seinen Ruf bei Pius eingebüßt, denn auch er ist nach seiner Ansicht nicht weit her, aber er ist doch ein galantuomo. An Stroßmayer rühmt er, daß er so außerordentlich gut lateinisch spreche, während auf der anderen (infallibilistischen) Seite Keiner ordentlich sprechen könne. Card. Schwarzenberg spielt nach ihm die Rolle des

Subdiacono in presepe, d. h. den Esel. Niemand habe ihm, dem Papste, noch direkt von der Infallibilität gesprochen, denn er wolle und könne in dieser delikaten Frage nichts hören und direkt annehmen, aber nur Schwarzenberg habe dies gethan. Auch bei der Dogmatisirung der „unbefleckten Empfängniß" sei er anwesend gewesen, keiner habe etwas dagegen gesagt, nur er sei aufgestanden und habe gegen dieselbe gesprochen: „sie werde die schlimmsten Folgen nach sich ziehen." „Und war es denn wahr?" fragte Pius; „es ist nachher gerade so wie vorher." „Die Definition, fuhr er fort, wurde damals an einem Morgen gemacht, an welchem die Sonne so wunderschön hereinschien; ich erkenne darin eine Bestätigung meines Vorhabens!" Eine Ansicht, welche Pius schon länger hegt und öfter aussprach. Aber auch der damalige französische Gesandte hatte ihn wenige Tage nach der Definition auf die nämliche Erscheinung aufmerksam gemacht und ihn in seiner Meinung bestärkt! Das sind auch Motive des Glaubens! Der Aberglaube eines Papstes ist hinreichend, um der ganzen katholischen Christenheit neue Dogmen aufzuzwingen! Von Bischof Martin spricht Pius etwas despectirlich. Er wird wohl wissen, daß er nur das Organ der Jesuiten ist. Eine originelle Idee hat er aber dennoch gehabt und der Papst selbst sagt: Martin wolle durchaus den Bart für die Geistlichen haben, er, der Papst, habe auch durchaus nichts dagegen, sei vielmehr ganz damit einverstanden, aber es müßten ihn zu dem Talare dann alle Geistliche tragen. So werden wir schließlich vom Concile noch einen Bartzwang erhalten! In München, meinte Pius weiterhin, sei es falsch angefangen worden, indem „der einfältige Erzbischof" einzelnen Geistlichen den Bart gestattete: dies mußte er (Pius) verbieten.

Veuillot hat, so wird mit Bestimmtheit versichert, hinter den Coulissen der Concils=Aula einen Sitz. Der in die Concilsgeheimnisse Eingeweihteste widersprach dem nicht.

Der Erzbischof von Salzburg setzte in diesen Tagen wirklich meine Eingabe an den Episcopat Deutschlands bezüglich eines Codex diplomaticus historiae Eccles. German. in Umlauf.

Erzb. Haynald erzählt mir, daß im Germanicum ein junger

Jesuit sei, der ebenfalls gegen die Infallibilität sich ausspreche. Er stelle jetzt das Material aus den Vätern zusammen und habe es ihm angeboten; allein er habe es abgelehnt. — Erzb. Simor unterzeichnete noch im letzten Augenblicke die Adresse.

Am 5. Februar mißbilligten die bei Card. Rauscher versammelten Bischöfe, daß Döllinger die Oecumenicität des florentinischen Concils bestritt. Am 7. beschlossen sie, das Schema de ecclesia in seinen wesentlichen Sätzen zu bekämpfen; auch Ketteler spricht sich sehr energisch in diesem Sinne aus. Sie erkennen in dem Texte und den Noten die letzten Absichten der Curie.

Die Reglements-Aenderung in Aussicht. Antonelli versichert zwar, dieselbe werde von dem der langen Reden müden Concile nur freudig aufgenommen werden, da sie nur zur Abkürzung der Verhandlungen und folglich des Concils überhaupt erfolge; allein Duparloup versichert, daß Banneville gleichwohl seine Regierung telegraphisch ersucht habe, gegen die Art der Reglements-Aenderung zu protestiren.

Rom, 10. Februar 1870.

Der deutsche Episcopat will (9. Febr.) eine Erklärung gegen Döllinger dahin abgeben, daß er sich nicht ganz in Uebereinstimmung mit Döllinger befinde, namentlich nicht hinsichtlich dessen, was er über die Oecumenicität des Concils von Florenz gesagt habe. Motive und Form derselben sind meinem Berichterstatter nicht ganz klar; jedoch sagt er, daß das Ganze von Ketteler ausgehe. Ich begreife nicht, was diese Herren mit der Oecumenicität des Concils von Florenz sich so gar viel zu schaffen machen, und machte verschiedene Herren, auch Hipler darauf aufmerksam, daß dasselbe nicht einmal in Deutschland allgemein als öcumenisch anerkannt sei, wie man in Alzog's Kirchengeschichte sehen könne. Auch Hipler bestätigt mir, daß man eine Erklärung gegen Döllinger erlassen wolle, Ketteler habe für seine Person bereits eine solche an den „Katholik" oder eine andere Zeitschrift abgehen lassen. Jedoch bemerkt er, ausgemacht und definitiv beschlossen sei die Sache noch keineswegs, und er habe B. Ramszanowski selbst angedeutet, es sei besser, lieber gar nichts zu thun. Allein Rom ist darüber zu sehr beunruhigt. Schon am 5. Februar forderte Aloysi, früher Uditore bei der Münchener Nuntiatur, den Erzb. Scherr zu einer Erklärung gegen Döllinger auf, daß er mit seinem Erzbischofe in vollem Einklange stehe. Er that es „in höherem Auftrage", obwohl man hier sagt, er habe es aus eigenem Antriebe dem Erzbischofe zugemuthet. Scherr antwortete ihm jedoch sogleich, daß er es nicht thun könne, denn wenn er auch nicht mit allen Gründen Döllingers gegen die Infallibilität einverstanden sei, so doch darin, daß die Infallibilität nicht dogmatisirbar sei. Nach Hipler bestärkte namentlich Hefele die Bischöfe in ihrem Vorhaben, da er die Oecumenicität des Florentinums vertheidigt. Ich sagte ihm jedoch: das kann wohl sein, das ist aber nur die individuelle Anschauung Hefele's; in diesem Falle genüge die Autoriät Alzog's, da die Bischöfe ihn nicht schon früher desavouirt hatten; es komme gar nicht darauf an, ob Alzog Recht habe oder nicht, sondern nur darauf, daß er es sagt und folglich auch Döllinger es sagen kann.[1]) Am meisten beunruhigt aber die Bischöfe die Adressenbewegung der Universitäten. Auch mir sagte ein deutscher Bischof, daß Döllinger mit dem Florentinum einen faux pas gemacht habe. Ich antwortete ihm: die Bischöfe mögen sich zu ihm anders stellen, in der Theologie sei dessen öcumenischer Charakter eben noch nicht ausgemacht.

Es ist hier das Gerücht verbreitet, der H. Card. H. sei in volle Ungnade gefallen und von Rom verwiesen worden.

Heute wurde mir der Inhalt eines sehr merkwürdigen Briefes mitgetheilt. Er ist aus den Händen eines Dominikaners und an einen anti-infallibilistischen Concilsvater gerichtet, der ein großer Verehrer des hl. Thomas von Aquin ist. Er möge ihn auch jetzt nicht verläugnen, heißt es darin, ihn, der die Infallibilität auf das Bestimmteste lehrte; darauf folgen einige Citate dessen, was Thomas sagt, nicht aber auch, wie er es beweist. Auch ein Citat aus dem

---

[1]) Heute Abends sagt mir übrigens Hipler noch, daß man gestern Mittwochs von dem Vorhaben einer Gesammterklärung gegen Döllinger abgestanden sei, wogegen sich einzelne Bischöfe vorbehielten, für sich einzeln Erklärungen abzugeben.

„berühmten" Melchior Canus konnte und durfte nicht fehlen; es war aber wie das aus Thomas ohne irgend ein Argument. Die historischen Einwendungen, behauptet er schließlich, widerlegen die Thomisten „triumphirend", denn schon Orsi habe sie „mit Evidenz" als nichtig nachgewiesen! Er, der Dominikaner, fühle sich verpflichtet, diese ächt katholische Doctrin zu bekennen, wenn er nicht ein „Meineidiger" werden wolle ꝛc. Das Schreiben ist äußerst wichtig, weil so gar charakteristisch, wie auch die Thomisten eine Niederlage des hl. Thomas abwenden wollen, noch mehr aber dadurch, daß es beweist, wie es diesen Männern nicht gerade auf die ächte und lautere Wahrheit ankommt, sondern nur auf ihr Ordensinteresse. Das Merkwürdigste daran ist aber, daß der Dominikaner offen gesteht, er sei durch seinen Eid, den er als Thomist auf Thomas geleistet, dazu gezwungen; denn nicht blos sagt er, daß er ein Meineidiger wäre, wenn er anders reden würde, sondern auch noch, daß er „aus Obedienz" dies schreibe. Wäre es da nicht nothwendig, daß diesen Thomisten, wie den Jesuiten, vom Concile verboten werde, einen Eid auf eine Schuldoctrin zu leisten, und zwar nicht blos im Interesse der katholischen Theologie, sondern noch weit mehr der Kirche selbst? Kann man von solchen Ordensleuten unter solchen Umständen eine unparteiische Erforschung der christlichen Lehre erwarten?

Vor mehreren Tagen sagte mir der preußische Militärbischof im Beisein und unter Beistimmung Dr. Hiplers, daß Canonicus Wick aus Breslau hier sehr rührig sei gegen die Infallibilität. Er sage überall und immer: „Alles sehr gut; aber der Traditionsbeweis? Führen Sie mir diesen! Ich will in einigen Tagen eine große Abhandlung zu Gunsten der Infallibilität schreiben; aber den Traditionsbeweis müssen Sie mir erlassen."[1]) Unter diesen seinen Irrfahrten stieß er auch auf einen römischen Monsignore, der ihm anvertraute, daß er eine große Rede für die Unfehlbarkeit vorbereitet habe. Wick ersuchte ihn, daß er ihm doch die Hauptargumente

---

[1]) Wer hat wohl dem Hrn. Canonicus seitdem den Traditionsbeweis geliefert? Möge er ihn doch der harrenden Welt mittheilen!

mittheilen wolle. Und wie lauteten diese? 1. „Der Papst hatte eine Vision"; 2. „der Papst will es"! Also factisch nach dem Papalsystem: sic volo, sic jubeo, sit pro ratione voluntas! Jeder Katholik, Bischöfe wie alle Anderen, muß aber nach den Infallibilisten, Jesuiten und Jesuitenschülern dem Papste unbedingt gehorchen; könnte dieser aber irren, so könnte er der ganzen Kirche einen Irrthum zu glauben befehlen. So weit ist die römische Theologie gesunken! So weit ist es den Jesuiten gelungen, die Grundbegriffe der christlichen Religion zu verwirren! Gehorsam = Glaube und vice versa!

Durch meine Glossen zu Anti-Janus, den Hipler vor einigen Tagen bei mir holte, ist dieser doch auch in manchen Dingen stutzig geworden, besonders aber dadurch, daß ich bemerkte, der Papst habe in der alten Kirche nur synodaliter verfahren können und dürfen. Er wollte wissen, wo er darüber näheren Aufschluß finden könnte. Wo? Das ist für mich schwer zu sagen, wenn man nicht die Concilien-Sammlungen selbst nachschlagen will. Allein dies könne er hier nicht, meinte er, da es den Bibliothekaren schon zu viel sei, wenn man 3—4 Bände verlange. Ich versprach ihm, mein eigenes Material mitzutheilen, da ich auf seinen Vorschlag, eine Abhandlung darüber in den Druck zu geben, schon um deßwillen nicht eingehen kann, weil sie kaum mehr zur rechten Zeit fertig werden würde. Schließlich muß doch die historische Schule noch das Heft in die Hand bekommen!

In der Congregation vom Montag (7. Febr.) sprach Stroßmayer zum zweiten Male über das nämliche Schema. Die Cardinäle berührte diese Rede nicht sehr gut, da Str., wie man vermuthet, mit gewissen Hintergedanken davon sprach, daß der Episcopat als de jure divino höher stehe, als das Cardinalscollegium, welches nur de jure humano sei. Str. hat nämlich die Ansicht, daß Papstwahl und Cardinalsbeförderungen in katholischer Weise reformirt werden müssen. Komisch ist dabei, daß hier die Ansicht verbreitet ist und Card. Morichini jüngst wieder behauptet hat — er habe es auch in seinem Buche drucken lassen — daß die Cardinäle eigentlich die christlichen Todtengräber Roms waren!

Die Hetze gegen mich ist im besten Gange. Kaum war der

H. Cardinal von der Congregation zurückgekehrt, schickte er mir einen Brief des Dr. Dressel, worin er mittheilt, daß er vor die Polizeidirection gerufen worden, um ihn auszuweisen, weil er mit mir zusammen die Artikel der „Allgem. Zeitung" schreibe (s. denselben oben). Es ist schrecklich, wozu man hier fähig ist! Ohne Untersuchung, ohne irgend einen Beweis, auf bloße Verdächtigung hin untergräbt man den guten Namen des Anderen! Nein, eine solche grundverdorbene Herrschaft kann unmöglich weiter fortbestehen! Nach der Tafel tröstete mich Erzb. Haynald: ich hätte mir diese Verdächtigungen zu sehr zu Herzen genommen; man müsse hier nur eine bestimmte Position fassen und sich nicht mehr aus derselben drängen lassen. Da kam Graf . . . . mit neuen Mittheilungen. Er war einem Monsignore begegnet, der ihm gesagt habe, ich sei ausgewiesen worden. Als mich der Graf vertheidigte und den Monsignore immer weiter drängte, gestand dieser: „ja, man wisse, daß Friedrich ein sehr gescheidter Mann sei und die Bischöfe der Opposition beeinfluße; ebendeshalb suche man irgend eine Gelegenheit, ihn aus Rom zu entfernen." Wirklich hatte auch der Papst vor wenigen Tagen Jemand — dieser theilte es mir selbst mit — gesagt, daß er die Absicht gehegt habe, den Hrn. Cardinal H. zu veranlassen, mich wieder nach München zurückzuschicken. Die Situation in dieser Beziehung erhält eine Illustration durch einen Artikel des Univers v. 8. Februar: Vous avez reproduit dans l'Univers du 30 janvier, avec les réserves nécessaires, une correspondance romaine adressée le 22 à plusieurs journaux, laquelle fait de Mgr. Freppel une manière de messager des „opposants" auprès de la majorité. Je n'ai pas mission de l'illustre Evêque nommé d'Angers pour démentir le fait, mais je le démens tout de même. Mgr. Freppel peut bien avoir le coeur très doux, mais il a l'esprit très ferme, et il fait mieux que d'autres qu'il il n'y a pas de „conciliation" possible sur la question qu'agitent les journaux. S'il était vrai qu'il y eût des Prélats qui combattissent non-seulement l'opportunité Proxima fidei, mais encore la doctrine de l'infaillibilité, comme le veulent certains abbés et théologiens correspondants de journaux, ils seraient tout simplement hors de l'Eglise. — La même correspondance dit aussi qu'il y a „à Rome même un Hohenlohe cardinal — — — et l'esprit qui inspire ces lettres (de la „Gazette d'Augsbourg") est des plus perfides, etc." Que l'on répète depuis longtemps à Rome les choses dites par cette lettre romaine, je le reconnais; sur quoi s'appuie-t-on, je l'ignore. Quant à la divulgation de certains secrets du Concile, ce serait miracle que sur trois mille personnes initiées de droit aux délibérations conciliaires? personne ne manqua au devoir. Le théologien dont parle la lettre est M. le docteur Friedrich; il est connu en effet pour être un élève et un fauteur ardent des doctrines de M. Doellinger. Si c'est réellement lui qui renseigne la Gazette d'Augsbourg et qui souvent la trompe, on le saura bien. Je dis ceci pour provoquer de sa part un démenti. Quant à M. le card. Hohenlohe, il n'a pas que deux frères, il en a trois, car l'un d'eux, dont le correspondant oublie de faire mention, est à Berlin. Or, chacun de ces frères sert un maître différent. Comment seraient-ils d'accord sur le seul point, celui de faire la guerre au Pape? Le Cardinal est frère par le sang du ministre bavarois, du grand maître autrichien et du chambellan (sic!) prussien, mais il est frère du Pape dans le Christ, et il faudra bien, quoi que veuillent et pensent le Bavarois, l'Autrichien et le Prussien, qu'il fasse passer sa fraternité spirituelle avant l'autre. Il est cardinal de la sainte église romaine à ce prix, et franchement je ne trouve pas que ce soit très cher, si l'on estime à sa juste valeur le ministre bavarois. Für einen Deutschen sind derartige Dinge, welche ich hier durchleben muß, geradezu unglaublich.

Erzb. Spaccapietra von Smyrna, welcher heute bei der Tafel war, sagte mir mit großem Eifer: „Es ist doch eine merkwürdige Erscheinung. Wir haben jetzt überall die wichtigen Fragen der Gewissens- und Glaubensfreiheit 2c., überhaupt das moderne Culturleben. Mag man es von der Kirche aus beurtheilen, wie man will; wir leben einmal in der modernen Welt, und uns mit diesen Verhältnissen auseinanderzusetzen, ist der wichtigste Gegenstand des allgemeinen Concils. Statt dessen spricht man vom Bart der

Geistlichen und von einem Katechismus. Es mögen dies recht gute Dinge sein, allein den Gegenstand des allgemeinen Concils brauchen sie nicht zu bilden, wo wichtigere Dinge zu besprechen sind."

Erzb. Haynald hat die Aufgabe, vor dem Concil über die immediata et directa potestas zu sprechen, welche dem Papste im II. dogmatischen Schema de ecclesia zugeschrieben wird. Er ersucht mich, ihm darüber Stoff mitzutheilen. Welch ein Höllenspectakel sollte das nicht werden, wenn man es in Rom wüßte!

Rom, 12. Februar 1870.

Die erwähnte Arbeit, welche ich für Erzb. Haynald übernahm, sowie die Spannung, in welche ich durch die gegen mich in Scene gesetzten Gehässigkeiten gerieth, ließen mich nicht eher zur Fortsetzung meiner Aufzeichnungen kommen. Der Stoff ist übrigens auch nicht gerade groß.

Man sagt jetzt, daß an Ostern das Concil prorogirt werden soll; Andere wollen wissen, daß der 25. März für die nächste feierliche Sitzung in Aussicht genommen sei, in welcher auch die Infallibilität verkündigt werden soll.

In den letzten Tagen kamen zwei Vorstellungen bei den Vätern des Concils ein: die eine von den Gebrüdern Lémann, bekehrten Israeliten, das Concil möge sich auch der Bekehrung der Juden annehmen, die jetzt dazu reif seien; die zweite hat den Titel: Ai venerabili Pastori Vescovi della Chiesa cattolica congregati nel Concilio Vaticano l'anno 1869. Memorandum Dei Cattolici Italiani membri della società nazionale emancipatrice e di mutuo soccorso del sacerdozio Italiano in Napoli. Napoli 1869. pgg. 16. Die Schrift ist für die Curie keineswegs schmeichelhaft. Pg. 3 f. heißt es: II. E cominciando dai mali che, per universale giudizio, travagliano la Chiesa, noi additiamo anzi tutto alla Vostra saviezza e prudenza quelli appunto che riguardano Voi stessi, Padri dei fedeli e guide supreme delle anime. E rendendo sinceramente giustizia alla santità della vita, alla integrità di costumi e alla pietà religiosa di che siete generalmente esempio e modello, dichiaramo di unanime consenso, che i mali dell' ordine vostro sono per noi, e per tutta la Chiesa, le arbitrarie o dispotiche restrizioni, che alla Vostra divina autorità vengono imposte tuttodì e mantenute dalla Corte di Roma; restrizioni ignote alla antica ecclesiastica costituzione; restrizioni indegne dell' origine divina dell' episcopato; funeste per mille modi alla Chiesa, che da corpo vivo ed operoso di spontaneo moto soprannaturale, è fatto, in virtù di quelle, poco più di un cadavere inerte o di un corpo bruto lasciato in balià di estranei impulsi, di eccitazioni artificiali ed inconscie. Noi domandiamo al sentimento vivo e profondo che certamente avete della vostra dignità celeste, che poste una volta da banda tutte umane considerazioni e tutti codardi rispetti di adulazione e di cortegianeria, proclamiate altamente e fermamente la Vostra soprannaturale indipendenza e libertà in tutto ciò che non si lega strettamente coll' universale disciplina, e che non costituisce una indispensabile condizione della unità suprema col Primato Romano. — Pg. 4. Domandiamo istantemente che coraggiosi e irremovibili vi opponghiate alla minacciata improvvida definizione della Papale Infallibilità; inventata da un teologismo cortiganesco e menzognero al solo fine di mettere sempre più al fondo e annullare pienamente la Vostra apostolica autorità. Infallibilità, pienamente assurda e ripugnante alla ragione non meno che all' Evangelo: ripugnante all' omnis homo mendax delle scritture, smentita dai fatti ben noti di Pietro e di Paolo: evidentemente poi esclusa e contraddetta dai celebri errori di Papi che furono persino condannati da Ecumenici Concilii. Voi saprete, non ne dubitiamo, armati delle innumerabili ragioni di fede, e di scienza, e di storia risparmiare al nostro secolo civile un tanto scandalo di dottrina, impedire che la Chiesa Cattolica non sia del tutto e senza rimedio gittata, mani e piedi legati, nelle braccie tiranne e prepotenti, di una sacrilega usurpazione degli attributi incomunicabili di Dio! Guidino all' uopo i vostri consigli le grandi verità teologico-disciplinari stabilite ab antico nella Chiesa, e ravvivate ultimamente, con mirabile copia di erudizione e rigore di raziocinio, da teologi insigni: e su le orme imitabili di un Policarpo, di un Cipriano, di un Bernardo, di un Ivone di Chartres, di un Ildeberto di Tours, di un Tommaso da Cantobery, ponete un giusto ma solenne e irremovibile freno alle arbitrarie ingerenze, alle immoderate ambizioni, alle soverchie riserve, alle oltraggiànti umiliazoni, onde la superba Corte di Roma studia ogni via e modo a circoscrivere, a scemare, ad annichilire l'autorità a Voi data dallo Spirito Santo senza limitazioni e senza riserve. Che se il bene della Chiesa, nelle condizioni di tempi e di vicende che ora più non sono, potè sembrare un coonestamento alla prefata condotta della Curia Romana verso di Voi; adesso gli è facile di scorgere e dimostrare, che il bene appunto della Chiesa, nelle attuali mutate conguinture di uomini e di cose, domanda e impone il contrario: domanda e impone, che la crescente corruttela dei costumi, la progressiva celerità dei mezzi del bene e del male, e i bisogni della fede e della morale pubblica e privata, trovino in Voi e nell' autorità Vostra personale gli aiuti, i lumi, e l'assistenza più pronta e libera e piena che possibile sia. Devono i fedeli sapere e sperimentare, che nel loro Vescovo rispettivo hanno veramente il Maestro, il Pastore, il Condottiero nella via della salute, quale Christo e gli Apostoli ebberlo istituito; dotato, cioè, di tutta quanta la pienezza d'autorità a quello scopo necessaria. E il sapere e sperimentare codesto, gioverà immensamente a rialzare nel loro spirito e rassodare il rispetto e la venerazione di Voi, per quanto almeno hannola abbassata e scossa il sapervi e sperimentare sinora non altro che servi e schiavi ciechi di una Curia dispotica padroneggiante. — Il quale padroneggiamento della Corte Romana sopra di Voi e sopra tutta la Chiesa, preghiamo che formi speciale oggetto delle Vostre riflessioni e sollecitudini. Non potete ignorare, o Venerabili Padri, quanto alieno dagl' insegnamenti di Cristo e degli Apostoli sia lo spirito di dominio e d'imperio; quanto contrario a quella pienezza di carità fraterna che deve sola inspirare ed informare il governo della Chiesa. Voi rammentate, non ha dubbio, ciò che in proposito scriveva il grande S. Bernardo a Papa Eugenio; e le conformi parole di tanti altri Padri e dottori, unanimi a condannare lo spirito e le maniere dominatrici e superbe, sottentrate purtroppo in Roma alla primitiva mitezza o soavità di un Clemente, di un Leone, di un Gregorio Magno. Voi conoscete a prova, meglio che noi, l'assolutezza e l'albagia imperiosa che traspira dagli atti e dalla condotta de' Cardinali e Prelati delle Romane Congregazioni inverso di Voi. Voi toccate anche adesso con la mano e provate ogni giorno, in quale conto e rispetto sia generalmente da codestoro avuta la dignità Vostra e i Vostri sacrosanti diritti! Perchè non porrete Voi una volta coraggiosi la mano ed il ferro salutare delle Vostre decisioni entro la cancrena velenosa e distruggitrice a cui alludiamo? Perchè non vorrete, e fermamente vorrete, che la vostre relazioni colla Curia Pontificale sieno d'ora innanzi improntate del più severo rispetto de' Vostri originarii diritti, del più fedele mantenimento delle regole antiche per tanti secoli oramai violate e calpeste, e del più sincero spirito di carità fraterna e di cristiana umiltà, onde il Primo Vescovo dee porgersi modello a tutti gli altri nella Chiesa? Hierauf folgen noch weitere Auseinandersetzungen über die Curie: Reserven, Dispensen, Nuntiaturen, Congregationen ꝛc. Alles verräth eine sehr genaue Kenntniß der römischen Zustände. Ich hoffe übrigens auch in dieser Beziehung noch immer Gutes, obwohl ich weiß, daß dieses Ungethüm, welches sich Curie nennt, nicht so leicht getödtet wird: der abgeschlagene Kopf wächst immer sofort wieder nach. Allein ich sehe die Zeit nahen, wo man die Fundamente dieses Lügenbaues vernichten wird. Und wenn es auch dieses Concil noch nicht sogleich zu Stande bringt, so gebe ich mich mit Anderen doch der sicheren Hoffnung hin, daß dieses nur die Vorbereitung zu einem weit glorreicheren sei. Es ist einmal der Anstoß zum Studium von Fragen gegeben, welche in unserer Zeit, wenn sie einmal aufgegriffen sind, auch nothwendig eine Lösung fordern und finden werden. Ja, ich sehe die Zeit kommen, wo die Curie gerne mit dem zufrieden sein würde, was ihr jetzt die oppositionellen Elemente noch gelassen hätten, ihr Hochmuth aber mit Geringschätzung von sich weist. Sie wird zu spät bereuen, den rechten Augenblick versäumt zu haben, wo noch ein günstiger Compromiß hätte erreicht werden können.

Rom, 13. Februar 1870.

Die Arbeit, welche ich für Haynald mache, ist endlich zur Hälfte fertig. Ich mußte und konnte mich dabei auf die noch in München von mir gesammelten Materialien beschränken; einige Bücher, welche ich bei Theiner fand, ergänzten dieselben. In meiner gegenwärtigen Lage ist es mir nämlich kaum möglich, öffentliche oder halböffentliche Bibliotheken zu solchen Zwecken zu benützen. Ich habe die ganze Bedeutung der wenigen im Schema, resp. Decrete, gebrauchten Worte dargethan, gezeigt, daß das ganze Papalsystem approbirt werden soll und indirekt damit auch die Infallibilität des Papstes, welche doch nur eigentlich ihren Grund in diesem Systeme hat und sich wesentlich auf den dem Papste schuldigen Gehorsam basirt, wie es neuerlich wieder Hergenröther im Anti=Janus ohne Erröthen gethan hat. Glaube wird von den Infallibilisten im Grunde genommen mit gehorchen identisch genommen, die jurisdictio mit dem magisterium vermengt 2c. Natürlich sagte ich kein Wort, ohne zugleich den historischen Beweis zu liefern, den ich aber vom Concil von Trient aus rückwärts anfaßte, da die Geschichte dieses Concils bei den Bischöfen, welche sie fast durchgängig nicht kennen, den meisten Effekt hervorruft und mich zugleich gegen den Vorwurf sichert, daß ich nur willkürlich solche Behauptungen auf= stelle. Haynald war auch nicht wenig erfreut, als ich ihm sogleich bei der ersten Begegnung sagte, daß dieses Concil das Papalsystem ablehnte. Gerade dieses, sagte er, möchte ich ihm auseinandersetzen. Natürlich blieb ich nicht dabei stehen, sondern zeichnete die Geschichte dieses Systems im Mittelalter bis auf das Concil von Trient in kurzen, aber kräftigen Zügen. Es fehlt noch die Darlegung, daß nur die Päpste es einführten und die alte Kirche gegen dasselbe spricht. Zugleich zeigte ich aus der Geschichte des Tridentinischen Concils, daß weder das II. Concil von Lyon, resp. dessen bekanntes Glaubensbekenntniß, noch das von Florenz oder das V. lateranensische öcumenische sein können, da das Tridentinische dann dessen Beschlüsse nicht hätte rückgängig machen können; ja, daß überhaupt die sogen. allgemeinen Synoden des Mittelalters nur „abendländische Synoden" waren, und das Vaticanum in Gefahr steht, ebenfalls nur ein solches zu werden.¹)

In der letzten Congregation vom Donnerstag (10. Febr.) begann die Debatte über den Universal=Katechismus. Sämmtliche Redner sprachen sich gegen die Vorlage aus; aber „namentlich erlitt die Curie, wie man mir sagt, eine Schlappe durch den Carb. Mathieu, der aktenmäßig aus 16 oder 17 Provincialconcilien und den entsprechenden päpstlichen Bestätigungsschreiben darthat, daß die Curie eigentlich aus Ignoranten zusammengesetzt sei." Der Carb. Rauscher ließ seine Rede vorlesen. — Jetzt spricht man davon, daß in der folgenden Woche eine neue Geschäftsordnung promulgirt werden solle: die Neuerung bestehe darin, daß statt des mündlichen Weges der schriftliche eingeschlagen werden soll.

In diesen Tagen fanden sich auch Dechamps, dieser zum ersten Male, und Martin beim Hrn. Cardinal ein. Ich weiß nur, daß sie sagten: es müsse etwas geschehen hinsichtlich der Infallibilität, und daß sie eine Formel proponirten. Ich selbst sprach Martin einige Augenblicke, ehe er zu Hrn. Cardinal ging. Nach einigen Erkundigungen nach meinem Befinden und einigen Worten über die Vorzüge Roms hob er dann an: Ich glaubte, daß wir der Welt durch unsere Einheit ein recht großartiges Schauspiel geben würden, allein dem sei leider nicht so. Ich antwortete ihm, da er mir dieses Mal in auffallendster Weise äußerst freundlich entgegenkam, während er früher mich kaum eines Blickes oder Wortes würdigen konnte: das sei ja übrigens immer der Fall auf Concilien gewesen; wie lange habe man in Trient oft verhandelt, bis man zu einem Ziele kam? Darauf schlug er wieder eine andere Saite an: Nun, es wird auch dieses Mal eine Einigung sich ergeben; es haben ja doch Alle einen guten Willen und wollen nur das Beste; es handelt sich nur, die „Form" dafür zu finden. Hierauf ging er zu seinen Bestrebungen hinsichtlich der Wiedervereinigung der Protestanten über. Er glaubte, daß durch das großartige Schauspiel der Ein=heit des Episcopates die Protestanten an die Kirche gezogen werden würden.

---

¹) Beilage III.

Er habe zwei Briefe von protestantischen Geistlichen, welche merkwürdigerweise nur zwei Punkte: Aufhebung des Cölibats und Gestattung des Laienkelches verlangen. Ich antwortete: Ich bin auch der Ansicht, daß das Concil für Wiedergewinnung der Protestanten etwas thun sollte. Endlich fing er von der großen Agitation gegen das Concil in Deutschland an: das sei doch recht sehr zu beklagen. Ich bemerkte nur, daß ich heute einen Brief aus Deutschland erhielt, wornach die Spannung eine sehr große sei. Der Bischof replicirte jedoch nur: ja, es ist eine große Agitation. Die Universitäten Breslau, Bonn und .... Eine Handbewegung und die Mienen des Gesichtes sagten mir jedoch, was er unterdrückte, und natürlich ich sofort errathen konnte. Damit endigte unser Dialog.

Die Verdächtigungen, welche über mich ausgestreut wurden, haben noch immer ihre Nachwirkungen. Graf L., ein Freund des Polizei-Directors Randi, bringt die Nachricht, daß dieser vom Hrn. Carb. H. ein, wenn auch noch so allgemein gehaltenes Dementi erwarte. Auch sein Uditore wußte gestern, daß er, der H. Cardinal, und ich polizeilich überwacht würden; und man fürchtet, daß schließlich noch eine Haussuchung bei mir vorgenommen werde.

Großes Aufsehen macht und allgemeines Interesse hat ein Artikel der Civiltà cattolica: I Politicastri ed il Concilio. Serie VII vol. IX. Quaderno 477. 5. Febraro 1870. Die „Allgem. Zeitung" kündigte den Inhalt in einem Telegramme an und schon am 8. Februar brachte der „Oesterr. Volksfreund" einen Auszug daraus. Kaum hatte aber Rechbauer im österreichischen Reichstag daran Veranlassung genommen, gegen Rom einen Ausfall zu machen, da hatte weder der „Volksfreund" noch die Civiltà das gesagt, ähnlich wie Pfarrer Westermayr wußte, daß das Giornale di Roma nicht das gesagt habe, was die „Allg. Zeitung" daraus über die Steuerverweigerung als officiellen römischen Rath gebracht hatte. Statt aller Glossen lasse ich hier die betreffenden Stellen der Civiltà folgen. Pg. 259 f. heißt es: Affinchè non si abbia il menomo appicco di accusarci, quasi che predicassimo la ribellione ai poteri legittimamente costituiti, anzi tutto noi vogliamo concedere a questi politicanti sempre ombrosi e diffidenti, assai più di quello che per avventura eglino richiedono, in ciò che si attiene alla suprema autorità civile. Noi confessiamo apertamente che essa proviene da Dio, come naturale istitutore della società umana, la quale senza autorità non può sussistere: Non est potestas nisi a Deo (Rom. c. XIII, 1); e che quantunque i soggetti informati da essa autorità sieno discoli, tuttavolta conviene loro obbedire, non già solamente per tema de' sequestri, dei domicilii coatti o del carcere, ma altresì per coscienza: Necessitate subditi estote, non solum propter iram, sed etiam propter conscientiam (Ivi, 5); giacchè Iddio non può non volere che l'ordine necessario sia conservato nella società, naturalmente da lui istituita. Tal è la dottrina cattolica che noi altamente professiamo, conformisima agl' insegnamenti scritturali e derivata ancora dai sani dettati della ragione; dottrina che può ben essere controddetta e derisa, ma dimostrata falsa non mai. Pg. 260. Con tutto ciò, dato che i reggitori degli Stati cattolici, secondando i mal suggeriti consigli, creassero leggi contrarie alle definizioni dommatiche del Concilio ecumenico, o decreti che le abolissero, non meno apertamente sosteniamo che così fatte leggi e così fatti decreti mancherebbero di ogni virtù, per guisa che la coscienza dei sudditi non ne sarebbe in nessun modo vincolata. Pg. 262. Che se l'autorità ecclesiastica è alla civile superiore di guisa, che, in ciò che spetta al amendue, gli atti di questa debbono sottostare agli atti di quella, è manifesto che, ove accadesse collisione tra le definizioni del Concilio ecumenico e le leggi dello Stato, queste cesserebbero per ciò solo di avere qualsiasi vigore obbligatorio. La qual conclusione possiamo similmente dedurre dalle parole, con cui il divino Istitutore della Chiesa le dava autorità d'insegnare la sua dottrina a tutte le genti: Data est mihi omnis potestas in coelo et in terra. Euntes ergo, docete omnes gentes (Matth. 28, 18). Cristo, da ciò che il Padre gli ha conferito ogni potere celeste e terrestre, in virtù della sua divina generazione, argomentò: — Dunque andate ed insegnate a tutte le genti la mia dottrina. Col che venne a dimostrare luculentamente, che la sua Chiesa era da lui rivestita di tale diritto ad insegnare, che a nessun potere sarebbe mai stato lecito l'opporle contrasto. Pg. 263. Adunque, in grazia del primo principio, lo Stato che esigesse obbedienza a leggi contrarianti le definizioni del Concilio, la esigerebbe senza vero titolo giuridico: e se, ciò non ostante, impiegasse la forza per esigerle, incorrerebbe in una tirannide, odiosa alle coscienze e ruinosa a lui medesimo etc. etc. Man muß sich hiebei auch noch erinnern, daß schon im Mittelalter immer darüber debattirt wurde: ob ein Tyrann, d. h. ein Regent, wenn er ein Tyrann in obigem Sinne wird, nicht auch seine Herrschaftsrechte verliere? 2c.

Das Concil hat doch auch seine komische Seite. So kommt mir heute eine Visitenkarte in die Hand: Victor Frond, directeur de l'histoire du Concile Oecuménique du Vatican. 37 Porta Pinciana. Dieser Director hat auch wirklich schon 1869 den ersten Theil seiner Geschichte herausgegeben. Ich hatte heute Morgens denselben in einem Prachtbande vor mir: Actes et histoire du Concile oecumenique de Rome 1869. Publiés sous la direction de Victor Frond. Par. 1869. Das Ganze, fast in Folio, besteht vorläufig in Biographien und Facsimilien einzelner Cardinäle; von einigen Cardinälen sind auch die Bildnisse beigegeben. Wenn dieses Unternehmen, das den Namen „Geschichte" in keiner Weise verdient, nach diesem Maßstabe fortgesetzt wird, müssen gewiß noch 100 Bände oder Theile erscheinen.

Die Infallibilität des Papstes erstreckt sich hier in Rom bereits auch auf andere Dinge. So verkauft man hier sogar „fosfori infallibili."

Ich werde den Hrn. Cardinal bitten, daß er mich wieder nach München zurückkehren lassen wolle. Angedeutet habe es ich ihm schon, als der Brief Dressels eintraf, indem ich ihm sagte: „Eminenz! jetzt werde ich bald um meine Demission bitten." Freilich wird man sagen, daß ich ausgewiesen worden sei; allein es kann mir doch auch gar nichts daran liegen, wenn diese Bande jubelnd meine Ausweisung in alle Welt hinausrufen wird. Nachdem ich auch die Hirten der Völker in der Nähe kennen gelernt, auch an ihnen erkannt habe, wie die menschliche Leidenschaft auch sie wie andere Menschen verblendet und zum Unrechte verleitet, kann mir

im Grunde an dem Urtheile der Welt wenig mehr liegen, wenn
nur ich ein anderes Bewußtsein habe. Und warum soll ich auch
all diese Gehässigkeiten und keineswegs wohlthuenden Sorgen und
Leiden noch länger tragen! dem ganzen Haße gegen die Münchener
und deutsche Theologie überhaupt hier allein mich aussetzen! Es
wird mir ohnehin Niemand dafür einen Dank wissen.

Dechamps äußert sich dahin, daß die Infallibilität erst im
Spätherbste proponirt werden soll, was mit der Aussage Anderer
vielleicht harmoniren würde, daß das Concil an Ostern vertagt und
auf Oktober wieder einberufen werde.

Rom, 14. Februar 1870.

Heute Morgens traf ich zufällig mit dem Canonicus des
B. Stroßmayer zusammen. Es ist geradezu horribel, was er Alles
erzählte. Gestern las er in der Unità cattolica einen angeblich aus
München datirten Artikel, der von den größten Injurien angefüllt
war: Gratry ist der neue Luther ꝛc. Dann wird über den Verrath
der Geheimnisse des Concils in den deutschen und slavischen Blättern
losgezogen und der römischen Polizei ein Vorwurf daraus gemacht,
daß sie noch nicht auf den Verräther kam, obwohl es so leicht sei:
sie brauche nur das Palazzo Valentini (die Wohnung des H. Cardinal H.) und das Palazzo Lovatelli (Hôtel der bair. Gesandtschaft) ꝛc. einer polizeilichen Aufsicht unterstellen, dann werde sie
alsbald dem Verbrecher auf der Spur sein. Darnach fragte mich
der Canonicus ganz ernsthaft, ob man bei mir noch keine polizeiliche
Haussuchung gepflogen habe. Er, sagte man ihm gestern Abends
spät, soll vor die Inquisition verwiesen sein, doch habe er noch keine
officielle Verweisung vor dieses löbliche Tribunal empfangen. Weiterhin besprach ich mit ihm das Schema de ecclesia, insbesondere die
Bedeutung der Worte Vicarius Christi, plenitudo potestatis &c.
nach der römischen Auffassung. Es war ihm eine wichtige Angelegenheit zu erfahren, wo er Näheres darüber finden könne. Auch
das erzählte der Canonicus, daß Darboy ihm und seinem Bischofe
gesagt habe: nach der reiflichsten Ueberlegung sei er endlich zu der

festen Ueberzeugung gelangt, daß er eine Todsünde beginge, wenn er länger hier bleiben würde. Dupanloup hingegen soll das Bekenntniß ablegen, daß er durch seine frühere Thätigkeit zu Gunsten Roms vor Gott gesündigt habe.... Endlich fragte der Canonicus: was thun? sollen die Bischöfe der Opposition davongehen und allenfalls gegen das Concil protestiren? Ich war jedoch entschieden dagegen, da Rom und die Majorität sie dann einfach ignoriren würde; man dürfe, sagte ich, hiebei durchaus nie die Theorie des Papalsystems, welchem Curie und Majorität huldigen, aus dem Auge verlieren. — Auch der Erzbischof von Turin und sein General=Vicar sind außer sich über das hiesige Treiben; der Erz= bischof dachte darum auch schon daran, Rom zu verlassen. Man rieth ihm jedoch nachdrücklich davon ab.

Heute stieß ich im Corso auf den Canonicus des Erzb. Haynald. Ganz überrascht sagte er mir: „Das ist schön, daß ich Sie wiedersehe; wir glaubten, Sie seien nicht mehr in Rom. Man erzählte uns nämlich — und das Gerücht ist weit verbreitet — Sie seien per Schub durch sechs Gendarmen aus Rom entfernt worden." Natürlich hatte ich keine Mühe, den Gegenbeweis zu liefern. Auch mehrere Bischöfe, welche in der Nähe des Palazzo Valentini wohnen, hatten das Gleiche versichert. Darauf sagte mir der Canonicus, er habe auch noch eine andere Frage, ob nämlich einer der Diener des H. Cardinals gefänglich eingezogen sei, da man constatirt habe, daß ich ihn mit 50 Scudi bestochen habe, damit er mir einen Schreiber für die Canones des Schema de ecclesia besorge; seine Abschrift aber hätte ich an die „Allgem. Zeitung" geschickt. Ich war darüber nicht wenig erstaunt, da ich von Allem nicht das Geringste wußte; jedoch fiel mir später ein, daß ich schon einige Tage wirklich einen Diener des H. Cardinals nicht mehr ge= sehen habe. Ich erkundigte mich, und der Thatbestand war einfach, daß der Hr. Cardinal ihn selbst entlassen hatte. Man setzt freilich große Hoffnungen auf meine Entfernung aus Rom, aber gewiß nur deswegen, weil man in mir mehr sieht, als nothwendig ist. Prof. der Medicin Galassi, der Hausarzt des H. Cardinals, erzählt, daß er unlängst einem römischen Geistlichen begegnet sei, den er fragte,

wie es mit dem Concile gehe. Ganz gut, war die Antwort; mit
Nächstem wird die Infallibilität proclamirt werden, da die zwei
Hauptgegner derselben, welche die ganze Opposition dagegen unter
den Bischöfen hervorgerufen haben, Rom bereits verlassen haben.
Und wer waren denn diese? fragte der Professor, der leider den
Namen des Einen vergessen hatte; der zweite war aber kein an=
derer, als — der Theologe des H. Cardinals H. Der Professor
sagte auch: „Wie weit sind wir in Rom doch durch die Jesuiten
gekommen! Es ist Niemand mehr im Stande, eine lateinische Rede
zu halten, wenn sie ihm nicht vorher gemacht wird"!

Rom, 15. und 16. Februar 1870.

Ueber die gestrige Congregation ist nichts Besonderes zu sagen.
Eine neue Geschäftsordnung wurde, so bestimmt das Gerücht darüber
auch lautete, nicht aufoktroyirt, auch kein Schema de infallibilitate.
Perrone sollte wenigstens dem B. Maret angekündigt haben, daß
man das Schema de ecclesia zurückziehen und dafür dasjenige de
infallibilitate proponiren wolle. Vielleicht bestand auch wirklich diese
Absicht. Man erzählt mir ferner, daß auch Dechamps fahnenflüchtig
geworden sei und dem Bischofe von Orleans geantwortet habe, dieser
habe ihn mißverstanden, denn eine persönliche Infallibilität wolle
er eigentlich auch nicht. Der Papst sei darüber so erbost, daß
Dechamps in Ungnade fiel und nicht mehr vor den Papst gelassen
werde. Auch Card. Barnabò soll nicht mehr so hoch in päpstlichen
Gunsten stehen, da er es wagte, dem Papste öfter von Gefahren
zu sprechen. Meine Quelle ist sonst zwar sehr zuverlässig, gleich=
wohl finde ich diese Nachrichten nicht ganz wahrscheinlich. — Der
Bischof von S. Brieux sprach gestern wieder und wandte sich gegen
das Schema de parvo catechismo. Er ging jedoch auch auf die
früheren Schemata zurück und griff zugleich auf das de ecclesia
über. Nirgends, sagte er, sei die Rede von bischöflichen Rechten;
im Schema de ecclesia habe man es allerdings erwartet, aber
leider umsonst. Er wurde sehr scharf und „grob", wird mir gesagt.
Der früher wegen seiner Rede über das Brevier abgewandelte

amerikanische Bischof wies dieses Mal gar nach, daß der Katechismus des Cardinal=Vicars Patrizzi mit dem Schema hinsichtlich der un= getauften Kinder, welche mit Tod abgehen, im Widerspruch stehe. Dann sprachen allerdings einige Redner, aber sehr schwach, auch zu Gunsten des Katechismus=Schema.

Banneville hat gegen den Plan einer neuen Geschäftsordnung durchaus nicht protestirt. Bei den Regierungen ist kein Zusammen= wirken, und so hofft man, daß allmälig sich auch die Minorität zersetzen werde. Die Diplomaten haben auch wenig Vertrauen darauf, daß Banneville im Falle einer Veränderung der Geschäfts= ordnung zu Ungunsten der Minorität protestiren werde. Sie finden auch, daß die Haltung der französischen Bischöfe zu schwankend und unsicher sei, als daß sich die Regierung auf sie stützen könnte. Jedenfalls würde die französische Mittelpartei sich einer oppositionellen Demonstration nicht anschließen. Auch sei gar nicht zu erwarten, daß sich die Bischöfe der Minorität an die Gesandten ihres Landes mit einer Bitte wenden. Gleichwohl besprechen die Diplomaten den Fall, durch eine Collectiv=Erklärung dagegen aufzutreten und be= stimmte Folgen in Aussicht zu stellen, und Banneville macht auf= merksam, daß eine Verwahrung zum Schutze der Minorität sehr vorsichtig abgefaßt sein müsse, damit nicht darin schon implicite eine Anerkennung der zu fassenden Beschlüsse gefunden werden könne. Antonelli versichert bestimmt, daß die Aenderung der Geschäftsordnung in nächster Zeit schon, wohl noch im Laufe dieser Woche werde publicirt werden. Die Aenderung besteht nach ihm darin, daß in einer Frist von 8—10 Tagen Bemerkungen zu den Schematen ein= gereicht werden sollen; aus ihnen fertigt die betreffende Commission ein Referat, über welches dann discutirt wird; jedoch muß jeder Redner den Punkt, über den er sprechen will, vorher angeben. Auf die Frage, ob in diesem Stadium auch noch Anträge zulässig seien, gibt Antonelli eine bejahende Antwort, fügt aber bei: man wird eben dann abstimmen. Alles aber hängt nach den Diplomaten von dem Gelingen der Bestrebungen der Jesuitenpartei (und der Curie) ab, die Opposition zu sprengen oder wankend zu machen. Gelingt ihr dies nicht, so wird die Minorität wie bisher so auch künftig alle extremen Beschlüsse verhindern. Ich glaube jedoch, daß diese Anschauung nicht ganz stichhaltig ist; ich bin der Ansicht, daß man auf Grund des Curialsystems schließlich nach der Minorität überhaupt gar nicht fragen wird. Die Furcht vor einem Schisma beeinflußt bis jetzt allein noch die Curie in ihren Maßnahmen.

Die Unfehlbarkeits-Petition ist in aller Stille der Commission für Anträge schon vorgelegt und wird von dieser nebst der Gegenadresse der Minorität geprüft. Es steht also ein Ausspruch des Papstes über das Gutachten der Commission in nächster Aussicht, und wird der Antrag entweder als selbständiges Schema oder als Zusatz zum Schema de ecclesia beim Concil eingebracht werden.

Aus einem Briefe an einen auswärtigen Minister entnehme ich folgende Notizen. Es ist wenig Hoffnung, daß das sich selbst überlassene Concil der Curie widerstehen wird, dazu ist die entschlossene Minorität zu klein. Während aber Rom zum Aeußersten entschlossen ist, sind schon viele der opponirenden Bischöfe bereit nachzugeben. Am 15. und 16. Februar drängten französische Bischöfe, daß die Unfehlbarkeitsfrage unmittelbar zur Hand genommen werde, denn sie sei die einzige Frage, zu deren Entscheidung sie berufen worden seien. — Die Sprache der französischen Regierung ist zwar deutlich genug gewesen, aber ihre Wirkung ist durch Chigi, Banneville und durch den Glauben abgeschwächt worden, daß zwischen Frankreich und Italien keine Verständigung bezüglich der Römischen Frage sei. — Am 14. Febr. sandte der Kaiser an Antonelli eine Botschaft, daß er in Frankreich ein Schisma nicht eintreten lassen könne, wo die ganze Beamtenklasse, die Literaten und selbst der Faubourg S. Germain gegen die päpstliche Unfehlbarkeit seien; es würde alle Verbindung zwischen Frankreich und Rom auflösen. Allein all dies macht in Rom keinen Eindruck, da man eine scheinbare Unanimität unter den Bischöfen zu erreichen hofft, und ebenso, daß auch die Anderen folgen werden, wenn die Bischöfe nachgeben. Auch die französische Regierung scheint bisher diese Vorstellung getheilt zu haben, da sie an der Spitze der Opposition Männer sah, welche notorische Vertheidiger des Syllabus und Agitatoren gegen die Abberufung der französischen Truppen sah. —

Daru ist nun im Besitze eines unter den Augen Dupanloup's aufgesetzten Documentes, das den antisocialen Charakter und die politische Gefährlichkeit des Schema de ecclesia auseinandersetzt. Allerdings sei die Indignation und der Aerger jeder Regierung in Europa über die Canones zum Schema de ecclesia groß, allein diese sind der unschuldigste Theil des Schema. Die ganze bürgerliche Gesetzgebung ist in allen Berührungspunkten mit der kirchlichen dieser unterworfen (Ehe, Erziehung, klerikale Immunitäten, todte Hand, selbst in vielen Fragen der Taxation und des gemeinen Rechts). Diese kirchliche Gesetzgebung würde einfach die willkürliche Willensmeinung des Papstes sein. Niemand aber, welcher einen solchen Codex annähme, könnte ein loyaler Unterthan und fähig sein, politische Privilegien zu genießen. In diesem Sinne haben die französischen Bischöfe an ihre Regierung geschrieben. Sie sehen kein menschliches Heilmittel für diese Gefahr als die Intervention der Regierungen und sagen, so lange die Frage blos die Unfehlbarkeit betraf, eine Frage der dogmatischen Theologie, die nur indirekt für die Gesellschaft gefährlich sei, mag die Zurückhaltung der Regierung gerechtfertigt gewesen sein. Dieß ist aber jetzt bei Weitem nicht mehr die einzige Frage, und das Schema de ecclesia, dem ein noch extremeres de Romano Pontifice folgen soll, zeigt, welche Folgen die Erhöhung der päpstlichen Macht für die civilisirte Welt haben würde. Daher ist ihre Idee, daß England die großen Mächte zu einem identischen Schritte über das neue Schema und das darin enthaltene Dogma bewegen soll. Preußen würde sich anschließen, aber Oesterreich ist ein Hinderniß für unsere Sache gewesen.

In einem Briefe an einen anderen auswärtigen Minister wird die Situation folgendermaßen geschildert. Für die ganze Partei, welche so lange mit der Curie identificirt gewesen, ist die päpstliche Unfehlbarkeit eine Frage von Tod und Leben; sie ist darum noch immer entschlossen, dieselbe durchzusetzen, indem sie sich einbildet, die Bischöfe opponirten nicht principiell. Wirklich sind auch unter den Unterzeichnern der Gegenadresse drei Richtungen: 1) die Definition schwierig, 2) gefährlich, 3) völlig unzulässig. In Rom wurden nur die beiden ersten Punkte noch ausgesprochen, welche

aber verschwinden werden, sobald es zum Kampfe kommt; denn jetzt
tritt der Moment ein, wo nur diejenigen zählen, die sich weigern,
weil die Sache falsch ist. Von der Zahl und Kraft dieser allein
hängt Alles ab; allein gerade diese Zahl ist ungewiß und wechselnd,
denn der Einfluß der Autorität ist gar mächtig, während die Bischöfe
auf der anderen Seite Isolirung, Apathie des Publikums und die
Neutralität der Regierungen fürchten. Die größte Kraft, welche hier
auf das Concil wirken kann, ist eine sichere und deutliche Mani=
festation der öffentlichen Meinung in Europa zu Gunsten der Mi=
norität. Freilich wird dies die Curie nicht abhalten, aber es wird
der Oppsition Stärke und Zahlen verleihen, indem es ihr die Ver=
sicherung gibt, daß, wenn sie im letzten Augenblick protestiren und
an die Nationen appelliren müßte, die Regierungen und die ge=
bildeten Laien zu ihr stehen werden. Dies würde auch die schwachen
und zweifelnden Bischöfe sichern. — Was nicht von Frankreich
kommt, wird nicht entscheidend sein; und Frankreichs Entschlossenheit
kann sich nur durch Akte erweisen, von denen es nicht mehr abgehen
kann. Solche Akte wären: 1) eine definitive Verständigung mit
Italien bezüglich der Römischen Frage, 2) eine in der Kammer
gegebene Versicherung bezüglich des Concordats und der diplomatischen
Beziehungen, die durch die Proclamation der Infallibilität zerrissen
werden würden. — Das Schema de ecclesia mit dem folgenden
de Pontifico gibt alle Regierungen der Willkür Roms preis und
macht alle Katholiken zu Unterthanen Roms auch in weltlichen
Dingen. — Durch einen gemeinschaftlichen Schritt der vier Re=
gierungen würde die Opposition ihres endlichen Erfolges sicher ge=
macht und könnte sie ihre Operationen auf die entscheidenden Punkte
richten. Die Opposition selbst besteht aus Franzosen, Deutschen,
Ungarn und Nordamerikanern und wird geleitet durch ein Comité
von zwei oder drei Delegirten aus jedem dieser Länder zusammen
mit einigen gelegentlichen Italienern oder Engländern. Die zwei
Hauptpersonen darin sind die Erzbischöfe von Paris und Wien;
dazu Dupanloup und Stroßmayer. Diese Männer sind zum äußersten
Widerstand entschlossen; insbesondere sehen Darboy und Stroß=
mayer die Sache sehr staatsmännisch an und erwarten ihre

Rettung von der Außenwelt. Dupanloup ist zwar weniger staatsmännisch, aber noch zäher als die anderen. Darboy sagte: Gott werde den segnen, welcher die Canonen in der „Allgem. Zeitung" publicirte, das habe die Kirche gerettet. Die anderen stimmten zu. — Die englischen Bischöfe sind getheilt. Nur Einer ist Manning gefolgt. Zwei, Errington und Clifford haben unterzeichnet; drei sind abwesend, sechs neutral, wie Ullathorne, d. h. haben nicht unterzeichnet. Es ist also kein Beweis da, daß die Mehrheit der englischen Bischöfe auf Seite Roms stehe. Manning schrieb an sein Kapitel von Westminster, ihn mit einer Adresse zu unterstützen; allein die Canonici weigerten sich. — In Irland handelt die Cullen-Partei mit Manning. Mac Hale und einige Andere sind hingegen neutral, während Moriarty und Leahy die Gegenadresse unterzeichneten. Hier ist also die Mehrheit römisch, dafür aber die gebildete Laienwelt meist antirömisch. Auch die englischen Colonialbischöfe sind meist antirömisch. Die irischen Bischöfe rechnen auf die Unfehlbarkeit als ein Mittel, ihren Einfluß auf das Volk zu verstärken.

Card. Morichini setzte eine Adresse an den Papst unter den Cardinälen in Umlauf, welche nichts weniger bezweckt, als daß der Papst die leibliche Himmelfahrt Mariens zur Definition in Vorschlag bringe. Eine Anzahl Cardinäle hat bereits unterzeichnet. Dem Card. Schwarzenberg hat Morichini die Adresse ebenfalls übergeben; allein er sagte sofort: das fehlt auch noch; ich habe mit der Unfehlbarkeit bereits genug, an eine Unterschrift meinerseits braucht man nicht zu denken.

———

Rom, 17. Februar 1870.

Meine peinliche Situation dahier dauert noch immer fort. Gestern erhielt ich zu allem Ueberflusse auch noch einen Brief des baierischen Gesandten, H. Grafen Tauffkirchen, um mir seinen Schutz anzubieten. Ich selbst wurde jedoch persönlich bis jetzt nicht incommodirt. Schon gestern sagte mir H. Baron von Arnim, daß Canonicus Vorsack (bei B. Stroßmayer) vorgestern Abends zum

Unterstaats-Secretär Marini citirt worden sei. Von anderer Seite wird mir heute mitgetheilt, daß Marini sehr freundlich gegen Vorsack war und sich im Namen des Papstes nur bittlich an ihn wand, er möge sich, da die Gerüchte dieses über ihn verbreiten, nicht in diese Dinge mischen. Vorsack protestirte aufs Entschiedenste und setzte darnach mit Stroßmayer eine Erklärung an Marini auf, worin er sagte, daß er unschuldig sei, aber als Genugthuung fordere, daß der hl. Vater ihn wieder als assignator locorum im Concile zulasse. Marini selbst hatte sich auf einen Brief aus Wien, der Vorsack denunzirte, berufen!

Der Papst soll nun doch anfangen, Gefahren zu ahnen. Auf der anderen Seite sind auch die Bischöfe der Opposition sehr beängstigt. Erzb. Haynald, der mich vorgestern Abends aufsuchte, fragte mich allen Ernstes: „was thun, wenn die Majorität wirklich einen Beschluß fassen sollte?" Er war eben von französischen Bischöfen gekommen und hatte bei ihnen erfahren, daß Erzb. Spalding mit seinem „Vermittlungsversuch" Vormittags bei Card. Mathieu war, um ihn zu bitten, denselben den französischen Bischöfen vorzulegen und empfehlen. Ersteres sagte Mathieu zu, für letzteres, meinte er, könne er nichts versprechen. Am Abende hatten sich die Franzosen versammelt, allein sie lehnten jede Vermittlung ab, indem sie auf ihrer Contre-Adresse beharren wollen. Gleiches hörte ich gestern auch aus dem Munde des Card. Schwarzenberg, und u. A. sagte er: „Ich fürchte sehr, daß man mit Gewalt den Beschluß fassen wird." Wahrhaft eigenthümlich, diese ansehnliche Minorität in solcher Situation zu sehen! Hefele ist noch immer sehr entschiedener Gegner der Infallibilität und hält als ehrlicher Schwabe damit auch nicht hinter dem Berge. Er wiederholte neuerdings, daß er dreißig Jahre Kirchengeschichte studirt, aber von der Infallibilität des Papstes in der alten Kirche nichts gefunden habe, was er schon in Fulda (1869) den Bischöfen offen erklärt habe. Der Bischof von Würzburg habe damals freilich geweint und bemerkt, die Infallibilität sei doctrina certa. Als ihn aber Hefele fragte, woher er denn dies wisse, antwortete er: als er im Germanicum war, hätten es seine Lehrer zur Evidenz dargethan, und Aehnliches mehr. Auch in anderen Dingen, namentlich über das Buch vom Jesuiten Weninger, ist er meiner Ansicht. Er will über das Schema de ecclesia, insbesondere über das Citat aus dem Florentinum sprechen. Er legt dabei das Hauptgewicht auf den griechischen Text, wornach es im lateinischen richtig nur heißen könne: juxta eum modum, oder allenfalls quem ad modum et — et. Er will sich aber auch darüber auslassen, daß man diesen Zusatz im Schema wegließ und in den Annotationen sagte: Nach den Regeln der Grammatik, Hermeneutik, Logik 2c. gehöre er nicht zur Sache. Wie ich in mein Schema notirt hatte, sagte auch er: wir lassen uns durch ein solch thörichtes Geschwätze nicht irremachen.

Am letzten Sonntag (13. Febr.) war wieder eine Versammlung der Propositions-Commission. In derselben erhob sich der Cardinal-Diacon Capalti und ließ sich über das Benehmen der Bischöfe aus. Wahrscheinlich sollte er dem Papste vorarbeiten. Dieser hat nämlich heute bei der Eröffnung der Kunstausstellung, also vor aller Welt, natürlich auch der protestantischen, für gut gefunden, sich über das Concil auszusprechen! Es klingt unglaublich, aber es ist wahr, eine Thatsache. Nachdem er von dem Schutze der Kunst durch die Kirche, resp. das Papstthum, und der nothwendigen Uniformität auch auf diesem Gebiete gesprochen, nahm er Veranlassung, davon zu reden, daß Manche meinen, es werde auch die Kirche ihr Jahr 89 haben: allein das sei unmöglich, der Fels Petri, wobei er auf seine Brust klopfte, stehe fest und werde nicht überwältigt. Für und im Concile hat Pius kein Wort, aber auf Kunstausstellungen!

Carb. Antonelli sandte an einen hiesigen Geistlichen folgende Schrift: Manifesto d'associazione all'opera la pace del mondo per la filosofia di S. Tommaso d'Aquino. Voto del sacerdote Ticinese Edoardo-Ignazio Daldini, espresso a S. S. Pio IX ed ai Venerabili Padri del Conc. Vatic., perchè col loro consiglio, o colla autorità abbiano a stabilire per le scuole cattoliche un corso filosofico basato sui principii razionali dell' angelico Dottore. Das Schriftchen ist esaminata ed approbata dall' autorità ecclesiastica und hat natürlich auch schon den Segen des Papstes. Es beginnt: Il S. Padre consolasi di tutto ciò che si fa per diffondere la dottrina di S. Tommaso, e per richiamare le scienze dalle vie corrotte e menzognere all' autorità e alla purezza che loro si conviene. Il primo motivo adunque per cui si è intrapresa l'opera, è di assecondare le mire del Santo Pontefice Pio IX etc. Einen Begriff vom Standpunkte des Verfassers kann man erhalten, wenn man nur einige Stellen liest, z. B. pg. 4 f.: Colla storia alla mano, si fa evidente che tutte le eresie, cominciando da Simon Mago sino ad Augusto Conte, si sono propagate e mantenute nella società per mezzo del Panteismo.

Ai Cattolici nemici del Sillabo — Dilemma — O accettare la condanna degli errori del Sillabo, o volere la morte del cattolicismo, e con esso tutte le turpitudini dell' eresia.

Dimostrata la tesi che il panteismo è sinonimo di scetticismo, il quale suona annichilamento d'ogni verità e d'ogni ragione si propone: Ai filosofi del secolo XIX. il dilemma: O il Sillabo, o la morte delle scienze.

Un lungo articolo intitolato: — Il Sillabo e la diplomazia — è consecrato a dissipare i timori vani che i Principi concepirono intorno al Concilio.. — — Dopo aver messo in sodo che il maggior delitto dei Sovrani consiste nel proteggere le dottrine eronee escogitate di filosofi e dagli eretici, si rende palese con argomenti luminosi che i nemici dei re sono i nemici del Sillabo, e che i diffensori del sillabo sostengono ed afforzano l'autorità dei governi civili. — — Il dilemma proposto con dolore ai sovrani tutti del mondo è il seguente: O accettare il Sillabo di Giuseppe Mastai, Pio IX, antirivoluzionario per eccellenza, o accettare il pugnale di Giuseppe Mazzini, rivoluzionario per antonomasia. S. 6 f. wird ausgeführt, daß Jeder den hl. Thomas anders verstehe: er sei in der Hand der Philosophen, was die Bibel in der Hand der Protestanten. Wie aber aus diesem Labyrinthe kommen? Per toglierne adunque l'anarchia filosofica dal campo cattolico, e per avere la verace cristiana tomistica filosofia ci è parso miglior partito quello di rivolgersi a Roma, e attendere dalla cattedra di verità ciò che forse è impossibile sperare da

mente umana, avvegnacchè la più cordata e sapiente. Ecco la
ragione del nostro voto . . . Also nicht blos Infallibilität, Pa=
palismus, sondern auch noch die wahre thomistische Philosophie soll
und will uns Rom bescheeren! — Pg. 9: Per combattere con
successo le false filosofie antiche e moderne, è necessario far
vedere agli eterodossi che in mezzo alle nostre scuole si trova
l'unità tanto nelle materie principali, quanto nella forma scientifica
e nello svolgimento di esse. — — Il Concilio ha il diritto
ed il dovere non solo di condannare gli errori e di
correggere la filosofia (sic!), ma ancora di proporre
norme positive ai filosofi, obligandoli alla sommessione della
suprema spirituale potestà. A noi sembra urgente il bisogno
d'una norma positiva per conoscere le verità di ragione che costituiscono la vera filosofia. — — Mercè
adunque un corso filosofico proposto dalla Chiesa, il mondo
avrebbe eziandio il criterio della vera filosofia. Quest' opera,
a sentenza di sommi uomini, sarebbe la più fausta del mondo. —
Der Autor vergißt auch nicht die Zustimmungsschreiben anzuführen,
welche er erhielt; an der Spitze steht Cardinal de Angelis;
ferner finde ich darunter Perrone, und den Schluß bildet ein
Zeugniß seiner Pfarrgemeinde: La populazione, promettendo
in Chiesa di aderire a tutto le decisioni dell' Ecumenico Concilio
ed al voto!

B. Place von Marseille erzählt, daß die Commission für
Umarbeitung des dogmatischen Schema nunmehr nur noch aus
Martin bestehe, da sich Pie und Dechamps zurückzogen und erklärten,
daß zur Umarbeitung die Zeit zu kurz sei. Nun ist aber Martin
seit seinen fürchterlichen Reden — er spricht nämlich das schlechteste
und inkorrekteste Latein — seines Nimbus ganz und gar verlustig
gegangen, obwohl er sich noch immer gerirt, als ob er das wäre,
als was man ihn anfänglich hier ausgeschrieen hatte. Unübertrefflich
war die Schilderung, welche Hefele gestern von ihm entwarf, wie
er nämlich in der Aula herumsteigt, als ob er Alle im Sacke habe.
Place sagte auch noch, daß er am allermeisten die sogen. Mittelpartei
fürchte. Sie habe freilich im Augenblicke noch keine Aussichten auf

großen Erfolg, möglicherweise könne sie aber im Verlaufe der Verhandlungen noch ihr Ziel erreichen. Gegen ein Verlassen Roms seitens der Minorität ist Place entschieden, und auch Darboy, versichert er, hat es nicht vor. Dagegen stellten sie die Seelenzahlen zusammen, welche die einzelnen Bischöfe vertreten, um diese Liste dem Papste zu unterbreiten. Von diesem, dem Papste, sagte er auch, daß er sich vor dem H. Card. H. „fürchte"; und natürlich, da derselbe einen so gefährlichen „prete magro e secco" aus München bei sich hat.

Im Giornale di Roma v. 16. Febr. lese ich an der Spitze des Blattes: Lunedi (14. Febr.) mattina i Padri del Conc. Ecum., tennero Congregazione Generale nell' Aula Vaticana. In essa fu publicato che i Rmi Arcivescovi di Antivari e Scutari, di Malines, e di Salerno, secondo la loro dimanda, sederanno quindi innanzi nel Concilio fra i Primati, avendo i Giudici delle Querele riconosciute sufficienti le prove dai medesimi allegate in proposito.

Ein sonst sehr in die Verhältnisse eingeweihter Geistlicher, Graf ...., hörte von zwei Seiten, von Deutschen und Italienern, daß drei Bischöfe, Scherr, Förster und Melchers, von der Minorität abfallen wollen. Bestätigung ist abzuwarten. — Ferner soll auch Card. Corsi, ein heiligmäßiger Mann, welchem auch fleißiges Studium nachgerühmt wird, sich ein Votum gegen die Infallibilität haben anfertigen lassen, um es bei der bevorstehenden Verhandlung der Frage vorzutragen. Es wird gesagt, daß es sehr scharf sei. Auf diese Weise würden obige drei Bischöfe durch einen Cardinal unvermutheter Weise und hinreichend wieder aufgewogen. — Endlich bestätigte auch Card. Rauscher, daß nur Martin die Umarbeitung des dogmatischen Schema besorgt.

Graf .... erzählt mir heute, daß man bei den Beschlüssen folgenden Modus einhalten wolle: man stimme ab und der Papst entscheide, ob ein Beschluß, durch Majorität gefaßt, angenommen werden solle, oder nicht. Es würde also Alles im Papste allein ruhen. Ueber diesen Modus hätte man sich übrigens gar nicht zu verwundern, da er ja der correkte Papalismus ist, wie ihn neuestens Phillips wieder dargestellt hat, und an dessen Hand ich diesen Abend dem B. Ramszanowski und Dr. Hipler die Sache als gar nichts unmögliches vordemonstrirte.

Man verbreitet jetzt hier, daß das Ausweisungsdecret für mich schon fertig war, da sei aber der H. Cardinal H. schleunigst beim Papste vorgefahren und habe die Sache rückgängig gemacht. Dieser versichert mich übrigens, daß daran nichts Wahres sei. Es verhalte sich Alles so, wie ich es bisher wußte.

———

Rom, 19. Februar 1870.

Ein Artikel im Moniteur universel v. 14. Februar über das Concil[1]) ist gegenwärtig das Hauptereigniß hier. Er ist auch in prägnanter Kürze das Beste, was bisher darüber erschienen ist. Wenn er nicht von einem Concilsvater selbst stammt, so ist er jedenfalls von einem solchen inspirirt. Man denkt an Darboy, von welchem man schon ähnliche Aeußerungen vernommen haben will, auch an Place.

Die vom Papste berührte Aeußerung über ein Jahr 89 der Kirche sollte im Diritto cattolico di Modena stehen und ein Satz sein, der aus dem Zusammenhang einer Schrift Falloux' gerissen ist. Dem Papste genügte schon dieses Citat, um eine öffentliche Anklage zu erheben.

Durch die bevorstehende neue Geschäftsordnung soll das Hauptgewicht in die Commissionen verlegt werden; Anstände aber die Majorität entscheiden. Man hat aber, wie mich auch ein Diplomat versichert, immer noch Scheu, energischen Protesten der Minorität gegenüber dogmatische Beschlüsse zu fassen; jedoch behauptet Manning, daß in einem Monat die Infallibilität Dogma sein werde. Das Gleiche sagt Senestrey. Ich will sehen, was die Minorität erreicht; einzelne Glieder derselben haben immer noch sehr sanguinische Hoffnungen, und Einer konnte sagen: Wir haben einen Graben gezogen, den die Majorität nicht überspringen wird. Ich zweifle sehr

---

[1]) Siehe denselben als I. Theil der Schrift: La liberté du Concile et l'infaillibilité in meinen Documenta I, 132—146.

daran, weil ich die feste Ueberzeugung habe, daß die Minorität der
Majorität selbst noch eine Brücke über diesen Graben schlagen wird.
Wichtig ist der Streit der unirten Griechen, welche mit Abfall drohen.

Rom, 24. Februar 1870.

Ich muß doch endlich wieder zur Feder greifen. Waren die
letzten Tage für die Geschichte des Concils wichtig, noch wichtiger
waren sie für meine eigene Lebensgeschichte. Es waren harte Tage,
Tage, entscheidend für mein ganzes Leben. Es hat ein geistiger
Kampf in mir sein Ende erreicht, der schwer zu bestehen war,
mein ganzes geistiges und physisches Wesen erschütterte. Jetzt steht
Alles klar vor meinen Augen; ich kenne das Ziel, dem ich zusteuern
muß. Der Herr hat mich in meinen Lebenswegen wieder um ein
Stadium weiter geführt. Es war wirklich ein wehmüthiger Ge=
danke für mich, als ich mitten in diesem Kampfe einmal einen
Ruhepunkt fand, meine eigenthümlichen Lebenswege zu überblicken.
Von jenem Entschlusse an, Jesuit zu werden, bis hieher nach Rom
führte mich, fast immer ohne meine Absicht, eine unsichtbare Hand
in so wahrnehmbarer Weise, daß ich auch jetzt mitten unter diesen
neuen Stürmen frischen Muth fassen konnte: ich stehe ja jetzt in Rom
auch nur durch diese unsichtbare Fügung des Herrn; denn nicht
ich war es, der irgend einen Schritt that, hieher zu kommen; es
geschah ja Alles ohne mich. Ich sehe es aber deutlich ein, daß
auch diese Fügung mich in meinen An= und Absichten läutern und
auf das allein mir vorgeschriebene Ziel meines Lebens hinführen
sollte. Was war einst Rom für mich! Wie betete ich gewisser=
maßen Alles an, was von da kam! Jetzt sehe ich, daß nicht blos
die grauenhafteste Ignoranz, sondern noch weit mehr Hochmuth,
Lüge und Sünde hier herrschen. Nach zwei Hinsichten hat mein
Leben seine Aufgabe jetzt bezeichnet erhalten: es ist von jetzt an dem
Kampfe gegen die Curie, nicht aber Primat, sowie gegen die Je=
suiten gewidmet. Gehe ich dabei zu Grunde, so glaube ich, daß
es der Herr so gewollt hat und daß es auch ein Martyrium für
Christus und seine Kirche unter den Fideles geben kann und giebt.

Habe ich doch selbst hier erfahren müssen, daß Curialisten und Je=
suiten kaum weniger wüthende Feinde sind, als die Heiden, und
ich werde öffentlich der Welt zeigen, daß wenigstens die letzteren
auch nicht davor zurückschrecken, ihren Gegnern den Tod zu bereiten.
Schrieb jetzt das Univers mit Unrecht von mir: „Der Skandal
in Rom ist groß", weil ich hier bin und die Geheimnisse desselben
verrathen soll, so mag man dann mit vollem Recht sagen: Der
Skandal in der Christenheit ist groß!

Ich bin wirklich ein Geächteter in Rom. Als ich vorgestern
von St. Peter zurückkam, stand sogar an der Thüre der Wohnung
ein geheimer Polizei=Agent. Er war etwas verlegen: sein Plan
war ihm augenscheinlich mißglückt. Er rückte etwas den Hut, blieb
dann stehen, ohne mir oder den Dienern ein Wort zu sagen. Dar=
nach kam der Cameriere des H. Cardinals mit brennendem Kopfe
zu mir und sagte, daß dieser Mann ein Spion der Polizei sei
und sich angelegentlichst darnach erkundigte, wer ich sei. Als er ge=
hört, daß ich der Prof. Friedrich sei, war er befriedigt. Die Frage
des Cameriere: ob er mich sprechen wolle? verneinte er, und auf
die andere: was er denn eigentlich wolle? sagte er, ihm, dem Ca=
meriere, einen Besuch machen. Damit war natürlich das Maß voll.
Eine solche boden= und gewissenlose Wirthschaft verträgt ein eben
nach Rom verpflanzter deutscher Charakter nicht. Ich suchte zwar
möglichst die äußere Ruhe zu bewahren, und der H. Cardinal
meinte, das bedeute nichts . . . .; innerlich aber stürmte es gewaltig
in mir. Ich glaubte den Abend nicht erwarten, die Nacht nicht
hinbringen zu können. Am andern Morgen, gestern, wurde es
mir aber zu enge im Palazzo Valentini. Ich eilte zu Theiner und
gestand ihm offen: Ich halte es nicht mehr in Rom aus; denn
diese Intriguen seien unerträglich für einen ehrlichen deutschen Cha=
rakter; er allein könne mir helfen, wenn er mir irgend etwas zu
arbeiten gebe, um wieder in einen anderen Gedankenkreis zu kommen.
Er that es und traf das Rechte. Ich bin schon wacker über die
Bücher her und meine Stimmung wird wieder eine bessere. Doch
ergriff ich sogleich meiner Situation entsprechende Maßregeln, indem
ich zumal Jedem meiner Bekannten davon benachrichtigte, um sich

selbst darnach richten zu können. Es ist überhaupt merkwürdig hier. Bis in den Speisesaal des Grafen Tauffkirchen bringen die Augen und Ohren der Spione. Ein römischer Geistlicher wußte mir das genaueste Detail von einer jüngst dort stattgefundenen Tafel zu erzählen. Noch bin ich unschlüssig, ob ich nicht doch den H. Cardinal um meine Entlassung bitten soll.

Ueber die letzten Sitzungen des Concils, in welchen über den Katechismus verhandelt wurde, ist es nicht nothwendig, Besonderes anzumerken. Die letzten Redner waren zumeist Vertheidiger desselben. Am letzten Dienstag sprachen u. A. auch der Erzbischof von München und der Bischof von Augsburg. Ueber die Rede des Ersteren wird mir gesagt, er habe den Katechismus des Canisius und Deharbe empfohlen, dem Card. Reisach, seinem Vorgänger, Elogen gemacht und den Jesuiten etwas geschmeichelt. In seinem Pastoralblatte, erzählt man mir, hat er sich gar in einer Erklärung gegen Döllinger als einen Vertheidiger der Oecumenicität des Florentiner Concils aufgeworfen! Ob er und sein siebengescheidter Secretär wohl je die Akten und Geschichte dieses Concils gelesen haben? Außerdem erzählt man sich, Döllinger habe dem Erzbischofe sagen lassen: er werde ihm in einigen Tagen eine ihn zufriedenstellende Antwort geben. Ich kann vorläufig, wenn etwas wahres an dieser Erzählung sein soll, nur annehmen, daß Döllinger ihm eine Antwort zugehen lassen wolle, an der er „genug haben" kann.

Die eben erwähnte Congregation schloß den ersten Akt des Concils, sofern an demselben Tage eine neue Geschäftsordnung (und fünf neue Schemata über Messen und Ordinationstitel, dann de regularibus 1—4) vertheilt wurde. Ich unterlasse es jetzt, meine Gedanken darüber hier niederzuschreiben, eine ganze Reihe wurde dadurch in mir erweckt. Ich erzähle vielmehr nur noch, daß dieser Akt in unwürdigster, ja „unanständigster" Weise geschlossen wurde. Man, resp. die Majorität, schrie Erzb. Haynald förmlich von der Tribune. Schon vorher hatte dieselbe sich einigemal in weniger umfassender Weise auf den Spektakel, wie es scheint, vorbereitet. Selbst Cardinäle ließen sich zu kleinen Demonstrationen fortreißen. Als Haynald zuletzt noch das Wort ergriff und etwas lange sprach, räusperte man und scharrte mit den Füßen ꝛc. Carb. Capalti, nicht der eigentlich dirigirende Legat, griff zur Glocke und bedeutete dem Erzbischof, zur Sache zu sprechen. Dieser erwiderte aber, als der Tumult durch die Majorität fortgesetzt wurde: er habe einmal das Wort und damit auch das Recht zu sprechen, auf der andern Seite sei es aber Pflicht der Bischöfe, ihn sprechen zu lassen und anzuhören. Da griff Capalti wiederholt zur Glocke und schrie unter dem Geschreie der Majorität: Haynald möge doch auf das Wort verzichten; er höre ja, daß die Versammlung ihn nicht weiter anhören wolle. Der Tumult wurde immer größer und Haynald konnte nicht mehr durchdringen; er mußte als der Gescheidtere dem rohen Gebahren der Majorität und des Legaten Capalti, der nicht einmal Bischof oder Priester ist, weichen (vgl. über diese Scene eine andere Relation in der Schrift La liberté du Concile etc. in Documenta I, 164 sq.). Man kann sich einstweilen einen Begriff davon bilden, was der Minorität bevorstehen mag, wenn auch noch die neue Geschäftsordnung in Wirksamkeit tritt, nach welcher auf Antrag von zehn Bischöfen die Majorität den Schluß verlangen kann. Es wird nämlich jetzt Alles per majora entschieden, d. h. es ist der Willkür der Majorität Alles preisgegeben.

Manchen Bischöfen gehen jetzt allmälig auch die Augen über das Propositionsrecht ꝛc. auf; sie sehen ein, was „proponentibus legatis", über das das Concil von Trient so heftig stritt, zu bedeuten hat. Ein höchst angesehener römischer Geistlicher tadelt jetzt insbesondere auch, daß keine Gesandten der Regierungen beim Concil zugelassen wurden; aber freilich, meint er, sie kämpften zu hartnäckig für die Rechte der Bischöfe, und Gleiches ahnte man auch jetzt wieder im Gesù.

Reusch schickt täglich neue Abzüge meiner Besprechung der Schrift Manning's und der Bemerkungen über die Natur der Concilien im Bonner Literaturblatt (Nr. 5 und 6); man scheint in Deutschland denselben große Bedeutung beizulegen. Dr. Hipler ist davon ganz eingenommen; gestern sagte er mir: es ist von jetzt an die neue Frage erst noch zu erörtern: in welchem Verhältnisse stand die „occidentalische Synode" zum Papste?

Graf . . . . . . sagte mir eben, daß die französische Regierung jetzt wirklich einen Vertreter Frankreichs beim Concil schicken will.

Merkwürdig ist, daß gerade Dr. Hipler sich sehr lebhaft mit der Gefahr eines Schisma beschäftigt. Er fragte mich darüber in allem Ernste um meine Ansicht. Und was konnte ich antworten? Wenn uns Rom und die Majorität wirklich dazu drängt, können wir nicht anders, wir müssen es annehmen. Es wäre ja nicht das erste Mal in der Kirche, daß ein solches ausbräche. Die Kirchengeschichte erzählt von solchen außer dem griechischen noch gar häufig: es würde nur zum Vortheile der Kirche ausschlagen. Auch Graf . . . . . ., der zwar anfänglich die Wahrscheinlichkeit eines Schisma in Abrede stellen wollte, scheint als Diplomat doch den Fall schon in Erwägung gezogen zu haben. Er meinte, ein Schisma könne nur zum Nachtheile Roms ausfallen, da es neben den rechtmäßigen Bischöfen ꝛc. nicht mehr andere bestellen kann, indem der Staatsanwalt einfach auf Grund der Gesetze Jeden wegen Anmaßung ihm nicht zustehender Rechte und Titel vor den Gerichten belangen würde. Wohin uns Rom doch noch treiben wird!

Ich ließ zwar eine Auseinandersetzung über Papalsystem ꝛc. unter die Bischöfe kommen, allein man scheint mit dem Gegenstande noch sehr wenig vertraut zu sein; ich betone deshalb bei jeder Gelegenheit, daß die Ausdrücke des Schema, worauf man die Infallibilität bauen will, gerade vom Concil von Trient selbst zurückgewiesen wurden. Wie leicht ist doch die Stellung der Oppositions-Bischöfe! Wie wenige wissen aber auch etwas von der Geschichte des Concils von Trient!

Als ein Ereigniß für uns kath. Gelehrte Deutschlands darf wohl betrachtet werden, daß sich mir vorgestern Nachts um 9 Uhr noch Prälat W. als neu ernannter Censor der Index-Congregation für deutsche Werke vorstellte. Er setzte mir seine Grundsätze auseinander und schloß, daß er nur zum Wohle der deutschen Kirche berufen worden sei und bedauern müsse, daß dies nicht schon vor Jahren geschehen sei. Da ich den Charakter und die Grundsätze dieses Herrn genau kenne, konnte ich nichts besseres antworten, als ich gratulire Ihnen und uns! Zugleich trug ich ihm auf, sich nach einem Exemplare meiner „Kirchengeschichte Deutschlands", welches ich mir schon Ende Dezember von München schicken ließ, umzusehen: es scheint, sagte ich ihm, von der Index-Congregation gekappert zu sein, da das Münchener Postamt nach gepflogener Recherche an meine Mutter schrieb, daß es hier sei; hier werde es aber nicht gefunden. Er erbot sich mit Vergnügen zu recherchiren und schon Tags darnach erhielt ich von ihm einen Brief, daß die Kirchengeschichte noch nicht angekommen sei, aber, sobald sie eintreffe, mir zugestellt werden solle. Ich hätte also meine Kirchengeschichte der Index-Congregation selbst in die Hände gespielt! Was werden aber wohl die deutschen Bischöfe zu dieser Ernennung sagen? Sie nennen den Prälaten nur den „Conciliums-Hanswursten." Es ist recht bitter, sagte ich einem derselben, wenn man denken muß, man hat Jahre lang all seine Mühe, man darf sagen, sein Leben darauf verwandt, ein Buch fertig zu bringen, und ist man so weit, dann fällt es vielleicht einem solchen Manne in die Hände, der es einfach auf den Index setzt und den Verfasser vielleicht auf sein ganzes Leben unglücklich macht. Aber das kann ich sagen, wenn die deutschen Gelehrten diesen W. kännten, brauchte Rom nicht mehr zu erwarten, daß sich auch nur noch Einer der Congregation unterwärfe.

Erzb. Scherr ist durchaus kein Ueberläufer geworden, wie mir unlängst gesagt worden ist, im Gegentheil steht er jetzt fester als früher und ist er ein ganz entschiedener Fallibilist geworden. Selbst Ketteler, erzählt er heute, habe vor wenigen Tagen geäußert: über einige Gründe der Gegner der Infallibilität könne auch er nicht hinwegkommen und also auch nicht zu einem Ja für die Infallibilität gelangen. Von einem Abfalle von der Minorität sei gar keine Rede, im Gegentheil vermehre sich dieselbe täglich. Gratry und Maret, meinte er, können eben nicht aus dem Wege geschafft werden. Auch über die neue Geschäftsordnung hätten sie bereits berathen: sie sind sehr unzufrieden mit derselben und wollen einen neuen Protest dagegen erheben. Hinsichtlich seiner Rede, sagt der Erzbischof, daß er von Card. Schwarzenberg dazu commandirt worden sei, ebenso die drei andern deutschen Bischöfe, weil nämlich in der Central-Commission nach der Zahl der gegen oder für einen

Gegenstand sprechenden Redner berechnet werden soll, ob ein Schema durchgefallen sei oder nicht! So sei denn durch Schwarzenbergs Maßregel hinsichtlich des Katechismus dieser „schmählich durchgefallen"! Jedenfalls ein sehr sonderbarer Maßstab, um die Gesinnung einer Versammlung, die Güte oder Verwerflichkeit eines Schema's zu erkunden! Aber in Rom ist Alles möglich, Alles denkbar, was anderswo als Blödsinn erscheinen würde. Auch Erzb. Scherr ist ganz lebhaft mit dem Gedanken an ein Schisma behaftet und läßt sich dieses Gespenst nicht ausreden. In Constantinopel sei nur das Vorspiel dazu; Pluym sei allerdings noch nicht dahin abgereist, denn derselbe sei gestern noch bei ihm gewesen, allein er werde in diesen Tagen abreisen, um noch zu retten, was zu retten ist. Der Patriach Hassun dürfe gar nicht mehr nach Constantinopel zurückkehren. Ich selbst suche die Gefahr eines offenen Schisma nicht so groß und nahe darzustellen, wenn nicht die Infallibilität aufoktrovirt werden will; ich kann mich jedoch selbst des Gedankens nicht erwehren, daß wir, wenn wir zumal Curialismus und Jesuitismus bekämpfen wollen und ernstlich ausharren, wirklich einem Schisma zutreiben. Endlich erzählte der Münchener Erzbischof in vollstem Ernste, daß B. Senestrey offen erklärte, er mache der bairischen Regierung absichtlich Opposition. Man werde, wurde beigesetzt, ihn wie Reisach zu entfernen suchen, d. h. zum Cardinal befördern. Was aber das Verhalten der baierischen Infallibilisten in der Infallibilitätsfrage angehe, so habe Senestrey gar keine Ueberzeugung, sei sein Egoismus für ihn allein maßgebend. Der Würzburger Bischof hingegen sei „zu dumm", und der Eichstädter ganz von den Jesuiten abhängig. B. Stahl, der ohne Zweifel sehr leidend ist und, so oft man ihn sieht, über sein Befinden klagt, sagt selbst: er habe bis jetzt geschwiegen; er habe auch nur ein Anliegen dem Concil vorzutragen — die Infallibilität des Papstes, und dazu habe er sein Votum schon in der Tasche. Er sei darüber so klar, daß er gar nicht den leisesten Zweifel daran hegen könne.

Heute sah ich auch Secretär Kagerer. Er sprach vom Concil von Florenz. Ich konnte mich nicht enthalten, ihn zu fragen, seit wann und warum denn dieses plötzlich ein öcumenisches sein müsse,

da es von Alzog durchaus nicht als solches angeführt werde.
Warum ließen es die Bischöfe in Alzog unberührt stehen? Er wurde
äußerst verlegen und sagte kleinlaut: „Das wurde bisher übersehen!"
Ich empfahl ihm zu seiner besseren Information Pallavicino, keines=
wegs etwa Sarpi oder andere gedruckte oder ungedruckte Quellen,
über die Verhandlungen des Concils von Trient über diesen Punkt
(19. Buch) zu lesen.

Card. Schwarzenberg ist über die neue Geschäftsordnung und die
bevorstehenden Dinge ganz rathlos. „Es wird ein großes Unglück für die
Kirche entstehen," ließ er einmal fallen. Man räth ihm neuerdings
zu protestiren. Ich finde darin kein Heil; man muß die Halbheit
und den schlüpferigen Boden, auf dem sich die Minorität noch im=
mer bewegt, endlich einmal verlassen. Es rächt sich jetzt, daß die=
selbe nicht gleich anfangs sich des Spruches erinnerte: principiis
obsta. Nur wenn sie zu einer principiellen Opposition übergehen,
den Absolutismus und Papalismus negiren, werden sie reussiren.
Und dazu brauchen sie sich nur auf den Boden des Tridentinums
zu stellen, das ja das Florentinum und Papalsystem abgelehnt hat.
Von diesem Standpunkte aus bekämpfen sie auch am leichtesten die
Infallibilität, welche ohnehin nur im Papalsystem ihre Wurzeln hat.
Ich rathe deshalb bei jeder Gelegenheit, die Bischöfe möchten doch
ja nur das 19. Buch der Geschichte des Concils von Trient im
Pallavicino lesen: es werde ausreichen, ihnen ihre Stellung klar
zu machen. — Auch Card. Schwarzenberg beklagt sich, daß man
hier überall beobachtet werde.

Es ist mir doch unbegreiflich, daß man sich fortwährend mit
mir zu schaffen macht. Jetzt wissen die kath. Zeitungen, von der
Kategorie der „guten Presse" natürlich, daß ich aus Rom ausge=
wiesen bin. Das Univers v. 22. Februar druckt: Le Correspondant particulier de l'Agence Havas lui telegraphie de la fron-
tière Romaine: Rome, 20. Février. L'abbé Friedrich, théologien
du Cardinal de Hohenlohe, soupçonné d'entretenir une correspondance sur le Concile avec la Gazette d'Augbourg, a reçu
de la police romaine l'ordre de quitter ce soir l'Etat pontifical.
Und ebenso hat die „Allgem. Zeitung" v. 22. Febr. (Hauptblatt

und Beilage) an der Spitze der telegraphischen Berichte: „Rom, 21. Febr. Prof. Dr. Friedrich, der theol. Beirath des Card. Hohenlohe, ist unter der Anschuldigung von Correspondenzen an die „Allg. Zeitung" ausgewiesen worden. (Prof. Friedrich hat unseres Wissens nie eine Zeile für die „Allg. Ztg." geschrieben. D. R.)"

Man muß sich doch fragen, was bedeutet diese ausdauernde Feindseligkeit gegen mich, ohne daß man mich auch nur einmal officiell zu fragen wagt! Uebrigens möchte ich vermuthen, daß diese neue Bosheit die Antwort auf meine Artikel im Bonner Literaturblatt ist, wovon ich ein oder zwei Tage vorher ein Exemplar auch an Manning geschickt hatte. Nicht die Artikel der „Allgem. Zeitung" sind eigentlich das Crimen, das mir so hoch angerechnet wird, sondern meine Eigenschaft, Münchener Professor zu sein. Je näher der Moment rückt, die Infallibilitäts-Scene aufzuführen, desto mehr möchte man sich von mißliebigen Rathgebern befreit sehen. Möchte man doch in kürzester Frist diese Scene — es ist eben Carneval — in Rom der Welt zum Besten geben und dann das Concil vertagen. Letzteres ist auch der Wunsch der römischen Monsignori, wie ich erst heute einen sprechen hörte. Sehr begierig bin ich, was man jetzt thut, nachdem sich die Römer, sogar die Polizei-Direction, öffentlich vor der Welt als Ehrabschneider documentirt haben: ob sie wohl daran denken, mir eine Satisfaction zu geben? Allein es ist hier wie überall im ultramontanen Lager: man braucht keine Gründe, man hat den zuverläßigen Instinkt und ein untrügliches Gefühl, das reicht aus, um die unverantwortlichsten Dinge zu begehen. An eine Restitution der angetasteten Ehre wird nie gedacht. Ihr Motto ist: calumniare audacter, semper aliquid haeret. Natürlich bilde ich jetzt hier wieder das Tagesgespräch. Kagerer selbst erzählte mir: man habe mit solcher Bestimmtheit von meiner Ausweisung sprechen hören, daß sie (er und seine bischöflichen und nichtbischöflichen Hausgenossen) sehr gespannt waren, darüber etwas zuverläßiges zu erfahren. Abends ging man zum (jesuitischen) Ricevimento beim Convertiten Schönburg. Natürlich sei meine Ausweisung Hauptgegenstand des Gespräches gewesen. Auch Kagerer, so erzählt er mir selbst, fragt Jeden, der möglicherweise etwas wissen kann; allein umsonst, Alle wissen nur zu sagen, daß sie es ebenfalls gehört haben, bis endlich Dr. Hipler kommt und den wackeren Landsleuten sagt, daß er erst heute noch bei mir gewesen sei und ich bis zu jenem Augenblicke nicht die geringste amtliche Behelligung zu erfahren hatte. Den lieben Landsleuten mag diese Nachricht freilich sehr unerwünscht gewesen sein.

Rom, 26. Februar 1870.

Ich lese eben die Mémoires de la Congrégation de la Mission tom. IV, welche nicht in den Buchhandel kamen oder sofort wieder aus demselben zurückgezogen wurden. Es sind nur wenige Exemplare in die Oeffentlichkeit gekommen. Ich machte auch Dr. Hipler mit denselben vertraut und suchte ihm ein wenig über die Jesuiten die Augen zu öffnen. Er meinte zwar, die einzelnen Jesuiten sind doch sehr fromme nnd brave Leute; allein er hat dabei nur die blinden Werkzeuge der Gesellschaft im Auge, diejenigen, welche selbst nicht zu den Eingeweihten gehören, durch Missionen und Exercitien die Gläubigen und Geistlichen bethören müssen. Ich konnte ihm dies aus den Mémoires selbst beweisen. Da schreibt der päpstliche Legat, der spätere Card. Tournon, pg. 247: „Les Jésuites voulaient soutenir que leur contrat (usurair) était licite et le Père Perreyra dit que pour le prouver il n'y avait qu'à dire que ce contrat était fait par lui, profès du quatrième voeu." Ich ließ ihn noch folgende Stelle lesen (pag. 244 f.): „Mais ce dégagement, tout chrétien qu'il est, ne convenaient pas aux Jésuites, qui ont formé le plan de s'assujettir tout le monde entier, de se rendre maîtres dans les Missions, de ne reconnaître ni joug ni dépendance, de s'emparer de la volonté des grands par des largesses, et de disposer de celle des princes idolâtres par des présents dignes de la Majesté Royale. Pour arriver à ses fins, le seul moyen qui se présente à leur zèle, est celui qui leur fait trouver leur ressource dans l'argent: car comme l'argent dans une armée est le nerf qui lui donne la force, qui la met en mouvement et en état d'attaquer l'enemi avec courage; l'argent de même est aux Jésuites le principal mobile qui fait jouer les ressorts de leur politique, et qui les remue avec succès. Avec de l'argent ils entrent dans tous les cabinets, ils se fraient un chemin assuré au trôn, et se ménagent auprès du prince des patrons qui leur assurent l'avantage de se faire écouter seuls. Avec de l'argent ils ferment la bouche qui devrait parler, ils rendent éloquent celui qui devrait se taire; ils arrêtent le bras prêt à lancer la foudre qu'ils méritent. Tels qu'on les voit à la Chine, on les voit à Rome et partout ailleurs, où ils se sont rendus arbitres des affaires, semeurs de troubles et de divisions, détestés et craints des peuples visiblement coupables, et toujours triomphant, maîtres des courtisans, qui s'abaissent jusqu'à tenir d'eux leur fortune et leur avancement." Ich erinnere mich dabei doch unwillkürlich an eine Aeußerung Perrone's: „man müsse auswärtige Besitzungen haben; erst dann könne man sicher arbeiten. Gehe es hier drunter und drüber, ziehe man sich, bis der Spektakel vorüber ist, dorthin zurück." Und faktisch haben die Jesuiten auch für solche Asyle gesorgt. Sie beunruhigen ganz Europa, und rückt man ihnen auf den Leib, dann stehen ihnen jene zur Verfügung! Sie fühlen sich so sicher, daß P. Picirillo, der Chefredacteur der Civiltà cattol., einem röm. Professor, der in den conciliarischen Bestrebungen große Gefahren für die Kirche erblickte, die Aeußerung thun konnte: „Da liege nichts daran, nach hundert Jahren des Kampfes werde schon wieder Ruhe werden." Ist denn dies nicht eine ganz gottlose Gesellschaft?!"

Rom, 27. Februar 1870.

Der Papst läßt jetzt sogar an Concilsväter, welche seiner Infallibilität nicht hold sind, schreiben und sie auffordern, auf den rechten Weg zurückzukehren! Ich kenne einen solchen Fall aus zuverlässigster Quelle.

Die Bischöfe können ihren Argwohn gegen mich noch keineswegs aufgeben. Als ob ich sie bedränge! Die Bewegung der gebildeten kath. Nationen thut schon allein das Nöthige. — In Folge der neuen Geschäftsordnung fängt man an, sich jetzt wieder, wie anfänglich gegen die „Acclamation", so gegen ein Majorisiren vorzusehen. Man denkt daran — nach Grafen ..... soll es bereits geschehen sein — eine sehr zahm gehaltene Protestation einzureichen und um Beifügung eines neuen Paragraphen zur Geschäftsordnung zu bitten, worin gesagt werden soll, daß in dogmatischen Fragen durch eine einfache Majorität kein Beschluß eines allgemeinen Concils zu Stande kommt.¹) Dr. Hipler sagte mir außerdem gestern noch, daß man in corpore einen Protest auf dem Tische der Legaten niederzulegen gedenke, wenn man wirklich den Versuch des Majorisirens machen wolle. Ich zweifle jedoch noch recht ernstlich daran, daß die Minorität den Muth besitzt, einen solchen Schritt zu thun. Ich bin mir in den Tagen meiner schweren Bedrängnisse übrigens auch hierüber klar geworden und nahm keinen Anstand, es mehrmals zu sagen, daß nämlich wir Theologen schließlich doch diejenigen sein werden, welche den Ausschlag geben, ob das Concil ein öcumenisches ist oder nicht. Ich stehe dafür ein, daß dasselbe als ein öcumenisches geleugnet werden wird, und möge man nur ja nicht glauben, daß die Macht der Theologie so zu unterschätzen sei, wie man sich hier den Schein geben möchte. Es wird die Zeit kommen, und ich sehe sie schon nahen, wo auch der Index, Suspension oder selbst Excommunication nicht mehr anschlagen werden.

Gestern fand ich auch: Leges Academiae divi Thomae Aquinatis Rmi P. A. V. Jandel Mag. Gen. Ord. Praed. auctoritate a. 1870. conditae. Romae ex typographia Minervae. 1870. 4⁰. pgg. 28. Ich habe diese Ausgeburt römischer Ignoranz noch nicht ganz gelesen, hebe aber folgende Stellen aus. Pg. 5 f.: Quamobrem optime se gerere videntur ii philosophi, qui, in praesentiarum, fervore salutari contra ingruentes errores dimicantes, in solida doctrina Divi Thomae nituntur invenire opportuniora remedia quibus infirma societas ab errorum morbis sanetur. Et

---

¹) Dieselbe in Documenta I, 258—263, vom 1. März datirt.

non verentur ipsi, nec vereri possent, amissionem libertatis jacturamque propriae dignitatis. Wie noth thut doch diesen Leuten die Schule der Geschichte! Weiter heißt es: Cui doctori hodie adhaerendum esse, specialis quoque temporum nostrorum ratio persuadere videtur. Nunc enim fidei et auctoritati aut nihil aut parum tribuitur, rationi vero datur plus quam satis; praeterea, plerique scriptorum in praesentiarum verbositate et loquacitate delinquunt: non pauci vero eorum qui philosophiae dant operam, aut facili sermone loquuntur, et hi superficiales sunt et materialismum olent; aut profundiorem philosophiam colunt, et hi, germanicis systematibus plus aequo studentes, pantheismo inficiuntur quantum ad substantiam, ac inintelligibili locutione peccant quantum ad formam. Praeterquamquod, nemo quidem est qui magna voce non clamet contra praejudiciorum pericula, sed in rei veritate a praejudiciis liber quis est. Etenim, perniciosa illa facilitas, quae nunc viget, de rebus gravissimis judicandi, et inconsultus veterum systematum neglectus; nisi a spirituum perversitate esse dicantur, a praejudiciis certe derivant. Nunc vero, si aliquis vir sit, qui sine effusiori cultu in verbis, sed plano simplicique sermone, mathematicorum more, profundissimas Methaphysicae quaestiones pertractaverit; qui auctoritati multum quidem tribuerit, qui tamen rationi semper et in omnibus usus sit; qui, non verbo et ore tenus, verum sinceritate indolis, educatione animi, et vitae sanctitate a praejudiciis abfuerit; hic certe vir, uti a Deo datus hominibus foret consendus, quo facilius securiusque invenire possent veritatem et a falsis systematibus praecavere. Hunc vero virum Divum Thomam esse negavit nemo qui ejus operibus studuerit; qui sciverit: „Doctrinam s. Doctoris prae omnibus, excepta canonica, habere proprietatem verborum, modum dicendorum, veritatem sententiarum; ita ut numquam, qui cum tenuit, inveniatur a veritatis tramite deviasse, et qui eam impugnaverit, semper fuit de veritate suspectus." Der Beweis dafür wurde mit Inquisition und Index geführt!

Den Kampf gegen die Infallibilisten scheint der Bischof von Ermeland aufnehmen zu sollen. Hipler sagte mir gestern, daß der=

selbe es übernahm, Bemerkungen gemäß der neuen Geschäftsordnung einzusenden. Vorher werde er sie den deutschen Bischöfen vortragen, und diese sollen sie durch ihre Namensunterschrift zu den ihrigen machen. Die Auffassung desselben besteht im Wesentlichen darin: Nur der Gesammtkirche kommt die Infallibilität nach bisheriger Lehre zu, sei es als Ecclesia in Concilio oecumunico congregata; sei es als Ecclesia dispersa. Päpstliche Entscheidungen werden Lehre der Gesammtkirche und damit unfehlbar, wenn die Kirche sie entweder durch consensus expressus oder auch tacitus zu den ihrigen macht. Ich bemerkte Hipler nur, daß die Infallibilisten damit nicht zufrieden sein können, da die päpstlichen Entscheidungen ja als solche und ohne vorhergehenden oder nachfolgenden Consens der Kirche infallibel sein sollen; einem Concilsvater aber sagte ich: unsere deutschen Bischöfe sind sehr freigebig, was bis jetzt nicht ausgemacht, nur Meinung der Theologen war, geben sie ohne Weiteres zu, so die Oecumenicität des Concils von Florenz, den consensus tacitus der Ecclesia dispersa etc. Ich vermeide jedoch, dagegen etwas besonderes zu sagen, weil ich sehe, daß die Opposition sich auf einen Standpunkt stellt, welcher kaum eine Transaction mit den Infallibilisten zuläßt, beim ersten Akte des Concils eine Proclamation der päpstlichen Infallibilität wohl zu verhindern im Stande sein wird und weil während einer Vertagung desselben hoffentlich die Bischöfe sich angelegentlicher zu orientiren suchen werden, als sie es vor dem Beginne des Concils thaten.

Gestern Abends kroch auch wieder einmal der Uditore des Hrn. Cardinals förmlich durch die Thüre in mein Zimmer. Ich war ohnehin übler Laune. Als derselbe nun gar in der ungeziemendsten Weise von Döllinger, resp. den deutschen Theologen sprach, als ob wir nämlich bei unseren Urtheilen unser Gewissen außer Rechnung ließen, die Bischöfe dagegen namentlich nur ihr Gewissen zu berücksichtigen hätten: kam ich in gewaltige Erregung und wies ihn mit den Worten zurecht: auch wir Theologen haben ein Gewissen und nur nach demselben zu sprechen, gerade so gut als die Bischöfe. Wenn er aber gerade uns deutschen Theologen oder den Deutschen überhaupt Mangel an Gewissenhaftigkeit vorzuwerfen scheine, so muß ich ihm sagen, daß wir uns in dieser Hinsicht wohl mit Rom messen können, und es sich dabei herausstellen wird, daß wir weit mehr auf dem Boden des Gewissens stehen, als Rom. Darnach erging er sich in Expectorationen über den Journalismus: Döllinger hätte ihn nicht benützen sollen. Aber die Italiener und Jesuiten dürfen denselben ausnützen, warf ich hin. Während er nun selbstverständlich auch dieses mißbilligte, kam er wiederholt auf seine Behauptung zurück, daß die Verfertiger des I. dogmatischen Schema's gerade Deutsche sind, wie Schrader 2c. Da ging mir die Geduld aus. Ich antwortete ihm tief empört: Wir danken für die Ehre, diese Leute zu den Deutschen zu zählen; sie sind Jesuiten und als solche Römer. Ein ächter römischer Geistlicher läßt sich aber durch solche Vorkommnisse nicht stören, und so blieb und schwatzte auch der Uditore noch lange, obwohl er von mir fast kein Wort mehr zur Antwort erhielt.

Gerade verließ mich Erzb. Haynald. Er holte meine Auseinandersetzung über immediata et ordinaria potestas, verlangte aber noch Anderes. Bei dieser Gelegenheit beklagte er sich bitter über die Behandlung, resp. Mißhandlung, welche er in der letzten Congregation erfahren mußte, obwohl er schon längst vorher von den Legaten zu dieser persönlichen Bemerkung speciell die Erlaubniß eingeholt hatte. Es sei „systematische Verfolgung", sagte er.

Rom, 28. Februar 1870.

Es scheint endlich für mich Ruhe einzutreten. Gestern Abends sagte mir Dr. Bock aus Aachen, während des Concils diensttuender päpstlicher Kammerherr, daß man jetzt Mgr. Wolanski für den Verräther halte: er soll der preußischen Gesandtschaft die Materialien ausgeliefert und diese sie an Pichler nach Neapel expedirt haben. Pichler übermittle dann Alles an die „Allgem. Zeitung."

Nach dem B. Place von Marseille haben die französischen Bischöfe bereits einen Protest gegen die neue Geschäftsordnung unterzeichnet: wenn es bei ihr in dogmatischen Fragen sein Bewenden habe,

könnten sie das Concil nicht anerkennen. Der Bischof ist wieder
festeren Muthes. Da aber nur 74 Bischöfe unterzeichnet haben
sollen, versichert ein römischer Professor, der gut unterrichtet zu sein
pflegt, glaube man bei der Curie um so fester an das Gelingen des
Vorhabens. Auch Antonelli ist jetzt sehr frohen Muthes und glaubt
nunmehr auch an die Infallibilität, weil er meint, daß sie durch=
geht. Er empfiehlt den Leuten Guéranger. So ein Mann, der
Antonelli jüngst selbst gesprochen hat.

Ein Ereigniß ist jetzt hier der Brief des Bischofs von Laval
an oder gegen B. Dupanloup. „Es ist das Aergste, sagte man uns
gestern, was bis jetzt geleistet worden ist." Und wirklich, dieser
einzige Brief wiegt 5—6 Briefe der „Allgem. Zeitung" auf. Eine
solche unwürdige Sprache sollte im Munde eines Bischofes nicht nur
unerhört sein, sondern auch verboten werden. Hiebei erinnere ich
mich einer Erzählung, welche ich aus dem Munde des Dr. Bock
habe. Dupanloup hatte vor einigen Wochen beim Papste eine
Audienz und wurde schließlich so gerührt, daß er den Papst um=
armte und küßte. Nardi erzählte in der Stadt, daß der Papst
gesagt habe: „Wenn es nur kein Judaskuß war!" Dupanloup er=
fuhr es und wandte sich an den Papst, welcher darauf Nardi in
Gegenwart von Zeugen veranlaßte, seine Aussage als falsch zurück=
zunehmen. Der Papst, versichert man von anderer Seite, soll es
aber gleichwohl gesagt haben.

Vor Kurzem kam es auch vor, daß der Papst bei einer
Audienz, die er einem Bischofe gab, c. 10 Minuten lang irre redete.
Der Bischof, in großer Verlegenheit, wollte bereits Hülfe herbeirufen,
als Pius wieder zu sich kam. Alle Welt spricht jetzt davon, und
Viele wollen es für Geistesstörung erklären. Ich bin zwar kein
Psychiatriker, aber ich kann doch nicht an eine Geistesstörung bei
einem Manne in so hohem Alter glauben und bringe den Vorfall
mit seinen epileptischen Zuständen in Zusammenhang, was auch für
wahrscheinlich befunden wird. Ich knüpfte freilich die Frage daran:
ob denn der Papst dann noch zu autoritativen Akten befähigt sei?
ob nicht immer vorher erst constatirt werden müsse, daß er einen
gesunden Verstand hatte, als er einen Akt vollzog? ob dies nicht

auch bei Vollziehung eines conciliarischen Aktes constatirt werden müsse? Zuletzt muß man auf ein Consilium der Aerzte recurriren, und steht oder fällt ein infallibler Akt eines Papstes mit dem Gutachten der Aerzte! Man sieht, wie weit man mit der persönlichen Infallibilität des Papstes gelangen kann!

———

Rom, 1. März 1870.

Einzelne Bischöfe, auch Darboy, schlagen vor, daß man im Falle ausdrücklicher oder thatsächlicher Bejahung, daß der in der neuen Geschäftsordnung festgesetzte Abstimmungsmodus sich auch auf dogmatische Decrete erstrecke, das Concil verlassen müsse. Die oppositionellen französischen Bischöfe beklagen sich insbesondere auch über ihre Regierung, weil sie von derselben nicht unterstützt werden. Darboy sagt: wenn in Rom ein Franzose mißhandelt würde, so erhöbe sich die ganze Macht des Kaiserreichs; aber wenn dem französischen Episcopate sein Recht und seine Stimme entzogen werde, rege sich die Regierung nicht. Dupanloup äußert sich dahin, daß mit der Preisgebung der weltlichen Papstmacht kaum ein Bischof den Wünschen des Papstes bezüglich der Definition des Dogma widerstreben würde.

Man erwartet die Proclamation der Unfehlbarkeit noch in der Fastenzeit oder doch bald nach Ostern, und zwar nahezu mit Einstimmigkeit; denn die Majorisirung erklären noch immer selbst die Meisten von der Majorität für unzulässig. Vor drei Monaten, wird den Inopportunisten gesagt, war das Concil mit seinen jetzigen Vorlagen entbehrlich, aber nachdem der Streit in der Kirche über die Gränzen des Primates in so heftiger Weise entbrannt ist, ist die Definition durchaus nothwendig.

Nach Antonelli ist es ausschließend dem Ermessen des Papstes überlassen, welche Berücksichtigung den Stimmen der Minorität zu Theil werden solle; dieser werde entscheiden, ob nach provisorischer geheimer Abstimmung ein Dogma in öffentlicher Sitzung votirt und promulgirt, oder ob es bei Seite gelegt werden solle. Eine ähnliche Antwort, wenn man eine solche überhaupt zu geben für nothwendig erachten sollte, wird auch die Minorität erhalten. Zu Russell sagte Antonelli: der Papst würde die Sendung eines französischen Gesandten zum Concil ablehnen, und zu Trautmannsdorff: er wisse nicht, ob die Canones, wie sie die „Allgem. Zeitung" brachte, authentisch seien, da er sie nicht gelesen habe; jedenfalls seien sie noch nicht vom Papste sanctionirt, und habe er sie deshalb auch nicht zu vertreten. Er sei aber erstaunt, daß Oesterreich einer anerkannten Religionsgesellschaft wehren wolle, ihre Glaubenssätze zu promulgiren.

Rom, 2. März 1870.

Eben lese ich in den „Mémoires de la Congrég. de la Mission" IV, 293: „Remarquez encore, que par ces paroles fort ordinaires dans la bouche des Jésuites, „Il est notre enemi déclaré", ces Pères entendent, ce que le Père Turcotti a si bien expliqué dans une de ses lettres, où il dit bonnement: Qu'il ne coûte rien à ces Pères de donner le nom d'enemi à quiconque n'approuve pas leurs pratiques, et ne donne pas dans leurs sentiments, parce qu'il arrive de là un grand bien, qui est d'ôter toute créance humaine à ceux qui ne parle pas comme eux. Belle doctrine, qui démontre la vérité du reproche que la morale pratique leur fait, d'enseigner qu'on peut calomnier les personnes les plus irréprochables quand l'interêt de la Compagnie le demande, et que son honneur a besoin de cet expédient pour se soutenir. Qui pourrait croire des faits si incroyables, si les Jésuites n'étaientpas eux-mêmes les premiers à les faire connaître par leurs écrits et à les repandre par leur conduite? Nun, wer sieht nicht, daß hier aufs genaueste das heutige Verfahren dieser Leute geschildert ist? Und wie steht der P. Schall jetzt vor meinen Augen da, er, dessen Lebensbild in einer Schrift aus dem Anfange der 50ger Jahre mich so sehr entzückt hatte! Die Jesuiten haben es wirklich zu Stande gebracht, die Geschichte im großartigsten Maßstabe zu fälschen!

Heute kam uns auch Fromann's Artikel über das Florentinum in der „Allgem. Zeitung" zu. Wir lasen ihn mit großem Inter=

esse. Für mich speciell bot er eine Erheiterung, wie ich sie seit Wochen nicht mehr empfand. Zwar hatte die ganze Frage für mich nur ein wissenschaftliches Interesse, weil ich das Concil von Florenz für kein öcumenisches halte und darin durch das Tridentinum bestärkt werde; allein auch trotzdem enthält der Artikel so verschiedene wichtige Punkte gegenüber den Infallibilisten, daß jeder Fallibilist ihn mit Genugthuung entgegennehmen muß. — Eben bin ich wieder mit einer Arbeit über das Object der Infallibilität im Schema de ecclesia Christi c. 9 und über die Coercitivgewalt der Kirche c. 10 fertig geworden. Hinsichtlich des ersten Punktes lehnte ich die Ausdehnung der Infallibilität auf die facta dogmatica ab, sowie ich auf deren ungemessene Ausdehnung auf das Gebiet der Wissenschaft, im Zusammenhalt mit c. 10 des I. dogmatischen Schema aufmerksam machte. Dabei wies ich nach, daß sich durch die facta dogmatica die Infallibilisten in ein unliebes Dilemma versetzt haben, indem auch hier die Honorius=Frage hineinspielt. Ich meine: entweder hat die VI. allgemeine Synode hinsichtlich des factum dogmaticum geirrt, oder nicht. Im ersteren Falle ist die Infallibilität nicht auf die dogmatischen Thatsachen auszudehnen; im zweiten, den sie doch annehmen müssen, sind sie als Infallibilisten geschlagen! Hinsichtlich der Coercitivgewalt der Kirche (in sontes etiam invitos) plaidirte ich für Glaubens= und Gewissensfreiheit und gegen Entziehung staatsbürgerlicher Rechte bei Religionswechsel. Ich glaubte dies auf mein Gewissen hin thun zu können und dabei auf correktem dogmatischen Boden zu stehen; denn der Glaube kann und soll nicht erzwungen werden. Die Geschichte der alten Kirche steht mir ja ohnehin zur Seite, wie z. B. das Verhalten des hl. Martin von Tours im priscillianistischen Streite zeigt; die gesunde Vernunft aber unterstützt mich in gleicher Weise. Schließlich bemerkte ich, ohne freilich darum gefragt zu sein, daß c. 10 am Schlusse „Romanam" gestrichen werden sollte, indem es in den Glaubensbekenntnissen, mit wenigen Ausnahmen, nicht gebräuchlich sei, den ursprünglichen Sinn von „apostolischer" Kirche verändere und zugleich eine Verdammung der orientalischen Kirche, nicht etwa blos als schismatisch, sondern als unwahr enthalte.

Rom, 3. März 1870.

Die Minoritätsbischöfe wollen von jetzt an, so sagt mir einer derselben, immer nur ein Cumulativ-Votum eingeben, weil sie erkannt hätten, daß dieses das Beste sein werde.

Es wird mir von glaubwürdiger Seite erzählt, daß mein Artikel im Bonner Literaturblatt über die Natur der Concilien von mehreren deutschen Bischöfen sofort auf die Staats-Secretarie gebracht und ihr übersetzt wurde. Er war gerade wenige Tage vor dem Telegramme über meine Ausweisung hier eingetroffen.

Dr. Hasler, ein Münchener Diöcesangeistlicher, welcher sich hier in der Anima befindet, theilt mir mit, daß man sich dort bei Tische immer viel mit mir beschäftigte; seitdem ich aber dem Würzburger Bischof meine Erklärung gegen das „Fränkische Volksblatt" übergab, herrsche allgemeines Stillschweigen dort. Von einer Retractation dessen, was man über mich gesagt hatte, natürlich auch kein Wort. Ueberhaupt sei man dort so fanatisch, daß man ihn, wenn er ein Wort zu Gunsten der entgegengesetzten Ansicht oder Döllingers zu sagen wage, sogleich damit niederschreie: „Das ist häretisch".

Charakteristisch ist es doch, wie die „gute Presse" verfährt. Das Univers nimmt jetzt keine Notiz mehr von mir; daß die Redaction der „Allgem. Zeitung" mich als ihren Correspondenten ablehnte, existirt nicht für dasselbe. Da druckt es den Brief Hefele's ab; allein was er über mich und den Hrn. Cardinal H. sagt, bleibt weg! Selbst Erzb. Cardoni ist entrüstet über das Verfahren gegen mich.

Römische Geistliche erzählen mit Genugthuung, man habe polizeiliche Maßregeln ergriffen, um die Aufführung der Oppositionsbischöfe zu überwachen! Da man ihnen anders nicht beikommen kann, will man sie moralisch ruiniren. (Nach dem Concile wurde dies von einem Bischofe selbst bestätigt.) Zu diesem Behufe stellt man sie auch als „vom Protestantismus inficirt" dar. Und ein römischer Prälat erzählt, daß selbst ein Legat (Bizzarri) meinte: es wäre doch sehr gut, wenn der Papst jetzt heimgehen würde; die Bischöfe kehrten in ihre Diöcesen zurück und Alles würde ruhig verlaufen, da hoffentlich ein ruhigerer Papst nachfolgte.

Die Franzosen sind äußerst rührig. Schon wieder haben sie

eine Vorstellung eingereicht: Ad Summ. Pontificem Pium IX. P. et ad Patres Concilii oecumenici Vatic. humillima deprecatio. Paris 1870, lat. und französisch, die Amovibilität der Cantonal=Pfarrer betr. § 1. An episcopus, sine causa et forma canonica, parochum, titulo perpetuo investitum, dejicere et spoliare possit? § 2. An ab episcopalibus decretis appellari possit ad S. Sedem, ex jure communi, vel tantummodo in casibus extraordinariis? § 3. An licet Episcopo Gallicano parochi nuncupati gallice „cantonal" reintegrationem recusare, ex resolutione suprema s. Sedis decretam, praetextu quod res ad potestatem civilem attineat? § 4. An Episcopus, in Gallia, possit impedire ne rescriptum pontificale, pro tempore indefinito traditum quoad sacra mysteria celebranda, executioni mandetur, quando ex mandato Sanctissimi fuerit ostensum Curiae, quatenus in ejusdem dioecesi detentor celebrare voluerit? Durch diese Willkürherrschaft der Bischöfe wurde aber der französische Clerus der enragirteste Vorkämpfer für die „ordinaria et immediata potestas" des Papstes auch in den Einzelndiöcesen. Mit Unrecht, heißt es z. B. unter § 2, behaupten die Bischöfe, es sei dies nur in „außerordentlichen" Umständen gestattet, da der Papst in den Einzelndiöcesen nur eine außerordentliche, keine „ordentliche" Jurisdiction besitze. Das Gegentheil habe Pius IX. schon in einer epistola vom 26. Okt. 1856, mit Berufung auf das IV. lateranensische Concil, ausgesprochen.

Im Echo du Vatican Nr. 12 v. 25. Februar pg. 183 finden sich in französischer Uebersetzung auch Voeux du Clergé français. I. Comme, par la difficulté des temps, les sacrés canons par lesquels était régie la condition du clergé du second ordre sont tombés pour la plupart en désuétude, il semblerait très-important que le saint Concile daigne restaurer ces anciens canons et en formuler de nouveaux en faveur du clergé, et pour l'amélioration de la discipline en cette condition. (Da soll der französische Clerus nur bei sich und aus eigenem Antriebe anfangen. Z. B. ist es ein großer Skandal, daß hier fast jeder der zahlreichen französischen Geistlichen eine, zwei oder drei Damen, meist sogar sehr junge, mit sich herumführt und oft in unanständigster Weise mit ihnen in einem Wagen zusammengepreßt herumfährt ꝛc.) — II. Les tribunaux ecclésiastiques, auxquels est confiée l'observation ferme et vigilante de la loi, furent toujours d'une très-grande utilité soit à la dignité des Pontifes, soit à l'infirmité de leurs sujets; leur rétablissement est dans les voeux les plus ardents de tous. — III. La raison de la fragilité humaine demande que celui qui a été condamné par un premier jugement ait la faculté d'en appeler à un juge superieur: c'est pourquoi les tribunaux diocésains et métropolitains doivent admettre et juger ces appels en laissant toujours sauf la droit de recourir au Saint Siège. — IV. La collation, la translation et la privation des bénéfices ou titres ecclésiastiques étaient jadis régies par des règles très-sages, selon la loi canonique. — V. Que les sentences procédaient toujours d'une conscience très-informée soient reservées pour les cas les plus graves, et qu'on evite en les formulant toute publicité contraire à l'honeur du sacerdoce.

Rom, 4. März 1870.

Nach Carb. Rauscher sind bezüglich des I. Schema's de fide die Vorschläge der Minorität weit über Erwarten berücksichtigt worden, so daß einstimmige Annahme wahrscheinlich sei. Die Worte „judicantibus episcopis" sind eingesetzt, womit die bisher von der römischen Partei bestrittenen Rechte des Episcopats gesichert seien. Die Minorität habe ferner sehr zahlreiche, weitgehende principielle Modificationen zu c. 1—10 des Schema de ecclesia formulirt und sei nach wie vor einig und entschlossen, einer Definition, welche die Unfehlbarkeit im Primat concentrire und aufgehen mache, sich in jeder Fassung zu widersetzen.

Der Vorschlag, sich einstweilen, bis eine Antwort auf die Remonstration gegen die Geschäftsordnung erfolgt ist, des Besuchs der Sitzungen zu enthalten, wird zwar gemacht aber nicht angenommen. Es ist überhaupt zweifelhaft, ob die Minorität Energie genug zur Erreichung ihres Zweckes besitzt. Gleichwohl ist diese Bestreitung der Oecumenicität des Concils durch die Minorität schon von hoher

Bedeutung für die künftige Beurtheilung der Beschlüsse des Concils. Card. Rauscher, obgleich einverstanden, will die Beschwerdeschrift der Minorität dennoch nicht unterzeichnen. Ketteler brachte einen Zusatz ein, der die Befugnisse der Bischöfe in partibus infidelium, auf dem Concile zu stimmen, in Frage stellt. Der französische Entwurf der Beschwerde ist von Dupanloup redigirt; Card. Mathieu, mit dem Schritte einverstanden, unterzeichnet nicht. Darboy, sagt mir ein Diplomat, äußerte: wozu sollen wir eigentlich wieder eine Vorstellung eingeben, wir erhalten ja doch keine Antwort darauf; er scheint vielmehr direkt die Regierung engagiren zu wollen, die Freiheit der Bischöfe zu sichern. Von den Italienern wird keiner zeichnen; mehrere Ungarn werden mit Urlaub abreisen. — Die deutschen Bischöfe sind, so erzählt mir Dr. Hipler, fest entschlossen, bei dem ersten Versuche einer Vergewaltigung Rom unter Protest zu verlassen.

Hervorragende Infallibilisten sprechen jetzt wieder davon, daß man nicht daran denke, die Infallibilität so zu definiren, daß die gegentheilige Ansicht als Häresie verdammt würde, d. h., man will es mit ihr machen, wie mit der Immaculata Conceptio auf dem Concil von Trient, um eines Tages, wenn die Sonne einen Papst recht schön anscheint, als Dogma verkündigt zu werden.

Rom, 6. März 1870.

Primas Simor und einige andere ungarische Bischöfe haben sich in der letzten Zeit von den Versammlungen bei Rauscher zurückgezogen und auch nicht unterzeichnet.

Heute besuchte ich auch die „christliche Kunstausstellung." Es läßt sich nicht leugnen, daß sie außerordentlich Interessantes bietet und Prachtstücke enthält, wenn sie auch noch gar Manches zu wünschen übrig läßt. Da aber einmal die Infallibilitätsfrage Aller Sinn gefangen hält, welche überhaupt noch ein Interesse an kirchlichen Fragen haben, so fesselten besonders auch drei Stücke meine Aufmerksamkeit. Zunächst im Säulengange eine Statue Pius' IX., in der Stellung, wie er eben die Definition der Immaculata Conceptio ausspricht, die Augen nach Oben gewandt und in der Hand ein Schriftstück. Charakteristischer ist schon das auf diese Definition bezügliche Gemälde mit den unvermeidlichen, dick aufgetragenen Sonnenstrahlen, welche eben auf Pius fallen, als er vor der päpstlichen Cathedra, wie sie jetzt in der Concils-Aula angebracht ist, stehend definirt. Am merkwürdigsten ist aber in einem der Säle eine kleine Gruppe, unter welcher steht: per ristrettezza di tempo in piccolo. Sie stellt Christus nach der Auferstehung dar; vor ihm steht in etwas verkleinerterer Figur Pius IX. in lange wallendem Pluviale, die beiden Hände gewissermaßen demonstrirend ausgereckt und das Gesicht so auf Christus gewandt und mit so eigenthümlichem Ausdrucke, als ob er sagen wollte: Nicht wahr, ich bin Dein tüchtigster Stellvertreter! Ja, wenn man die einfache und demüthige Haltung Christi mit der selbstbewußten Pius' vergleicht, möchte man geneigt sein, zu muthmaßen: Pius denke, ich bin nicht blos, was Du selbst bist, sondern noch weit mehr; ich befehle Allen, während Du Allen gedient hast. Darunter sind die von Christus bei dieser Gelegenheit an Petrus gerichteten Worte angebracht; von Petrus selbst ist aber nichts zu entdecken. Zu den Füßen liegt dagegen ein Büchlein mit der Aufschrift: Acta Concilii Vaticani. Pius soll bei der Eröffnungsfeierlichkeit sehr wohlgefällig gerade bei dieser Gruppe verweilt haben, während schon vorher der Künstler die Glückwünsche vieler Cardinäle und Bischöfe entgegengenommen hatte. Gerade in diesem Saale verweilt ein Gendarm. Soll er vielleicht beobachten, wie die Beschauenden sich vor dieser Gruppe benehmen? Mich wenigstens hatte er sehr scharf ins Auge gefaßt.

Der Uditore des Hrn. Cardinal H. theilte heute diesem ganz erregt mit, man habe auf der Staatssecretarie meine beiden Artikel im Bonner Literaturblatt übersetzt und sich vor Entrüstung darüber „fast die Haare ausgerauft". Nach meiner Darstellung „sei gar keine Infallibilität mehr möglich, ja der Papst selbst nichts mehr, da er in Allem an das occidentalische Concil gebunden sei." Man scheint also von dieser Seite gar keinen Angriff für möglich gehalten zu haben. Man rechnet darum dem Hrn. Cardinale meine Berufung nach Rom als einen der größten Fehler an. „Man halte dafür, sagte der Uditore, Eminenz würden ein sehr großer Cardinal geworden sein, wenn Sie nicht zwei große Fehler begangen hätten, einmal daß Sie Carb. d'Andrea nach seiner Rückkehr hieher besuchten, dann daß Sie jetzt Prof. Friedrich zu sich beriefen." Warum wies man mich denn nicht wirklich aus, wenn meine Anwesenheit so gar widerwärtig ist? Allein da mag ein deutscher Bischof Recht haben, welcher mir heute sagte: „man würde dadurch doch vor aller Welt eingestanden haben, daß man sich vor einem einfachen Professor fürchte, und da man mit ihm auf keinem anderen Wege fertig werden könne, jage man ihn aus dem Lande; würde man können, würde man ihm von der Inquisition den Proceß machen lassen."

Heute wurde Hrn. Carb. von Gesù auch H. Ramière's S. J. Bulletin du Concile (Toulouse) zugeschickt; es ist nur als Supplément hebdomadaire au Messager du Coeur de Jésus — bezeichnet (Nr. 11, 24. Févr.) und enthält La mission du Concile révélée par l'abbé Gratry. Es ist in wenigen Zeilen Gratry und das ganze oppositionelle Frankreich und Deutschland abgethan. Die Opposition ist als ganz „zutreffend" „Antipapismus" genannt, Döllinger mit Frohschammer 2c. zusammengeworfen. Für den Kenner des Jesuitismus ist aber am Schlusse (pg. 264) bezeichnend: „Quelques-uns peut-être résisteront; et mis en demeure d'opter entre leur foi de catholiques et leurs rancunes de sectaires, aimeront mieux sacrifier leur catholicisme nominal que de renoncer à leur anti-papisme. Nous pleurerons la perte de ces aveugles: mais il ne viendra à la pensée de personne que cette perte ait pour principe la manifestation de la vérité. S'ils se séparent ouvertement de nous, c'est que déjà par le coeur ils n'étaient plus avec nous. Ils ne demeuraient dans nos rangs que pour troubler notre union et conspirer contre notre cause. C'était vraiment „l'enemi secret qui arrêtait notre marche." En le chassant des ses rangs, l'armée sainte obtiendra la garantie la plus précieuse de ses futurs succès." Ja, es ist bei dieser Brut wahr: sint ut sunt, aut non sint! Welch ein Hochmuth spricht nicht aus diesen wenigen Zeilen! Sie kennzeichnen aber auch ganz treffend das Ziel, welches dem Concil vorgesteckt ist: den Jesuiten die Herrschaft zu erringen helfen und zu dem Behufe alle jene Elemente aus der Kirche zu stoßen, welche dem Jesuitismus in seinem Siegeslaufe irgendwie hemmend in dem Wege stehen. Vielleicht gilt aber auch für diese „hl. Armee": Hochmuth kommt vor dem Falle! Es gehört übrigens die ganze Frechheit der Jesuiten dazu, ein solches Pamphlet dem Hrn. Cardinal in die Hand zu spielen, worin sein Hr. Bruder, der bair. Ministerpräsident, als der größte Feind der Kirche in Baiern hingestellt wird. Pg. 254: „Le principal chef de l'école en Allemagne fait-il mystère de ses liaisons politiques, et ne nous a-t-il pas donné dix preuves pour une de la confiance avec laquelle il s'appuie sur le bras séculier? N'est-il pas lui-même le principal appui de l'enemi le plus acharné qu'ait en Bavière la liberté de l'Eglise?" Wären aber nur die Regenten wieder in den Händen der Jesuiten, dann dürften sie neuerdings wieder sagen: l'état c'est moi — und die wesentlichsten kirchlichen Rechte an sich reißen! Wahrhaftig, eine Sache, welche die Jesuiten, zumal mit solcher Leidenschaftlichkeit verfechten, ist schon um deßwillen höchst verdächtig! Wer sie kennt, weiß die Schlußworte des Pamphletes zu erklären: „Alors, en effet, le Concile aura réalisé le voeu le plus ardent du Sauveur et accompli la condition de laquelle ce divin Maître fait dépendre la soumission du monde entier au joug de la foi", sc. de la Société de Jésus; denn selbst unter Jesus ist nur die Societas Jesu zu verstehen: In nomine Jesu omne genu flectatur, müssen die Priester sehr bezeichnend am Altare zum Feste des hl. Ignatius von Loyola beten. Der frühere, jetzt in seinem Amte durch einen Jesuiten ersetzte Beichtvater Pius' IX. scandalisirte sich an dem Vorabende dieses Festes darüber stets außerordentlich und wollte durchaus diese Worte aus dem Meßformular für Loyola getilgt wissen.

Rom, 8. März 1870.

Aus Anlaß des Antrages auf Aufhebung der jesuitischen Facultät in Innsbruck kommt auch Landes-Archivar Dr. Schönherr als Redacteur der Schützenzeitung, „eines der fortgeschrittensten Blätter" in Innsbruck in ultramontanen Blättern zur Anerkennung, da er sich dieser Facultät annahm. Auch das Univers v. 5. März reprobucirt seinen Artikel. Interessant ist der Schluß des Univers: „L'importance de faculté d'Innsbruck ressort de nombre des élèves qui en frequentent les cours. 213 jeunes ecclésiastiques, parmi lesquels 125 séculiers appartenant à 32 diocèses et 88 réguliers appartenant à 14 maisons réligieuses différentes, viennent chercher à Innsbruck une doctrine qui, vous le savez, monsieur, n'est pas enseignée par toute l'Allemagne, malheureusement. Je n'ajoute rien à cette consideration. Elle suffira, j'en suis convaincu, pour vous engager à soutenir la faculté de théologie dirigée à Innsbruck par les PP. Jésuites, de tout le poids de votre autorité." Also nicht einmal die Facultäten in Würzburg und Mainz sind correkt genug! Nun, vielleicht gelingt es der gegenwärtigen ultramontanen Kammermajorität in Baiern durch ein Ministerium aus ihrer Mitte die theologischen Facultäten in die rechten Hände zu bringen. Katholisch sind ja die Universitäten München und Würzburg ohnehin, und die Jesuiten sind, wenn nicht die alleinigen, doch die besten Wächter des Katholicismus.

Während der Stille, welche jetzt hinsichtlich der conciliarischen Angelegenheit herrscht, muß und kann man sich im Univers allein näher informiren. Am 5. März schreibt es: Notre correspondant ordinaire nous écrit de Rome, à la date du Ier mars: Il y a aujourd'hui même reunion au Vatican, des Pères composant la députation de Fide, pour examiner le premier schema modifié par NN. SS. Pie, Dechamps et Martin. On dit, que sans rien retirer du sens du schema combattu dans les discussions qui ont eu lieu, la nouvelle rédaction est un chef-d'oeuvre de clarté et de force, et qu'elle maintient les affirmations si nécessaires à la doctrine, en dépit des efforts de quelques Evêques français qui avaient demandé qu'on ménageât les susceptibilités des écoles philosophiques modernes.

In seiner Nr. v. 1 Mars hatte das Univers auch mitgetheilt, daß das Schema de ecclesia Christi von Perrone verfaßt sei, was übrigens für Jeden klar war, der dasselbe mit Perrone's Praelectiones vergleichen wollte. On dit partout que ce schema est admirablement fait, setzt Veuillot hinzu, und es muß wahr sein, wenn es dieser moderne Kirchenvater sagt. — Ueber mich schweigt Veuillot jetzt beharrlich. Ich bin ja aus Rom ausgewiesen; das zu wissen, genügt.

Ohne daß Jemand, der nicht tiefer eingeweiht ist, etwas ahnte, ist heute das Schema von der Infallibilität als Zusatz zu Cap. XI des Schema's de ecclesia vertheilt worden. Die Ueberraschung und das Erstaunen der Minorität ist groß. Dazu ist der Zusatz theils unrichtig, theils eine petitio principii, indem der Papst sich selbst für infallibel erklärt! Man treibt es also auf die Spitze und scheut nicht davor zurück, einen Theil der Kirche von sich zu stoßen, ganz entsprechend der unverantwortlichen Rede des Papstes, daß dies „nur zur Reinigung der Kirche dienen werde". Müssen die Bischöfe der Opposition bereits an die Wirklichkeit eines eintretenden Schisma denken, so fängt man an, die Standhaftigkeit der Opposition, wenigstens eines Theiles derselben, zu bezweifeln. Schon, sagte mir eben Hipler, ist sie etwas zusammengeschmolzen: einzelne ungarische Bischöfe zogen sich von ihr zurück oder reisten ab, andere werden dem Beispiele der ersteren folgen. Sehr charakteristisch ist in dieser Beziehung auch, daß der preußische Militärbischof mir gestern sagte: er „glaube fest, daß Ketteler noch der Führer der Deutschen werde; er habe dazu alle erforderlichen Eigenschaften". Nun ja, ich kenne diese Eigenschaften; man drückt sie gewöhnlich mit den Worten „tyrannisches Wesen" aus. Die Belegstelle dafür findet sich in meinen Memoiren oben verzeichnet. Wenn freilich die Oppositionsbischöfe der Tyrannei und dem Despotismus dieses Mannes sich fügen, dann geben sie selbst vor aller Welt kund, daß sie unwürdig sind, Führer der Völker zu sein. Was aber noch gefährlicher ist, durch die Führerschaft Ketelers werden sie nur wieder in den Netzen der Jesuiten, denen sie eben sich entwinden wollten, gefangen.

Rom, 9. März 1870.

Ein hervorragender römischer Geistlicher erzählte mir heute, der Papst habe einem Manne, der im Besitze seines Vertrauens sei und oft zu ihm komme, gesagt: „die Jesuiten haben mich auf diese Fährte geführt, ich will es jetzt auch durchsetzen; die Jesuiten mögen für die Folgen verantwortlich sein"! Solche Dinge möchten einen ehrlichen deutschen Charakter in Verzweiflung bringen. Ein Papst kann möglicherweise fast die ganze Kirche auf falsche Wege drängen und die Verantwortung dafür auf die Jesuiten abwälzen! Allein man wird hier auch an ein anderes Wort Pius' öfter erinnert, welches er in Bezug auf den Kirchenstaat einmal hinwarf: „So lange ich lebe, wird es wohl noch gehen"!

Ich habe früher einmal bemerkt, daß man Anstalten zur polizeilichen Ueberwachung der Aufführung der oppositionellen Bischöfe treffen zu müssen vorgebe. Als ich heute mit Canonicus Wick aus Breslau (ebenfalls entschiedener Gegner der Infallibilität) und Hipler spazierenging, nahm ich Veranlassung ihnen dieses gelegentlich beizubringen, damit sie es den betreffenden Bischöfen zu Ohren bringen können. Da sagte Wick: Ja, in dieser Beziehung sei ihm im Gasthause bei Tische Aehnliches zu Gehör geredet worden. Ein Laie sagte: „den deutschen Bischöfen werde die Zeit hier lange, sie möchten bald wieder zu ihren Maitressen heimkommen." Da sei er, Wick, aber aufgestanden und habe ihn so niedergedonnert, daß jener ganz kleinlaut wurde und sich damit hinausredete, er habe nur die ungarischen Bischöfe damit gemeint.

Von unseren deutschen Bischöfen hört man eigentlich gar nichts mehr: sie werden zuwarten, wie die neue Geschäftsordnung praktisch ausgeführt werde. Ich weiß, daß man ihnen sagte: das sei ein durchaus verfehlter Standpunkt; sie müssen mit aller Entschiedenheit protestiren: das Concil mit einer solchen Geschäftsordnung sei kein allgemeines, weshalb sie dasselbe, ohne sich auf weitere Verhandlungen einzulassen, verlassen müßten, wenn man ihren rechtlichen Ansprüchen nicht Gehör gebe. Allein all das ist in den Wind gesprochen. Schreibt doch selbst Hefele v. 28. Februar an das „deutsche Volksblatt": „Wie sich diese neue Geschäftsordnung in praxi erproben werde, müssen wir abwarten." Sie werden so lange „abwarten", bis ihnen der Hals wird zugeschnürt sein. Ist das bereits der gute Rath des künftigen Führers der Deutschen?! Hefele dementirt in dem nämlichen Artikel auch das Telegramm von meiner Ausweisung aus Rom. Leider daß ich nicht ausgewiesen wurde! Ein deutscher Theologe mitten in diesem Marasmus, das ist geradezu unerträglich; ich habe nur den Vortheil vor den Theologen, welche in der Heimat die hiesigen Vorgänge betrachten, voraus, daß ich sagen kann: Mortuus sum, während jene noch in den letzten Zügen liegen, da die „Allgem. Zeitung" von ihnen eben sagt: Morituri vos salutant.

Wie selbst sonst vernünftigere römische Prälaten die Dinge ansehen, ergibt sich aus einem Zwiegespräche Wick's mit dem Card. de Luca. Der Erstere stellte diesem vor, daß die Definition der Infallibilität in Deutschland nur große und unabsehbare Verwirrungen herbeiführen würde. Der Cardinal schwieg einige Augenblicke, dann orakelte er: „Wenn nur alle deutschen Bischöfe wie der Bischof von Paderborn wären!" Sapienti sat. Auch von Grafen Oriola erhielt de Luca eine Vorlesung über diese rücksichtslose Vergewaltigung des katholischen Deutschlands, erzählte mir eben Graf . . . . . . Was wird dies aber helfen? Es ist dies Alles bei den blinden Römern und Römlingen ein Schlag in's Wasser. Nach demselben Grafen weigerten sich die oppositionellen Bischöfe hinsichtlich der Infallibilität zu verhandeln. Sie sollen erklärt haben oder zu erklären Willens sein, daß ihre Definition 1) inopportun sei, 2) derselben so viele und gewichtige wissenschaftliche Bedenken und Schwierigkeiten entgegenstehen, daß sie unmöglich binnen 10 Tagen ihre Bemerkungen eingeben können. Wird man aber diese Eingabe nicht neuerdings ignoriren? Ich konnte dem Grafen meinerseits nur sagen, daß ein in aller Form und Entschiedenheit abgefaßter Protest, daß sie das Concil nicht anerkennen, wenn man auf dem Versuche, sie zu vergewaltigen, beharre, allein noch einige Rettung erhoffen lasse, worauf denn derselbe ebenfalls einging. Er selbst meinte auch, daß vielleicht die Regierungen dadurch einen Druck ausüben könnten, wenn sie Kündigung der Concordate in Aussicht stellten, da durch die Definition der Infallibilität die Grundverfassung der Kirche verändert werde, von da an Papst und Bischöfe in einer wesentlich anderen Situation seien, als zur Zeit, wo die Concordate abgeschlossen wurden. Allein ich zweifle an einem Erfolge dieses Schrittes aus zwei Gründen: 1) wird sich Rom und die Majorität dadurch nicht irre machen lassen, im Gegentheil erst recht das Bedürfniß zur Definition empfinden, 2) erklärten ja die Vertheidiger der Infallibilität immer schon, daß dies keine Neuerung sei.

In Rom kann man unter den gegenwärtigen Umständen wirklich zum Meditiren kommen. Die Lust zu anhaltender wissenschaftlicher Beschäftigung schwindet, die fieberhafte Aufregung hat einen zu hohen Grad erreicht, als daß man mit Ruhe wissenschaftlicher Forschung obliegen könnte. Dennoch hat mich immer eine gewisse Ruhe der Besonnenheit und Ueberlegung nicht verlassen; ja ich bin in wenigen Monaten viel kälter geworden. Ich staune da freilich oft über die Riesenschritte, mit welchen meine geistige Entwicklung hier vorwärts schreitet; allein genau betrachtet, ist auch dieses wieder eine Täuschung: ich stehe auf dem nämlichen Standpunkte, den ich bei meiner Ankunft bereits innehatte, derselbe wird mir nur von Minute zu Minute klarer, die Richtigkeit und die Consequenzen desselben werden mir immer bewußter. Ich mache auch keinen Hehl mehr aus meiner Position und erkläre offen, daß ich dieses Concil nie als ein öcumenisches anerkennen könne und werde. Natürlich ist damit auch meine Thätigkeit als Professor der Theologie beendigt; denn das geht mir doch zu sehr wider den Mann, so oft ich auf den Lehrstuhl trete, mir sagen zu müssen: Du bist doch ein furchtbarer Heuchler, Du lügst, indem Du gegen Deine wissenschaftliche Ueberzeugung sprichst. Uebrigens fühlte ich auch nicht einmal die nothwendige Kraft in mir, die ganze Kirchengeschichte zu einem Lügensysteme umzugestalten, wie es nach der Proclamirung der Infallibilität nothwendig wird. Ich will dies Anderen überlassen, namentlich den Doctores Romani, welche dafür im Collegium Germanicum durch die Jesuiten die nothwendige Vorschule genossen haben werden. Sie mögen ihren Lehrmeistern ebenbürtig die Geschichte verfälschen, das deutsche Volk systematisch belügen und verdummen; ich aber will meine Hände nicht zu diesem Teufelswerke bieten. Ich bin nur begierig, wie lange unsere Regierung dieses Treiben dadurch noch begünstigen wird, daß man alle hervorragenderen geistlichen Aemter und die Professuren diesen in Rom gebildeten Männern verleiht. Und doch steht das Germanicum in wissenschaftlicher Beziehung kaum so hoch als unsere besseren Lyceen. Gleichwohl gilt aber ein solcher Germaniker, der nie den Beweis einer besonderen Befähigung zu liefern braucht, schon deshalb weil er im Germanicum war, für einen ausgezeichneten Gelehrten, der für jede Professur und jedes geistliche Amt befähigt ist. Wann wird in dieser Beziehung unsere Regierung zur Einsicht kommen? Oder wird sie fortfahren, sich um derartige Dinge so wenig zu bekümmern, daß sie später nach Beförderung eines Germanikers zum Bischofe (Leonrod) eingestehen muß, sie habe gar nicht gewußt, daß er ein Germaniker sei? Bischof Stahl sagte unlängst, daß sein Neven, Privatdozent Dr. rom. Stahl, demnächst zum Professor in Würzburg werde befördert werden. Wo sind denn aber von ihm Leistungen, die man von uns in Baiern gebildeten Gelehrten unnachsichtig verlangt, und welche uns, selbst wenn sie in ganz Hervorragendem bestehen, doch zu nichts verhelfen?!

Man beschäftigt sich jetzt in und außer Rom auch viel mit der Frage: wie groß eine Minorität sein müsse, wenn sie bei dogmatischen Beschlüssen berücksichtigt werden solle? Für mich ist die Sache klar und ausgemacht. Die Curie und Majorität können auf Grund des Curialsystems, das sie vertreten, einer Minorität gar keine Bedeutung zuschreiben, für sie ist ja selbst eine Majorität bedeutungslos, wenn sich der Papst ihr nicht anschließt. Anders für denjenigen, welcher die Geschichte der Kirche bei solchen Fragen zu Rathe zieht. Da sind die Akten der Concilien und die Tradition entscheidend, wie sie Vincentius von Lirinum so scharf und präcis ausgesprochen hat (c. 29): Item diximus in ipsa Ecclesiae vetustate duo quaedam vehementer studioseque observanda, quibus penitus inhaerere deberent quicunque haeretici esse nollent; primum, si quid esset antiquitus ab omnibus Ecclesiae catholicae sacerdotibus universalis Concilii auctoritate decretum. — — C. 31:

Omnes Episcopi adclamaverunt. Hac omnium voces sunt, haec omnes dicimus, hoc omnium votum est, u. ö. Ebenda kann man auch finden, daß und wie man sich überzeugte, daß in allen Ländern des Occidents wie Orients dieselbe Lehre vorhanden ist. Ist es aber jetzt wirklich so weit gekommen, daß man den Episcopat ganzer Länder ignorirt und vergewaltigt! Können und müssen sich dieses die Katholiken dieser Länder gefallen lassen?! Haben sie nicht das Recht, ihre Bischöfe, falls sie sich einer gewaltthätigen Majorität ohne innere Zustimmung fügen sollten, als pflichtvergessen abzuweisen?! Ich kann nur eine erfolgreiche Beseitigung all dieses Unglückes darin entdecken, wenn unsere Bischöfe unter Protest das Concil verlassen, aber in aller Form erklären, dasselbe nicht weiter als öcumenisch anzuerkennen. Sie können sich dabei auf ihre gläubigen Völker stützen, und da die Beschlüsse dieses Concils, wenn man solche wirklich fassen sollte, nicht allgemein anerkannt und angenommen würden, wäre auch factisch dessen Oecumenicität beseitigt. Auch dies kann aus der Kirchengeschichte schlagend dargethan werden. Ein dem unqualificirbaren Pius folgender Papst würde wahrscheinlich das Vergangene nicht weiter berühren, aber trotzdem geordnete Beziehungen zum apostolischen Stuhle wiederherstellen: causa finita est, d. h. es wäre der alte Zustand wiederhergestellt, die Neuerung beseitigt. Die Gefahr eines formellen Schisma wäre eigentlich gar nicht mehr vorhanden, indem ja doch eigentlich nur das Concil beschlußunfähig gemacht würde. Und wäre denn dieses in der Kirchengeschichte das erste Beispiel? Unsere Bischöfe scheinen dieser Ansicht zu sein, und die Jesuiten präsumirten nicht mit Unrecht eine große Unkenntniß der Kirchengeschichte bei den Vätern des Concils. Dieselbe ist grausenerregend; denn sonst ließen sie sich solche Dinge nicht bieten; ihre Indignation darüber müßte schon längst zum Ausbruche gekommen sein. Man erinnert mich vielleicht an Hefele. Ich bin allerdings der Letzte, der dessen große kirchenhistorische Erudition in Frage stellen möchte, obwohl ich seine Theorie der Concilien im I. Bande seiner Conciliengeschichte in vielen Punkten für durchaus falsch bezeichnen muß. Allein er wird, wie es scheint, der Anderen nicht Meister, oder muß sich vielleicht schon dem „Führer" der Opposition zugleich mit den übrigen Bischöfen beugen.

Während das Univers schon Anfangs dieses Monats (1. März) der Welt verkündete, daß das I. dogmatische Schema umgearbeitet und „ein Meisterstück von Klarheit und Kraft" sei; während man auch hier verbreitete, die Umarbeitung habe die volle Zufriedenheit der Minorität erhalten: sagte gestern Erzb. Cardoni, ein hervorragendes Mitglied der Rechten und der Commissionen des Concils, daß die dogmatische Commission ihre Arbeit noch nicht vollendet habe; denn man gehe mit großer Sorgfalt zu Werke. Zuerst behandle es die Commission, dann die drei Bischöfe (Dechamps, Pie und Martin) und zuletzt habe P. Kleutgen die Generalcensur, Kleutgen, der natürlich wieder als Deutscher geltend gemacht wurde. Wie? Kleutgen, der vom S. Ufficio verurtheilt worden war? fragte man Cardoni. Kleinlaut antwortete dieser: ja! Die I. Hälfte des dogmatischen Schema beabsichtigt man nach dem Erzbischofe an Ostern in einer feierlichen Sitzung proclamiren zu können; auch Cardinallegat Bizzarri spricht von dieser Absicht, wenn die deutschen Bischöfe nicht eine Verzögerung verursachen. Ferner meinte Cardoni, die deutschen Bischöfe könnten doch zufrieden sein, da so viele Bischöfe aus ihrer Mitte in den Congregationen sitzen. Und freilich, außer Martin noch Stahl, Leonrod und Senestrey, drei Jesuitenschüler, und in einigen gleichgültigen Congregationen oder unter einer immensen Majorität Melchers, Tarnoczy ꝛc. Hierauf erzählte Cardoni, daß er gestern vor dem Card. Schwarzenberg eine Audienz beim Papste hatte. Schwarzenberg wurde gerade eingeführt, als er, Cardoni, herausging; allein er hatte die päpstlichen Audienzgemächer noch nicht verlassen, als auch Schwarzenberg schon wieder zurückkam. Natürlich nimmt man dies als ein Zeichen ungnädigen Empfanges des Cardinals seitens des Papstes. Schwarzenberg hatte jedoch, wie ich höre, nur einen Peterspfennig zu überreichen, aber allerdings schon 14 Tage auf Gewährung der Audienz warten müssen, während sonst einem Cardinal binnen zwei Tagen Audienz gewährt werden soll.[1]) Endlich macht sich Cardoni auch über die

[1]) Card. de Angelis verbreitet über Card. Schwarzenberg auch noch,

schlimmen Folgen des römischen Treibens keine Illusionen. Die Regierungen, sagt er, hätten anzeigen lassen, daß sie mit Repressalien antworten und namentlich den Geistlichen die Einkünfte entziehen würden, und insbesondere wolle die italienische diese Maßregel auch auf die Pfarrer ausdehnen. Aber trotzdem hier keine Besinnung, kein Gedanke an Umkehr!

Ein Monsignore, ehemaliger Zögling des Germanikum, sagt: „die Minorität fange an zu zerfallen," was ganz gut zu der Aeußerung Hiplers passen würde. „Der Cölner und Mainzer, fuhr er fort, sind ja ohnehin schon ganz auf die andere Seite übergegangen." Man merke: der künftige „Führer" der Opposition. „Es würden dann schließlich noch Hefele, Rauscher und vielleicht der Bischof so und so übrig bleiben, aber kein Mensch werde auf das hören, was sie sagen." Wirklich soll nach seinen Reden auch Stroßmayer, dem er näher steht, über die Versammlung der Deutschen enttäuscht worden sein. Ein Zerfall der Minorität ist aber unter den jetzt obwaltenden Umständen, wenn sie sich nicht schnell zu einer energischen That aufrafft, sehr wahrscheinlich. Rom selbst, wie eingeweihte römische Geistliche versichern, fürchtet, daß die Minorität nicht blos einen entschiedenen Protest einlegen, sondern diesmal endlich ihm auch einen Nachdruck geben wird. Ich glaube jedoch nicht, daß es hiezu kommen wird, obwohl es das einzige Mittel ist, welches zum Heile der Kirche ergriffen werden kann. Auf der anderen Seite wird zuverlässig versichert, die Minorität halte noch fest zusammen und an ein Auseinandergehen derselben sei gar nicht zu denken, besonders aber sei Ketteler ganz entschiedener Inopportunist. Er habe sogar versprochen, Alles aufzubieten, daß es nicht zu einer Definition der Infallibilität komme! Wie sehr müssen schließlich die Bischöfe und noch mehr die fallibilistisch gesinnten Katholiken sich der Hochherzigkeit Kettelers zum Danke verpflichtet fühlen! Alles, ihre Ruhe, ihr Seelenheil haben sie nur ihm zu verdanken! Wir kommen bei solchen Nachrichten freilich andere Gedanken, welche ich

daß der Papst diesen unmittelbar hinter dem Vatican mit brennender Cigarre und einem kleinen Hütchen auf dem Kopfe gesehen habe. Nun weiß man aber, daß Card. Schwarzenberg gar nicht raucht!

auch keineswegs verhehle. Mir scheint, daß Ketteler Alles aufbietet, um die Opposition hier festzuhalten, jeden ernstlicheren Schritt derselben zu verhindern, und wenn es trotzdem zu einer Definition kommt, entschuldigt er sich damit, er habe seine Schuldigkeit gethan, aber nichts erreichen können. Ein jesuitisch denkender Mann, wie Ketteler, kann, soweit sich, wie augenblicklich, das Interesse der Jesuiten und Curie decken, an einen ernstlichen Schritt gegenüber der Curie gar nicht wirklich denken; und als Inopportunisten kann es ihm schließlich auch nur Recht sein, wenn die Infallibilität durchgeht. Aus der nämlichen Quelle erfahre ich, daß die Opposition auszuharren gedenke, bis ein Antrag von zehn Bischöfen auf Schluß gegen sie eingebracht werde. Allein ich verstehe einen solchen Standpunkt doch gar nicht. Der Opposition kann es doch gar nicht mehr zustehen, wenn sie auf Grund der neuen Geschäftsordnung an den Congregationen factisch Theil nimmt, sich dann hinterher, wenn die Geschäftsordnung gegen sie angewendet werden soll, gegen sie zu erklären. Da fehlt ja jedes parlamentarische Verständniß. Doch tröste ich mich gegenüber all diesen Dingen, daß auch diese Kurzsichtigkeit der Opposition von Gott zum Vortheil seiner Kirche zugelassen werde: es könnte ein kleiner Spektakel zu wenig nachhaltig wirken, und es ist auch wirklich so, die Curie kann nur durch eine recht gewaltige Catastrophe, wenn überhaupt, zur Besinnung gebracht werden. Schließlich bemerkte der nämliche Berichterstatter, daß Ketteler nur gegen mich schmähe; es herrsche nämlich bei der Mainzer Schule eine außerordentliche Erbitterung, daß ich, resp. ein Münchener Professor hier sei. So erzählte mir auch ein Mann, der in den jüngsten Tagen P. Schrader sprach, daß sich dieser bei ihm erkundigte: wo ich jetzt sei? Auf die Antwort, daß ich hier sei, meinte er: „Was? das hätte ich nicht geglaubt!" Wahrscheinlich hatte man die Ansicht, ich werde den fortgesetzten Hetzereien gegen mich freiwillig weichen; allein da täuschen sich die Herren, ich harre jetzt erst um so mehr aus.

Rom, 10. März 1870.

Man läßt in Rom keine Gelegenheit vorbeigehen, die oppositionellen Bischöfe von der Wahrheit der päpstlichen Infallibilität zu überzeugen. So hielt am 18. Januar, Petri Stuhlfeier, die in Rom ein hoher kirchlicher Festtag ist, Luigi Caracciolo Fürst Castagnetta, Zögling der unter den Jesuiten stehenden Academia Nobilium ecclesiasticorum, in St. Peter vor dem Papste und den Concilsvätern eine Rede de cathedra b. Petri. Sie liegt mir jetzt gedruckt vor und bietet einen merkwürdigen Beweis, wie man in Rom der Jugend Kirchengeschichte beibringt. Zugleich soll sie in Kürze alle jene Einwürfe widerlegen, welche gegen die päpstliche Infallibilität beigebracht zu werden pflegen, sowie das Hauptbeweismaterial zusammenstellen. Die mindestens indirekte päpstliche Billigung, welche einer solchen Rede durch die Gegenwart des Papstes zu Theil wird, soll den renitenten Vätern zeigen, was die „gesunde Lehre" ist.

Die Proben der Anstandslosigkeit, welche man sich hier — freilich auch anderswo ist es Manier der Aechtkirchlichen — gegen die Bischöfe der Opposition erlaubt, sind in den Memoiren schon öfter verzeichnet worden. Es geht immer nach der Tonart: calumniare audacter etc. Zur Vervollständigung will ich eine gedruckte Probe aus dem Univers, dem Leiborgane des Papstes, nach der „Köln. Volkszeitung" v. 4. März hersetzen: „Das Univers schreibt aus Rom: „Man hat hier einen originellen Vergleich für die unter den Bischöfen der verschiedenen Länder wahrgenommene Abstufung hinsichtlich der theologischen Wissenschaft erfunden: die Spanier, sagt man, sind die Folio=Bände, die Italiener die Quart=Bände, die meisten der Franzosen können für Oktav=Bände gelten; aber die Deutschen reichen im Allgemeinen nicht über die Broschürenform hinaus." Selbst die jetzt ächtultramontan gewordene „Volkszeitung" fügt in Klammern bei: „Unsere Bischöfe können also noch zufrieden sein, daß sie nicht, wie die Engländer und Amerikaner ꝛc., auf die· —. Doch wir halten es für schicklicher, solche Vergleiche nicht erst weiter fortzuspinnen." Wenn ich auch hier auf keine Untersuchung der Qualität der spanischen Foliobände oder italienischen

Quartbände eingehen will (sie dürften kaum höher an Werth stehen als die deutschen Brochuren!), so enthält dieser, man weiß nicht, ob mehr geistlose oder perfide „originelle Vergleich" dennoch etwas Wahres. Allein wen trifft die Schuld, daß die theologische Wissenschaft, welche eben jetzt in Deutschland wie nirgends in Blüthe steht, unter unserem Episcopate so wenig vertreten ist? Wen anders, als die Jesuiten und den von ihnen am Gängelbande geführten größten Papst aller Jahrhunderte? Oder hat man denn nicht Alles aufgeboten, Männer der Wissenschaft von den Bisthümern fernzuhalten? Ist darin vielleicht ein jesuitischer Plan zu entdecken? Ich zweifle nicht daran. Uebrigens zählen zu diesen deutschen Bischöfen auch Stahl, Senestrey, Leonrod, welche meines Wissens nicht einmal eine Brochure für sich aufzuweisen haben, also auch nicht für eine „Brochure gelten" können! — Noch perfider ist, was in Veuillot's Organe über die „Opportunität", mit offenbarer Beziehung auf die Geschichte mit dem Judaskusse, worin Pius, Dupanloup und Nardi die Hauptrollen spielen, geschrieben steht. „Man spricht h. z. T. so viel von Opportunität, daß ich mich habe überzeugen wollen, welchen Gebrauch die Evangelisten von den Worten „quaerere opportunitatem" gemacht haben. Ich habe in dem N. T. nur drei Stellen entdeckt, wo diese Worte angewandt worden wären. Es sind die folgenden: S. Matth. 26, 16: „Et exinde (Judas) quaerebat opportunitatem ut cum traderet." S. Marc. 14, 11: . . . „Et (Judas) quaerebat quomodo illum opportuno traderet". S. Luc. 12, 6: „Et (Judas) spopondit. Et quaerebat opportunitatem ut traderet eum sine turbis." Da der h. Johannes über den Verrath des Judas nicht berichtet, so ist auch in seinem Evangelium von der Opportunität keine Rede."

Einem Geistlichen, der mit P. Schrader über die Stimmung Deutschlands gegenüber der Infallibilität sprach, sagte dieser: „Ach, das ist nicht so arg, als man es macht; es werden höchstens einige Geistliche Spektakel machen, um die sich aber die große Masse nicht kümmert; nach einigen Jahren wird Alles vorbei und ruhig sein". Also ganz so, wie ich gestern Jemand sagte, daß ich mir vorstelle, daß der Papst von den Infallibilisten und Jesuiten bearbeitet werde.

Heute vertheilte man eine Prophetie der hl. Birgitta über die weltliche Herrschaft des Papstes: sie soll auf den Leoninischen Stadttheil beschränkt werden. Wie man mir sagt, ging die Sendung vom geheimen Revolutions-Comité aus.

Gegen meine ursprüngliche Absicht gerieth ich heute doch zu Hipler und in solchen Eifer gegen das Infallibilitätsschema und im Zusammenhang damit gegen die Geschäftsordnung, daß ich auch die oben ausgesprochene Nothwendigkeit eines formellen Protestes gegen jeden Versuch einer Majorisirung 2c. scharf betonte. Die Opposition, sagte ich, könne sich vor der Rücksichtslosigkeit der Majorität mitsammt dem Papste nur retten, wenn sie erklärt, auf eine Verhandlung der Infallibilität gar nicht einzugehen, da sie sich schon in ihrer Gegenadresse dagegen ausgesprochen habe. Wolle man sie trotzdem zwingen, so werde sie das Concil verlassen und dasselbe nicht mehr als öcumenisch anerkennen 2c. Ueberhaupt dürfe sie den parlamentarisch ganz falschen Schritt nicht machen, factisch durch Theilnahme an den Verhandlungen die neue Geschäftsordnung anzuerkennen und nur gegen sie protestiren zu wollen, wenn sie gegen dieselbe angewendet werde 2c. Hipler sah meine Gründe ein und entschloß sich, sofort zu seinem Bischofe zu gehen und ihm dieselben ebenfalls vorzutragen. Freilich erwartet auch er nicht viel: „sie werden nicht zu einem solchen Entschlusse gelangen", meinte er. Ich erzählte Hipler auch, um meinen Worten größeren Nachdruck zu verleihen, was mir kurz vorher Graf L. vom Erzb. Ledochowski mitgetheilt hatte, und zwar als erste Quelle mitgetheilt hatte. Der Erzbischof meinte nämlich: er sei recht herzlich froh, daß er sich sogleich auf Seite der Infallibilisten geschlagen habe; denn was Rom will, setzt es auch durch, und so müßten doch die oppositionellen Bischöfe nach und nach auch auf die rechte Seite kommen, aber sie werden dann eine um so traurigere Rolle spielen. Graf L. hatte entgegenbemerkt: „da schäme er sich jetzt schon, ein katholischer Geistlicher zu sein, wenn man solche Grundsätze ausspreche, ein Concil eigentlich nur wie eine Comödie betrachte."[1]) Allein Leute wie der Erzbischof machen ihr

---

[1]) Der Erzbischof hatte, wie die nachfolgende Geschichte der Minorität zeigte, vollkommen Recht. Man sieht aber auch aus dieser Aeußerung, wie

Glück. Kaum hatte Graf L. geendigt, las er im Univers an=
gekündigt, daß Ledochowski zum Cardinal ausersehen sei; die Farbe
der Cardinäle trägt er als Primas ohnehin schon.

Die Minorität verhandelte in ihrer Versammlung bei Card.
Rauscher bereits über den Infallibilitäts=Zusatz. Card. Schwarzen=
berg wies die Sache an das gelehrteste und erfahrenste Mitglied,
Card. Rauscher. Da erhob sich sofort Ketteler und erklärte, er habe
sein ganzes Leben lang für die Infallibilität gewirkt, allein jetzt
könne er es nicht mehr thun. Dieses Schema sei ein Verbrechen,
wie es kein größeres in der Kirche geben, von einem Papste nicht
ärger begangen werden könne. Er kam von dem Worte „Verbrechen"
gar nicht mehr ab. Was aber thun? Eine neue Eingabe machen?
Da schrieen Alle zusammen: Nein, Nein! Man hat uns schon bei
unseren früheren Eingaben wie Bediente ꝛc. behandelt und nicht
einmal eine Antwort gegeben. Zu einem festen Entschlusse scheint
man aber noch nicht gekommen zu sein.

Heute Morgens reiste ein amerikanischer Bischof ab und
„weinte, wie ein Kind". Es sei nichts zu Stande gekommen, und
er sei ein ruinirter Mann, indem seine Finanzen ruinirt sind.
Anderen soll es aber eben so ergehen. Von der Abreise des fran=
zösischen Gesandten sprach man ebenfalls; er wurde jedoch heute noch
gesehen.

Man versichert, daß auch die italienischen Bischöfe über das
Infallibilitätsschema nicht sehr erfreut seien: sie fürchten für die
Rückkehr in ihre Diöcesen.

Daß sich unsere Bischöfe trotz Allem noch immer mit dem
Gedanken tragen, auf das Infallibilitätsschema Bemerkungen binnen
zehn Tagen einzusenden, zeigt, wie wahrhaft armselig es mit ihrer
Theologie und wissenschaftlichen Bildung bestellt sein muß. Ich sagte
es Hipler, der für seinen Bischof Material zu einer Antwort
zusammenstellt, und dem ...: es wäre eine Schande vor der Welt,
wenn unser Episcopat es nicht unter seiner Würde fände, auf ein
solches Produkt eine andere als entschieden abweisende Antwort zu

---

genau man schon die Energie und Ausdauer der Minorität in Rom erkannt
hatte und wie hoch man sie zu schätzen wußte.

geben. Mein erster Ausspruch, nachdem ich es gelesen hatte, war gegenüber Concilsmitgliedern und anderen Personen: wenn sich die Majorität recht gründlich blamiren will, muß sie dieses Schema, wie es vorliegt, als Definition annehmen.

Rom, 11. März 1870.

Ich hatte heute einen Auftrag bei Card. Rauscher zu besorgen. Ich wurde von ihm in freundlichster Weise empfangen und behandelt. Schnell drehte sich die Unterredung um die brennende Tagesfrage. Der Cardinal hielt mir, ich darf fast sagen, eine theologische Vorlesung über die Infallibilität, woraus ich nicht nur mit innerer Befriedigung erkannte, daß er sich mit der Frage sehr eingehend und gründlich beschäftigt habe, sondern insbesondere auch, daß er bis auf untergeordnete Fragen ganz mit meiner wissenschaftlichen Ueberzeugung übereinstimme. Er hob namentlich hervor, daß das Thema bisher nur einseitig behandelt wurde, nicht aber, wie er sich ausdrückte, eigentlich „katholisch". Er kennt die Verfassung der alten Kirche sehr genau und weiß auch die mittelalterlichen einschlägigen Punkte sehr richtig zu beurtheilen. Die Bulle „Unam sanctam" vergißt er nicht zu erwähnen und als ein unübersteigliches Hinderniß bei Erledigung der Unfehlbarkeitsfrage zu bezeichnen. Eben sei wieder eine Schrift von einem Jesuiten in Nancy erschienen, von der ihm Hefele gesagt, es sei darin Alles erlogen, und er glaube, es sei der Verfasser „absichtlicher Lügner". Nicht einverstanden bin ich mit dem, was er hinsichtlich der weiteren Haltung der Minorität sagte. Er meinte, zunächst sei zu erklären, daß der Termin von zehn Tagen für Einsendung von Bemerkungen über die persönliche Infallibilität des Papstes — alle Welt, die Curie und Glaubensdeputation selbst, bezeichnete damals und bis zum Schlusse die päpstliche Infallibilität als „persönliche"[1] — zu

---

[1] Die Glaubensdeputation in ihrer Antwort auf die Observationes (Relatio de observationibus . . . Concilii Patrum in schema de Rom. Pont. primatu) sagt ausdrücklich: „Sed quod vocem „personalis infallibilitatis" attinet, ea in proposito schemate non adhibetur. Si vero de

kurz sei, um etwas Ordentliches in dieser Frage zu antworten; dann sei zu beantragen, daß die Frage erst gründlich erörtert werden müsse, was bisher nicht geschehen sei, und wovon sie sich gewissenshalber für ihre eigenen Personen und ihre Gläubigen nicht dispensiren können. Zu dem Behufe solle zu der Commission de fide eine Deputation, aus den dissentirenden Bischöfen gewählt, zugelassen werden. Man könne auch die schlimmen Folgen, welche man mit Bestimmtheit vorauszusehen vermag, betonen. Das Placetum regium würde sofort eingeführt, überhaupt das Ansehen des Papstes geschädigt werden. Wenn ich ihm sagte, daß überhaupt alle jetzt brennenden Fragen, z. B. vor Allem die der Schule, von Regierungen und Kammern zum Nachtheil der Kirche entschieden werden würden, so gab er dies ohne Bedenken zu. Dies reichte mir jedoch noch nicht aus. Ich wollte doch wissen, was in Aussicht stehen werde, wenn die Majorität trotz Allem vorgehen sollte. Der Cardinal sagte, daß er der vollen Ueberzeugung sei, diese werde sich nicht abhalten lassen, den letzten Schritt zu thun, und auch der Papst werde um jeden Preis seine Lieblingsidee durchsetzen wollen. Was aber dann? fragte ich. „Ja, das weiß ich auch nicht," war die Antwort; „ich für meine Person werde wenigstens kein Schisma machen, sondern zur Milderung und Besänftigung nach Kräften beitragen." Hier brachte ich die oben erwähnte Aeußerung des Jesuiten Schrader an, Card. Rauscher meinte aber, daß sich dies im Augenblicke nicht beurtheilen und berechnen lasse. In dieser Unterredung haben wir den wunden Fleck der Minorität offen angedeutet: „ich für meine Person werde kein Schisma machen." Darin wird ihr Untergang liegen.

Hipler erzählt mir Einiges über die Stellung, welche unsere Bischöfe einzunehmen gedenken. Sein Bischof, sagte er mir, ist unserer Ansicht durchaus nicht abgeneigt; allein er ist ebenso der Ueberzeugung, daß es bis zu einem solchen Entschlusse nicht kommen

---

re per vocem significata sermo sit, infallibilitas eodem verissimo sensu personalis dicitur, et dicta etiam fuit ... Ich überlasse den Lesern das Urtheil über Bischöfe, welche jetzt in Hirtenbriefen und anderen amtlichen Schreiben leugnen, daß eine „persönliche Unfehlbarkeit" des Papstes definirt worden sei.

werde. Hefele, den Hipler auch gesprochen, ist noch im Ungewissen, ob die Minorität sich in dieser Weise der Behandlung einer Frage entziehen könne, welche auf Beschluß der Majorität auf die Tagesordnung gesetzt wurde. Er scheint sich jetzt lediglich hinter die Frage verschanzen zu wollen: ob zu dogmatischen Beschlüssen Unanimität nothwendig sei, weshalb er sich darnach erkundigt, wo im Concil von Trient außer Buch 19 bei Pallavicini noch davon die Rede sei. Sonderbar! Man löst wesentliche Vorfragen nicht vor der Verhandlung, sondern nimmt factisch durch Betheiligung an der Verhandlung die Auffassung, wie sie die Majorität und Curie beliebt, an und will dann vielleicht hinterher nochmals die Vorfrage der Unanimität betonen! In welcher Kammer wäre denn so etwas erhört worden! Ich bin übrigens seit Veröffentlichung des Schema über die Infallibilität entschlossen, eine ganz reservirte Stellung einzunehmen; ich spreche über diese Dinge nur noch, wenn ich dazu gedrängt werde. Und so sagte ich Hipler und später Hrn. Card. H.: ich bin bereits darauf vorbereitet, das betrübende Vergnügen zu erleben, wie die Minorität sich freiwillig der Majorität zum Opfer bringen wird. Dieselbe komme mir vor, wie eine Maus vor der Mäusefalle: sie fürchtet diese, geht um sie herum und will jede Gefahr für ihr Leben sichtlich vermeiden; allein ein für sie unwiderstehlicher Zug läßt sie nicht davon abkommen, sie lugt hinein, wagt einen und wieder einen Schritt und ist — verloren! Man sagt sich, daß man gegen den durchgeführten Gewaltstreich der Majorität protestiren müsse, aber man könne sich nicht vorher dagegen wehren! Man muß sich also dem Feinde erst freiwillig gefangen geben, erst ins Gefängniß setzen lassen, und dann wird man einen Schrei des Entsetzens ausstoßen, vor aller Welt sagen: man ist vergewaltigt, man hat uns gewaltsam unsere Freiheit geraubt. Wie wenig kennen die Herren doch die Geschichte der Concilien, und selbst nur des Concils von Trient! Ich rechne es mir als ein Verdienst an, daß ich vom Anfange meines hiesigen Aufenthaltes immer und immer wieder betonte, man solle sich doch wenigstens auf den Boden dieses Concils zurückziehen; man könne selbst von ihm aus alle Gefahren, welche dem jetzigen Concile von der Curie und Majorität bereitet würden, zurückschlagen. Es hat allerdings etwas genützt; allein es war zu spät. Die Bischöfe hätten sich vor ihrer Reise hieher mit dieser Geschichte vertraut machen sollen; denn jetzt sitzen sie hier und haben nicht einmal Pallavicini zur Verfügung, so daß ich von ihnen fast immer zur Antwort erhielt: wo können wir denn ein Exemplar des Pallavicini erhalten? und mein eigenes ihnen leihen mußte. Eine ziemlich große Zahl von Bischöfen bedarf indeß gar keiner Bücher; sie sind gewohnt Andere für sich arbeiten und denken zu lassen. Der preußische Militär=bischof sagte mir einmal allen Ernstes, und Hipler bestätigte die Richtigkeit, daß er principiell kein Buch pro oder contra lese, denn ihm „sage sein gesunder Menschenverstand und seine Logik, daß die päpstliche Unfehlbarkeit ein Unsinn sei. Das genüge ihm hinlänglich für sein Votum."

Auch Dupanloup in seiner neuesten Brochure Réponse de Mgr. L'Evêque d'Orléans à Mgr. Dechamps. Naples 1870 (v. 1. März datirt) zieht sich jetzt fast nur auf das Concil von Trient zurück. Dieselbe ist leider schon vor ihrem Erscheinen anti=quirt; Pius IX. hat das Gegentheil bereits von dem gethan, was Dupanloup, wenigstens scheinbar, von ihm erwartet. Mit welchem Gefühle muß man daher pg. 54 nachstehende Worte lesen: „Il (Pie IX) est le maître, pleinement le maître, seul le maître, de l'accueillir ou de l'écarter (la question de l'infaillibilité). Et si, dans sa haute sagesse, purement et simplement il l'écarte, comme fit le Pape Pie IV, au Concile de Trente, la vérité est que jamais Pape n'aura donné un plus haut exemple de prudence consommée, de modération dans la force, et n'aura plus efficacement grandi son autorité dans l'admiration universelle. Ich fürchte, daß die Herren der Minorität schließlich diese Lobsprüche auch auf die gegentheilige Handlungsweise des Papstes anzuwenden wissen werden!

Gestern Nachmittags sollte ich dem Vortrage eines Monsignore, Professor der Physik an der Propaganda ꝛc., beiwohnen. Er sprach in einer Gesellschaft von Geistlichen, welche wie andere, deren hier eine große Anzahl existirt, Akademie heißt, über das Verhältniß der Theologie zur Nationalökonomie. Leider vergaß ich darauf. Ich erfuhr jedoch schon vorher, daß die Stimmung des mittleren und niederen Klerus dem Prachtprodukte der Jesuiten und ihres Gönners Pius keineswegs sehr günstig ist. Allein man darf sich dabei keine besonders ausgeprägte Opposition vorstellen; denn das gehört einmal zum Wesen eines römischen Abbate, gegen jeden Wisch von Oben den nothwendigen äußeren Gehorsam zu beobachten. Der genannte Monsignore sagte deshalb auch: es sei eigentlich doch nicht der Mühe werth, daß man über den Syllabus solches Geschrei erhebe; sie hätten es mit Hülfe ihrer theologischen Kunstgriffe ꝛc. so weit gebracht, daß er gar nicht dasjenige enthält, was der Wortlaut besagt. Aecht römisch!

Die schon erwähnte Schrift Dupanloups gibt wieder Manchem, der schon der Verzweiflung nahe war, Muth und einiges Vertrauen. Ich wurde heute von einem Concilsvater selbst über meine Ansicht von der Situation gefragt. Ich sprach es ohne Hehl aus, daß jetzt für die Minorität und die Kirche die größte Gefahr genaht sei, da mittels der Geschäftsordnung die Infallibilität durchgehen müsse. Es sei ein leerer Wahn, wenn die Bischöfe sich einen Erfolg von ihrer jüngsten Vorstellung gegen die Geschäftsordnung versprechen, nachdem bereits Veuillot sich über diesen neuen Versuch oder „papiernen Protest" lustig gemacht und beigefügt hat, sie werden wie früher auch diesmal keine Antwort erhalten. Da aber die Bischöfe trotzdem an dem Concile ferner Antheil zu nehmen beabsichtigen, so werden sie selbst damit die Infallibilität durchsetzen helfen. Ich verhehlte auch meine Ahnung nicht, welche mich schon mehrere Tage beunruhigte: es möchte gerade diese Falle, welche der Minorität gestellt ist, einem großen Theile derselben sehr erwünscht sein; sie kommen über eine große Schwierigkeit, wie sie glauben mögen, sehr leicht hinweg, indem sie sagen können: wir wollten freilich die Infallibilität verhindern, allein es war uns durchaus unmöglich; wir müssen uns aber jetzt in die Nothwendigkeit fügen. Und sollte man hiebei nicht an den künftigen „Führer" der Opposition denken, der bei den Jesuiten, seinen alten Freunden, wohnt, schon seit geraumer Zeit die Opposition terrorisirt — gerade deswegen sollen einzelne Ungarn sich zurückgezogen haben — und überall offen erklärt, er für seine Person glaube an die Infallibilität des Papstes, habe für sie in seiner Diöcese lange gewirkt und werde, ob definirt oder nicht, auch nach dem Concile für dieselbe wirken; aber er wolle jetzt keine Definition? Liegt denn darin nicht: wenn man aber doch jetzt schon die Definition vollzieht, so bin ich damit auch zufrieden?¹) Der Concilsvater, dem ich diese meine Ansicht auseinandersetzte, ist ebenfalls ganz damit einverstanden. Ich habe hier auch unter dem höchsten und höheren Clerus so viel menschliche Schwäche kennen gelernt, daß ich mir erlaubte, beizufügen, es scheine mir, daß von einem Theile der Minorität kein ehrliches Spiel getrieben werde. Ich mag mich täuschen, und ich wünsche sehnlichst, daß ich mich täusche; vorläufig aber kann ich mich dieses Gedankens nicht entschlagen, da ich unmöglich glauben kann, daß sie nicht einsehen sollen, sie würden durch den gegenwärtigen Plan die Infallibilität durchzusetzen mithelfen.

Heute wurde mir eine sehr interessante Mittheilung gemacht und mit Thatsachen belegt, daß nämlich die hl. Inquisition hier noch an all die Geister- und Spukgeschichten des Mittelalters glaubt. Das Stutzen der Pferde ist durch arme Seelen aus dem Fegfeuer veranlaßt; sofort soll der Eigenthümer der Pferde an dieser Stelle eine Kapelle für die armen Seelen erbauen lassen.

Cardinallegat Bizzari klagt, daß er es Niemandem recht machen könne.

Rom, 13. März 1870.

Ein Freund Stroßmayer's sagt mir heute: „So kann es nicht weiter gehen; es ist jetzt der Moment gekommen, daß sich ein Mann pro bono publico opfern muß, und Stroßmayer ist der Mann; er hat mir vorgestern gesagt, daß er in der ersten Con-

---

¹) Die nachfolgende Geschichte hat bewiesen, wie richtig ich die Sache erkannte und voraussagte. Wie weit Ketteler damals schon betheiligt war, weiß ich nicht; jedoch war er einer der Arrangeurs der Fuldaer Versammlung 1870, welche sich nicht schämte, sogar das ihren Collegen in Rom gegebene Wort zu brechen.

gregation, welche wieder gehalten werden wird, einen entschiedenen Protest erheben und nur der Gewalt weichen wird." Es werde dann von der Minorität abhangen, ob sie ihn unterstützen oder fallen lassen werde. Da ich die Sachlage besser kenne, sprach ich natürlich vorerst alle Anerkennung und Hochachtung vor Stroß= mayer's Absicht aus; allein ich konnte ihm doch zugleich nicht ver= schweigen, daß mir dieses als ein sehr gewagtes Unternehmen vor= komme: es könne zwar einen sehr guten Erfolg haben, aber auch einen sehr schlimmen. Der zweite Fall scheint mir der viel wahr= scheinlichere zu sein; denn man wird den Bischof einfach, wie bei seiner ersten Rede, fallen lassen, ja vielleicht wie damals fast offen desavouiren. Stroßmayer muß sich mindestens schon im Voraus eine Anzahl von Bischöfen sichern, auf welche er sich bestimmt ver= lassen kann, daß sie ihn zu unterstützen entschlossen sind. Ließe ihn aber die Minorität fallen, könnte es möglicherweise für diese selbst nur äußerst nachtheilige Folgen haben. Ich setzte ihm dann aus= einander, daß nur ein energischer Protest gegen das ganze Ver= fahren mit der entschiedenen Drohung, das Concil zu verlassen, falls ihren Forderungen nicht sofort genügt werden sollte, und das= selbe nicht als öcumenisch anzuerkennen, mir der einzige Ausweg zu sein scheint. Der Mann gab mir vollkommen Recht, stimmte aber auch meiner anderen Ansicht bei, daß es dazu nicht kommen werde, denn dazu sind die Bischöfe „viel zu feige", sagte er. Hefele's An= sicht fand er „ganz sonderbar, die Geschichte des Concils von Trient könnte ihn doch in dieser Beziehung belehren." Aber er klagte wie ich: „es ist unglaublich, daß die Bischöfe hieher zu einem allgemeinen Concil gekommen seien, ohne auch nur die Geschichte des Concils von Trient nach Pallavicini gelesen zu haben!" Leider daß es so ist! Ist es aber unter solchen Umständen ein Wunder, wenn die Opposition beständig im Unsicheren herumtappt und ein um das andere Mal von der Majorität und Curie, resp. den Jesuiten, übertölpelt wird? Sie haben unlängst in ihrer Civiltà cattolica verkündigt: dem Papste allein komme alles Propositionsrecht zu, denn der Papst kenne seine Rechte. Wer wird es wagen etwas da= gegen zu sagen? Die Gesellschaft Jesu hat es einmal definirt:

wird besonders der künftige „Führer" der Opposition wagen, zu widersprechen? Er hat sich ja schon dem ersten Proteste gegen die (erste) Geschäftsordnung nicht anschließen wollen! — Recht deutlich tritt hier wieder der Umstand als hemmend hervor, daß die Bischöfe von Leuten ohne Wissen und Einsicht umgeben sind, von Kaplänen und Secretären, welche sich als große Theologen geriren, bei den Jesuiten antechambriren und im Grunde nichts im Auge haben, als irgend einen Titel in Rom zu erhaschen, um mit einem rothen oder violetten Lappen ihre Blößen bedecken zu können. Und wenn selbst unter dieser Klasse von Leuten ganz ehrenwerthe Charaktere sich befinden, welche über solch äußerlichen Tand sich hinwegsetzen und nur das Wohl der Kirche im Auge haben, so tritt ihnen gerade jetzt ihre Unkenntniß der Geschichte der Kirche und namentlich der Concilien sehr hinderlich in den Weg; denn in dieser kritischen Lage kann nur sie noch die Leuchte sein, welche aus derselben zu führen vermag. Auf den h. Geist sich verlassen, ist sehr bequem, aber nicht immer so richtig, insofern derselbe möglicherweise auch erst über große Verwirrungen hinweg endlich die Kirche zur rechten Bahn zurückleitet. Dieser Weg wäre freilich vielleicht nicht nothwendig, wenn die menschlichen Organe für sich selbst bestrebt wären, sich die nöthige Einsicht zu verschaffen. Man will nicht erkennen, daß auch ein Concil einen rein natürlichen Erkenntnißproceß durchzumachen hat, und der h. Geist nicht einfach durch ein Wunder dasselbe erleuchtet. Wohl aber steht für mich dies fest, daß der h. Geist die Bischöfe noch mit Gewalt zwingen wird, sich selbst erst zu befähigen, ehe sie seine Organe für eine Glaubensdefinition sein können. Daß wir Theologen die Hauptaufgabe mitzuübernehmen haben werden, ist mir aber eben so klar.

Beinahe hätte ich eine nicht uninteressante Nachricht zu notiren vergessen. Vor wenigen Tagen (Donnerstags, 10. März) erzählte ein Monsignore, der sich hier sehr gut auskennt, viele Beziehungen hat und zugleich die Mittel, etwas zu erfahren, daß die Cardinäle Barnabò und . . . (der Name des zweiten ist mir nicht mehr ganz sicher im Gedächtnisse, weshalb ich ihn weglasse) die Missionsbischöfe einzeln zu sich beschieden und ihnen bemerkten, sie seien von der

Propaganda ad nutum angestellt und von dieser auch bezahlt; man könne deshalb auch von ihnen erwarten, daß sie den Plänen des Papstes nicht in den Weg treten werden. Würden sie dieses aber trotzdem thun, so müßten sie auch gewärtigen, daß die Propaganda von ihren Rechten gegen sie Gebrauch mache! Also immer die alten Manöver Roms! Aus den von mir im Herbste 1869 zu Trient copirten Correspondenzen, namentlich aus den Briefen des Secretärs des Concils Massarelli, ergibt sich zur Evidenz das Gleiche: man ließ, wenn man es nothwendig fand, italienische Bischöfe nach Trient commandiren, warnte aber ernstlich davor, daß sie nicht zuverlässig seien, und wandte außerdem noch dies und jenes Mittelchen an. Was in mir damals in Trient oft einen so großen Ekel erzeugte, war, daß immer und überall das Wohl des päpstlichen Hauses, dann Roms und erst in dritter Linie das der Kirche in Betracht kam. Ist es aber jetzt, im Grunde genommen, anders als damals, mit Ausnahme, daß wir jetzt das Haus Mastai nicht nennen hören? Dafür leidet aber Pius IX. gerade an der Sucht, daß eben ein Mastai der größte Papst sein müsse.

Heute wird mir auch erzählt, daß der Jesuiten-Bischof Steins die Missions-Bischöfe für die Infallibilität zu bearbeiten suchte, d. h., ihnen bemerklich machte, daß sie für dieselbe stimmen müssen. Sie sollen ihm aber geantwortet haben: sie stimmen für Alles, wenn es sein muß, auch gegen die Infallibilität, wenn nur das Concil so bald wie möglich zu Ende gehen werde. Daran scheint jedoch so schnell noch nicht gedacht werden zu dürfen, da eben Canonicus de Angelis mit Bestimmtheit sagte, daß vor Ostern keine Congregation mehr sein wird. Etwas kleinlaut sagte er, daß leider sogar einige Cardinäle gegen die Infallibilität seien, jedoch habe Card. Mathieu eine kleine Schwenkung auf Seite der Infallibilisten gemacht, was aber sehr unwahrscheinlich und wohl nicht mehr begründet ist, als die Nachricht, welche unlängst durch die Zeitungen lief, daß Dupanloup dasselbe gethan habe. Man sucht durch solche Nachrichten die Minorität zu verwirren. Der Papst freilich wartet nach dem Canonicus bereits auf die Definition der Infallibilität, um einzelne consistoriale Akte (Bischofspräconisationen) zu vollziehen, was man hier mit „motiva infallibilitatis" bezeichnet. Pius IX. soll sich bereits etwas unbehaglich fühlen, indem ihm in mancher Beziehung durch das Beisammensein des Concils die Hände gebunden sind und er nicht ganz nach seiner sonst beliebten Art und Weise verfahren kann. — Vom Card. Bonnechose erzählt man sich die Aeußerung: das Concil sei zu nahe und zu fern vom Papste. Zu nahe, weil in Rom, so daß es dadurch in seinem Gange allzu behindert ist; zu fern, weil der Papst sich gar nicht an demselben betheiligt.

Rom, 14. März 1870.

Die sittliche Höhe, auf welcher Rom steht, zu bemessen, dient nichts mehr als seine Staatseinrichtungen etwas näher ins Auge zu fassen. Nicht Jedem ist es freilich gegönnt; aber jedem Besucher Roms fallen die mächtig großen Lotteriezettel vor den Buden der Collekteure auf. Die meisten anderen Staaten schafften das Lotto als demoralisirend ab, nur Rom gehört zu den wenigen Staaten, welche dasselbe hochhalten, Rom, welches sich als die Lehrerin reiner Lehre und Moral für die Menschheit gerirt. Was aber Rom in dieser Beziehung strafbarer macht, als andere Staaten, ist, abgesehen von dem überall dabei stattfindenden Aberglauben, die Profanirung des Heiligen, welche im Namen und Auftrag des Papstes dabei vollzogen wird. Die Ziehung der Loose findet nicht blos in Anwesenheit eines mit seiner kirchlichen Kleidung prunkenden Monsignore auf öffentlicher Altane statt, nein, zuletzt tritt noch ein Knabe in kirchliche Gewänder, wie sie der Papst zu tragen pflegt, gehüllt, vor, schlägt ein Kreuz und zieht nun vor der harrenden Menge die Loose! Ich hörte freilich manchen Bischof darüber seine Betrachtungen anstellen; allein daß einer dieses skandalöse Treiben vor dem Concile zu geißeln oder gar dessen Abschaffung im Namen des Christenthums und der Kirche zu verlangen gewagt hätte, vernahm ich nie.

Ebenso ist es mit dem päpstlichen Militär. Kein vernünftiger

Bischof kann verkennen (und ich besprach diesen Punkt mit verschiedenen), daß es für den Bestand des Kirchenstaates von gar keiner Bedeutung sein kann. Entweder sind wie jetzt fremde Occupationstruppen da, hinter welchen eine Großmacht selbst steht, dann bedarf der Papst die kostspielige Spielerei mit eigenen Truppen nicht, welche bei ihrer geringen Zahl ja nie in einem Kriege von so wesentlicher Bedeutung sein können; oder es sind keine Occupationstruppen einer Großmacht da und der Kirchenstaat ist sich selbst überlassen, dann hilft die Handvoll päpstlicher Soldaten gegen einen feindlichen Angriff z. B. seitens Italiens wiederum nichts. Gleichwohl saugt man das katholische Volk beständig für diese durchaus unnöthige Soldatesca aus, welche sich in Folge der steten Declamationen der Curie und Jesuiten nicht blos für die Retter des Kirchenstaates, sondern auch der Kirche zu geriren pflegen. Ich konnte nicht erfahren, daß ein Bischof offen dieses Treiben getadelt hätte, im Gegentheil wetteiferten einzelne, darunter namentlich Ketteler, dieser Soldatesca die Köpfe noch turbulenter zu machen und immer mehr junge Leute aus ihrer Heimat hieherzurufen.

Die Oppositionsbischöfe fügen sich also aufs Neue und geben Bemerkungen zum Infallibilitätsschema ein. Selbst das macht sie nicht stutzig, daß bereits wieder eine Adresse circulirt: es möchten alle anderen Schemen beiseite gelegt und sofort die Infallibilität zur Berathung gebracht werden. Man ist jetzt auf Seite der Minorität schon wieder voll Zuversicht, daß man nur hört, es seien nun auch italienische und spanische Bischöfe gegen die persönliche Infallibilität. Letztere sollen namentlich erklären, von einer persönlichen Infallibilität des Papstes wüßten sie nichts; das sei nur eine Erfindung der Franzosen, d. h. phantastischer Franzosen der neuesten Zeit (z. B. Dupanloup). Wenn diesem sehr bestimmt auftretenden Gerüchte zu glauben wäre, und nicht blos eine Wortklauberei hinsichtlich des Ausdruckes „persönlich" dahintersteckt: wie viele Bischöfe werden noch zur Minorität kommen? Wenn sie auch um 20—30 oder 40 vermehrt würde: sollte das etwa die Rücksichtslosigkeit des Papstes und der Majorität brechen? Ich glaube es nicht. Dazu kommt, daß man noch immer nicht so ganz fest auf die Stand=

haftigkeit der Minorität zu vertrauen wagt. Eben sagte mir dies wenigstens Hipler. Derselbe weiß auch, daß Hefele eine lateinische Schrift über P. Honorius in Neapel drucken lassen will.

Gestern sprach sich auch Card. de Silvestri (in der österreichischen Gesandtschaft) gegen die Infallibilität und das ganze Treiben aus. Was ist da zu thun? fragte er Grafen .... y. Protestare e partire, sagte dieser pathetisch dem römischen Cardinal. Auch von Döllingers neuester Auseinandersetzung über die revidirte Geschäftsordnung in der „Allgem. Zeitung" sprach man: sie soll großen Effekt hervorgebracht haben. Nur werden die Bischöfe nicht zu einem energischen Wirken dadurch bewogen werden. Im Gegentheile fürchten verschiedene Bischöfe, welche von der Natur eines Concils nicht die leiseste Spur eines Verständnisses haben, von Döllingers Darlegung die größten Gefahren. Erzb. Scherr z. B. beschwert sich bei jedermann, daß Döllinger vom Concile an das Volk appellire, ein Verbrechen, das selbst Luther nicht begangen habe.

Haynald soll in den letzten Tagen sogar an der table d'hôte laut und vor allen Gästen erklärt haben: wenn man uns zu gewissen Dingen zwingen will, dann gehen die deutschen und ungarischen Bischöfe insgesammt davon. Hingegen macht es sich Manning jetzt zur Aufgabe, jedem, der es hören will, vorzudemonstriren, die Infallibilität betreffe nur die dogmatischen Dinge, nicht den Staat ꝛc. Sogar Graf Trautmannsdorff bemerkte ihm aber: es heißt nicht blos quoad fidem, sondern auch quoad mores.

Der Erzbischof von Neapel, Card. Riario Sforza, klagte heute, daß es mit dem Concile nicht vorwärts gehen wolle; es fehle an einer energischen Leitung desselben; es werde darum auch vor Ostern keine Congregation mehr sein, und wollte man deshalb auch auf eine Hinausschiebung der Definition der Infallibilität schließen. Mir erscheint aber gerade die Energielosigkeit der Legaten als sehr gefährlich; man kann sie gerade deshalb zu Allem drängen, indem sie weder dem Papste noch der Majorität einen muthigen Widerstand zu leisten wagen. Wie die Adresse der Majorität das Infallibilitätsschema erzwang, so die neue Adresse vielleicht auch eine recht baldige und unerwartete Discussion der Frage selbst. Das Univers verkündigt ja auch schon: sie werde auch recht bald beendigt sein.

Heute schrieb ich auch wieder einmal Döllinger und fragte ihn: „Sollten denn nicht wir Theologen und vielleicht gerade jetzt zur Vollbringung einer großen That berufen sein? Ich habe nämlich schon seit einigen Wochen die Ahnung, dieses Concil müsse zum Sturze des Curialsystems, wenn auch ohne Absicht und Bewußtsein, beitragen. Ist dieses aber gestürzt, dann stehen wir wieder auf dem Standpunkte von damals, als sich die Griechen von der abendländischen Kirche trennten. Es ist dann gar kein Grund mehr vorhanden, warum nicht eine Aussöhnung mit der griechischen Kirche stattfinden sollte. Wir halten sie ja nur für schismatisch, nicht für irrgläubig. Wir deutsche Theologen unsererseits können aber doch unmöglich das Curialsystem anerkennen, für uns besteht es doch schon längst nicht mehr zu Recht; kein allgemeines Concil, auch das von Trient nicht, ging auf die Prätensionen desselben ein. Versäumen wir denn aber nicht unsere Pflicht, wenn wir länger die Trennung zwischen der orientalischen und occidentalischen Kirche aufrecht erhalten? nicht unsere Stimme zu Gunsten der ersteren erheben? Unsere Bischöfe sind theils zu unwissend in diesen Dingen, theils zu indolent. Sie müssen erst durch uns gedrängt werden. Die Curie und Jesuiten freilich haben das größte Interesse, daß die Trennung fortbesteht, da offenbar mit der Aussöhnung der griechischen Kirche mit der abendländischen ihre Tyrannei ein Ende finden würde. Soll uns aber das irgendwie kümmern und in Erfüllung unserer Pflicht hemmen? Soll für die Kirche wieder ein Heil werden, so müssen ja gerade die Curie und Jesuiten, letztere gestürzt, erstere wenigstens auf das richtige Maß reducirt werden. Pio IX. hat freilich die Griechen zum Concil, resp. zum Anschluß an die abendländische Kirche eingeladen; statt aber billige Bedingungen zu stellen, sucht er die Kluft zwischen beiden zu erweitern, erstere noch weiter von sich zu stoßen. Kann man da sich eines wehmüthigen Gefühles erwehren, wenn man während des sogen. „allgemeinen I. vaticanischen Concils" die orientalische Kirche Bestrebungen unter-

halten sieht, welche auf eine Vereinigung mit der englischen Hoch=
kirche und dem Protestantismus abzielen? Unlängst war Prof. Piper
aus Berlin hier; er geht nach Griechenland und Constantinopel,
angeblich zu wissenschaftlichen Zwecken, thatsächlich aber um für eine
Vereinigung der griechischen Kirche mit dem Protestantismus thätig
zu sein. Sollen denn wir kath. Theologen allein müßig zuschauen?
Wer kann es uns denn wehren, zu erklären: es ist kein Grund
einer Trennung vorhanden, ausgenommen das Curialsystem, das
nie von der Kirche anerkannt wurde, von der gesunden Theologie
stets und längst verworfen ist? Wer kann es uns wehren, zu er=
klären: wir erkennen die volle Gemeinschaft mit der griechischen
Kirche an? Sie, H. Reichsrath! werden vielleicht staunen über diese
meine Ansicht; allein ich kann mich von deren Unrichtigkeit nicht
überzeugen, und seitdem ich hier bin, ist mir diese Sache als eine
ernste Gewissenspflicht klar geworden. Ueber das hochmüthige Rom
und die freche Rücksichtslosigkeit der Jesuiten in dieser Frage täusche
ich mich nicht; allein haben wir für die Erfüllung unserer Pflichten
als Theologen etwa diesen beiden Ungeheuern Rechenschaft zu geben
oder Gott allein? Wenn ich mir aber jetzt Ihre Stellung, welche
im Augenblicke für Viele so maßgebend geworden ist, betrachte, dann
kann ich nichts anders, als sagen: Ihnen ist es möglich, gerade
jetzt einen Schritt der Aussöhnung zu thun. Eine kleine Brochure
würde genügen. Bedenken Sie dabei, welch unermeßliche Be=
deutung eine solche Wiedervereinigung für die abendländische wie
griechische Kirche haben würde! Viele Probleme, vor welchen wir
jetzt stehen, würden auf einmal gelöst sein. Könnten Sie sich zu
einem solchen Schritte entschließen, er wäre das ruhmvollste Werk
für Sie, die Krone Ihrer Bemühungen während Ihres ganzen,
so hochverdienstlichen Wirkens. Ich kann mir nicht vorstellen, daß
eine leidenschaftslose, einfache und lichtvolle Auseinandersetzung, wie
Sie nur dieselbe, und zwar sofort, bieten können, nicht einen ge=
waltigen Eindruck, eine mächtige Wirkung hervorrufen sollte. Be=
denken Sie — gestatten Sie mir dies zu sagen — daß Sie von
Gott gerade jetzt auf den Leuchter gestellt sind, daß vielleicht auf
lange Zeit hinaus kein so günstiger Zeitpunkt mehr sich bieten dürfte.

Suchen Sie, während Pius excommunicirt, die Communion wiederherzustellen. Gehen Sie muthig an dieses Werk, das nicht blos meine jugendlichere Phantasie mir eingibt und ausmalt: es ist dieser Gedanke das Resultat reiflichster Erwägung. Wie oft und auch hier wieder habe ich mich Ihres begeisterten Wortes erinnert, das Sie damals, als ich Ihre Vorlesungen frequentirte, über eine nahe bevorstehende Wiedergewinnung Constantinopels für das Christenthum sprachen! Wie malten Sie uns damals die Folgen eines solchen Ereignisses aus! Es ist dieses aber noch nicht eingetreten: sollte vielleicht Ihnen vorbehalten sein, den ersten und wichtigsten Schritt dazu zu thun? Es wäre diese That zugleich die edelste Rache, welche Sie für die Schmähungen 2c. der letzten Jahre nehmen könnten, wenn Sie diese nur muthwilligerweise aufrecht erhaltene Abnormität in der Kirche zu beseitigen den ersten und erfolgreichen Anstoß geben würden." — — „Die Definition der Infallibilität kommt sicher zu Stande; daran zweifle ich nicht mehr. Dann sehe ich mich aber in die Unmöglichkeit versetzt, noch länger Kirchengeschichte zu treiben. Sie kennen das ja besser als ich selbst, daß für uns, resp. für unsere historische Erkenntniß kein Raum mehr in der infallibilistischen Kirche ist, unseren Beruf und unser Amt ferner nur noch Jesuiten ausüben können, denen es um historische Wahrheit nicht zu thun ist und die es schon so häufig fertig brachten, die Wahrheit zur Lüge und die Lüge zur Wahrheit zu stempeln. Auf diese Weise wird doch endlich unsere Facultät von einem ihr längst widerwärtigen Elemente befreit. Was weiter zu thun sein wird, weiß ich freilich noch nicht; um hierüber zu einem Entschlusse zu kommen, werde ich nothwendig zuwarten müssen, bis ich nach München zurückgekehrt sein und besonders Ihren Rath gehört haben werde, ob wir den Jesuiten das „sacrificium intellectus" bringen und selbst das Paulinische „rationabile obsequium" preisgeben müssen. So weit bin ich hier freilich schon gekommen, daß die Jesuiten Recht behalten, wenn sie behaupten, durch die Definitionen des Pio IX. werde der Rationalismus besiegt. Leider aber auch die Vernunft!"

Während ich dieses schreibe, kommt Dr. Hipler, um den

Artikel Döllingers in der „Allgem. Zeitung" zu lesen. „Döllinger ist, sagt er mir, bereits allgemein als formeller Häretiker erklärt, da er an die öffentliche Meinung appellirt hat." Ich sagte: man sieht aus diesen wenigen Worten, wie viel theologisches oder kirchenhistorisches Verständniß die Herren hier haben. Die Aeußerung über Döllinger ging von dem Erzbischof von München aus; allein man erklärte ihm zu seinem Erstaunen, daß er in der Protestation gegen die Geschäftsordnung eigentlich noch viel Stärkeres unterzeichnet habe.

Eben besuchte ich Hrn. — A. Er sieht Alles sehr rosig wieder an und setzt seine Hoffnung wieder auf die Abgesandten der Regierungen zum Concile, die Proteste der Franzosen und Deutschen und darauf, daß die Curie zurückzugehen angefangen habe! Vor zwei Tagen habe sie ihren Plan aufgegeben, so schnell wie möglich recht viel durchzusetzen, am Samstag (St. Joseph) schon die Infallibilität, und zwar noch ehe der Vertreter der französischen Regierung beim Concil ankommt. Ich kann jedoch all diese schönen Hoffnungen nicht theilen. Auf dem Heimwege begegnete mir Kagerer, wie immer verständnißlos. Nicht einmal die Bedeutung der Geschäftsordnung hat er, nachdem der Erzbischof schon längst einen Protest dagegen unterzeichnet hat, noch durchschaut. Ich empfahl ihm, wie so manch Anderem, daß er doch wenigstens Phillips darüber lesen möge. Denn wirklich wurden einzelnen Bischöfen durch Phillips die Augen schon geöffnet. Freilich wollten sie anfänglich ihren eigenen Augen nicht recht trauen; denn das Curialsystem in all seinen unerhörten Prätensionen und Consequenzen war den meisten aus ihnen bis zur Stunde nicht näher bekannt geworden.

Rom, 15. März 1870.

Es macht mir doch oft ein stilles Vergnügen, wenn ich mir von diesem und jenem nach 2—3 und noch mehr Wochen das wieder muß vordemonstriren lassen, was von mir selbst und allein ausging und durch mich allein den Herren zum Bewußtsein kam.

Sogar meine Termini acceptiren und reproduciren sie. Sie wissen eben nicht, woher dies oder jenes in Umlauf gesetzt wird, und das ist sehr gut; denn wie jetzt die Dinge liegen, würde ihnen schon verdächtig sein, daß etwas aus meiner Hexenküche stammt.

Richtig hat man schon wieder die beste Zuversicht, weil „spanische und italienische Bischöfe sich ebenfalls zur Minorität schlagen." Stroßmayer, heißt es, wird einen „großen Spektakel" anfangen. Und wenn auch einzelne von der Minorität abfallen, Ketteler steht fest. Leider bin ich in dieser Beziehung nicht so vertrauensselig. Wer, der sich persönlich für überzeugt von der Infallibilität hält, Alles bereits aufgeboten hat und noch aufbieten will, sie in seiner Diöcese einzuführen, soll nicht möglicherweise im entscheidenden Momente weich zu werden sich veranlaßt finden? Es gilt ja seine Ueberzeugung zu bekennen. Uebrigens kann man sich ja auch in dieser Beziehung scheinbar nach jeder Seite salviren. Man sagt: Non placet, weil die Definition durchaus inopportun ist. Darin steckt ohne Zweifel für die Infallibilisten eine Zustimmung, ein geheimes Placet. Es steht ferner dem Präsidium, resp. dem Papste zu, die Stimmen zu beurtheilen und abzuwägen; ohne Zweifel werden dann alle Non Placets, welche nur das Motiv der Inopportunität aussprechen, für Placets gerechnet werden. Im Grunde ist ja auch schon darüber entschieden, indem die Majorität und der Papst schon erklärt haben, daß die Definition opportun sei. Meine schon längst gehegte Vermuthung wurde, als ich aus dem Vatican ging, von einem Diplomaten bestätigt, der erfahren haben will, daß bereits Oppositionsbischöfe erklärt haben, sie werden sich schließlich eben der Majorität unterwerfen. Die Sache wird sich übrigens jetzt bald abgewickelt haben. Eben sagt mir der Uditore des H. Card. H. auf dem Wege, daß das erste Schema de fide, resp. die Revision desselben heute vertheilt worden sei. Ich sah es bis jetzt noch nicht. Am Freitag ferner soll schon Schlußsitzung darüber sein. Man sieht, daß man es hier auf Ueberraschungen abgesehen hat: während gestern noch Cardinäle sagten, vor Ostern finde keine Congregation mehr statt, ist heute schon eine bereits auf die nächsten Tagen angesagt. Der Protest der Minorität ist also,

wie L'Univers vorausverkündigt hatte, ohne Antwort und also auch
unberücksichtigt geblieben. Ich bleibe dabei, bis Ostern haben wir
die Infallibilität bereits. Pius IX. würde es sicher schmeicheln, sich
nach der Auferstehung des Herrn (Ostern) vom Concile die Worte
sagen zu lassen: Weide meine Schafe 2c. nebst dem Commentar, daß
sie seine Infallibilität bedeuten. — Uebrigens wußte Card. de Luca
noch nichts Bestimmtes darüber, wann die nächste Sitzung sein
werde; allerdings bestehe die Absicht, für die nächsten Tage eine
Versammlung anzuberaumen. Der Papst wünscht nämlich, daß am
25. März wieder einmal eine feierliche Sitzung gehalten und Dekrete
verkündigt werden.

Zu Hause angekommen, finde ich das revidirte Schema wirklich
vor. P. 7 lese ich: Cum itaque Nos, inhaerentes Decessorum
Nostrorum vestigiis, pro Apostolico munere Nostro nunquam docere
ac propugnare omiserimus catholicam veritatem perversasque re-
probare doctrinas: in praesentiarum, sedentibus Nobiscum et iu-
dicantibus universi Orbis Episcopis in hanc oecumenicam Synodum
auctoritate Nostra in Spiritu S. congregatis, freti Dei verbo scripto
et tradito, uti ab Ecclesia catholica sancte custoditum et genuine
expositum accepimus, ex hac Petri Cathedra in conspectu omnium
salutarem Christi doctrinam profiteri et declarare constituimus,
adversis erroribus, potestate Nobis ab Omnipotente Deo tradita,
proscriptis atque damnatis. Da haben wir ja Curialsystem und
Infallibilität neben einander! Nur dem Papste, Nobis, ist von Gott
die Lehrgewalt übergeben, nur er stellt die Lehre Christi fest: Nos
. . . constituimus! Den merkwürdigen Satz des I. Schema, wornach
der Papst allein der Kanal gewissermaßen und der Wächter und In=
haber der Tradition ist,[1]) finde ich in der Revision nicht mehr.
Dafür zeichnet sich das Proömium der Revision durch eine ganz

---

¹) Cap. III. . . . . . et sine scripto traditionibus, quae ex ipsius
Christi ore ab Apostolis acceptae, aut ab ipsis Apostolis, Spiritu Sancto
dictante, quasi per manus traditae ad Nos usque pervenerunt. Nos mit
großem N bezieht sich immer auf den Papst. Es ist dieser Satz nur in
weiterer Ausführung, was Pius später kurz und prägnant in die Worte faßte:
La tradizione son' io (die Tradition bin ich).

absonderliche, historisch völlig unstichhaltige Genesis des modernen
Unglaubens aus. Alles wird dabei dem Protestantismus zur Last
gelegt, selbst daß er auf diese Weise „die Fundamente der mensch=
lichen Gesellschaft erschüttert und vernichtet"; ja geradezu heißt es
darauf weiter: Impia vero huiusmodi posto impune grassante ...

Der Termin für Einsendung der schriftlichen Bemerkungen
über das Schema von der Infallibilität ist bis zum 25. verlängert
worden.

Der Bischof Leonrod von Eichstädt hat Prof. Merkle zu seinen
direkt Döllinger und indirekt auch den Bischof von Augsburg an=
greifenden Artikeln gratulirt.

Die Bischöfe der Minorität, versichert man, sind entschlossen
gegen die Infallibilität zu votiren, und Viele haben bereits, ohne
irgend eine Modification zu formuliren, ihre schriftlichen Erklärungen
in diesem Sinne eingereicht.

———

Rom, 16. März 1870.

Trautmannsdorff antwortete, als er befragt wurde, ob die
österreichische Regierung den Schritt der französischen unterstützen
werde, ganz allgemein.

Nächstens ist also die erste Generalcongregation, wobei die neue
Geschäfts=Ordnung inscenirt wird. Unsere Bischöfe haben es wieder
nur zu einem Proteste gebracht; ihr Untergang ist mit der Theil=
nahme an dieser Congregation nicht mehr aufzuhalten. Ich habe
dies heute wiederholt einem Concilsvater gesagt. Er gab mir so
gut wie andere früher Recht; allein etwas anderes ist nicht zu er=
reichen. Ich sagte auch ihm voraus, wie das Concil nunmehr noth=
wendig weiter verlaufen müsse. Man möge sich doch nicht immer
damit trösten, daß einige spanische und italienische Bischöfe etwa die
Minorität verstärken werden. Ich gebe zu, daß 40—50 Stimmen
noch anfallen werden. Das gäbe c. 180—185 Stimmen. Wird
sich dadurch aber die Majorität von c. 500 Stimmen mehr schrecken
lassen, als von den bisherigen 140? Dazu darf man doch nie aus
dem Auge verlieren, daß nach dem reinen Curialsystem, wie es jetzt

beim Concile in Allem durchgeführt wird, überhaupt von der Versammlung der Bischöfe gar nichts abhängt, Alles nur der Papst allein ist und thut: die Autorität des Papstes „kann auch nicht durch das Resultat der Abstimmung auf dem Concilium beeinträchtigt werden", sagt Phillips, und in der Anmerkung fügt er bei: „In Glaubenssachen kann die Majorität über Nichts entscheiden". Natürlich, da der Papst allein Alles entscheidet, das Concil nur einfach die Entscheidung des Papstes entgegenzunehmen hat! Endlich wollte ich nicht versäumen, ihn daran zu erinnern, daß möglicherweise die Zahl der Minorität eine verschwindend kleine wird, da jedenfalls von derselben viele, sehr viele, wenn nicht alle aus Opportunitätsgründen Non Placet sagen, also im Grunde doch Placet. Auch das betonte ich, daß wir eine solche Schein- und Räubersynode nicht als öcumenisch anerkennen können, und Döllinger bereits in seiner letzten Erklärung in der „Allgem. Zeitung" in dieser Beziehung einen sehr deutlichen Fingerzeig gegeben hat. Ach, es ist haarsträubend, hier sitzen und mitansehen zu müssen, wie Bischöfe, ich meine auch die der Opposition, in voller Unkenntniß der eigentlichen Verfassung der Kirche im Begriffe stehen, dieselbe der Laune eines eigensinnigen Mannes zum Opfer zu bringen! Was Jahrhunderte hindurch die Kirche von sich abgewehrt, das ist man jetzt bereit, mit einem Worte, einem Federstriche zu genehmigen! Ja, die Ignoranz kann auch das Gewissen beherrschen und Gewissenspflichten als nicht vorhanden erscheinen lassen. Hier rächt sich das System, als Maßstab der Qualification zu ernennender Bischöfe die Ignoranz angesehen zu haben. Die Jesuiten — denn das war ihr Plan — haben ihr Ziel außerordentlich glücklich erreicht; die Regierungen haben ihnen dabei die Hand geboten; aber wie immer haben die Jesuiten den Löwenantheil für sich genommen. Die Folgen werden aber erst in Zukunft fühl- und greifbar werden.

Ein Bischof sagte mir heute: „die Opposition komme ihm vor wie ein Knabe, der sein hölzernes Pferd besteigt, mit seinem hölzernen Säbel tapfer in der Luft herumschlägt und, obwohl er immer auf dem nämlichen Flecke bleibt, sich für einen merkwürdigen Helden hält." Mir scheint diese Ansicht von der Minorität gleichwohl nur bei oberflächlicher Betrachtung zutreffend. Die Minorität erreicht nichts, weil sie nichts ernstlich zu erreichen sucht; ich bin der Ueberzeugung, daß deren ganzes Thun und Lassen bald vor der Welt als kein ganz gerades erscheinen wird.

Rom, 17. März 1870.

Für den Stand der Dinge bis gestern Abends — der Wechsel ist ja so außerordentlich häufig und schnell — bin ich jetzt ziemlich genau informirt. Es war gestern Abends ein außerordentlich starker Zudrang zu den Gemächern des Erzb. Darboy. Man empfing den Totaleindruck, daß die französischen Bischöfe der Minorität voll Muthes und energischen Widerstand zu leisten entschlossen sind. Die meisten hatten bereits ihre schriftlichen Eingaben gemacht und so kam es, daß zumeist Jeder nur von der seinigen erzählte und sprach, indem Jeder in der seinigen eine große heroische That erblickte. Der Erzbischof von Rheims schickte Animadversiones über das Concil von Florenz mit einem Citate aus den Worten des Bessarion ein, worin sich dieser über die Absurdität des Curialismus in schärfster Weise ausläßt. Er schrieb auch, daß er wohl wisse, daß man sie mit den Schmähworten „Gallikaner", „Jansenisten", „Febronianer" belege; allein das kümmere sie nicht und sei auch ganz falsch; ihr Boden sei — la vérité. (Gleichwohl war dieser Erzbischof der Schwächsten Einer; am 18. Juli 1870 stand er bereits in den Reihen der Infallibilisten und Curialisten, in einem Augenblicke, wo ihre Arroganz den höchsten Grad erreichte, und billigte deren „Absurditäten".) Der Bischof Moreno von Jvrea wiederholte Jedem, daß er gegen den Titel der Decrete Pius etc. sprechen werde, und obwohl er, wohl mit Unrecht, keinen rechten Anklang damit fand, blieb er doch darauf bestehen, daß er es für Gewissenssache halte, dagegen zu sprechen u. s. w. Man kann sich denken, wie die plötzlich von Mérode zugegangene Nachricht wirkte: der Papst habe den von Mérode auf heute angeordneten Trauergottesdienst für den sel. Montalembert verboten. Ich sage verboten, weil auch sein Wunsch, ihn zu unterlassen, nichts anderes als ein

Befehl ist. Also auch den Todten kann Pius IX. nicht verzeihen, Pius IX., der Heilige! Ein anwesender Cardinal selbst mußte das Geständniß ablegen: „Ich schäme mich doch recht ernstlich, daß ich römischer Cardinal bin." — Die Absendung eines französischen Bevollmächtigten zum Concil wünscht Pius schon wieder nicht mehr, so daß sie auch unterbleibt. Dagegen wird der französische Gesandte Rom auf einige Tage verlassen. P. Trullet, der sich namentlich mit der Honoriusfrage beschäftigte, versicherte — und er ist seit 20 Jahren in Rom — daß es auch in Rom zu tagen anfange, den niederen Clerus eine Bewegung gegen die Infallibilität ergriffen habe; in den Kapiteln dahier soll man sich sogar in der bittersten Weise über diese „Anmaßung des Papstes" aussprechen. Leider ist aber der niedere Clerus hier in Rom eine nichtzählende Null. Nach Haynald, der ebenfalls anwesend war, wird die Minorität nur c. 100 Stimmen zählen, also wirklich, wie das Univers in seinen letzten Nummern versicherte.

Gestern hatte ich Gelegenheit, B. Martin selbst zu hören. Ich hatte Hipler aufgesucht und ihm gesagt, daß schon im I. revidirten Schema de fide das Curialsystem und die Infallibilität enthalten seien, was er nach seinen Aeußerungen am Vormittag übersehen zu haben schien. Wir schlenderten auf dem Monte Pincio herum und sprachen über dies und jenes. U. A. sagte er mir, daß (auf meine Empfehlung hin) auch sein Bischof das Curialsystem, wenigstens nach Phillips, studire und dessen Ueberraschung über diese Theorie keine geringe sei. Er äußerte: „am bequemsten ist es freilich, Curialist zu sein." Einen erfreulichen Fund glaubte er in der Bemerkung Phillips' gemacht zu haben: „In Glaubenssachen könne die Majorität nichts beschließen." Dieses Zugeständniß, von einem Curialisten wie Phillips selbst, wäre ja ganz erwünscht gewesen. Krementz trug nun Hipler auf, die citirten Stellen des Melch. Canus und der Ballerini nachzuschlagen; allein welch ein Erstaunen seitens des Bischofes, daß diese Stelle bei Phillips so zu verstehen sei, daß die Majorität wie die Minorität oder das Concil überhaupt nichts zu entscheiden habe, sondern Alles lediglich in den Händen des Papstes liege und dieser sich möglicherweise mit dem nämlichen Effekte auch der Minorität anschließen könne! Wir traten den Rückweg an, als uns B. Martin entgegenkam und veranlaßte, nochmals mit ihm umzukehren. Er war bald auf das Concil zu sprechen gekommen und versicherte uns, daß die Infallibilität nach seiner Ueberzeugung gar nicht proponirt worden wäre, wenn nicht der Kampf in den Zeitungen und die leidige Adressenbewegung entstanden wären. Ich erlaubte mir aber mit Zustimmung Hiplers bemerklich zu machen, daß die Schuld nicht da liege, wohin man sie gewöhnlich abzuwälzen suche, überhaupt wäre dieser Zeitungsstreit nicht entstanden, wenn man loyaler zu Werke gegangen wäre: wollte man die Frage vorbringen, hätte man es zur rechten Zeit sagen können, der Kampf wäre dann sicher ein viel gemessenerer gewesen; wollte man sie nicht vorbringen, so hätte man überhaupt schweigen sollen. Da meinte freilich auch er: er habe immer bedauert, daß die Civiltà diesen faux pas machte. Uebrigens, hob er jetzt mit triumphirender Miene, indem er stolz den Kopf erhob, an, daß nur ein sehr bedauerliches Mißverständniß obwalte, das Dupanloup mit seiner „infaillibilité separée" verursachte. Es gibt keine solche und Niemand habe dies noch vor Dupanloup ausgesprochen, wie Dechamps ihm nachgewiesen habe. Ich wollte nun nicht auf diese Personalien eingehen und bemerkte nur, was Hipler bestätigte, daß die persönliche Infallibilität von den Infallibilisten nie anders verstanden wurde. „Nein, replicirte Martin mit Eifer, das sei eine falsche Ansicht — diese „infaillibilité separée", er könne sich diese gar nicht denken; der Papst sei nur infallibel in Verbindung und unter Zustimmung des Episcopates, als os ecclesiae oder episcopatus." Ich drang in ihn, daß er mir gütigst sagen möge, wie man sich dieses vorzustellen habe. Er zögerte anfänglich: „wie vorstellen?" wiederholte er mehrmals. „Nun, ich meine und bin versichert, sagte er dann, daß der Papst immer erst sich der Zustimmung des Episcopates versichern und nur nach diesem Verfahren eine Entscheidung treffen werde." „Auch habe noch kein Papst, behauptete er, ohne die Zustimmung, resp. Anfrage beim Episcopat gesprochen," was ich ihm sofort aus der Geschichte als falsch darthat, worauf er verstummte. Ich konnte mich aber nicht enthalten, ihm zu sagen, daß,

wenn dies die Meinung von der persönlichen Infallibilität des
Papstes ist, der Streit dann um nichts geführt worden ist; es sei
dann nur nothwendig, diese wenigen Worte ins Schema aufzunehmen, die Versöhnung und Vereinigung werde daraufhin wesentlich
erleichtert. Da er auf seiner Behauptung stehen blieb und wir vereinigt ihm immer wiederholten, man solle dies doch im Schema
aussprechen, entpuppte er sich dann endlich, als ich ihm wiederholt
bemerkte, daß ja die persönliche Infallibilität darin bestehe, daß der
Papst auch ohne vorhergehenden oder nachfolgenden Consens der
Bischöfe infallibel definiren könne. „Das ist auch meine Meinung,
sagte er nun, und warum soll er dies nicht können? Das ist ja
sententia communis und überhaupt keine opinio libera mehr", was
wir ihm natürlich wieder sehr lebhaft bestritten. Ich fragte ihn:
was denn dann sei, wenn sich etwa der Episcopat einer Entscheidung
des Papstes nicht anschließe? Nun kam seine curialistische Gesinnung
vollends zum Vorschein. „Das könne es gar nicht geben; denn
wenn der Papst gesprochen habe, sei der Episcopat mit ihm einverstanden und verbunden; denn ubi Petrus, ibi ecclesia. Es sei
ja im Staate auch so. Der König entscheidet z. B. über diese und
jene Rechtsfrage, und man müsse es anerkennen" (er scheint das
Pamphlet Stöckl's studirt zu haben). Nur sei mir nicht bekannt,
bemerkte ich ihm, daß der König über das Recht, und gar in infallibler Weise, zu entscheiden habe, worauf er dies wieder zurückzog.
Uebrigens, abgesehen von dieser unrichtigen Anschauung über das
Staatsleben, fuhr ich fort, auch die Gegner der persönlichen Infallibilität leugnen nicht: ubi Petrus, ibi ecclesia, nur enthält dies
nicht die persönliche Infallibilität. Nach der Kirchengeschichte steht
ferner fest, daß faktisch die Bischöfe nicht immer sofort päpstlichen
Entscheidungen (zu welchen die Päpste allerdings berechtigt seien,
nur müsse man deren Bedeutung genau erwägen, d. h. festhalten,
daß sie nicht als infallibel galten, wenn und insofern sie nicht eben
die apostolische Tradition aussprachen) ihre Zustimmung gaben.
Ich erinnerte an die Bewegungen der Bischöfe des Abendlandes im
Dreicapitelstreit. Und was hatte der hochw. Bischof darauf zu antworten? „Was liegt denn daran, wenn 20 und 30, ja 100 und

200 Bischöfe dagegen sich aussprechen, das thut der Entscheidung des Papstes gar keinen Abbruch." Ich erkannte sofort, was das heißen solle und wie man hier beim Vaticanum die Minorität, wenn sie selbst auf 200 Stimmen stiege, zu mißachten bereit sei. Ich wollte mich aber nicht auf diese Dinge einlassen und bemerkte ihm nur, leider sei auch dieser Ansicht die Kirchengeschichte entgegen; der klarste Beweis davon sei der Brief des P. Leo an Erzbischof Flavian. Noch immer stolz und siegesfroh warf er nur hin: „Nun ja!" Ich fuhr aber fort und sagte ihm, dieser Brief hatte eben nicht sofort sein späteres Ansehen. Leo schickte ihn in die einzelnen Länder zur Unterschrift und das Concil von Chalcedon untersuchte ihn durch mehrere Sitzungen. Leo selbst beruft sich stets nur auf diese Unterschriften und die Bestätigung des Concils. Dieses selbst aber war in der Anerkennung des Briefes so hartnäckig, daß die päpstlichen Legaten erklärten, man solle ihnen ihre Schreiben geben und sie wollen das Concil verlassen. Endlich nach so langen Untersuchungen erklärte das Concil, Leo sei „maximo orthodoxum". Ich wiederholte nochmals mit Nachdruck diesen Ausdruck. B. Martin hatte bisher geschwiegen; als ich aber die letzten Worte sprach, machte er, immer noch stumm, einige gewaltige Schritte vorwärts. Da waren uns bis auf wenige Schritte der B. Senestrey und der Jesuit B. Meurin genaht. Das Gespräche hatte dadurch sein Ende gefunden, und, wohl froh über die Erscheinung dieser beiden Gesinnungsgenossen, entließ uns Martin. Ich hörte nur noch, daß Senestrey zu ihm sagte: „Sie predigten ja." — Außerdem berührte Martin natürlich noch so Manches, auch Döllinger, den wir beide lebhaft vertheidigten, was anfänglich um so leichter war, als wir ihm immer noch sagen konnten: das Ganze ist also ein Streit um Nichts. Auch das sagte er uns, daß das Concil heuer nicht mit seiner Aufgabe fertig werden könne; es werde zwar keine Vertagung eintreten, aber eine Vacanz im Juni auf vier Monate, nach welchen, wie er glaube, viele Bischöfe, deren schon so viele müde sind, nicht wieder kommen werden.

Ein Freund Stroßmayers erzählt mir, daß dieser zu einem energischen Proteste bei nächster Gelegenheit entschlossen sei. Er werde durchaus den Ambon nicht verlassen, wenn man ihn nicht durch Gendarme von demselben reißen lasse, in welchem Falle er sofort gegen die Oecumenicität des Concils protestiren würde!

Ich habe früher einige Worte über eine neue Adresse bemerkt, welche sofortige Behandlung der Infallibilität verlangen soll. Ich finde nun darüber im Univers v. 14. März die Notiz: Il paraît que les Pères du Concile sont décidés à demander instamment la discussion immédiate et la solution définitive, avant toute autre, de la question de l'infaillibilité. J'apprends de bonne source que divers Postulata doivent être déposés dans ce sens, aujourd'hui même, à la commission instituée par le Pape. On m'assure également que d'autres Evêques vont faire des démarches personnelles dans le même but. On est las du scandale entretenu par la Gazette, le National, le Moniteur et le Français, aussi bien que par ceux qui les soutiennent et les appuient, et le temps paraît venu d'en finir, pour la gloire de Dieu et le bien des âmes. Nihil est occultum, quod non scietur . . . . Il paraît, en effet, que l'on tient en mains les fils de beaucoup d'intrigues, et que puisqu'ils veulent tant la lumière, on la fera."

Ich habe eben die bei Dr. Hipler mitgenommene Brochure Stöckl's durchgelesen. Ich erkenne deutlich, daß sie ein Orakel für B. Martin ist und er eigentlich, wenn auch manchmal in recht ungeschickter Weise, das reproducirte, was Stöckl schrieb. Es gibt doch wahrhaftig kein einfältigeres und zugleich mit Unwahrheit so sehr manövrirendes Product in dieser Frage, als dieses Pamphlet! Und dazu dieses Prahlen mit der Logik und Jurisprudenz! Aber es geht hier, wie die Erfahrung es immer lehrt, wovon man am wenigsten versteht, davon schreit man am meisten. Das soll eine Logik, eine gesunde Ansicht von der Rechtsbildung und dem Rechtsprechen sein! Gott behüte uns vor solchen Schwätzern! Allein gerade diese Brochure, welche sich noch dazu einer der Haupttheologen der Infallibilisten als Evangelium angeeignet hat, ist ein schlagender Beweis, daß die Frage der Infallibilität zum mindesten noch nicht spruchreif ist. Daß auch ich von dem scharfen Logiker und Juristen einen Hieb erhalte, versteht sich bei der Tendenz seines Machwerkes von selbst. So heißt es S. 10: „Wir haben an der unsäglichen Gemeinheit, mit welcher unsere Bischöfe in der protestantischen Allg. Zeitung fast Tag für Tag behandelt werden, übergenug; die geistliche Feder, welche jene Gemeinheiten in die genannte Zeitung schreibt, kränkt unser katholisches Gefühl ohnehin schon genug; möge man doch nicht noch neue Kränkungen hinzufügen." Es fällt mir nicht ein, auf die „Gemeinheit" dieser „geistlichen Feder" auch nur ein Wort zu sagen; ich kenne die Natur unserer Ultramontanen zu gut und bin keineswegs überrascht durch die Gemeinheiten, welche sie an mir begehen. Nur will ich mir noch von S. 32 einen anderen Grundsatz der Ultramotanen anmerken: Qui s'excuse, s'accuse.

Zur Concils-Literatur notire ich: De Rom. Pontificis suprema potestate docendi disputatio theologica. Neapoli 1870. Dieselbe ist namentlich gegen Döllingers „Erwägungen" und Artikel in der „Allg. Zeitung" über das Florentinum gerichtet und nach der gewöhnlichen Methode gehalten. Umfang pgg. 56; sie wurde vertheilt, wir erhielten jedoch kein Exemplar davon. — Dann erschien ex typis Civilitatis catholicae vor wenigen Tagen: Monumenta quaedam causam Honorii P. spectantia cum notulis (natürlich ganz in dem jesuitischen Sinne). Von Interesse ist nur das Vorwort: „Lectori benevolo. Ipse inspicias, lector benevole, monumenta causam Honorii P. spectantia, quo facilius, quid de ea sentiendum sit, judicium ferre possis. Omnino abstinemus a quaestione illa gravissima (sic!), utrum monumenta illa in omnibus vero authentica sint et integra, an vero, ut doctissimi auctores ob rationes graves (sic!) sentiunt, saltem ex parte supposita et a malevolis corrupta!"

Ein Laie von ausgedehnten Beziehungen sagte mir gestern, daß er von einigen Bischöfen, die im Gesù waren, hörte, daß man dort wegen der Infallibilität in großer Bestürzung sei: man finde den Orden dabei zu sehr engagirt und fürchte die daraus für denselben erwachsenden Folgen. — Auch höre ich von ihm, daß die englischen Bischöfe es für eine Ehrensache halten, schon wegen des bekannten Absageeides von der päpstlichen Infallibilität, welchen ihre Vorgänger der englischen Regierung behufs Erlangung der

Katholikenemancipation leisteten,¹) die Definition der Infallibilität zu vereiteln.

Der Uditore des H. Cardinals H. sagte mir gestern: die öffentliche Meinung, resp. die Presse fürchte man hier nicht mehr; man werde sie auch fortan ganz ignoriren; nur das könnte einen Erfolg haben, wenn die Bischöfe eine weltliche Macht für sich zu engagiren wüßten. Man erinnert sich der Verhandlungen der französischen Regierung, aber auch, daß deren Erfolg der Papst jetzt wieder vereitelt hat. Man tappt jedenfalls noch so im Unsicheren, daß man sich jetzt noch keine rechte Vorstellung davon machen kann, was das Resultat endlich sein wird.

Man kann hier der Zeuge des merkwürdigsten Processes sein. Je mehr die Majorität und der Papst ihre Prätensionen steigern, desto gewaltiger gährt es in den aufrichtig der Sache der Minorität ergebenen Gemüthern. Ich begegnete diesen Abend dem preußischen Militärbischofe, der im Begriffe steht, Rom und das Concil zu verlassen, um nicht wiederzukehren. Es ist peinlich, solche Männer reden zu hören, wie sie jetzt voll Enttäuschung dastehen, ihre Vergangenheit zum Theil verdammen müssen, soweit sie im Interesse der Jesuiten gearbeitet hatten. „Jetzt, sagt er, ist es uns klar, vollständig klar geworden, daß Alles nur der Jesuiten-Orden gemacht hat, der sich an die Stelle der Kirche setzen und diese regieren wollte. Der Papst wird darum nicht gestürzt werden, weil dies unmöglich ist; allein der Jesuiten-Orden wird fallen. Und, versicherte er mich, das ist nicht meine Ueberzeugung allein, auch die meisten anderen deutschen Bischöfe sind jetzt so weit gekommen; sie mußten so weit kommen, man drängte sie mit Gewalt dazu. Als ich hieherkam, fuhr er fort, war ich der Ansicht, daß ich, wenn ich auch wohl noch nicht so klar die Sachlage durchschaute, allein stehen werde; allein ich finde mich jetzt in Gesellschaft fast des ganzen deutschen Episcopats. Welch merkwürdigen Proceß hat in dieser Beziehung der Bischof von Ermeland durchgemacht!" Ich versäumte nicht, ihm zu bedeuten, daß wir in Folge unserer Studien schon

---

¹) Die Akten dieses Vorganges s. in meinen Documenta I, 288 sqq.

längst zu dieser Einsicht gelangt waren und daß darin allein unser Verbrechen bestand. Man glaubte uns nicht; man verläfterte und verketzerte uns. Was wollte der gute, ehrliche Mann darauf sagen? Er mußte es zugestehen. „In welche Stellung, meinte er schließlich, werden wir aber zu unseren Katholiken kommen, die weder Rom noch die Curie kennen, blind mit den Jesuiten dahinrennen, und, wie wir früher, kaum unsere Erfahrungen glauben können!"

Zu all dem kommt die Erbitterung, daß der Papst nicht einmal dem todten, edlen Grafen Montalembert den vom römischen Senat für ihn als römischen Patricier angeordneten Trauergottes= dienst gönnen wollte. Ist das von einem römischen Papste erhört, erhört unter den Augen eines allgemeinen Concils, eine solche bos= hafte und unversöhnliche Gesinnung gegen einen Todten zu hegen, der doch als Katholik starb! Nein! der Mann kennt nichts als seinen despotischen Willen und heischt von den Gläubigen nur blinden Gehorsam! Sic volo, sic jubeo, sit pro ratione voluntas — ist seine Losung. Hinterher sucht man das maßlose Vorgehen des Papstes hinsichtlich des Trauergottesdienstes dahin zu erklären, daß man Winke hatte, es sollte der Akt zu einer Demonstration von Seiten der Franzosen, namentlich Dupanloups, ausgebeutet werden. Mérode, erzählt man sich, soll sich aus dem Vatican haben tragen lassen — er ist eben krank — und auf sein Amt verzichtet haben, was ich jedoch nicht verbürgen kann. Thatsache aber ist, daß der Papst heute in S. Maria in Traspontina ganz plötzlich und unvorbereitet während der Concilscongregation einen Trauergottesdienst halten ließ und demselben in eigener Person anwohnte. Ich sah selbst den Wagen vor der Thüre stehen, hatte aber vorher schon durch einen Schweizer erfahren, daß Pius ganz plötzlich und zum Erstaunen Aller den Palast verließ, sogar ohne die volle übliche Begleitung, namentlich ohne seinen Vorreiter.

Hier ist übrigens Alles dazu angethan, um die Welt zu scan= dalisiren. Wie unsäglich erbärmlich ist hier nicht das Postwesen! Es sind unglaubliche Dinge, die sich hier zutragen. Ich erzähle nicht fremde Erfahrungen. Daß meine Bücher, welche Ende De= zember 1869 in München abgingen, noch nicht hier, resp. noch nicht auf der Post zu finden sind, ist noch wenig. Der Cameriere des Hrn. Cardinals brachte in diesen Tagen eine noch größere Ueberraschung in dieser Beziehung. Es wurde ihm nämlich mitgetheilt, es sei schon drei Jahre ein Packet an den H. Cardinal auf der Post, werde es nicht abgeholt, so werde es verkauft. Als man fragte, warum denn bisher dem H. Cardinal nichts davon gemeldet wurde, hieß es einfach: dazu ist das Postamt nicht verpflichtet; jedoch wolle man dem H. Cardinal die Vergünstigung zu Theil werden lassen, daß er kein Lagergeld zu bezahlen brauche!

Rom, 19. März 1870.

Gestern wurde also der erste Versuch mit dem neuen Reglement gemacht. Die Minorität hat zwar wieder einmal bei den Legaten einen Protest eingereicht; allein diese fanden es, wie das Univers schon vor 8 oder 10 Tagen aller Welt verkündigt hatte, nicht für nothwendig, auch nur eine Silbe darauf zu erwidern. Es blieb also bei der gefahrvollen und nach der Auffassung der Curialisten verhängnißvollen Geschäftsordnung, und die Minorität genehmigte dieselbe faktisch durch Theilnahme an dieser ersten Congregation. Man gibt mir von vorzüglich unterrichteter Seite die Versicherung: „heute konnte man recht deutlich bemerken, wie leicht es der Minorität wäre, wenn sie energisch vorginge, die Majorität zum Nachgeben zu zwingen; man las auf den Gesichtern sämmtlicher der Majorität angehörenden Väter die Spannung und selbst Verlegenheit, ob nicht von Seite der Minorität ein Protest zum Ausbruche komme." Die ohne Störung begonnene Generaldebatte führten Väter der Majorität ein: sie sprachen sich zu Gunsten des revidirten Schema aus. Darunter befand sich auch der der Minorität untreu gewordene Primas von Ungarn. Man sagt mir: „man merkte an ihm recht deutlich, daß er sich sichtlich in einer sehr peinlichen Situation befand; bei allen seinen Worten gab sich die Unsicherheit eines Neubekehrten kund." „Er spreche, sagte er, nur auf Aufforderung" (der Glaubensdeputation) und empfahl das Schema, wobei er ausführte, dies sei gegen den Pantheismus, jenes gegen den Hermesianismus 2c.

gerichtet." „Auch der „freien Wissenschaft" vergaß er nicht, wobei er
zwar nicht lange verweilte, vielmehr glitt er sehr schnell darüber
hinweg; jedoch fürchtete man jeden Augenblick, daß der Name
Döllingers als Wauwau dem Concilium vorgeführt werden möchte."
Zuletzt sprach noch B. Moreno von Jvrea: er sprach gegen das
Schema, allein von verschiedenen Seiten höre ich, daß er nicht ver=
standen wurde; und zum Schluß wurde er auch noch vom Ambon
geschellt, da der Papst zu den Gräbern der Apostel — es ist dies
an den Freitagen der Fastenzeit nach der Predigt in der Sixtina
Sitte — kam, und sich ihm die Väter des Concils als Cortège
anschließen mußten. Nach dieser Congregation, womit wie bekannt
und bemerkt die neue Geschäftsordnung inscenirt wurde, sprang B.
Pie fast außer sich vor Freude auf Card. Bilio zu und sagte ihm:
„Nun, es ist doch gut gegangen!" Der erste Versuch ist also ge=
lungen, wir können auf dem eingeschlagenen Wege kühn fortschreiten;
der Minorität kann man ihre Freude am Protestiren lassen, denn
da, wo es darauf ankommt, und an dem Orte, wo es eigentlich
geschehen sollte, thun sie ja doch keinen energischen Schritt. So
wird man ohne Zweifel auf Seite der Majorität raisonniren, und
sie hat damit vollkommen Recht; denn bis jetzt ist die Minorität,
die wirklich immer mehr zusammenschmelzen soll, noch zu keinem
eigentlichen Erfolge gelangt. Ich wenigstens kann darin keinen sehen,
wie sie es thut und worüber sie sich außerordentlich freut, daß das
I. dogmatische Schema ganz umgearbeitet wurde. Ich sehe nicht
einmal das ein, da für jeden verständigen Theologen die Revision
nur eine anders geformte Reproduction des I. Schema ist, wozu
noch der verhängnißvolle Absatz gefügt wurde, welcher das Curial=
system und die persönliche Infallibilität bereits hier einführt.

Auch die Conciliums=Aula hat wieder eine Veränderung er=
fahren. Man hat nämlich die Leinwand, welche früher dieselbe ver=
kleinerte, durch Bretter ersetzt, und es soll jetzt wirklich das Ver=
ständniß bedeutend erleichtert sein.

Da kam gestern Morgens Graf . . . . . . zu mir. Das
Gespräche drehte sich hauptsächlich um die Montalembert=Affaire.
Der Graf sprach sehr verständig, wie man es von einem Protestanten

kaum erwarten sollte. Man kann sich aber meine peinliche Situation vorstellen, in welche ich einem Protestanten gegenüber gerathen mußte. Ich konnte ja gar nichts zu Gunsten des Papstes anführen, da der Graf so gut wie ich, ja noch weit besser informirt war. Ich hielt es darum für besser, meine eigene Indignation über dieses unwürdige Benehmen Pius' in keiner Weise zu verheimlichen. Ich erklärte ihm, daß ich das Verhalten des Papstes für die größte Schmach ansehe, welche unserer Kirche angethan werden konnte; ich halte Pius auf Grund dieser That für unwürdig des apostolischen Stuhles und der Repräsentant unserer Kirche und der Religion der Liebe zu sein. Ich stimmte ihm auch darin bei, daß es zu erwarten sein sollte, daß das Cardinals-Collegium als solches sich gegen dieses Vorgehen des Papstes erkläre, wiewohl ich ihm zugleich nicht verhehlen konnte, daß von dem gegenwärtigen Cardinals-Collegium dieses kaum zu erwarten stehe, da die Einen ja mit Pio IX. einverstanden, die Anderen ganz eingeschüchtert sind.

Wichtig scheint mir eine andere Mittheilung des Grafen, der die Bewegungen des Concils mit großer Aufmerksamkeit und viel Verständniß verfolgt. Er habe nämlich darüber nachgedacht, wie die Regierungen sich der Minorität annehmen könnten, ohne einen direkten Eingriff in die Freiheit des Concils sich vorwerfen lassen zu müssen. Es komme nur darauf an, ob sich die französische Regierung damit einverstanden erklären und an die Spitze stellen werde. Die Bestimmtheit der Sprache und die Klarheit, mit der er den Plan auseinandersetzte, ließen mich aber vermuthen, daß es nicht mehr einfacher Plan des Grafen sei, sondern derselbe schon weiter gediehen sein müsse. Aus einer anderen Bemerkung schließe ich wohl mit Recht auf Letzteres. Der Plan besteht nun darin, daß die Regierungen ihren Bischöfen erklären sollen: sie sehen voraus, daß das Concil nur dazu angethan sei, einen Kampf unter den Katholiken selbst hervorzurufen, ja, er habe eigentlich schon begonnen. Den Verhältnissen gemäß müsse aber der Schauplatz dieses Kampfes in kürzester Frist aus der Conciliums-Aula auf das Terrain der einzelnen Staaten übergetragen werden. Einen solchen Kampf in ihren Ländern entbrennen zu sehen, können aber die Regierungen nicht wünschen. Dies zu vermeiden, ferner in Anbetracht dessen, daß das Concilium für die Entscheidung so wichtiger Fragen offenbar nicht hinlänglich vorbereitet ist und zumal der nothwendigen Freiheit für seine Entschließungen entbehrt, sehen sich die Regierungen veranlaßt, ihre Bischöfe zu bitten, in die Heimat zurückzukehren. Werde nach einigen Jahren das Concil seine Berathungen wieder aufnehmen, so sei es vorbereiteter (und hoffentlich, setzte er für mich bei, auch mit der nothwendigen Freiheit ausgestattet), solche Gegenstände zu berathen. Mir selbst schien dieser Plan acceptabler, als sein früherer, und ich konnte ihm nur sagen, da ich immer die Gefahr der Verminderung der Minorität vor Augen habe, es möchten die Regierungen dies nur recht bald thun und noch früher als sich die Minorität bis zu einer ganz unscheinbaren Zahl vermindert haben werde. Am Ende ließ der Graf noch seinen Groll über das Curialsystem aus, in das er sich jetzt vortrefflich hineinstudirt hat. Ueberhaupt ist das Curialsystem, sagt mir ein Bischof, jetzt das Losungswort für die Opposition geworden, und Alles beschäftigt sich mit demselben. Ich habe nicht wenig dazu beigetragen. Ohne Zweifel blieb dies nicht lange verborgen, und es mag der Zorn der Curie und Jesuiten gegen mich gerade darin seinen Hauptgrund haben.

Erzb. Haynald sagt, daß B. Ketteler „die Minorität durch Grobheiten zu terrorisiren suche"; daß er sogar dem Card. Rauscher „grob" werde, und „er, Haynald, ihn schon einigemale Raison lehren mußte." Im Zusammenhang damit sprach sich ein Concilsvater dahin aus, „das ganze Verhalten der Minorität werde durch den schlimmen Einfluß dieses Mannes bestimmt. Sein Schmähen über dies und jenes, namentlich die Geschäftsordnung und die Art und Weise, wie die Infallibilität proponirt worden sei, mache die anderen blind: man hält Ketteler für einen offenen Anhänger unserer Sache; allein es ist gewiß Täuschung. Man müsse sich immer nur gegenwärtig halten, daß Ketteler bei den Jesuiten wohnt. Man könne ihm ja dies gestatten und die Freude lassen, die Proteste der Minorität mit seinem Namen zu unterstützen, da man weiß, daß der Papst und die Legaten nicht darauf eingehen und sich die

Minorität mit ihren Protesten begnügt; wenigstens sei es bisher der Fall gewesen."

Interessant ist auch eine andere Mittheilung Haynalds, daß sich nämlich die Minorität auf Ueberraschungen der Majorität verlegen müsse. Daß aber nur die Minorität nicht mit ihren Ueberraschungen zu spät kommen und vielleicht noch viel eher von der Majorität überrascht werden möge!

Ich muß hier abbrechen, um H. Cardinal auf die Villa d'Este in Tivoli zu begleiten. Es ist ein wunderschöner Tag.

Rom, 20. März 1870.

Der Aufenthalt in Tivoli war wundervoll. Ich will mich nicht bei einer Schilderung der Villa oder Umgebung Tivoli's ꝛc. aufhalten, bei Dingen, die Jeder selbst und immer beobachten und bewundern kann. Nur das will ich anmerken, daß mir zum ersten Male in meinem Leben eine solche Farbenglut bei untergehender Sonne bekannt wurde, wie man sie manchmal auf Gemälden nach= geahmt findet. Es kam mir immer vor, als ob der Maler zu wenig der Wirklichkeit Rechnung trage; allein jetzt bin ich von diesem Wahne geheilt. Es war ein bezauberndes Schauspiel; allein je länger ich es bewunderte, je träumerischer meine Natur gestimmt wurde, desto bestimmter trat ein Gefühl hervor, das ich schon öfter bei ähnlichen Gelegenheiten empfand und man gewöhnlich — Heim= weh zu nennen pflegt. Ich weiß nicht, ob es Anderen ebenso er= geht; ich wenigstens fühle mich in solchen Augenblicken so recht allein, das Gefühl einer mir fremden Welt drängt sich mir gar zu überwältigend auf. Wäre es mir möglich, wollte ich dann über Berg und Thal in die Heimat flüchten, wo man sich unter be= freundeten und gleichdenkenden Stammesgenossen trotz allem un= endlich wohliger befindet. Ich konnte es darum dem H. Cardinal nicht verheimlichen, es drängte mich ihm zu sagen: Es ist aber doch die Heimat nicht.

Ich trage nun meine vor dem Besuche in Tivoli gemachten Notizen nach. Am 19. ds. bestätigte der Secretär der Elemosinieria,

daß der Papst wirklich den Trauergottesdienst für Montalembert
verhindern ließ, weil man vor ihm das Gespenst einer Demonstration
aufsteigen ließ. Er selbst — er steht bekanntlich unter Mérode —
hatte sich Morgens am Fuße des Kapitols aufgestellt, um die Leid=
tragenden mit einer auswendig gelernten französischen Phrase wieder
heimzuschicken. Ich hatte schon früher gehört, daß der Jesuiten=
general und L. Veuillot die Ersten der Ankommenden gewesen sein
sollen. Der Secretär erzählte wenigstens, daß der Letztere in den
Gottesdienst gehen wollte und auf seine Anrede nichts gab, sondern
mit den Worten weiter ging: „Einige Vater unser wird man doch
für den Verstorbenen beten dürfen." Nach einigen Schritten kehrte
er jedoch wieder um, erkundigte sich nach dem Grunde des Verbotes
und kehrte nach Hause. Da Mérode „maßlos über den Papst los=
zieht, will ihn dieser durchaus aus dem Vaticanischen Palaste haben."
Man ist dies an Mérode gewöhnt. Als er noch Kriegsminister
war, sagte er in einem Minister=Conseil, dem der Papst präsidirte,
diesem ins Gesicht: ich diene nicht dem Grafen Mastai, sondern dem
P. Pius IX., was den Papst so in die Hitze brachte, daß er dem
Kriegsminister befahl, sich sofort zu entfernen. Allein Mérode wich
nicht; erst nach langer Vermittlung der übrigen Mitglieder des Con=
seils ließ er sich bewegen, sich dem Befehle des Papstes zu fügen.
Der Secretär will auch wissen, daß man im Vatican jetzt sehr be=
dauere, daß man mir so großes Unrecht gethan habe; es sei Alles
nur eine abscheuliche Intrigue gewesen. Am Ende komme ich gar
im Vatican wieder zu Gnaden. Was würden dann erst die Leute
von mir sagen, da mir jetzt schon Prof. Christ aus München
schreibt: „Es wollen manche Leute glauben, Du seiest nicht blos bei
Döllinger, sondern auch bei Talleyrand in die Schule gegangen und
verständest jetzt beide Dinge trefflich in Dir zu vereinen."

Allmälig scheint es Licht zu werden. So ist man im Vatican
über den Card. Barnabò, wie der Secretär der Elemosineria er=
zählt, sehr ungehalten, da auch er von der Infallibilität nichts mehr
wissen wolle. Sollten also wirklich die Getreuesten selbst nach und
nach schwankend werden? Wie ist diese Erscheinung erklärlich? Ich
meine, die Einen fürchten die schlimmen Folgen, die Anderen fangen

erst jetzt an, die Frage zu studiren. So z. B. der als lumen Curiae
gepriesene Card. Monaco, der vor c. 4 Wochen sich das Votum
Cardoni's über die Unfehlbarkeit erbat, „um endlich doch auch
in dieser Frage klarer zu sehen!" Selbst einzelne Dominikaner
machen etwas bedenkliche Miene. Heute erzählte einer, daß gestern
die beim Concil sich befindenden Dominikaner=Bischöfe (c. 20)
in der Minerva eine Versammlung hatten, welche nicht nach Wunsch
der Infallibilisten ablief. Der General Jandel meinte, sie sollten
dem Papste „den Tort" nicht anthun und Non Placet sagen. Da
fielen sie aber „wie Löwen über ihn her": „sie seien als judices da
und müssen nach ihrem Gewissen sprechen; bei einem Concile dürfe
man nicht nach Convenienzen seine Stimme abgeben." Pellegrinetti,
bis zum Concil Professor der thomistischen Theologie an der Universität
in Wien, leugnet nun gar, daß Thomas von Aquin die persönliche
Infallibilität gelehrt habe, wie sie jetzt die Jesuiten durchsetzen
möchten. Er „würde gerne den Münchener Professor (mich) darüber
hören, aber er könne ihn nicht aufsuchen, weil er dann gleich als
Häretiker verschrieen würde."

In 8 Tagen wird auch der Fürsterzbischof Fürstenberg von
Olmütz von hier abreisen; es ist jedoch Vorsorge getroffen, daß ent=
weder Card. Rauscher oder Schwarzenberg, falls die Majorität Ge=
walt anwenden sollte, ihn telegraphisch zurückrufen wird.

Ein Diplomat sagt: in der Politik Frankreichs zeigt sich eine
im Vatican sehr freudig begrüßte Unsicherheit. Er zählt die Fehler
der Curie auf: das taktlose Auftreten gegen Mitglieder des Concils,
schroffe Fassung des Unfehlbarkeits=Antrages, ungeschickte Leitung der
Berathungen, persönliche Demonstrationen des Papstes, namentlich
gegen Montalembert. Allein dadurch, fährt er fort, ist die Minorität
nur wieder gestärkt worden und die Tragweite der neuen Lehre auch
außer dem Concile erst recht klar geworden. Gegen Banneville soll
sich der Papst über die Einmischung der Mächte in die inneren
Angelegenheiten des Concils noch sehr schroff geäußert haben. —
Graf Tauffkirchen meint: die Sätze des Schema de ecclesia alteriren
direkt die Beziehungen zu den Staaten, besonders zu Baiern. Die
21 Canones, welche diesem Schema angehängt sind, wurden die

Veranlassung der Oesterreichischen Depesche vom 16. und der französischen Note vom 20. Februar; eine baierische Note wäre nicht überflüssig.

Rom, 21. März 1870.

Card. Rauscher und B. Hefele, sagt mir ein Mann, der sie gestern sprach, fürchten noch immer, daß der Papst Alles daran setzen werde, um seine Infallibilität proklamiren zu können. Dem Bischof von St. Brieux sagte er in einer Audienz: Monseigneur! wozu Befürchtungen hegen; beten Sie, und so wird Sie der hl. Geist erleuchten, daß Sie sich von meiner Infallibilität überzeugen!

Wenn Bischöfe die Sache leicht nehmen, kann man auch L. Veuillot verzeihen, daß er (18. März) schreibt: „La brochure de Mgr. l'Evêque d'Orléans est déjà oubliée; elle n'a pas même obtenu deux jours d'attention. Tout a été dit sur cette triste question de l'opportunité, et l'opinion catholique n'a même plus le temps d'en prendre souci. Cependant on s'intéresse à la lecture d'une brochure italienne dont le titre est très vif: Les Girondins de l'Eglise." — Weiter schreibt Univers über das Infallibilitäts=Schema und schließt: „Le Schema n'est donc autre chose que l'explication nette et décisive des paroles: Ubi Petrus, ibi Ecclesia." Man hat hier die Weisheit des B. Martin, welche er unlängst Hipler und mir ausgekramt hat. — Und nun noch, was es zu den Eingaben gegen die Geschäftsordnung bemerkt: „Les oppositions qui ont été faites à la modification réglementaire du Concile ont été reconnues sans valeur aucune, et depuis il n'en est plus question." L. Veuillot ist regelmäßig zu gut unter= richtet, als daß wir hier nicht die Ansicht des Vaticans und der Majorität vor uns haben sollten. Wie ich voraussagte, so ist es gekommen: es wird sich fragen, ob die Minorität ihren Protesten noch Nachdruck zu geben gesonnen und im Stande ist.

Heute wurde endlich die schon erwähnte „Thomistische Akademie" bei den Dominikanern sopra Minerva eröffnet. Wer freilich in seinem Leben nur von deutschen Akademien gehört hat, kann sich

kaum eine Vorstellung von einer römischen machen. Doch gibt es
ein Institut oder besser einen Akt in unserem Studienwesen, das
der römischen akademischen Feier ganz ähnlich ist — die Preise=
vertheilungen an unseren Gymnasien. Nach einer, freilich ziemlich
unbedeutenden musikalischen Ouverture verlas ein junger Dominikaner
ein Decret des Generals der Dominikaner, wodurch der Ausschuß
der Akademie — ich glaube, daß er sämmtliche, nur einigermaßen
gebildete Dominikaner umfaßt — bestätigt wurde. Darnach ergriff
der Präsident vom Präsidentenstuhl Besitz, während die Musik eine
Polka executirte. Nach deren Beendigung schnatterte der Präsident
eine lateinische Rede vom Papier herab, worin namentlich bemerkens=
werth war, daß er sämmtliche Stellen des Thomas über die In=
fallibilität recitirte. Wenn ich nicht blos erwäge, daß sich eben das
Concil mit dieser Frage beschäftigt, sondern auch daß die Dominikaner=
Bischöfe in diesem Punkte von Thomas abzuweichen sich den Anschein
gaben: so ist die ganze Scene offenbar als eine Pression auf die
Väter des Concils, deren eine ganze Reihe anwesend war, anzusehen.
Natürlich fehlten die Lobsprüche nicht, mit welchen je die Thomistische
Weisheit belegt worden war: wer dem Thomas folgt, hat nie geirrt
und wird nie irren! Der Commissär der Inquisition begann nach
einem neuen Musikstücke die poetischen Spielereien, welche, mit der
Musik abwechselnd, jüngere Dominikaner fortsetzten, und natürlich
wurde jedem Deklamanten durch Händeklatschen Beifall gezollt.
Selbst Mgr. Wolanski war es zu stark! Nach dem Akte machte sich
ein alter Dominikaner an mich und ergriff mich am Arme. Er
hatte gehört, daß ich der Theologe des H. Cardinals H. sei; seine
Freundlichkeit war außerordentlich, und als ich ihm sagte, daß ich
mit großem Interesse der Feier beiwohnte, da kannte er sich gar
nicht mehr vor Freude.

Interessant war mir, daß Mgr. Wolanski mir bei dieser
Gelegenheit mehrmals darzuthun suchte, daß ihm der Correspondent
der „Allgem. Zeitung" mit seiner abfälligen Bemerkung über ihn,
nur den größten Gefallen gethan habe, und er auf sie hin hier
bereits reussirte. Er könne jetzt schwarz auf Weiß im Vatican und
überall beweisen, daß er nicht zu den liberalen Theologen gehöre,

noch weniger aber die Concilsbriefe der „Allgem. Zeitung" selbst geschrieben habe! Wolanski als Verfasser der Briefe in der „Allgem. Zeitung"! Es scheint übrigens, daß hier die „Allgem. Zeitung" die nämliche Wirkung hat, als der Nürnberger Anzeiger bei unseren Ultramontanen: wer in diesem Blatte getadelt wird, gilt bei ihnen erst recht als ein Heros! Wolanski erhielt darauf sein lange hingehaltenes Anstellungsdecret bei der Index-Congregation; zugleich aber auch Beileidstelegramme von Stöckl, Bickell und Friedhoff aus Münster und aus Breslau. Die drei Münsteraner haben, wie mich Hipler versichert, ihm seine Doctordissertation gemacht: „Stöckl gab die Gedanken, Bickell die Citate aus den orientalischen Sprachen und Friedhoff die Form"!

Im heutigen Consistorium hielt der Papst keine Allocution, sondern nur eine italienische Ansprache an die Cardinäle.

Bilio sagt, es solle jetzt jeden Tag Congregation sein, da die Bischöfe nicht hiehergekommen seien, um die Monumente anzusehen.

Rom, 22. März 1870.

Das Univers v. 20. März schreibt in einem Artikel, der die Kenntniß des revidirten Schema voraussetzt, über dieses: „L'on assure, du reste, que les membres si éminents qui en (Commission de fide) font partie et qui depuis trois mois travaillent avec tant d'assiduité et entourés de tout de lumières, ont donné à ce nouveau travail une perfection et une netteté incomparables." Leider daß die heutige Congregation dieses Lob der Partisane nicht anerkannte. Ferner weiß Univers zu sagen, daß wohl im Laufe des April die Definitionen über die Kirche und die Infallibilität stattfinden werden. — Mgr. Steins also, S. J. und Bischof von Calcutta, hat mit zwei anderen Missionsbischöfen dem Papste die Bitte vorgetragen, das Schema de infallibilitate vor jedem anderen zur Discussion und Beschlußfassung kommen zu lassen. Der Papst hätte es aber nach dem Univers abgelehnt.

Ein angesehener Laie sagt mir, daß er von mehreren Seiten vor Freppel gewarnt wurde, der auch den famosen Erlaß des

Bischofs von Straßburg gegen Gratry gemacht haben soll. Ein Erzbischof, erzählte mir derselbe auch, der bis Weihnachten Infallibilist war, setzte bei einem Diner einen Preis von 1000 Pfund aus für denjenigen, welcher ihm aus der alten Kirche eine Stelle für die Infallibilität nachweise. Ein Infallibilist war sofort bereit, den Preis zu gewinnen. Er holte ein Buch, und die Stelle fand sich wirklich darin; allein nach zehn Zeilen hieß es, daß sie unächt sei.

In der heutigen Generalcongregation wurde die Generaldebatte geschlossen und die Spezialdebatte begonnen. Ich erfahre darüber Folgendes. Das revidirte Schema fand in den Augen der Minorität wenig Gnade: Schwarzenberg, Ginoulhiac, Moreno und Stroßmayer sprachen dagegen. Der Erste tadelte mit seltener Würde und in klarer Weise eine ganze Reihe von Uebelständen: man solle doch eine bessere Sprache für die Decrete wählen und das Concil von Trient zum Muster nehmen; auch die Geschäftsordnung fand er unpraktisch und erinnerte dabei an die von Trient, wo die Commission der Theologen erst vorausging; der Erfolg sei der gewesen, daß man dort zu Resultaten gelangte, hier aber sei noch nichts erreicht worden. Ueberhaupt habe er in den Congregationen noch nicht den Eindruck empfangen, daß hier ein Concilium gehalten werde. Man ließ ihn lange fortsprechen, endlich tönte die Glocke der Legaten dazwischen, wenn auch leise und schwach, aber es war doch geschehen. Selbst unter den Cardinälen ließ sich ein Gemurmel der Unzufriedenheit mit dieser Unterbrechung hören, noch mehr aber unter den Bischöfen; allein Schwarzenberg selbst will neben sich Bravo's für die Legaten gehört haben. Moreno sprach über den Titel der Decrete: Pius etc. und verlangte die Formel des Concils von Jerusalem. Und Stroßmayer! Er führte sein Vorhaben zu protestiren allerdings durch, oder eigentlich man brachte es an ihn. Nachdem er eine bessere Latinität für die Decrete verlangt und namentlich auf eine Betonung der Rechte der Bischöfe gedrungen hatte, sprach er zu Gunsten der Protestanten, welche man im Schema „pestis" nenne. Er soll allerdings, auch nach dem Urtheile Schwarzenbergs und Namszanowski's, zu weit gegangen sein. Zuerst wurde er von de Angelis unterbrochen; allein nachdem dieser einige lateinische Worte hervorgestoßen hatte, konnte er nicht mehr weiter und sprach nur ganz leise noch etwas. Da stand Capalti auf, griff nach Glocke und zum Worte. Was war das Ende? Stroßmayer protestirte dreimal mit erhobenen Händen gegen eine solche Behandlung. Theilweises Beifallklatschen für ihn, noch größeres Tumultuiren gegen ihn machte für die Meisten den Verlauf der Scene unverständlich. Nachträglich erzählte der Erzbischof von Rheims, daß in seiner Nähe ein „Majorist" aufgestanden ist und Stroßmayer zugerufen hat: Nos omnes te damnamus, wogegen sich aber ein französischer Bischof (Place) erhoben und gerufen habe: Ego te non damno. Man fürchtete, sie würden sich in die Haare fallen, und wirklich sind geballte Fäuste gesehen worden.

Es läßt sich denken, wie diese Vorgänge die Gemüther beschäftigen. Der Erzbischof von Rheims „ist darüber ganz in Verzweiflung." Allein trotzdem ist das Ende von Allem, sagt man mir, daß sie doch nichts thun werden. Ich selbst finde darin nur, daß sich die französischen Bischöfe zu sehr auf ihre Regierung und ihre Bajonette verließen, von denen aber sie verlassen werden. Auch die deutschen Bischöfe sind außerordentlich erregt.

B. Martin ist sehr deprimirt, allein seine Verstimmung hat nur darin ihren Grund, daß man zu gar keinem Ziele komme. „Jetzt sei das revidirte Schema so gut hergerichtet, man habe es sechsmal vorher drucken lassen und immer wieder verbessert und trotzdem konnte man es Niemand recht machen." Er wiederholte auch gestern, was er mir schon früher gesagt hatte, daß man doch auf Ostern ein Decret zu Stande bringen möchte. — Der Hildesheimer Bischof äußert: „der Syllabus hatte für mich nie eine dogmatische Bedeutung und kann sie auch nie erhalten", und B. Ketteler sagt unverhohlen: „das ist doch gar zu arg, wie man es uns hier macht; wir wissen gar nicht, wie wir wieder in unsere Diözesen zurückkehren und dort existiren können." Er will selbst an den hl. Vater schreiben und ihm die Lage und die Folgen vorstellen 2c.

Daß etwas oder was weiter gethan werden müsse, darüber sind sich die Bischöfe noch nicht klar geworden. Sie gehen ruhig in die Sitzungen, lassen sich majorisiren und werden sich schließlich unterwerfen.

Graf . . . . . . sagte mir aber wieder von dem neuen Stadium, das die Regierungen dem Concil gegenüber einnehmen werden und nothwendig werden einnehmen müssen. Sie können nur zusehen und abwarten, daß die Bischöfe die Regierungen fragen, ob sie an ihnen im Falle des Confliktes mit Rom einen Rückhalt haben, was sich dann von selbst verstehen werde. Die Stimmung der Bischöfe bezeichnet er mit — Resignation. Der eine oder andere derselben sage allerdings, man könne über sie, die bisher nur von Opportunität sprachen, aber schließlich, wenn der rechte Moment dazu gekommen sein werde, sich gegen die Lehre selbst erklären werden, nicht hinweggehen. Frage man sie aber, was dann, wenn letzteres doch geschieht? dann sind sie rath= und planlos. Er sagte noch dies und jenes, was sie möglicherweise thun könnten; allein ich konnte nur meine frühere Ansicht wiederholen: Protestiren gegen das Concil und sich nicht mehr daran betheiligen. „Wenn sie es thäten, meinte er, wäre es freilich das Beste."

Man gibt mir heute die Versicherung, daß eine geheime Ver= schwörung unter Bischöfen ꝛc. bestehe (auch Graf Blome gehöre dazu), welche den Papst zum Aeußersten forttreiben und namentlich die Minorität in Verzweiflung versetzen wolle.

Während der gestrigen Congregation hielt nach dem gewöhn= lichen Gebrauche ein Dominikaner dem Kapitel von St. Peter eine Fastenpredigt. Derselbe wußte kein besseres und zeitgemäßeres Thema zu wählen, als die Infallibilität. Er wolle zwar dem Concil nicht vorgreifen, sagte er, aber man müsse sie doch schon jetzt bekennen und insbesondere gegen ihre Feinde vertheidigen. Sein Hauptargument aber war: der Papst habe die Einheit der Kirche zu erhalten, was er aber nicht könne ohne das donum infallibilitatis. Ganz anders heute zwei andere Dominikaner. Einer derselben hatte ganz meine Ansicht davon. Namentlich aber betonte er mir die Rücksichtslosigkeit gegenüber den deutschen, österreichischen, französischen und amerikanischen Bischöfen, die doch, als auf dem eigentlichen Kampffelde stehend und als bewährte Vorkämpfer, vor Allen Be= rücksichtigung finden sollten. Ueberhaupt, meinte er, kann diese De= finition nie opportun werden, weil sie stets in der Kirche große

Bewegungen ꝛc. hervorrufen werde; sie werde darum auch nie stattfinden. Beide Dominikaner betrachten aber das Concil nur als Züchtigung Gottes für Rom und namentlich die Jesuiten.

Der preußische Militärbischof sagte gar gestern zu mir: „in einer Versammlung von Schustern geht es bei uns anständiger her, als in dem Concile." Und dies habe er auch einem italienischen Bischofe erklärt. Dann erging er sich über die bodenlose Verkommenheit Roms: „der Kirche könne nur geholfen werden, wenn der Kirchenstaat falle, eine weltliche Regierung wie bei uns die kirchlichen Angelegenheiten ordne, z. B. das deutsche Pfarrsystem einführe und die Unmasse von Geistlichen beseitige ꝛc." „Aber, schloß er, die größte Demüthigung für uns deutsche Bischöfe ist, daß wir uns hier überzeugen mußten, die liberalen und freimaurerischen Blätter haben Recht und unsere katholischen, wenn man sie katholisch nennen darf, lügen — **lügen.**"

Rom, 23. März 1870.

Von einem Diplomaten höre ich, daß Senestrey sage, die Berathungen über die drei letzten Kapitel des Schema do ecclesia, welche die Beziehungen zwischen Kirche und Staat betreffen, werden aufgeschoben werden. Derselbe unterscheide ferner, wie Antonelli, zwischen Theorie und Praxis, wobei den Diplomaten aber die angedrohten Anatheme geniren. Auch meint dieser, die beabsichtigte Trennung dieser Kapitel solle nur den Hemmschuh beseitigen, der sich für die Schlußabstimmung und damit für die Annahme der Unfehlbarkeit ergeben würde, da Frankreich und Oesterreich diese Canones beanstanden. Endlich behaupte Senestrey, Einstimmigkeit ergebe sich dadurch, daß der Papst eine Ansicht adoptirt, der dann die Opponenten sich unterwerfen; es sei dabei ganz gleichgültig, ob viele oder wenige Opponenten vorhanden sind. Mit Recht sagt der Diplomat: „so verwechseln die Jesuiten die Erfordernisse zur Gültigkeit eines Gesetzes mit den Wirkungen eines gültigen Gesetzes."

Interessant ist auch, daß das baierische Staatsministerium

über die bekannte Schwandorfer Rede Seneftrey's eine Note an Antonelli richtete, worauf aber keine Antwort erfolgte. Mir wurde übrigens von verschiedenen Seiten gesagt, daß der vorige baierische Gesandte die Schuld daran trage, indem er die Sache nicht verfolgte. Wohl deshalb wurde seine Abberufung so sehr bedauert, wie es B. Feßler selbst einmal mir gegenüber that, ja, er erklärte dieselbe sogar für die schwerste Kränkung, welche demselben in jenem Momente hätte zugefügt werden können. Der Gesandte soll ja auch geäußert haben, er werde Rom nicht mehr verlassen, wenn er nicht vielleicht berufen werde, in ein Ministerium einzutreten.

Rom, 25. März 1870.

Die Sitzungen vom 23. und 24. verliefen, wie ich höre, ruhig und ohne Spektakel. Ich habe übrigens zu wenig Interesse an diesen Redeübungen. Der Hauptpunkt liegt ganz wo anders und er allein darf nie aus dem Auge verloren werden.

Als ich gestern Abends durch den Corso nach Hause ging, begegnete mir Erzb. Haynald. Wir sprachen einige Worte mit einander. Als ich schon eine Strecke weiter gegangen war, eilte er nochmals nach und zeigte mir das revidirte Proömium, wie es nach den Congregationen am Dienstag und Mittwoch umgeändert kommenden Samstag (26. März) zur Abstimmung gelangen soll. Das wäre nun nichts Ueberraschendes und stand zu erwarten; aber da ist ein Amendement des Bischof von Moulins dabei („obgleich" das regelmäßige Magisterium des Papstes hiezu vollständig genügt"), das Infallibilität und Absolutismus des Papstes in der schroffesten Form enthalten und worüber gleichfalls abgestimmt werden soll. Erzb. Haynald will dies zuerst bemerkt haben; ich selbst hatte diese Revision noch nicht in Händen, und auch P. Trullet wußte noch nichts davon. Es läßt sich nicht leugnen, der Antrag hat eine große Tragweite. Weiterhin begegnete ich Baron Arnim. Nach ihm soll wieder eine Eingabe, sich stützend auf den Vorfall mit Stroßmayer, vom Stapel gelassen werden. Man wolle eine Antwort auf die Frage: ist eine Unanimität zu Glaubensdefinitionen nothwendig, ober nicht? Bis zur definitiven Antwort wollen die Theilnehmer an der Vorstellung das Concil nicht mehr frequentiren. Ich sagte Baron Arnim ohne Hehl meine Bedenken, namentlich einmal daß nur sehr wenige sich daran betheiligen werden, dann daß man nunmehr auch ohne sie vorgehen werde. Man hat zu lange gewartet und zu viel nachgegeben. Die Minorität will bei der Schlußabstimmung noch eine besondere Verwahrung gegen die Modification des B. Dreux-Brézé von Moulins einbringen.

Baron Arnim sagt, Beust und Daru seien gegen gemeinschaftliche Schritte zum Schutze der Minorität; Beust habe sogar jede Besprechung über ein gemeinschaftliches Vorgehen abgelehnt. Dagegen wolle Daru die Mächte zum Anschlusse an eine von ihm verfaßten Depesche einladen. Erzb. Manning, voll Ungeduld wegen steter Verzögerung der Definition der Infallibilität, prophezeit, daß die Regierungen in Folge ihres Widerstandes gegen die Concilsbeschlüsse werden vernichtet werden.

Die Beschlußfassungen gehen voraussichtlich nicht so rasch vorwärts. Schon die Kapitel des I. Schema de fide werden noch mehrere Wochen in Anspruch nehmen, und einer der bedeutendsten französischen Bischöfe äußerte: er und seine Partei nehmen es auf sich, die Unfehlbarkeits-Discussion bis Juni zu verzögern.

Charakteristisch ist, daß B. Martin gestern Nachmittags, also nach Vertheilung des revidirten Proömium, zum Ermeländer Bischof kam (Hipler war zugegen und erzählte es mir unmittelbar darnach) und außerordentlich klagte: „er sei jetzt selbst der Ueberzeugung geworden, daß es gut sei, wenn das Concil auseinandergehe; es komme doch nichts zu Stande, man könne es Niemanden recht machen ꝛc. Er wünsche ganz ernstlich, daß Garibaldi über Rom herfalle und das Concil auseinanderjage!" Man denke, daß Martin einen solchen Wunsch hegen kann!

Der Papst ließ in diesen Tagen wieder einmal bei einer Audienz die deutschen Bischöfe Revue passiren. Der die Audienz hatte, sagte mir selbst, daß er den Erzbischof von Cöln einen „ignorante" nannte. Döllinger habe er bisher für einen galantuomo gehalten, daß er sich aber jetzt als den Verfasser des „Janus" nenne (sic!), sei für ihn unerträglich.

Auch das deutsche Nationalstift der Anima, wo eine Anzahl deutscher und österreichischer Bischöfe wohnt, hat die Aufmerksamkeit auf sich gezogen. Man ist mit den gegenwärtigen Zuständen desselben, was Verwaltung und Leistung betrifft, sehr unzufrieden. Man begegnet daher vielfach der Ansicht, daß hier etwas zu geschehen habe; allein darüber, was oder wie es geschehen solle, ist man noch ganz im Unklaren. Namentlich soll der Erzbischof von Cöln sehr an einer Reorganisation arbeiten, und hat er schon Manche gefragt, wie sie ins Leben gerufen werden könne. Zu einem Asile deutscher Wissenschaftlichkeit soll die Anima nach diesem Manne gewiß nicht werden, sondern wahrscheinlich ein deutsches Kloster. Da ich über die Geschichte der Anima gefragt wurde, erkundigte ich mich näher darum und erfuhr, daß sie ursprünglich ein Pilgerhaus war, gegründet von Deutschland, resp. Rheinland und Westphalen, und Belgien. Letzteres macht keine besonderen Ansprüche mehr darauf geltend, da es zwei Hospize und Kirchen außerdem besitzt. Sonderbar ist aber, daß die Anima unter österreichischer Protektion steht, obwohl Oesterreich gar keinen Antheil an deren Stiftung hat; allein es kam durch Belgien und als deutsche Vormacht in Besitz des Patronates derselben. Gegenwärtig sind ein Rettore und drei Kapläne an derselben, welche eine Reihe von Häusern besitzt. Die Revenuen sind 16,000 Scudi, könnten aber bei einer besseren Verwaltung leicht auf 24,000 erhöht werden. Wie die Revenuen verwendet werden, konnte ich nicht erfahren. Pius IX. wollte früher eine wissenschaftliche Anstalt daraus machen, ein — Anti=Germanicum. Flir wollte diesen Plan weiter verfolgen, man ließ ihn aber, wohl unter Einfluß des Protektors Reisach, wieder fallen, so daß jetzt darin gar nichts geleistet wird. Aus der Anima könnte nun freilich etwas gemacht werden; dazu wären aber auch ganz andere Verhältnisse in Rom selbst nothwendig. So lange nominell Pius, faktisch Antonelli und die Jesuiten den Rettore ernennen, wird nicht daran gedacht werden dürfen. Ueberhaupt wird sie so schnell nicht zu einem wissenschaftlichen Institute umgeschaffen werden: Pius würde glauben, der deutschen Häresie mitten in Rom eine Stätte zu bereiten. — Der römische Aufenthalt wird übrigens noch

manchen Bischöfen die Augen öffnen. Man spricht selbst in bischöf=
lichen Kreisen bereits davon, daß die Jesuiten in Deutschland nun=
mehr unmöglich seien oder doch wenigstens werden, es eine Thorheit sei, wenn man noch länger junge Leute in's Germanicum
hieher schicke 2c. Ein deutscher Bischof, welcher nach dem Concil Je=
suiten in seine Diöcese berufen wollte, soll dieses Vorhaben bereits
aufgegeben haben, erzählt mir Hipler.

Sonst hielten die römischen Congregationen ohne Unterbrechung
und gleichzeitig mit den Concils=Congregationen ihre Sitzungen, für
Morgen ist jedoch die Sitzung der Congregatio Interpretum Concilii Tridentini wegen der Votirung des Proömium abgesagt.

Rom, 26. März 1870.

Wahrhaftig „die katholischen Blätter lügen"! So hat das
Univers v. 23. März folgenden Artikel aus Rom v. 19. März,
jedenfalls von L. Veuillot selbst geschrieben, über die Montalembert=
Affaire: Des invitations écrites ou imprimées, mais non signées,
avaient été adressées à domicile, à tous les Prélats des différentes
nations connus pour leur opposition à la définition de l'infaillibilité. Les autres evêques n'avaient rien reçu. On avait même
prié l'Osservatore romano d'annoncer dans ses colonnes l'heure
et le lieu du service. Mais le directeur de ce journal, dont la
publication, comme vous le savez, a été recemment empêché
pendant toute une semaine, n'osa point prendre sur lui d'insérer
cette annonce. Il serait allé consulter le Card. Antonelli, et le
Card. Antonelli en aurait référé au Pape, mis ainsi en connaissance
de cette affaire. Pius habe aber keine Parteidemonstration gewollt
und deshalb den Gottesdienst verboten. Aus dieser Darstellung
sieht man wohl, daß der Papst wieder einmal das Opfer der
Parteilüge geworden ist; denn wie kam es dann, daß L. Veuillot
und der Jesuitengeneral unter den Ersten der Leidtragenden waren,
welche den Araceli hinanstiegen? Gehören sie wohl auch zur Partei
der Fallibilisten? Und wenn es eine Partei=Demonstration sein sollte:
wie konnte die Partei so thöricht sein, den Osservatoro Romano um

Ankündigung des Ortes und der Stunde zu bitten? Kommt derselbe etwa auch nur in die Hände der Fallibilisten-Partei? Wenn man lügt, muß man es doch nicht in so plumper Weise thun! Was soll man aber nun gar zum Münchener Pastoralblatt sagen?!

Ein Muster der Art, resp. ein Beleg dafür, wie eine gewisse Partei Pius IX. bedient, ist auch dessen Breve an Guéranger, welches L. Veuillot in der nämlichen Nummer veröffentlicht.

Ebenda findet sich ein Adhäsionsschreiben Seneftrey's an den Erlaß des B. Räß gegen Gratry. Die Sprache ist seiner würdig. Er will durchaus den Cardinals-Hut haben, der ihm, wenn Pius noch länger lebt, sicher nicht entgeht; denn er ist in dessen Augen der würdigste Bischof Deutschlands, „den die übrigen Bischöfe nachahmen sollten"; es würde dann bald besser gehen. Die nachahmungswürdige That ist aber sein Verbot des Besuches unserer Facultät durch Regensburgische Candidaten der Theologie. Seneftrey spielt selbstverständlich auch hier den Kirchenfürsten, hält seine eigene Equipage mit einem Livrée-Bedienten dahinter 2c. In bischöflichen Kreisen erzählt man sich jedoch, daß ihm dies hier etwas theuer zu stehen kam. Er hatte mit Pferden Malheur und sein Bedienter ging ihm durch, nachdem er c. 2000 Frcs. dadurch an sich gebracht hatte, daß er falsche Quittungen ausstellte, wie sich hinterher herausstellte. Das macht aber für einen Kirchenfürsten aus Baiern nichts: sie haben es ja!

Rom, 27. März 1870.

Gestern sollte die erste Abstimmung im Concile vor sich gehen. Die Minorität hatte sich Abends zuvor abgemüht, um eine einheitliche Votation zuwege zu bringen. Auch der H. Cardinal H. und ich haben bis spät in die Nacht die Anträge erwogen. Es ließ sich voraussehen, daß bei der Art und Weise, wie die Anträge mitgetheilt wurden, und bei der Ungeschicklichkeit der Geschäftsleitung nur die größte Verwirrung entstehen könne. Card. Bonnechose hatte sich ebenfalls schon über die Kopflosigkeit in der Leitung des Concils und insbesondere darüber ausgesprochen, daß bei der morgigen Ab-

stimmung gar nicht abzusehen sei, wie die Sache bewerkstelligt
werden solle. Schon bei der Erwägung, ob Ja oder Nein zu sagen
sei, zeigte sich die Unmöglichkeit darüber ins Klare zu kommen,
weil oft über den nämlichen Punkt 3—6 und 7 Anträge vorliegen,
von denen oft kein einziger ganz, aber doch ein Theil zu billigen
wäre. Wie sollte dies aber bei dem summarischen Verfahren des
Aufstehens und Sitzenbleibens kundgegeben werden? Als nun gestern
die Bischöfe in der Erwartung der Dinge in die Aula kamen, be=
stieg der II. Secretär den Ambon und verlas, daß bis auf drei
sämmtliche Antragsteller ihre Anträge zurückgezogen haben, es werde
also nur noch über diese drei Anträge zu votiren sein. Die Väter
setzten sich schon in Bereitschaft, da schob B. Feßler dem II. Se=
cretär noch ein Papier des Inhaltes zu, daß auch die übrigen drei
ihre Anträge zurückgezogen hätten, somit für die Votirung kein
Object mehr vorhanden sei und zur Discussion des I. Kapitels des
revidirten Schema de fide fortgeschritten werden könne. Sechs
spanische Bischöfe ergriffen das Wort und sprachen über die
caritas etc., „aber, sagte mir ein deutscher Bischof, über die caritas
mit Feuer und Schwert, denn eine andere kennen diese Fanatiker
nicht. Ueberhaupt, fuhr er fort, sind immer diejenigen die frechsten
Schreier, welche den verdorbensten Ländern angehören, wie die Spanier."
„Einen Spanier, erzählte mir ein Bischof, schrieen wir, weil er zu
langweilig war, herunter." Und heute theilt mir der Pönitentiar
bei S. Peter, P. Bauer, der während dieser Scene im Beichtstuhle
saß, mit: es sei plötzlich ein so furchtbarer Spektakel entstanden,
Schreien, Stampfen, Händeklatschen ꝛc., daß er ganz zusammenschrack.
Jedenfalls, meinte er, konnte ich mich des Gedankens nicht erwehren,
ein solches Benehmen sei für ein Concil nicht mehr geziemend. Als
Stroßmayer unterbrochen wurde, glaubten die Außenstehenden, be=
sonders Engländer, es seien die Garibaldianer über die Bischöfe
hergefallen, und wollten um Hülfe rufen. Andere freilich dachten
bei dem Tumulte auch an eine Ueberraschung durch die „Acclamation."
Wie kam nun alles dieses in der gestrigen Sitzung? Carb. Bilio
war Tags zuvor in der Stadt herumgefahren und hatte die Antrag=
steller zur Zurücknahme ihrer Anträge bestimmt; die Spanier

wurden dann zur Ausfüllung der Zeit commandirt. — Was aber das Eigenthümliche an diesem Verfahren ist, das besteht darin, daß auf diese Weise das Proömium einfach, wie es die Revision passirt hatte, angenommen und bestätigt zu sein scheint. Später folgt nämlich nur noch eine Abstimmung, nicht speciell über diesen Theil, sondern über das ganze Schema. So hat es Rom zu Stande gebracht, vollständige Unanimität zu erhalten für Sätze, welche keineswegs in Allem zu billigen sind, im Gegentheil Curialsystem und Infallibillität implicite bereits in sich enthalten. Dupanloup soll auch bereits protestirend gegen ein solches Verfahren an die Legaten geschrieben haben: es stehe gar nicht einmal mehr in der Macht eines einzelnen Antragstellers, seinen Antrag so einfach wieder zurückzuziehen, da andere vielleicht den nämlichen Antrag eingebracht hätten, es aber nicht thaten, weil jener es schon vor ihnen gethan habe. Die Legaten sollen geantwortet haben, es sei von keinem Belange und nur aus Verlegenheit oder Unüberlegtheit geschehen. Auch Stroßmayer wandte sich an die Legaten und verlangte Genugthuung für das Verfahren gegen ihn. Bereits haben auch Florentiner Blätter den Vorfall. Da sollte man die römischen Abbati hören und sehen. Heute Morgens fingen sie in der Sacristei über Stroßmayer — die Aussprache des Namens ließen sie sich erst von mir sagen — an zu sprechen, als ich zur Messe an den Altar ging und als ich zurückkam, waren sie noch bei demselben Thema. Dagegen fangen selbst vernünftigere römische Geistliche bereits an kühler zu urtheilen. So findet auch Mgr. Regnani, Professor der Physik an der Propaganda, wenigstens mir gegenüber, das Treiben des Univers, Mondo und Compagnie für äußerst tadelnswerth, ja gewissenlos und gibt zu, daß die Minorität nur dem Drange und Rufe ihres Gewissens folge, während das bei der Majorität in ihrer Gesammtheit noch nicht so ausgemacht sei. Er beklagte sich deshalb über die Verdächtigungen der Minorität, namentlich durch den Monde, sehr bitter. Freilich meinte er, wenn diejenigen, welche keinen Beruf haben mitzureden, die Journalisten nämlich, stille gewesen wären, so hätte die Frage so still und in so kurzer Zeit (im römischen Sinne) abgemacht werden können (er ist nämlich

Infallibilist). Uebrigens wie immer; es ist schon viel, wenn die Maßlosigkeiten der ultramontanen Presse selbst römische Geistliche zur Besinnung zu bringen anfangen.

Selbst Card. Guidi hält sich darüber auf, daß man unlängst Stroßmayer und namentlich Card. Schwarzenberg unterbrach, während gestern, als ein Spanier sich so weit von der Sache entfernte, daß die ganze Versammlung ungedulbig wurde, die Glocke des Präsidenten nicht zu hören war. Daß gestern nicht votirt wurde, wie das ganze dabei beobachtete Verfahren schreibt er dem Umstande zu, daß die leitenden Männer den Kopf verloren hatten. Der Papst selbst ist in sehr gedrückter Stimmung.

Uebrigens gewinnt die Minorität wieder mehr Zuversicht und Selbstvertrauen hinsichtlich der Infallibilität. Seit wenigen Tagen athmen Alle wieder einmal freier auf: man will bemerken, daß man an der Curie und unter der Majorität doch den Muth allmälig verliere, nachdem alle ihre Berechnungen, welche sie mit Hilfe des Curialsystems gemacht, bisher wenigstens falsch gewesen sind. Das Auftreten Schwarzenbergs und Stroßmayers habe sie erkennen lassen, daß man es mit Gegnern zu thun habe, welche sich doch nicht so einfach und ohne heftigen Kampf ergeben werden. Jedenfalls ist dies erreicht, daß wahrscheinlich für den ersten Akt, d. h. bis Juni, die Infallibilität nicht zur Beschlußfassung gelangen wird; und hier heißt es wirklich: Zeit gewonnen, ist Alles gewonnen. Erwägt man dann freilich noch die fortgesetzte Niederlage Roms, so kann man nicht umhin, in Allem eine recht handgreifliche Fügung Gottes zu erkennen: ohne Bedürfniß und ohne vorausgehenden Kampf hat man ein Concil berufen und selbst die heikelsten Fragen in Anregung gebracht; jetzt aber liegt es offenbar nicht mehr in der Hand der Faiseurs, willkürlich dem Gange der Dinge Einhalt zu gebieten und dem Willen Gottes, seine Kirche endlich auch einmal in Haupt und Gliedern zu reformiren, Schranken zu setzen.

Die Regierungen dagegen fangen nachgerade an, dem Concile gegenüber fast eine lächerliche Rolle zu spielen. Zuerst das Großthun, dann die Verlegenheit, verbunden mit nichtssagenden Drohungen, endlich die Erkenntniß, daß sie die rechte Zeit verpaßt und der

Curie gegenüber das Zusehen haben. Hätte nicht die deutsche Wissenschaft ihre Position gerettet und eine Opposition beim Concile zu Stande gebracht und beständig, wenn auch gegen deren eigenen Willen in Athem erhalten, und hätte nicht unser Herrgott die Dummheit und Unwissenheit auf Seite der Majorität und der Curie gestellt, — die Regierungen wären vor der ganzen Welt zu Schanden geworden. Fürst Hohenlohe war doch eigentlich der einzige Staatsmann, welcher ein tieferes Verständniß in diesen Fragen zeigte, und dies fängt man allmälig auch hier auf Seiten der Minorität einzugestehen an.

In der heutigen Capella papalis, also vor Papst, Cardinälen und Bischöfen, sprach der Prediger von der Infallibilität, d. h. von dem infalliblen Vicar Christi. Es geschah dies gewiß nicht ohne Vorwissen des Papstes, der eine förmliche Manie hat, Jedem für einen Wisch, welchen er zu Gunsten der Infallibilität veröffentlicht, ein Anerkennungsschreiben mit den offensten und ungerechtesten Ausfällen auf die Gegner derselben zu schicken. Vor einigen Tagen brachte das Univers in einer und derselben Nummer drei solche Schreiben auf einmal. Die Infallibilität ist darin die wahre katholische Lehre; daß aber der Gegner dieser Lehre, also auch der oppositionellen Bischöfe, in so ungeziemender Weise gedacht wird, ja daß ein Papst sich selbst während eines Concils zu öffentlicher Partei-Agitation hergibt, das ist Pius IX. zu verzeihen, der mit einer unglaublichen Rücksichtslosigkeit die größte Unkenntniß kirchlicher Dinge verbindet. Zudem fängt er auch an, wie sich die Ansicht hier allgemein verbreitet, kindisch und geistig schwach zu werden. Sein ganzes Auftreten ist dazu angethan, in dieser Ansicht zu bestärken. Verschiedene hochstehende Prälaten, freilich nicht-römische, haben die Ansicht ausgesprochen: „Pius sei nicht mehr ganz bei gesunden Sinnen."[1]) Die Curie kam über dieses Gerücht in große Verlegenheit; sie wußte sich aber zu helfen und verbreitete — ich weiß es selbst aus dem Munde eines Gesandten — „die Revolutions=

---

[1]) Der Generalvicar eines deutschen Bischofes fragte direkt bei seinem Bischofe in Rom über dieses Gerücht an, und der Bischof antwortete, wie mir ganz positiv versichert wird, daß „allerdings etwas daran sei,"

partei sprenge aus, der Papst sei irrsinnig." Ich selbst beobachtete Pius, als er Freitags (25. März) zur Feier von Mariä Verkündigung nach der Minerva kam, aus nächster Nähe. Sein Auftreten und seine Haltung waren allerdings eigenthümlich, allein ich wurde unwillkürlich an den uralten Erzbischof Urban von Bamberg erinnert und glaube, daß nur das Alter auf Pius drückt, eine Ansicht, welche ich Einigen gegenüber aussprach und die nun schon wieder im Curse ist. Man kann sich überhaupt keine Vorstellung von der hier herrschenden Klatschhaftigkeit machen, wenn man nicht selbst sie aus Erfahrung kennen gelernt hat.

Von Interesse ist gewiß auch, zu wissen, wie sich hier und um Rom die Bevölkerung zur Infallibilitätsfrage stellt. Im Ganzen und Allgemeinen herrscht eine für uns Deutsche unglaubliche Theilnahmslosigkeit am Concil wie an dem kirchlichen Leben überhaupt; in Bezug auf die Infallibilitätsfrage aber erzählt mir ein Italiener, der in diesen Tagen in Viterbo und Umgebung war, daß die „unwissende Bevölkerung" (ignorante populazione) überall, in den Wein- und Café-Häusern, wie auf der Straße von dieser Frage spricht, sie aber im Allgemeinen nicht approbirt. Man frage sich, indem man infallibile mit santo zusammenmengt: „warum soll dieser Papst ein anderer sein als die früheren Päpste und überhaupt jeder andere Mensch? Das ist nichts." Ueberhaupt, schloß er, ist man „sehr malcontent mit dem Concil."

Rom, 28. März 1870.

In der heutigen Congregation wurde ein zum zweiten Male revidirtes Proömium vertheilt: es ist sprachlich und inhaltlich etwas besser, als die erste Revision. Ich habe es aber bis jetzt noch nicht ganz prüfen können. Morgen schon soll darüber abgestimmt werden, sowie über die Anträge, welche die vier ersten Kapitel de fide betreffen und schon am Samstag (26. März) vertheilt wurden. In der jetzigen Revision des Proömium fehlt namentlich der Ausdruck „pestis", der in der ersten Revision vom Protestantismus gebraucht war, und ist, ob absichtlich oder unabsichtlich, ob mit oder ohne

Bedeutung, im Schlusse statt potestate Nobis a Deo tradita jetzt nobis (mit kleinem n) gedruckt. Bezieht sich jetzt nobis auch auf die Bischöfe? Unter Nos oder Nobis mit großem N ist nur der Papst zu verstehen.

Einzelne Bischöfe sprechen bereits davon, so viel wie möglich künftighin die Geschäfte ihrer Diöcesen ohne Beihülfe der römischen Congregationen zu ordnen. Der lange Aufenthalt in Rom bietet ihnen Gelegenheit, auch einen Blick in den Geschäftsgang der Congregationen zu werfen. Mir selbst kam die Klage zu Ohren, daß die Bischöfe über alle mögliche, selbst die unbedeutendsten Dinge, welche sie selbst und wegen ihrer Kenntniß der lokalen Verhältnisse sogar besser entscheiden könnten, in Rom anfragen und dadurch nur unnöthigerweise die Geschäftslast vermehren. Man wisse oft selbst nicht, was man auf solche Anfragen antworten solle; da aber die Anfrage gestellt sei, gebe man auch irgend eine Antwort.[1]

Rom, 29. März 1870.

Wenn die Welt und namentlich die Regierungen sich über die 21 Canones erhitzen, so ist das für die „eigentlichen Katholiken" geradezu unbegreiflich. Das Univers v. 25. Mars belehrt uns darüber: „Or, de ces 21 canons, 15 ou 16 regardent uniquement l'Eglise et se trouvent conséquemment dans le cas où l'on veut bien convenir que l'Etat n'a rien à voir. Des 4 ou 5 autres, la moitié ne va qu'à affermir et à defendre l'autorité civile, et si 2 ou 3 traitent des rapports de l'Eglise et de l'Etat, ils ne font que répéter et enseigner ce qui s'enseigne et se répète maintenant dans toutes les écoles théologiques de France et de Navarre. Und in Innsbruck bei den Jesuiten! — hätte er nach seiner früheren Auseinandersetzung beifügen sollen. Deshalb sei auch

---

[1] Das Nämliche sagte dem Collega Reinkens bei seinem Aufenthalte in Rom 18⁶²/₆₃, ein Mitglied einer Congregation; allein ein Mitglied einer anderen Congregation, welches die Aeußerung des ersteren mithörte, lachte und sagte Reinkens: „das gilt nur von seiner Congregation, von welcher die Antworten unentgeltlich gegeben werden; in der meinigen ist dies anders."

ein Vernichtungskrieg allen deutschen theologischen Facultäten zu schwören und der ganzen Erziehungsweise des deutschen Clerus. Letzteres begründete das Univers gelegentlich durch die Adressenbewegung zu Gunsten Döllingers und als er von dem Abfalle der alten Ultramontanen Höfler, Dieringer, Sepp und Boosen sprach. Auch die Unabsetzbarkeit der theologischen Professoren in Deutschland ist demselben ein starker Dorn im Auge, weil man sie auf diese Weise nicht in der erwünschten Weise unschädlich machen könne und sich darauf gerade deren Renitenz stütze.

In der N. v. 25. Mars erfahren wir auch, wie man ultramontane Journalisten vom Schlage L. Veuillot's zu behandeln habe: „Mais nous devons faire observer à M. l'abbé Bargès, professeur (d'hébreu) à la Sorbonne, que lorsqu'un honnête homme reçoit des lettres contenant contre des écrivains catholiques des imputations manifestement contraires à la vérité, son devoir, au lieu de publier ces lettres, est d'écrire à leur auteur qu'il a été indignement trompé."

Schließlich merke ich aus dieser Nummer noch an, daß darin berichtigt wird, Card. Antonelli habe dem Papste hinterbracht, daß man mit dem Trauergottesdienste für Montalembert eine Demonstration beabsichtige. Es soll der Cardinalvicar Patrizzi gewesen sein. — Am Ende des Blattes befindet sich noch eine Entschuldigung, daß vor wenigen Tagen eine buchhändlerische Anzeige des Maret'schen Buches in das Univers Aufnahme fand: es geschah nur aus Versehen!

Das officielle Giornalo di Roma erzählte, daß bei der Auffahrt des Papstes an Mariä Verkündigung (zur Minerva) gerufen worden sein solle: Viva il Papa infallibile. Das Univers v. 26. März vergißt nicht, dieses bedeutsame (!) Ereigniß, das man um einige Bajocchi überall und immer provociren kann, in einer Depesche an der Spitze des Blattes seinen Lesern mitzutheilen: „Partout éclatait le cri: Vive le Pape infaillible!"

Erzb. Haynald sagte mir einmal, daß der römische Volkswitz sage: „Bei früheren Concilien gab es nur Patriarchen, beim Vaticanischen aber auch Matriarchen." Es bezieht sich dies auf die zahlreichen Damen, welche sich hier befinden und ebenfalls in Gegnerinnen oder Vertheidigerinnen der Infallibilität gruppirt haben. Auch das Univers beschäftigt sich jetzt mit diesem Gegenstande. Es ist von den Salons in Rom die Rede, zunächst dem der Marquise de Spinola; vom Palais Altieri, wo B. Place von Marseille und Comtesse˙ de Menthon (?) wohnen. Letztere sei eine Matriarche. Folgt nun Einiges über diesen Ausdruck. Zuletzt wird auch der Salon der Mme. Graven berührt; dann heißt es weiter: Dans ces salons brille et discute une inspirée allemande, Mlle de ***, dont l'histoire est curieuse. Un prélat avait écrit un livre sur . . . . mieux vaut ne pas dire sur quoi, de peur de désigner trop clairement l'auteur. Ce livre parvint en Bavière où demeurait la demoiselle, et celle-ci, enchantée des idées et du génie de l'auteur, lui écrivait pour le feliciter. La lettre, bien tournée, à ce qu'il paraît, obtint réponse; une correspondance s'engagea entre ces deux âmes d'élite, puis, un an ou deux après, ce célèbre écrivain proposa à sa correspondante de se rencontrer avec lui au pélerinage de Notre Dame d'Einsieden (sic!). C'est dans cette entrevue que le Prélat donna à la demoiselle le conseil de prendre, en retournant dans sa patrie, le chanoine Doellinger pour directeur et confesseur. C'est ainsi que grâce à cette direction, Mlle de *** passa à peu près au rang de Matriarche; elle eut une opinion à elle sur les Papes, les Conciles, et sur toutes sortes de matières théologiques. Ses progrès en ce genre furent tels que, quand le prélat écrivain avec qui elle correspondait toujours, fut au moment de se rendre au Concile, il insista pour que Mlle *** y vint aussi. Elle pourrait y rendre d'éminents services par ses discours, ses traductions et les correspondances à expédier en Allemagne. Le voyage fut difficile à combiner, car la mère de la demoiselle ne pouvait pas se déplacer; on trouva une personne honnête et sûre, une matriarche aussi, qui consentit à servir de chaperon. C'est ainsi que l'on rencontre dans les salons de Rome une prédicante capable d'en remontrer aux Hongrois pour la Théologie. Il paraitrait que les amis de Mlle de *** voudraient la marier à un marquis anglais, très jeune et très riche." Ich brauche die Dame nicht zu nennen, von der Univers hier, vielfach in albernster Weise spricht.

In einer anderen Correspondenz folgt eine Bemerkung über unsere Unfähigkeit, die Geschichte der Kirche zu verstehen: Au fond, ni le premier (Doellinger?), ni le second (Gratry), ni aucun des catholiques libéraux ne comprendront jamais rien à la loi de l'histoire ecclésiastique. Ils lisent les Annales de l'Eglise avec les lunettes du dix-huitième siècle, et c'est pourquoi le livre reste fermé de sept sceaux sous leurs yeux intimidés par le respect humain.

Der H. Cardinal H. zeigt mir heute den Brief eines Priesters aus Mendota in Illinois, worin er denselben um Unterstützung seines Gesuches bittet, ganz und gar aus dem geistlichen Stande austreten zu dürfen, d. h. vollständig laisirt zu werden. Er behauptet, daß dieses gar nichts Neues sei.

Von Interesse ist, daß hier und besonders auch bei der Inquisition die Ansicht herrscht, daß die Protestanten ein sittlicheres Leben führen als die Katholiken. Man tröstet sich aber hier damit, daß dies ganz natürlich sei; denn die Protestanten besitzen eben sonst nichts mehr von Religion, weshalb sie sich eines honnetteren Lebens befleißigen.

Rom, 30. März 1870.

Ein Diplomat erklärt: er müßte es tief beklagen, wenn wegen der Befürchtung des indirekten Zugeständnisses der Gültigkeit eines einstimmigen Beschlusses eine Einmischung (seiner Regierung) ganz unterlassen würde. Zur Ermuthigung der Minorität habe er nur ein Mittel gehabt, nämlich Unterstützung eines Protestes von Seite der Regierung zu verheißen. Gerade diejenigen Bischöfe, welche wünschen, daß bis zur Abstimmung die Regierungen nichts thun, hoffen am meisten, daß nach der Abstimmung und einem Proteste in geheimer Sitzung die Regierungen sie unterstützen werden und daß durch die Zusicherung dieser Unterstützung ein Abfall unter den Schwankenden aufgehalten werden könne. Die Partei der Ju=

fallibilisten würde aber sehr gestärkt werden, wenn feststände, daß die Regierungen den opponirenden Bischöfen keine Stütze gewähren werden. Dazu kommt aber als wichtig für die Regierungen, daß alle Infallibilisten und Pius selbst behaupten, mit dem Augenblicke der Definirung des Unfehlbarkeitsdogma sei der Syllabus ein unfehlbares Decret des Papstes geworden. Die Hauptaufgabe des Concils ist, die Unfehlbarkeit zu definiren, jedoch erwäge man, ob man nicht Cap. 12—15 des Schema do ecclesia, wozu die den Regierungen anstößigen Canones gehören, einstweilen zurückziehen solle. Der Werth, welcher hier auf das Unfehlbarkeits-Dogma gelegt, der Apparat, welcher dafür in Scene gesetzt wird, zeigt allein schon, wie verfänglich es ist. Seine Regierung müsse Alles versuchen, um die Definirung dieses Dogma zu verhindern, oder doch durch rechtzeitigen Protest die Basis zu künftiger Bemängelung der Gültigkeit des Beschlusses zu legen. Allein nur gemeinsame Schritte bieten Aussicht auf Erfolg, etwa mit Beifügung einer Clausel, welche die Möglichkeit der Annahme eines eventuellen Zugeständnisses ausschließen würde. Im Falle der Definition der Unfehlbarkeit müßten der Verwahrung bezüglich der Staatsgesetze Verwahrungen gegen den Staatsgesetzen widersprechende Aussprüche der Päpste beigefügt werden. Die österreichische und französische Regierung sind mit solchen Verwahrungen bereits vorangegangen; er habe seine Regierung zu einem gleichen Vorgehen zu veranlassen gesucht. Rathsamer wäre es freilich, gegen solche Angriffe vorher freundlich zu warnen, als sofort coercitive Maßregeln ohne vorherige Verwahrung zu verhängen. Nur aus Rücksicht auf die dermalige Lage in seinem Lande habe er bisher noch keine Erklärung über die Folgen der Promulgirung gewisser Concilsanträge abgegeben; jetzt aber gehe es nicht länger an zu schweigen. Die Bischöfe sind auch nur zu ermuthigen, wenn eine Unterstützung derselben durch die Regierung in Aussicht gestellt wird. Ich weiß, daß die Hälfte des Landesepiscopates mit diesem Diplomaten einverstanden ist.

Rom, 1. April 1870.

Diese Woche verlief bis heute, Freitag, für mich äußerst ruhig. Ich schreibe eben an einer Recension des Hergenröther'schen Anti=Janus für das Bonner Literaturblatt.

Am Montag wurde nun endlich die neue Geschäftsordnung hinsichtlich der Abstimmung in Gang gesetzt. Die Abstimmung über das Proömium durch Aufstehen und Sitzenbleiben ging nach Wunsch der Majorität von Statten, indem fast Einstimmigkeit erzielt wurde. Ich kann jedoch damit nicht sehr zufrieden sein; allein man legt weniger Gewicht darauf, da die Lehrkapitel auch hier als von geringerer Autorität als die Canones betrachtet werden. Auch die Abstimmung über die Emendationen des I. Kapitels de fide wurde bis auf eine vollendet. Statt aber daß die Antragsteller ihre Anträge motivirten 2c., schlug die Commissio de fide einfach nur die nach ihrer Ansicht zur Abstimmung zu bringenden Anträge vor! Auch hier bewährte sich die Maschine. — Am Dienstag wurde noch über ein Komma abgestimmt, welches nach einem Antrage zwischen catholica und romana ecclesia gesetzt werden sollte; allein es erhoben sich nur 4—5 Stimmen dafür. Dann wurde über das III. Kapitel de fide gesprochen, wobei ein Spanier in seiner Rede eine deutlichere Erklärung darüber verlangte, was pg. 13 unter sivo ordinario magisterio zu verstehen sei. Er könne darunter nur den infalliblen Papst verstehen; wenn er Recht habe, so solle man es aber auch deutlich sagen. In der nächsten Sitzung wurde aber von den Legaten erklärt, daß dies nicht darunter verstanden werde. In ähnlicher Weise ging es nun bis heute fort. Heute Morgens stimmte man über die Anträge des II. Kapitels ab, und da sich nur wenige Redner zum Worte über das IV. Kapitel gemeldet hatten, wurde die ohnehin nutzlose Rederei, da sie nicht berücksichtigt wird, geschlossen. Heute verlas auch der Präsident de Angelis ein Monitum, das eine Antwort auf Stroßmayers Beschwerde sein soll: die Väter hätten sich der allergrößten Kürze in ihren Reden zu befleißigen, damit sie nicht Ueberdruß durch Länge und Abschweifungen verursachen. Aeußerungen des Mißfallens hätten sie sich aber dann selbst zuzuschreiben. Der II. Secretär verlas dasselbe ein zweites Mal von dem Ambon aus. Wie mir gesagt wird, hat aber die internationale Commission einen gemeinsamen Protest an die Legaten wegen der fortgesetzten Unterbrechungen und der Fassung des eben erwähnten Monitum beschlossen. In der nächsten Woche, Montags, soll mit der Abstimmung weiter fortgefahren und am Montag in der Charwoche (?) die ersten Decrete feierlich ver= kündigt werden, wenn nicht Garibaldi einen Strich durch die Rechnung macht. Ich hatte früher schon gehört, daß auf Ostern von Seiten der Garibaldianer etwas beabsichtigt sein soll. Heute Mittags erfahre ich aus den Kreisen der depossedirten italienischen Fürsten selbst, daß die Garibaldianer sich bereits an der Gränze bei Terni sammeln sollen; man fürchtet in jenen Kreisen sogar, daß ein eben nach Terni gereister Fürst in ihre Hände fallen möchte. Nach Ostern soll dann die Infallibilität zur Verhandlung kommen. Die Minorität — sie soll immer mehr schmelzen, die Ungarn bleiben fast ganz von der Versammlung der Deutschen weg — soll darüber nicht wenig betroffen sein: sie fühlt endlich, daß ihre Niederlage be= schlossen ist und herannaht. Nun ja, sie hat ja bereits durch das Proömium sich für die Infallibilität vorbereitet und der Papst läßt ihr durch sein Leiborgan, das Univers v. 30. März, schreiben: „L'admirable Bref du Souverain Pontife à dom Guéranger a grandement réjoui. La lumière est maintenant complète. N'y aura-t-il point bientôt de retractations ou de soumissions? Et que pensent maintenant la Gazette et le petit Français, et leurs patrons, du parti ultramontain?

Stroßmayer und Haynald werden nun bald ganz von der Minorität desavouirt werden. Eben sagte mir Dr. Hipler: sie hätten der Minorität nur geschadet und seien etwas rabulistisch... Ich fürchte nur, daß einem Theile der Minorität überhaupt das Festhalten des anderen an der Opposition mißfällt. Ein ernstliches Sträuben gegen Curialismus und Jesuitismus kennen überhaupt nur sehr wenige Bischöfe selbst der Minorität: diese Dinge sind eben bereits veraltete Uebel, für welche die Zeit einer Radicalcur noch keineswegs gekommen zu sein scheint. Sollte dies geschehen, müßte erst eine gesunde Theologie unter den Bischöfen einige Achtung ge=

nießen. Wie wenig dies der Fall ist, geht aus dem Schritte des
Senestrey hervor, welcher meines Wissens seitens der baierischen
Bischöfe so wenig eine Mißbilligung fand, daß man sogar die Nach=
richt der „Köln. Volkszeitung" von einem Collectivschritt des baierischen
Episcopates gegen Döllinger für möglich hält. Ich konnte noch
nicht hören, daß derselbe diese Nachricht desavouirt hätte; wundern
kann ich mich darüber nicht. Von anderer Seite aber scheint dem
jesuitischen Treiben ein Halt geboten werden zu sollen. Es wird mir
gesagt, daß die Jesuiten, wenn die Infallibilität durchgehe, aus
Preußen gejagt werden sollen. Man bereite dort bereits ein Gesetz
darüber vor. Ebenso solle der Besuch des Germanicum verboten
werden; auch die theologische Facultät in Innsbruck würde von dem
Verbote betroffen werden. Der Ausdruck „pestis" vom Protestan=
tismus im revidirten Proömium hat nicht wenig erbittert, so daß es
bestimmt heißt: würde derselbe stehen bleiben, so würde „von Preußen
aus doch etwas geschehen."

Rom, 2. April 1870.

Heute suchte mich ein Dominikaner auf und machte mir
etwas geheimthuend die Mittheilung, daß dem P. . . . ., der mir
ebenfalls persönlich bekannt ist, vom General Jandel Vorwürfe ge=
macht wurden, weil er den B. Dupanloup besucht hatte. „Dieser,
sagte der General, ist ein Gegner der Infallibilität; einem Domini=
kaner, der an dieser Lehre festhalten muß, kommt es durchaus
nicht zu, einen solchen Mann zu besuchen." P. . . . machte Ein=
wendungen, hob die Vortrefflichkeit Dupanloups, seine Verdienste
hervor und meinte, die Infallibilität sei doch noch nicht so aus=
gemacht, und er halte von seinem Standpunkte aus die Schrift
Dupanloups für ausgezeichnet. Natürlich kam der Pater gegen
seinen General nicht auf; es blieb ihm nur übrig, sich tiefbetrübt
zurückzuziehen und „weder äußerlich, noch innerlich von der In=
fallibilität zu sprechen", wie der General ihm empfahl. So macht
man hier in Infallibilität!

Ist es ein Wunder, wenn man auf die etwas widerhaarigen theologischen Facultäten in Deutschland hier zürnt? Adressen an und für Döllinger fabriciren, ist ihrer doch so ganz unwürdig. Sie mögen sich für die Zukunft doch ein Muster nehmen an der Pester theol. Facultät, von welcher der „Oesterr. Volksfreund" v. 31. März berichtet, daß sie „eine Adresse an das Concil vorbereitet, worin die Versicherung ausgesprochen wird, daß man sich den Beschlüssen unbedingt unterwerfen werde." Warum sich ihr die Verfertiger des Münchener Minoritätsgutachtens nicht anschließen? sie könnten so etwas doch auch fertig bringen. — Auch von Nardi's Elucubrationen im Osservatore cattolico finde ich im „Volksfreunde" eine prächtige Probe: „Es ist Zeit, heißt es am Schlusse, ein Ende zu machen, höre ich von Rechts und Links rufen; es ist Zeit, ein Ende zu machen. Wer ein katholischer Christ bleiben will, der bleibe es. Qui vult abire abeat. Gott braucht Niemanden und kann sich aus den Steinen Kinder Abrahams erwecken." Ob wohl der bekannte Nardi schon seiner Erweckung zu einem Kinde Abrahams so gewiß ist? Manche bezweifeln es.

Also legt Kagerer seine Eier auch in der „Köln. Volkszeitung" nieder! Denn kein anderer, als er, kann doch der im XXXI. Römischen Briefe der „Allg. Zeitung" citirte „Kaplan eines hier befindlichen Prälaten" sein. Ich schließe dies aus dem, was er mir am Donnerstag, 31. März, selbst gesagt hat. Er hatte Collega Bach zu mir geführt, und ich begleitete sie eine Strecke Weges. U. A. erzählte mir nun Kagerer, daß er zu seinem Erstaunen die Probe davon machte, daß die Angaben der „A. Z." über den Hirtenbrief des B. Plantier wahr seien. Er habe sie anfänglich für eine der vielen Lügen des Blattes gehalten und sei deshalb sogleich in das französische Colleg geeilt, um den Hirtenbrief in authentischem Texte zu erhalten. Diesmal konnte er aber der „A. Z." nichts anhängen. Dabei erfuhr ich aber, daß man in der Via Babuino hochweise herausfand: „dieser Brief muß von einem Protestanten geschrieben sein, denn B. Dinkel machte die Entdeckung, daß darin die protestantische Form „Usa" gebraucht ist." Wer doch die verfluchten Briefe noch schreiben muß! „Aber, fuhr der superkluge

Secretarius fort, eine schändliche Lüge hatte die „Allgemeine" un=
längst, daß der hl. Vater in einer Audienz 1866 von sich gesagt
haben soll: Ich bin der Weg 2c. Sie beruft sich auf ein Observatoire catholique. Er sei aber bei so und so vielen Franzosen des=
halb vorgesprochen und habe eine ganze Anzahl gefragt, aber keiner
wußte von der Existenz eines Observatoire catholique etwas. End=
lich habe er aber in der Union v. 1866 die betreffende Audienz
gefunden; allein die Worte des Papstes seien in der „Allg. Zeitung"
ganz unrichtig wiedergegeben worden." Ist etwa in der Via
Babuino ein bischöflich=baierisches Preßbureau errichtet worden?
Kagerer wird doch zum mindesten Cameriere d'onore in abito
paonazzo werden! Möglicherweise könnte er auch für Döllinger
eine empfindliche Lücke an der zu reformirenden theologischen Fa=
cultät ausfüllen: der Mann verräth ja einen außerordentlichen
Forschergeist, und dazu hat er im Münchener Pastoralblatte eine
bewunderungswürdige Gewandtheit der Dialektik gegen die „Allgem.
Zeitung", verbunden mit seltener Wahrheitsliebe, bekundet!

Pio IX. wird also in Kurzem seinen seit Langem gehegten
Plan erreichen. Schon 1846, wird mir erzählt, sprach er von einem
allgemeinen Concile, und als ihm zwischen 1850—54, während der
Vorbereitungen zur Definition der Immaculata, ein Dominikaner
unter anderen Vorstellungen sagte, da müsse er ja für infallibel er=
klärt werden, erwiderte Pio rasch und ungehalten: „Das wird auch
geschehen." Eine räthselhafte Erscheinung, dieser Papst! Er war
bekanntlich anfangs ein Gegner der Jesuiten: war das blos äußer=
licher Schein? haben vielleicht die Jesuiten bei ihm sich durch Vor=
spiegelung dieser Ideen einzuschmeicheln gewußt? Wer weiß das?
Ich für meine Person sehe übrigens den bevorstehenden Ereignissen
mit aller Ruhe entgegen; denn ich habe mich schon seit so langer
Zeit auf dieselben vorbereitet, daß ich davon nicht mehr überrascht
werden kann. Anders freilich steht es bei den Uebrigen. Hipler
kam heute, nachdem er endlich auch den Brief Pius' an Guéranger
und die päpstliche Ansprache an die Missions=Bischöfe gelesen, ganz
vernichtet zu mir. Es ist die Catastrophe unabwendbar, das sieht
jetzt Jeder ein. Da ich einige ihm geliehene Bücher holen wollte,

ging ich mit ihm in seine Wohnung. Unmittelbar vor derselben stieß ich auf Erzb. Haynald. Ich erschrack ordentlich; der sonst so heitere Mann war wie verwandelt. Es war vielleicht Täuschung meinerseits, aber ich glaubte zu bemerken, daß er zu Thränen gerührt war. „Es geht schlecht", sagte ich ihm. „Ja, war die Antwort, man kann sich keiner Täuschung mehr hingeben; es handelt sich nur noch darum, was dann?" „Dazu kommt, sagte er weiter, daß unsere Minorität, so sehr man dagegen ankämpft, immer mehr zusammenschmilzt." Ein wahres Bild des Jammers schlich er die Straße weiter. — Ich kann nur immer wiederholen: es bleibt vorläufig noch eine Möglichkeit, entschieden protestiren und dem Proteste bis zur definitiven Antwort dadurch Nachdruck geben, daß sie sich den conciliarischen Verhandlungen entziehen. Allein damit ist es eben durchaus nichts; denn, sagte Haynald, „man kann sie zu keinem Collectivschritte bewegen." Nun ja, so sollen sie sich eben der Majorität auf Gnad oder Ungnad ergeben. Sie mögen aber dann auch nicht verlangen, daß die Mit= und Nachwelt ein günstiges Urtheil über sie fälle. Ihr Spiel, oder wenigstens das eines Theiles, war ein falsches, ein heuchlerisches.

Schon vor 8 Tagen brachte uns ein Monsignore die Nachricht, daß zwei orientalische Bischöfe in der Inquisition festgesetzt worden seien, weil sie Gegner der Infallibilität seien. Das Ding klang uns doch zu unglaublich, und ich notirte nichts, weil ich auf genauere Nachrichten wartete. Am Dienstag erzählte Baron Arnim davon; aber auch diese Erzählung schien mir nicht ganz glaubwürdig. Nun bringt das Univers selbst nach der „Decentralisation" v. 26. Mars einen Bericht, ohne ein Wort beizufügen. Im Wesentlichen ist es das nämliche, was Baron Arnim erzählte. Le théologien d'un Evêque arménien so répandait, depuis son arrivée à Rome, en de tels discours contre l'autorité, que le Card. Barnabò, préfet de la Propagande, avait cru devoir lui ordonner de la modération, et l'avait invité à se rendre au couvent de Saints-Jean-et-Paul des Passionistes pour y faire une retraite. Le théologien a refusé en des termes tels que le vicariat s'est vu obligé d'employer la force pour l'obliger à se rendre au lieu désigné. Les agents du vicariat¹) sont donc allés au Sacro-Ritiro à la Lungara, où habitait le théologien, c'est-à-dire dans la demeure de l'Evêque, et le prenant de force, l'ont mis dans une voiture. L'Arménien s'est fort débattu, et les agents n'osant pas user de violence, n'ont pas su l'empêcher de se jeter hors de la voiture, de fuir et de rentrer chez son Evêque. Les agents étant rétournés pour le prendre, se sont arrêtés devant les protestations de l'Evêque.

Un autre fait beaucoup plus grave: une visite apostolique avait été ordonnée dans le couvent des Arméniens appelés Antonins, sous la colonnade de Saint-Pierre, au Vatican. L'Evêque²) a refusé de recevoir le visiteur apostolique.³) Sur ce, le Pape a ordonné à l'Evêque Mgr. Ksagian de se rendre de Saint Sabine chez les Dominicains pour y faire les exercices réligieux; mais l'Evêque a persisté dans son refus, et a écrit à Mgr. Place, Evêque de Marseille, afin d'obtenir par lui la protection de la France contre le Saint-Père.

Man sagt mir, die Berufung des französischen Gesandten nach Paris sei zugleich eine Abberufung (war bekanntlich nicht richtig).

Der Papst fährt fort, sich täglich schriftlich und mündlich für seine Infallibilität zu expectoriren.

Der französische Gesandte wies die seinen Schutz anrufenden Armenier, nachdem er in Paris angefragt hatte, ab. Dafür trat seit zwei Wochen der türkische Gesandte zu Florenz, Rustem-Bey, soviel ich höre, ein geborner Italiener, hier zum Schutze der Armenier ein und verkehrt officiös mit Antonelli, welcher ihn aber nicht sehr höflich behandelt. Antonelli behauptet: katholische Priester in Rom stehen nur unter dem Papste und der Inquisition. Nun soll aber das armenische Kloster Eigenthum der türkischen Regierung sein. Die Mönche selbst, hilflos gelassen, unterwarfen sich; für ihre Renitenz wurde Hausarrest über sie verhängt und ihnen ein Mönch eines anderen Ordens als Abt vorgesetzt. Und dies Angesichts des in Constantinopel ausgebrochenen Schisma. Auch die päpstliche

---

¹) Gendarme nämlich.
²) Erfolgloses Keilen für die Infallibilität ging voraus.
³) Den II. Secretär des Concils, Mgr. Jacobini.

Instruction an Pluym konnte das Uebel nur verschlimmern. Der lateinische Patriarch von Jerusalem, Valerga, klagte bitter, daß die Curie die Sache so leicht nehme, während er ein fast alle unirten Orientalen umfassendes Schisma hereinbrechen sehe. Trautmannsdorff meint: Prokesch und Bourré in Constantinopel sähen ruhig zu, „drehen sich die Daumen", worauf ein anderer Diplomat sagte: „dann reibt sich Ignatieff sicher die Hände." Seitdem ist aber Bourré's Auftreten hier bekannt geworden, das den Papst sehr verstimmte und die Spannung gegenüber der französischen Regierung hier noch vermehrte. Diese hatte vergeblich versöhnlicheres Auftreten empfohlen.

Es reisen viele französische Bischöfe ab; andere ziehen sich mehr und mehr zurück. Von besonderem Gewichte sind dabei die Aeußerungen des niederen Clerus in Frankreich für die Infallibilität. Auch Conolly's und anderer amerikanischen Bischöfe Abreise soll bevorstehen.

Nach einem sehr scharfsichtigen Diplomaten bleibt kein Mittel unversucht, die Reihen der Minorität zu lichten, und eben wird die Nachricht über die Unlust der Mächte, sich in diese „dogmatische" Frage zu mischen, ausgenutzt.

Nach Dupanloup und Haynald wird bereits wieder ein Antrag colportirt, die Infallibilität sogleich nach Ostern zu berathen. Dagegen hat sich die internationale Commission (der Opposition) auf 30 Mitglieder verstärkt.

Wie ich bestimmt erfahre, bereitet Daru, nachdem der Papst durch Antonelli die Annahme eines Gesandten beim Concile abgelehnt, eine Denkschrift vor, welche den übrigen Mächten, auch Preußen, vorher mitgetheilt werden und diese approbiren sollen. Auch Italien ist gewillt, sich einem solchen Collectivschritt der katholischen Mächte anzuschließen, während es an eine Vertretung beim Concile nicht denkt, indem es sich in vollster Ruhe und Gleichgültigkeit dem Concil gegenüber befinde.

Rom, 3. April 1870.

Nach Card. di Pietro sind über die bereits die Abstimmung passirten Kapitel de fide neuerdings c. 100 Anträge eingebracht worden. Es kann dies auch nur von Vortheil sein; denn mit den revidirten Schemen kann man wahrlich vor der Welt nicht brilliren. Sie sind nur der deutlichste Beweis, daß beim Concile eine ganz verrottete Theologie herrscht.

Heute vertheilte man die Modificationsanträge zum III. Kapitel de fide, auf 40 Folioseiten gedruckt. Sie sollen schon am Dienstag zur Abstimmung gelangen! Darunter oft einander ganz widersprechende oder die weitest gehenden Principien enthaltende; aber gleichwohl sollen und müssen die Väter über Nacht zur Abstimmung bereit sein! Das I. Schema de fide ist jedoch überhaupt nur ein Probstein dafür, wie viel sich wohl die Minorität bieten lassen werde, und wie ihre Einwendungen am leichtesten beseitigt werden können. Es gilt, das muß Jeder einsehen, Präjudicien für die Hauptberathung zu schaffen.

Card. Bonaparte nennt B. Stroßmayer, über dessen letztes Auftreten er sehr ungehalten ist und das er als „schrecklich" bezeichnet, einen „hypocrito". Von ihm selbst aber versicherte das unter der Direction seines Beichtvaters erscheinende Echo du Vatican unlängst, daß er „aus Familientradition" Infallibilist sei! Eine wissenschaftliche Ueberzeugung hat er gewiß nicht. Es scheint in Folge dessen eingegangen zu sein, wenigstens sehe ich es seit einiger Zeit nicht mehr.

Man erzählt sich hier als zuverlässige Nachricht, daß der Papst nach der Definirung der Infallibilität abdanken, vorher aber selbst seinen Nachfolger ernennen wolle. Man soll ihm gesagt haben, daß er dadurch nur noch größer erscheinen werde, wenn er der Welt zeige, daß er nicht seinetwegen auf der Definition bestand, sondern auch auf ein solches Privilegium zu verzichten wisse. Andere wollen darin aber einen weiter gehenden Plan der Jesuiten erkennen, sich auch die Zukunft zu sichern, indem Pius ohne Zweifel einen Freund derselben zu seinem Nachfolger ernennen würde.

Man weiß wohl, daß selbst der Purpur nicht immer der Lohn besonderer Tugendhaftigkeit ist, noch jetzt mitunter unter ihm das

Laster wohnt, wie vor Jahrhunderten schon, und selbst Papst Pius es bei der Auswahl seiner Creaturen in dieser Beziehung nicht immer sehr genau nahm; allein je länger man hier weilt und je weiter der Kreis der Bekannten wird, desto unglaublichere Dinge erfährt man. So erzählte mir heute einer meiner römischen Bekannten, daß noch unter der Regierung Pius IX. es vorkam, daß ein Professor der Moral in Rom für Geistliche ein Bordell unterhielt! Dessen Freunde beim Generalvicariate wußten es zu bewirken, daß der Cardinalvicar lange Zeit nie eine Klage gegen ihn annehmen wollte!

Rom, 4. April 1870.

Heute wurde über die erste Hälfte des zweiten Kapitels de fide abgestimmt; Morgen ist Fortsetzung, so daß die ursprünglich nach dem Monitum auf Morgen angesetzte Abstimmung über das III. Kapitel auf Mittwoch verschoben ist. Zugleich kamen heute 49 Anträge über das IV. Kapitel zur Vertheilung.

Der Erzbischof von München hat Grafen Tauffkirchen sein Ehrenwort gegeben, nicht auf ein Ansinnen, gegen die Münchener Verhältnisse einzuschreiten, einzugehen, ohne ihm vorher davon Mittheilung gemacht zu haben. Es scheint also für uns nicht recht geheuer zu sein. Jedenfalls ist aber die Nachricht der in Neapel erscheinenden „Roma" v. 2. April unwahr: La Presse di Vienna ha per dispaccio da: „Monaco, 28. — Si assicura che Döllinger è stato sospeso a divinis da Roma." Ich bin übrigens gar nicht abgeneigt zu glauben, daß man hier gern so etwas thäte.

Ein Vorfall bei Grafen Tauffkirchen macht in den bischöflichen Kreisen einiges Aufsehen. Der baierische Gesandte hat nämlich die baierischen Bischöfe, also auch den von Regensburg, an den Sonntagen bei Tisch. Unlängst — es wird am vorletzten Sonntag gewesen sein — äußerte der Erzbischof von Bamberg etwas von Verfolgung der Kirche. Da sagte der Regensburger in seiner bekannten Manier über den Tisch hinüber: „Das ist ja eine Schwandorfer Rede; nehmen Sie sich in Acht, daß es Ihnen nicht

geht wie mir und Ihnen kein Untersuchungsrichter auf den Hals
gehetzt wird." Der Graf schlug sofort ein anderes Gespräche an
und die Sache war für den Augenblick beseitigt. Einige Tage nachher
ging der Gesandte zu Senestrey und stellte ihm in seiner Weise
vor, daß solche Aeußerungen bei ihm als Vertreter des Königs nicht
am Platze seien. Der Kirchenfürst entschuldigte sich: er habe nur
unüberlegter Weise die Aeußerung gethan. Nach drei Tagen schickte
er aber einen Brief des Inhaltes, daß er durch die Commissions=
Arbeiten ꝛc. nicht mehr im Stande sei, bei der Tafel zu erscheinen.
Die fallibilistischen Bischöfe Baierns waren ganz selig, ihren Collegen
von Regensburg am letzten Sonntag nicht mehr anwesend zu finden
und ihn für immer vom Halse zu haben; und auch den Bischöfen
von Eichstädt und Würzburg soll es leichter um's Herz gewesen sein,
da „Senestrey diese förmlich terrorisirte und stets mit den Augen
dirigirte."

———

Rom, 5. April 1870.

B. Hefele hat für die Bischöfe der Minorität ein Memorandum
ausgearbeitet, und es ist alle Aussicht, daß sämmtliche es annehmen
werden. Im Wesentlichen besagt dasselbe:

„1. Den Mitgliedern der Minorität werde aufs bereitwilligste
Urlaub ertheilt. Die diesem Verfahren zu Grunde liegende Absicht
sei unschwer zu errathen; die Minoritätsbischöfe müssen sich vielmehr
das feste gegenseitige Versprechen geben, zu bleiben. Wenn ein ver=
trauter Abgesandter des Ministers Eötvös die ungarischen Bischöfe
einlud, dem Sturme in Rom auszuweichen und in die Heimat
zurückzukehren, so sollen die Bischöfe antworten, die Regierung möge
vielmehr für Rückkehr der Heimgegangenen sorgen. Dadurch könnte
die Minorität auf 100 Bischöfe steigen.

2. Die Minorität muß verhindern, daß ein dogmatischer
Beschluß gegen ihr Votum zu Stande komme wegen des Präjudizes
durch Nachgiebigkeit in Formulirung der Sätze des I. Schema.

3. Vier amerikanische Bischöfe erklärten dem Präsidium, im
Falle einer Ueberrumpelung am Josephstage würden sie in ihre

Diöcesen zurückkehren und dort die Gründe ihres Verhaltens öffentlich bekanntgeben. Dieses Beispiel sei von der Minorität eventuell nach=
zuahmen.

4. Es ist eingeleitet, daß fast jedes Mitglied der Minorität die Infallibilitätsfrage von einem besonderen Standpunkte aus be=
leuchte. Nur durch flagranten Bruch der Geschäftsordnung würde vor Abhaltung dieser Reden der Schluß der Debatte decretirt werden können. Wenn es aber trotzdem geschehen sollte, dann müsse feierliche Verwahrung gegen Unterdrückung der Redefreiheit eingelegt werden. Auch müsse man zur Abstimmung anwesend bleiben.

5. Die Majorität kündigt an, sie werde die Minorität durch Behandlung der Opportunität als Vorfrage sprengen, indem die Opportunität durch einfache Majorität bejaht werde; dann aber werde über die Hauptfrage venerando conclusum abgestimmt. Von den zwei Kategorien der Nicht-Opportunisten ist aber die eine nicht mehr zu rechnen, nämlich jene, welche nur die Berathung des Dogma für inopportun hält, da diese Frage schon durch den Papst ent=
schieden ist. Die zweite Kategorie, welche die Indefinibilität des Dogma behauptet, hat festzuhalten am „Non Placet" für jeden Vorschlag.

6. Fünfzig Bischöfe bedeutender Kirchen bilden jedenfalls eine bedeutende und keineswegs zu mißachtende Minorität. Hält nun diese fest an ihrem Standpunkte, so ist es nach der Meinung der Majorität dem Papste allein überlassen, das Dogma zu machen oder nicht; wogegen die Minorität den Antrag wegen Mangels des wesentlichen Erfordernisses der Oecumenicität des Beschlusses als ab=
gelehnt betrachtet. In diesem Stadium wären Vorstellungen der Bischöfe und Regierungen beim Papste zu machen (sic!).

7. Die Formel, in der die Decrete zur Publication gelangen sollen, wird gewiß den Bischöfen vorher gedruckt mitgetheilt werden. Da hätte nun die Minorität öffentlich zu protestiren gegen die Gültigkeit des zu erlassenden Beschlusses und Rom zu verlassen, nicht aber mit Urlaub, sondern in Folge des Protestes, frei, aber nicht auf Zurückberufung der Regierungen.

Ueber dasjenige, was nachher zu thun sei, soll keine Be=

rathung stattfinden, denn damit würde die Einmüthigkeit der Minorität gefährdet."

Von diesen Vorschlägen hat offenbar nur der sub 7 eine Bedeutung, wenn die Minorität wirklich den Muth haben wird, ihn durchzuführen, woran ich vorläufig noch sehr zweifle. Der Hauptfehler ist und bleibt, daß man nicht darauf bringt, wesentliche Vorfragen, wie z. B. sub 6, vor der Schlußcatastrophe zur Erledigung zu bringen.[1])

Tivoli, 6. April 1870.

Der Papst kann kaum erwarten, daß er für infallibel erklärt werde. In seiner Ungeduld erklärt er jetzt, daß er zu viel und lange „menschliche Rücksicht" walten ließ. Er scheint also entschlossen, alle Rücksichten beiseitezusetzen und sein Ziel erreichen zu wollen. Dennoch hat er jetzt doch einigen Respekt vor der Minorität; selbst über Card. Schwarzenberg spricht er sich nunmehr sehr anerkennend aus, weil er ihm öfter habe sagen lassen, man möge doch nicht gar so sehr drängen und die Bischöfe abhetzen 2c.; Schwarzenberg habe recht gehabt, er, Pius, sehe dies selbst ein.

Gestern Abends sandte Card. Rauscher uns zwei Exemplare seiner in Neapel gedruckten Schrift über die Infallibilität. Meine Ueberraschung war groß, noch größer meine Freude über die Tendenz und die Zeitgemäßheit derselben. Ich las noch tief in die Nacht, bis mir die Augen zufielen. Heute auf der Fahrt nach Tivoli und in Tivoli las ich die Schrift zu Ende. Meine Ueberraschung stieg

---

[1]) Wer übrigens den weiteren Verlauf der Verhandlungen kennt, sieht, daß dieses Memorandum Hefele's die Norm für das spätere Verhalten der Minorität bildete. Man erinnere sich an den Protest derselben gegen den Schluß der Generaldebatte am 3. Juni, die Vorstellung durch eine Deputation beim Papste nach der Abstimmung vom 13. Juli, bei welcher Gelegenheit B. Ketteler den ewig denkwürdigen Fußfall vor Pius machte (anders that Paulus dem Petrus gegenüber!), den Protest vom 17. Juli und die Abreise der Bischöfe der Opposition. Aber auch der Protest vom 17. Juli und die Abreise erhalten durch das Memorandum eine ganz andere Bedeutung als die abfälligen Bischöfe später vorgaben.

aufs höchste, als ich auf der vorletzten Seite meine Formel und sogar das fand, was ich Erzb. Haynald in einem Exposé mitgetheilt hatte. Ich war außer mir vor Freude, daß sich ein deutscher Cardinal an die Spitze der deutschen Theologen gestellt hat. Ich sehe in dieser Schrift unsere glänzendste Rechtfertigung und lege seitdem einen großen Nachdruck darauf. Ich mache jetzt Jeden, der es hören mag oder nicht mag, darauf aufmerksam: ob wir deutschen Theologen oder die Jesuiten und Jesuitenschüler den deutschen Episcopat für sich haben? ob wir die Verdächtigungen und Verketzerungen seitens der letzteren mit Recht verdienten oder nicht?

———

Tivoli, 7. April 1870.

Meine Berichte sind in diesen Tagen kürzer und spärlicher. Die Gründe sind sehr einfach. Einmal nimmt mich die Recension des Anti-Janus, die ich etwas umfänglicher halten will, zu lange und sehr in Anspruch. Dann bin ich von Rom abwesend, weil der Herzog und die Herzogin von Modena die Villa d'Este besuchen wollten und ich den H. Cardinal H. hieher begleitete. Endlich liegt im Grunde auch gar nicht viel an den Congregationen, indem die Abstimmungen kein besonderes Interesse bieten. Das Resultat derselben ist, daß wir eine Art dogmatischen Vorleseheftes im jesuitischen Sinne, resp. im Stile einer recht verrotteten Theologie erhalten werden, ein neues Kreuz für die Theologen. Von der deutschen Philosophie und Theologie hat man eben nichts profitirt, eigentlich bisher nichts profitiren wollen, sonst würde man nicht Termini, welche in Deutschland als zu irrthümlichen Anschauungen führend längst verpönt sind, wieder gebrauchen und als conciliarisch approbirt hinausgeben. Ich möchte nur den sel. Stablbaur über die Art und Weise, wie hier die Eigenschaften Gottes tractirt werden, noch hören können: er wäre ohne Zweifel außer sich über diese Beschränktheit der Anschauung und speculativen Durchbildung.

———

Rom, 9. April 1870.

Als ich von Tivoli zurückkam, fand ich auch P. Hötzl's Schrift: Ist Döllinger ein Ketzer? — vor. Ich kann das Gefühl nicht beschreiben, welches ich empfand, als ich sie las; nur wurde das Wohlgefallen daran durch die Andeutungen etwas gedämpft, welche ich über die Frechheit und Bornirtheit gewisser unwissender Leute in Deutschland darin fand. H. verdient großen Dank, daß er sich unseres greisen Lehrers so wacker annahm; aber auch dafür, daß er diesen arroganten Kagerer so treffend heimschickte. Ganz treffend charakterisirte er dessen wissenschaftlichen Horizont, über den ich ganz authentischen Aufschluß geben kann. Längst schon hätte diesem . . . das Handwerk gelegt werden sollen. Von der Schrift H.'s vertheilte ich sofort die mir zur Verfügung stehenden Exemplare.

Theiner erzählte mir, als ich ihn nach meiner Rückkehr wieder sah, daß ihn am Mittwoch Ketteler aufgesucht habe. Th. sah ihn zum ersten Male. Zwei Stunden schimpfte K. bei Theiner über die Behandlungsweise der Bischöfe dahier, und Theiner versicherte mich, er „habe noch nie einen Mann so schimpfen hören." Der Grund ist aber vornehmlich, daß Ketteler eine Schrift[1]) in der Schweiz (Solothurn) drucken ließ (anonym — er will auch nur daran betheiligt sein), welche unter Kreuzband an die Väter des Concils versandt wurde; allein in Rom legte man auf sämmtliche Exemplare die Hand und ließ sie nicht an die Adressen gelangen. Der Bischof wollte nun wissen, an wen er sich in diesem Falle zu wenden habe, und Theiner wies ihn an Antonelli. Theiner verbot mir zwar, davon etwas zu sagen; allein ich finde, daß man hier allgemein davon spricht. Bis gestern (Freitags) war die Freigabe noch nicht erfolgt. Dagegen traf gestern auch Hefele's Schrift über Honorius ein und erwartet man die Schwarzenberg's. Gewiß interessant, daß auch dieser noch zu literarischer Thätigkeit veranlaßt wird. Uebrigens ist man einstimmig im Lobe über die feste Haltung und den Eifer Schwarzenberg's: er ist eigentlich der rührigste unter Allen und hält die Versammlung der deutschen Bischöfe fast allein noch zusammen.

---

[1]) Abgedruckt in meinen Documenta I. Nro. I.

Die Minoritätsbischöfe können sich noch nicht mit dem Gedanken befreunden, daß ihre Ansicht durchdringen, oder die Majorität nachgeben werde. So sagte mir erst gestern ein Bischof der Opposition, und wenn man die Beschränktheit Martin's beobachtet, ist es auch glaublich. B. Namszanowski hatte vor wenigen Tagen den nämlichen Auftritt mit ihm, als Hipler und ich kürzlich. Auch Namszanowski sagte ihm am Schlusse der Auseinandersetzung, er möge nur bewirken, daß dies im Schema zum Ausdrucke gelange; allein da replicirte Martin eifrigst: „das wird nicht geschehen." „Warum? fragte Namszanowski. Ich stelle mir die Sache so vor: wenn die Infallibilisten diese Ansicht haben, so handelt es sich blos um Kundmachung derselben; die Bischöfe und Kirche sind verpflichtet, die im Irrthume Befindlichen, wie Dupanloup (dem Martin noch immer die Erfindung der infaillibilité separée vorwirft), über ihren Irrthum zu belehren, und das könnte durch Aufnahme einiger Worte in's Schema geschehen." Allein Martin läßt sich eben von seiner Sache nicht abbringen. Daß ihn Namszanowski dabei vielfach zum Besten hält, beunruhigt ihn nicht; im Gegentheil scheint er dessen Unwissenheit zu bedauern. So fragte N. ihn über Hermes, der Martin beständig im Kopfe herumgeht: wer denn dieser Mann sei? etwa ein Deutscher? Ja. Wann hat er denn gelebt? im 3. Jahrhundert? Nein; er habe ihn ja noch persönlich gekannt. So; ist er denn als Häretiker gestorben? Nein, er war ein sehr guter Katholik und starb in rührendster Weise, versehen mit allen Sterbsacramenten.

B. Martin glaubt endlich auch die richtige, für Alle annehmbare Infallibilitäts=Formel entdeckt zu haben. Man müsse sagen, meint er: die Decrete des Papstes sind „irreformabel"! Glossen darüber zu machen, überlasse ich Anderen.

In diesen Tagen erlebte ich doch eine recht erfreuliche Genugthuung. Ich hatte — ich glaube sagen zu dürfen, zuerst — darauf aufmerksam gemacht, daß man von Seite der Curie und Majorität die Meinung hege, die Majorität brauche in Vereinigung mit dem Papste die Minorität nicht zu achten, da die Infallibilität nur im Papste nach curialistischer und infallibilistischer Anschauung ruhe. Ich betonte namentlich auch, daß nach dieser Anschauung der Papst selbst auf eine Majorität nicht zu achten brauche, sogar mit der Minorität gehen und deren Anschauung dogmatisiren könne. Man machte anfänglich dazu curiose Augen und glaubte wieder einmal, daß der Professor aus München „sich täusche" und natürlich auch die Minorität täuschen wolle. Ich empfahl aber insbesondere das Studium des Curialsystems, wenn es auch nur nach Phillips wäre. Allmälig überzeugte man sich von der Richtigkeit meiner Behauptung. Das Univers hatte schon in dieser Beziehung gegen die Prätension der Unanimität polemisirt. Nun kommt aber die Civiltà catt. Ser. VII. vol. X. Quaderno 481. pg. 15 f. und bestätigt selbst, daß die Minorität nicht zu berücksichtigen sei: Questa è altresì la ragione, per la quale prima s'ingegnarono di sostenere l'inaudita sentenza, che le definizioni di un Concilio non possono essere valide, se non raccolgono i suffragi di tutti i Padri all' unanimità. La scienza teologica e la storia avendo sfatata questa lor pretensione, si rivolsero a tentare un mutamento miracoloso, più che quella della verga di Mosè in serpente: cioè si provarono di convertire la minoranza in maggioranza; posto che la minoranza fosse „moralmente" più ponderabile, che non la maggioranza „numerica." Al quale effetto trassero in campo la famosa distinzione, così cara il Français, di Vescovi diocesani residenti e di Vescovi in partibus o missionarii . . . Pg. 100 sqq. wird der Grundsatz der Unanimität in longum et latum bekämpft. Dies finden die Jesuiten für unwiderleglich, wie P. Vollig dem Dr. Hipler vor wenigen Tagen sagte: er empfahl daher diesem doch ja diesen Artikel der Civiltà zu studiren, und er werde von seiner falschen Ansicht von der Unanimität geheilt werden. Die Schrift Rauscher's taugirt Vollig nicht; „sie wird schon widerlegt werden", meinte er. Uebrigens wird die Minorität nicht so leicht von dem Grundsatze der Unanimität abgebracht werden können. Hefele, sagte mir gestern ein Bischof, hat eine Zusammenstellung darüber aus den Concilienakten gemacht und in der Versammlung der deutschen Bischöfe vorgetragen, ebenso wie Rauscher schon einige Stücke seiner Schrift in derselben mitgetheilt hatte.

Was Ignatius von Regensburg plötzlich auch für ein bedeutender Mann der Wissenschaft geworden ist! Nicht blos wird seine That gegen unsere Facultät in dem nämlichen Hefte der Civiltà gerühmt, das Univers v. 5. April fragt sogar: Et puis Mgr. Manning, Mgr. de Nîmes, Mgr. de Malines, Mgr. de Poitiers, Mgr. de Carcassonne, les Evêques de Saragosse, de Salamanque, de Ratisbonne, de Paderborn n'ont-ils pas leur valeur? Je pourrais vous fatiguer à répéter des noms parfaitement connus ici, qui ont le très grand malheur de ne pas l'être assez en France (sic!).

Das Studium der Civiltà ist doch immer sehr lehrreich. In dem erwähnten Hefte finde ich im Artikel über Montalembert den merkwürdigen Satz (pg. 21): Accusare dunque la Civiltà cattolica per questo capo o l'Univers, vale altrettanto che accusare l'Episcopato nella sua quasi totalità, accusare il Clero, accusare l'universalità dei cattolici, accusare, in altri termini, l'intera Chiesa, e lo Spirito di Dio che la muove. Ma basti di un punto che non ha mestieri di esser chiarito a chiunque ama la verità (sc. della „Società") ed opera in buona fede (d. h. blindlings den Jesuiten folgt) . . . Nun, ich sehe mein Unrecht ein und schlage reumüthig am meine Brust.

Wie man hier in Infallibilität macht, wie sie Parteisache geworden ist, geht aus dem hervor, was H. Card. H. unlängst passirte. Wir fuhren zusammen in die Villa Pamfili. Da kam uns Freppel in den Weg und schwätzte einige Augenblicke den H. Cardinal an. Daß derselbe mir auf meinen Gruß dankte, oder mich eines Blickes würdigte, davon keine Rede. Gleich darnach kamen Räß und Marilley. Sie blieben jenseits der Straße stehen, bis sie den H. Cardinal erkannten. Während des Gespräches sagte Räß zu H. Cardinal plötzlich und ganz laut: (Sie sind auch) contro nous. Ich stand etwas entfernter und hörte nur die letzten scharf betonten Worte, glaubte aber aus der Bewegung des H. Cardinal, der ihm lachend auf die Schulter klopfte, deren Sinn richtig errathen zu haben, wie es auch wirklich nach der Versicherung des H. Cardinal der Fall war.

Endlich habe ich durch P. . . . doch auch eine Aufklärung über das Verhalten der Dominikanerbischöfe. Ich hatte früher gesagt, daß sie sich gegen die Infallibilität erklärt hätten; darauf kam die Nachricht in Umlauf: im Gegentheil, sie haben an das Concil eine Vorstellung zu Gunsten der Infallibilität eingereicht. Der Papst selbst drückte, wie ich weiß, seine Zufriedenheit mit ihnen aus: ein Bischof unter ihnen habe sich namentlich in dieser Beziehung sehr verdient gemacht. Was sagten sie aber? Nichts anderes als ich auch; es ist meine Formel und die Proposition Rauschers. Sie erklärten sich freilich in dieser Beziehung im Einverständniß mit Perrone, weil er in einem Passus das Nämliche sage, wahrscheinlich ehe er, wie B. Martin immer thut, trotz alles Abläugnens zur Statuirung der „infaillibilité separée" kommt: es müsse nämlich, sagen die Dominikaner-Bischöfe, vor einer päpstlichen Definition immer erst der Consens der Kirche hergestellt werden. Man sieht daraus übrigens auch, welche Vorstellung der Papst von der Sache haben muß! Anders freilich die Jesuiten in ihrer Civiltà pg. 108 (l. c.): E però il Papa ha tutto il diritto 1°. di giudicare le quistioni, intorno alle quali sono divisi i giudizii dei Padri in Concilio: 2°. di pronunciare la sentenza in favore di quella parte, cui egli giudica stare per la verità: 3°. e questo independentemente dalla maggioranza, o minoranza della parte contraria: 4°. tutto il Concilio e con esso tutti i fedeli hanno obbligo di aderire alla sua sentenza, essendo necessario, che la fede di tutte le Chiese e di tutti e singoli i fedeli si accordi con quella del Papa. Pg. 109: Chiedete ora qual sia il partito, che ha da vincere, quando il Concilio è diviso sì, che la maggioranza sentenzii circa una quistione dommatica in senso affermativo, ed una parte considerevole dei Padri in senso negativo? La risposta è pronta: vincerà quel partito, che avrà con sè la decisione finale del Papa. Nè questa è sentenza nuova. Essa fu tenuta dal Giacobazio, dal Gravina, dal Barbosa, dallo Sfondrati. Dann werden noch einige Citate aus Melch. Canus, Bellarmin und Benedict XIV. angeführt. Man sieht den Probabilismus auch in Glaubenssachen, wie ihn ebenso Hergenröther im Anti-Janus proclamirt hat. Wir haben aber ferner auch bereits die Prognose, welche der Minorität gestellt wird: Che se il Papa ha il dritto di seguitare la sentenza che giudica retta, la parte dissenziente deo avere per fermo l'obbligo di conformarvisi. Cosi è.

B. Martin behauptet jetzt auch, er könne gar nicht mehr anders, als die Infallibilität des Papstes bekennen, denn er sei durch das Cölnische Provinzialconcil gebunden, worin die anwesenden Bischöfe erklärt hätten, daß die Decrete des Papstes irreformabel seien. Da ferner dieses Concil die päpstliche Bestätigung erhalten, seien dessen Beschlüsse irreformabel. Ich sagte Hipler, der es mir eben erzählte, man solle doch Martin fragen, ob der Papst überhaupt nur das Cölner Concil unterzeichnet habe, oder ob, setzte Hipler hinzu, er es ex cathedra unterzeichnet habe. Unwillkürlich wird man hier auf den Gedanken gebracht, daß die Erneuerung der Provincialconcilien unter Pius IX. nur eines der vielen Mittel war, die Infallibilitätsgeschichte in Scene zu setzen. In allen Akten dieser Concilien sind ähnliche Ausdrücke, wie in dem Cölner. Dazu kommt, daß die Beschlüsse derselben nicht früher verkündigt werden dürfen, als bis sie von Rom, durch die von Pius IX. errichtete Spezial=Congregation für die Revision der Provincialconcilien[1]) genehmigt oder corrigirt, zurückgekommen sind. Man erkennt immer genauer die Einrichtung der Maschinerie, welche zur Vorbereitung und Inscenirung des Concils geschaffen wurde.

Rom, 10. April 1870.

Heute, Palmsonntag, sah ich Martin durch das Spalier in der Peterskirche gehen: das Bewußtsein, der erste Theologe des

---

[1]) Im „Schema Constitutionis de Episcopis" etc. adnot. ad cap. V d. pg. 29 (meine Documenta II, 331) heißt es ausdrücklich: Notum autem omnibus est, SSmum D. N. hoc nostro tempore specialem suo Decreto constituisse Congregationem quae Synodis provincialibus recognoscendis operam daret." Wie in den Provincialconcilien verfahren wird, zeigt Kenrick in seiner Concio (Docum. I, 217 u. 243 sq.), wo er von dem II. Concil von Baltimore sagt: omnia ad nutum Delegati Apostolici fiebant.

Concils zu sein, sprach deutlich aus Haltung und Gang. Als er bei mir vorbeikam, dankte er mir jedoch sehr gnädig und herablassend auf meinen Gruß.

Card. de Silvestri weiß zu erzählen, daß auf dem Postamte ganze Stöße von Brochuren und Schriften liegen, welche man in der guten Absicht zurückbehalte, daß die Väter des Concils nicht verwirrt werden. Ueber die Schrift Rauscher's spricht er sich sehr günstig und anerkennend aus.

Erzb. Melchers erhielt einen Brief aus Preußen, aus der Mitte der katholischen Kammerfraction, um vor der Definition der Infallibilität zu warnen. Der Erzbischof will ihn übersetzt und dem Papste zugesandt wissen.

Unerhört ist der Pius-Cult, welcher in Frankreich getrieben wird und sich auch in der christlichen Kunstausstellung dahier breit macht. Er wird zur wahren Blasphemie, ja zum Pius-Götzendienst. So ist aus der Esposizione ein Bildchen in meinen Händen (ein anderes, noch stärkere Dinge enthaltend, kam leider nicht in meine Hände zurück), welches hier einer näheren Erwähnung werth ist. Die Ueberschrift lautet schon charakteristisch: N. S. Jésus-Christ et son Vicaire. Darunter steht eine verstümmelte Schriftstelle: Celui qui l'écoute (in der Schrift: vous écoute), m'écoute, celui qui le méprise (statt vous méprise), me méprise. Darauf folgt das Bild Pius', wie ein Heiligenbild auf unseren Altären, rechts und links ein Leuchter mit brennender Kerze, ein Brauch, der nur bei canonisirten Heiligen angewendet wird. Ueberragt ist das Bild von einer consecrirten Hostie in Wolken und umgeben von einer Dornenkrone, welche oben in eine Königskrone zusammenläuft. Unter dem Bilde und oberhalb der Tiara mit den Schlüsseln sieht man sämmtliche Marterwerkzeuge Christi und nach den Worten: Pio IX 260e Succr. de St. Pierre heißt es weiter: Nous adorons Jésus-Christ au T. S. Sacrement: nous l'écoutons dans le Pape. — Le Pape est la présence sensible de Jésus-Christ parmi nous; comme son divin Maitre, il est nécessairement ROI ... PONTIFE ... et HOSTIE. — C'est pour cela que sa Royauté est si souvent une Royauté de douleur! Auf der Rückseite liest man:

Le Pape est l'ombre visible du Chef invisible de l'église voilé dans le saint sacrement de son amour. Le mystère de la Papauté, comme celui du St. Sacrement procède du S. Coeur de Jésus. Ces deux mystères s'entrelacent. Nous adorons Jésus au T.-S. Sacrement . . . Nous l'écoutons dans le Pape . . . — Aux yeux de l'incrédule, la Papauté, comme l'Eucharistie, n'est qu'un spectacle pitoyable, qui ne doit provoquer que la colère et le mépris. Eh bien! c'est ce mépris même, qui doit devenir l'objet de notre dévotion, parceque nous devons nous attacher à en faire une Réparation constante. Nous devons honorer le Vicaire de J.-C. avec une foi pleine d'amour et un respect plein de confiance. Nous ne devons nous permettre aucune pensée irrévérencieuse, aucun lâche soupçon, aucune incertitude pusillanime sur ce qui concerne sa souveraineté, soit spirituelle, soit temporelle, car sa royauté temporelle elle-même, est une partie de notre religion. Nous devons le défendre avec toute la constance, toute l'énergie, tout le dévouement que l'amour sait employer pour défendre les choses sacrées. Nous devons l'aider de nos prières les plus ferventes, et nous devons surtout en ces jours abominables d'accusations et de blasphèmes, affirmer notre foi, notre soumission et notre respect au chef visible de l'Eglise, avec la plus intrépide fidélité. — C'est un caractère invariable des saints, à toutes les époques, d'avoir une vive et sensible dévotion envers le Saint Siège; et dans celles où Dieu permet que son Eglise soit attaquée dans la personne de son chef visible, cette dévotion doit être régardée comme une condition implicite de tout progrès dans la grâce . . . Le P. Faber. — O Très-Saint Père, si je ne puis vous payer le tribut d'or, comme je le souhaiterais, ni celui de la myrrhe ou du sang, comme ses soldats généreux qui vous donnent leur vie, je vous offrirai au moins le tribut de l'encens, c'est-à-dire d'un amour humble, en tâchant de vous faire aimer et honorer par la bonne odeur d'une foi vive, d'une soumission absolue, et d'un zèle constant à accomplir et faire accomplir tout ce que vous préscrivez avec l'Autorité et la Sagesse infaillible que vous tenez de Jésus-Christ. Erschienen ist dieses Bild bei Ch. Letaille, éditeur Pontifical zu Paris.

Rom, 11. April 1870.

Nun hört man auch italienische Bischöfe klagen. Drei klagten gestern, daß sie nicht mehr im Stande seien, länger auszuhalten, indem sie kein Geld mehr hätten.

Trotz der Rauscher'schen und Hefele'schen Schriften will selbst einzelnen Minoritäts=Bischöfen der Muth sinken. Der preußische Militärbischof sagte mir gestern Abends, er frage sich beständig: wie lange werden denn die deutschen Bischöfe noch zusehen und sich Alles gefallen lassen? allein er zweifle, daß es zu irgend einer ent= schiedenen und energischen That komme. Und soll ich meine Ansicht darüber aussprechen, so meine ich ebenfalls wie B. Ramszanowski. Denn wenn die Bischöfe nach dem letzten Hefte der Civiltà cattolica die Augen nicht öffnen und einsehen, welches Loos ihnen bevorstehen werde, dann ist alle Hoffnung umsonst. Man spricht dann immer vom Resigniren auf das Bisthum. Allein ich sehe darin keinen Ausweg und erklärte einem Concilsvater, der mir darin beistimmte, unumwunden, daß ich dies als eine Pflichtvergessenheit betrachten müßte, zumal jetzt nachdem Rauscher und Hefele durch ihre Schriften vor aller Welt erklärt haben, in Deutschland existirt keine Tradition von der päpstlichen Unfehlbarkeit, ja diese sei überhaupt nicht zu beweisen. Können sie denn glauben, daß die Deutschen sich jetzt einem Majoritätsbeschluß, resp. einer päpstlichen Constitution, ohne Weiteres fügen werden oder können? Sie ließen also ihre Gläubigen im Stiche! Haben sie aber nicht vielmehr nach all ihren bisherigen Schritten die Pflicht, als Führer bei ihren Heerden auszuharren? Und wenn sie auch resignirten: wäre denn das nicht eine Bestärkung ihrer Gläubigen, daß sie (die resignirenden Bischöfe) faktisch in der Opposition beharren? Das sind lauter unrichtige Anschauungen: sie sollen einfach ihrer Pflicht beim Concil genügen; protestiren, wenn und sobald es nothwendig ist, aber dem Proteste auch den noth=

wendigen Nachdruck geben. Vor Allem wäre nach meiner Ansicht nothwendig, sich über die Bedeutung eines allgemeinen Concils, der Minorität 2c. Aufschluß zu verschaffen, nicht eher aber weiter am Concile Theil zu nehmen.

Dazu kommt, daß man es an ähnlichen Belehrungen wie in der Civiltà nicht fehlen läßt. Mit den weiteren Schemen und Emendationen kam gestern (also wohl vom Secretariate des Concils selbst vertheilt?) die Schrift: Riflessioni d'un teologo sopra la risposta di Mgr. Dupanloup Vesc. d'Orléans a Mgr. Arciv. di Malines: Traduzione dal Francese. Torino 1870. pgg. 32. Darin heißt es pg. 4 f.: Se ad Orléans non si è immaginato che nel Concilio fosse per sollevarsi la questione della infallibilità pontificia, Orléans non è poi tutto il mondo. In cento altre contrade si credeba il contrario; ed un gran numero di Vescovi, di sacerdoti, di fedeli hanno sempre pensato e sperato, che la questione dell' infallibilità sarebbe presentata al Concilio, e risoluta affermativamente: e ciò anche prima che l'Univers e la Civiltà cattolica dessero impulso a tal movimento; impulso per altro che non si può da niuno condannare come ingiusto. Diciamo più: Mgr. d'Orléans sarebbe egli per avventura il solo che non sappia come Pio IX. ebbe sempre in animo la definizione di questo domma e la condanna del gallicanismo? Forse che gli atti del suo Pontificato impareggiabile non tendono a questo scopo, come a loro proprio coronamento? Si, diciamolo altamente, Pio IX credette avere ricevuto speciale missione di definire la Immacolata Concezione e la infallibilità pontificia. Queste due definizioni hanno tra loro maravigliose armonie, che sfuggono sventuramente a Mgr. d'Orléans. Se in favore della opportunità di tale definizione non militasse altro che la volontà conosciuta certamente del Sommo Pontefice, collocato alla testa della Chiesa, ed assistito in modo speciale dallo Spirito Santo, già mi parebbe questo un grande argomento da opporre alle ragioni allegate da Mgr. Dupanloup.

Ja, dieser Glaube Pius' an seine Inspiration fängt jetzt selbst römischen Prälaten zu unerträglich zu werden an. Erst vorgestern sagte der Canonicus de Angelis: es sei ein Unglück, daß man den Papst in dieser Ansicht von sich, die er schon früher hatte, bestärkte, statt daß man ihn davon heilte. Und woran erkennt erst gar Pius eine Vision oder Inspiration!

Hipler sagte mir gestern auch noch, daß die (deutschen) Bischöfe sämmtlich das Florentinum für öcumenisch halten! Hefele habe es ihnen bewiesen! Hipler stimmte mir jedoch bei, daß Hefele in der Lehre von den Concilien nicht sehr zuverlässig sei, und bemerkte überdies, daß der Bischof von Rottenburg selbst dies einmal eingestand. Auch spukt noch immer in einzelnen bischöflichen Köpfen der Minorität die bodenlose Anschauung, daß „approbante Concilio" dem Concil eine höhere Autorität als dem Papste vindicire! Hoffentlich haben die Jesuiten ihnen die Augen endlich einmal geöffnet. Ueberhaupt werde ich endlich noch die Genugthuung erleben, daß man anerkennt: der Münchener Professor hat nicht „häretische" Anschauungen ihnen aufzuoktroyiren gesucht, sich auch nicht „getäuscht", sondern Recht gehabt. Ich habe den Herren doch jeden Schritt der Curie und Majorität vorausgesagt. Ich will mir dabei aber durchaus keine „Inspiration" oder eine besondere Einsicht vindiciren; es war so leicht, nachdem einmal feststand, daß es sich um Durchführung und Approbirung des Curialsystems handle.

Endlich heute erhalte ich ein Avviso, daß am 10. Januar, also netto vor ¼ Jahr meine Bücher angekommen sind und binnen 24 Stunden in Empfang genommen werden müssen. Laut Schein kamen sie als „Eilgut" (servizio delle Merci a grande celerità)!

Jetzt soll wieder eine Adresse circuliren, um eine Beschleunigung der Concils-Arbeiten zu verlangen.

Heute brachte B. Hefele je ein Exemplar seiner Schrift über P. Honorius für den H. Cardinal und mich. Er war etwas gedrückter Stimmung und meinte, er könne auf sein Bisthum wieder und leicht verzichten; seine Professur stehe ihm noch immer wieder offen. Er will und kann nicht glauben, daß die Infallibilitätsfrage verschoben werden und dadurch eine Wendung eintreten könne. Man dränge doch zu sehr, meinte er.

Auch dem Kloster der Armenier unter den Colonnaden von

S. Peter hatte der Papst seine Sorgfalt neuerdings zugewandt, indem er einen wiederholten Versuch machte, dasselbe visitiren zu lassen. Mgr. Valenziani, Bischof von Fabriano, war damit beauftragt; allein nachdem dieser Prälat eine Stunde mit ihnen parlamentirt hatte, mußte er unverrichteter Dinge wieder abziehen. Gewalt anzuwenden scheut man sich übrigens doch in Anwesenheit des türkischen Gesandten Rustem-Bey, der aus Sinigaglia stammt, katholisch und ein entfernter Verwandter des Papstes ist. Dieser empfing ihn auch freundlich, stellte ihm jedoch keine Concession in Aussicht. Der Gesandte erklärte aber, der Sultan müsse den Armeniern die größten Rechte und Erleichterungen gewähren, um zu verhindern, daß sie sich Rußland in die Arme werfen.

Rom, 12. April 1870.

In Folge der Hefele'schen Schrift hat der Papst neuerdings zwei römische Geistliche (P. Liberatore und Delegati, Professoren an der Sapienza, werden mir genannt), als „Advocaten" der Curie natürlich, beauftragt, den P. Honorius rein zu waschen. Aber ich bin auch jetzt noch immer der Ueberzeugung, daß der Mohr nicht weiß werden wolle. Vielleicht erfahren wir aber hiebei, wie sich die Wissenschaft von der Offenbarung, hier der Jesuiten, und der Inspiration des Papstes, wie das Schema de fide verlangte, müsse beeinflußen lassen.

Man hofft jetzt auf einen regelmäßigeren Gang der Berathung. — Bilio sagt, daß die Deputation de fide mit ihrer Bearbeitung des Schema de ecclesia noch sehr im Rückstande sei. Dagegen hat Pie als Referent angekündigt, daß die Umarbeitung des II. Theiles des I. Schema de fide nahezu vollendet sei; es wurde auf 5 Kapitel zusammengezogen. Wenn die Berathung darüber der des Schema de ecclesia vorhergeht, so hofft man, daß der ganze Mai nahezu darüber hingehen dürfte und dadurch kostbare Zeit gewonnen würde.

Die Abstimmung am heutigen Tage erstreckte sich über den I. Theil des Schema de fide, oder über das 1.—4. Kapitel, dauerte drei Stunden und geschah mit Placet oder Non placet. Card. de Angelis stimmte als Vorsitzender zuerst. Alle stimmten mit Placet, nur etliche 20 mit dem Beisatz juxta modum und unter Einreichung des schriftlich formulirten Vorbehaltes, darunter Schwarzenberg, Darboy, Ketteler. Diese Einstimmigkeit ist die Folge des Beschlusses der internationalen Commission, jedes Präjudiz der Promulgirung eines Dogma gegen eine notable Minorität bis zur Abstimmung über die Unfehlbarkeit möglichst zu vermeiden! Am Schlusse der Abstimmung wurde verkündet, daß den Vorbehalten Rechnung getragen und deshalb in der Osterwoche, am Dienstag oder Mittwoch, noch eine Sitzung gehalten werden solle. Die feierliche Promulgirung findet am 24. April statt.

Man sagt: es ist wesentlich, daß die Abstimmung mit Placet oder Non placet schon in der geheimen Sitzung stattfindet. Damit ist die Voraussetzung gegeben, auf welche die in Ziffer 5 und 6 angegebenen (Hefele'schen) Vorschläge bezüglich des Verhaltens der Minorität zur Unfehlbarkeitsfrage basirt waren.

Ketteler's Brochure über, resp. gegen die Infallibilität ist noch immer nicht freigegeben.

Ich habe bisher immer behauptet, die ultramontanen Blätter, wie Univers, wollen den Schein heucheln, daß ich wirklich ausgewiesen sei. Ich habe mich auch in diesem Punkte nicht getäuscht. L'Univers v. 9. April bringt darüber und hinsichtlich der Situation einen sehr bezeichnenden Artikel: On lit dans le Mémorial diplomatique: Dans les sphères diplomatiques de Rome on prétend que le gouverneur de la Ville Eternelle, chargé en même temps de la police générale, a enfin reussi à découvrir la source d'où émanaient les indiscrétions qui, à plusieurs reprises, ont violé le secret du Concile. Les soupçons se portèrent d'abord sur l'abbé Frédérick, que le Cardinal Hohenlohe avait fait venir de Bavière pour se l'attacher comme théologien pendant la durée du Synode. Malgré la protection dont la légation bavaroise essaya de le couvrir, l'abbé Frédérick fut forcé de quitter Rome, d'autant plus que le Cardinal Hohenlohe lui-même tenait à éloigner un ecclésiastique qui avait trahi sa confiance. L'intervention de la

légation de Bavière contribua à éveiller des soupçons contre elle-
même. Des recherches dans cette direction ne tardèrent pas à
constater qu'elle s'était ménagé des intelligences avec des com-
positeurs de l'imprimerie apostolique qui lui livraient des épreuves
des schemata destinés aux Père du Concile. C'ést ce qui explique pourqoi la Gazette d'Augsbourg, après l'expulsion de
l'abbé Frédérick, osa narguer le gouvernement romain en affirmant qu'elle continuerait comme par le passé de recevoir des
communications propres à jeter une vive lumière sur les tendances
du Concile.¹) La publication du dernier schema de fide par
cette feuille ne donna que trop raison à ses affirmations. Quoi
qu'il en soit, le gouvernement pontifical vient de prendre les
mesures les plus sévères pour couper court à ces regrettables
manoeuvres, qui, d'après une version accreditée à Rome, avaient
été provoquées par le prince de Hohenlohe, président du conseil
de Bavière. On se rappelle que ce diplomate, avant même que
le Concile se fût réuni, avait adressé aux puissances catholiques
une circulaire ayant pour but de protester d'avance par une note
collective contre les tendances attribuées au futur Concile, en
raison du programme élaboré sous les auspices de la cour de
Rome. La France et l'Autriche refusèrent formellement de s'associer
à une pareille démarche, et leur exemple fut suivi par les autres
Etats catholiques. Piqué d'avoir été ainsi éconduit, le prince de
Hohenlohe recommanda à la légation de Bavière à Rome de ne
rien négliger pour se procurer les schemata qui étaient de nature à justifier les méfiances qu'il avait essayé d'inspirer aux
puissances catholiques contre le saint Synode. Il va sans dire
que le Nonce apostolique à Munich a été chargé de se plaindre,
au nom du Pape, de la conduite tenue par la légation bavaroise.
Le monde diplomatique est unanimement d'avis que le titulaire
de cette légation ne pourra pas rester à son poste, pour peu
que les imputations dont elle est l'objet soient avérées.

Aus dieser Correspondenz, welche L. Veuillot ohne Bemerkung

---
¹) War übrigens schon vor dem Telegramme über meine Ausweisung
von der Redaction der „Allgem. Zeitung" geschehen.

abdruckt, geht doch die ganze Niedertracht der ultramontanen Presse hervor. Uebrigens bin ich nach all diesem doch begierig, welche Rolle ich einst in einer ultramontanen Geschichte des Vaticanischen Concils spielen werde. Vielleicht wird meine Person gar zuletzt noch der Gegenstand einer historischen Controverse! Sollen doch bereits wieder die deutschen Blätter wissen, daß ich der baierischen Gesandt= schaft beigeordnet worden sei, und in ultramontanen Kreisen, wird mir aus Bamberg geschrieben, soll man es mir höchlich verargen, daß ich mich zum Werkzeug der Gesandtschaft hergebe! Die guten Leute erschrecken vor den Gespenstern, welche sie sich selbst ausdenken. Hat man vielleicht auch dem Papste beigebracht, daß ich ausgewiesen und längst nicht mehr hier sei?

Rom, 13. April 1870.

Ein sehr interessantes Urtheil fällt ein hochgestellter italienischer Geistlicher, der greise —, der als eine wissenschaftliche Autorität hier gilt und den manche Cardinäle consultiren, über die Situation. Sein Standpunkt zeichnet sich auch thatsächlich sehr vor dem der übrigen hiesigen Monsignori aus. Schon im vorigen Sommer hatte er unverhohlen seiner Mißstimmung über die durch das Concil zu erreichenden Absichten Luft gemacht: Rom habe seit dem Tri= dentinum immer mehr seine Autorität befestigt und besitze mehr Autorität und Macht, als eigentlich nothwendig sei. Es sei darum gar nicht abzusehen, wozu jetzt in dieser bewegten Zeit solche heikle Fragen angeregt werden müssen. Zum Nachtheil Roms werde das nicht sein, wohl aber der Kirche. Jetzt gesteht er, er habe geweint, als er die Schemata bekommen und gelesen habe. Vier Monate brauchte man, um festzusetzen, daß ein Gott existire. Hinsichtlich der Infallibilität behauptete er aber, daß auch unter den italienischen und Missions=Bischöfen eine ganze Reihe sich befinde, welche durch= aus nicht damit einverstanden sei. Es sei aber auch ganz falsch, dem Papste für sich, ohne vorhergehenden Consens des Episcopates, eine Infallibilität zuschreiben zu wollen. Man müsse sich auf den historischen Standpunkt stellen: da sei aber eben die prätendirte

Infallibilität nirgends zu finden, von der Bibel an bis auf die Gegenwart. Seiner Ansicht nach könne an eine Definition der Infallibilität nicht gedacht werden und sei es nothwendig, daß der Papst, aber er, nicht etwa die Legaten, Stillschweigen über die Frage auferlege, wobei er aber nicht an ein Stillschweigen auch hinsichtlich der wissenschaftlichen Discussion zu denken scheint, sondern nur zunächst für das Concil. Er las eben Rauscher's Schrift und war davon sehr befriedigt; auch daß ich noch hier bin, freut ihn sehr; er hatte geglaubt, daß ich abgereist sei.

Nächstens wird Pichler's Buch über die Reform der Kirche auf den Index kommen; Prälat Wolanski hat bereits das Referat darüber vollendet.

Zur Vollständigkeit der Geschichte des Vaticanischen Concils gehört ohne Zweifel auch der Brief des orientalischen Erzbischofs G. Ebedjesus Khajatt von Amadia, vom chaldäischen Ritus, an den Papst, worin er von einem arabischen Manuscript ganz später Zeit spricht, das den P. Honorius vertheidigt. Es ist zu charakteristisch für den Standpunkt des Mannes, als daß ich ihn nicht einfügen sollte. Zugleich sieht man, wie die nichtssagendsten Deductionen für die Infallibilisten überzeugend sind. Très Saint-Père, Je vous supplie de daigner entendre avec bien-veillante le dernier des fils que vous aimez, et le dernier des Evêques, qui ose, prosterné à vos pieds, adresser quelques paroles à Votre Sainteté. J'avais signé, je l'avoue, l'adresse qui vous a été présentée, Père très clément, par quelques Evêques d'Orient, et qui vous suppliaient très humblement et très respectueusement de ne point donner suite au Postulatum signé par la plupart des Evêques pour demander au Concile du Vatican de définir l'infaillibilité du Pontife romain. Cette signature, j'atteste que je l'avais donnée pour des raisons qui sont à peine indiquées dans l'adresse, et spécialement à cause des obstacles qui pouvaient sortir de cette décision conciliaire mal comprise et mal interprétée, par rapport aux schismatiques de nos contrées; à cause aussi de la difficulté d'expliquer et de concilier avec cette définition le fait du Pape Honorius. Mais il n'intervenait aucune autre raison, et je n'étais poussé par

aucun autre motif humain ou peu honorable, ni par esprit de
parti, bien moins encore, comme l'ont injurieusement insinué des
esprits méchants et à ce qu'à Dieu ne plaise, par un sentiment
hostile et irrespectueux envers vous, très Saint-Père, ou envers
ce Siège apostolique de Rome, citadelle de la vérité et de la
religion, centre immortel de notre gloire. Cependant, ayant vu
que certains journaux avaient, contre toute raison, conclu de cette
adresse que les Orientaux étaient d'un sentiment hostile au
Pontife romain et au Saint-Siège; ayant vu d'autres journaux un
prendre sujet d'exalter et de fortifier le parti et les opinions
qu'on nomme gallicans, et dire que nous y étions presque
ralliés, lorsque nous n'avons jamais eu rien de commun avec eux,
lorsque, soit comme docteur en théologie, soit comme Evêque,
j'ai toujours eu et enseigné la croyance que le jugement du
Souverain Pontife, parlant ex cathedra comme docteur universel
institué par N. S. Jésus-Christ et comme chef de l'église immaculée, doit être réellement irréformable; — en outre, ayant
étudié plus profondément la question et les conséquences qu'elle
entraîne, ayant surtout pris connaissance du jugement porté sur
les libelles exagérés et condamnables du prêtre Gratry, comme
de la belle et solide réfutation qu'en a faite dernièrement le
P. Ramière, de la Société de Jésus; enfin, ayant eu récemment
entre les mains, par un heureux hasard, le manuscrit très ancien
d'une histoire, composée par un nestorien, et où j'ai trouvé des
preuves éclatantes pour justifier le Pape Honorius de toute erreur
dans la foi.[1]) Pour ces raisons et pour d'autres encore très

---

[1]) Ce manuscrit est garchunien, à savoir, le langue arabe écrit
en caractères chaldéens, et je l'ai trouvé ici à Rome chez mon ami M.
William Palmer, qui en avait fait acquisition de Maussul, ma patrie,
par M. Rassam, et lorsqu'il était encore protestant. L'auteur en est un
prêtre du nom de Sliva, fils de Jean de Maussul, du quinzième siècle.
Ce manuscrit est historique, apologétique, et en plusieurs choses, surtout
par rapport aux histoires citées, il est presque le même ouvrage que
celui du nestorien Amve, fils de Mattée, que l'Assemani connaissait, et
qui est sous le numéro 110 parmi les manuscrits arabes dans la Biblio-
thèque vaticane, où je l'ai consulté et constaté l'uniformité avant-hier.

fondées en conscience, je me vois pousser à déclarer, très Saint-Père, non-seulement que la foi à l'inerrance du Souverain Pontife, décidant ex Cathedra les choses de la foi et des mœurs, est la mienne et que je l'ai toujours tenue, mais de plus qu'à raison des circonstances, il me paraît raisonnable, nullement dangereux et au contraire très-utile, de voir le Concile occuménique définir dogmatiquement que l'infaillibilité, c'est-à-dire le magistère suprême, lorsque le Souverain Pontife l'exerce comme docteur universel de

---

Sans m'étendre sur cela, je dis que ce qui regarde Honorius dans ce manuscrit est: 1° Qu'il avait dit qu'il faut s'abstenir de dire deux ou une volonté en Christ; 2° Que, pour cela, la croyance de l'Eglise était restée incertaine 40 (?) ans; 3° Que Jean, son successeur, avait été affligé de voir l'Eglise troublée et la diversité de sentiments qui était en elle; 4° Qu'à cause de cela il écrivit à Heraclius et Constantin, empereurs, se plaignant de cet état de choses; 5° Il écrit aux mêmes empereurs une seconde lettre, que reçut Constantin le fils, dans laquelle il dit: Nos dicimus ac confitemur unam esse in Christo voluntatem in oeconomia humanitatis ejus sanctissimae; non vero duas voluntates sibi contrarias, quae essent spiritui ac carni ejus. In hunc certe sensum scripsit Honorius, Patriarcha Romae, ad Sergium Constantinopolis: Nos enim confitemur esse in nobis duas voluntates contrarias, quod cum detorsissent quidam ad suam erroneam sententiam, supposuerunt Honorium sensisse unam esse voluntatem in divinitate ac humanitate D. N. J. C. La réponse à cette lettre, Constantin la fit pleine de louanges et de soumission pour le Pape; mais ce fut Théodore, successeur de Jean, qui la reçut, et il répondit au même empereur par une lettre dans laquelle il blâme l'empereur Heraclius pour avoir dévié de la vérité, et suivi le monothélisme, ainsi que Serge, Théodore, Pyrre et Pierre, patriarches de Constantinople, dont il dit, qui omnes propter erroneitatem sententiae meruerunt maledictionem et ut rejicerentur a dignitate ecclesiastica. 6° L'auteur parle du Concile VI, fait par Agathon, Pape, et dit que le Concile excommunia Macaire et les autres Patriarches d'Antioche, Cyre et Pierre de Constantinople. Il n'y a nulle mention faite d'Honorius. De tout cela, et surtout des lettres de Jean IV et de Théodore, Papes, aux empereurs de Constantinople, il est manifeste qu'Honorius n'a pas erré dans la foi, et que l'opinion de ceux qui soupçonnent l'interpolation dans le Concile VI, et par conséquent dans les autres, est très fondée.

† G. E. Khayatt,
Archevêque d'Amadie.

l'Eglise institué par J. C., a son fondement dans les Saintes Ecritures et dans la tradition, par conséquent qu'elle est de foi. Voilà, pour le déclarer dans la simplicité de mon coeur, ce que réclame la vérité et la discussion théologique; ce que réclame cette très pure doctrine de l'Eglise romaine, que, par le plus grand bienfait, j'ai puisée dans ma jeunesse à une source très pure, le collége romain de la Propagande, et que j'ai defendue; ce que réclament les manifestations de ceux qui sont animés de mauvais desseins contre ce Saint-Siège; ce que réclament les violences intolérables des ennemis de notre religion et du Saint-Siège de Rome; ce que réclament notre amour et notre respect envers le Souverain Pontife et ce Saint-Siège, ce que réclame notre honneur; enfin ce que réclame l'autorité de tant de docteurs, et pour le dire avec saint Augustin, de toute l'Eglise catholique.

De votre Sainteté
Le très obéissant et très humble fils et serviteur
Rome, le 1. Mars.
† Georg. Ebedyes. Khayatt,
Archevêque d'Amadie etc.

Ueber Hefele's Schrift (Honorius) sagt man bereits in infallibilistischen Kreisen, sie sei von keinem Belange; Hefele habe sich darin mehrmals selbst widersprochen (soll heißen: seiner Conciliengeschichte). Uebrigens scheint man sich auch in fallibilistischen Kreisen mehr erwartet zu haben, da Graf ... sowohl dem Hrn. Cardinal H. als mir sagte: die Schrift ist nichts Besonderes, Hefele hätte mehr und anderes leisten können. Ich bin nicht dieser Ansicht und lege derselben schon deswegen eine große Bedeutung bei, weil sie von Hefele als Bischof während und für das Concil und gerade in diesem Momente geschrieben wurde. Außerdem hat sie auch den unschätzbaren Werth, daß Hefele als Bischof die deutsche Theologie nicht verleugnet und somit unsere Stellung in dem gegenwärtig schwebenden Kampfe wesentlich erleichtert hat. — Auch eine Aeußerung Molitor's zu Prof. Haid aus Freising will ich hier beifügen, da sie sich wahrscheinlich doch auf Hefele's Schrift mitbezieht: „die deutsche Wissenschaft blamirt sich ja." Ohne Zweifel hat der Herr Domcapitular Recht: die Jesuiten und Jesuitenschüler behaupten immer das Feld, indem dieselben faktisch der Ansicht zu huldigen scheinen, daß, wer das letzte Wort hat, auch Recht haben muß. Sie sehen bereits nicht mehr ein, daß ein Mann von nur einiger Selbstachtung ihnen nicht mehr folgen kann auf das von ihnen eingenommene Gebiet der Rohheit und Gemeinheit einerseits, der Unwahrhaftigkeit und Unwissenschaftlichkeit andererseits.

Gestern Nachmittags traf ich auch wieder einmal Kagerer bei Collega Bach. Der Herr hielt sich nicht wenig darüber auf, daß die Augsburger „Abendzeitung" und — wenn ich nicht irre — die Münchener „Neuesten Nachrichten" die Notiz brachten, Dr. Schreiber sei von der Regierung zum Bischofe von Speier ausersehen. Mir kam dieselbe so abenteuerlich vor, daß ich dazu nur lachen konnte. Allein Kagerer glaubt sie, weil sie in diesen, „immer in solchen Dingen gutunterrichteten Blättern" stand, und expektorirte sich deshalb nicht wenig darüber: „das wäre eine schöne Blamage für den baierischen Episcopat! Schreiber nach dem Bischofe Nicolaus!" 2c. Es kam mir dabei unwillkürlich der Gedanke: Du denkst dir wohl, daß du ein viel würdigerer Candidat wärest. Besonders seine Concilsbriefe im Münchener Pastoralblatte, wodurch er sich doch offenbar um das Wohl der Kirche und Staaten sehr verdient gemacht hat, könnten ihn zu dieser Prätension zweifelsohne berechtigen; dazu kommt noch die vortreffliche bischöfliche Schule, welche er seit langem im erz= bischöflichen Palais zu München durchmachte, sein intimes Ver= hältniß zu Molitor, den Jesuiten 2c. Er ist überhaupt ein Pracht= exemplar eines baierischen „Patrioten" und Ultramontanen! Die Wiederaufnahme des Speierer Seminarstreites wäre wohl sein erstes großes Werk, nachdem er so lange römische Luft geathmet und — ich zweifle nicht — von dem oben geschilderten „römischen Geist" ein ziemlich starkes Quantum sich zu eigen gemacht haben wird. Er wäre vielleicht der geeignete Mann, die Projekte Reisach's fort= zuspinnen.

Fürstbischof Förster von Breslau äußert sich: er müsse Prof. Reinkens den Proceß machen lassen, da er in einer Vorlesung gegen den Cölibat und Rom gesprochen habe. Wahrscheinlich werde er abgesetzt werden, d. h. doch wohl die sogen. missio canonica verlieren. Die Botschaft werden dem Bischofe seine 40 schlesischen Pfarrer und Geistlichen gebracht haben, welche eben hier sind und deren Freundschaft für Reinkens aus früheren Vorkommnissen sattsam bekannt ist. Lorinser, ein geschworener Feind Reinkens', ist vor Kurzem auf den Schauplatz des Gräuels abgereist: er wird schon die richtigen Berichte hiehersenden. Es scheint wirklich, als ob man es auf uns Kirchenhistoriker abgesehen habe. Und begreiflich; ohne uns wären die deutschen Bischöfe wohl kaum in die für sie so unbehagliche Stellung der Opposition gerathen und hätten sie so bequem mit der Majorität brüderlich und einträchtig einherwandeln können. Ihre Diöcesen wären nicht der Schauplatz des Haders und Zwiespaltes geworden, da es den Gläubigen, wie mir gestern aus Bamberg geschrieben wurde, "wenig darauf ankommt, ob man den Papst für fehlbar oder unfehlbar halte; auf die zwei Buchstaben un komme es nicht an; man glaube an die Gegenwart Christi im Altarsacramente, und das sei noch schwerer." Ihr Clerus, abgesehen von den ultramontanen Fanatikern, rüstet sich jetzt schon theilweise zum unbedingten und widerspruchslosen Unterwerfen unter das, was die Majorität und der Papst in Rom zu bestimmen belieben werden; theilweise ist er ganz indolent und meint: "wenn die Bischöfe wieder herauskommen, werden sie schon hinausschreiben, wie's weiter gemacht werden müsse" (es ist die Aeußerung eines Pfarrers!). Da haben wir die Bescheerung der Kirchenhistoriker; denn die anderen Theologen haben wahrlich den Kampf nicht aufgenommen. Wer sind aber die guten und braven Schafe? Die Jesuiten und ihre Schüler und Anhänger. Drum frisch zu: Döllinger, Reinkens 2c. durch Jesuiten oder Jesuitenschüler ersetzt; die neue Aera für Kirche, Staat und Gesellschaft wird bald anbrechen, wenn nur erst die Theologie vollständig jesuitisirt ist.

Heute suchte mich auch Staatsrath Gelzer, wie früher die Proff. Ulrici und Jacobi aus Halle, auf. Es ist merkwürdig, mit welchem Interesse die Protestanten das Concil verfolgen. Gelzer meinte u. A., daß es ein großer Mangel sei, daß "man in Rom unser deutsches wissenschaftliches und culturliches Leben nicht kenne";

allein ich konnte nicht umhin, ergänzend beizufügen: „aber um=
gekehrt kenne man auch in Deutschland Rom nicht."

———

Rom, 14. April 1870.

Eine von Card. Rauscher verfaßte Eingabe gegen die päpst=
liche Unfehlbarkeit ist in Umlauf und soll, wie man mir sagt,
namentlich die Bulle Bonifazius' VIII. Unam sanctam behandeln.
Es soll darin geradezu heißen, die Lehre der Bulle stehe im Wider=
spruche mit der Lehre der Kirche, wie sie einst und jetzt von ihr ge=
lehrt werde.[1]

Selbst ein pästlicher Offizier erzählt: es sei unglaublich, was
jetzt in Rom spionirt werde; unter 50 Personen seien gewiß 15
Spione; Personen, welche notorisch absolut nichts haben, leben jetzt
auf großem Fuße. Er belegte seine Behauptungen sofort mit Bei=
spielen und nannte u. A. einen Marchese, der plötzlich während des
Concils in ganz nobler Equipage einherfahre. Die Portiers sollen
hinsichtlich des Spionirens besonders anrüchige Individuen sein, und
wo kein Portier ist, da übernimmt ein Schuster oder sonst ein In=
dividuum vor der Thüre den Dienst. Es ist aber all dieses Treiben
von großer Wichtigkeit. Wir oder eigentlich die jüngere Generation
lebt bereits zu sehr in den freiheitlichen Institutionen, so daß sie sich
bald keine richtige Vorstellung von der früheren Polizeiwirthschaft
wird machen können. Hier in Rom sucht man diesen veralteten
Standpunkt zu conserviren und wie es scheint mit dem Nimbus des
ächten Katholicismus zu umgeben, so daß er als maßgebend für alle
katholischen Völker zu gelten hätte. Ein Historiker kann darum auch
in dieser Beziehung viel lernen: es geht ihm für Manches erst das
rechte Verständniß auf. Dabei gestehe ich aber, daß mir seit meinem
Aufenthalte in Rom als eine der räthselhaftesten Erscheinungen stets
die Prätension vorkam, diese verrotteten politischen und socialen Zu=
stände als die Norm für alle Völker geltend machen zu wollen. Und
nirgends regiert eigentlich Macchiabelli noch so ausschließlich als in Rom.

———

[1] S. dieselbe Documenta II, 388 sqq.

Es kam auch vor, daß Caudatarii von Cardinälen, denen anderer ein Diner gaben, um sie auszuforschen.

Die Schrift Rauscher's, der übrigens selbst wenig Wirkung von derselben erwartet, scheint dennoch einige Bestürzung unter den Infallibilisten verursacht zu haben. Man erzählte sich darüber Verschiedenes.

———

Rom, 15. April 1870.

Endlich ist Ketteler's Schrift, welche auf dem hiesigen Postamte beschlagnahmt worden war, freigegeben worden. Statt aber daß die Post die unter Kreuzband angekommene Schrift vertheilt, muß der Bischof selbst für die Verbreitung sorgen. Da aber während der letzten Tage der Charwoche hiefür kein dienstbarer Geist zu finden ist, liegen die Exemplare in der Wohnung Hiplers, von wo ich heute Nachmittags ein Exemplar mit nach Hause nahm. Die Schrift soll von einem der ersten Theologen Deutschlands sein und wird sehr gerühmt. Man athmet freier auf und selbst ein Bischof sprach mir jetzt seine Hoffnung aus, daß die Frage der Infallibilität wenigstens vertagt werden dürfte. „Ueberhaupt, meinte er, kann man uns doch nicht zumuthen, jetzt mehr die Infallibilität des Papstes anzunehmen oder gar zu glauben. Aber wie er sehe, sei mit dieser Schrift die Sache noch nicht beendigt: es müsse jetzt die Constitution der Kirche überhaupt erst untersucht und klar gestellt werden." Man sieht auch an dieser Aeußerung, was ich schon so oft sagte: die Herren kannten und kennen sich noch nicht aus. Für uns deutsche Theologen ist das schon längst klar und deutlich ausgesprochenes Ziel gewesen. Hätten uns nur unsere Bischöfe nicht gewaltsam zu Gunsten der Jesuiten und ihrer Schüler und Freunde unterdrückt, und hätten sie sich nur die Mühe gegeben, sich selbst in der brennenden Frage rechtzeitig zu informiren. Ich las von Kettelers Schrift nur einige Seiten; das Resultat ist — meine Anschauung, gerade so wie in der Schrift, welche Card. Schwarzenberg vertheilen läßt und von Professor Mayer aus Prag stammt.

Auf Seite der Infallibilisten muß man doch nicht mehr so

frohen Muthes sein. Ich sah heute Morgens Martin: er schritt
keineswegs wie unlängst hochgehobenen Hauptes und mit sichtlichem
Stolze einher, vielmehr schien er mir sehr verstimmt. Gleiches
wollen Andere an den Cardinälen Borromeo und Pitra beobachtet
haben. Ich hoffe, wenn man nicht in wahnwitziger Verblendung
und muthwillig Deutschland aus der Kirche stoßen will, daß die
Infallibilität des Papstes, wie sie die Infallibilisten meinten, für
immer begraben sei. Wenn etwas ausgesprochen wird — und das
wird und muß jetzt wohl geschehen — dann geht wahrscheinlich in
Erfüllung, was Card. Bonnechose sagte: „Definiren ist Limitiren."
Recht deutlich zeigt sich jetzt auch, daß die Ignoranz und die geistige
Befangenheit auf Seite der Infallibilisten, die Wissenschaft und In=
telligenz hingegen auf Seite der Fallibilisten ist. Das soll man
auch, wie mir heute Prof. Jacobi aus Halle sagt, auf Seite der
Infallibilisten zum Theile zugeben: die wissenschaftlichen Gründe
seien allerdings bei den Fallibilisten; allein das könne nicht allein
maßgebend sein; auch die Männer der Praxis müßten ihre Stimme
haben und sie müssen nach der Praxis für die Infallibilität
stimmen! Er will es von einem geistig sehr begabten jungen fran=
zösischen Abbé gehört haben.

Die räthselhafteste Stellung nimmt doch B. Ketteler ein.
Früher hatte er bei Unterzeichnung der Adresse gegen die Infalli=
bilität sich, wie mir heute Hipler sagt, ausdrücklich vorbehalten, be=
treffenden Falles auch für dieselbe sich aussprechen zu dürfen; jetzt
colportirt er eine Schrift, welche direkt gegen die Infallibilität ge=
richtet ist, und einzelne Minoritäts=Bischöfe sagen ihm: so, wie Sie,
bin ich auch Infallibilist. Nehme ich hinzu, daß Ketteler selbst
sagte, er höre in seiner Diöcese nie die Wahrheit, so glaube ich das
Richtige zu errathen, wenn ich sage: Ketteler wußte nicht klar, was
er wollte; man verbarg ihm die Wahrheit, und während er meinte,
die Jesuiten als seine Werkzeuge auszubeuten, war er umgekehrt ihr
Werkzeug geworden. Beim Concile konnte er all dieses innewerden,
und er kommt mir vor wie ein Mensch, der aus dem Traume auf=
wacht und sich gefesselt sieht. Er wüthet und tobt, seine Fesseln zu
sprengen. Wird es ihm gelingen? Wenn es ihm Ernst ist, dann

schon. Allein ich halte Ketteler überhaupt nicht für einen scharfen und klaren Verstand. Der Grundzug seines Charakters ist, daß er mit Energie und Ausdauer dasjenige verfolgt, was er als das Richtige erkannt hat; aber es fehlt ihm das scharfe Urtheil, ob dasselbe auch wirklich richtig sei. Sein energischer und heftiger Charakter schreckt die Untergebenen, daß sie ihm nicht zu widersprechen wagen, so daß er, wie er selbst sagte, nie die Wahrheit hört.

Rom, 16. April 1870.

Heute Morgens wohnte ich der Charsamstagsfeier im Lateran bei. Wie ich erwartete, war es auch: wer sich nicht vordrängen will, sieht nichts. Dazu wird hier immer mehr Rücksicht auf Stutzer und Damen genommen, als auf den Clerus, der nicht zu der Klasse der Monsignori gehört. Daß man daran gedacht hätte, für die Theologen während der Charwoche auch einen Platz zu reserviren, keine Rede: sie existiren ja eigentlich auch für das Concil nicht. Sie müssen sich unter ungezogenen und naseweisen Seminaristen von c. 10—20 und mehr Jahren, unter allen möglichen Arten von Abbati und Stutzern in Frack herumtreiben und herumstoßen lassen, während rechts und links von der Confessio Petri für die Damen, im Presbyterium rechts und links von den Bischöfen für Fürsten, Gesandte 2c. Logen reservirt sind. Da geht es dann gerade wie in einem Theater: man lorgnettirt sich gegenseitig, schwätzt und lacht 2c., kurz treibt Alles, was nicht in eine Kirche gehört. Das gilt aber nur für die Lamentationen und das Miserere. Bei den anderen Feierlichkeiten wird man einfach von der Guardia unter die übrige gaffende Menge zurückgedrängt. Ueberhaupt ist es hier recht fühlbar, in welche Geringschätzung die Theologie als Wissenschaft verfallen ist. Ein Theologe gilt nicht mehr als jeder Abbate oder Kaplan, mag dieser auch der größte Ignorant sein: je größer der Intriguant, desto höher sein Werth, ist hier Grundsatz. Was nicht Monsignore ist, geht im Abbate auf. Ich wundere mich übrigens nicht darüber, da hier eine wissenschaftliche Theologie nicht existirt und die Bischöfe des Concils wahrlich ebenfalls ihr Möglichstes dazu beigetragen haben, daß dieselbe ja keine Repräsentation auf dem Concile gefunden hat. Auf ihre Kapläne und Secretäre, welche sie zu unserer Demüthigung hier als Theologen figuriren lassen, braucht die Curie freilich keine besondere Rücksicht zu nehmen. Ich kann wirklich sagen: ich freue mich sehr, zurückzukehren und wieder unter wissenschaftlichen Männern mich zu befinden. Hier ist keine Luft für mich, und wenn ich sonst kein Verdienst mir während des Concils in Rom erworben habe, so ist es doch eine schwere Aufgabe gewesen, die ich löste, daß ich bereits nahezu ein halbes Jahr fern von dem wissenschaftlichen Leben und Treiben, wie es in München herrscht, mitten in einer zwar arroganten, aber eben so ignoranten Welt ohne die gewohnte Beschäftigung leben mußte.

Ich komme auf den Lateran zurück. Als ich so dastand, kam ein italienischer Geistlicher, in Civilkleidern wie ich, an mich heran. Er war von dem Schlage unserer Landkapläne. Nach einigen Fragen über Nationalität u. s. w., wollte er auch wissen, was ich von dem schließlichen Resultate des Concils denke. Ich sagte ihm: ich könne dies unmöglich sagen, namentlich hinsichtlich der Infallibilität könne man noch gar keine zuverlässige Prognose stellen. Da sagte er: Romani dicunt, Deum esse infallibilem, und — schwieg. Als er nichts mehr sagte, bemerkte ich ihm: aber der Papst ist nicht Gott. Der Italiener schwieg neuerdings oder vielmehr konnte nicht mehr zum Worte kommen, denn vor uns saß ein französischer Abbé von c. 50 Jahren und rief zurück: aber auch die Kirche ist nicht Gott und ist doch unfehlbar. Ich sah mich ohne es zu ahnen und gegen meine Absicht und meinen Willen mitten unter einer uns angaffenden Menge — die Ceremonie war gerade außerhalb der Laterankirche — in eine theologische Disputation verwickelt. Da der Italiener lateinisch begonnen hatte, wurde sie lateinisch fortgeführt, und ich kann mich wirklich rühmen, daß ich in diesem Momente sogar sehr geläufig und gar kein schlechtes Latein sprach. Die Zuschauer und Zuhörer, von denen wohl kaum einige etwas verstanden, zumal die Damen, waren sichtlich auf meiner Seite. Die ganze Disputation drehte sich aber darum: wo die Kirche ist? Ich erklärte ihm, daß sie weder in Rom allein ist, noch daß sie der

Papst ohne den Episcopat, oder dieser ohne jenen ist. Ergo, schloß der Franzose, ist die Infallibilität als Glaubenslehre gesichert; denn, sagte er, 600 Bischöfe stehen dafür und nur 200 dagegen, und diese können die Definition nicht verhindern. Ich betonte, daß Unanimität nothwendig sei; allein davon wollte er nichts hören. Wo denn dies ausgesagt sei? fragte er. Ich wies ihn an Vincentius von Lirinum 2c., allein er hielt nicht Stich. Wie viele Bischöfe waren auf dem Concil von Nicäa? fragte er jetzt. 318, replicirte ich. „Und hier sind 600", sagte er darauf. Mit einer solchen Theologie läßt sich nicht streiten, sagte ich, und indem ich dachte, der Gescheidtere gibt nach, schwieg ich. Nun wandte er sich an seinen Nachbar, einen älteren, aber ächten römischen Abbate und machte seinem Mißmuthe über die Fallibilisten Luft. Nur das warf er mir noch zu: Man muß das Reich Gottes suchen, wobei ich ihn mit der voll Mißmuth ausgesprochenen Antwort abfertigte: „Auch die 200 Bischöfe suchen das Reich Gottes."

Als sehr bezeichnend muß ich doch anmerken, daß seit Beginn des Concils der Clerus keines Landes, und zwar ununterbrochen, so zahlreich hier vertreten ist, als der französische. Ich erinnerte mich schon oft an das Wort des P. Gams in München, der französische Clerus werde in solchen Massen in Rom erscheinen und die Bischöfe so terrorisiren, daß sie nolens volens sich ihm fügen müssen. Man muß dann diese Gestalten sehen, Fanatismus oder wilde Leidenschaftlichkeit spricht aus den meisten Gesichtern. Kein Clerus treibt auch meines Wissens das unwürdige Manöver in dieser Weise, unabläßig Adressen an den Papst oder die Bischöfe zu senden, worin sie sich für die Infallibilität erklären. Der Erzbischof von Rheims ist Fallibilist. Was thut sein Clerus? Er sendet ihm eine Infallibilitätsadresse, um sie dem Papste zu überreichen, und erst in diesen Tagen publicirte das Univers eine neue aus dieser Diöcese! Ueberhaupt ist in dieser Beziehung das Univers äußerst interessant: Pfarrer, Kapläne, Seminaristen und Pfarrköchinnen und Betschwestern bezeugen darin fast tagtäglich in großer Anzahl ihren Glauben an den unfehlbaren Papst.

Vom Lateran ging ich nach S. Maria maggiore und wohnte

dem Auferstehungsamte bei einer schrecklichen Kirchenmusik bei. Als die Sänger begannen, glaubte ich mich plötzlich bei sogen. "Volks= sängern" in München zu befinden, welche "Schnadahüpfl" vor= tragen. Nach dem Credo und Agnus Dei intonirte die Orgel die Melodie einer Polka. Ueberhaupt ist hier die Kirchenmusik im All= gemeinen gräulich, und selbst die Lamentationen und Miserere in St. Peter, also die Capella papalis erreicht unsere Münchener Hofkapelle nicht. Ganz unerträglich aber war mir der Gesang der Eunuchen in der Peterskirche: es liegt so etwas Unnatürliches, Widerliches darin. Damen hatten bei Beginn des Concils vor, beim Papste eine Vorstellung um Abschaffung der Eunuchen einzu= reichen; ich weiß nicht, ob sie es ausführten; allein wenn die Päpste nicht selbst daran denken, schadet es schließlich auch nichts, wenn es Damen sagen.

Auch der Franziskanerbischof Fania in Potenza, der mir gegenüber früher einmal die deutsche Wissenschaft sehr lobte und dagegen die italienische Trägheit tadelte, später aber gegen Gratry dem Bischof von Straßburg ein Adhäsionsschreiben schickte (ab= gedruckt, wie alle, im Univers), sagte heute, daß er, seitdem Rauscher's Schrift erschienen, nicht mehr daran glaube, daß die Infallibilität reussiren werde: man könne doch nicht mehr so einfach über die Einwürfe hinweggehen.

Sehr freute mich das Excerpt aus Newman's Brief an B. Ullathorne in der "Allg. Zeitung" v. 14. April: die Hetze ist darin so recht zutreffend gezeichnet. Die besten Katholiken werden plötzlich — ein Unicum in der Kirchengeschichte — zu Häretikern ge= stempelt, weil eine Schaar unwissender und arroganter Leute ihr krankhaftes Phantasiegebilde als Glaubenssatz verewigt wissen will.

Eben Mittag werden neue Emendationen zu den vier ersten Kapiteln do fido vertheilt: es sind die Conditionen, welche zu den 83 Placets gemacht wurden. Das Aktenstück umfaßt nicht weniger als 51 pgg. in gr. 4°.

Der Brief an den Erzbischof von Cöln, von dem ich früher einmal redete, ist von Prof. Walter in Bonn und enthält sehr schwarze Schilderungen. Derselbe hat jedoch zugleich mit anderen

Männern vor Monaten schon bei Antonelli eine auf Unterlassung der Definition der Infallibilität abzielende Eingabe gemacht. Melchers selbst will noch eine andere Seitens der Abgeordneten in Preußen veranlassen.

Die Dinge stehen hier immer noch schwankend und ungewiß: innere Gründe entscheiden hier nicht.

Die Conditionen, welche unlängst einige 80 Väter ihren Placets beifügten, beziehen sich namentlich auf formelle Dinge, wenn auch nicht geleugnet werden kann, daß sie manche tiefer gehende Anträge enthalten. Ein Antrag geht auf einen Zusatz im Pro=ömium mit der Begründung: Idque ut expressius refellatur error corum (et nominatim Denzinger), qui contendunt ea tantum ex capitibus tenenda esse ut definita, quae subjectis canonibus respondent. Dann folgen 36 Anträge darauf, daß Romana im Anfange des I. Kapitels de fide gestrichen oder doch wenigstens ge=setzt werde: Catholica Ecclesia Apostolica et Romana. Sie scheinen zumeist von englischen Bischöfen auszugehen, weil insbesondere englische Verhältnisse berührt sind und einmal Einer sich geradezu auf die Gründe des Bischofs von Birmingham beruft. Beim II. Kapitel befinden sich drei Amendements, wahrscheinlich von Dominikanerbischöfen, gegen die Behauptung des Schema: rationem certo cognoscere posse Deum, verum omnium principium et finem. Am übelsten neben den Kirchenhistorikern kommen bei unseren Bischöfen die Exegeten weg. Da ist einem derselben das noch nicht ausreichend, was das Schema sagt: „in rebus fidei et morum ad aedificationem doctrinae Christianae pertinentium." Er will, daß dies ganz gestrichen werde, quia Ecclesia, sine ulla exceptione, est interpres totius divinae revelationis, quae in Scripturis ac Tra-ditione continetur. — — Quia si in rebus fidei et morum tantum Scriptura accipi deberet juxta cum sensum, quem tenuit ac tenet Ecclesia, in reliquis, puta historicis, aliisque libera cuique daretur ansa sanctissimum Dei verbum pro effraeni lubitu explicandi, hac praesertim tempestate, in qua mythici, rationalistae, sexcentique errores totam ferme Scripturam ad fabulas amandant. Fortasse quis instabit, Ecclesiae infallibilitatem ad res fidei et morum restringi; in his ergo tantum ejusdem interpretationem sequi debere, in caeteris vero liberos esse. At contra revelatio omnis objectum fidei est, quippe quae continet verbum Dei, cui assentiri debemus; ac proinde tota, quanta est, Ecclesia subest judicio: eo vel magis, quod ait Apostolus: Omnis Scriptura divinitus inspirata etc. Das geht auch dem Erzbischof von Cöln zu weit, obwohl er für seine Person ebenfalls der Ansicht ist, daß auch die historischen Angaben der Schrift sämmtlich inspirirt seien. Andere Anträge beziehen sich auf die Weglassung der Canones zum I. Kapitel de fide, oder wenigstens der Anathemata. Erheblichere Anträge, resp. Conditionen, sind dann noch 8, welche besagen: salvis conciliorum oecumenicorum juribus, oder: salvis et servatis in toto hujus Concilii opere juribus Episcoporum et regulis in sacris oecum. Conciliis servari consuetis. Zwei Placets erklären sich mit der Art und Weise der Verhandlungen unzufrieden, und das eine davon sagt ausdrücklich, daß die Berathung nicht zureichend gepflogen worden sei.

Erzb. Melchers hat nun auch eine Vermittlung in der Infallibilitätsfrage ersonnen. Während er früher meinte, der Papst solle einen hervorragenden Theologen mit Abfassung eines Buches über die Infallibilität für ein künftiges Concil betrauen, will er jetzt nichts mehr hievon wissen. Er meint jetzt vielmehr, man solle über die Infallibilität des Papstes gar nichts sagen, dagegen den Gehorsam gegen den Papst einschärfen und Jeden mit dem Anathem belegen, der ihn verletzen wird! Und damit glaubt Melchers die Infallibilisten befriedigen zu können! Gleichwohl liegt darin bei der weiten Ausdehnung, welche man diesen Ausdrücken geben kann, ein noch weit größerer Despotismus, als in der förmlich ausgesprochenen Infallibilität. Melchers rühmt auch die von Ketteler hier eingeführte Schrift als die beste, welche bis jetzt erschienen ist.

Rom, 17. April 1870.

Gestern fand ich den Inhalt der französischen Note in der „Allg. Zeitung" angegeben und Graf ... bestätigte mir die Richtig=

keit desselben. Hatte ich nun früher nicht Recht mit meinem Urtheile über die Thätigkeit der Diplomatie?

Eben komme ich von S. Peter zurück, wohin sich eine unübersehbare Menschenmenge gedrängt hatte. Ich war während der Benediction des Papstes in der Loggia selbst und muß sagen, daß sich ein ähnliches Schauspiel wohl kaum irgendwo mehr sehen läßt. Auf dem ganzen Petersplatze stand die Menge Kopf an Kopf. Das schönste Wetter begünstigte die Feier. Ich kann mir nun leicht denken, daß ein solcher Akt auf Gemüther, welche für derartige Aeußerlichkeiten empfänglich sind, namentlich aber auf Damen einen überwältigenden Eindruck machen muß. Daß aber ein Papst wie Pius IX. aus den Vivats, welche vom ganzen Platz erschallen, und dem Tücherschwenken die Ansicht schöpft, daß er auf eine unverbrüchliche Ergebenheit und Anhänglichkeit der Mitwelt rechnen könne, ist mir ebenfalls nicht mehr unbegreiflich.

Die Gefahr eines Schisma im Orient wird immer größer. Die Hauptstreitigkeit dreht sich um die Ernennung der Bischöfe, welche bisher dem Patriarchen insofern zustand, als er aus drei von der Gemeinde bezeichneten Candidaten einen wählte. Die neu erwählten Bischöfe erbaten und erhielten regelmäßig vom Papste die Bestätigung. Allein 1867 ordnete ein Dekret an, daß von nun an das Ernennungsrecht vom Patriarchen auf den Papst übergehe und dieser auch außer den drei von der Gemeinde bezeichneten Candidaten Bischöfe ernennen könne. Diese Vernichtung des Wahlrechtes wollen sich nun die Gemeinden nicht gefallen lassen. Die Stellung des armenischen Patriarchen Hassun, der im römischen Interesse steht und handelt, ist in Folge dessen unhaltbar geworden; der chaldäische Patriarch Audu, durch den Papst und Valerga bedrängt, hat bekanntlich seine Einwilligung gegeben, allein die darauf vom Papste ernannten Bischöfe sind nicht anerkannt worden. Der Patriarch der Melchiten Jussef verweigerte seine Einwilligung, weshalb er hart vom Papste angelassen und bei der letzten Audienz der Orientalen bei der Schulter gefaßt wurde; allein der Patriarch blieb trotzdem fest. Harcus, der syrische Patriarch, wurde schriftlich zur Einwilligung aufgefordert, alterirte sich aber darüber so sehr, daß er sich zu Bette legen mußte und lebensgefährlich krank sein soll. Bis jetzt hat er nicht geantwortet. Der maronitische Patriarch Mashab hat die Einwilligung verweigert, kam auch trotz wiederholter Einladung nicht zum Concile, sondern blieb zu Antiochien. Die päpstlichen Visitatoren des armenischen Antonianerklosters werden nicht eingelassen. Im Falle der Noth werden die Mönche die türkische Flagge aufziehen, und Rustem Bey droht mit Repressalien gegen lateinische Klöster. Armenischen Bischöfen, welche Urlaub erbaten, ist derselbe „wegen Einsprache Hassun's" verweigert worden, weshalb die Polizei die Austrittsvisa aus dem Kirchenstaate zu ertheilen sich weigert, obwohl bei einem derselben das ärztliche Zeugniß Lebensgefahr bei längerem Aufenthalte in Aussicht stellen soll. Die Armenier hier sind also thatsächlich Gefangene. Alles dies, versichert ein Diplomat, geschieht zur Freude Rußlands.

Rom, 19. April 1870.

Sogar Rom feiert den 2. Feiertag pro foro externo nicht!

Gegenwärtig befindet sich aus Deutschland ein großer Mann hier — Dr. Romanus Rittler, früher Secretär des B. Senestrey, jetzt Professor am Seminar zu Mainz. Die wissenschaftliche Welt weiß sonst nichts von ihm, gleichwohl glaubt er sich zum Reformator unseres Studienwesens berufen. Zunächst hat er in Mainz, um dem Lateinischen auf die Beine zu helfen, seinen Cursus lateinisch gehalten und hier an B. Ketteler eine Klage über die Vernachlässigung des Lateinischen in seiner Diöcese gesandt. Auch das hat der Mann erkannt, daß in Deutschland ohne Geschichte einmal nichts zu machen ist, aber dieselbe müsse ganz anders betrieben und geschrieben werden. Schade, daß dieser Mann auch nur zeitweilig für Baiern verloren ging! Es besteht jedoch die Hoffnung, daß ihm bald ein Lehrstuhl an einer Universität wird eingeräumt werden, da er sich zu diesem Behufe, wie er Jedem erklärt, das baierische Indigenat vorbehielt. Er ist befähigt, Alles zu dociren, denn er supplicirte auch um die Professur der Philosophie in Regensburg; derartige Wunderkinder gibt es auch in unserer Zeit noch gar manche. Gestern sagte der nämliche Doctor Romanus zu Collega Vach noch ein anderes großes

Wort: die theologische Facultät in München werde nächstens zerfallen ꝛc. Als Bach ihm einige Bemerkungen dagegen machte, meinte der Germaniker: nun, es wird auch in dieser wieder besser werden. Bach empfing aber aus Allem den Eindruck, als wolle jener sagen: wenn ich einmal an derselben wirken werde, wird Alles wieder besser werden. Collega Bach erzählte mir dabei auch, daß dieser Doctor Romanus als Kaplan in der Augsburger Diöcese früher gegen einige Pfarrer äußerte: „Nun, der Bischof von Augsburg macht sich ganz gut; ich habe es aber auch in meinem letzten Berichte (nach Rom) bemerkt." Ueber die Schrift, welche B. Ketteler hier vertheilte, sagte der Mainzer Professor, es seien einige gallikanische Behauptungen darin enthalten.

Daß unser historisches Studium nicht weit her sei, ist übrigens keine einzelnstehende Anschauung Hrn. Rittlers. Dasselbe sagte gestern ein Dominikaner von der Inquisition, nachdem er Hefele's Schriftchen über Honorius gelesen hatte. „Es ist gut gemeint", sagte er; aber es verräth sich darin die mangelhafte theologische Durchbildung: alle Einwendungen sind schon längst, insbesondere durch Orsi, widerlegt." Ich gebe übrigens dem Herrn Inquisitor insofern Recht, daß wir die theologische Pfiffigkeit der Römer nicht besitzen. Ich hörte einmal einem Dispute zu, welcher dadurch veranlaßt war, daß der nämliche Dominikaner sagte, es gebe in ganz Rom fast keinen unverfälschten Wein, auch keinen reinen und ächt gehaltenen Meßwein. Es wurde gefragt, wie es dann mit der Consecration solchen Weines stehe? Ich erwartete, daß der gestrenge Inquisitor sagen würde, man müsse mit aller Strenge darauf halten, daß zum Celebriren reiner Wein vorhanden sei. Gott behüte! Er meinte: das thue gar nichts, die Kirche supplire schon diesen Defekt. So oft ich seitdem zum Celebriren ging, vergegenwärtigte sich meinem Geiste dieser merkwürdige, man kann sagen, frivole Disput.

Eben lese ich im „Oesterr. Volksfreund", daß die Unità cattol. das anmaßendste und frechste Urtheil über Rauscher's Schrift enthält: ein Abc-Schüler in der Theologie und Kirchengeschichte könne es widerlegen. Es rächt sich an unseren Bischöfen jetzt, daß sie nicht blos bisher eine gleiche Mißhandlung der deutschen Theologen seitens der Jesuiten und ihrer Anhänger nachsahen, sondern sogar unterstützten.

Endlich heute haben sie die 4 Kapitel de fide fertig gebracht und wird künftigen Sonntag das Ergebniß öffentlich promulgirt werden, nachdem nochmals vorher mit Placet oder Non Placet, aber ohne irgend einen Zusatz, mündlich nach Namensaufruf abgestimmt sein wird. Ich glaube nicht, daß vom nächsten Sonntag ab auch nur das Geringste im Gange der Weltgeschichte verändert sein wird. Die Welt wird nicht erstaunt, aber enttäuscht sein. Man spricht es offen aus, daß das ganze Streben der Legaten 2c. dahin gehe, eine Unanimität über die 4 Kapitel zu Stande zu bringen.

Nach Hipler ist das römische Urtheil auch mit der von Ketteler vertheilten Schrift sehr schnell fertig geworden. Es lautet dahin: sie ist einer Widerlegung gar nicht werth. Ich glaube auch in dieser Beziehung nicht unrichtig zu urtheilen, wenn ich sage: wir sind, wie in Allem, so auch in der Theologie die gutmüthigen und ehrlichen Deutschen ohne Empfänglichkeit oder Verständniß der theologischen Finessen.[1])

Banneville wahrte doch einen kleinen Rest des Rechtes Frankreichs, mit dem Concil in Verkehr zu treten und die Denkschrift seiner Regierung dem Papste als Präsidenten des Concils einzuhändigen! Der Papst legt sie aber einfach ad acta, und das Concil als solches erfährt von ihr kein Sterbenswörtchen.

Rom, 20. April 1870.

Eine Dame aus Würzburg erzählte mir heute, daß sie am Ostersonntag mit c. 160 Deutschen eine Audienz beim Papste hatte. In seiner kurzen Ansprache habe er ganz im jesuitischen Tone von der Nothwendigkeit einer Kräftigung der Autorität, welche in der ganzen Welt untergraben werde, gesprochen. Es habe ihr tief in's

---

[1]) Seit einem Jahre ist es freilich bereits auch in Deutschland anders geworden: wer die Geradheit und Ehrlichkeit aufgegeben hat, muß nothwendig zu „Finessen" gedrängt werden.

Herz geschnitten, dies aus dem Munde des Papstes zu hören. Es klangen ihr diese Worte wie eine Ankündigung, daß demnächst die päpstliche Infallibilität proclamirt werden müsse. — Von Hergenröther sagte sie mir: „Sie glauben nicht, wie leidenschaftlich und in Folge dessen blind dieser Mann ist."

Noch interessanter und wichtiger war für mich, was Graf . . . mir unmittelbar darnach sagte. Er war gekommen, um die Schrift Ketteler's bei mir zu holen, und stellte die Frage an mich: „Steht denn wirklich etwas gegen Döllinger und seine Schüler darin?" Ich war nicht wenig erstaunt und versicherte ihn: die Schrift enthält gar nichts Neues, sie sagt nur das, was wir von jeher behauptet haben; von Döllinger und seinen Schülern ist weder offen noch verhüllt darin die Rede, was auch schon deshalb nicht der Fall sein kann, da sie deren Lehre wortwörtlich enthält und als richtig weitläufig zu beweisen sucht. Das Richtige und Wahre ist vielmehr: Ketteler steht nicht mehr in Opposition mit Döllinger und seinen Schülern, seitdem er angefangen hat, sich von seinen jesuitischen Freunden, welche ihm die Wahrheit nie sagten, loszureißen und auf wirklich wissenschaftlichen Boden zu stellen. Wahrscheinlich soll aber das in der Frage des Grafen angedeutete Manöver bedeuten, daß Ketteler durchaus nichts mit der Münchener Schule gemein hat. Sie wird sich übrigens auch darüber zu trösten wissen, wenn es Ketteler durchaus ablehnt, in Uebereinstimmung mit ihr zu sein: seitdem seine Schrift vorliegt, kann Jeder beurtheilen, was an einer solchen Ablehnung Wahres ist. Ja, Ketteler ist, sagte mir der Graf ferner, nicht einmal mit Rauscher's Schrift zufrieden: sie sei zu unklar, behauptet er. Ich bemerkte dagegen, daß ich das nicht finden könne: wer das Material kennt, findet in Rauscher's Schrift Präcision und Klarheit; allein das ist eben der Jammer, daß man eine solche Voraussetzung bei den Wenigsten machen kann oder darf.

Uebrigens ist in die Schrift Ketteler's eine Vertheidigung der Jesuiten hinsichtlich der chinesischen Riten eingeschmuggelt, und zwar ohne hinreichenden Grund; denn man wird doch nicht annehmen können, daß die Schreiben Clemens' XI. und Benedikts XIV. in dieser Hinsicht ein Beitrag zur Infallibilitätsfrage sein können.

Wozu also diese Rechtfertigung der Jesuiten an ungeeigneter Stelle? Ist dahinter ein absichtlicher Plan versteckt? Es wird sich zeigen, namentlich aber auch zeigen, ob und wie weit Ketteler trotz Allem nach wie vor der Protektor der Jesuiten in Deutschland sein wird, welche faktisch die Kirche gegenwärtig mehr als je in die größte Gefahr gestürzt haben. Den Beweis davon hat der Bischof ja gerade in seiner Schrift selbst geliefert; ja, er schließt dieselbe sogar mit der Behauptung: Ex hac definitione, quae tam malis omnibus incipitur, et pejoribus complebitur, nonnisi schisma intra Ecclesiam et extra omnium acatholicorum adversus nos atrox et irreconciliabile odium imminere. Unde fieret, ut Concilium ad sananda, vel lenienda mala congregatum, ansa vel occasio existeret, cur haec mala adeo excrescerent, ut futuri remedii quaelibet humana spes sublata esset (Docum. I, 128). Aber man sieht zugleich wieder in der Schrift Kettelers: in den Augen der Jesuiten und ihrer Freunde darf man eher Päpste, als das Treiben der nichtswürdigsten Jesuiten verdammen!

Die Cardinäle Schwarzenberg und Rauscher berichten: Dreux-Brézé habe dem Papste gerathen, sofort die Unfehlbarkeit proclamiren zu lassen, und Pius habe es als Antwort auf die französische Denkschrift angeordnet.

Von der Minorität sind nach Hefele's und Dupanloup's Vorschlägen die zu behandelnden Themata festgesetzt und die Rollen vertheilt worden.

Heute wurde mir auch ein gedrucktes Exemplar der von Card. Rauscher verfaßten Petitio zugesandt, worin die Theorie der Bullen Unam sanctam und Cum ex apostolatus officio eine sehr scharfe Verurtheilung erfährt. Sie ist von Bischöfen der verschiedensten Länder unterzeichnet.[1]

---

[1] Die deutschen Bischöfe, welche dieselbe unterzeichneten, scheuten sich gleichwohl nicht 1871 zu Eichstädt einen Hirtenbrief zu veröffentlichen, worin sie das gerade Gegentheil als wahr hinstellen. In diesem Hirtenbriefe behaupten sie, die Bulle Unam sanctam definire nur, daß jeder Mensch gehalten sei, den Römischen Bischof als das von Christus gesetzte Oberhaupt der Kirche anzuerkennen. Am 10. April 1870 hingegen bekräftigten sie mit Namens-

Trautmannsdorff wird seine Depesche am Samstag übergeben. Antonelli äußerte sich aber gegen Arnim und Russell: es werde ein wenig schwierig sein, daß die Eröffnung der Denkschrift an das Concil durch den Papst erfolge. Es wird dann die Frage entstehen, was Frankreich thun wird. Ich glaube annehmen zu dürfen, daß es nichts oder nicht viel thun wird. Trautmannsdorff äußert sich jetzt dahin, daß er sich um dies und jenes nicht kümmere, sondern, sobald er wisse, daß der Papst die Denkschrift erhalten habe, seine Depesche mit Zurücklassung einer Abschrift dem Card. Antonelli vorlesen werde. Graf Tauffkirchen hegt die gleiche Absicht, wenn möglich im unmittelbaren Anschluß an Trautmannsdorffs Demarche, und will dann von der deutschen Uebersetzung des Memorandum den südbeutschen Bischöfen gegenüber Gebrauch machen.

Rom, 21. April 1870.

Endlich ist der Illuminationsschwindel, auf den die für das Paßvisa auffallenden Gelder verwendet werden, auch vorüber: Ostersonntag große Beleuchtung der Peterskuppel, -Montag Girandola und Darstellung des himmlischen Jerusalem an der Piazza del Popolo und auf dem Monte Pincio, -Mittwoch Illumination der ganzen Stadt nebst Beleuchtung der Peterskirche mit bengalischem Feuer. Seit Monaten arbeitete man in größter Ausdauer auf dem Pincio zu diesem Zwecke, und man muß gestehen, daß auf diesem Gebiete hier Großartiges geleistet werde, jedenfalls Größeres als auf dem geistigen. Der Enthusiasmus beim Erscheinen des Papstes wird jedenfalls in den Blättern geschildert werden, als ob nicht endende Evviva's ihn überall empfingen. Officielle und officiöse Zeitungsschreiber werden auch aus tausend Kehlen das unvermeidliche Papa infallibile gehört haben. Ich und meine geistlichen, theilweise

---

unterschrift: das sei eine evidente Unwahrheit. Evidentiae refragari veritatis amor non permittit, sed neque prudentiae consonum est; etenim qui ejusmodi armis utuntur, Ecclesiae adversariis eam calumniandi et historiae testimonia pro ea militantia eludendi praetextus speciosissimos subministrant. Ein solches Verfahren zu qualificiren überlasse ich den Lesern.

auch bischöflichen Begleiter konnten von dem Allem nichts hören und bemerken; im Gegentheil fiel uns die Flauheit sehr auf, mit welcher der Papst — er begegnete uns dreimal — empfangen wurde. Auch der preußische Militärbischof machte seine Glossen darüber: „wie ganz anders, sagte er, wird unser König empfangen!" Graf ..., dem ich beim Heimkehren begegnete, sagte sehr gut und richtig: „Haben Sie gehört, wie 5 Mann ein tausendfaches Vivat riefen?" Einmal riefen eigentlich meine begeisterten Begleiter allein, da es sich Inspector Dr. Haupt aus Bamberg durchaus nicht nehmen ließ, aus vollem Halse zu schreien: „Vivat hoch!"

Dr. Rom. Nittler „ist ganz untröstlich, daß er nach Hause zurückkehren soll, ohne vom Papste etwas, auch nur eine Unterschrift erhalten zu haben, obwohl er für die Kirche so viel gewirkt habe." Er weiß auch zu erzählen, daß man jetzt in Erfahrung gebracht habe, daß „eine ganze Commission die Römischen Briefe der „Allg. Zeitung" schreibe."

Was ich schon früher über die Brochuren der deutschen Bischöfe sagte, findet sich nun auch im Univers v. 18.—19. April: Les trois brochures latines dont j'ai eu l'honneur de vous annoncer la diffusion émouvent très médiocrement les Pères. La première: Causa Honorii Papae, est de Mgr. Hefélé, et l'on est d'accord pour dire que si la science et le caractère de l'auteur n'y gagnent rien, l'innocence du pape Honorius y apparaît, en revanche, plus visible et plus parfaite, précisément à cause des efforts visibles de l'évêque de Rottenbourg pour la nier. — La seconde: De summi Pontificis infallibilitate personali ne porte pas de nom d'auteur et a pour épigraphe: Sine ira et studio. Les infaillibilistes, dont les doctrines sont attaquées avec les façons que mettent en toute choses les modérés, se contentent de faire une critique spirituelle et retranchent de l'épigraphe la proposition sine. — La troisième: Observationes quaedam de infallibilitatis Ecclesiae subjecto, est anonyme aussi, débute par une attaque de modéré contre les Ephemerides infaillibilistes, et fait une charge contre certains Papes des temps passés. — Ces trois brochures sortent de l'imprimerie de De Angelis, à Naples, qui a édité la dernière lettre de Mgr. Dupanloup.

Ein anderer Artikel besudelt neuerdings den Namen Döllinger. Interessant erscheint mir daran nur dies, daß derselbe wohl viel Erudition, aber wenig Wissenschaft besitze! Sein Name oder Ruf sei überhaupt nur ein gemachter, indem seine Schüler Alles aufboten, um ihn „den wahrhaft katholischen Theologen" Hergenröther, Hettinger, Scheeben ꝛc. entgegenzustellen! Ich meine, daß der Hochmuth, die Frechheit und Verlogenheit doch bald ihre Gränzen finden müssen.

Rom, 22. April 1870.

B. Stroßmayer will am weißen Sonntag, also bei der III. feierlichen Sitzung, nochmals protestiren: es sei bereits durch die 4 Kapitel do fide die aufoktroyirte Geschäftsordnung anerkannt. Mein Gewährsmann, ein Freund Stroßmayers, weiß diesen wegen seines Entschlusses nicht hoch genug zu preisen: Stroßmayer ist auf dem Concile der einzige Charakter. Und wirklich kann man ihn nicht hoch genug schätzen. Ich sollte zwar dahinwirken, Stroßmayer von diesem Versuche abzubringen; allein ich vergaß darauf. Es lag mir auch letzteres nicht so sehr auf. Gegenüber dem Spektakuliren der Majorität soll nur die Minorität auch zu den gleichen Waffen greifen, da es ihr ohnehin unmöglich ist, auf ruhigem, frieblichem und gesetzmäßigem Wege ihre Rechte zu fordern oder gar zu erlangen. Freilich erwarte ich von einem neuen Proteste Stroßmayers keine ernstlicheren Wirkungen, als früher, da er voraussichtlich seinen Ritt gegen das feindliche Lager wieder allein thun wird. Die verpaßten Augenblicke rächen sich jetzt: man protestirte mit papiernen Wischen, welche man einer Antwort gar nicht für würdig erachtete, und that factisch das Gegentheil von dem, was in den Protesten ausgesprochen war. Die der Minorität um den Hals geworfene Schlinge wird immer enger gezogen. Die Minorität fühlt dies und befindet sich sehr unbehaglich dabei; allein sich davon wieder loszumachen, ist nicht mehr so leicht, als sich derselben von vorne zu erwehren. Soll ich übrigens offen meine Ansicht aussprechen, so bin ich für meine Person sehr zufrieden, daß es so gekommen ist: die Christenheit wird sich auf Grund der Majorisirung der Minorität um so leichter dieser jesuitischen Gaukelei entledigen können. Ich muß jedoch hiebei noch bemerken, daß die Minorität sich selbst in diese trost= und zum Theile auch ruhmlose Lage gestürzt, sich ihr Loos selbst bereitet hat. Gehört aber mein Aufenthalt beim Concile zu den trübsten Momenten meines Lebens, da ich zusehen muß, wie man einen Schritt nach dem anderen näher zum Unglücke thut, so wird es wie schon hier so künftig immer für mich erhebend sein, daß ich all das der Minorität in den ersten Tagen meines Auf= enthaltes dahier voraussagte und namentlich auch aussprach, daß ein Concil, mit solchen Fesseln abgehalten, ohne Zweifel eine neue Auf= lage der Concilien von Constanz oder Basel zur Folge haben werde.

Ich traf gestern B. Hefele einmal wieder. Wir sprachen auch von seiner Schrift über Honorius; allein er meinte: er habe sich damit wenige Freunde gemacht. Als ich ihm bemerkte, das sei hier überhaupt eine schwierige Sache, wenn man nicht zu Allem sofort Ja sage, schloß er: dazu sind wir auch nicht da, wobei er noch auf eine specielle Erfahrung, die er machte, anspielte. Ich hatte schon davon gehört. Seine bischöflichen Tischgenossen im Quirinal waren nämlich bisher sehr freundlich gegen ihn gewesen; seitdem aber seine Schrift erschienen ist, hat sich eine totale Erkältung gegen ihn bei denselben eingeschlichen.

Eben kommt ein Schriftchen in meine Hände mit dem Titel: La moderna incredulità al cospetto del Concilio generale Vaticano. Roma. Coi tipi della Civiltà Cattol. 1870. pgg. 22. Nach der Dedication ist es von Erzb. Salomone von Salerno verfaßt und spricht mehr im Tone einer Predigt, als einer Abhandlung vom Rationalismus, Naturalismus, Positivismus und Materialismus. Zum Naturalismus gehört (pg. 19) die Ansicht, daß zwar die Autorität Christi im Privatleben anzuerkennen sei, aber „la respingono nel pubblico e temporale. In altri termini il Cristo di Dio deo restringere le conseguenze della sua Redenzione agl' individui, ma considerati fuori la vita civile e pubblica; ferner die, welche Frei=

heit der Culte will ꝛc. Dem Allem gegenüber wird es ein heiliges und heilsames Werk sein, wenn das Concil dagegen fulminerà quello e questi delle sue condanne e de' suoi anatemi. In quel giorno la Chiesa avrà salvato la ragione per la fede, e con la ragione avrà salvato la morale tanto scaduta per mano de' Liberi Pensatori, la politica viziata tutta a favore di una setta ed a danno dell' umanità, la società si orribilmente disordinata e manomessa, la famiglia scossa nella più santa sua base, nel matrimonio cioè e nell' educazione, l'individuo, a cui monstrando i suoi doveri, rivendicherà quei diritti che soli possono tenerlo nell'ordine, nella pace e sulla via della salute." Ich begreife nicht recht, was denn eigentlich diese Schrift will, da von einem Gegenbeweise nirgends die Rede ist. Soll sie eine Vertheibigung jener Form des Schema de fide sein, nach welcher all diese Systeme als Folgen des Protestantismus erklärt waren? Oder soll sie vielleicht eine Antwort auf Rauscher's Petitio sein, worin von der modernen Gesellschaftsordnung die Rede ist und davon, daß das Verhältniß der Kirche zum Staate nach den Grundsätzen der Bulle Unam sanctam unhaltbar sei? Sie ist officiös, weil mit den Typen der „Civiltà" gedruckt.

Während ich diese Zeilen schreibe, kommt die endgültige Feststellung der 4 ersten Kapitel de fide an. Ich finde, daß die vorletzte Revision unverändert beibehalten ist, auf das Bestimmteste aber hervortritt, daß die Synode nur eine abendländische zu sein intendirt. So ist schon die Abfassung in der Form einer päpstlichen Constitution meines Erachtens ein Umstand, der dem Ansehen der Synode als öcumenischer sehr derogirt, indem diese Form in alter Zeit nie für die Beschlüsse einer allgemeinen Synode, sondern nur der abendländischen gebraucht wurde. Es ist darum auch schon hier, wenn man die Synode als öcumenisch anerkennen wollte, eine Bestätigung des Curialsystems gegeben, im Grunde genommen dasselbe bereits vollständig durchgeführt: der Papst einzig und allein ist Alles in der Kirche. Es ist naiv, wenn die Minorität wie ein unverständiges Kind an dem ihr hingeworfenen approbante Concilio und judicantibus episcopis sich ergötzt, als ob gar in dem ersteren Ausdrucke eine Superiorität des Concils über dem Papste, in letzterem eine Qualität wahrer judices fidei anerkannt wäre. Wer das Curialsystem kennt, muß diese Naivetät mit Betrübniß beobachten. In der Vorrede ist am Schlusse wieder potestate nobis a Deo tradita zu bemerken, während es in der vorausgehenden Revision wieder in Nobis verändert war. Im IV. Kapitel findet sich der Satz: Omnem igitur assertionem veritati illuminatae fidei contrariam omnino falsam esse definimus. Wer definirt hier? Ohne Zweifel der Papst, wenn auch in diesem Kapitel nicht vom Papste die Rede ist, sondern nur von der Kirche; man darf nur nicht vergessen, daß das Ganze eine **päpstliche** Constitution ist. In welcher Eigenschaft definirt er? Als der wirklich im Sinne der Infallibilisten unfehlbare Papst, oder nur als Organ des Gesammtepiscopates und Verkündiger der Gesammtsentenz desselben? Niemand gibt darüber Aufschluß; nur das ist jedem nicht ganz blöden Auge klar, daß sich die Minorität in eine immer schwierigere Position verwickelt hat. Wenn aber das I. Kapitel beginnt, nach der neuesten Revision: Sancta catholica Apostolica Romana Ecclesia credit, so ist das doch unzweideutig nur das Glaubensbekenntniß des römischen Patriarchats, und spricht man doch selbst aus, daß man nicht den Gesammtglauben der allgemeinen Kirche auszudrücken sich anmaße. Nimmt man dann noch die Geschäftsordnung hinzu, so kann faktisch von einer Oecumenicität des Concils nicht mehr die Rede sein. Leider daß die Bischöfe darüber nicht klar werden können, resp. den Augenblick fürchten, sich dieses eingestehen zu sollen.

Im Univers v. 20. April ist endlich eine Absolutionsliste aus dem Mainzer Journal mitgetheilt: Dressel, Friedrich, Limburg-Styrum, Acton und zuletzt Pichler, welchen allen die Abfassung der „Römischen Briefe" in der Allgem. Zeitung zugeschrieben worden war, werden davon freigesprochen.

Ich lese gerade den ersten Hirtenbrief des Nachfolgers Reisach's in der Sabina, des Cardinalbischofs Milesi. So wenig er im Allgemeinen irgend eine Bedeutung beanspruchen kann, so ist gleichwohl pg. 10 die Stelle beachtenswerth: Enixas vero preces unisono cordis affectu ad Deiparam Virginem in Coelum Assumptam extollamus, ut Deus O. M. Summo Pontifici Pio IX, qui universalis Ecclesiae Pastor est, et Doctor infallibilis, in regenda, et gubernanda Ecclesia sua locupletiora in dies auxilia largiatur. Oremus pro omnibus, et singulis Ecclesiae catholicae Episcopis ad S. Petri sepulcrum in Spiritu S. congregatis, ut salutiferum opus, cui incumbunt, bonis omnibus gestientibus, perficiant. — Datirt ist dieses Schreiben vom Passions=Sonntag.

Rom, 23. April 1870.

Der Brief Newman's an Mgr. Ullathorne war den Infallibilisten sehr ungelegen gekommen. L'Univers reproducirt nun einen anderen Brief desselben an einen Priester, worin die Ausdrücke, „der Papst sei das Centrum der Einheit und Vicar Christi", vorkommen. Dies genügt vollständig zur Infallibilität des Papstes! . . . il déclare expressément „qu'il reconnaît le Souverain Pontife comme le centre de l'unité et le Vicaire de Jésus-Christ." Nous n'avons pas douté de sa foi, esprit logique, comme il est, il ne peut manquer, comme il l'a fait pour lui-même, de tirer l'infaillibilité pontificale des deux titres qu'il reconnaît au Pape et qu'on ne peut repousser sans se placer en dehors de la foi catholique." Das soll eine Logik sein! Zugleich aber, welch ein entsetzlicher Mißbrauch mit dem Ausdrucke „Vicar Christi" wieder! Auch hier wieder ein Beweis, daß ich Recht hatte, wenn ich einzelne Bischöfe namentlich auf den Ausdruck „Vicar Christi" aufmerksam machte und zur Verwerfung desselben nach dem Vorgange des Concils von Trient aufforderte. Uebrigens sehe ich in der nämlichen Nummer des Univers, daß P. Felix S. J. in der Notre=Dame=Kirche zu Paris seinen Zuhörern die päpstliche Infallibilität aus dem nämlichen Titel „Vicarius Christi" klar zu machen sucht! Da ist ferner auch das Concil von Florenz öcumenisch und von diesem infallibel der Papst für infallibel erklärt, weil er dort Doctor universalis etc. heißt! Die historischen Thatsachen, welche gegen die päpstliche Infallibilität zu sprechen scheinen, sind „depuis des siècles

déjà suffisamment élucidés par la grande science de l'histoire et
de la théologie catholique."

Der alte Bischof von Hildesheim geht nach Deutschland zurück,
um nicht wiederzukommen, wie er ausdrücklich erklärt. Hinsichtlich
der Infallibilität meint er, man müsse sich, wenn von Rom das
Decret komme, doch einfach unterwerfen. Wenn man bedenkt, daß
der alte Herr ein sehr entschiedener Gegner der Infallibilität ist,
mag diese Aeußerung sehr charakteristisch für die Minorität sein und
bestätigen, was ich immer sagte: man will sich nach zwei Seiten
sicherstellen, nach der einen, indem man opponirt, nach der anderen,
indem man schließlich sagt: wir konnten es nicht hindern, jetzt müssen
wir uns einfach unterwerfen. Ich erinnere an eine ähnliche
Aeußerung des Card. Rauscher. Ich will im Augenblicke keinen
weiteren Schluß hieraus ziehen, so nahe er liegt und so gewaltig
er sich aufdrängt; die Zukunft wird lehren, ob ich Recht hatte.
Leider scheint auch mir immer richtiger, was mir gestern ein alter
Geistlicher in's Ohr sagte: das Unglück der Kirche unserer Zeit ist, daß
es keine Charaktere gibt. Im Uebrigen schied der Hildesheimer
Bischof nicht ohne einige bittere Bemerkungen über die Behandlung
der Bischöfe in Rom. „Und doch, fügte er bei, haben wir nichts
gethan, als nur einige Wünsche und Bitten eingebracht." Tief be=
wegt geht er.

Wenn der Muth der Minorität so beschaffen ist, daß er nur
bis zur thatsächlichen Majorisirung vorhalten, darauf aber zusammen=
brechen wird, um einer Ergebung auf Gnade oder Ungnade zu
weichen, dann hat die Majorität auch Recht, sich nichts um sie zu
kümmern und in ihrem hochmüthigen Tone fortzufahren. Dom
Guéranger's Schriften widerlegen nicht blos alle vorher gegen die
Infallibilität erschienenen, sondern auch alle nachher verbreiteten,
schreibt das Univers v. 21. April. Offenbar sind die Schriften
Rauschers ꝛc. gemeint. Endlich wird auch die Index=Congregation
in die Sache gemischt. Das Univers v. 21. April veröffentlicht
auch einen Brief des Grafen von Chambord an Blanc de Saint=
Bonnet, Verfasser des Buches: L'infaillibilité. Der edle Graf er=
klärt sich für infallibilistisch, eine große Genugthuung für L. Veuillot,

aber noch mehr freut es ihn, bei dieser Gelegenheit eine Aeußerung der Index-Congregation anführen zu können: L'ouvrage, à mon avis, ferait honneur à quelque théologien que ce fût. Arrivant à démontrer l'infaillibilité du Souverain Pontife, l'auteur déploie la thèse catholique avec tous les arguments théologiques et philosophiques, mais en y ajoutant souvent de son propre fonds des raisons qui dénotent en lui une sagacité rare et une intelligence tout à fait hors ligne (Rom, 22. Mai 1860). Uebrigens muß ich hinsichtlich des Grafen von Chambord bemerken, daß ein Thronprätendent, der vom infalliblen Papst seine Restauration miterwartet, natürlich schon deshalb auch infallibilistisch sein muß. Es gibt überhaupt keine päpstlicher-gesinnte Fürsten, als die depossedirten, welche während des Concils fast alle in Rom sitzen, und, wie mir von verschiedenen, gut unterrichteten Personen betheuert wird, von der Proclamirung der Infallibilität des Papstes und der anderen Dinge, welche drum und dran hängen, ihre Restitution erwarten, so gut als der Papst durch das Concil seine eigenen Staaten wiedererlangen will.¹)

Heute Morgens, also am Tage vor der III. feierlichen Sitzung, ward noch eine internationale Versammlung abgehalten. Die Frage war: soll man Morgen Placet oder Non placet sagen? Mein Gewährsmann ist ein Bischof der Minorität, Losanna von Biella. Es wurde hin- und hergesprochen; die Cardinäle Rauscher und Schwarzenberg suchten, aber ohne Erfolg, die Bischöfe zu bestimmen, daß sie einfach Placet sagen. Es rang sich die Ansicht vielmehr durch, daß damit die Geschäftsordnung approbirt werden möchte. Es behielten sich darum verschiedene Bischöfe, wie Darboy, Losanna ꝛc., vor, noch heute Abends eine Erklärung einzugeben, daß sie durch ihr morgiges Placet keineswegs die Geschäftsordnung anerkennen werden. Wir Italiener, meinte Losanna, sind zwar nicht so hart (duri), daß wir nicht Placet sagten, allein wir behalten uns doch vor, daß das Rechte nicht verletzt werden dürfe. Hinsichtlich der Infallibilität, sagte der greise Mann (er zählt 79 Jahre): er habe

---

¹) Sieh nur u. A. Cap. XII. De temporali S. Sedis dominio im Schema de ecclesia (Docum. II, 93 f.).

gar keine Ambition, suche und brauche nichts, als im letzten Augenblicke, wenn er sein Sterbekreuz in die Hand nehme, dasselbe mit ruhigem Gewissen ansehen zu können; allein da müsse er doch bekennen, daß er, wenn es zur Abstimmung über die Infallibilität komme, mit gutem Gewissen nicht dafür stimmen könne. Man wolle sich über unseren Herrgott selbst stellen und scheue sich nicht vor all der schmutzigen Wäsche der Vorgänger Pius' IX., welche nothwendig vorgenommen werden müsse. Nach seinem Urtheile — und er sei doch alt und habe schon viel durchgemacht — sind Syllabus und Infallibilität nur zum größten Schaden für die Kirche aufgebracht worden. Ebenso sei der Schaden, welchen die Unità cattolica und andere ähnliche Blätter anstifteten, unberechenbar. Sie terrorisiren die Bischöfe, so daß sie gegen dieselben nicht das Geringste sagen dürfen, wenn sie auch die thörichtesten Vorschläge machen. Wie unheilvoll sei z. B. für die Kirche in Italien die Losung gewesen, sich an den Wahlen zum Parlamente nicht zu betheiligen! Dadurch wurde die Säcularisation ꝛc. möglich.

In der letzten General-Congregation, wo vorläufig mit Placet und Non placet abgestimmt wurde, hatte der I. Assignator locorum, „ein kaum der Schule entwachsener Monsignore", Namens Folchi, die Arroganz, die Väter des Concils zu verhöhnen. Der Cardinalvicar hatte ihn nämlich beauftragt, da die Cardinäle die Vota der Bischöfe nicht recht verstanden, sich etwa in die Mitte der Aula zu stellen und ihnen die einzelnen Vota zu wiederholen. Der Mensch nun, welcher offen aussprach, daß er nach dem Concile Cardinal werden werde, scheute sich hiebei nicht, die einzelnen Väter, z. B. Franzosen, Deutsche, in ihrer Aussprache laut nachzuahmen!

Schon im Sommer 1869 wollten die preußische und baierische Regierung den greisen König von Sachsen veranlassen, sie als ihr Orator auf dem Concile zu vertreten, was derselbe jedoch ablehnte. Jetzt soll derselbe auf einer Erholungsreise nach Italien kommen und dem Papste persönlich gegen die Proclamirung der Infallibilität Vorstellungen machen wollen. Sollte es wirklich der Fall sein, so hoffe ich gleichwohl auch davon keinen Erfolg.

Ein Bischof sagt: er dürfe und wolle zwar sein Gewissen

nicht belasten, aber davor brauche er nicht zurückzuschrecken, daß er seinen Glauben ausspreche, die Jesuiten, welche notorisch sehr reich sind und über viele Millionen verfügen, geben dem Papste große Summen, woraus sich viel erklären lasse.

Rom, 24. April 1870.

Die vier ersten Kapitel de fide sind glücklich publicirt. Der Tag ist wunderschön; die Sonne, obwohl gestern Regen drohte, scheint prächtig; die Väter stimmten sämmtlich mit Placet; wer dies nicht wollte, blieb weg, wie B. Stroßmayer ꝛc. Die Jesuiten hatten eine ganze Schaar von Zeugen ihres Triumphes ausgesandt und sie waren sichtlich zufrieden mit ihrem Erfolge. Die anfängliche Spannung wich allmälig einer unverhohlenen Freude. Als Schwarzenberg, Hohenlohe, Darboy ihr Placet sagten, waren einzelne dieser unheimlichen Gestalten ganz entzückt und konnten ihre Freude nicht länger verbergen. Daß Stroßmayer bei ihrem Siege nicht Zeuge sein wollte, wurde von ihnen nicht gut aufgenommen. Eine eigenthümliche, für mich undeutbare Bewegung machten einige, als der „Episcopus Rottenburgensis" (Hefele) sein Placet in die Versammlung rief. Uebrigens war, wie mir jetzt wiederholt versichert wird, der Sieg noch gestern sehr zweifelhaft, indem es außerordentlich schwer hielt, diese Placets zu erhalten. Cardinal Schwarzenberg sagte noch vor Beginn der öffentlichen Sitzung: man könne hierin nachgeben, man brauche sein Pulver nicht jetzt schon zu verpuffen, sondern müsse es bis zur Infallibilität aufbewahren, welche ja doch — nach einem öffentlichen Geheimnisse — in diesen Tagen zur Verhandlung kommen soll.

Der obligate Sonnenstrahl wurde heute nicht eingelassen: er durfte sich nur außerhalb der Aula zeigen. Als nach dem Amte der Papst kam und die der Abstimmung vorausgehenden Gebete recitirt wurden, kam er gerade ein wenig über den Verschlag der Aula herein. Römische Abbati, d. h. Caudatarii und Uditori von Cardinälen, welche in der Theologentribune um mich herumständen, waren über den Sonnenstrahl ganz außer sich; einer machte den andern darauf aufmerksam; „il sole!" (die Sonne) ging es von Mund zu Mund, und ihre Augen glänzten vor Freude. Allein weiter durfte der Strahl nicht; er wurde abgeschnitten.

Wenn sich ein so wichtiger Akt, wie die Verkündigung eines ganzen Heftes von Glaubensdecreten ist, oder wenigstens sein soll, vollzogen hat, sollte man erwarten, daß ein solches Ereigniß auch die katholischen Gemüther mächtig ergreifen werde. Wer aber davon hier etwas suchen wollte, würde sich außerordentlich täuschen. Gedrücktheit, ja Beklommenheit ist eigentlich der Charakter der ganzen Situation. Es will und kann Niemand dessen froh sein und werden, was geschehen ist, theils wegen der Unbedeutendheit dessen, was geschehen ist, theils noch weit mehr wegen der drohenden Zukunft. Nicht blos tauchte das Gespenst der Infallibilität gerüchtweise vor der öffentlichen Sitzung wieder auf, nein, heute fängt es wirklich unter uns zu wandeln an. Primas Simor sagte heute dem Bischof von Ermeland, daß die Glaubensdeputation Befehl erhalten habe, sofort nach der öffentlichen Sitzung die Infallibilität zur geschäftsmäßigen Behandlung zu bringen. Bei dem scheinbaren Triumphe des heutigen Tages, bei der vollständigen Unanimität wird man kaum mehr daran denken, den schon gegebenen Befehl zurückzunehmen. Allein diese mit Mühe zu Stande gebrachte Unanimität birgt doch zugleich eine Gefahr, oder soll sie wenigstens bergen: man wollte dadurch bei der Votation der Infallibilität, durch die mangelnde Unanimität, den Contrast nur um so greller hervortreten lassen. Ich muß übrigens zur vollen Aufklärung über die Unanimität des heutigen Tages noch bemerken, daß in einer Congregation seitens der Commission das Versprechen gegeben war: durch die heutigen Beschlüsse werde hinsichtlich der Infallibilität ic. durchaus kein Präjudiz geschaffen. Dadurch ist die Situation bei der Abstimmung eine wesentlich andere gewesen und konnte man freilich leichter Placet sagen.

Card. Bonnechose sagt, daß in verflossener Woche eine sehr große Bewegung war: Infallibilisten wie Fallibilisten seien zu ihm gekommen, um ihm seine Unterschrift abzuringen; er habe jedoch die einen und anderen abgewiesen.

Heute Nachmittags trafen Hipler und ich auf dem Monte Pincio auch Kagerer. Im Verlaufe des Gespräches kam er auch auf Ketteler's Schrift. Da mißfiel ihm denn außerordentlich, daß darin das Concil von Constanz so breit getreten sei! Was versteht wohl Kagerer von diesem Concil? aber man sieht, daß hier ebenfalls ein sehr bedeutsames Argument gegen die Infallibilität liegt. Ich lasse mich übrigens mit Kagerer grundsätzlich nie mehr in einen theologischen Disput ein: der Mann soll sich erst gründliche theologische Studien aneignen, ehe er mitsprechen will. Uebrigens sagte mir auch Hipler, daß man seitens der Minorität diesen Punkt, das Concil von Constanz, bei den Verhandlungen ganz fallen lassen will! Und freilich; wenn sogar Hefele über diesen nicht klar ist, wie soll man es von den übrigen verlangen können.

Bei der nämlichen Gelegenheit erzählte der Secretär des Card. Schwarzenberg, daß man der von diesem vertheilten Brochure namentlich den Schluß sehr übel vermerkt habe: Intelligito reges etc. Man sagt: er rufe die Intercession der weltlichen Macht an! Ein neuer Beweis, welche wissenschaftliche Bildung und Befähigung hier herrscht, da für jeden nur einigermaßen verständigen Leser der Sinn dieser Worte sonnenklar ist. Uebrigens ist auch hier das Univers vom 23. April wieder in der Verläumdung vorangegangen.

Rom, 25. April 1870.

Von Hipler erfuhr ich gestern, daß wirklich die Minorität ein Gewicht darauf legt, mehr Redner über die einzelnen Schemen zu haben, als die Majorität. Ich bezeichnete auch gestern dieses Manöver für „naiv"; Hipler aber characterisirte die Bischöfe mit den Worten: „sie sind Kinder". Es muß aber auch dem blödesten Auge zuletzt klar werden, daß es auch auf Seiten der Minorität doch keine wahrhaft großartige und imponirende Charaktere gibt. Kleinliche Charaktere bewegen sich aber auch nur in Kleinlichkeiten, wagen keinen entschiedenen Schritt zu thun und glauben schon Unendliches erreicht zu haben, wenn sie nur einige Scheinconcessionen erlangen. Man mag von den Männern des Concils von Trient denken, wie man will, so waren im großen Ganzen wenigstens diejenigen, welche an der Spitze standen, ganz anderen Schlages. Card. Schwarzenberg hat sich z. B. bei diesem Vaticanischen Concile entschiedene Verdienste erworben; allein einem Cardinal von Lothringen — und eine ähnliche Rolle zu spielen, hätte er Stellung und Beruf — kommt er doch nicht von ferne nahe. Wer will aber leugnen, daß diese ganze Misère die Folge unseres kirchlichen Lebens und unserer clericalen Bildung ist? Man hat es sich so gerne gefallen lassen, von Rom ganz und gar abhängig und bevormundet zu werden, und bot ja Alles auf, jedes selbständigere und selbstbewußtere Gefühl im Clerus zu unterdrücken. Was beim Clerus die jesuitische Seminarbildung zum großen Theile bereits erreichte, soll bei den Laien offenbar durch die katholischen Casino's, welche ja namentlich von dem jesuitischen Mainz aus ihre Verbreitung erhielten, durch die Bauernvereine, an deren Spitze ein Jesuitenschüler (Pfahler) steht, und andere ähnliche Vereine und Mittel erzielt werden. Eine solche unter römisch-jesuitischer Dressur verkrüppelte Generation wird, wenn kein Wunder geschehen soll, unmöglich plötzlich die Zwergsnatur abthun und wie ein Riese erscheinen und auftreten können. Aus dieser Dressur entwickelte sich namentlich die schlimme Folge, daß jede Einsicht in die wahre Verfassung der Kirche schwand; wo aber diese so sehr mangelt, ist auch keine feste Ueberzeugung und Ueberzeugungstreue, worin die Größe eines Charakters besteht und sich offenbart, möglich. Ein Beispiel dieser Art ist z. B. Ketteler, der das Zeug zu einem imponirenden Auftreten haben mag; allein da ihm die nothwendige Klarheit von Anfang fehlte und er dagegen mehr als ein anderer römisch und jesuitisch dressirt ist, artete er in einen Polterer aus, der allerdings einzelnen inferioren Naturen imponiren mag, auf einem Concil aber eine große Rolle zu spielen unfähig ist. Dagegen will ich gerne zugestehen, daß bei einer längeren Dauer des Concils ein solcher Mann, wenn er mit seiner verkehrten Vergangenheit bricht, noch das werden kann, was man jetzt so sehr vermißt. Ich habe hiemit eine Seite kurz berührt, welche für den ruhigen Zuschauer vielleicht die betrübendste am ganzen Concile ist. Das mag auch der Schlüssel zu dem Räthsel sein, warum sich die Bischöfe so sehr fürchten, dem Papste offen und unerschrocken die Wahrheit zu sagen, wie ein neuer Paulus dem Petrus in's Angesicht zu widerstehen.

Eben kamen, da der H. Carb. H. nicht zu Hause war, die Bischöfe Krementz und Namszanowski zu mir. Alsbald drehte sich das Gespräch um die Infallibilität. Ich erfuhr aus dem Munde des ersteren selbst, daß er sich endlich gut in dieser Frage zurechtgefunden habe; ebenso daß B. Martin ganz das nämliche Gespräche wie mit Hipler und mir auch bei ihm geführt, aber auch die ganz gleiche Antwort empfangen habe.

Bereits hat sich Rom, resp. die Curie, wieder eines andern besonnen: man will „über den kleinen Katechismus" jetzt Beschluß fassen, weil man, wie beigefügt wird, mit den anderen Materien noch nicht fertig ist. „Die Glaubensdeputation war in großer Verlegenheit: der Papst dringe so sehr zur Infallibilität; allein die Deputation habe vorher noch einen ganzen Stoß von Schriften durchzuarbeiten und wolle selbst die Frage immer noch hinausschieben. Nur Männer, wie Mermilliod, können vor Ungeduld kaum länger warten."

Haarsträubend ist doch die Frechheit, mit der Univers fortfährt (v. 25. April), die Schriften der deutschen Bischöfe zu schmähen. So heißt es z. B. von der Hefele's: „C'est tout à fait allemand, et la question est remarquablement embrouillé." Warum finden die einfältigen Deutschen auch jeden französischen Schund der Uebersetzung in's Deutsche werth!

Als heute die Bischöfe Krementz und Namszanowski von mir weggingen, begegneten sie dem von Paderborn. Er sagt ihnen, daß ihr König an seinen Gesandten geschrieben habe: er solle sich um die Beschlüsse des Concils gar nicht weiter kümmern. Das war für Martin genug, um die Weisheit des preußischen Königs in den Himmel zu erheben; es wurde ihm das preußische Herz warm und so bekannte er, daß er „für Preußen die größte Propaganda mache". Allein B. Namszanowski sagte ihm unverhohlen: „Wenn Sie dieser Ansicht sind, dann sind Sie sehr im Irrthume. Der König glaubte früher, daß man es in Rom mit vernünftigen und verständigen

Männern zu thun haben werde. Da er aber jetzt einsieht, daß er sich hierin betrogen habe, sagt er: thut, was ihr wollt, und lasset sie das auch ruhig thun. Fassen sie Beschlüsse, welche uns nachtheilig sind, dann ziehen wir das Schwert. Das ist etwas ganz anderes, als Sie meinen; das ist die Sprache, welche das Bewußtsein der Macht eingibt." So erzählte B. Namszanowski selbst die Begegnung, und im Ganzen hat er, soviel ich weiß, die Ansicht der preußischen Regierung ziemlich genau ausgesprochen.

Rom, 26. April 1870.

So gern ich die Definitionsformel, welche Pius gestern vortrug, in ihrem ganzen Wortlaute gehört hätte, so konnte ich auf der Tribune doch nur einige abgerissene Worte verstehen; doch theilt sie das Giornale di Roma v. 25. April in extenso mit: "Decreta et Canones, qui in Constitutione modo lecta continentur, placuerunt omnibus Patribus, nemine dissentiente, Nosque, sacro approbante Concilio, illa et illos, ita ut lecta sunt, definimus, et Apostolica auctoritate confirmamus." Dies ist nun eine andere Formel, als die in der Methodus und im Ordo mitgetheilte: "Nosque sacro approbante Concilio illa ita decernimus, statuimus atque sancimus, ut lecta sunt." Ich bin nun zwar nicht so naiv, in dieser etwas anderes suchen zu wollen, als in der faktisch von Pius gebrauchten. So naiv war nur mir gegenüber der weise und tiefgelehrte Bischof von Augsburg, als ich ihm meine Abhandlung gab, worin ich in der Formel der Methodus das ausschließliche Definitionsrecht des Papstes erblickte und diese Prätension als unwahr nachwies. Es waren andere, als baierische Bischöfe, welche gerade wegen dieser Formel, sowie wegen des Pius episcopus etc. von der öffentlichen Sitzung wegblieben, weil man nicht wollte, daß sie ein Non placet aussprachen, in welchem Verhalten ich freilich auch keine volle Erfüllung der bischöflichen Pflichten erkennen kann. Wozu aber diese Aenderung in der Definitionsformel, ohne daß sie vorher angekündigt worden wäre? Man wollte offenbar klarer und deutlicher sprechen; zweifellos darthun, daß der Papst und nur er der Definirende sei. Immerhin ist es durchaus nicht zu billigen, daß man in dieser Weise eine neue Formel einschmuggelte. Weiter heißt es dann im Giornale: „Terminatosi l'atto solennissimo della sanzione e promulgazione della Costituzione, Sua Santità diresso ai Padri una breve allocuzione latina." Sie dauerte nur einige Minuten. Der Papst freute sich über die Einmüthigkeit der Bischöfe, ermahnte sie, in derselben zu beharren, und ging dann auf den Gedanken über: „wie Christus heute seinen Aposteln sagte: Ich gebe euch meinen Frieden, so gebe er, Pius, ihn den Bischöfen." Schmeichlerische Bischöfe — es sollen französische gewesen sein! — konnten sich nicht enthalten, durch Händeklatschen ihren Beifall kundzugeben. Doch wurde dieser Unfug, in der Kirche und in so feierlichem Momente wie in einem Theater sich zu betragen, kein allgemeiner, im Gegentheil ließ sich eine Mißbilligung unter den Vätern des Concils und auf den Logen sehr deutlich wahrnehmen. Auch ich konnte über ein so knabenhaftes Gebahren Zeichen des Mißmuthes nicht unterdrücken.

Man erzählte mir, daß Card. Rauscher über die Verhandlungen des Concils sehr ungehalten sei, und daß Audisio die Ansicht ausspreche, es könne und werde nicht lange dauern, daß diese Concilsbeschlüsse ganz umgestoßen werden.

Es ist doch geradezu schamlos, wie man hier gar kein Bedenken trägt, die Verletzung des Briefgeheimnisses als eine selbstverständliche Sache einzugestehen. Schon früher kam Hrn. Card. H. eine Nummer des in Neapel erscheinenden „Il trionfo" v. 20. Febr. zu. Sie enthielt meine Ausweisung. Gestern wird dieselbe Nummer wieder zugeschickt. Meine Ausweisung ist damit motivirt, daß man „indiscrete Briefe von mir auf der Post entdeckt habe"! Man gesteht also ohne Schamröthe zu, daß man in Rom keckerweise das Briefgeheimniß verletzt! Zugleich ist aber die ganze Erzählung durchaus unwahr; denn von mir kam nur in den ersten Tagen meines römischen Aufenthaltes ein Brief an meine Mutter auf die Post und seitdem nie mehr, weil ich das Treiben der römischen Post schon vor meiner Hieherreise kannte.

Gestern hielt die Academia archeologica Romana zur Erinnerung an die Gründung Roms an dem Orte der Ausgrabungen, welche die päpstliche Regierung aus Neid auf die französische mit viel Geld, aber wenig Erfolg machen läßt, eine Feierlichkeit. Auch der Papst erschien. Eine ungeheuere Menge hatte sich zugedrängt, aber fast nur französische Bischöfe, Abbé's und Herren und Damen, um den Ruf: Vivo le Papo! in den Ruf des Jahrhunderts: Vivo le Papo infaillible! übergehen zu lassen, um mit Veuillot in seiner letzten Nummer zu reden. Wirklich riefen auch c. 3 Stimmen diese Worte! Eine französische Dame ergriff die Hand des Papstes, bedeckte sie mit c. 12 Küssen und wollte sie gar nicht mehr loslassen; eine andere Dame schien dieselbe geritzt zu haben, da Pius sagte: das ist doch zu viel, und daran leckte. Er hielt auch eine Rede und vergaß nicht, von den „Irrthümern Deutschlands" zu sprechen. Was sich doch Pius darunter vorstellen mag! Hat ihm dies B. Martin beigebracht, der den gestrigen Tag für den glücklichsten in seinem ganzen Leben erklärt und es namentlich damit begründet, daß jetzt doch die deutschen Professoren mit ihren Irrthümern verurtheilt seien? — Uebrigens scheint man jetzt in Deutschland eine neue Aera zu erwarten, da die Verdammung seiner Irrthümer durch das Concil Thatsache ist. Heute vor der Messe sagte mir ein italienischer Abbate, den ich nur vom Sehen kenne, daß der „deutsche Ontologismus" verdammt sei. Kinder können nicht dümmer reden!

Gerade als ich vom preußischen Militärbischofe, mit dem ich mich über die Nachrichten von der Errichtung einer Nuntiatur in Berlin und der Ernennung des Mgr. Wolanski zum Nuntius daselbst köstlich ergötzt hatte, wegging, begegnete mir Graf .... mit der preußischen Note in der Tasche, um sie dem Fürstbischof Förster und dann auch den übrigen preußischen Bischöfen mitzutheilen. Sie ist, wie er mir sagt, sehr energisch gehalten.[1]) Der Graf wagt übrigens selbst keine besonderen Hoffnungen daran zu knüpfen; er kann überhaupt seine Verstimmung in der letzten Zeit nicht mehr recht verbergen. Auch die baierischen und englischen Vertreter sollen im gleichen Sinn sich auszusprechen von ihren Regierungen angewiesen sein.

---

[1]) Beilage IV.

Ich habe mich entschlossen, nach 14 Tagen nach München zurückzukehren. Auch Hipler will sich anschließen. Wir sind der Ueberzeugung, daß wir getrost nach Hause gehen können, indem für uns voraussichtlich in dieser Periode des Concils nichts Neues mehr zu erleben ist und unsere Wirksamkeit ohnehin keine Bedeutung mehr haben wird.

Tivoli, 27. April 1870.

Es ist interessant, wie ein angesehener Dominikaner gestern über die Unfehlbarkeit raisonnirte. „Der Papst, meinte er, sei nie von den Gliedern getrennt zu denken und es auch nie gewesen. Die römischen Congregationen seien das Mittel und die Repräsentanz derselben (Sic! Wer hat sie denn dazu autorisirt?!). Freilich, in der Zeit der Ostgothen konnten die Päpste diese Congregationen nicht versammeln, wofür sie damals die italienischen Concilien hielten" (Sic!). Das sollte wahrscheinlich gegen meine Ausführung im Bonner Literaturblatt sein, daß der Papst nur conciliariter verfahren konnte und durfte. Außerdem ist der Dominikaner in freudigster Stimmung und voll Hoffnung, daß die Infallibilität demnächst werde definirt werden. Gegen das Bedenken, daß es vor Peter und Paul kaum werde geschehen können, äußerte er einfach: „die Geschäftsordnung mache eine schnellere Verhandlung sehr leicht." Endlich erzählte er von einem französischen Bischofe, welcher in der Nacht, als das Infallibilitäts=Schema vertheilt worden war, beständig seufzte und rief: Ma pauvre France! ma pauvre France! Natürlich hatte der Dominikaner, eine wahre Inquisitor=Natur, dafür nicht das geringste Verständniß, geschweige eine Theilnahme.

Rom, 30. April 1870.

Eben von Subiaco zurückgekehrt, lese ich die Schrift des B. Ghilardi von Mondovi über die Infallibilität. Sie ist sehr charakteristisch für die Unwissenschaftlichkeit und Dummdreistigkeit der Infallibilisten. Jeder Candidat der Theologie würde sich bei uns schämen, einen solchen Schund in die Welt zu schleudern und zu glauben, daß er irgend einer Frage damit einen Vorschub geleistet habe. Nur Männer, wie Martin, Senestrey ꝛc. vermögen sich vielleicht auch davor götzendienerisch zu beugen. Nach Ghilardi hat der hl. Petrus die erste Definition ex cathedra ausgesprochen, als er Simon Magus verdammte (pag. 19): L'infallibilità venne dimostrata da S. Pietro nella solenne condanna di Simon Mago. Alle lehrhaften Akte der Päpste werden dann als dogmatische Definitionen aufgezählt. Je weiter ich jedoch lese, desto mehr erbittert mich die Verlogenheit dieses Mannes; ja, er ist geradezu ein Fälscher; denn die Stelle des Irenäus gibt er (pag. 29) nicht blos in italienischer Uebersetzung also: necessario è che alla Chiesa Romana, a motivo del suo altissimo principato, convengano tutte le Chiese, cioè i fedeli tutti in qualunque luogo si trovino, nella quale si è sempre conservata la tradizione ricevuta dagli Apostoli. Nein, dieser Mann, ein Bischof jenes Ordens, dem die Inquisition und der Index zum Theile anvertraut ist, wagt es sogar, in der Note den lateinischen Text so zu geben: Ad Rom. Ecclesiam propter potentiorem principatum necesse est omnes convenire Ecclesias, hoc est eos qui sunt undique fideles, in qua semper . . . conservata est ea quae ab Apostolis est traditio. „Ab his qui sunt undique" im zweiten Theile ist für diesen Mann eine gleichgültige Sache! Man könnte aber wegen der Wichtigkeit dieser Worte in ihrer Weglassung geradezu eine absichtliche Täuschung der Leser finden. (Suppressio veri quae assertioni falsi acquivaleat, heißt es in der letzten (139.) Annotatio über die Infallibilität gegen die Civiltà cattolica, das Nämliche läßt sich von Ghilardi's Verfahren sagen.)

Interessant ist, daß allgemein die Ansicht verbreitet ist, durch die promulgirten vier Kapitel de fide sei auch der Syllabus bestätigt worden; man beruft sich dabei auf den Schluß. So war am Dienstag (27. April) der Großherzog von Mecklenburg-Schwerin mit Familie und Hofstaat auf der Villa d'Este. Er fragte mich angelegentlich, ob dies der Fall sei. Die anderen Sätze der vier Kapitel, meinte er, können auch wir (Protestanten) unterschreiben.

Mit den nämlichen Fragen wurde ich auch in Subiaco bestürmt. Auch anderswo begegne ich dieser Ansicht.

Gestern hat sich also das große Ereigniß vollzogen: die Annotationes über die Infallibilität sind zur Vertheilung gekommen und machen einen stattlichen Band aus. Ich muß übrigens gestehen, daß auch durch dieses Ereigniß Rom keinen größeren Reiz für mich gewonnen hat: ich will und kann nicht Zeuge der Vergewaltigung der Kirche länger hier sein. Es scheint jedoch, daß die Aktion der Regierungen nur den Erfolg hatte, daß um so rascher zur Debatte über die Infallibilität geschritten wird. Allmälig erkennt man, daß ich Recht hatte. So erzählte mir Staatsrath Gelzer, daß ihm in den letzten Tagen Baron Arnim sagte: ich hätte all dieses klar von Anfang an vorausgesehen. Von B. Hefele theilte er mir mit, daß er sagte: man erwarte zwar, daß die Minorität auf 20 zusammenschmelze, allein er sei des Glaubens, daß sie 100 Stimmen zählen werde. Wir wollen sehen. Nach der Augsb. Postzeitung sieht ja ein Theil der Minorität mit Ruhe dem entgegen, was der hl. Geist beschließen werde, d. h. doch wohl, man wird sich mit Ruhe der Majorität und dem Eigensinne des Papstes fügen. Und wer sollte es anders erwarten können? Man will sich eben auch in Zukunft nicht aus seiner Ruhe, mit der man die fette Pfründe genießt, stören lassen.

Rom, 2. Mai 1870.

Den gestrigen Tag verbrachte ich nur mit der Lekture der Annotationes zum Schema über die Infallibilität des Papstes. Der Band ist sehr stark: er umfaßt auf 242 Seiten 139 Gutachten, freilich nach der Willkür der Glaubensdeputation bald ganz, bald nur abgekürzt.[1]) Es ist interessant, dieselben durchzugehen. Wenn man sagte: die Wissenschaft und Frömmigkeit ist auf Seiten der Majorität, so kann sich jetzt Jeder aus diesem Bande überzeugen, ob diese Behauptung wahr sei, oder nicht. Für die Majorität ist

---

[1]) Dieselben abgedruckt in meinen Documenta II, 212—289.

Alles schon ausgemachte Lehre und bedarf es keines Beweises mehr: sie befaßt sich darum fast durchgehends nur mit dem Beweise der Opportunität und Nothwendigkeit der Definition, mit einer anderen und besseren Formulirung, mit den Versuchen, den gottlosen Gallikanern und Gegnern der Infallibilität jede Ausflucht unmöglich zu machen. Ganz anderer, frischerer und lebensvollerer Geist, wohlthuende Gewissenhaftigkeit geht durch die Gutachten der Minorität, von der sich einige Bischöfe durchaus nicht scheuen, in ernsten und strafenden Worten das Treiben der Majorität zu kennzeichnen und verurtheilen. Auch die Haltung des ultramontanen Journalismus, des französischen fanatisirten Clerus, die Taktik der Jesuiten, aus der von ihnen veranlaßten Bewegung eine Nothwendigkeit der Definition herzuleiten, wird gegeißelt (letzteres namentlich von Ketteler). Insbesondere wird aber auf eine vorausgehende, sorgfältige Prüfung der Schwierigkeiten und auf Unanimität, wenigstens eine moralische, gedrungen. Die Annotationes beginnen mit der Rauscher's. Sie ist gut; am besten gefällt mir darin, daß er auf eine kritische Prüfung bringt; denn die Majorität zeichnet sich gerade durch einen ausnehmenden Grad von Mangel an Kritik aus, was jedoch eine Folge der unwissenschaftlichen und unkritischen Methode der Theologie ist. Dieselbe ekelte mich schon lange an, und ich rechne es mir als ein Verdienst an, daß ich, seitdem ich an unserer Universität wirke, in den Vorlesungen wie in Privatunterweisungen stets diese unwissenschaftliche Methode verdammte. Kuhn in Tübingen gehört aber das Verdienst, dieselbe zuerst, wenigstens meines Wissens, hinsichtlich der Behandlung der Kirchenväter vor aller Welt in seiner Dogmatik verurtheilt zu haben. Was die übrigen Vota der Minorität betrifft, so befinden sich darunter noch manche ganz vorzügliche; das beste und ausführlichste ist aber ohne Zweifel das letzte (139 von Erzb. Kenrick), welches Wissenschaftlichkeit mit seltener Klarheit und unerschrockener Offenheit verbindet. Im Ganzen zähle ich 65 Vota gegen die Infallibilität, wovon 52 unbedingt gegen dieselbe sind, 13 aber nur aus Opportunitätsgründen. Auch hier zeichnen sich die Thomisten (Votum 24) durch unwissenschaftliche Befangenheit — Thomas genügt ihnen — und Dreistigkeit aus, indem sie geradezu zu behaupten wagen: Tam certa est haec doctrina, ut qui definitioni repugnant, solum importunitatem impugnent! Man braucht nur die Behauptung des Dominikanerbischofs Ghilardi nebenhinzustellen, daß er zur Evidenz die Infallibilität bewiesen habe, indem er die Worte des hl. Thomas einfach anführt und in der Anmerkung 1 pag. 18 noch sagt: All' autorità quindi dell' Angelico si aggiunge quella del medesimo Rmo Padre (Gatti) che è valente teologo, come lo dimostra la classica sua opera che ha per titolo: Institutiones apologetico-polemicae de veritate ac divinitate religionis et Ecclesiae catholicae. Romae ex tip. Forensi 1866 in 3 vol. Man muß übrigens doch gespannt sein, ob man zu einer Definition wirklich schreiten werde, nachdem so eclatant vor aller Welt schwarz auf Weiß der Dissens der Bischöfe constatirt ist; denn das Concilsgeheimniß kann denselben doch nicht auf die Dauer verdecken. Ich hoffe aber trotzdem nichts; denn sonst hätte man es nicht zur Verhandlung kommen lassen.

Die Lekture des anderen Heftes über Cap. XI de ecclesia (Primat)[1] zeigt doch recht klar, daß nur ein dunkles Gefühl, nicht die klare Erkenntniß den Episcopat beherrscht. Fast alle ohne Ausnahme schrecken vor der „ordinaria et immediata potestas" zurück, welche dem Papst über die einzelnen Bischöfe und Diöcesen zugeschrieben wird, insoferne sie eine Herabsetzung der Bischöfe zu bloßen Vicaren des Papstes enthalten könnte. Viele plaidiren dafür, daß man sie fallen lasse; andere, daß man sie explicire; fast Keiner wagt sie zu verwerfen. Wieder andere perhorresciren sie zwar, wollen aber an anderer Stelle Termini aufgenommen wissen, welche im curialistischen Sprachgebrauche das Nämliche besagen. Was aber bei dieser ganzen Auseinandersetzung am schmerzlichsten berühren muß, ist die Furcht, ihre Bedenken mit dem richtigen Hinweise zu motiviren. Nur Einer wagt es, die Sache bei ihrem rechten Namen zu nennen und das Papalsystem zu erwähnen, während die Anderen von möglichen feindseligen Folgerungen der Gegner, wahrscheinlich der deutschen Theologen, sprechen. Als ob wir die Feinde der bi-

---

[1] Abgedruckt in meinen Documenta II, 179—211.

schöflichen Rechte wären und die Gefahr geschaffen hätten, daß durch diese Termini dieselben geschmälert werden könnten! Ueberall Mangel an wahrer Charakterfestigkeit! Uebrigens drängen sich auch hier bereits die Gegensätze des Infallibilismus und Fallibilismus hervor, indem der erstere bereits hier sein Ziel zu erreichen strebt, der andere aber einzelne Prätensionen dieses Kapitels auf Grund seiner Ansicht von der päpstlichen Infallibilität zu leugnen sucht. Auch eine Mittelpartei drängt sich jetzt hervor, welche nur aber auf andere Weise und mit anderen Worten das hier zu erreichen strebt, was die Infallibilisten durch ihr Schema. Oder wäre der Canon, welcher öfter wiederkehrt, anders zu verstehen: Si quis dixerit, judiciis Rom. Pontificis in rebus fidei et morum universam Ecclesiam spectantibus, tamquam errori obnoxiis, assensum non deberi, aut ab ejus sententiis ad futurum generale Concilium licite appellari posse, a. s.? Jedenfalls kann man auch aus diesen Annotationes erkennen, daß Rom von seinen Prätensionen immer wenigstens einen Theil zugestanden erhält. Es brauchte nur recht oft unter gleichen Umständen allgemeine Concilien zu halten, so würde es schließlich Alles erreichen.

Sehr merkwürdig ist die Stimmung, welche in Monte Cassino über die kirchlichen Verhältnisse herrscht. Unlängst waren Diplomaten von hier dort und brachten die seltsamsten Aeußerungen mit. Heute erzählt mir Hipler, welcher von dort kommt, dasselbe und mit den nämlichen Worten: „es wäre ein Unglück für die Kirche, wenn die Infallibilität nicht von der Majorität durchgesetzt würde; denn sonst würde jene Crisis hinausgeschoben, welche für das Heil der Kirche unumgänglich nothwendig ist." Außerdem stimmt man dort ganz mit Döllinger hinsichtlich der Oecumenicität der Concilien überein. Ferner tragen sie sich mit dem Gedanken, wieder deutsche Elemente nach Monte Cassino zu ziehen, um dort deutsche Wissenschaftlichkeit zur Geltung zu bringen und von dort den unumgänglich nothwendigen Kampf gegen die Jesuiten zu beginnen, welche an allem Unheile in der Kirche schuld seien. Nur von Deutschland hoffen sie Heil für die Kirche. Preußen namentlich sei zur Regenerirung des Katholicismus berufen, das bald ganz an der Spitze Deutschlands

stehen und deutschen Geist schützen werde. Werde unter seinem
Schutze der Katholicismus sich selbst gereinigt haben, dann werde
auch der Protestantismus, von der Schönheit des Katholicismus
angezogen, zur Wiedervereinigung mit diesem reif sein. Zugleich
wünschten sie, eine große theologische Weltanstalt in Monte Cassino
zu gründen.

Ein römischer Professor und Canonicus hingegen meint: mögen
sie auch die Infallibilität definiren, es wird sie doch Niemand glau=
ben, und ähnlichen Ansichten begegnet man unter den Italienern
noch häufig.

Ein Concilsvater fragte mich um mein Urtheil über Ghilardi's
Schriftchen. Ich zögerte es auszusprechen und bemerkte: sollte ich
ein erschöpfendes Urtheil fällen, würden Ihnen meine Worte nur
höchlichst mißfallen. „Thut nichts, antwortete derselbe, unser Ur=
theil stimmt vielleicht zusammen, wenn ich sage, sie ist eine Char=
latanerie."

Sehr begierig bin ich jetzt doch auf die weitere Haltung Ket=
teler's, der noch vor Kurzem „seine Schrift colportirt" haben soll,
wie mir ein deutscher Bischof sagte. Sehr gut aber ist die Antwort,
welche B. Hefele demselben gegeben haben soll, da er stets behauptete,
die Schrift sei nur gegen die Opportunität, obwohl sie ein förm=
licher „Janus" in lateinischer Sprache ist. Hipler referirt mir,
Hefele habe ihm gesagt: „das kann sein, Sie sind ein Rheinfranke,
und ihr Rheinfranken seid gescheidte Leute, ihr seht das ein; ich bin
aber ein dummer Schwabe, ich sehe das nicht ein."

Von einer Seite, welche es wissen kann oder wenigstens soll,
wird mir gesagt, daß es im Jahre 1871 einen Krieg zwischen
Preußen und Frankreich geben wird. Man munkelt von einem
Einverständnisse der Curie und der Jesuiten mit den Tuilerien.
Auch andere Pläne, ja eine förmliche Restaurationspolitik soll sich
daran knüpfen.¹)

---

¹) Als ich auf dem Heimwege von Rom Hipler und in München An=
deren dies äußerte, wollte es Niemand glauben, Einzelne lachten mich aus.
Der Krieg entzündete sich eher, als ich selbst gehört hatte. Welcher Zusammen=
hang mit Rom ist gegeben? Ich weiß es nicht.

Aus der officiellen Concilsliteratur notire ich. L'Univers v. 29. April schreibt: A ceux comme Janus, qui osent non-seulement mettre en doute l'infaillibilité du Pape, mais la nier, prétendant qu'elle est démentie par les faits de l'histoire, nous demanderons simplement s'ils sont catholiques, c'est-à-dire s'ils sont décidés à rester catholiques, une fois la définition prononcée. S'ils réponsent non, ils sont jugés. Si c'est oui, ils se préparent une foi et une obéissance peu raisonnables, se disposent à croire que ce qui était noir va devenir blanc de par le Concile, investi du pouvoir de rendre vrai le faux. Und ein solcher frivoler Gotteslästerer steht im Dienste des Papstes und glaubt der Kirche zu dienen! — Der „Oesterr. Volksfreund" vom 29. April schreibt: „Aus Rom erfahren wir, daß der hl. Vater am Ostersonntag mehrere Venezianer, die Vertreter verschiedener kath. Vereine jener Stadt empfangen habe, welche ihm von dem Patriarchen von Venedig vorgestellt wurden. Der Papst hielt eine kurze Ansprache an sie und sagte u. A.: „Betet vor Allem, daß jeder von der erhabenen Versammlung, die Wir berufen haben, die Frucht ernte, auf welche sie gerichtet ist. Ihr müsset wissen, daß der Teufel immer bei den guten Werken seine Hand hat, und daß er sie auch in das Concil zu legen versucht hat; aber er ist nicht zu fürchten. Inzwischen kann Ich Euch sagen, daß das Concil den Journalisten Stoff gibt; wohl oder übel füllen sie ihre Spalten. Lügen, Uebertreibungen und was weiß ich was Alles muß ihnen dienen. Glücklicherweise haben wir in Italien auch einige gute Journale, welche das Uebel der schlechten neutralisiren, und ich sage Euch, daß es verhältnißmäßig in keinem Lande mehr gute Journale gibt, als in Italien. Auch Ihr in Venedig habt ein gutes, ich sehe es bisweilen, es ist wirklich gut." Nach diesen Worten stellte der Patriarch den Redacteur des „Diritto cattolico" mit den Worten vor: „Hier, hl. Vater, ist der Redacteur des Journals, auf welches Euere Heiligkeit anspielten." „Ja, fuhr der Papst fort, es ist gut, ich sehe es, ich sehe es. Oh schön, und sie möchten, daß die kath. Presse schwiege. Ich könnte Euch gewisse Herren nennen, aber ich will nicht, welche

nicht erst jetzt, sondern vor wohl 10 Jahren sich mir vorstellten
und mich baten, meine Autorität geltend zu machen, um die kath.
Presse zum Schweigen zu bringen, welche nach ihnen die Ursache
so vieler Uebel in der Kirche Jesu Christi ist. Wißt Ihr, was ich
ihnen geantwortet habe? Sehr gerne, m. H., wenn Sie mir Bürg=
schaft leisten, daß es von nun an kein antikatholisches Blatt mehr
geben wird. Ja wohl! Sie möchten anderen den Mund stopfen,
um allein das Feld zu behaupten. Ich sage nicht, daß ein kath.
Blatt nicht manchmal ein wenig über die Schnur hauen könne;
wenn man genöthigt ist, jeden Tag zu schreiben, so ist es kein
Wunder, wenn man unversehens gepackt, seine Feder nicht jeden
Augenblick vollkommen mäßigt. Oh in unseren Tagen sind diese
Journale wohl nothwendig und wirken viel Gutes!"

Da ich gerade von der Kräftigung der Autorität der Fürsten
durch die Definition der Infallibilität in Ghilardi's Schriftchen die
betreffende Stelle nachlese, so möchte ich doch wissen, wie durch den
infalliblen Papst dies geschehen soll. Doch wahrhaftig nur durch
Eingreifen in das Staatsleben der Nationen, durch Verdammen der
einen Staatsform und Approbiren der anderen; durch Excommu=
niciren, Interdiciren ꝛc. der Widerspänstigen. Haben die Fürsten
und Völker also nichts zu fürchten in politischer Hinsicht, wenn die
Infallibilität des Papstes definirt wird? Um mit dem Univers zu
sprechen, wird auch hier das Concil das Schwarze weiß, die Lüge
zur Wahrheit machen, d. h. die bisherige Lüge, daß von der De=
finition der Infallibilität in politischer Hinsicht nichts zu fürchten
sei, wird Wahrheit werden, schreckliche Wahrheit, d. h. daß es eine
Lüge war. Wir brauchen ja nur den verehrungswürdigen Ghilardi
weiter zu hören (pag. 62 f.): „Quindi se già di presento giova
assai la parola del Papa contenere i popoli nell' ubbidienza che
debbono ai loro Sovrani, e ad impedire le rivoluzioni, quanto
più non giovera la sua voce allorquando s'indirizzerà ai fedeli
vuoi d'una nazione, vuoi della Chiesa universa? Siccome però al
dir dell' Angelico, il fine di ogni legge e di ogni governo quello
è della pace, per la quale soltanto si coltivano le scienze, le
lettere, le arti belle, il commercio ed ogni ramo di temporale

felicitazione, cosi noi andiamo convinti che la definizione dommatica, quando sarà ben intesa, gioverà mirabilmente alla conservazione di essa. La voce infatti del supremo Gerarca, per le ragioni sopra enunciate, sarà non solo più efficace ad impedire le rivolte de' popoli, ma lo sarà eziandio ove occorra ad insinuare ai Principi la giustizia, la moderazione, l'amorevolezza verso i loro popoli, ed in conseguenza la dogmatica definitione anzichè essere oggetto di apprensione e di timori sarà pei governanti e pei governati sorgente feconda di pace e delle più liete speranze."
Wenn diese Ausführung nur wahr wäre hinsichtlich der Beförderung der Wissenschaft und Kunst, des Handels und Verkehres, so wäre freilich für Rom die Definition sehr zu wünschen, damit es aus seiner Stagnation in jeder Hinsicht herausgerissen würde. Bevor es aber auf das öffentliche Gewissen und den Gerechtigkeitssinn der Fürsten und Völker einwirken will, muß es diesen Dingen erst bei sich selbst Eingang gewähren; denn nirgends in der christlichen Welt herrscht wohl größerer Mangel an Rechtssinn, als hier in Rom und im Kirchenstaate. Nur der römische Hochmuth kann die Verblendung und Arroganz haben, obwohl selbst in Allem verkommen, anderen Nationen in politicis und verwandten Gebieten Vorschriften geben zu wollen! Wie lange ist es doch nur, daß man es z. B. als ein Unrecht ansieht, einen Menschen, der vielleicht von einem schlechten Weibe angelockt und bei ihr von der durch Helfershelfer herbeigerufenen Polizei ertappt wurde, zu zwingen, daß er diese Person heirathet? Selbst die daraus entsprungenen schlechten Ehen brachten nicht zur Einsicht! Ist ja hier ohnehin Ehebruch an der Tagesordnung! — Uebrigens sieht man aus Ghilardi auch zugleich, daß noch ein ganz anderes Interesse im Spiele ist. Er spricht (pag. 73) nach Gravina, wie der Papst bei seiner Definition ex cathedra vorgehen müsse, und sagt: ... giusta le maggiori o minori difficoltà o per altro circostanze si adoperano più o meno consiglieri. Quest' esame poi si appartiene al Rom. Pontefice, dal quale siccome dipende la cosa da definirsi, così dal medesimo dipende il modo della determinazione, che ciò si definisca o col Concilio, o senza Concilio; e qualora senza Concilio, o con qualche adu-

nanza di Vescovi (deren ja in partibus infidelium Curialistarum immer eine Menge ist), o nel Concistoro de' Cardinali, o nella Congregazione dei Teologi." Letztere Form kann doch nichts anderes heißen, als "in den römischen Congregationen", d. h. mit den befangenen Thomisten und Jesuiten, deren Treiben durch den Mantel der römischen Monsignori so bedeckt wird, daß sie nicht als die alleinigen Triebfedern erscheinen. Natürlich wird dadurch auch die fortwährende Existenz dieser Orden gewährleistet, da sie diese Congregationen theilweise zu besetzen ein Monopol haben. Ein italienischer Geistlicher sagte mir, und er hatte Recht: mit den Jesuiten müssen auch die Dominikaner fallen.

Zur Bekräftigung meiner vorausgehenden Behauptung hinsichtlich der politischen Bedeutung der Definition der Infallibilität des Papstes kann ich aus den Annotationes über das Infallibilitätsschema eine charakteristische Aeußerung anführen (Nr. 24). Sie stammt von einem Thomisten: "Illud opportunum est, quod est necessarium, atqui post tot impugnationes, necessaria est definitio infallibilitatis; hac enim omissa, putabunt multi eam non esse adeo certam. Unde diplomata apostolica trium ultimorum saeculorum, in causa Jansenii et aliis, et recens syllabus a SS. Pontifice Pio IX. editus, vi sua carebunt. Quod malum summum esset, quo nullum majus a guberniis timendum esset, etsi vera essent, quae timenda ab illis quidam dicunt, si fiat definitio."

In der äußerst wichtigen letzten (139.) Annotatio zur Infallibilität wird doch auch darauf hingewiesen, daß man den Procuratoren der Bischöfe das ihnen ursprünglich zugesprochene Recht, dem Concil beizuwohnen, entzogen habe, obwohl sie mehr Recht dazu hätten, als die Bischöfe i. p. i., welche zu Rom ohne Heerde und Jurisdiction sitzen — ein sehr wichtiger Grund unter vielen anderen, heißt es darin, die Oecumenicität des Concils etwa in Frage zu stellen.

Aus der Congregation vom Freitag (29. April) wird mir über einen Vorfall folgendes berichtet: B. Hefele hatte für den heiseren Card. Rauscher einen Vortrag vorzulesen. Die Majorität unterbrach ihn ein erstes Mal. Hefele ließ sich aber nicht aus seiner Ruhe bringen, schaute fest und zürnend auf die Tumultuanten, und der Spektakel legte sich. Bei einer anderen Stelle wiederholte sich das Nämliche. Als aber Hefele geendigt hatte, schritt er zu den Legaten und sprach seine Beschwerde über die Majorität aus. Da meinte einer der hochweisen Legaten: er müsse als Kirchenhistoriker doch wissen, daß dies auch auf dem Concil von Trient vorkam. Ja freilich, war die Antwort; aber davon wisse er nichts, daß Unterbrechungen bei einem Concile wesentlich sind. Er wolle übrigens nicht versäumen, darauf aufmerksam zu machen, daß durch ein solches Verfahren die Freiheit und damit möglicherweise auch die Oecumenicität des Concils in Frage gestellt werden könne. Carb. Bilio schien ihm beizustimmen.

In Bezug auf B. Martin ist es doch nicht uninteressant, zu wissen, warum er bei dem Papste in so hohem Ansehen steht. Es ist dies nicht eigentlich sein blindes Dreingehen für die Infallibilität und alles römische Thun und Treiben, auch nicht seine ganz eminente theologische Gelehrsamkeit, welche man hier an ihm bewundert, sondern der Umstand, daß er bei einer früheren Anwesenheit in Rom — ich glaube, es war bei der Canonisation der Japanesischen Martyrer — während der Rede des Papstes hellauf weinte vor Rührung. Der Papst bemerkte dies und von da an datirt Pius' Respekt vor Martin. Wahrscheinlich sah der Papst darin, wie bei einem ähnlichen Vorkommnisse, das ich kenne, eine höhere Einwirkung, „Inspiration" oder „Vision" nennt er es. Martin erzählte dies übrigens selbst, und ich habe es aus dem Munde Hipler's, der es Hrn. Carb. H. und mir, als wir ihn einmal auf dem Wege trafen und zu einem Spaziergange mitnahmen, erzählte.

Es geht jetzt der Minorität das Wasser bereits bis an den Mund. Erzb. Haynald war heute Mittag wieder bei mir, um mich um den II. Theil meines Gutachtens über die „ordinaria et immediata potestas" des Papstes zu ersuchen. B. Stroßmayer begegnete mir Abends auf dem Monte Pincio und dankte mir „für die kostbaren Notizen, welche ich ihm zuschickte". Gerade aber in dem Augenblicke, wo ich meine Absicht ausspreche, am künftigen Montag oder

Dienstag nach München abzureisen, werde ich von verschiedenen Seiten aufgefordert, hier zu bleiben, da meine Anwesenheit in mehrfacher Hinsicht nothwendig sei. B. Ramszanowsti sagte: „Sie müssen noch länger bleiben, denn es ist nothwendig, daß die Männer der Geschichte über dieses perfide Treiben zu Gericht sitzen. Von einem allgemeinen Concile könne da unmöglich eine Rede sein. Ueber eines nur wundere er sich, daß nämlich der deutsche Episcopat noch nicht aus der Haut gefahren sei." Er war eben im Begriffe, in die Versammlung der deutschen Bischöfe zu gehen; nach kurzer Frist fanden aber Hipler und ich ihn wieder auf dem Monte Pincio: er war ganz außer sich über den Entwurf eines neuen Protestes, welchen eben B. Ketteler vorgelegt hatte. Derselbe hatte wieder einmal den anderen imponirt, und so war auch Ramszanowski voll des Lobes für Ketteler. Schon früher hatte er mit Melchers und Krementz den Auftrag zur Abfassung desselben erhalten; sie waren aber damit noch nicht zu Stande gekommen. Der Protest selbst bezweckt, die Infallibilität nicht losgerissen von den übrigen Lehrpunkten und für sich allein zu behandeln. Das sei des Episcopates und Papstes unwürdig und was sonst bei ähnlichen Veranlassungen die Phrasen sind. Man setze sich überdies noch dem Hohne der liberalen Blätter aus, welche schon Anfangs des Concils sagten, die Infallibilität sei der einzige Zweck des Concils. Sie hätten dies mit Entschiedenheit zurückgewiesen; jetzt würden sie nun von der Curie in die unangenehme Lage versetzt, jenen Journalen Recht zu geben.[1]) Alles Recht, sagten wir B. Ramszanowski, aber was denn dann nach dem Proteste? Was dann? meinte er, nun, Non placet sagen.

Außerdem erzählte mir Hipler, daß B. Martin eine neue Erleuchtung hatte. Er meint, man könne sagen, eine Definition ex cathedra erkenne man daran, daß der Papst seinem Decrete ein „anathema sit" beifüge. Wie immer, mußte er bei der nächst besten Einwendung des Ermeländers nichts zu Gunsten seiner Inspiration mehr vorzubringen. Im weiteren Verlaufe des Gespräches setzte ihm Krementz auch noch die Stelle des Jrenäus auseinander, worauf

---

[1]) Siehe diesen Protest in meinen Documenta II. 392 sqq.

Martin in Weise der Infallibilisten sich u. A. bezogen hatte. Krementz ließ sich aber nicht schrecken und sagte, man müsse dieselbe philologisch betrachten, wie ich es endlich einzelnen Bischöfen beigebracht habe. Da waren aber Martin und ein anderer hinzugekommener Infallibilist (Luxemburg) sogleich fertig: das sei ja gar die Ansicht Döllingers in seinen „Erwägungen". Krementz war aber doch so gescheidt, ihnen zu bemerken, Erwägungen hin Erwägungen her, es ist eben, philologisch betrachtet, der einzig richtige Sinn. Ueber die Ausführung der Ketteler'schen Schrift hinsichtlich der Petra als fides ꝛc. äußerte Martin: das ist ja die protestantische Auffassung. Mit solchen Leuten läßt sich absolut nichts anfangen.

Ein Dominikaner bringt uns die Nachricht, die Armenier, d. h. die Mönche des armenischen Klosters hinter den Colonnaden von St. Peter seien heute Morgens abgereist. Man fand das Kloster leer und will es jetzt verkaufen. Welch herrliche Siege doch Pius erzielt! Statt die Orientalen mit der Kirche zu vereinigen, verscheucht er die bereits unirten aus derselben!

Rom, 4. Mai 1870.

„Wir haben uns blamirt", sagte heute ein Diplomat von ihren Noten. Das war vorauszusehen; ich wenigstens erwartete keinen anderen Erfolg.

Graf .... erzählte mir gestern, daß Erzb. Haynald dem Papste eine Beschreibung seiner Diöcese als Zeichen der Verehrung übersandte. Der Papst rescribirte darauf: er sei dankbar dafür, Haynald möge aber seine Verehrung für ihn künftig auch beim Concile mehr zum Ausdruck gelangen lassen.

Heute bringt nun endlich das Univers v. 2. Mai aus Augsburg Aufschluß über den Charakter der „Allgem. Zeitung", über die liberalen Katholiken und Verfasser der „Römischen Briefe". Früher habe sie Döllinger auf Grund ihm aus Rom zugegangener Briefe, und zwar in allen Sprachen, verfaßt; seit einiger Zeit wolle man einen anderen Stil in ihnen beobachten und man sage, Döllinger sei von ihrer Redaction zurück- und Huber an seine Stelle getreten.

Rom, 5. Mai 1870.

Da ich gestern eine Besprechung des Ketteler'schen Schriftchens gegen die „Allgem. Zeitung" las, verschaffte ich mir endlich doch dieses selbst. Der „edle", der „noble" Charakter, wie ihn seine Verehrer und namentlich die deutschen Bischöfe nennen, ist jetzt noch weit mehr in meinen Augen das, als was ich ihn schon längst bezeichnete, ein — . . . . ., wenn er Alles mit vollem Bewußtsein und klarer Erkenntniß gedacht und geschrieben hat, oder wenn das nicht der Fall sein sollte, das befangene und blinde Werkzeug der Jesuiten, auf die er noch immer nichts kommen läßt, obwohl bereits einige deutsche Bischöfe, welche sie zur Beglückung ihrer Diöcesen berufen wollten, in Rom von diesem Gedanken wieder abkamen,[1]) wie gestern der B. Namszanowski selbst zu Hrn. Card. H. sagte. Ich glaube, Ketteler selbst müßte schamroth werden, wenn er sein Schriftchen nochmals durchlesen wollte: er ist jedenfalls ein viel größerer —, als er den Verfasser der „Römischen Briefe" dem deutschen Volke schildern will. Dann die Seichtigkeit seiner Argumente, die unerhört anmaßende und unchristliche Sprache aus dem Munde eines Bischofes! Uebrigens wird mir an der Hand dieser Schrift Vieles klar in dem Benehmen der Bischöfe 2c. gegen mich. Es schmerzt diesen deutschen Kirchenfürsten, vor dem gleich einem Abgotte fast sämmtliche deutsche Bischöfe in Folge ihrer geistigen Impotenz und Befangenheit des praktischen Blickes auf den Knieen liegen, auch nur den Schein auf sich zu laden, mit der „Münchener Schule" in irgend einer geistigen Verwandschaft zu stehen. Deshalb stolzirt der despotische Mann mit der Jesuitenmoral hier überall herum, „seine lateinische Schrift über die Infallibilität unter dem Arme, und versichert, sie sei nur gegen die Opportunität," wie noch gestern ein Bischof erzählte. Wenn dieses aber wahr ist, überlasse ich es den Anderen, Ketteler zu qualificiren; denn über die Tragweite seiner Schrift kann doch wahrhaftig Niemand mehr im Zweifel sein. Dazu wurde hier ausgesprengt, daß die Schrift nur ein Angriff auf Döllinger und seine Schüler sei! Wie steht aber zu seiner Behauptung,

---

[1]) Gerade jetzt, also kaum ein Jahr später, werfen sie sich als die Vertheidiger der Jesuiten auf! Allein der Unfehlbare in Rom hat es commandirt.

daß die Bischöfe sich von Anfang an über die Frage der Infalli=
bilität hinlänglich theologisch orientirt hatten und klar waren, was
nebenbei einfach unwahr ist,[1]) wie ich aus meiner eigenen Erfahrung
und Thätigkeit dahier beweisen kann — das Faktum, daß er nun
selbst eine Schrift colportirt, welche etwas anderes enthält, als er
ursprünglich für seine eigene Ansicht ausgab?! Schon das Faktum,
daß er die Colportage einer solchen Schrift für nothwendig hält,
verurtheilt ihn. Oder hatte nur die Majorität das Bedürfniß dar=
nach? In den Tagen, als sie erschien, konnte man eine sehr ent=
gegengesetzte Beobachtung machen. — In seinem Schriftchen ist von
einem „Aushorcher" die Rede. Klingt das nicht an das mir noch in
München in's Gesicht geschleuderte „Spion" an? Hatte ich nicht Recht,
diese Gattung von Bischöfen ängstlich zu meiden, um sie nicht „auszu=
horchen"? Wer braucht übrigens hier „auszuhorchen", wo es kein Ge=
heimniß gibt, öffentlich von den Schwächen, Bestrebungen und Fehl=
griffen der einen wie andern Seite gesprochen wird? Man braucht sich
lediglich die Mühe zu nehmen, zu notiren, was Einem Tag für Tag
erzählt wird. Was soll man aber schließlich von einem Manne wie
Ketteler sagen, der sich nicht entblödet, in der unverantwortlichsten
Weise über die „Münchener Schule" herzufahren und von Apostaten
zu poltern, nur deswegen, weil sie vor ihm die Tragweite einer
Sache erkannten, vor der er noch jetzt zurückschreckt, obwohl er sie
ganz wie die „Münchener Schule" in seiner lateinischen Schrift
dargestellt, ja geradezu einen lateinischen „Janus" geliefert hat?
Ist Ketteler nun nicht ebenfalls ein „Apostat"? Freilich! Und
deshalb wohl das sinnlose Gebahren und Gerede, seine Schrift sei
nur gegen die Opportunität und gegen die „Münchener Schule"!
Er will es sich und Anderen nicht eingestehen. In solches Gedränge
kommt man aber, wenn man Parteimann wird und Parteizwecke
mit blinder Leidenschaftlichkeit fördert![2])

---

[1]) Aus den Annotationes zur Infallibilität kann Hr. v. Ketteler eben=
falls ersehen, daß seine Behauptung falsch ist.

[2]) Ein deutscher Bischof sagt freilich, daß B. Ketteler sehr unklar sei,
und es sei gut, ihn in seiner Unklarheit zu lassen, weil man dann besser auf
ihn rechnen könne.

Es gibt — und das sollte man nie aus dem Auge verlieren und sollten zumal unsere Bischöfe wissen — Momente in der Kirche, in welchen, selbst nach jesuitischer Lehre, es nothwendig werden kann, dem Papste zu widerstehen. Ist ein solcher Moment eingetreten, ist es Gewissenspflicht, dem Papste nicht zu gehorchen, seine Maßnahmen sogar zu hindern. Von diesem Standpunkte aus handelte ich beim Concil, von diesem aus haben auch Ketteler und die deutschen Bischöfe die Sache zu betrachten und beurtheilen, und jeden anderen Maßstab weise ich mit Entrüstung zurück. Ich will jedoch für mich den Jesuiten Bellarmin selbst sprechen lassen (De Rom. Pontif. II. c. 29): Licet resistere Pontifici invadenti animas vel turbanti rempublicam, et multo magis si ecclesiam destruere videretur, licet inquam ei resistere, non faciendo quod jubet, et impediendo ne exequatur voluntatem suam. Man weiß, wie die Jesuiten davon Gebrauch gemacht haben, und man braucht dabei nur an China zu denken, wo sie dem päpstlichen Legaten, späteren Cardinal Tournon, den beharrlichsten Widerstand entgegensetzten, die päpstlichen Anordnungen mißachteten, ja Tournon schließlich selbst vergifteten.[1] Aber

---

[1] Das ist die aktenmäßige Wahrheit, nicht was man gewöhnlich in den Büchern liest. Ich füge hier bei, was ich aus dem Munde eines Missionsbischofes in China über das Wirken der Jesuiten dort habe (die Mittheilung geschah am 6. März 1870). "Der Kirchhof, den die Jesuiten im 17. Jahrhundert in Peking anlegten, besteht noch. Da die Chinesen eine außerordentliche Scheu vor den Gräbern haben, ließen sie den Kirchhof ganz unangetastet. Er ist ganz chinesisch, resp. heidnisch, und nur am Thore verräth ein winziges Kreuzchen, daß hier die Ruhestätte heimgegangener Christen sein soll. Der heidnische Charakter ist so sehr an dieser Stätte christlichen Friedens ausgeprägt, daß vor Kurzem der französische Gesandte B.... bei einem Besuche dieses Kirchhofes sein Erstaunen darüber ausdrückte, daß sich doch dieses Kreuzchen noch am Thore befinde. — Die Gräber der PP. Ricci und Schall (der nach zuverlässigen Quellen Chinese geworden war, geheirathet und einige Kinder gezeugt hatte), sind noch wohl erhalten und unterscheiden sich in Nichts von den Gräbern der heidnischen Chinesen. Sie haben je einen Altar für das heidnische Opfer, welches die Chinesen den Verstorbenen darzubringen pflegen, und noch jetzt wird auf diesen jesuitischen Altären, resp. diesen verstorbenen Jesuiten mitunter von diesem und jenem geopfert. Ihre Gräber sind

freilich, was den Jesuiten und ihrem Anhange gestattet ist, dazu haben andere Leute noch lange kein Recht. Darum sind diese sofort „Apostaten", wenn sie selbst das Recht und die Wahrheit für sich haben. Anerkennt darum ein Jesuit, wie Ketteler hier, das Nämliche als Recht und Wahrheit, so haben es die Nicht=Jesuiten doch nur in apostatischer Absicht erkannt und vertheidigt und muß man deshalb jede geistige Verwandtschaft mit ihnen ängstlich ablehnen, insbesondere nachdrücklichst hervorheben, daß man seine spätere und jüngere Erkenntniß durchaus nicht von den „Apostaten" entlehnt habe.

Nach dem Univers v. 3. Mai ist also der Carb. Donnet von Bordeaux als Strohmann am letzten Freitag, 29. April, vorgeschoben worden, um die Discussion der Infallibilität zu verlangen.

Rom, 7. Mai 1870.

Gestern war ich mit Hipler in Cervetri, um Theiner Abschied zu sagen.

Man erzählte sich hier, auch unter den Bischöfen — auch Hipler weiß darum — daß der Papst vor Kurzem bei SS. Trinità

---

denn auch umgeben mit den Emblemen dieser heidnischen Opfergegenstände, wie Früchte 2c. Bereits gehen, ohne jede Nothwendigkeit, da dies die übrigen Missionäre ja auch nicht thun oder thun müssen, die Jesuiten wieder als Mandarine, ohne jedes Zeichen ihres Standes, einher und häufen Reichthümer auf, aber auch die Sünden und Laster ihrer Vorgänger. Diese Annahme der Mandarinentracht zieht aber direkt das moralische Verderben nach sich. Der Missionär kennt dies aus unmittelbarer Beobachtung; es läßt sich aber auch für die Europäer begreiflich machen, wenn man nur bedenkt, daß das Tragen der Mandarinenkleidung natürlich und nothwendig die Beobachtung so und so vieler damit verbundener Convenienzen, Ceremonien 2c. nach sich zieht. In Shangai haben sie bereits wieder — sie kamen unter Gregor XVI. dahin — ganze Straßen in Besitz und sind Herren großer Reichthümer. Die Häuser dieser Straßen vermiethen sie und so gaben sie eines derselben auch öffentlichen Dirnen in Miethe! Die Fremden, z. B. Schiffskapitäne, welche ankommen, raisonniren dann über den Clerus mit seinen Reichthümern und bereiten den Missionären auf diese Weise Ungelegenheiten, wovon die Schuld natürlich auf die Jesuiten zurückfällt. Er, der Bischof selbst, sah sich, um diesem Gerede auszuweichen, genöthigt, ein Haus, das er nur für Missionszwecke besaß, wieder dei Monti zu einem Krüppel, der ihn anbettelte, statt ein Almosen ihm zu geben, sagte: Surge et ambula. Pius that zwar, was an ihm war, allein „der Erfolg war — Gelächter der Umstehenden". Es ließe sich in dieser Beziehung noch Manches erzählen.

Canonicus de Angelis erzählt, daß zwischen den beiden Parteien der Bischöfe eine so große Erbitterung herrsche, wie man sie kaum für möglich halten sollte; er selbst ziehe sich deshalb ganz zurück. Card. de Luca sei über diese Aufregung unter dem Episcopate krank geworden. Nach dem Grafen Trautmannsdorff wären die Cardinäle Morichini, Corsi und Pecci, von denen der erste und letzte besonders sehr ruhige und vorsichtige Männer sein sollen, zum Papste gegangen und hätten ihm die ernstesten Vorstellungen über die Situation gemacht. Was sie erreichten, oder nicht erreichten, weiß ich nicht; aber man kann es vermuthen, daß der Papst nichts darauf gab, weil nach den Einen am Montag, nach den Anderen, wie de Angelis, am Dienstag die Discussion eröffnet werden soll, je

---

zu verkaufen. Die chinesischen Riten vertreten die heutigen Jesuiten auch heute noch, und auch in all ihren Schriften! Endlich erzählte er noch, daß „die Jesuiten sich das Indult in Rom erlangten, beim Gottesdienste den Kopf mit der Mütze vornehmer Chinesen bedeckt zu haben. Die Jesuiten stellten dies als eine Nothwendigkeit dar und Rom ging darauf ein. Der Hergang war aber folgender. Ein Jesuit hatte eine hervorragende Persönlichkeit bekehrt („nach Art der Jesuiten", fügte er bei). Als der Jesuit einmal unbedeckten Hauptes Messe las, trat der Chinese hin und setzte ihm seine eigene Mütze auf. Es war dies eine große Ehrenbezeugung für den Jesuiten; aber sofort wurde daraus eine Nothwendigkeit gemacht, das Haupt beim Gottesdienste mit dieser Mütze bedeckt zu haben. Er, der Bischof, als er hinkam, hatte ebenfalls diesen Brauch, weil er meinte, es sei wirklich nothwendig. Allein er machte den Versuch, auch ohne die Mütze den Gottesdienst zu halten. Anfänglich fragten ihn seine Christen freilich, warum er die Mütze nicht mehr trage. Er suchte mit diesen und jenen Antworten auszuweichen; dann sagte er ihnen, in Rom ꝛc. trage man beim Gottesdienste auch keine; der Papst habe es nur für die chinesischen Christen nachgesehen, weil er glaubte, sie wollten es so haben. Darauf sagten ihm aber die Christen: Nein, sie wollen es nicht so haben, wenn es in Rom anders ist. Jetzt hält aber nicht blos er, der Bischof, unbedeckten Hauptes Gottesdienst, die Christen selbst wohnen ihm auch unbedeckten Hauptes bei."

nachdem man mit dem Entwurfe und Drucke des neuen Schema fertig sein wird; denn die Fassung der päpstlichen Unfehlbarkeit scheint auch den wüthendsten Infallibilisten, wie B. Martin, große Schwierigkeiten zu bereiten, und namentlich dürfte sich der Vorschlag Martins, der Papst sei unfehlbar, wenn er seine Brüder verdammt (anathema sit!), sehr wenig empfehlen. Sogar der immer rede- und schreibselige Manning ist ganz verstummt und in großer Verlegenheit; er soll einsehen, daß er große Fehler und Mißgriffe gemacht habe. Schließlich soll man auch von Seiten der Italiener und selbst der Römer manche Stimme gegen die Infallibilität erwarten können, da sogar der Unterstaats-Secretär, Erzb. Marini, einem Diplomaten sagte: er werde Non placet stimmen. Gleichwohl ist man auf's Aergste gefaßt. Die Minorität hat zwar die Rollen (40—50 Themata gegen die Infallibilität) vertheilt; allein man glaubt, daß die Majorität sie kaum ruhig zu Ende kommen lassen werde, und ist von dieser Seite der Inscenirung aller erlaubten und unerlaubten Mittel gewärtig. — Es soll nunmehr täglich Sitzung gehalten werden, von der nächsten Woche ab.

Für mich ist hier nichts mehr zu thun: die Situation hat sich vollständig geklärt; die Schlachtreihen sind geordnet und stehen sich kampfbereit gegenüber, die einen mit den verrosteten Waffen einer veralteten Zeit, aber in Ueberzahl, die anderen mit den unverhältnißmäßig verbesserten der Gegenwart. Ob diese als Neulinge im Stande sind, sie gewandt genug zu führen? Hoffen wir es, und wenn sie von der rohen Uebermacht erdrückt werden, werden wir sie gleichwohl eines ehrenvollen Todes sterben sehen. Für mich und uns deutsche Theologen hingegen wird es jetzt schon Zeit sein, uns auf den schlimmen Ausgang gefaßt zu machen und einstweilen bereits unsere Position zu nehmen, damit wir von dem Ereignisse nicht unvorbereitet getroffen werden. Denn daran kann kein Zweifel sein, daß nach den Bischöfen wir Theologen den Kampf aufnehmen müssen.

Canonicus de Angelis sagte gestern auch, daß die englischen Jesuiten sich vom Generale theilweise emancipirten und in Opposition zum übrigen Theile des Ordens stehen.

Vorgestern wurde die Fremden-Adresse dem Papste vorge=

lesen. Während sonst c. 2—3000 Menschen sich betheiligten, sollen es dieses Mal nur c. 200 gewesen sein. Der Thronprätendent Dom Miquel von Portugall las sie vor.

In der letzten Zeit muß ich wieder die „Allgem. Zeitung" unterrichten.

B. Hefele, wird mir erzählt, faßte, als die Noten der Regierungen übergeben wurden, wieder einige Hoffnung, allein nachdem sie ohne Erfolg waren, ist er auf das Aeußerste gefaßt: „die Majorität werde keine Vernunft mehr annehmen; sie komme ihm vor, wie ein Ochs, der auf ein rothes Gewand losgehe." Er glaubt, in einem Monate werden wir die vollendete Thatsache haben. — Ein Diplomat spricht zwar die Hoffnung aus, daß durch diplomatische Vorstellungen, Presse ꝛc. wenigstens eine Verzögerung bis nächsten Herbst erreicht werden könne. Ich theile die Ansicht nicht und zweifle überhaupt an irgend einem Erfolge der Diplomaten oder Regierungen, nachdem sie den rechten Zeitpunkt versäumt haben. Mehr und mehr kommt Fürst Hohenlohe auch bei denen zur Geltung, welche bisher seine anticonciliarische Thätigkeit verdammten.

Das Univers v. 5. Mai gibt Aufschlüsse, wie man bei der Infallibilität die Geschäftsordnung anzuwenden gedenkt. Man habe in den Annotationes wohl Alles mitgetheilt, was für und gegen die Infallibilität gesagt werden könne. „Et l'on procéderait alors ainsi. Un des membres de la commission monterait à l'ambon, expliquerait et justificerait la rédaction faite par elle, et en même temps donnerait les motifs pour lesquels telle objection ou telle observation a été acceptée ou non par les membres de ladite commission; après quoi les vénérables Pères, complétement instruits par l'étude préalable des cahiers distribués hier et aujourd'hui, voteront en toute connaissance de cause. Et ceci fait ressortir à merveille l'admirable économie du dernier règlement, contre lequel ont tant crié les catholiques libéraux. Toutes les pièces possibles seront produites et il n'y aura pas de temps perdu. La conviction générale est que cette grande question sera complétement terminée pour le jour de l'Ascension.

Sieht man, wohin die Majorität abzielt? Sieht man die Gefahr der Geschäftsordnung? Die Fehler, welche die Minorität gemacht hat? Ob Univers Recht hat, oder nicht: wer kann leugnen, daß diese Deutung der Geschäftsordnung unanfechtbar ist und selbst die Minorität faktisch nichts gegen eine solche Auffassung und Anwendung derselben machen kann, nachdem sie dieselbe, faktisch wenigstens, angenommen hat? Uebrigens wünschte ich, daß die Sache in dieser Weise abgemacht würde. Der Beweis gegen die Oecumenicität des Concils würde dadurch nur um so leichter vor aller Welt Augen geführt werden können. Schließlich muß ich doch noch einen Blick auf die Jesuiten werfen. Sollen sie sich nicht freuen? Sie haben die ganze Kirche gebändigt und lachen selbst über die Ohnmacht der Regierungen ihren Machinationen gegenüber. Vae victis!

Eben begegneten mir die Secretäre des Erzbischofs von Bamberg und Bischofs von Augsburg und theilten mir mit, daß ersterer nächstens, da es immer heißer werde, heimzukehren gedenke; der Erzbischof von München werde sich ihm anschließen. Der Augsburger, setzten sie bei, werde aber auch nicht allein hier bleiben. Nicht so werden die drei übrigen baierischen Bischöfe das Feld räumen, ehe die große Schlacht geschlagen sein wird.

Der Franzose Fround, der Director der Geschichte des Concils im Vatican, stellte die Photographien der Cardinäle in der „Esposizione" aus. Als der Papst einmal in diese kam, stellte er sich vor dieselben hin und machte zur Belustigung der sich herandrängenden Menge seine Glossen über die einzelnen!

Rom, 8. Mai 1870.

„Nun, nächstens wird die Infallibilität proclamirt werden", sagte der Card. Capalti in diesen Tagen zu P. Ratisbonne.

Seit heute wird ein neues Manöver der Majorität in Scene gesetzt: „man will die persönliche Infallibilität fallen lassen." Ich begreife im Augenblicke diesen Coup noch nicht vollständig, ent=

schloß mich aber, das immer noch nicht fertige Schema der Infalli=
bilität hier noch abzuwarten.

***

Rom, 9. Mai 1870.

„Ce qui se passe au Concile." Paris 1870 — so lautet
der Titel einer Schrift, welche jetzt hier gelesen wird. Ich bin eben
mit der Lektüre fertig. Diese Schrift ist vernichtend, und zwar ver=
nichtend hinsichtlich der Oecumenicität des Concils, vernichtend hin=
sichtlich der Größensucht des Papstes. Ich habe noch nicht leicht
ein malitiöseres Buch gelesen. Die Malice liegt aber nicht sowohl
in den Worten des Autors, als in der Zusammenstellung und eigen=
thümlichen Gruppirung officieller und officiöser Aktenstücke und
Zeitungsnachrichten. Möge sie auch recht bald in Deutschland be=
kannt werden und durch eine Uebersetzung den weitesten Leserkreis
finden. Es wird durch sie nicht blos das Vaticanische Concil in
das rechte Licht gestellt werden, ich hoffe, daß durch eine derartige
Aufklärung der Kampf bei der bevorstehenden Katastrophe einen
ruhigeren Charakter annehmen, aber um so nachdrücklicher werden
wird. Am Schlusse spricht der Verfasser divinatorisch von dem
Berufe Frankreichs: es handle sich um das zukünftige Geschick
Frankreichs auf dem Concile. Deutschland seine Prognose zu stellen,
daran wagt er sich nicht. Kann aber die Aufgabe Deutschlands im
entbrannten religiösen Kampfe zweifelhaft sein? Sie ist ihm so klar
vorgezeichnet, seit 300 Jahren gewissermaßen zum Erbgute geworden
und besteht lediglich darin, eine wirkliche Reform der Kirche
durchzusetzen. Es fehlt nur noch die allgemeine Erkenntniß dieser
unserer Aufgabe, die zu verhindern die Jesuiten und Jesuitenschüler
bisher Alles aufboten. Sie haben sich darin getäuscht, daß sie
glaubten, bereits ihre Aufgabe vollendet und ihr Ziel erreicht zu
haben. Sie haben daraufhin den großen Fehler gemacht, ihre
mittelalterlichen Prätensionen durch ein Concil approbiren lassen zu
wollen. Als ob nicht noch heute der Haß derselben im deutschen
Volke lebte, die Erinnerung an die Mißhandlung unserer Nation
durch die Päpste in ihm schlummerte und es gefahrvoll sein muß,

diese kaum eingeschlummerten Leidenschaften wieder zu wecken! Rom als gefügiges Werkzeug der Jesuiten hat es gethan. Soll sich das deutsche Volk, klarer und tiefer an Einsicht in den Organismus der Kirche, einheitlicher und kräftiger in seinem Wollen, nochmals zur Ruhe begeben, ohne seine ihm von der göttlichen Providenz zugewiesene Aufgabe gelöst zu haben? Ich glaube es nicht; es müßte denn nach dem Rathschlusse Gottes der rechte Augenblick dazu noch nicht gekommen sein. Dieser kann aber nicht mehr ferne sein, und ich sehe schon im Geiste unsere Nation auch in religiöser Hinsicht wieder einig. Wollen wir rücksichtslos die Wahrheit bekennen, müssen wir doch sagen, daß Rom seit bald einem Jahrtausend nur der Feind unserer Nation war. Welche treulose Rolle spielten nicht einzelne Päpste sogar, als die Reformation ausgebrochen war! War es denn damals das Wohl der Kirche, das den Päpsten in erster Linie stand? oder vielmehr die Herrschaft Roms, wenn nicht gar die Ehre und der Ruhm ihrer Familien? Nur treulose Söhne der deutschen Nation können das leugnen wollen. Wir müssen uns endlich einmal aufraffen und Rom den modus vivendi diktiren, auf den hin es mit uns in Frieden leben, aber nicht mehr unseren politischen und religiösen Frieden stören kann. Das kann aber nicht mehr durch unentschiedene und zweideutige Phrasen geschehen, sondern durch klare und bestimmte Codificirung seiner und unserer Rechte. Selbst die Ansicht des Cölner Erzbischofs, den Gehorsam gegen den Papst einzuschärfen durch Verschärfung der angedrohten Strafen ist bereits ein Verrath an der Sache der Kirche und unserer Nation. Das Christenthum gibt kein Recht und legt nicht die Pflicht auf, uns zu entnationalisiren. Wahres Christenthum und wahrer Patriotismus vertragen sich sehr gut mit einander und sind keine contradictorischen Gegensätze, als welche sie nach den Anschauungen der Ultramontanen hervortreten. Auch Preußen mag in dieser Beziehung noch seine große Mission haben, da sich Oesterreich derselben unwürdig erwies, indem es stets den Machtansprüchen Roms seine Waffen lieh. Und sollte nicht schon in Preußen die Erkenntniß dieser Mission zu tagen beginnen? Gewisse mir bekannt gewordene Andeutungen sprechen bestimmt dafür.

Die armenischen Mönche sind also aus Rom verschwunden. Man sagt hier freilich, man habe sie ausgewiesen; allein soviel ich höre, ist dies unrichtig, indem die Armenier einem solchen Entschlusse zuvorkamen. Es ist schon bekannt, um was es sich im Streite handelt. Die Armenier bestehen darauf, daß ihnen ihre Rechte hinsichtlich der Bischofswahlen nicht durch den Papst verkürzt werden, und daß der Patriarch von Babylon zugleich der Generalabt sein solle. Die Hauptgegner dieser rechtlichen Forderungen waren aber der römisch gesinnte Patriarch Hassun und der lateinische Patriarch von Jerusalem Valerga. (Spaccapietra's Mission nach Jerusalem war durch eine unsaubere Geschichte veranlaßt, welche Valerga mit einer Nonne hatte.) Der armenische Titularbischof Arsenius, ein Antonianer hier, soll die Sache zum Ausbruche gebracht haben, indem er an die Armenier in Constantinopel ein Telegramm sandte: „seid standhaft; die Sache wird sich in's Geleise bringen lassen." Das Telegramm kam aber in die Hände des Card. Barnabò, der es dem Papste brachte. Barnabò sollte nun Arsenius nach vorausgegangenem Eide über den Ursprung des Telegramms ausfragen. Allein der Armenier erkannte die Absicht und gestand sofort offen und unumwunden, daß er es schrieb und absandte. Darauf erfolgte die Anordnung der apostolischen Visita im Kloster der Antonianer und die Weigerung dieser, sie anzunehmen. Nach drei nutzlosen Monitorien wurden sie schließlich „ausgewiesen."

Die eben eingetroffene Nummer der „Allgem. Zeitung" erzählt, wie Fürstbischof Förster gegen einen Geistlichen vorging, der sich gegen den Syllabus zu äußern wagte. Und der ist ein Bischof der Minorität! einer jener Männer, auf welchen das deutsche Volk mit Hoffnung und Vertrauen blicken soll!

Der Fürsterzbischof Fürstenberg von Olmütz ist vor 8 Tagen wieder hier eingetroffen; er soll jetzt „ein wahrer Löwe an Muth" sein.

Von Card. Riario Sforza, Erzbischof von Neapel, erzählt man, daß er seinen Namen von dem Infallibilitätspostulatum der neapolitanischen Bischöfe zurückgezogen und gegen die persönliche Unfehlbarkeit protestirt habe.

B. Hefele äußerte sich in diesen Tagen zu einem Manne, der

es mir wieder erzählt: er sei von dem Gange der Dinge durchaus nicht überrascht; er habe Alles von Anfang an so kommen sehen, einzelnen Collegen seine Befürchtungen ausgesprochen; allein er habe sie nicht überzeugen, geschweige zu einer energischen That bewegen können. Merkwürdig war mir aber zu hören, daß auch er von dem Proteste, welchen Ketteler verfaßte, ganz entzückt war, obwohl er ihm im Laufe des Gespräches keinen Erfolg prognosticirte. Er ist, wie ich schon Hrn. Cardinal H., Hipler u. A. sagte, ganz gegenstandslos, da die Majorität selbst die Infallibilität nicht von der Lehre von der Kirche losgetrennt betrachten will, vielmehr Primat und Infallibilität bei ihr zusammenfallen, ferner es einem Concile freistehen muß und freisteht, nur einzelne Lehren herauszuheben und endlich die Curie ihre Ansicht über die Kirche keineswegs verschwiegen hat, indem sie nicht blos das Schema de Ecclesia, sondern auch die Annotationes de Primatu mittheilte. Die Väter sind, um mit Univers zu reden, hinlänglich informirt, sie können stimmen. Was soll denn aber der Protest eigentlich weiter durchsetzen? Er unterscheidet sich von den früheren, insoferne er nicht mehr bei einer Bitte stehen bleibt, also eine Forderung vorträgt. Worin besteht sie aber? Lediglich darin, daß dieser Protest in perpetuam rei memoriam ad acta gelegt werde! Dies heißt: Dixi et animam meam salvavi und damit — ergebe ich mich auf Gnade und Ungnade. Mit solchen Spielereien flößt Ketteler wenigstens mir kein besonderes Vertrauen auf ihn ein. Der Moment ist jetzt viel wichtiger, als noch mit Worten spielen zu wollen: facta loquantur. Es ist darum auch die Besorgtheit schwacher Seelen noch nicht am Platze, von denen eine — nach Graf . . .s Erzählung vor wenigen Tagen Ketteler brieflich warnte: er möge gegen das auf der Hut sein, was die Jesuiten ihm zu essen vorsetzen. Nein, einen solchen Gegner brauchen die Jesuiten noch nicht mit ihrer sprichwörtlichen Chocolade aus dem Wege zu räumen. Der Mann war, ist und bleibt der ihrige.

Bei Dupanloup spricht man nur noch von c. 20 standhaften Bischöfen; auch Grafen . . . gefällt die schwankende Haltung der französischen Bischöfe nicht.

Merkwürdig ist es aber immerhin, daß bis heute das Schema über die Infallibilität noch nicht fertig ist, obwohl seit Dominica in albis die Commission de fide nichts anderes eigentlich mehr zu thun hatte, als eine Formel über die Infallibilität zu finden. Kann man da nicht sagen, daß die Majorität die ganze Christenheit über eine Frage in Aufregung versetzte, über die sie selbst nicht einmal so viel Klarheit und Verständniß besitzt, daß sie eine provisorische Formel dafür zu entwerfen vermöchte, ohne ihre Reputation auf's Spiel zu setzen? Es scheint auch B. Martin jetzt nicht mehr so ganz gut zu Muthe zu sein. So kam er gestern Nachmittags zum Ermeländer, wie mir Hipler erzählt, in einer Haltung und Miene, welche offenbar kundthat, daß er etwas auf dem Herzen habe. Leider waren mehrere Personen anwesend, so daß er, augenfällig unbefriedigt, wieder abziehen mußte.

Nach Card. Schwarzenberg steht die (deutsche) Minorität fest. Von den Cardinälen, sagt er, stimmen zuverlässig gegen die Infallibilität vorläufig Mathieu, Morichini und Corsi.

Rom, 10. Mai 1870.

Endlich ist das Schema über die Infallibilität und den Primat auch vertheilt. Als ich heute Morgens von der Kirche gekommen, fand ich diese neue Elucubration oder Halluccination der Curie vor. Ich zitterte am ganzen Leib; die Sinne wollten mir schwinden, je weiter ich las. Gegen diesen Gewaltstreich ist das erste Schema noch milde; alle mittelalterlichen Prätensionen sind darin in Anspruch genommen. Man hat offenbar aus den Annotationen all das ausgesucht, was die Minorität abzuwenden suchte und in aller Schroffheit und Schärfe zum Ausdruck gebracht. Und erst die Annotationes! Man braucht nur zu lesen: 1. Ex monumentis omni exceptione majoribus, ut superius declaratum fuit, Rom. Pontificum infallibilitas est veritas divinitus revelata; fieri ergo nequit, ut haec ex historiae factis quibuscunque falsa umquam demonstretur; sed si quae illi historiae facta opponantur, ea certissime, quatenus opposita videntur, falsa habenda erunt. 2. Accedit, quod quum

Rom. Pontificis infallibilitas per apertos, certissimosque fontes ut veritas revelata; adeoque ut originalis ac simpliciter antiqua cognoscatur, secundum regulam a Tertulliano jampridem adhibitam titulo possessionis contra omnem opinionem et conclusionem illi oppositam praescribitur; id enim, maxime in causis ad fidem pertinentibus, est verum, quod prius. Haec illustrari iis possunt, quae in Constitutione de cath. fide cap. IV ab ipso Concilio Vaticano statuuntur: „Omnem assertionem veritati illuminatae fidei contrariam omnino falsam esse . . . Quapropter omnes christiani fideles hujusmodi opiniones, quae fidei doctrinae contrariae esse cognoscuntur, maxime si ab Ecclesia reprobatae fuerint, non solum prohibentur tamquam legitimas scientiae conclusiones defendere, sed pro erroribus potius, qui fallacem veritatis speciem prae se ferant, habere tenentur omnino." Jamvero infallibilitatem S. Ap. Sedis et Rom. Pontificis ad doctrinam fidei pertinere, ex allatis fidei documentis constat, et contrariae illi sententiae a magisterio Ecclesiae non semel fuerunt improbatae. Cujuscunque ergo scientiae, etiam historiae ecclesiasticae conclusiones, Rom. Pontificum infallibilitati adversantes, quo manifestius haec ex revelationis fontibus infertur, eo certius veluti totidem errores habendas esse consequitur." Werden denn unsere Bischöfe mit einem solchen Verdicte gegen alle Wissenschaft, gegen alle gesunde Vernunft zurückzukehren wagen? Heißt das nicht: credo, quia absurdum est? Jetzt begreift man die große Freude der Jesuiten über ihren Sieg in der letzten feierlichen Sitzung!

Leider muß ich nunmehr hier bemerken: wenn die Gefahr groß wird und näher kommt, da werden auch die Gerechten zaghaft und möchten gerne sich täuschen!

Rom, 11. Mai 1870.

Heute war ich zum ersten Male wieder seit Langem bei Erzb. Deinlein (aus Bamberg). Er theilt ganz meine Ansicht über die letzten Kundgebungen der Curie, meint aber, „es komme Alles jetzt auf den Papst an, ob er die Minorität einer Beachtung werth

finden werde, da die Commission es ablehne, darauf einzugehen und
die Proteste der Minorität zu beantworten. Mißachte aber der Papst
die Minorität, dann „habeat sibi." Freilich hat er noch immer
einige Hoffnung, daß „man die historischen Facta nicht unberück=
sichtigt lassen werde"; die Congregation de fido und curialistischen
Schriftsteller seien eben „Advocaten der Curie." Der Papst, sagte
er dann, soll über die Schrift Hefele's sehr ungehalten gewesen sein
und gesagt haben: „Es sind Fälschungen in den Akten vorge=
kommen; im Archiv müssen die Akten sein; man suche und werde
sie finden, ich bin dessen überzeugt!" Auch daß die Welt über eine
solche Vergewaltigung zu Gericht sitzen werde, scheint den Erzbischof
noch erwarten zu lassen, daß „man zuletzt noch davor zurückschreckt."
Ferner sagte er, daß man auf sechs dissentirende Cardinäle rechne.
Daß Card. Hohenlohe sich der Abstimmung ganz und gar entzöge,
„würde er ihm nach den hiesigen Erfahrungen nicht verübeln."
„Ich begreife übrigens gar nicht, sagte er mir u. A. nachdrucksvoll,
wie ein vernünftiger Mensch noch von einer persönlichen Infalli=
bilität des Papstes sprechen kann."[1]) Während wir so sprachen,
kam auch der Erzbischof von München herein: er hatte ein neues,
nur von den Erzbischöfen zu unterzeichnendes Schreiben. Es ging
von Card. Rauscher aus und verwahrte sich gegen eine neue Taktik, in
einer Congregation — una tantum congregatione — etwas ab=
zumachen. Ich bezog es auf die Primat= und Infallibilitäts=
Frage und sagte, das sei „ja ganz das Programm, wie es das
Univers unlängst promulgirte und die Geschäftsordnung es wirklich
zuläßt." Erzbischof Scherr meinte aber, „das werde doch nicht
gehen", und als ich bemerkte: „man müsse doch vor der Welt den
Schein wahren, sagte Erzb. Deinlein: „ja, die Welt muß uns
retten; hätte sie uns nicht gerettet, wären wir längst verloren und
das Concil zu Ende." Einige unserer Bischöfe, wie Ermeland und
Berlin, denken sich bereits in die ihnen bevorstehende Excommuni=
cation hinein; Hefele „geht aus Verzweiflung spazieren" und sagt,

---

[1]) Damals verstand man aber unter „persönliche" Infallibilität, was
man jetzt „amtliche" nennt, und hatte ich eben mit Erzb. Deinlein darüber
gesprochen.

er könne Inful und Stab leicht wieder niederlegen, aber was solle aus der Diöcese werden?

Rom, 12. Mai 1870.

Gestern behauptete ein Dominikaner, im neuen Schema sei die „persönliche" Infallibilität des Papstes fallen gelassen, lobte es außerordentlich und bezeichnete es als einen großen Sieg über die Jesuiten. Ich erwiderte: Jesuiten oder Dominikaner ist mir ganz gleichgültig; ich sehe nur darauf, daß die Wahrheit zur Aussprache komme. Uebrigens könne die persönliche Infallibilität kaum prägnanter im Schema ausgedrückt sein, und wenn man einen Zweifel noch hege, ob sie gemeint sei, so sagen ja die officiellen Annotationes mit trockenen Worten: die vox personalis infallibilitas sei zwar fallen gelassen, nicht aber die Sache.

Heute Morgens hatte mich B. Dinkel zu sich beschieden. Ich erzählte ihm von der Aeußerung des Dominikaners. Er lachte anfänglich darüber, dann aber antwortete er ernst: „die persönliche Infallibilität könnte ja kaum direkter ausgesprochen sein." Weiterhin erging er sich über das Verfahren in Rom gegen sie und meinte: „die Geschichte wird darüber zu urtheilen haben." Endlich ging er mich an, allgemeine Kirchengeschichte an der Universität in München zu lesen, damit er, wenn Döllinger gegen den Papst nicht mehr zu halten sei, obwohl er für seine Person nicht gesonnen sei, ihn fallen zu lassen, doch sagen könne, es sei auf eine andere Weise für diese Vorlesungen gesorgt.

Rom, 13. Mai 1870.

Ich werde heute Abend abreisen und ging deshalb heute Morgens, mich von Erzb. Scherr zu verabschieden. „Sie Glücklicher!" empfing er mich. „Wie glücklich würde auch ich sein, könnte ich ebenfalls heimgehen!" Dann trug er mir auf, Döllinger in seinem Namen zu sagen, „er möge jetzt ruhig sein und nichts mehr thun; es sei nicht mehr nothwendig; sie hätten bisher ihre

Schuldigkeit gethan und würden sie auch fernerhin thun; er, Döllinger, würde ihnen ihre Lage nur noch erschweren. Er, der Erzbischof, sei stets für ihn, Döllinger, auch in der letzten Adienz eingetreten und habe nicht nachgegeben."[1]) Hierauf sprach er von der Schwierigkeit ihrer Lage, und ich bemerkte: „mir ist sie nicht befremdend, ich habe sie von Anfang an vorausgesehen und vorausgesagt." Etwas überrascht, fragte er: „Wie so?" „Nun, antwortete ich, wenn man das Curialsystem kennt, das in den Schematen durchgesetzt werden will, so ist es Einem ganz klar, daß es so kommen mußte." Der Erzbischof war sichtlich gerührt, als er dann anhob: „Machen Sie doch, ehe Sie von hier weggehen, Ihren ganzen Einfluß auf den H. Cardinal H., und Sie haben, wie ich weiß, einen großen auf ihn, geltend, damit er in der feierlichen Sitzung Non placet sagt. Denn wenn ein Cardinal, der in Rom selbst seinen Sitz hat, den Muth zeigt und Non placet sagt, werden auch die Bischöfe den Muth dazu leichter fassen." Ich gab dem Erzbischofe jedoch zu bedenken, daß ich bisher meine Stellung nie dazu gebrauchte, auf das Gewissen des Hrn. Cardinals einen Druck auszuüben. Ich gebe ihm nach meinem besten Wissen und Gewissen über die Fragen, welche er mir vorlegt, Aufschlüsse, aber ich überlasse es ihm, je nachdem er seine Ueberzeugung sich feststellt, Placet oder Non placet zu sagen. Ich kann auch die letzten Augenblicke, welche ich in Rom noch bin, nicht zu einem solchen Drucke auf ihn gebrauchen, doch will ich ihm mittheilen, was er, der Erzbischof, mir sagte, damit er von der Situation unterrichtet ist. Wir sprachen noch Manches, und endlich entließ er mich in freundlichster Weise.

---

[1]) Der Grund dieser Audienz oder besser Citation war folgender gewesen. Der Nuntius in München hatte hieher berichtet, daß der Erzbischof nur auf eigene Faust, ohne Rückhalt in seinem Clerus und gläubigen Volke auf Seite der Minorität und gegen die Infallibilität sei. Beleg sei das Münchener Pastoralblatt. Das genügte dem unparteiischen, die Freiheit des Concils so sehr wahrenden P. Pius IX., sofort Erzb. Gregorius zu citiren und ihn zu fragen, warum er auf Seite der Minorität stehe, da er mit seiner Ansicht in seiner Diöcese isolirt sei!

Ich gehe mit der festen Ueberzeugung, daß die persönliche Infallibilität werde definirt werden.

München, 21. Juli 1870.¹)

Der Erzbischof Scherr war still und ohne Sang und Klang am 19. Juli um Mitternacht in München angekommen. Man wußte in größeren Kreisen nichts von seiner bevorstehenden Ankunft, erst nach derselben verbreitete sich das Gerücht davon in der Stadt. Es wäre eine solche Geheimhaltung nicht nothwendig gewesen; denn der Erzbischof hatte sich durch seine Haltung beim Concil eine Achtung erworben, wie er sie kaum je zuvor besaß, noch weniger aber je nach demselben wieder besitzen wird. Man fragte sich, warum dieses Verfahren unseres Erzbischofes? Ich selbst antwortete: er wollte sich vielleicht von den Liberalen und Fortschrittlern keine Ovation dargebracht sehen, wodurch ihm seine ohnehin sehr schwierige Stellung noch mehr erschwert werden dürfte. Ich hatte Unrecht. Noch Abends und des anderen Morgens, 21. Juli, verbreitete sich das Gerücht, Gregorius habe sich dem Papste hinsichtlich der Infallibilität unterworfen. Es währte nicht lange und wir sollten reinen Wein darüber eingeschänkt erhalten. Die Facultät war vom Dekanate eingeladen worden, um 10 Uhr zur Aufwartung bei Seiner Excellenz zu erscheinen. Wir waren vollzählig und Döllinger unser Führer und Sprecher. Döllinger hatte nur wenige Worte gesprochen, die sich lediglich auf die Zurückkunft des Erzbischofs bezogen. Auch dieser hielt sich zunächst an diesen Gedanken, schweifte dabei aber auch in einer Weise auf die Zustände Roms ab, so daß ich meinen Nachbaren sagen konnte: „hier haben Sie also die volle Bestätigung dessen, was auch ich sagte." Nach einer kleinen Pause hob der Erzbischof dann wieder an: „Roma locuta est, die

---

¹) Die Audienz der gesammten theologischen Facultät ist zu charakteristisch, als daß ich sie nicht hier ebenso wiedergeben sollte, als ich sie unmittelbar nachher niedergeschrieben habe. Zur Sicherheit meines Referates habe ich mehrere Collegen gefragt, ob ich Alles richtig aufgefaßt und verzeichnet habe.

Folgen davon kennen die Herren selbst. Wir können nichts anderes thun, als uns darein ergeben." Ich konnte bemerken, wie es in Döllinger kochte; auch wir anderen waren nicht auf's Beste von diesen Worten berührt. „Wir haben lange gekämpft und auch manches Gute erreicht, manches Schlimme verhütet", fuhr der Erzbischof fort, ohne aber seine Behauptung, welche auf allgemeinen Unglauben stieß, zu belegen. „Noch am 15. (Juli) sandte die internationale Versammlung eine Deputation an den Papst ab, worunter auch ich mich befunden habe. Der Papst hat uns sehr freundlich und gnädig aufgenommen und gefragt, was wir denn eigentlich geändert wissen wollten. Wir trugen ihm nun vor, daß wir juxta traditionem catholicam und cum consensu universalis ecclesiae oder episcoporum eingefügt wissen möchten. Der Papst sagte: „er habe das Schema noch nicht gesehen", zeigte sich jedoch dazu geneigt und fragte: wie viele von den Non placet würden sich dann in Placet verwandeln? Wir, antworteten wir, und diejenigen, welche uns gesandt haben, würden gewiß Placet sagen. Wie viele sind diese, fragte der Papst. Achtzig, war die Antwort. Aber es stimmten 88 mit Non placet, meinte der Papst; wenn wir aber 100 Placet zusammenbringen würden, würde er ohne Bedenken auf unsere Aenderungsvorschläge eingehen. Voll der besten Hoffnungen, sagte der Erzbischof, gingen wir von dannen. Allein des anderen Tages hat die Glaubensdeputation wieder einige aus ihrer Mitte, darunter Senestrey, an den Papst geschickt, welche ihm sagten, wenn er auf unsere Vorschläge eingehe, würde er zweifellos Honorius II. (d. h. als Ketzer verdammt) werden. Das hat aber den Papst so erschreckt, daß er sogleich wieder anderer Meinung ward." Card. Rauscher sollte alsbald diese neue Wendung des Papstes erfahren. Tags nach der Audienz der Deputation der internationalen Versammlung war er nochmals beim Papste, um ihm den Dank der Minorität für den gnädigen Empfang ihrer Deputirten auszusprechen. Bei dieser Gelegenheit setzte Rauscher nochmals dem Papste auseinander, welche Folgen die Definition nach der Formel der Majorität haben würde. Da erklärte ihm aber der Papst, „es sei jetzt zu spät: die Formel sei bereits unter alle Bischöfe vertheilt und berathen und überdies die öffentliche Sitzung schon anberaumt; er könne unmöglich jetzt mehr auf die Wünsche der Minorität eingehen." (Man möchte rasend werden, wenn man sieht, wie in Rom die heiligsten Fragen mit so maßloser Frivolität behandelt werden!) Der Erzbischof erzählte dann noch von der Sitzung der Minorität über die Frage: ob man sich an der feierlichen Sitzung noch betheiligen solle oder nicht? Nur zwanzig wollten es, die übrigen waren dagegen, und man betheiligte sich nicht, weil man dadurch eine Schwächung der 88 Non placet fürchtete. Darauf sprach der Erzbischof mit den einzelnen Professoren unbedeutende, gleichgültige Dinge. Nur das ist daran bedeutsam, daß Haneberg meinte: ihm sei die **persönliche Infallibilität** im Schlußsatze doch zu stark. Darauf war aber der Erzbischof schnell mit der Antwort zur Hand: eine persönliche Infallibilität sei ja gar nicht definirt worden! Haneberg freilich meinte doch noch aus dem Schlußsatze dies herauslesen zu müssen; allein der Erzbischof bedeutete ihm, daß man den Schlußsatz im ganzen Zusammenhange auffassen müsse, worauf Haneberg bescheiden meinte: „das mag sein, daß im ganzen Zusammenhange der Sinn ein anderer ist!"

Zum Schlusse der Aufwartung wandte sich der Erzbischof noch an Döllinger mit den Worten: „Wollen wir also auf's Neue für die hl. Kirche zu arbeiten anfangen." Döllinger fuhr aber jetzt heraus, und in seiner nur ihm eigenen scharfen Weise sagte er: „ja, für die **alte** Kirche!" Man sah es dem Erzbischof an, hätte er einen anderen vor sich gehabt, wäre sein Zorn zum vollen Ausbruche gekommen. Bei dieser Gelegenheit unterdrückte er ihn und äußerte: „Es gibt nur Eine Kirche, keine neue und keine alte." Da warf Döllinger die Worte dazwischen: „man hat eine neue **gemacht.**" Jetzt begann aber der Erzbischof eine äußerst denkwürdige Erklärung über die Natur des Dogma, welche verdient der Nachwelt aufbewahrt zu werden. Man denke sich noch in die Situation hinein, daß sie vor einer ganzen theologischen Facultät abgegeben wurde. „Sie wissen ja, hob er an, daß es in der **Kirche und den Lehren immer Veränderungen gegeben hat.**" Diese Worte genügten, um eine Bewegung in der ganzen

Facultät je nach der Individualität des Einzelnen hervorzurufen. Unvergeßlich wird mir die Haltung Döllingers und Hanebergs bei diesen Worten bleiben. Auch dem Erzbischofe konnte dies nicht entgehen, und so lenkte er auf den Gedanken über: „es haben ja schon öfter Dogmen Erklärungen bedurft." Zu welchem Dogma die Infallibilität aber eine Erklärung sei, führte er wohlweislich nicht mehr aus, und aus der Mitte der Facultät gab ihm Niemand mehr eine Veranlassung dazu, indem Jeder wünschte, aus dieser peinlichen Situation befreit zu werden. Nach obigen Worten Döllingers sah ich, als sich der Erzbischof einmal nach dem anderen Theile der Professoren abwandte, daß ihm Thränen in den Augen standen.

Nachbemerkung.

Eben, da der Druck dieses Buches dem Abschluß nahe ist, vernehme ich, daß B. Martin von Paderborn ein Mährchen über mich verbreitet. Ich soll am Abende vor meiner Abreise von Rom, auf dem Monte Pincio lustwandelnd, auf den Vatican deutend zu diesem gesagt haben: Wenn nur ein Blitzstrahl vom Himmel niederführe und den Vatican mit all seinen Herrlichkeiten vernichtete! Fast möchte ich bedauern, sagen zu müssen, daß die Sache unwahr ist. Die Scene ist, oberflächlich betrachtet, gut erdacht und würde selbst ein prächtiges künstlerisches Sujet abgeben. Allein sie ist doch wieder so albern, daß ich mich schämen würde, eine solche Aeußerung zu thun. Was hätte denn dies etwa nützen sollen? Wäre damit etwa das Papstthum vernichtet worden? Was ich einmal auf dem Monte Pincio allerdings äußerte, war, unter Bezugnahme auf den Aberglauben des Papstes: den Papst kann nichts mehr von der Definition der Infallibilität abbringen, wenn nicht allenfalls, daß im kritischen Momente der bekannte Sonnenstrahl fehlt und statt dessen irgend ein anderes Naturereigniß eintritt. Das ist der Sachverhalt, alles andere Entstellung. Hätte ich übrigens, was jedoch nicht der Fall ist, die Aeußerung wirklich gethan, so würfe es ein eigenthümliches Licht auch auf meinen Freund, der bis zu seiner Unterwerfung in freundschaftlichster Beziehung zu mir stand, sowie gerade auch auf die Bischöfe, welchen er es gesagt hätte, da diese noch im Römischen Bahnhofe in einer so liebenswürdigen Weise von mir sich verabschiedeten, wie es mir von Bischöfen noch nie begegnet war. Was wäre es aber auch für ein größeres Verbrechen, als wenn B. Martin seiner Zeit wünschte, daß die Garibaldianer über Rom herfallen und das Concil auseinandertreiben möchten?!

Beilage I.

(Vergleich Tagebuch S. 25 u. Documenta II, 383 sq.)

Auf allgemeinen Concilien wird die Angelegenheit Aller verhandelt, darum ist es auch nothwendig, sagt P. Cölestin I., „daß (in einem solchen Falle) Alle kennen, was verhandelt wird."[1]) Die Wahrheit braucht überhaupt das Licht nicht zu scheuen, und grade mit der Wahrheit hat es ein allgemeines Concil doch allein zu thun. — Nicht Sonderinteressen können hier in die Wagschale geworfen werden; sondern einzig und allein die „alte Tradition." „Umfasset die Gnade der alten Tradition", muß man darum den Vätern des Concils mit P. Hormisdas zurufen, „stehet fest auf der festen Basis jenes unerschütterten Fundamentes und ändert Eure Herzen nicht mit den Zeiten."[2]) „Dahin" — schrieb einst Papst Cölestin an das allgemeine Concil von Ephesus, „dahin muß sich das gemeinsame Mühen erstrecken, daß wir, was bisher geglaubt und durch die apostolische Succession bewahrt wurde, erhalten."[3]) Das Beispiel früherer Concilien zeigt auch, mit welcher Hartnäckigkeit dieselben bei dem beharrten, was die Sanction apostolischen Ursprungs für sich hatte. Da gibt es kein Transigiren, keine Compromisse; offen und ehrlich muß Alles mit dem rechten Namen genannt werden. — Wie lange stritt man deßhalb oft, um den rechten Ausdruck zu finden, einen falschen oder zuviel sagenden zu beseitigen? — Und faktisch verdient auch jeder Ausdruck, wenn er in irgend einer Weise etwas

---

[1]) Coelestini P. ep. ad Nestorium bei Mansi VI, 1035: Quia omnes debent nosse quod agitur, quotiens omnium causa tractatur.

[2]) Hormisdae P. Epist. ad Joannem ep. Nicopolitanum bei Mansi VIII, 403: amplectimini gratiam traditionis antiquae: et in illius inconvulsi fundamenti stabilitate persistite, non cum temporibus corda mutantes.

[3]) Coelestini P. ep. ad Synodum Ephes. Mansi IV, 1283 ff. Agendum igitur est labore communi, ut credita et per apostolicam successionem hucusque detenta servemus.

Neues einzuführen oder auszusprechen scheint, die reiflichste Erwägung; denn Jeder weiß, daß häufig die belangreichsten Consequenzen daraus gezogen werden. Jeder muß aber auch beherzigen, daß ein allgemeines Concil in keiner Weise die Berechtigung und Befugniß besitzt, von seinen wesentlichen Rechten das eine oder andere entweder freiwillig aufzugeben, oder gar sich entreißen zu lassen. Die Rechte des allgemeinen Concils sind aber so sehr wesentlich und grundlegend, daß sie eben so wenig vom Primate an sich gezogen werden können oder dürfen, als umgekehrt die allgemeine Synode hinwieder die wesentlichen Rechte des Primates sich aneignen könnte oder dürfte. Ein ähnlicher Fall ereignete sich, wie sich bald zeigen wird, auf dem allgemeinen Concil von Trient: noch ehe es aber zu Ende ging, besann es sich seiner Aufgabe und sprach aus, daß es sich durchaus keiner Aenderung oder Neuerung schuldig machen wollte. „Für alle Zukunft", futuris temporibus, spricht es das Concil aus, und so lange dieses noch seine Autorität besitzt, müssen wir uns auch an seine Beschlüsse halten. Sollte es anders kommen, sollte wirklich die allgemeine Synode, wie sie bereits als solche in diesem Augenblicke constituirt ist, entweder stillschweigend, oder ausdrücklich und förmlich auf die ihr eigenthümlichen und wesentlichen Rechte verzichten, dann sehe ich zwei Folgen als unvermeidlich voraus:

1) wird der Charakter der Oecumenicität dieser, wie der ähnlicher in früherer Zeit angezweifelt werden,
2) wird eine Zeit kommen, wo vielleicht eine 2te Auflage des Concils von Constanz oder Basel stattfinden wird, wenn nicht Schlimmeres erfolgt, was Gott verhüten wolle.

Betrachtet man aber die bereits den Concilsmitgliedern eingehändigten Aktenstücke, so kann man sich der Besorgniß nicht erwehren, daß wirklich wesentliche Rechte der allgemeinen Kirche resp. Synode in Frage gestellt sind und vom apostolischen Stuhl in Anspruch genommen werden.

In den Literae apostolicae pag. VI und VII De jure et modo proponendi, heißt es nämlich: „Licet jus et munus propo„nendi negotia quae in sancta occumenica Synodo tractari debe„bunt, de iisque Patrum sententiis rogandi nonnisi ad Nos et ad „hanc Apostolicam Sedem pertineat, nihilominus non modo optamus „sed etiam hortamur, ut si qui inter Concilii Patres aliquid pro„ponendum habuerint, quod ad publicam utilitatem conferre posse „existiment, id libere exequi velint."

Ebenda pag. XIV wird gesagt: „Jamvero suffragiis collectis, „Concilii secretarius una cum supradictis scrutatoribus penes pon-

„tificalem Nostram Cathedram eis accurate dirimendis ac nume-
„randis operam dabunt ac de ipsis ad Nos referent. Nos deinde
„supremam Nostram sententiam edicemus, eamque enuntiari et
„promulgari mandabimus, hac adhibita solemni formula: Decreta
„modo lecta placuerunt Patribus, nemine dissentiente. . . . Nosque
„sacro approbante concilio illa ita decernimus, statuimus atque
„sancimus, ut lecta sunt." Diese Bestätigungsformel findet sich außer=
dem noch in der Methodus pag. 27 Nr. 120 a und im Ordo.

Endlich ist als Titel der Conciliumsdecrete nach der Methodus
pag. 24 in Aussicht genommen: „Pius Episcopus servus servorum
„Dei, sacro approbante Concilio ad perpetuam rei memoriam."

Es handelt sich hier um 2 Punkte, die sich der Apostolische
Stuhl allein und ausschließlich zuschreibt: das Propositions= und
Definitionsrecht auf einer allgemeinen Synode. — Wir wissen alle,
welche Kämpfe um diese Rechte geführt wurden, und daß sie noch
keineswegs ausgekämpft sind. Ist aber die allgemeine Synode heraus=
gefordert, den alten Kampf wieder aufzunehmen, so kann sie ihn auch
nicht umgehen, ohne ihre eigene Autorität und die Kirche überhaupt
ernstlich zu schädigen. Das Concil von Trient, als es sich zu einer
Retractation eines frühern Beschlusses veranlaßt sah, sagte: explicando
declarat, mentis suae non fuisse, ut in praedictis verbis solita
ratio tractandi negotia in generalibus Conciliis ulla ex parte immutaretur; neque novi quidquam praeter id, quod a sacris canonibus, vel generalium synodorum forma hactenus statutum est,
cuiquam adderetur vel detraheretur.[1]) Nach diesem allgemeinen
Concil sind also auch aus den hl. Canonen oder allgemeinen Con=
cilien die Rechte zu erkennen, welche auch ein anderes allgemeines
Concil nicht be= oder abrogiren kann und darf. Wir wollen sie nun
an der Hand der Tradition betrachten:

I.
Das Propositionsrecht.

Das Propositionsrecht auf den allgemeinen Con=
cilien stand nie dem apostolischen Stuhle allein und aus=
schließlich zu.

Es ist allgemein bekannt, welche lange und heftige Streitig=
keiten dieser Punkt auf dem Concil von Trient hervorrief. Die
päpstlichen Legaten oder der hl. Stuhl, was ein und dasselbe ist,
nahmen schon damals dieses Recht für sich allein in Anspruch und
sollte dasselbe in den Dekreten des Concils durch die Formel pro-

---
[1]) Concil. Trident. sess. XXIV cap. XXI.

ponentibus Legatis zum Ausdruck gelangen. Schwache Spuren und Umrisse dieses Streites kann man sogar noch in der Geschichte des Concils von Pallavicini finden. Am instructivsten sind aber in dieser Beziehung die verschiednen Sammlungen von Quellen und Materialien zur Geschichte dieses Concils. Der Stand der Sache prägt sich übrigens in den solennen Beschlüssen des Concils selbst aus. — Es war nämlich den päpstlichen Legaten wirklich gelungen, die oben erwähnte Formel in einem Dekrete durchzusetzen: sess. XVI Decretum de celebrando concilio: Placetne Vobis, ad laudem et gloriam sanctae et individuae Trinitatis, Patris et Filii et Spiritus sancti, ad incrementum et exaltationem fidei et religionis Christianae, sacrum oecumenicum et generale Concilium Tridentinum, in Spiritu sancto legitime congregatum ab hodierno die, ... sublata quacunque suspensione, juxta formam et tenorem litterarum sanctissimi Domini nostri Pii IV. Pont. Max. celebrari et in eo ea, debito servato ordine tractari, quae proponentibus legatis, ac praesidentibus, ad horum temporum levandas calamitates — — apta et idonea ipsi sanctae Synodo videbuntur? Responderunt: Placet. —

Der Kampf des Episcopats und namentlich des spanischen gegen diese unberechtigte Formel veranlaßte aber nicht nur die Beseitigung derselben in allen folgenden Sitzungen, sondern sogar den schon berührten neuen Beschluß in der sess. XXIV cap. XXI. Und dieses geschah in Gegenwart und mit Zustimmung der päpstlichen Legaten, sowie auch P. Pius IV. ohne Bedenken diesen Beschluß bestätigte. Cupiens sancta synodus (heißt es) ut ex decretis ab ea editis nulla unquam futuris temporibus dubitandi occasio oriatur, verba illa posita in decreto, publicato sessione prima, sub beatissimo Domino nostro Pio IV. videlicet: Quae proponentibus Legatis ac praesidentibus — — explicando declarat, mentis suae non fuisse, ut in praedictis verbis solita ratio tractandi negotia in generalibus Conciliis ulla ex parte immutaretur; neque novi quidquam praeter id, quod a sacris canonibus vel generalium synodorum forma hactenus statutum est, cuiquam adderetur, vel detraheretur.

Welches war denn aber diese Form der Verhandlungen auf den frühern allgemeinen Concilien, die das Concil von Trient berührt und so nachdrücklich gewahrt wissen will? Einfach, daß beiden Theilen, dem Primate oder dessen Stellvertretern und der Synode, gleichmäßig und uneingeschränkt das Propositionsrecht zukam. Der Beweis für diese Behauptung ist so einfach und aus der Geschichte der allgemeinen Concilien so leicht zu führen, daß man nur mit Staunen gewahren kann, wie einer allgemeinen Synode dieses ihr ureigne Recht verkümmert werden will. Richtig ist dabei freilich, daß wir bei einzelnen Synoden nicht mehr ganz deutlich sehen; um so klarer liegen aber hingegen die Akten anderer.

1) Schon die Erscheinung, daß eine Synode, welche ursprünglich gar keine ökumenische war, durch Beitritt des Papstes, d. h. der occidentalischen Kirche, den Charakter der Oecumenicität erhielt und erhalten kann, fällt hierbei ins Gewicht.

In diesem Falle ist auf Seite des Papstes ein Propositionsrecht weder im Anfange noch im Verlaufe vorhanden. Auch nicht im Verlaufe, weil es eine Täuschung wäre, wenn man glauben und annehmen wollte, daß der Papst etwa durch eine von ihm allein ausgehende Bestätigung einer solchen Synode, wie z. B. der II. allgemeinen, den Charakter der Oecumenicität hätte geben können. Ueberhaupt hatte der Papst in diesen und den allgemeinen Kirchenangelegenheiten keine so freie Hand, als man gewöhnlich annimmt; im Gegentheil war er in seiner Thätigkeit an das occidentalische Concil gebunden und mußte er synodaliter handeln. Stimmten nun eine allgemeine griechische und occidentalische Synode, obwohl sie nicht mitsammen, oder nicht zu gleicher Zeit beriethen, in ihren Ergebnissen zusammen, so ergab sich daraus ein Consens der abend- und morgenländischen Kirche und erhielt der Inhalt des Consenses den Charakter der Oecumenicität. Schon Papst Julius I. mußte sich deßhalb gegen die Orientalen vertheidigen, daß er nicht für sich allein, sondern die gemeinsame Sentenz der abendländischen Bischöfe in den Orient schrieb: „Wenn ich allein es auch bin, der schrieb, so war es doch nicht meine Sentenz allein; sondern die aller italienischen Bischöfe und aller in diesen Gegenden wohnenden"[1]) (sc. Bischöfe). Ja dieser nämliche Papst Julius geht sogar soweit, daß er das Urtheil über schuldige Bischöfe nicht seiner Machtvollkommenheit allein vindizirt, sondern wieder nur in Verbindung mit dem gesammten abendländischen Episcopate schöpft,[2]) wenn auch nach einer dunkeln Stelle einer solchen römischen

---

[1]) Mansi II, 1219. Nam tametsi solus sim, qui scripsi; non meam tamen solius sententiam, sed omnium Italorum et omnium in his regionibus episcoporum scripsi. Ego autem omnes nolui scribere, ne a multis onerarentur: certe ad constitutum tempus convenere episcopi et ejus sententiae fuere quae vobis iterum significo. Quapropter dilectissimi; etiamsi solus scribo, scribere me tamen communem omnium sententiam vos scire volo.
[2]) l. cit. col. 1230 (es ist der in der vorigen Note erwähnte Brief). Nam si ut dicitis, omnino in culpa fuerunt, oportuit secundum canonem, et non isto modo judicium fieri, oportuit scribere omnibus nobis, ut ita ab omnibus quod justum esset decerneretur. Episcopi enim erant et non vulgares ecclesiae, sed quas ipsi apostoli suam et opera ad fidem in-

Synode von 485 unter P. Felix III. dem Papste auf diesen Partikularsynoden ein größeres Recht eingeräumt gewesen sein mochte.¹) Gleichwohl sagt dieselbe nur, wie es Papst Julius so bestimmt und klar aussprach, daß der Papst auf diesen römischen Synoden Alles als in seinem Namen geschehen darstellt, was überdies der Ausdruck „ex persona cunctorum totius Italiae sacerdotum" auch nur sagen kann und will. Allein auch spätere Vorgänge bestätigen diese Annahme. Ja diese Gemeinsamkeit der Handlungsweise des Papstes und der occidentalischen Bischöfe ist so durchgreifend, daß die päpstlichen Legaten auf den allgemeinen Concilien keineswegs blos Vertreter des Papstes, sondern ebensosehr auch der occidentalischen Bischöfe waren. Das finden wir z. B. auf dem allgemeinen Concile von Ephesus so bestimmt, als es nur gewünscht werden kann, ausgesprochen. Denn, heißt es in den Acten dieses Concils: „Cyrillus „episcopus Alexandriae dixit: Quae Arcadius et Projectus sanctis„simi piissimique episcopi, necnon Philippus religiosissimus Ro„manae ecclesiae presbyter deposuerint, perspicue sancta synodus „percepit. Deposuerunt enim, supplentes locum sedis apostolicae, „totiusque synodi sanctissimorum Deoque dilectissimorum occi„dentalium episcoporum."²) Noch andere Stellen dieser Akten besagen das Nämliche.³) Stimmten die Sentenzen der morgen- und

---

struxerunt. Cur igitur et in primis de Alexandrina civitate nihil nobis scribere voluistis? An ignari estis, hanc consuetudinem esse, ut primum nobis scribatur, ut hinc quod justum est definiri possit. Quapropter si isthic hujusmodi suspicio in episcopum concepta fuerat, id huc ad nostram ecclesiam referri oportuit. — Nebenbei sei bemerkt, daß die Infallibilisten, wie Weninger „die Unfehlbarkeit des Papstes" S. 201 auch aus diesem Briefe den Satz ausheben: An ignari — definiri possit. Der Zusammenhang ergibt das grade Gegentheil von dem, was Weninger meint, ein Beweis, wie sehr sich die Conziliumsmitglieder vor gewissen Freunden der Kirche zu hüten haben. Auch sei bemerkt, daß decernere und definire, welch letzterer Ausdruck in der Methodus, Ordo vermieden ist, identisch sind; denn in dem Briefe des Pabst Julius heißen beide ὁρίζεσθαι.

¹) Mansi VII, 1140. Quotiens intra Italiam propter ecclesiasticas causas, praecipue fidei, colliguntur domini sacerdotes, consuetudo retinetur, ut successor praesulum sedis apostolicae ex persona cunctorum totius Italiae sacerdotum juxta solicitudinem sibi ecclesiarum omnium competentem cuncta constituat, qui caput est omnium. Quod ergo placuit s. synodo apud b. Petrum apost. (sicut diximus) per defensorem et beatissimus vir Felix, caput nostrum, papa et archiepiscopus judicavit, in subditis continetur.
²) Mansi IV, 1299.
³) l. c. col. 1302. (Synodus ad Imperatorem.) Misit (sc. Coelestinus) autem has litteras per Arcadium et Projectum . . . episcopos et Philippum presb. magnae Romae, qui Coelestini praesentiam supplent.

abenbländischen Synode zusammen, dann war der Consens der ganzen katholischen Kirche hergestellt und wurde sofort und ohne Weiteres proclamirt.¹) So verwarf auch P. Leo I. die Decrete der Räubersynode nur in Verbindung mit einer „occidentalischen Synode" und die Instruction seiner Legaten war ebenfalls ein Synodalschreiben Leo's und der occidentalischen Synode.²)

Dieses Verfahren, diese Gebundenheit des Papstes an die abendländischen Synoden tritt am deutlichsten hervor³) auf der VI. allgemeinen Synode, wo faktisch Vertreter der römischen Synode vorhanden waren neben den päpstlichen Legaten. P. Agatho selbst schreibt an dieselbe: tam de propinqua hujus apostolicae sedis synodo, quamque de familiari clero ... ut ad piissimae tranquillitatis vestrae vestigia properarent, adhortarer. — Ueberhaupt ist das Thun und Handeln des Agatho gegenüber der VI. allgemeinen Synode nur ein gemeinsames mit dem römischen Concile und den diesem Concile im abendländischen Patriarchate unterliegenden Synoden: Agatho ... cum universis synodis subjacentibus concilio apostolicae sedis. So im Schreiben des Papstes und der römischen Synode an den Kaiser.⁴) Noch bemerkenswerther ist aber, daß auch die Instruction der päpstlichen Legaten an das VI. allgemeine Concil nur gemeinsam mit der römischen Synode, welche von 125 Bischöfen be-

---

Quia ergo viri isti qui venerunt, totius occidentalis s. synodi sententiam nostrae huic synodo per literas exposuerunt, sensumque de fide et pietate nobis consonum declararunt et eadem quae nos, decreverunt, tum per literas, tum per ea quae in mandatis acceperunt, quae et in scriptis deposuerunt. . . . Col. 1295. Firmum ergo est juxta omnium ecclesiarum decretum (nam orientalis et occidentalis ecclesiae sacerdotes, vel per se, vel certe per suos legatos, sacerdotali huic consessui intersunt.) . . . .

¹) l. c. col. 1298 f. Projectus episcopus et ecclesiae Romanae legatus dixit. Cum igitur contra fidem evangelicam, apostolicamque doctrinam quae per universam ubique ecclesiam catholicam confirmata est, suae haereseos perversitatem invehere ausus fuerit.

²) Mansi VI, 26. 30.

³) (Ein sehr belehrendes Beispiel in umgekehrter Weise haben wir in der röm. Synode unter dem nämlichen P. Agatho (679), worin das „ex persona omnium totius Italiae episcoporum" so ganz eigenthümlich illustrirt wird. Sie legt sich nämlich selbst die Autorität des hl. Petrus bei und definirt kraft seiner Autorität, was nach der Auffassung der apostol. Kirchen bei Irenäus und Tertullian ganz correct ist: „Unde ex auctoritate b. Petri apostolorum principis, cui claves ligandi atque solvendi in coelo et in terra ... D. N. J. Chr. filius Dei concessit, definimus atque statuimus etc. Ja, die Synode nennt sogar P. Gregor d. Gr. ihren Vorgänger: per nostrum praedecessorem b. m. Gregorium, et per b. Augustinum etc. Es ist nämlich in den Akten in keiner Weise angedeutet, daß der Papst allein „ex persona episcoporum" spreche. Mansi XI, 183.

⁴) Mansi XI, 286.

sucht war, ausgestellt wurde: Epistola Agathonis et Romanae synodi 125 episcoporum, quae fuit velut instructio legatorum, qui missi sunt ad synodum VI celebrandam.¹)

In dem berühmten Glaubensbekenntnisse P. Gregors II., welches der liber diurnus enthält und den P. Honorius verurtheilt, wird darum gleichfalls als ein nothwendiges Charakteristikon päpstlicher Schreiben, wenn sie eine Autorität haben sollen, verlangt, daß sie „synodaliter atque decretaliter" abgefaßt sein müssen.²) Und noch P. Zacharias weist auf einer römischen Synode (745) das Ansinnen eines andern Verfahrens entschieden zurück: Non ut a nobis solis provisum fuerit, sed pariter cum sanctitate vestra est pertractandum.³)

Daraus ist schon klar, daß dem apostolischen Stuhle nur ein ziemlich beschränktes Recht der Initiative, selbst in der abendländischen Kirche, zustand.

2) Es läßt sich nicht läugnen, daß auf einzelnen allgemeinen Concilien die päpstlichen Legaten den geschäftsleitenden Vorsitz nicht führten. So schon auf dem I. allgemeinen Concile in Nicäa.

Denn historisch wird es aus dem gegenwärtigen Quellenmateriale nicht erwiesen werden können, daß Hosius den Vorsitz als päpstlicher Legat führte. Ebenso verhält es sich mit dem III. allgemeinen Concile zu Ephesus, wo Cyrillus von Alexandrien den geschäftsleitenden Vorsitz hatte, nicht aber als päpstlicher Legat, sondern in und für seine eigene Person. Cyrillus war nämlich wohl im Nestorianischen Streite vor dem allgemeinen Concile zu Ephesus vom Papste zu sei-

---

¹) l. c. XI, 287. Auch anderwärts kannte man kein anderes Verfahren der römischen Kirche, da es überhaupt in der Kirche kein anderes Verfahren als das synodale gab. Mansi XI, 231 heißt es daher: Gregorius sanctissimus archiepiscopus hujus a Deo conservandae regiae urbis (Constantinopolis) una cum subjacenti synodo petiit vestram piissimam fortitudinem, suggestiones quae factae sunt tam ab Agathone sanctissimo papa antiquae Romae, quamque a subjacenti ei synodo.

²) Liber diurnus ed. Rozière Paris 1869 Formula 84 pag. 202. Sed et hoc vestrae caritati, Christo annuente, pollicemus, cuncta quae hujus apostolicae sedis probati (ed. Garnier et Ballerini: praefati! Es ist voraus eben von einem pontifex non probatus, Honorius die Rede) pontifices apostolici praedecessores nostri synodaliter atque decretaliter statuerunt, cum toto mentis studio et puritate nos esse conservaturos.

³) Concil. Roman. 745 bei Jaffé. Moguntiu pag. 143. Die Synode hatte vorher zu Pabst Zacharias gesprochen: Sanctissimi episcopi et venerabiles presbyteri responderunt: Ex divina inlustratione cognoscimus cor sancti vestri apostolatus inluminatum et quae a vobis dicta sunt, ex administratione sancti spiritus emanarunt. — Et idcirco, ut a vobis praevisum fuerit, in utrisque (sc. haereticis) sententia promulgetur.

nem Stellvertreter im Oriente ernannt worden, nicht aber zugleich zum päpstlichen Legaten auf dem allgemeinen Concile. Es geht dies aus den Acten des Concils selbst hervor. Zwar beruft man sich auf die Bezeichnung des Cyrillus als Stellvertreters des Papstes; allein man übersieht, daß er nicht als solcher als der geschäftsleitende Vorsitzende bezeichnet wird, sondern als Patriarch von Alexandrien, während die Stellvertretung des Papstes nur ein Accessorium ist; denn es heißt: Cyrillo Alexandriae, qui et Coelestini quoque santissimi Romanae ecclesiae archiepiscopi locum obtinebat¹). Diese Bezeichnung steht übrigens auch nur in den Ueberschriften der Protokolle, deren Authenticität oder, daß sie in der jetzigen Form zur Integrität der Akten gehören, nicht so ausgemacht sein dürfte. Cyrillus unterschreibt sich selbst nur: Cyrillus episcopus Alexandriae, una cum sancta synodo decernens subscripsi²). Die Bedeutung dieser Art und Weise der Bezeichnung erkennt man, wenn man die Unterschriften der päpstlichen Legaten zu Ephesus oder Chalcedon³) vergleicht. Endlich gerirten sich die päpstlichen Gesandten zu Ephesus stets für sich allein, ohne Rücksicht auf Cyrillus, als die päpstlichen Legaten.

Den geschäftsleitenden Vorsitz hatten die päpstlichen Legaten aber auch nicht auf dem Concil von Chalcedon. Hier waren es gar kaiserliche Commissäre, welche die Geschäfte leiteten.

In allen diesen Fällen gehen die Propositionen von dem Vorsitzenden aus, ohne daß irgend einmal bemerkt wäre, daß sie von den päpstlichen Legaten eingebracht wären, oder gar nur eingebracht werden könnten. Freilich soll hiermit nicht gesagt sein, daß die kaiserlichen Commissäre zu Chalcedon in gleicher Weise, wie Hosius oder Cyrillus, eine Berechtigung Propositionen einzubringen hatten oder beanspruchten. Gleichwohl gingen ihre Befugnisse weit.

Auch das soll damit nicht gemeint sein, daß der päpstliche Stuhl nicht auch den Vorsitz geführt habe, wenn ein anderer den geschäftsleitenden hatte. Denn wenn man die Einrichtung der alten allgemeinen Synoden kennt, so erscheint diese Frage geradezu als eine müßige. Auf einem allgemeinen Concile führten nemlich sämmtliche

---

¹) Mansi IV, 1123. Auch der griechische Text lautet also: Κυρίλλου Ἀλεξανδρίας, διέποντος καὶ τὸν τόπον τοῦ ἁγιωτάτου καὶ ὁσιωτάτου ἀρχιεπισκόπου τῆς Ῥωμαίων ἐκκλησίας Κελεστίνου.
²) l. c. coll. 1211.
³) l. c. VI, 1080. Paschasinus episcopus ecclesiae Lilybetanae provinc. Siciliae, tenens locum sanctissimi archiepiscopi magnae Romae Leonis, simul cum sanctissima Synodo in Dioscuri damnatione definiens subscripsi.

apostolische Kirchen den Vorsitz, und unter ihnen war der römische Stuhl immer als die prima sedes betrachtet worden; die übrigen Bischöfe saßen mit ihren Metropoliten zusammen. Daher kommt es auch, daß mitunter von mehreren Vorsitzenden (praesides) die Rede ist, obwohl man weiß, daß nur einer den geschäftsleitenden Vorsitz hatte¹); daher ferner, daß selbst die Päpste in jenen Jahrhunderten sich gar nicht so eifersüchtig auf den Vorsitz zeigten. Das Letztere können wir namentlich aus dem berühmten Decrete des P. Damasus (sonst Gelasius) de recipiendis et non recipiendis libris und aus dem schon angeführten Glaubensbekenntnisse des Papstes Gregorius II. erkennen²). P. Leo I. widerspricht nicht, daß 449 vom Kaiser Dioscur von Alexandrien zum Vorsitzenden ernannt ist, sondern sagt nur: fratres nostros episc .... misi: qui vice mea sancto conventui vestrae fraternitatis **intersint**, et communi vobiscum sententiae, quae Domino sint placitura, constituant³). Außer diesem Schreiben an die Synode selbst richtet er ein anderes an die Kaiserin Pulcheria mit den Worten: Nam illud quod pietas ipsius etiam **me** credit (sc. imperator) **debere interesse** Concilio, etiam si secundum aliquod praecedens exigeretur exemplum, nunc tamen nequaquam posset impleri .... in his fratribus meis, quos vice mea misi, **me quoque adesse** cum ceteris qui adfuerint, aesti-

---

¹) Epist. Leonis P. I ad Pulcheriam Mansi VI, 1387 ist z. B. von „primates synodi" (Ephesinae a. 449) und auch von „praesidentes" die Rede — Anatolius ep. Constant. ad Leonem P., Mansi VI, 178 (vom II. öfum. Concile): praesidente tunc Nectario quidem Constantinopoli, Timotheo vero Alexandriae, et Melchio Antiochiae, Helladio Caesareae Cappadociae, Cyrillo Hyerosolymis, et reliquis.

²) Gelasii P. decretum (oft edirt, auch im Corp. jur. can.): Tamen ad aedificationem sancta eadem romana ecclesia post illas veteris vel novi testamenti, quas regulariter superius memoravimus, etiam has suscipi non prohibet scripturas: sanctam synodum nicaenam secundum trecentos XVIII patres mediante Maximo Constantino Augusto, sanctam synodum Ephesinam in qua Nestorius damnatus est, consensu beatissimi Coelestini papae mediante Cyrillo Alexandrinae sedis antistite et Arcadio episcopo, qui ab Italia destinatus est, sanctam synodum Chalcedonensem, mediante Marciano Augusto et Anatolio Constantinop. episcopo. In qua Nestoriana et Euthiciana heresis simul cum Dioscoro ejusque complicibus damnatae sunt. — Das Glaubensbekenntniß des P. Gregorius II. erwähnt eines Vorsitzes des Papstes nur bei drei allgemeinen Concilien: ex auctoritate tamen Coelestini ap. sed. antistitis cum beato Cyrillo Alexandrinae ecclesiae praesule prius in Ephesinam urbem convenit; vom Chalcedonischen heißt es: cui apostolicus papa Leo per legatos et vicarios praefuit, cujus, dei gratia reserante, venerabili tomo firmati sententialiter promulgaverunt; endlich bei der VI.: eo (Constantino) praesidente, ... cui apostol. record. Agatho papa per legatos suos et responsales praefuit, cujus ....

³) Mansi V, 1410 f.

mato: quibus secundum causam satis mihi ex gestorum serie, et ipsius de quo agitur professione, patefactam, evidenter et plane quid servandum esset ostendi[1]).

3. Daß die alte Kirche endlich auf den allgemeinen Concilien sich das Propositionsrecht faktisch vindicirte, dafür haben wir zwei sehr sprechende Beispiele. Einmal das Vorkommniß mit dem 28. Kanon auf der Synode von Chalcedon und hierauf die Verdammung des Honorius auf der VI. allgemeinen Synode.

Der 28. Kanon auf der Synode von Chalcedon wurde nicht nur wider den Willen der päpstlichen Legaten eingebracht, sondern auch angenommen. Und als sich die päpstlichen Legaten in der 16. Sitzung beschwerten, daß man Tags zuvor ohne ihre Gegenwart diesen Canon eingebracht und beschlossen habe, da erklärte die Synode einfach: Rogavimus Dominos episcopos de Roma, ut communicent iis gestis, refutaverunt, dicentes: talia se non suscepisse mandata. Also nicht weil die Synode nicht das Recht der Initiative habe, weigern sich die Gesandten, sondern nur darum, weil sie in Bezug auf den Vorrang Constantinopels vor den übrigen morgen= ländischen, apostolischen Kirchen keine Aufträge, keine Instruktion von ihrem Mandanten hatten, also auch zu einem rechtsgültigen Beschlusse nicht mitwirken konnten. Die Synode hingegen erklärte, ganz cano= nisch vorgegangen zu sein, d. h. also, durch Ergreifung der Initiative nicht gegen die Canones verstoßen zu haben: Et adsunt hicque ne- que in occulto gestum est, neque furtim sunt gesta, sed conse- quenter atque canonice facta[2]). Dabei blieb die Synode auch), nach= dem der päpstliche Legat Lucentius erklärt hatte: Sedes apostolica nobis praesentibus humiliari non debet: et ideo quaecunque in praejudicium canonum vel regularum hesterna die gesta sunt no- bis absentibus, sublimitatem vestram petimus, ut circumdati jube- atis: sin alias, contradictio nostra his gestis inhaereat, ut nove- rimus quid apostolico viro universalis ecclesiae papae referre de- beamus: et ipse aut de suae sedis injuria, aut de canonum ever- sione possit ferre sententiam. Die kaiserlichen Commissäre schlossen die Discussion einfach damit ab: Quod interlocuti sumus, tota syno- dus approbavit.

Die Synode, oder vielmehr Anatolius von Constantinopel, sah nun freilich ein, daß dieser Canon, da er im Widerspruche mit den Legaten des ersten Stuhles gefaßt wurde, doch auch der Zustimmung des Papstes bedürfe. Sie, oder eigentlich, wie Hefele vermuthet,

---

[1]) Mansi V, 1404 f.
[2]) l. c. VII, 426 f.

Anatolius für die Synode, bittet nun angelegentlichst den P. Leo, daß er den Canon bestätigen wolle. Auch der Kaiser verwendet sich dafür, und man ist, um dem Papst zu gefallen, auch etwas überschwänglicher, als sonst das Morgenland zu thun pflegte, mit der Erhebung der Vollmacht des Papstes: Cum et sic gestorum vis omnis et confirmatio auctoritati vestrae Beatitudinis fuerit reservata [1]). Daß dies aber nicht so ernst gemeint war, sollte sich alsbald zeigen. P. Leo verweigerte die Anerkennung dieses Canons, allein auch das Morgenland beharrte bei dem Beschlusse der allgemeinen Synode, bis endlich im 13. Jahrhundert auf der IV. lateranens. Synode auch der apostol. Stuhl seine Einwilligung zu dem gab, was man auch ohne ihn durchgeführt hatte und selbst die abendländische Kirche factisch anerkannt zu haben scheint. Avitus von Vienne schreibt wenigstens an Johannes Cappadox v. Constantinopel: cam c. Rom. antistite vos habere concordiam, quam velut geminos apostolorum principes mundo assignare conveniat. Quis enim, qui vel catholicus dici potest, de tantarum ac talium ecclesiarum pace non gaudeat, quas velut in coelo positum religionis signum pro gemino sidere mundus expectat.... Custodite igitur, quasi patres, traditam vobis etiam super nos Ecclesiae disciplinam. Concordiae vestrae tantum opus est magisterio, quantum exemplo. Quam caritatem populis suadebimus, si hanc in nostris rectoribus nesciamus? Ed. Migne, ep. 7. pag. 228. Nirgends ist aber davon die Rede, daß die allgemeine Synode nicht das Recht der Initiative gehabt haben sollte; vielmehr nur immer das wurde geltend gemacht: die päpstlichen Legaten, ohne Mandat für diesen Punkt, konnten nicht zustimmen; und die Päpste fanden in dem Canon eine Verletzung der Bestimmung der Synode von Nicaea: Privilegia enim ecclesiarum sanctorum Patrum canonibus instituta, et venerabilis Nicaenae synodi fixa decretis, nulla possunt improbitate convelli, nulla novitate mutari [2]).

Ein Fall aber, welcher alle übrigen an Klarheit und Bestimmtheit hinter sich zurückläßt, ist die Verurtheilung des Honorius

---

[1]) Nardi in seinen Conciliumsschriftchen citirt auch diese Stelle, um zu beweisen, daß die päpstliche Bestätigung eines Concils absolut nothwendig sei. Er beruft sich hierbei auf eine falsche Stelle, wie er schon aus Hefele, Conc. Gesch. II. 543 hätte sehen können. Diese Worte beziehen sich nicht auf die Glaubensdecrete, sondern nur auf den Canon 28, wie schon der Zusammenhang dieser Stelle ergiebt. Auch in der ep. Gelasii ad Dardanos werden in einer in Codex Veronensis fehlenden Parenthese diese Worte nur auf den 28. Canon gedeutet. Dasselbe erkennt man auch aus dem Schreiben der Synode an den Papst, Mansi VI, 151.

[2]) Leo P. bei Mansi VI, 191.

auf der VI. allgemeinen Synode. Wir können uns hier kurz fassen: Wir brauchen nur die Worte des Concils selbst anzuführen. Der P. Agatho hatte zwar des P. Honorius in seinem Schreiben an die Synode geschont, dagegen hervorgehoben, daß alle seine Vorgänger die apostolische Tradition unbefleckt und rein erhalten haben; allein das Concil erlaubt sich anderer Ansicht zu sein und, ohne daß Agatho die Initiative dafür ergriffen hätte, P. Honorius trotzdem als Ketzer zu verurtheilen:

Sanctum Concilium dixit: Secundum promissionem quae a vobis ad vestram gloriam facta est, retractantes dogmaticas epistolas, quae tamquam a Sergio quondam patriarcha hujus a Deo conservandae regiae urbis scriptae sunt, tam ad Cyrum, qui tunc fuerat episcopus Phasidis, quam ad Honorium quondam papam antiquae Romae: similiter autem et epistolam ab illo, i. e., Honorio rescriptam ad eumdem Sergium, hasque invenientes omnino alienas existere ab apostolicis dogmatibus, et a definitionibus sanctorum conciliorum, et cunctorum probabilium patrum, sequi vero falsas doctrinas haereticorum, eas omnino abjicimus, et tamquam animae noxias execramus. Quorum autem, i. e., eorundem, impia execramur dogmata, horum et nomina a sancta Dei ecclesia projici judicamus, i. e., Sergii.... quarum omnium suprascriptarum personarum mentionem facit Agatho sanctissimus ac ter beatissimus papa antiquae Romae, in suggestione, quam fecit ad piissimum, et a Deo confirmatum dominum nostrum, et magnum imperatorem, eosque abjicit, utpote contraria rectae fidei nostrae sentientes, quos anathemati submitti definimus. Cum his vero simul projicit sancta Dei catholica ecclesia, simulque anathemati pari praevidimus et Honorium, qui fuerat papa antiquae Romae, eo quod invenimus per scripta, quae ab eo facta sunt ad Sergium, quia in omnibus ejus mentem secutus est, et impia dogmata confirmavit."

Bekanntlich wurde von Rom aus nicht der geringste Anstand erhoben, diese durch die Initiative der 6. allgemeinen Synode herbeigeführte Verdammung eines Papstes als Häretikers (Honorio haeretico anathema[1]) anzuerkennen[2]). Nur einen Ausweg glaubte man am apostolischen Stuhle zu haben: Man erklärte, daß doch schon vorher der P. Agatho seine Zustimmung zur Verdammung des Honorius gegeben hatte. So schreibt Hadrian II.: Licet enim Honorio ab

---

[1]) Mansi XI, 554 f.
[2]) Döllinger, Die Papstfabeln des Mittelalters. S. 137 ff.

Orientalibus¹) post mortem anathema sit dictum, sciendum tamen est quia fuerat super haeresi accusatus, propter quam solam licitum est minoribus majorum suorum motibus resistendi vel pravos sensus libere respuendi, quamvis et ibi nec patriarcharum, nec ceterorum praesulum cuiquam de eo quamlibet fas fuerit proferendi sententiam, nisi ejusdem primae sedis pontificis (Agathonis) consensus praecessisset auctoritas²). Uebrigens hatte auch schon die Glaubensformel P. Gregor II. diese Ausflucht gebraucht: in urbe regia, eo praesidente (imperatore), celebratum est, cui apost. record. Agatho papa per legatos suos et responsales praefuit, cujus venerabilem tomum celebriter assequentes eos, qui novo et haeretico dogmate immaculatam Dei ecclesiam polluere nitebantur . . . . perpetuo anathemate damnaverunt³). Es braucht jedoch nicht weiter auseinandergesetzt zu werden, daß diese Ausflucht durchaus unstatthaft sei, da noch der Brief Agatho's erhalten ist, und sowohl er selbst, als die VI. allgemeine Synode bezeugen, daß darin der Name des P. Honorius nie gestanden war.

4. Hiermit sind wir am Ende der Periode jener großen, allgemeinen Synoden angekommen, welche allein die Norm für allgemeine Synoden sein können. Was das Mittelalter in dieser Beziehung bietet, ist entweder nur eines jener auch schon in der ersten Periode vorkommenden „occidentalischen Concile", auf welchen, wie wir sahen, die Päpste ex persona cunctorum occidentalium episcoporum die Constitutionen erließen, oder es ist formlos, daß daraus geradezu ein Schluß nicht gezogen werden kann. Daher kommt es denn auch, daß, während über den ökumenischen Charakter der alten allgemeinen Concilien nicht der leiseste Zweifel obwaltet, bei diesen mittelalterlichen Synoden deren Oecumenicität schon gleich anfänglich und noch immer bestritten zu werden pflegt. Ja, so ungewiß ist die Christenheit darüber, daß sie nicht einmal die Zahl der ökumenischen Synoden zu bestimmen vermag.

Erst die Concilien von Constanz und Basel treten wieder in einer erkennbaren Form vor unsere Augen; allein gerade hier ist mehr als je zuvor der allgemeinen Synode das Propositionsrecht eingeräumt gewesen, und Jeder weiß, welch unliebsame Propositionen hier eingebracht und angenommen wurden.

---

¹) Es waren aber nicht die Orientalen allein; es waren ja auch die päpstlichen Legaten u. der abendl. Synode anwesend und erhoben keinen Widerspruch.
²) Mansi XVI. 126.
³) Liber diurnus ed. Rozière pag. 195.

Auch das ohnehin schon von den Zeitgenossen hinsichtlich seiner Oecumenicität angestrittene V. lateranische Concil ist nur ein abendländisches Concil, und wenn gerade von diesem in den ordo, die methodus und die litterae apostolicae die Formeln für das I. vaticanische Concil genommen sind, so hat man schon aus diesem einzigen Grunde demselben den Stempel einer Partikularsynode aufgedrückt, und wird es nicht ausbleiben können, daß man seine Oecumenicität so bestimmt, wie die des V. lateranischen, in Zweifel zieht.

Warum kann man es denn nicht über sich gewinnen, der Autorität des Concils von Trient zu folgen, auf welchem sich die Kirche wieder selbst gewann und wieder einmal in der ächten und wahren Sprache der allgemeinen Concilien sprach? Denn hier zu Trient gelang es nur momentan, das allgemeine Concil über seine Befugnisse und Rechte zu täuschen; als es sich wieder gefunden, sich wieder auf seine Stellung besonnen, da warf es sofort jene ihm gewaltsam angelegte Fessel ab, welche man in dem proponentibus legatis für dasselbe geschmiedet hatte. Und wer die Geschichte des Concils, wenn auch nur bei Pallavicini, liest, findet, daß nicht nur einzelne Bischöfe und das Concil, sondern selbst die damals noch auf dem Concile vertretenen Fürsten Anträge einbringen konnten und thatsächlich einbrachten. Den päpstlichen Legaten und dem apostolischen Stuhle war es damals durchaus nicht entgangen, daß mit der Gestattung oder Entziehung des Propositionsrechtes, die Freiheit des Conciles gewahrt oder entzogen werde. Denn wir lesen, daß einmal bei der Wiedereröffnung des Conciles die Legaten beschloßen, dem Papste vorzuschlagen, daß es zweckmäßiger sein müsse, wenn die Wahl der zuerst zu verhandelnden Gegenstände der Wahl der Väter überlassen werde, da man mit Gewißheit erwarten könne, daß diese die Fortsetzung der von dem früheren Concilium begonnenen und dann bei der erfolgten Suspension abgebrochenen Artikel verlangen werden, so daß jeder Vorwurf für den Papst auf der einen Seite wegfallen müsse, während auf der anderen Seite die Freiheit des Conciliums auf keine Weise durch die Eingriffe des hl. Stuhles verletzt werde.[1]

II.

Das Definitionsrecht.

Wenn von dem Propositionsrechte gesagt werden mußte, daß es auf den allgemeinen Concilien nie dem Apostolischen Stuhle allein und ausschließlich zustand, so muß hinsichtlich des Definitions=

---

[1] Pallavicini, storia lib. XV.

rechtes gesagt werden, daß dem Papste auf den allgemeinen Concilien kein anderes zukam, als den Bischöfen auch.

Der Beweis ist einfach und ohne Schwierigkeit aus der Geschichte der Concilien zu führen, nur muß hier noch von der Frage der persönlichen Infallibilität abgesehen werden, welche getrennt behandelt werden muß, wenn es sich freilich nicht leugnen läßt, daß sie von dem Resultate, das wir bei dieser Untersuchung gewinnen werden, einigermassen nothwendig berührt sein muß. Nothwendig zerfällt aber diese Untersuchung in zwei Punkte:

1) Hatten die Päpste auf den allgemeinen Concilien hinsichtlich des Definirens etwas vor den Bischöfen voraus?

2) Mußten die allgemeinen Concilien von den Päpsten bestätigt werden, wenn dieselben volle Autorität haben sollten, und worin bestand diese Bestätigung?

ad 1. **Der apostolische Stuhl hatte hinsichtlich des Definitionsrechtes auf allgemeinen Concilien vor andern Bischöfen nichts voraus.** Derselbe hatte nur insofern ein höheres Ansehen, als er unter den apostolischen Stühlen, und zwar unter ihnen als der erste und als Vertreter der „abendländischen Synode" deponirte; ein allein entscheidendes Definitionsrecht gegenüber den übrigen apostolischen und nicht-apostolischen Stühlen läßt sich für ihn nicht nachweisen.

Der Beweis ergiebt sich zum Theil schon aus dem was über das Propositionsrecht gesagt wurde. Wenn der Papst in Allem, besonders aber in Glaubenssachen, gehalten war, was über die Gränzen seiner Diöcese hinausreichen sollte, synodaliter zu verfahren, so liegt schon darin, daß er für sich allein und ausschließlich kein Definitionsrecht in Anspruch nehmen konnte.

Ein Blick in die Decrete des Concils von Trient könnte gleichfalls genügen, die Frage zu erledigen. In denselben lesen wir auch nicht ein einziges Mal, daß der Papst definirt hätte. Es ist immer nur die Synode: sacrosancta oecumenica, et generalis Tridentina synodus, in spiritu sancto legitimo congregata, praesidentibus in ea eisdem Apostolicae sedis Legatis .... docet, declarat, et fidelibus populis praedicanda decernit. Oder: statuit atque declarat ipsa sancta synodus etc. Auch die päpstlichen Legaten wagten es nicht, nachdem jener Versuch gescheitert, das Propositionsrecht an sich zu reißen, die Synode auch vielleicht in ihrem Definitionsrechte zu beeinträchtigen. Sie schreiben sich deshalb auch nie und nirgends etwas anderes oder mehr zu, als den Vorsitz. Außerdem stimmen sie wie die übrigen Väter des Concils. Werfen wir jedoch einen Blick auf die Geschichte des Concils, wie sie nicht in den solennen Decreten,

wohl aber aus den sonstigen darüber erhaltenen Quellen zu erkennen
ist, so dachte man damals auch in Rom nie an ein ausschließliches
Definitionsrecht des Papstes. Man hatte zwar auch in Rom seine
päpstlichen Theologen, welche Alles, was zur Verhandlung kommen
sollte, vorher zu bearbeiten hatten; man drang darauf, daß dieses
oder jenes in der einen oder andern Form angenommen werden
müsse; allein im Falle dieses nicht zu erreichen war, lesen wir nie,
daß man in Rom sich auf sein ausschließliches Definitionsrecht berief
oder pochte, sondern man benützte einfach rein parlamentarische Mittel,
solche Anträge zurückzuziehen ꝛc. Ueberhaupt fürchtete man dazumal
alle Themata sehr, welche auch nur entfernt eine Discussion über die
Autorität des Papstes veranlassen konnten, und der Cardinal Contarini
rieth, als er beim Religionsgespräch zu Regensburg war, ernstlich ab,
in dieser Beziehung die Ziele zu hoch zu spannen, vielmehr möge man
sich mit einer allgemeinen Formel genügen lassen.

Wenn aber die letzte und höchste Autorität, welche in Glaubens=
angelegenheiten sprach, nichts von einem ausschließlichen Definitionsrecht
des Papstes weiß, dagegen aber für das jetzt eröffnete Vaticanische
Concil ein solches dem Papste schon im Voraus und ohne alle Dis=
cussion zugesprochen wird, so dürfte es sehr gerathen sein, hierüber
auch die Geschichte zu befragen. Es wird sich zeigen, wie es für
einen gläubigen Katholiken, nachdem das Concil von Trient mit un=
übertrefflicher Klarheit und Bestimmtheit sich darüber ausgesprochen
hat, ohnehin feststehen muß, daß dasjenige, was für das Vatikanische
Concil ohne weitere Umstände dem Apostolischen Stuhle an Berechtigung
beigelegt wurde, mit der Kirchengeschichte im offensten Widerspruche
steht.

Das Concil von Nicäa, von Hosius von Corduba geleitet, kennt
nichts dergleichen, was einem ausschließlichen Definitionsrechte des
apostolischen Stuhles ähnlich sähe. Wie schon oben auseinandergesetzt
wurde, läßt sich historisch nicht erweisen, daß Hosius als päpstlicher
Legat präsidirt habe. Allein wenn er es auch gewesen wäre, so be=
anspruchten weder er noch die wirklichen päpstlichen Legaten etwas an=
deres als die übrigen Bischöfe: sie sprachen eben mit diesen und wie
diese ihr Placet (oder Non placet) aus.

Auf der II. allgemeinen Synode waren bekanntlich gar keine
päpstlichen Legaten vorhanden, sie erhielt aber nichtl dadurch ihren
ökumenischen Charakter, daß etwa der damalige, oder irgend ein an=
derer Papst seine summa sentontia darüber ausgesprochen, und das
was dort beschlossen war, definirt hätte. Etwas solches gab es —
es ist schon oben bemerkt worden — damals gar nicht: der Papst
hätte nur erklären können, daß auch die abendländische Kirche, welche

er aber erſt zu einer Synode hätte verſammelt haben müſſen, den Beſchlüſſen der morgenländiſchen zugeſtimmt habe. Und wenn auch kein formeller Synodalbeſchluß vorliegt, ſo doch auch kein bloßes päpſt=liches Definitionsdecret. Wir wiſſen nur aus gelegentlichen Aeußer=ungen, daß dieſe Synode auch im Abendlande anerkannt wurde. Beſtimmter werden die Nachrichten ſchon bei der III. allge=meinen Synode, auf der Cyrillus von Alexandrien den Vorſitz führte. Dieſes Concil fand unter P. Cöleſtin I. ſtatt, unter jenem Papſte, welcher ſeinen Legaten die Inſtruction ertheilte: ſie ſollen zwar der Verſammlung beiwohnen, aber in Streit ſollen ſie ſich nicht einlaſſen, ſie müßten vielmehr über die Urtheile jener richten.[1]) Allein trotz dieſes viel beregten und von den Infallibiliſten ſtark betonten Satzes nimmt der Papſt keine ſolche Stelle ein, wie ſie die Infallibiſten ſich denken. Wie kleinlaut iſt ſchon die Inſtruction, wenn ſie die Legaten ferner anweiſt, ganz und gar ſich nach dem Urtheile des Cyrillus zu richten: … ad fratrem et coepiscopum nostrum Cyrillum consilium vestrum omne convertite, et quidquid in ejus videritis arbitrio, facietis.[2]) Die Legaten waren übrigens bei der erſten Sitzung des Concils noch nicht anweſend, gleichwohl erleidet dieſelbe keinen Auf=ſchub, im Gegentheil erklärt Cyrillus nach dem Wortlaute des kaiſer=lichen Schreibens: ut quae ad fidei quaestionem spectant, discu-tiantur, ac citra omnem cunctationem definiantur.[3]) Zu=nächſt läßt nun auch Cyrill ſeine von P. Cöleſtin und der abend=ländiſchen Synode gutgeheißene Doctrin aufs Neue unterſuchen, ob ſie mit der Lehre des Nicänums übereinſtimme.[4]). Freilich ſagen die Väter, daß ſie Neſtorius verurtheilen, „gedrängt durch die hl. Ca=nones und gemäß dem Briefe des Cöleſtinus";[5]) allein man würde

---

[1]) Mansi IV, 556. Si quidem et instructiones, quae vobis tra-ditae sunt hoc loquantur et interesse conventui debeatis, ad disceptationem si fuerit ventum, vos de eorum sententiis judicare debeatis non subire certamen. Dieſe Worte heißen übrigens nichts anderes, als die Le=gaten ſollen ſich mit den härctiſchen Biſchöfen in keinen Streit einlaſſen, ſon=dern einfach ihre Sentenz, welche oft auch in der kirchlichen Sprache jener Zeit judicium heißt, abgeben. Allein gegen die Infallibiliſten iſt wohl zu beachten, daß die Legaten keineswegs nur im Namen des Papſtes, ſondern auch der „occidentaliſchen Synode" zu handeln hatten. S. oben und beſonders Manſi IV, 1070.
[2]) Manſi IV, 556.
[3]) Manſi IV. 1123 ff.
[4]) Manſi IV, 1138.
[5]) l. c. IV, 1211: Ἀναγκαίως κατεπειχθέντες ἀπό τε τῶν κα-νόνων, καὶ ἐκ τῆς ἐπιστολῆς τοῦ ἁγιωτάτου πατρὸς ἡμῶν καὶ συλλει-τουργοῦ Κελεστίνου τοῦ ἐπισκόπου τῆς Ῥωμαίων ἐκκλησίας. . . .

sich sehr täuschen, wollte man darin etwa ein dem Papste allein zu=
stehendes Definitionsrecht erblicken. Denn abgesehen davon, daß der
Past nicht allein handelte, erleichterte sein Vorgehen der Synode nur
ihr Geschäft; und statt daß sein Urtheil in dem Streite die Sache
beendigte, verdiente er einfach eine Belobung des Concils.¹) Endlich
erschienen die Legaten mit einem Schreiben an die Synode, worin
der Papst allerdings sagt, daß er nicht zweifele, man werde dem,
was er (und die abendländische Synode) schon vorher festgesetzt habe,
folgen; von einer Forderung, daß sich die Synode einfach unter=
werfen müsse, ist nicht im Entferntesten die Rede.²) Nun verlangen
allerdings die Legaten, daß ihnen die Acten der vorausgehenden
Sitzung mitgetheilt werden, damit „auch sie den Beschluß der Synode
bestätigen."³) Sie verdammen Nestorius, und Cyrillus recapitulirt in
sehr characteristischer Weise: „Quae Arcadius ... deposuerint, perspicue sancta Synodus percepit. Deposuerunt enim, supplentes
locum sedis apost., totiusque synodi sanctissimorum Deoque dilectissimorum occidentalium episcoporum. Quare cum ea, quae a
Coelestino sanctissimo ... episcopo dicta jam fuerant, executi sint
(ἐξεβίβασαν), sanctaeque synodi, quae in hac Ephesiorum metro-
poli convenit, sententiae contra haereticum Nestorium latae ad
stipulati sint; consequens est, ut eorum quae hesterno, hodierno-
que die acta sunt, commentarii superioribus actis attexantur, ipso-
rumque pietati offerantur, quo propria assignatione, ut moris
est, planam faciunt ac manifestam cum omnibus nobis cano-
nicam assensionem. Die schriftliche Zustimmung lautete aber

Unrichtig oder mindestens ungenau übersetzte man diese Worte ins Lateinische:
Coacti per sacros canones et epistolam sanctissimi . . . . .
  ¹) l. c. IV, 1227: . . . . cum (sc. Nestorium) . . . cathedra semo-
vimus, canoniceque exauctoravimus; et laudavimus Coelestinum . . . qui
ante nostram sententiam haeretica Nestorii dogmata condemnarat, nosque
in ferenda contra ipsum sententia anteverterat, prospiciens securitati ecclesiarum, et piae salutarisque fidei a sanctis apostolis, evangelistis,
sanctisque patribus nobis traditae . . . . .
  ²) Mansi IV, 1283 ff. Direximus pro nostra solicitudine sanctos
fratres ... qui iis quae aguntur, intersint, et quae a nobis antea statuta
sunt, exequantur. Quibus praestandum a vestra sanctitate non dubitamus assensum, quando id quod agitur, videatur pro universalis ecclesiae
securitate decretum. — Infallibilisten legen großes Gewicht auf exequantur;
allein sie übersehen, daß im Griechischen steht ἐκβίβασουσιν, was wohl aus=
laden, ans Ufer führen, aber nicht exequi heißt; sonst wird exhibere ge=
braucht.
  ³) l. c. quo juxta beati papae nostri praesentisque hujus sancti
coetus sententiam, nos quoque confirmemus, conformiter eorum de-
positioni.

so einfach, wie die eines jeden andern Bischofs: Philippus presb., et apost. sedis legatus, commentariis subscripsi. Damit war „una communisque totius terrarum orbis sententia" erreicht,[1]) der Glaube der katholischen und apostolischen Kirche hergestellt[2]) und dieser Punct endgültig erledigt.

Die Stellung des Papstes auf den allgemeinen Concilien kann aber am klarsten und deutlichsten nachgewiesen werden aus dem Schreiben und der Haltung der Legaten Leo's des Gr. Dieser schrieb nämlich an die allgemeine Synode, welche freilich in die bekannte Räubersynode umschlug und für welche der Kaiser den Dioscur von Alexandrien zum Vorsitzenden ernannt hatte: er habe seine Gesandten geschickt, welche der Synode beiwohnen und durch gemeinsame Sentenz mit ihr feststellen sollen, was dem Herrn gefallen werde.[3]) Nach dem traurigen Ausgange der Räubersynode ist wieder nicht der Fall, daß Leo etwa auf sein ihm ausschließlich zukommendes Definitionsrecht sich berufen und die Sache allein entschieden hätte. Die Sache kommt vor eine neue allgemeine Synode, für welche aber der Papst verlangt, daß ihr volle Freiheit gestattet sein müsse, um in einer friedlichen und gerechten Prüfung festzustellen, was den Glauben betrifft.[4]) Auch der Kaiser Marcian appellirt nicht an das untrügliche Definitionsrecht des Papstes, sondern beruft eine neue Synode: quatenus cunctis concordantibus, veritate examinata, et vacante omnium studio, quo quidam jam abusi, religionem turbaverunt orthodoxam, vera ac saluberrima fides sic

---

[1]) l. c. 1299.
[2]) l. c. col. 1070: Haec enim est catholicae apostolicaeque ecclesiae fides, in qua universi occidentis et orientis orthodoxi episcopi consentiunt.
[3]) Mansi V, 1410 f.: Verum quia ... pie ac religiose christianissimus Imperator haberi voluit episcopale Concilium, ut pleniore judicio omnis possit error aboleri, fratres nostros Julium episcopum, Renatum presbyterum, et filium meum Hilarum diaconem, cumque his Dulcitium notarium probatae nobis fidei misi: qui vice mea sancto conventui vestrae paternitatis intersint, et communi vobiscum sententia, quae Domino sint placitura, constituant.
[4]) l. c. VI, 14 f.: .... ut, sicut moris est, omnium sententiis ex libertate prolatis, id tranquillo et aequo constituantur examine, quod et fidei congrueret, et errantibus subveniret. ... Ueberhaupt ist es eine große Angelegenheit für die alten Päpste, den Synoden die nothwendige Freiheit der Berathung und Beschlußfassung zu sichern. Auch anderswo sagt Leo in einem Briefe ad Theodoretum Cyri episc. (Ballerini I, 1220). Die autoritas summorum müsse so bewahrt werden, daß die Freiheit der niederer Stehenden nicht beschränkt werde: ut in nullo inferiorum putetur imminuta libertas.

omni mundo manifestetur, ut de cetero omnibus quaestio et dubitatio auferatur.¹)

Die Synode welche zu Chalcedon abgehalten wurde, ist aber um so wichtiger, weil man gerade aus ihren Akten das Definitionsrecht (und die Infallibilität) des Papstes nachweisen zu können glaubt. Es spielt hier der „dogmatische" Brief Leo's an Flavian von Constantinopel herein. Man macht sich, da man sich nie bemüht, die Akten kennen zu lernen, die durchaus unbegründete Vorstellung, Leo habe in diesem Briefe ex cathedra die kirchliche Lehre definirt und diese seine Definition sei sofort von der allgemeinen Synode zu Chalcedon mit dem Rufe: Petrus hat durch den Mund des Leo gesprochen — acceptirt worden.²) Nichts unrichtiger als dieses.

Leo schrieb seine Epistel an Flavian v. C. nicht aber an die Gesammtkirche. Sie hatte ursprünglich auch gar keine größere Autorität für die allgemeine Kirche: diese kam ihr erst zu, als die allgemeine Kirche dieselbe angenommen hatte (quamque ecclesia universalis amplectitur, sagt Leo selbst).³) Allein auch die Annahme Seitens der allgemeinen Kirche ist nicht so aufzufassen, daß sie ohne Weiteres erfolgen mußte, wenn ihr das Schreiben Leo's bekannt wurde, indem diesem an sich schon und ohne die Annahme Seitens der allgemeinen Kirche die Autorität zugekommen wäre. Im Gegentheil mußte erst der Consens der Gesammtkirche dafür eingeholt werden, wie wir dies aus den Briefen Leo's noch mit zwingender Gewißheit darthun können.⁴)

Wie wurde aber auf der Synode zu Chalcedon verfahren?

Hier führten die päpstlichen Legaten den Vorsitz. Sie traten dieses Mal freilich viel bestimmter auf; allein Alles ruhte trotzdem in der Synode. Die Legaten wollten blos von ihrer Instruction nicht

---

¹) Mansi. l. c. 551.
²) So Perrone, Praelect. I, 591. Prati 1844. Mit einer solchen Verdrehung der Geschichte kann man freilich Alles beweisen!
³) Mansi VI, 123.
⁴) l. c. Ut autem in omnibus plenius tua sit instructa dilectio, ss. Patrum nostrorum de sacramento incarnationis Domini quid senserint, et quid Ecclesiis praedicaverint, ut evidenter agnosceres, aliqua ad dilectionem tuam scripta transmisi, quae nostri quoque apud CT.ⁱᵐ cum mea epistola allegarunt. Et totam CT.ᵃⁿᵃᵐ ecclesiam cum monasteriis omnibus et multis episcopis noveris praebuisse consensum, et subscriptionibus suis Nestorium atque Eutychen cum suis anathematizasse dogmatibus. Noveris etiam proxime me epistolam CT.ⁿⁱ episcopi accepisse, quae refert Antiochenum episcoporum missis per provincias suas tractoriis universos episcopos et epistolae meae praebuisse consensum, et Nestorium et Eutychen pari subscriptione damnasse. — Auch anderswohin, z. B. nach Gallien, sandte Leo sein Schreiben, um den Consens dieser Kirche dafür zu erhalten. Concil. Gall. ed. Maurin. I, 531 f. 535 f.

abgehen, welche ja nur nach den kirchlichen Regeln und den Bestimmungen der Väter ausgestellt war.¹) Vor Allem aber ist es ein eigenthümlicher Zug, daß Leo in den Augen der Synode kein besonderes, den Cyrillus von Alexandrien überragendes, also auch kein endgültiges normatives Ansehen hat, trotz der bekannten Acclamation. So sagt einmal der päpstliche Legat Paschasinus: Sancte et integre et catholice exposuit b. record. Flavianus: si quidem ejus fidei expositio cum beatissimi atque apostolici viri papae Rom. epistola concordat; allein Thalassius von Cäsarea in Cappadocien u. a. sagen das nämliche von Cyrill: B. memoriae Flavianus consonanter locutus est s. mem. Cyrillo. Man sollte nun denken, daß mit dem Schreiben Leo's, das Alle unterschrieben hatten, die Sache ihre Erledigung gefunden hätte. Dem war jedoch nicht so, obwohl es Cecropius von Sebastopol verlangte und die Synode ihm durch Acclamation zugestimmt hatte. Allein der besonnenere Florentinus von Sardes brachte die Versammlung zu ruhigerer Ueberlegung: Quoniam non est possibile, subito dictare de fide eos qui docti sunt sequi Nicaenam s. synodum, et quae in Ephceso recte et pie roborata est, secundum fidem sanctorum patrum Cyrilli, et Coelestini et epistolae S. Leonis, precamur vestram magnificentiam praestari nobis inducias, quatenus cum decenti tractatu accedere ad veritatis causam possimus, quamvis in nostra persona, qui epistolae sanctissimi Leonis subscripsimus, non indigeamus correctione.²) Der Brief des Leo wird nun neuerdings vorgelesen, und hier fällt die so oft gebrauchte und fast eben so oft mißverstandene Acclamation Petrus per Leonem ita locutus est. Man braucht sich übrigens nur die Mühe zu geben, einige Worte weiter zu lesen, um den Werth dieser Acclamation zu erkennen: Apostoli ita docuerunt, pie et vero Leo docuit, Cyrillus ita docuit, Cyrilli aeterna memoria. Leo et Cyrillus similiter docuerunt, anathema is qui sic non credit. Haec vera fides. Catholici ita sapimus. Haec patrum fides.³) Nun folgt aber noch ein Zwischenfall, welcher

---

¹) l. c. col. 607. Paschasinus (legatus) dixit: Nos contra praecepta beatissimi atque apostolici papae gubernatoris sedis apostolicae venire non possumus, nec contra ecclesiasticas regulas, vel contra patrum instituta.
²) Mansi VI, 954.
³) l. c. col. 971. Dem Petrus per Leonem ita locutus est — kann eine andere Acclamation des nämlichen Concils entgegengehalten werden. Dem Bischofe Petrus von Corinth, der sich auf Cyrill berief, rief die Synode zu: Petrus ea quae Petri sunt sapit — ὁ Πέτρος τα Πέτρου φρονεῖ l. c. col. 682.

für unseren Zweck die maßgebendste Bedeutung hat: die illyrischen und palästinischen Bischöfe zweifeln an der Orthodoxie des päpstlichen Schreibens. Sie wollen dieselbe erst genau und eingehend untersuchen. Aber welches ist der Maßstab für sie? das Criterium der Orthodoxie? Die Schreiben Cyrills von Alexandrien. Die päpstlichen Legaten erheben dagegen nicht den leisesten Protest.¹) Es geschah der Wille jener Bischöfe, und als später die kaiserlichen Commissäre fragten: ob jetzt alle Bedenken beseitigt seien, rief zwar die Synode: Nemo dubitat; die Sache verhielt sich jedoch anders. Atticus von Nicopolis in Epirus erhob sich und verlangte zur Durchforschung des päpstlichen Schreibens mehrtägige Frist, mit den merkwürdigen Worten: Quoniam praestitit magnificentia vestra suarum aurium facilitatem cum patientia, precamur, si jubetis inducias dari nobis, ut inter paucos dies tranquilla mente, et non turbato animo, quae Deo placent, a sanctis patribus ordinentur. Quoniam vero nunc Domini nostri et sanctissimi patris et archiepiscopi Leonis, adornantis apostolicam sedem, lecta est epistola, oportet vero et beatae memoriae Cyrilli epistolam scriptam ad Nestorium, in qua jubet eum consentire 12 capitulis, et hanc dari nobis, ut in tempore disceptationis parati inveniamur. Die Bischöfe riefen: Si jubetis dari nobis inducias petimus patres simul perscrutari. Ohne Widerspruch der Legaten wird ihnen fünftägige Frist gewährt.²) Unser Interesse muß aber steigen, wenn wir lesen, daß auch die Commission, welche die Orthodoxie des päpstlichen Briefes anerkannte, dennoch nicht alle Bedenken beschwichtigen konnte. In der IV. Sitzung findet eine wiederholte Untersuchung dieses Briefes statt. Jetzt gebricht es aber endlich den Legaten an Geduld: . . . „per Paschasinum dixerunt: Manifestum est, nec poterit dubitari, unam fidem beatissimi papae sedis apost. rectoris Leonis cum 318 apud Nicaeam patrum concordare atque detineri (melius: tenere fidem) 150 apud CT.ⁱᵐ congregatorum sacerdotum, qui eamdem fidem firmaverunt; sed et Cyrilli sanctae record. viri apud Ephesum statuta in nullo penitus discordare. Ideoque etiam beatissimi papae Leonis epistola, quae illam fidem exposuisse, causa erroris Eutychis, est visa, uno sensu, uno quoque spiritu illi fidei esse conjuncta."³) Die Legaten täuschten sich aber in ihrer Erwartung, wenn sie meinen mochten, daß jetzt die Synode sofort nachgeben werde: es ist noch eine Auseinandersetzung nothwendig, und erst als Euphrates episc. Eleutherae die

---

¹) l. c. col. 971 ff.
²) Mansi VI, 974.
³) l. c. VII, 10 ff.

Orthodoxie Leo's anerkannt hatte,¹) fügten sich zuerst die illyrischen, dann auch die palästinischen Bischöfe.²)

Jetzt erst nach dieser Anerkennung wird der Brief Leo's das Zeichen der Orthodoxie überhaupt³). Der formellen Bestätigung geht jedoch noch ein Zwischenfall voraus, wobei sich die Legaten zur Aeußerung fortreißen lassen: Si non consentiant epistolae apostolici et beatissimi viri papae Leonis, jubete nobis rescripta dari, ut revertamur, et ibi synodus celebretur.⁴) Bei solchen Vorkommnissen kann so wenig ein ausschließliches Definitionsrecht des Papstes festgehalten werden, als bei der schließlichen Erklärung der Synode in der V. Sitzung: ... quibus (sc. conciliis) etiam et epistolam magnae ... Romae praesulis beatissimi et sanctissimi archiepiscopi Leonis, quae scripta est ad s. mem. archiepiscopum Flavianum ad perimendam Eutychis malam intelligentiam, utpote et magni illius Petri confessioni congruentem, et communem quandam columnam existentem adversus perverse sentientes ad confirmationem rectorum dogmatum congruenter aptavit.⁵)

Leo selbst aber war damit vollkommen zufrieden und berief sich gern auf diese Bestätigung seines Briefes als „irrectractabilis consensus." (Ep. 65 ad Theodor.)

Schließlich haben wir noch die Unterschriften der Legaten zu betrachten, ob sie ein wirkliches ausschließliches Definitionsrecht für ihren Mandanten beanspruchen. Daran ist jedoch nicht zu denken,

---

¹) Mansi VII, 30: et summe orthodoxum esse sanctissimum patrem nostrum archiepiscopum Leonem perfectissime novimus.
²) l. c. col. 34.
³) l. c. col. 50 ff. Col. 54 wird es auch klar ausgesprochen: qui non subscribit epistolae cui omnis sancta synodus consensit haereticus est. — In Rom wußte man auch recht genau, daß sich der Brief Leo's an Flavian durch die Probe, welche er bestanden hatte, von allen anderen päpstlichen Schreiben unterscheide: er besaß eine höhere Autorität. Man sieht das aus dem sogenannten Decretum Gelasii: Item epistola b. papae Leonis ad Flavianum CT^{anum} episcopum destinatum, de cujus textu quispiam si usque ad unam iotam disputaverit, et non eam in omnibus venerabiliter receperit, a. s. Item opuscula et tractatus omnium patrum orthodoxorum legendos decernitur. Item decretales epistolas, quas beatissimi papae diversis temporibus ab urbe Roma pro diversorum patrum consultationum dederunt venerabiliter suscipiendas esse. — Ich bemerke, daß der Ausdruck „suscipere" oder „recipere" in diesem Aktenstücke besonders für die Werke der Kirchenväter gebraucht werde. Die Schreiben der Päpste haben demnach das Ansehen der Schriften der Kirchenväter. — In dem Glaubensbekenntnisse des Hormisdas (514—513) heißt es schon: suscipimus et approbamus omnes epistolas Leonis papae universas, quas de religione chr. conscripsit.
⁴) l. c. col. 102.
⁵) l. c. col. 114.

indem sie z. B. mit den nämlichen Worten wie Anatolius von Const. unterzeichnen: Paschasinus episc. ecclesiae Lilybetanae prov. Siciliae tenens locum sanctissimi archiepiscopi magnae Romae Leonis, simul cum santissima synodo in Dioscori damnatione definiens subscripsi[1]). Die Legaten machten freilich auch den Versuch, ihre oder des Papstes Autorität gelegentlich zu erweitern. So wenn Paschasinus im Namen der übrigen Legaten zugleich erklärt: Unde sanctissimus et beatissimus archiepiscopus magnae et senioris Romae Leo per nos et per praesentem sanctam Synodum, una cum ter beatissimo et omni laude digno S. Petro apostolo, qui est petra et crepido cath. fidei et rectae fidei fundamentum, nudavit eum (Dioscorum) tam episcopatus dignitate quam etiam et ab omni sacerdotali alienavit ministerio. Igitur sancta haec et magna synodus, quae placent regulis, super memorato Dioscoro discernat[2]). Allein die Synode kehrte sich an diese ohnehin in Anfang und Schluß kaum zu vereinbarende Aeußerung der Legaten nicht; die Conciliumsmitglieder sprechen sich in gleich autoritativer Weise wie die Legaten aus[3]) und schließlich faßt die Synode die Sentenz nur in ihrem Namen ab: a sancto et universali concilio esse ab episcopatu depositum[4]).

Aber auch fidei definitionem schreibt sich die Synode in ihrem Briefe an P. Leo allein zu[5]).

Diese Praxis währte in der ganzen Dauer jener Periode der großen allgemeinen Concilien, welche im Morgenland gehalten wurden.

Neben diesen gab es wie schon sub I: Das Propositionsrecht — nachgewiesen wurde, noch die „occidentalische Synode", welche unter dem Vorsitze des Papstes gehalten wurde, und ihre Beschlüsse, auch in Glaubenssachen, in die Form kleidete, als ob der Papst allein der Beschließende und Definirende sei.

Diese Form ging nun auf das Mittelalter über; aber freilich hatte sie auch jetzt eine andere Bedeutung erhalten. Wenn damals in dem ersten Jahrtausend trotzdem die occidentalische Synode das Discussionsrecht hatte, gemeinsame Beschlüsse faßte und selbst die Päpste wie Zacharias eine Verletzung dieses Verfahrens zu Gunsten

---

[1]) l. c. VI, 1080 f.
[2]) Mansi VI, 1067.
[3]) z. B. Maximus von Antiochien (l. c.): — — — ideo cum ecclesiasticae sententiae subjicio sicut et sanctissimus Leo . . . Romae per vicarios suos sanctissimos episcopos Paschasinum etc. et Anatolius (v. CT.) interlocuti sunt. Et ego his concors effectus, alienum eum judico ab omni episcopali sive sacerdotali dignitate et ministerio.
[4]) l. c. col. 1095.
[5]) l. c. VI, 151.

der Ausdehnung der päpstlichen Befugnisse nicht beabsichtigten: so war das im Mittelalter fast in allen Punkten anders geworden.

Das Discussionsrecht war geschmälert, der Papst wirklich der allein decretirende geworden. Immerhin kann aber nicht geleugnet werden, daß der Papst durch uralte Gewohnheit berechtigt war, sich der Formeln zu bedienen, wie: „auctoritate sedis apostolicae prohibemus" oder „in generali concilio summi pontificis judicatum est".

Das Nämliche besagen die noch formloseren Ausdrücke, wie: „Recitata sunt in pleno concilio capitula 70" oder: Innocentius III. in concilio Lateranensi etc. Hieher gehören ferner Bezeichnungen, wie: Leo episcopus, servus servorum Dei ad perpetuam rei memoriam approbante concilio. Hoc sacro concilio damnamus et reprobamus, oder sacro approbante concilio declaramus et definimus, montes pietatis" etc.

Allein gerade durch diese Formeln drückten die Päpste ihren Concilien den Charakter abendländischer Particularsynoden auf, wie sie es faktisch auch nach der Zusammensetzung der Mitglieder nur waren. Der Zweifel an ihrer Oecumenicität, der meist schon in der Zeit, wo sie abgehalten wurden, entstand und ausgesprochen wurde, ist deßhalb keineswegs als bloß oberflächlich zu betrachten.

Nur die großen Concilien des XV. Jahrhunderts, und wie wir sahen, das von Trient gingen von den Formeln bloß „abendländischer Synoden" wieder ab und ließen sich weder in der Form, noch in den Verhandlungen ein ausschließliches Definitionsrecht des Papstes aufdrängen.

Ueber die Oecumenicität dieser Concilien, so weit und so lange alle anderen Bedingungen noch vorhanden waren, hat darum auch noch Niemand einen ernsten Zweifel erhoben. Will darum das erste vaticanische Concil wirklich ein öcumenisches sein, dann muß es vor Allem erst in die Bahn der früheren, besonders des von Trient einlenken und in deren Sprache reden.

ad 2. Man hat oft ausgesprochen, daß ein allgemeines Concil nothwendig vom Papste bestätigt werden müsse, wenn es als solches gelten und von der Kirche angenommen werden soll. Man hat nicht versäumt, daraus auch, wie man glaubte, ein bedeutsames Argument für das ausschließliche Definitionsrecht oder die persönliche Infallibilität des Papstes abzuleiten. Das ist ein großes Mißverständniß, welches wiederum auf Unkenntniß der Geschichte beruht. Diese lehrt uns vielmehr, daß der Papst kein besonderes Bestätigungsrecht allgemeiner Synoden als einen eigenen Akt der Autorität besaß, oder vielmehr: der Papst hatte allerdings immer ein Bestätigungsrecht allgemeiner Concilien, allein es bestand in etwas anderem als man gewöhnlich und zumal in unseren Tagen annimmt.

Durch das Mißverständniß der wirklichen Geschichte wurde man verleitet z. B. zu fragen, ob das Concil von Nicäa vom Papst Sylvester bestätigt worden sei; ja, man hielt es für nothwendig, sogar ein Schreiben der Legaten an den Papst zu erdichten, worin sie ihn um die Bestätigung angehen.

Wir müssen aber auf diese Frage antworten: „Ja und Nein."

„Ja", weil er seine Legaten dort hatte und diese mit der Synode stimmten, was mit confirmare, bestätigen, ganz identisch genommen zu werden pflegt.[1])

„Nein" weil der Papst nie eine förmliche Bestätigungsurkunde ausstellte, an die Nothwendigkeit einer solchen überhaupt nicht dachte.

Erst allmälig fing man an, eine Bestätigung durch den apostolischen Stuhl von Rom aus zu beanspruchen und baten die allgemeinen Concilien um Bestätigung ihrer Beschlüsse.

Wir wollen den Gang der Geschichte verfolgen. Voraus ist jedoch zu bemerken, daß die Päpste ihre Gesandten als ihre Stellvertreter mit unumschränkter Vollmacht betrachteten, so lange sie ihre Instruktionen nicht überschritten. Das geht schon aus den Unterschriften der Legaten hervor, wie z. B. auf dem Concil von Nicäa (wenn sie ächt sind): Victor et Vincentius presbiteri pro venerabili viro Papa et episcopo nostro sancto Sylvestro subscripsimus, ita credentes sicut scriptum est.

Papst Julius I. beruft sich darum in seinem Schreiben an die Orientalen auch nicht auf eine besondere päpstliche Bestätigung dieses Concils, sondern einfach nur auf die Anwesenheit und das Zeugniß der päpstlichen Legaten.[2])

Ebenso sagt Cyrill von den päpstlichen Legaten auf dem Concil von Ephesus: Deposuerunt enim supplentes locum sedis apostolicae, totiusque synodi sanctissimorum deoque dilectissimorum occidentalium episcoporum; und diese Synode selbst läßt sie die Gegenwart des Papstes ersetzen: qui Coelestini ... praesentiam supplent, oder in einem Schreiben an Cölestin selbst: qui sua prae-

---

[1]) Oben beim Concil von Ephesus sahen wir ja, daß die päpstlichen Legaten sagten: Man wolle ihnen die bereits in der ersten Sitzung angewachsenen Akten vorlesen, damit auch sie dieselben bestätigen (confirmare) können, was aber einfach in der Zustimmung durch Unterschrift bestand.

[2]) Bei Athanasius Apolog. contra Arian c. 32. Ὥσπερ οὖν καὶ οἱ ἡμέτεροι πρεσβύτεροι τότε ἐν τῇ κατὰ Νικαίαν συνόδῳ γενόμενοι ἐμαρτύρησαν αὐτοὶ τῇ ὀρθοδοξίᾳ. (Μαρκέλλου Ἀγκυρ.)

sentia tuam nobis exhibuerunt, apostolicaeque sedis locum suppleverunt.¹)

Eine Bestätigung dieser unserer Interpretation geben die Worte des Papstes Leo des Großen: in his fratribus meis, quos vice mea misi, me quoque adesse cum ceteris, qui adfuerint, aestimate, ober: qui vice mea sancto conventui vestrae fraternitatis intersint et communi vobiscum sententia, quae Domino sint placitura, constituant.

Das Gleiche gilt von dessen Legaten für die Synode von Chalcedon: tamen in his fratribus ... qui ab apostolica sede directi sunt, me synodo vestra fraternitas aestimet praesidere, non abjuncta a vobis praesentia mea, qui nunc in vicariis meis adsum, et jamdudum in fidei catholicae praedicatione non desum²).

Nach dem Concil von Nicäa, von welchem schon die Rede war, ist besonders die Synode von Sardica (34¾) interessant. Sie hat zwar nicht den Charakter der Oecumenicität, allein sie war dennoch eine große Synode, auf der sich auch der Papst Julius vertreten ließ. Am Schlusse nun richtete sie an den Papst ein Synodalschreiben, worin sie sagt: Hoc enim optimum et valde congruentissimum esse videbitur, si ad caput i. e. ad Petri apostoli sedem de singulis quibusque provinciis domini referant sacerdotes.

Von einer Bitte um Bestätigung ist keine Rede, vielmehr wird er von seinen Legaten erfahren, daß vollkommene Einmüthigkeit zwischen ihm und der Synode bestehe: Ceterum sicut superius commemoravimus plena relatio fratrum quos sincera caritas tua misit, unanimitatem suam perdocebit. Seine Aufgabe soll jetzt sein, die Durchführung der Beschlüsse in dem Kreise der abendländischen Synode zu veranlassen³).

Wie die zweite allgemeine Synode, ursprünglich nur eine griechische Plenarsynode, durch Zustimmung des Abendlandes diesen Charakter erhielt, ist bereits oben auseinander gesetzt worden. Die dritte allgemeine Synode läßt man gewöhnlich von Papst Sixtus III. bestätigt sein, allein weder bat ihn die Synode in ihrem

---

¹) Mansi IV, 1338.
²) l. c. VI, 131, 134.
³) Mansi III, 40: Tua autem excellens prudentia disponere debet, ut per tua scripta, qui in Sicilia, qui in Sardinia et in Italia sunt fratres nostri, quae acta sunt et quae definita, cognoscant; et ne ignorantes eorum accipiant literas communicatorias quos extra episcopatum justa sententia declaravit. ... Omnes fratres et coepiscopos nostros literis tuis admonere digneris, ne epistolas i. e. literas communicatorias eorum accipiant.

Schreiben an den Papst (Leo), worin sie anzeigt, was verhandelt und beschlossen wurde, darum, noch haben wir eine Bestätigungsurkunde davon. Man kann nur Schreiben an Einzelne von ihm anführen, worin er sich in Uebereinstimmung mit der Synode erklärt. Und wenn es in dem an Cyrillus von Alexandrien heißt: ut si resipuerint et cum suo duce rejecerint omnia quaecunque sancta synodus nobis confirmantibus rejecit, redeant in sacerdotum consessum, so bezieht sich dieß lediglich auf die Gegenwart und Zustimmung der Legaten, welche sich ja desselben Ausdruckes für ihre Zustimmung bedient hatten, und wenn etwa ferner auf „nobis" ein Nachdruck gelegt werden wollte, so verweisen wir einfach auf den Ausdruck Papst Julius I.: „$ἡμέτεροι\ πρεσβύτεροι$", den er von den Legaten des Papstes auf dem Concil von Nicäa gebrauchte, obwohl er damals nicht Papst war (siehe oben).

Daß Sixtus III. thatsächlich nichts anderes meinen konnte, ergibt sich aus dem Verfahren Leo's nach der allgemeinen Synode von Chalcedon. Diese bat den Papst allerdings um Bestätigung des 28. Canons, gegen den seine Legaten protestirt hatten, keineswegs aber um die der Glaubensdekrete, wie aus sämmtlichen Schreiben klar zu ersehen ist[1]).

Leo in seinen Schreiben an den Kaiser und Erzbischof von Const. freut sich über die Beschlüsse der Synode, weigert sich aber, den 28. Canon anzuerkennen. Da endlich, nach mehr als einem Jahre, fordert ihn Kaiser Marcian auf (15. Februar 453), eine Bestätigung der ganzen Synode zu geben: man benütze sein Stillschweigen im Oriente zu Gunsten des Eutychianismus[2]).

Leo wundert sich über ein solches Ansinnen, denn darüber könne ja gar kein Zweifel sein, daß er die Synode von Chalcedon mit Ausnahme des 28. Canons anerkenne, das gehe ja schon aus dem Consens (des Morgen- und Abendlandes) auf der Synode hervor, sowie aus seinen späteren Briefen, welche er nach Const. sandte: Hoc autem non solum ex ipso beatissimae consensionis effectu, sed etiam ex epistolis meis quas post reditum meorum ad CT^{anae} urbis Antistitem dedi, potuissetis agnoscere, si vobis responsionem sedis Apostolicae manifestare voluissetis.

---

[1]) Mansi VI, 151. Indicamus vero, quia et altera quaedam pro rerum ipsarum ordinata quiete et propter ecclesiasticorum statutorum definimus firmitatem, scientes, quia et vestra sanctitas addiscens et probatura et confirmatura est eadem. — —
col. 154. Qui enim locum vestrae sanctitatis obtinent sanctissimi episcopi …., his ita constitutis vehementer resistere tentaverunt. ….
[2]) l. c. col. 215.

Er wolle übrigens jetzt an die Conciliumsmitglieder schreiben, damit kein Zweifel mehr bestehe: ut et fraterna universitas et omnium fidelium corda cognoscant, me non solum per fratres qui vicem meam executi sunt, sed etiam per approbationem gestorum Synodalium, propriam vobiscum unisse sententiam: in sola videlicet causa fidei[1]). Quod facilius Clementia vestra arbitratur implendum — schreibt Leo in einem anderen Briefe an Kaiser Marcian — si per universas ecclesias definitiones s. synodi Chalcedonensis apostolicae sedi placuisse doceantur. De quo quidem ratio non fuit ambigendi, cum ei fidei omnium subscribentium consensus accesserit, quae a me secundum formam apostolicae doctrinae ac paternae traditionis emissa est[2]).

Jetzt erst nach diesem so ganz merkwürdigen Vorgange, welchen eigentlich nur der Ehrgeiz der Erzbischöfe von Const. veranlaßt hatte, wird sowohl von Seite Roms die Nothwendigkeit einer besonderen Bestätigung der Concilien betont, wenn auch dessen Legaten auf denselben anwesend waren, als auch von den Concilien erbeten.

Man ging noch weiter und glaubte, daß es schon ursprünglich so gewesen sei. So sagte z. B. eine Synode in Italien unter Papst Felix III. bereits (485), daß die Synode von Nicäa Rom um Bestätigung gebeten habe: Quam vocem (sc. tu es Petrus etc.) sequentes 318 sancti patres apud Nicaeam congregati confirmationem rerum atque auctoritatem sanctae Romanae ecclesiae detulerunt ....[3]) Und nur wenige Jahre später (494) schreibt Papst Gelasius in einem freilich nicht in seiner ursprünglichen Gestalt erhaltenen Briefe: Quibus convenienter (ut dictum est) ex paterna traditione perpensis, confidimus, quod nullus veraciter Christianus ignoret uniuscujusque synodi constitutum, quod universalis ecclesiae probavit assensus, non aliquam magis exequi sedem prae caeteris oportere quam primam, quae et unamquamque synodum sua auctoritate confirmat ....[4])

Wogegen sich noch Papst Leo der Große gesträubt hatte, wurde nun allgemeiner Brauch und selbst die autoritativen Beschlüsse der

---

[1]) Mansi VI, col. 226 ff.
[2]) Mansi VI, 230. — Die Unabhängigkeit der Beschlüsse öcumenischer Concilien in Glaubenssachen von der Bestätigung des Papstes gibt übrigens selbst Perrone, Soc. Jes., Praelectiones pag. 424 f. Nr. 405 zu.
[3]) Mansi VII, 1140.
[4]) Mansi VIII, 51.

Concilien von Constanz und Basel werden darnach bemessen, daß sie von den Päpsten bestätigt sind.

Uebrigens hat diese Aenderung im Grunde doch keine so große Bedeutung, als sie auf den ersten Blick scheinen möchte; denn die Aenderung trifft nicht sowohl die allgemeinen Concilien als die päpstlichen Legaten. Während diese nämlich in den ersten Jahrhunderten den Papst mit unbeschränkter Machtvollkommenheit vertraten, und ihr Votum als das des Papstes selbst betrachtet wurde, ist dieses nach der neuen Theorie nicht mehr der Fall. Gleichwohl hat aber selbst Papst Pius IV. in seiner Bestätigungsbulle des Concils von Trient vermieden, eine absolute Nothwendigkeit anzudeuten, daß seine Bestätigung noch zu dessen Decreten und Definitionen hinzukommen müsse: Cum autem ipsa sancta synodus pro sua erga S. sedem apostolicam reverentia antiquorum etiam Conciliorum vestigiis inhaerens, decretorum suorum omnium, quae nostro et Praedecessorum nostrorum tempore facta sunt, confirmationem a nobis petierit, decreto de ea re in publica sessione facto, Nos .... illa omnia et singula auctoritate apostolica hodie confirmavimus. ... Es läßt sich aber noch darüber streiten, ob unter „confirmare" der moderne Begriff verstanden werden müsse, oder der alte, welcher mit „consentire" identisch war. Jedenfalls muß es Jedem gegönnt sein, ihn im Sinne des christlichen Alterthums zu verstehen.

Eine andere Aenderung ist auch in dieser Hinsicht eingetreten, daß bei den alten allgemeinen Synoden die confirmatio des Papstes zugleich auch die des „occidentalischen Concils" war, jetzt aber nur noch der Papst für sich und seinen Stuhl spricht. Allein eine wesentliche Aenderung ist dieses dennoch nicht, da ja bei den späteren allgemeinen Concilien die Mitglieder der abendländischen Synode schon vorher ihre Stimmen einzeln abgegeben haben.

Trotz all dieser Wandlungen im Laufe der Zeiten hatte aber noch kein Papst sich das ausschließliche Definitionsrecht auf den allgemeinen Concilien vorbehalten, wie es jetzt bei dem I. Vaticanischen Concile geschehen will.

Die früheren Wandlungen waren keine Neuerungen, eine solche soll erst auf dem gegenwärtigen Concile versucht werden. Bisher galt noch immer der Ausspruch des heiligen Cyrillus: Haec enim est catholicae apostolicaeque ecclesiae fides, in qua universi occidentis et orientis orthodoxi episcopi consentiunt.

Jetzt aber muß man das Wort des Papstes Sixtus III. als bedeutsame Mahnstimme aus dem christlichen Alterthume gewissen Bestrebungen gegenüber betonen: Nihil ultra liceat novitati, quia nihil adjici convenit vetustati. Dilucida et perspicua majorum credulitas nulla coeni permixtione turbetur.¹)

Beilage II.
(Vergleich Tagebuch S. 148.)

H....... ¹⁷/₈. 69.

Hochwürdigster Herr Bischof!

Beseelt von dem Wunsche, die Kirchenspaltung zu beseitigen, wenden sich die unterzeichneten evangelischen Pastoren an Ew. Gnaden mit der Bitte, bei dem Papste um die Abschaffung der zwei Haupthindernisse anzutragen. Die zwei Haupthindernisse sind das Cölibat für uns evangel. Pastoren, die Kelchentziehung für die ev. Laien.

Was nun zuerst das Cölibat betrifft, so tritt an Stelle desselben die Priesterehe nach den Gesetzen der griechischen Kirche:

I. Die Klostergeistlichkeit lebt im Cölibat; aus der Klostergeistlichkeit werden die Missionare zur Bekehrung der Heiden gewählt.

II. Die höhere Weltgeistlichkeit, wozu auch die Mitglieder der Domcapitel, die Professoren der theologischen Facultäten und der Priesterseminarien gehören, lebt im Cölibate. Die Bischöfe werden entweder aus den Mitgliedern der Domcapitel oder aus den Professoren der theologischen Facultäten und der Priesterseminare gewählt.

Die Mitglieder der Domcapitel ergänzen sich aus der Klostergeistlichkeit, die Professoren der theologischen Facultäten und der Priesterseminare aus dem Benediktinerorden.

III. Den Weltpriestern wird geboten, sich vor der hl. Weihe zu verehelichen.

Nach empfangener Priesterweihe darf kein Priester eine zweite Ehe schließen.

IV. Priester-Wittwer treten in den Mönchsstand über, wo sie „Hieromonachi" heißen; Priester-Wittwen gehen in ein Nonnenkloster. Die Kinder dagegen, welche auf Kosten der Kirche erzogen werden, werden in Priesterfamilien untergebracht.

V. Die Priesterbraut muß eine Jungfrau sein; eine Wittwe zu ehelichen ist dem Weltpriester verboten.

VI. Die Priesterfrauen sind ausschließlich aus dem geistlichen Stande, d. h. aus dem Priester- und Lehrerstande zu wählen.

---

¹) Mansi V, 379.

VII. Der Weltpriester hat sich **sechs** Stunden vor und **sechs** Stunden **nach** Darbringung des hl. Opfers der Messe seines Weibes **gänzlich** zu enthalten.

Erläuterungen.

ad I. Daß beweibte Weltpriester zu Missionären wenig taugen, hat die **griechische** Kirche richtig erkannt, die evangelische Kirche dagegen sendet Missionäre mit **Weib** und **Kind** zu den Heiden, darum denn auch der geringe Erfolg der protestantischen Missionen.

ad III. Die **griechische** K. gebietet nicht nur die Priester= ehe, sie läßt auch die **Priesterwittwer** in den Mönchsstand übertreten. Dies geschieht aus dem einfachen Grunde, daß der Unterschied zwischen **Ordensklerus** und **Weltklerus** deutlich und klar zum Vorschein trete. Während der **Ordensklerus** im **Cölibate** lebt, ist der **Weltklerus** ohne **Ausnahme** beweibt.

ad IV. Sollte die Bestimmung nicht getroffen werden, daß Priesterwittwen in ein Nonnenkloster gehen, so muß streng darnach von Seite der Bischöfe gesehen werden, daß dieselben keine **zweite** Ehe eingehen, weil dies eine Entweihung des Priesterstandes ist.

ad V. Daß die Priesterbraut eine **Jungfrau** sein muß, ver= steht sich um so mehr von selbst, da schon den Priestern des A. T., wie aus 3. Mos. 21, 7 u. 13, Hesekiel 44, 22 hervorgeht, die Ehe mit einer Wittwe verboten war.

ad VI. Nach **uralter Sitte** wählen die griechischen Priester ihre Weiber aus dem **geistlichen** Stande und die Bischöfe sehen streng darauf, daß von dieser so ehrwürdigen Sitte nicht abge= wichen werde.[1]) Diese so ehrwürdige Sitte, Ew. Gn., muß zum Gesetz erhoben werden, nur so kann die Priesterehe der Kirche zum Segen gereichen. Wir rechnen zum geistlichen Stand auch den **Lehrer= stand**. Derselbe soll mitherangezogen werden aus zwei Gründen:

1) Es soll der **echtkatholische** Grundsatz, daß die **Schule** von der Kirche unzertrennlich ist, sonnenklar zu Tage treten.
2) Es soll der **Lehrerstand** mit dem **Priesterstand aus= gesöhnt** werden. Dies kann dadurch geschehen, daß Lehrer= töchter Priesterfrauen werden. Oder ist es nicht ein Jam= mer, mitansehen zu müssen, wie so viele Lehrertöchter ent= weder in einen ganz niedrigen Stand sich verheirathen oder kümmerlich und einsam als alte Jungfrauen dahinsterben, da dieselben sich doch so gut zu Priesterfrauen eignen?

Aus was für Gründen sollen die Priesterfrauen aus dem **geist= lichen** Stande gewählt werden?

---

[1]) Uebrigens bemerke ich, daß dies in der russischen Kirche nicht der Fall ist.

1) Es ist eine Kardinallehre des Katholicismus, daß es gegenüber dem Laienstande einen sakramentalen Hohepriesterstand gibt. Diesem Grundsatze gemäß muß auch der Priesterstand eine von dem Laienstande gesonderte Stellung einnehmen. Wie läßt sich nun diese gesonderte Stellung aufrecht erhalten? Der Papst sagt: Einzig und allein durch den Cölibat. Wir sagen: Mit Nichten. Es gibt nämlich noch ein zweites Institut, wodurch die gesonderte Stellung des Priesterstandes bewahrt wird, nämlich: „Priesterehe mit der Bestimmung, daß die Priesterfrauen aus dem geistlichen Stand gewählt werden." Durch diese Bestimmung wird jeder Vermischung des Priesterstandes mit dem Laienstande ein undurchbrechbarer Damm entgegengesetzt, wogegen andererseits, wenn dem Priester gestattet wird, sein Weib aus jedem beliebigen Stande zu wählen, der Vermischung Thor und Thür geöffnet wird.

2) Gemäß obiger Kardinallehre muß der Priesterstand eine vom Laienstande unabhängige Stellung einnehmen. Wie kann dies bewerkstelligt werden? Der Papst sagt: Einzig und allein durch den Cölibat. Wir aber sagen: „Mit Nichten." Es gibt noch ein zweites Institut, „wodurch die unabhängige Stellung des Priesterstands aufrecht erhalten wird, nämlich: Priesterehe mit der Bestimmung, daß die Priesterfrauen aus dem geistlichen Stand genommen worden." Bei dieser Bestimmung kann von keiner Abhängigkeit vom Laienstande die Rede sein; da ja der Priester mit Seinesgleichen, d. h. mit einem Priester oder Lehrer, in Verschwägerung, tritt. Tritt aber der Priester mit einem Laien, mit einem Bürger oder Bauren in Verschwägerung, dann ist auch zur Abhängigkeit des Priesterstandes vom Laienstande, vom Bürger- und Bauernstande der Grund gelegt. Mag immerhin der Vater eines Priesters ein Bürger, ein Bauer, ein Laie sein, daran nimmt Niemand Anstoß, der Schwiegervater des Priesters jedoch darf kein Bürger, kein Bauer, überhaupt kein Laie sein, weil die Stellung eines Mannes, wie die Erfahrung lehrt, zu seinem Schwiegervater eine weit untergeordnetere ist, als zu seinem Vater, darum muß der Schwiegervater eines Priesters ein Priester oder Lehrer sein.

3) Priester- und Lehrertöchter werden mehr für das Himmlische erzogen, als Töchter aus jedem Stande. Man mag dagegen einwenden, was man will, wir evangelischen Pastoren wissen aus Erfahrung, daß evangelische Pastoren- und Lehrertöchter immerdar die besten evangelischen Pastorenfrauen geliefert haben. Dies ist auch ganz natürlich. Oder aus welchem anderen Stande sollen denn taugliche Priesterfrauen hervorgehen, wenn nicht aus dem geistlichen Stande?

4) Sobald wir dem Priester gestatten werden, sein Weib aus jedem beliebigen Stande zu wählen, so kann jedes beliebige Mädchen sein Auge auf einen Priesteramtscandidaten werfen, was eine Herabwürdigung des Priesterstandes ist. Dies ist ausschließlich Priester= und Lehrertöchtern vorzubehalten. Es heißt geradezu die Perle vor die Säue werfen, wenn Schuster= und Schneider=, Tischler= und Fleischertöchter ihr Augenmerk auf einen Geweihten des Herrn richten dürfen.

5) Wird dem Priester erlaubt, sein Weib aus jedem beliebigen Stande zu nehmen, so wird damit dem Trachten nach reichen Frauen Thor und Thür geöffnet, während dies bei der Wahl aus dem geistlichen Stand nicht der Fall ist. Denn daß Priester= und Lehrertöchter in der Regel arm sind, lehrt die Erfahrung. So soll es aber auch sein, denn nichts schadet dem geistlichen Ansehen, wie wir evangelischen Pastoren aus Erfahrung wissen, mehr, als wenn Geistliche sich reiche Frauen nehmen. Dann ist es mit der geistlichen Wirksamkeit sofort vorbei und das Volk hält die Predigt eines solchen Geistlichen von der Heimath, die droben ist, für hohle Redensart.

6) Die Feier des hl. Opfers der Messe fordert aufs Bestimmteste, daß sich der Priester sechs Stunden vor= und sechs Stunden nachher seines Weibes gänzlich enthalte. Damit dies geschehe, darf von Seiten der Priesterfrau keine Veranlassung gegeben werden. Auch hierfür können nur Priester= und Lehrertöchter dem Volke Bürgschaften des Vertrauens geben, weil sie von Kindesbeinen an geistlich erzogen werden.

7) Die Bewahrung des Beichtgeheimnisses fordert gebieterisch, daß die Priesterfrauen aus dem Priester= oder Lehrerstande gewählt werden, weil nur Priester= und Lehrertöchter es verstehen, in Folge ihrer geistlichen Erziehung, wie sie sich ihren Männern, den Priestern gegenüber, in Bezug auf das Beichtgeheimniß zu verhalten haben. Das haben auch die griechischen Bischöfe eingesehen, und darum sehen sie streng darauf, daß nur Priestertöchter zu Priesterfrauen erwählt werden. Geschähe dies nicht, nähmen sich die griechischen Priester ihre Weiber aus jedem beliebigen Stande, so wäre das Beichtinstitut in der griechischen Kirche längst untergegangen. Man könnte es auch dem Volke gar nicht übel nehmen, wenn es bei einem Priester, dessen Weib eine Bürgers= oder Bauerntochter ist, nicht beichten wollte. Wer dagegen bei einem Priester, dessen Weib eine Priester= oder Lehrertochter ist, nicht beichten will, ist entweder ein Narr oder ein Ungläubiger.

Dies sind, Ew. Gn., die 7 wichtigen Gründe, weshalb die

Priesterfrauen aus dem Priester= oder Lehrerstande zu wählen sind. Die Gegengründe kommen so gut wie gar nicht in Betracht.

1) Man könnte einwenden, daß durch solches Gesetz eine Priester=kaste aufgerichtet würde. Dieser Einwand ist grundlos. Eine Priester=kaste würde dann errichtet werden, wenn die Bestimmung getroffen würde, daß die Söhne der Priester wieder Priester werden müßten. Von einem solchen Gesetze, welches der Kirche keinen Segen bringen könnte, steht nichts geschrieben. Hier handelt es sich nicht um die Söhne, sondern um die Töchter und zwar um die Priester= und Lehrertöchter, welche der Mehrzahl nach Priesterfrauen werden sollen.

2) Es könnte die Besorgniß entstehen, daß es an Priester=frauen fehlen möchte. Diese Besorgniß ist ungegründet, da ja auch die griechischen Priestertöchter den Bedarf an Priesterfrauen vollständig befriedigen. Um wie viel mehr also, da auch Lehrertöchter Priester=frauen werden können. Vor der Hand freilich gibt es keine lateinisch=katholische Priestertöchter, die Priesteramtscandidaten sind also auf die Lehrertöchter angewiesen; aber auch so wird es nicht an Priesterfrauen fehlen, da es jetzt in allen Ländern Lehrertöchter gibt.

Disciplin.

A) Da es den jetzt=lebenden lateinisch=katholischen Priestern nicht gestattet war, vor der hl. Weihe zu ehelichen, so haben dieselben das Recht, dies noch nach der hl. Weihe zu thun.

B) Bei der Meldung evangelischer Pastoren behufs Eintritt in den katholischen Priesterstand, hat der Bischof auf folgende drei Punkte Bedacht zu nehmen.

1) Ist das Weib, welches der sich Meldende besitzt, das erste oder zweite? Ist das Letztere der Fall, so darf derselbe unter keiner Bedingung in den katholischen Priesterstand aufgenommen werden.

2) Hat der Betreffende sein Weib als Jungfrau oder als Wittwe geheirathet? In letzterem Falle darf derselbe unter keiner Bedingung in den katholischen Priesterstand aufgenommen werden.

3) Stammt sein Weib aus geistlichem Stande, d. h. aus dem evangelischen Pastoren= oder Lehrerstande oder aus dem Laienstande? In letzterem Falle ist derselbe unter keiner Be=dingung in den katholischen Priesterstand aufzunehmen. Dies scheint hart zu sein; jedoch gegenüber den Rücksichten, die man auf das Allgemeinwohl der Kirche zu nehmen hat, müssen alle persön=lichen Rücksichten zurücktreten. Das Allgemeinwohl der Kirche, welche ohne Beichtstuhl nicht bestehen kann, fordert auf das Bestimmteste, daß die Priesterfrauen geistlichen Ursprungs sind. Es braucht sich demgemäß keine Pfarrgemeinde einen Priester aufdrängen zu lassen,

dessen Weib aus dem Laienstande stammt, weil eine solche Frau den Pfarrkindern keine Bürgschaften des Vertrauens in Bezug auf das Beichtgeheimniß geben kann. Dies können nur Priester= und Lehrer= töchter, weil sie von Kindheit an geistlich erzogen sind.

Aus den von uns aufgestellten 7 Gesetzen in Betreff der Priester= ehe werden Ew. Gn. ersehen, wie hoch wir von dem katholischen Priesterthum denken, wir wollen nicht, daß dasselbe in den Staub der Gemeinheit herabgezogen werde, was ohne allen Zweifel geschähe, wenn Bürger= oder Bauerntöchter zu Priesterfrauen er= hoben würden. Möge darum der Papst in doppelter Beziehung bedenken, was zum Wohlergehen der Kirche dient; möge derselbe auf der einen Seite den Bann aufheben, den er über die Priesterehe ge= sprochen hat, andererseits aber dem Priester gebieten, sein Weib aus= schließlich aus dem Priester= oder Lehrerstande zu nehmen. Von diesem Gesetze, so merkwürdig als es klingt, hat man bisher nichts gewußt, sonst würden die Päpste schon längst den Cölibat auf= gehoben haben. Denn daß die Priesterehe, bei der Bestimmung, daß die Priesterfrauen aus dem geistlichen Stande gewählt werden, für die Kirche irgendwie nachtheilig sei, ist reine Einbildung. Im Gegentheil wird der Kirche durch Aufhebung des Cölibats reicher Segen erwachsen und der Erfolg nicht auf sich warten lassen. In keinem Lande jedoch wird sich der Erfolg glänzender zeigen, als in England, wo hunderte von anglikanischen Geistlichen nur darauf warten, daß der Cölibatsbann falle, um in den katholischen Priesterstand ein= zutreten. Es kann hier natürlich nur von denjenigen protestantischen Geistlichen die Rede sein, deren Weiber die drei Grundbedingungen erfüllen können. Dieselben müssen die Ersten sein, sie müssen als Jungfrauen geheirathet sein, sie müssen geistlichen Ursprungs, d. h. entweder aus dem evangelischen Pastoren= oder Lehrerstande ab= stammen. Möge daher der Papst nicht länger zaudern, unter diesen gewiß annehmbaren Bedingungen, das Cölibat zu beseitigen. Er kann dies um so leichter, da ja in der griechischen Kirche die Priesterehe bereits seit Jahrhunderten besteht und dennoch das Beicht= institut nicht untergegangen ist. Auch hat ja bereits der Papst den katholischen Priestern griechischen Ritus die Ehe gewährt, was nun den katholischen Priestern griechischen Ritus recht ist, ist den katho= lischen Priestern lateinischen Ritus billig. Zu bedenken ist ferner, daß die Wiedervereinigung der evangelischen Kirche nicht nur, sondern auch der griechischen von der Aufhebung des Cölibats na= türlich nur unter der Bedingung der Wahl der Priesterfrauen aus dem geistlichen Stande abhängig ist.

„Dixi et servavi animam meam."

Das Haupthinderniß für die evangelischen Laien ist die Kelchentziehung. An Stelle derselben tritt die Communion unter beiderlei Gestalten unter folgenden Bedingungen.

I. Damit die Lehre von der Concomitanz sonnenklar zu Tage trete, wird bei allen Krankencommunionen das hochheilige Sacrament unter **einer** Gestalt gespendet, wie bisher.

II. Damit die Priesterwürde gewahrt bleibe, behält der Priester seinen **eigenen** Kelch, wie bisher.

III. Da nach der Lehre der Kirche auch **nach** der Communion der verklärte Leib Jesu Christi unter der Gestalt des Weines gegenwärtig ist, der Wein aber erfahrungsmäßig leicht verdirbt, so muß genau so viel Wein abgemessen werden, als zur Communion gebraucht wird. Um dies zu bewirken, müssen folgende Geräthe angeschafft werden:

a) eine Abendmahlskanne, b) ein Eßlöffel, wie er in der griechischen Kirche gebraucht wird, c) ein Laienkelch kleiner als der Priesterkelch. Der Laienkelch besitzt unten einen Einschnitt dergestalt, daß bis zum Einschnitt genau ein Eßlöffel Wein hineingeht.

Das Verfahren ist nun folgendes:

1) Ist **kein** Communicant da, so wird an dem jetzt bestehenden Verfahren nichts geändert.

2) Ist **ein** Communicant vorhanden, so hat der Küster einen Eßlöffel Wein in den Laienkelch zu gießen. Hierauf ist der Laienkelch neben den Priesterkelch zu stellen und mitzuconsecriren.

3) Sind **mehrere** Communicanten vorhanden, so versammeln sich diese vor dem Gottesdienste in der Sacristei. Jetzt hat der Küster genau so viel Eßlöffel Wein, als Communicanten da sind, in die Abendmahlskanne zu gießen. Hierauf wird die Abendmahlskanne neben den Priesterkelch gestellt und mitconsecrirt. Nach geschehener Consecration wird den Communicanten der verklärte Leib zuerst unter der Gestalt des Brodes, sodann unter der Gestalt des Weines gereicht. Hiebei hat der Küster für jeden Communicanten genau so viel von der Gestalt des Weines aus der Abendmahlskanne in den Laienkelch zu gießen, als zum Einschnitte hineingeht. Da nun bis zum Einschnitte des Laienkelches genau ein Eßlöffel hineingeht, so kann von der Gestalt des Weines weder Etwas übrig bleiben, noch es an der Gestalt desselben fehlen.

Das Verfahren, Ew. Gn., ist zwar etwas verwickelt, läßt sich jedoch nicht gut anders bewerkstelligen. Durch dasselbe wird die Hauptklippe, nämlich die Unhaltbarkeit des Weins, umgangen, da von der Gestalt des Weines nichts übrig bleibt.

Unter diesen drei Bedingungen, Ew. Gn., kann der Papst ohne

alles Bedenken den Laien den Kelch gewähren. Es wird dadurch der Hauptanstoß, den das evangelische Volk an der katholisch-apostolischen Kirche nimmt, entfernt. Denn das mögen Ew. Gn. wissen, daß die Kelchentziehung dem evangelischen Volke in innerster Seele verhaßt ist, weil es darin eine Kränkung, eine Entziehung seiner Rechte sieht. Dieses Aergerniß muß beseitigt werden, ehe von einer Aussöhnung unseres evangelischen Volks mit der katholisch-apostolischen Kirche die Rede sein kann. Zu solcher Aussöhnung kann der Papst um so leichter beitragen, da derselbe bereits den Katholiken griechischen und armenischen Ritus die Communion unter beiderlei Gestalt gestattet, was nun den Katholiken griechischen und armenischen Ritus recht, das ist dem lateinischen Ritus billig.

So sind denn, Ew. Gn., das Cölibat und die Kelchentziehung die zwei Haupthindernisse, welche nicht etwa die Vereinigung der evangelischen Kirche allein, sondern auch der griechischen Kirche unmöglich machen. Hat nun der Papst wirklich Gedanken des Friedens, ist die Einheit der Kirche sein innigster Herzenswunsch, so kröne er seine Friedensworte, welche er an die evangelische und griechische Christenheit gerichtet hat, durch die That. Er beseitige die der evangelischen und griechischen Christenheit verhaßten Institute des Cölibats und der Kelchentziehung, was unter den obenzusammengestellten Bedingungen eine reine Kleinigkeit für ihn ist. Da dem so ist, so wünschen wir, daß diese beiden Institute vor dem festgesetzten Concile aufgehoben werden, damit der Papst den evangelischen und griechischen Christen einen thatsächlichen Beweis seiner Friedensliebe gäbe, und wir zweifeln nicht, daß dies geschehe, wenn sich ein so angesehener Kirchenfürst, wie Ew. Gn. es ist, zum Fürsprecher und Vermittler beim Papste macht. Für die Bemühungen hingegen werden Ew. Gn. in dem Bewußtsein, ein gewiß Gott wohlgefälliges Werk gethan zu haben, den herrlichsten Lohn finden.

Wir schließen mit dem echtkatholischen Gruße: „Gelobt sei Jesus Christus! In Ewigkeit Amen!"

Im Namen vieler Evangelischer der Provinz Sachsen.

H..... $^{28}/_6$. 69.

Hochwürdigster Herr Bischof!

Auf die an Ew. Gn. gesandten zwei Briefe lassen wir noch einen dritten folgen, um in demselben die Ansichten, welche Ew. Gn. in der Schrift „ein bischöfliches Wort ꝛc." gegen die Priesterehe ausgesprochen haben, zu beleuchten.

I. Ew. Gn. sagen: Daß der Papst sich vorläufig zur Priesterehe nicht verstehen werde, aus Gründen, die Ew. Gn. nicht weiter mittheilen könnten. Die Gründe sind wesentlich drei:

1) Der Papst fürchtet die Vermischung des Priesterstandes mit dem Laienstande.
2) Die Abhängigkeit des Priesterstandes vom Laienstande.
3) Den Untergang des Beichtinstituts.

Diese drei Gründe sind vollkommen gerecht; denn allerdings kann die Priesterehe sowohl den Priesterstand mit dem Laienstande vermischen, als auch denselben vom Laienstande abhängig machen, als auch den Beichtstuhl zu Falle bringen. Das ist aber eben die falsche. Falsch ist nun die Priesterehe überall, wo die Priesterfrau aus dem Bürger- oder Bauernstande, aus dem Laienstande stammt. Diese falsche Priesterehe ist so gänzlich zu verwerfen, daß wenn dem Papste nur die Wahl gelassen würde zwischen dem Cölibat einerseits und der Priesterehe mit der Freiheit der Wahl der Priesterfrauen aus jedem beliebigen Stande andererseits, der Papst ohne Bedenken das Cölibat wählen müßte. Denn das Cölibat, wie naturwidrig es auch ist, bringt doch den Beichtstuhl keineswegs zu Fall; die Priesterehe dagegen mit der Freiheit der Wahl der Priesterfrauen aus jedem beliebigen Stande führt das Beichtinstitut ohne allen Zweifel zum Untergange. Beide Institute also sind zu verwerfen, das Cölibat, weil es naturwidrig ist, die Priesterehe mit der Freiheit der Wahl der Priesterfrauen aus jedem beliebigen Stande, weil sie den Beichtstuhl zu Falle bringt. Richtig und echtkatholisch ist allein das dritte Institut: „Priesterehe mit der Bestimmung der Wahl der Priesterfrauen aus dem geistlichen Stande, d. h. aus dem Priester- oder Lehrerstande", weil dieses Institut weder naturwidrig ist, noch das Beichtinstitut zum Untergange führt. Den schlagendsten Beweis hiefür liefert die griechische Kirche, wo das Beichtinstitut noch bis auf den heutigen Tag besteht, obschon die griechischen Priester seit Jahrhunderten beweibt sind. Freilich sind die griechischen Priester auf die richtige echtkatholische Weise beweibt, denn ihre Weiber sind ohne Ausnahme Priestertöchter. In diesem so wichtigen, wahrhaft lebensfähigen Gesetze der griechischen Kirche finden wir die Lösung für das Räthsel, daß in dieser Kirche, trotz der beweibten Priester, das Beichtinstitut seine gebührende Stellung einnimmt. Die richtige Priesterehe also, Ew. Gnaden, steht mit der Bewahrung des Beichtgeheimnisses nicht im geringsten Widerspruche, wohl aber die falsche, welche dem Priester gestattet, sein Weib aus jedem beliebigen Stande zu wählen. Diese falsche Priesterehe steht mit Bewahrung des Beichtgeheim-

nisses in diametralem Gegensatz aus dem einfachen Grunde, weil
Bürger- und Bauerntöchter dem Volke keine Bürgschaften des
Vertrauens geben können; dies können nur Priester- und Lehrertöchter,
weil sie von Kindesbeinen an geistlich erzogen sind. Ein solches
Gesetz nun, daß die Priesterfrauen aus dem Priester- oder Lehrerstande gewählt werden, zu erlassen, hat die Kirche nicht nur das Recht,
sondern es ist auch ihre Pflicht, da die Kirche überall darnach zu
sehen hat, daß die Priesterwürde gewahrt bleibe, denn ist dieselbe
einmal erschüttert, dann ist es auch mit der priesterlichen Wirksamkeit
vorbei. Dies wird aber sofort geschehen, wenn Bürger- und Bauerntöchter zu Priesterfrauen erhoben werden. Hier, Ew. Gn., können
wir evangelischen Pastoren aus Erfahrung reden, indem wir wissen,
daß auch unser evangelisches Volk zu denjenigen evangelischen Geistlichen, welche ihre Weiber aus dem evangelischen Pastoren- oder
Lehrerstande genommen haben, weit mehr Zutrauen haben, als
zu denjenigen, welche meistentheils um des schnöden Mammons
willen ihre Weiber aus dem Bürger- und Bauernstande gewählt
haben. Daß durch ein solches Gesetz, Ew. Gn., keine Priester-
kaste aufgerichtet wird, haben wir in unserem 2ten Briefe bewiesen.
Denn ein Priesterkastengesetz, welches besagt, daß die Söhne der
Priester wieder Priester werden müssen, kann der Kirche nur zum
Schaden gereichen. Hier aber handelt es sich nicht um die Söhne,
sondern um die Töchter der Priester und Lehrer, welche der
Mehrzahl nach Priesterfrauen werden sollen. Ja wahrlich, Ew. Gn.,
wäre der Papst unter dieser so wichtigen Bedingung der Wahl der
Priesterfrauen aus dem Priester- und Lehrerstande um Gestattung
der Priesterehe ersucht worden, derselbe hätte schon seit Jahren den
Cölibatsbann beseitigt, und so die Einheit der getrennten Confessionen der griechischen und evangelischen Kirche wiederhergestellt.
Diese Einheit wieder herzustellen, Ew. Gn., ist keine bloße Einbildung. Denn wenn irgend eine Zeit günstig ist für den Katholicismus,
die Länder wiederzugewinnen, welche er verloren hat, so ist es die
jetzige. Für umsonst freilich kann der Papst die Länder nicht
wiedererhalten, er muß einen Kaufpreis zahlen. Der Kaufpreis
nun ist so gering als möglich und für den Papst ein reines Bagatell:
dem Priester soll das Weib, dem Laien der Kelch zurück-
gegeben werden, natürlich nur unter den von uns im ersten und
zweiten Briefe aufgestellten höchst annehmbaren Bedingungen.
Wird von Seiten des Papstes in diesen beiden Punkten nachgegeben, was zu thun ihn schon die Klugheit rathen müßte, dann
erhält der Protestantismus, der offenbar in den letzten Zügen
liegt, den Todesstoß. Wer es übrigens nicht glauben wollte, daß

der Protestantismus bis zur letzten Stufe der Verneinung ange=
kommen ist und gleichsam vor einem jähen Abgrund steht, braucht
nur nach Bremen zu gehen, der ehemaligen erzbischöflichen Re=
sidenz, wo der reformirte Pastor Schwab den offenkundigen Un=
glauben schon seit einem halben Jahre predigt, ohne daß von Seiten
des Senats und der Bürgerschaft irgend ein Protest erhoben würde.
Auch von Berlin, der Metropole des Protestantismus, läßt sich
nur trauriges berichten. Religion ist so wenig hier zu finden,
daß ein hochgestellter evangelischer Geistlicher es rund herausgesagt
hat, daß, wenn Berlin nicht kannibalisch=heidnisch werden soll,
es zum röm.=katholisch=apostolischen Glauben zurückgeführt werden muß.
Es ist nämlich, E. Gn., statistisch erwiesen, daß von **25 Menschen**
in Berlin nur **ein einziger** sich um die Kirche kümmert. In keiner
andern Stadt daher tritt die Hohlheit und Erbärmlichkeit des Prote=
stantismus deutlicher zu Tage als in Berlin, der Metropole des
Protestantismus. Derselbe hat sich vollständig als Täuschung er=
wiesen. Soll es nun in Berlin wieder besser werden und das Volk
begeistert für den Glauben, so bleibt nichts weiter übrig, als daß Jesus
Christus, hochgelobt, wieder seinen Einzug halte in die verlassenen
Kirchen und die Stelle auf dem Altar wieder einnehme, welche ihm
gebührt. Erst dann, wenn in allen Berliner Kirchen wieder das eine,
heilige Opfer, Jesus Christus, dem himmlischen Vater dargebracht wird,
wenn die Berliner wieder ihre Kniee beugen werden vor dem gött=
lichen Heilande im Tabernakel, wenn das hochwürdigste Gut wieder
öffentlich durch die Straßen Berlins getragen wird, wenn das Fest
aller Feste, das hl. Frohnleichnamsfest wieder mit der Pracht und
Herrlichkeit gefeiert wird, wie vor Zeiten, dann wird man auch in
Berlin wieder Religion finden. Damit nun dieser Zeitpunkt recht
bald herbeikomme, dazu möge doch Ew. Gn., das bitten wir, Ihren
Beistand nicht versagen. Wohlan, säumen Ew. Gn. keinen Augenblick
und tragen beim Papste um Beseitigung des Cölibats und der
Kelchentziehung unter den von uns aufgestellten Bedingungen an
und Ew. Gn. werden dann noch den Triumph und Sieg der
Kirche Christi über alle ihre Feinde erleben. Es werden sich, davon
können Ew. Gn. überzeugt sein, nicht nur in England, sondern auch
in Deutschland, nach Aufhebung des Cölibats und der Kelchent=
ziehung merkwürdige Dinge ereignen, denn die protestantischen
Länder sind nach 351jähriger Trennung wieder reif geworden für
den Catholicismus.

Gelobt sei Jesus Christus! In Ewigkeit. Amen!

Beilage III.

(Vergl. Tagebuch S. 174).

"Plenam potestatem — ordinariam et immediatam."

Diese wenigen Worte sind die gefährlichsten im ganzen Schema. Es soll durch dieselben der Episcopat veranlaßt werden, dem wesentlich unmoralischen Papalsysteme seine Approbation zu geben, einem Systeme, wogegen die Concilien von Constanz und Basel protestirten und das Episcopalsystem proclamirten, das ferner die lutherische Reformation hervorrief und auf dem Concil von Trient den heftigsten Widerstand veranlaßte.

Wer die Geschichte dieses Systemes kennt, wer die nichtswürdigen Folgen und die himmelschreienden Gräuel, welche dieses System in der Kirche Gottes verursachte, beherzigt, der muß erstaunt fragen: warum macht man jetzt im 19. Jahrhundert den Versuch, dasselbe von einem allgemeinen Concile bestätigen zu lassen, im 19. Jahrhundert, wo die ganze Fundamentlosigkeit dieser Prätensionen wie nie so klar vor Augen liegt? Wenn die Curie die Absicht hegen würde, die Kirche vor der ganzen wissenschaftlichen Welt recht tief und unvertilgbar zu compromittiren, überhaupt die Kirche bei den gebildeten Nationen fast, wenn nicht ganz unmöglich zu machen, dann hätte sie kein besseres Mittel ergreifen können, als durch das allgemeine Concil dieses System approbiren zu lassen und, was das Aeußerste ist, als Glaubenslehre aufzustellen! Es steht nämlich, was nicht zu vergessen ist, im Schema de fide!

Oder hat die Curie im Gegensatz zu der ganzen wissenschaftlichen Forschung, welche die Fundamente dieses Systems mit Evidenz als Erdichtungen und Lügen dargethan hat, dieses System als wahr nachgewiesen?

Die Annotationes des Schema geben über den Stand dieser Frage Aufschluß, aber auch darüber, daß, wenn man versucht sein sollte, im Wortlaute des Decretes nur eine ordentliche und immediate Primatialgewalt zu finden, eine ordentliche und immediate Episcopalgewalt in allen Diöcesen in Anspruch genommen werde.

Was sonst nirgends mehr möglich ist, das kann noch in Rom geschehen: Die "Doctrin der alten Gesammtkirche" wird einfach mit den Decreten Nicolaus I. aus dem Jahr 865 und Leo's IX. bewiesen! Weiß man denn nicht, daß gerade in den in Rede stehenden Punkten 865 bereits die alte Kirchenverfassung wenigstens theilweise verändert war? weiß man nicht, daß gerade 865 P. Nicolaus I. den

Pseudo-Isidor anerkannte¹), der eben das Papalsystem zum ersten Male in seinem ganzen Umfange dargestellt hatte? Oder gesteht Rom selbst zu, daß weiter zurück für die Prätensionen des Systems keine Beweise aufzufinden sind? Da dieses wirklich der Fall ist, so hat man sich mit diesem Citate selbst sein Urtheil gesprochen.

Ehe wir auf eine Entwicklung der Geschichte des Papalsystems eingehen, soll nur noch das übrige Beweismaterial des Schema kurz gewürdigt werden.

Es werden nämlich Annotat. 38 pag. 151 u. ö. die Concilien von **Lyon II** und **Florenz**²), dann noch das V. lateranens., selbstverständlich als allgemeine, angeführt.

Zunächst ist es durchaus unerwiesen, daß diese Concilien **allgemeine** sind. Nicht blos bis ins 17. Jahrhundert zählte man die angeblichen allgemeinen Concilien des Mittelalters bis auf das florentinische in Rom selbst **nicht als allgemeine**; auch in Deutschland waren sie nach dem Zeugnisse des Weihbischofes des Card. Hosius, Cromer, keine allgemeinen. Er zählt nur das Florentinische und Tridentinische als solche. Aber auch das Florentinische ist als solches in Deutschland noch h. z. T. nicht anerkannt. Ich verweise auf Alzogs K.=G., welche mit Zustimmung des Episcopates in den Händen fast aller Geistlichen ist, aber auch in den Seminarien Italiens unter Empfehlung von Seite Roms eingeführt ist.

Was das Glaubensbekenntniß von Lyon speciell betrifft, so kann es durchaus nicht als solches des Concils selbst betrachtet werden. Ich will nicht auf die Ausführung Döllingers (Allg. Ztg.) verweisen, es genügt Alzog (8. Ausg.) II, 195 f.: ... Der Kais. Mich. Paläologus suchte ... eine kirchliche Aussöhnung auf dem allgemeinen Concile zu Lyon (1274) zu bewirken. Die Abgeordneten, worunter **Georgius Akropolita**, unterzeichneten ein Glaubensbekenntniß: worin sie den **Ausgang des hl. Geistes auch von dem Sohne**, wie den **Primat des Papstes** anerkannten, und nur die Beibehaltung der alten griechischen Gebräuche forderten."

Hinsichtlich des Concils von Florenz ist zu bemerken, daß Bischof **Salzano** in seinem Corso di Storia ecclesiast. p. 507 ff. als eine wesentliche Eigenschaft eines allgemeinen Concils bezeichnet, daß der ganze Episcopat oder wenigstens der größere Theil desselben

---

¹) Ep. Nicol. P. I. ad episc. Galliae, Jan. 865.
²) Uebrigens übersehen die Verfasser des Schema's, daß in diesen beiden Concilien nur von einem universalen **Primate**, aber nicht von einem universalen **Episcopate** die Rede ist; allein bei ächten Curialisten liegt eben letzteres in ersterem, was aber mit der alten Kirche in absolutem Widerspruche steht.

anwesend sei. Vorher gibt er die Zahl derselben auf 140 an und fügt dann später bei: Celebrossi infatti il Concilio, nel quale i Vescovi del mondo tutto intervennero nella maggior parte, e Greci e Latini. Im Ernste kann dieses aber nicht gesagt sein, da diese Zahl nicht einmal den größeren Theil des damaligen deutschen und französischen Episcopates repräsentirt. Aber auch auf dem Concil von Trient wurde in aller Form das Concil von Florenz[1]) Seitens der französischen Bischöfe und Gesandten als nicht öcumenisch bezeichnet. Die Legaten und selbst Rom, mit dem darüber gleichfalls verhandelt wurde, wiesen diese Behauptung nicht einfach zurück. Und selbst der Geschichtschreiber des Concils, Pallavicini, sagt nur: „Die (französ.) Legaten schienen außer Acht gelassen zu haben, daß das Concilium von Florenz bei der allgemeinen Kirche in einem weit größeren Ansehen steht, als jenes von Basel." [2])

Daß aber das Concil von Trient diese Concilien factisch nicht als öcumenische betrachtete, ergibt sich aus dessen Verhandlungen über Can. 8 de sacramento ordinis (früher als Can. 7 vorgeschlagen). In den Entwürfen dazu, namentlich auch in dem von Rom übermittelten Entwurfe[3]) fanden sich auch die Ausdrücke des Glaubensbekenntnisses von Lyon: Ad hanc autem sic potestatis plenitudo consistit, quod ecclesias ceteras ad solicitudinis partem admittit, wiederholt im V. lateranens. Concile. Beschlüsse allgemeiner Concilien können und dürfen nach uralter Lehre der Kirche nicht neuerdings von einem späteren allgemeinen Concile debattirt werden. Das geschah aber zu Trient. Namentlich bemerkte der Bischof von Metz: sehr viele mäßen die Macht des Papstes nach der Ausdehnung derselben ab, da nun aber die christliche Welt unendlich sei, so glaubten sie daraus ableiten zu müssen, daß auch die Macht des Papstes unendlich sei, so daß er die Bischöfe nur zu Gehülfen aufnehme, und ihnen gleichsam eine nur geborgte oder begünstigte Amtsverwaltung verleihe. Ihm scheine die Sache aber ganz anders, indem die Bischöfe die Nachfolger der Apostel wären, die Apostel aber von Jesu Christo, und Matthias durch das Loos, nämlich durch den göttlichen Willen, berufen worden wären. Die Bischöfe hätten also ihr eigenes Amt,

---

[1]) Die deutsche Nation hatte das Concil von Florenz gleichfalls nicht anerkannt. Vgl. Friedrich, der Reichstag zu Worms 1521. Nach den Briefen des päpstlichen Nuntius Aleander. Abhandl. der k. Akad. d. Wiss. 1871. S. 86, bez. 32. Friedrich, das päpstlich gewährleistete Recht der deutschen Nation, nicht an die päpstliche Unfehlbarkeit zu glauben. 1870. S. 33.
[2]) Pallavicini, Gesch. des Trident. Concils. 19. Buch. Uebersetzg. v. Klitsche IV, 94—96.
[3]) l. c. pg. 71 f.

und könnten nicht als Delegirte des Papstes betrachtet werden. Was nun aber die Worte: „die Fülle der Gewalt", auf welche viele sich gründeten, betreffe, so müsse er mit jenem hl. Vater, der über die Fülle der Gnade sprach, und bei dieser Veranlassung bemerkte, daß diese Fülle der Gnade bei Jesu Christo, bei der hl. Jungfrau, bei den Aposteln, und bei andern Heiligen vorhanden gewesen sei, aber nicht bei allen in gleichem Maße, sagen, daß die Fülle der Gewalt auch bei dem Papste ihre Gränzen habe." [1]).

Was war aber das Resultat all dieser Verhandlungen? Daß man die Aussprüche in dem Glaubensbekenntniß von Lyon II und die Sätze des V. lateranens. Concils nicht anerkannte. Den Canon über den Papst ließ man daher ganz fallen und den über die Bischöfe faßte man in folgender Form: Si quis dixerit, Episcopos, qui auctoritate Romani Pontificis assumuntur, non esse legitimos, et veros Episcopos, sed figmentum humanum; A. S.

Ebenso erging es mit den Worten, daß „der Papst über dem Concile stehe", welche das V. lateranens. Concil doch ausgesprochen hatte. Der Cardinal von Lothringen und die französischen Bischöfe erklärten, sie nicht anzunehmen; ja sie weigerten sich sogar zu sagen, „daß der Papst die Macht habe, die allgemeine Kirche zu regieren, da dieses der verneinenden Meinung, daß das Concilium dem Papste unterworfen, nachtheilig sei, statt allgemeiner Kirche müsse gesagt werden alle Gläubigen und alle Kirchen"[2]). Diese Formel, wie man uns in neuester Zeit zu belehren angefangen hat, durch das V. lateranens. Concil als ein allgemeines außer Zweifel gesetzt, wurde auf dem Tridentinum gleichfalls geopfert. Und wann könnte sie je der Episcopat zugeben? An und für sich unrichtig gestellt, weil der Gesammtkörper der Kirche darin unrichtig aufgefaßt ist, findet die Curie darin eine maß- und zügellose Gewalt des Papstes anerkannt, welche der Episcopat nie zugestehen darf und kann, wenn er sich nicht an der Kirche schwer versündigen will. Ich habe einen „Tractatus utilissimus" vor mir, resp. tract. utiliss. reservationum papalium, von Aeneas de Falconibus de Magliano verfaßt während des V. lateranens. Concils und in Rom 1543 mit päpstlichem Privileg gedruckt. Es genügt daraus (pag. 16) folgenden Satz auszuheben:

„Sed cum firmiter credam Papam esse in beneficialibus omnia et super omnia, et neminem posse sibi legem imponere, ut dicam infra in 1. q. prin. super verbo per habentem potesta-

---

[1]) Pallavicini l. c. pg. 45 f. cf. pg. 75 f. Namentlich pg. 78.
[2]) l. c. pg. 78, 94.

tem, dico Summum Pontificem posse per totum orbem christianum hujusmodi reservationes facere, licet de facto eius literae in aliquibus locis non recipiantur, nec potuisse ligari decretis dicti Concilii (sc.. Basilicnsis), quia omnes bene sentientes affirmant Papam esse supra Concilium etc.

Es wird gut sein, aus dieser Schrift, in der That ein tractatus utilissimus im jetzigen Augenblicke, noch einige Sätze anzuführen.

pag. 2 a. — — Et hoc quia Papa naturaliter et vero ipse solus est dominus et ordinarius ordinariorum omnium beneficiorum mundi, ut habetur etc. etc. Quod satis apparet ex prooemio quo uti solent Rom. Pont. in reservationibus quas faciunt, de quo in prae. Cancel. fol. CXXIII. ver. etsi omnium. Et hodie in Concilio Lateranensi in Bulla reformationis in IX. sess. facta, quae incip. supernae dispositionis arbitrio ver. et cum fructuum, et alii inferiores gerant vices Papae, et in partem sollicitudinis sunt ab ipso vocati, ut in c. multum stupeo III. q. VI. unde si contigerit ad se avocare, sive reservare, quae aliis, ut ita dixerim, praecario concessit, dicetur hoc mere favorabile, et res ad suum caput reverti.... sicut dici solet, cum omnia a principe descendant, non est mirum si facile ad ipsum revertantur... Nec potest dici, quod in talibus reservationibus Papa gravet aliquem, quia qui suo jure utitur, neminem laedit.

pag. 6 a: Primus casus est in beneficiis existentibus in Urbe, et ista papa confert, non quia sit supra omnes praelatos mundi et concurrat cum eis in jurisdictione, sed tanquam Episcopus urbis Romae.

pag. 14 a: sermo Papae est penetrabilis cum gladio ancipiti, et eius decretum omnia interiora, et occultissima afficit et astringit.

pag. 41 b: Legatus de latere et non alii legati ... concurrit tanquam superior cum omni ordinario suae provinciae in collatione beneficiorum.

pag. 43 a wird ausgeführt: Cardinales et Papa sunt unum corpus und Cardinalis verbo statur asserentis se legatum und wenn er als solcher Reservationen vornimmt.

Noch wichtiger und das mittelalterliche Papalsystem umfassender zum Ausdruck bringend ist der Tractatus valde utilis et necessarius de reservationibus Apostolicis des Caspar de Perusio, ebenfalls 1543 mit päpstlichem Privileg in Rom gedruckt.

pag. 16: ... Romana ecclesia in judicando causas universas totius mundi habet ordinariam potestatem.

— — Ita et episcopi nisi ex papae concessione et ipsius

conferunt auctoritate quamvis non nomine expresso III. q. VI. multum stupeo enim dicit Leo papa vices. n. nostras ita tuae credidimus charitati etc. . . . ipse quidam (quidem?) vocatus est in plenitudinem potestatis, episcopi vero in partem solicitudinis . . . . idem in administrando, quia omnium bonorum ecclesiasticorum quoad usum et sicut dominus universalis . . . idem quoad dispensationem, quia culpa exigente potest ab uno accipere, et dare alteri . . . . . ideo dicit Archi. quod est judex supremus omnium ordinariorum potest inhibere restitutionem . . . . episcopi in suis dioecesibus vices papae gerunt, ut d. c. multum stupeo, natura enim est ordinarius totius mundi, videl. papa . . . . et est in plenitudine jurisdictionis et potestatis, alii vero sunt ordinarii ejus nomine in partem solicitudinis electi qui omnes ab eo judicantur . . . ideo dicit Innocentius c. super his, quod omnis creatura est sub papa . . . quia vicarius Christi est et Petri successor, cui dictum est a Christo vocaberis cephas quod interpretatur caput (sic!). Ideo Petrus est ecclesiae caput, et cardo aliarum ecclesiarum, nec tale privilegium potest tolli per praescriptonem quia esset contra salutem animarum secundum archidiaconum probat const. Bonifac. extravag. Unam sanctam recognosce Romanam ecclesiam in dominam majorem. — — pag. 2 a: Hoc etiam probatur in Mose quem Deus constituit verum principem ut supremum totius populi sui cui plenariam concessit potestatem judicandi, et post eum constituit Josue, sed omnibus his major fuit Petrus cui universalis concessa fuit potestas in coelo et in terra . . . quod satis probatur, quod papa sit vicarius Christi et Petri successor, et summus pontifex, et regula directiva omnium aliorum cui omnes sunt subjecti in tantum quod cum venerit plenitudo temporis omnis Israel salvus fiet, sicut dicit Apostolus, omnes nationes huic capiti subjicientur et obedient, et tunc implebitur quod dicitur, et erit unum ovile et unus pastor. Ideo dicit quod ad salutem animae nostrae est tenendum Romanam ecclesiam omnium aliarum tenere principatum et sic ordinatum ab ipso Christo per translationem de Antiochia ad Romam . . . . et papam principem mundi, ut vicarium, quia dictum est terra et plenitudo ejus, unde dicimus quod Petrus dedit Paulo licentiam praedicandi . . . et pro tanto cantat ecclesia in cathedra Petri, tu es pastor ovium et princeps apostolorum, tibi tradidit Deus omnia regna mundi . . . et ipse solus quidem transfert imperium, et de ipso judicat de re judi. ad apostolicae, in VI. etc. etc.

Secundo infertur quod Summus Pontifex potest trahere ad se ipsum cognitionem causarum et collationem beneficiorum totius mundi, quia cum habet plenam potestatem XI. dist. c. consequens. et adjectione non indiget nec alia plenitudine VI. q. 1. si omnia, ex quo infertur quod resistentes tali reservationi, quia laedunt papam in talibus sibi ipsis in eorum jure praejudicant, et falcem in messem alienam ponentes ab unitate et capite suo recedunt, et eis nomen acephale imponitur .... Immo qui dicit papam praedicta non posse est haereticus. XIX. di nulli et uo. glo. de elect. generali lib. VI. in verb. inhibemus. Infertur etiam ex praedictis quod subtrahentes obedientiam ecclesiae Rom. vel dominium in totum vel in partem sint schismatici vel haeretici, apparet ergo ex praedictis quod jure suo proprio et directo papa utitur in causarum cognitione reservationibus beneficiorum collatione, bonorum administratione omnium ecclesiarum, ut infra dicam. Contra hanc conclusionem et supradicta potest opponi prout Archi. opponit, Christi voce apostolis data est jurisdictio fratribus, et Petro cum eis dicit quodcunque ligaveris etc. et episcopi loco apostolorum sunt successores numero, sicut papa est successor Petri, ita episcopi successores .... et sic videtur quod episcopi sua jurisdictione utantur, et quod non sint papae vicarii, nec sua jurisdictione privari posse — — — — et sic non videtur supremus et dominus mundi solus papa, ut supradictum est, immo plures sunt episcopi et ordinarii, qui in temporalibus regnoscunt imperium regem Franciae et alios dominos temporales, de quibus praestant eis juramentum fidelitatis etc. XXIII. q. ult. si vobis de appel. etc. etc.

Ad primum tendit Archi. in c. supradicto, dicens, quod quamvis Apostoli fuerint a Deo instituti una cum Petro, non tamen fuit par institutio, et ille. fuit qui dictus est cephas i. (idest) caput. XXII. di. c. II. et b. Leo dicit, ita ad omnium apostolorum officium pertinere voluit adsitum munus etc. Item dicit Dominus: Simon Joannes amas me, pasce oves meas. VIII. q. 1. in scripturis. Ideo dicit tex., quod dominus commisit Petro jura coelestis, et terreni imperii. XXII. dist. c. 1. et ex hoc patet solutio primi contrarii, et differentia potentis jurisdictionis inter Petrum et alios Apostolos, et inter papam, et alios ordinarios, qui sub ipso et ab ipso curam habent animarum. — —

Secundo infert, quod tanta est potentia Petri, et per consequens successorum, de electio. significasti, quod lex Julia de ambitu non habet locum in Curia Romana, nec simonia.

Hier fällt die Frage ein: kann der Papst Simonie begehen? Sie wird hier in longum et latum behandelt pag. 3 a sqq. Um natürlich das Gewissen der Päpste bei dem maßlosen Reservationenwesen zu salviren, wurde durch alle mögliche dialektische Künste dahin zu entscheiden gesucht, daß der Papst keine Simonie begehen könne, oder in animo papae esse simoniam committere, vel non.

pag. 4 a: … ecclesia potest cognoscere de omni causa criminali sicuti temporali, et ecclesiastica secundum Apost. ad Corinth. ubi Apostolus praecepit etc. causas privatorum ad ecclesiam deferri XI. q. 1. relatum etc. et ideo omnis creatura et omnis causa sine distinctione est sub papa, ut supra dixi … Ex quibus patet quod ideo papa de temporalibus non judicat immo hoc habet, ut ponere falcem in messem alienam, non quia non habeat potestatem, sed quia ad talia vocare non vult, quia non decet, et sic respondetur ad c. licet, de foro comp. ut si aliter sentiret aliquis, quod cum sic esset, discordaret in ecclesia militante duo capita unum in temporalibus, et aliud in spiritualibus, quod sapit haeresim Manichaeorum, qui dixerunt duo esse principia unum spiritualium, et aliud temporalium, ad hoc. XXXXIIII. q. III. quidam autem § manicheis, et hoc etiam probat extrav. Bonifac. Unam setam. Ideo Imperator dicitur filius ecclesiae sive Papae. XCVI. dist. in scripturis etc.

Christus tributum solvit causa removendi scandalum …

pag. 4 b: Et ex praedictis satis apparet, quod reservatio beneficiorum, ac etiam cognitiones causarum tam in foro contentioso, quam poenitentiali, ac etiam casus administrationis **sine aliqua mensura per universum, et sine regula fieri potest a Papa.** Und dagegen wird jede Gegenrede abgewiesen.

pag. 5 a: … quia ipse est aliorum regula et mensura, et nemo sibi regulam et mensuram imponit.

Man sage aber ja nicht, daß dies nur etwa einzelne extreme Schriftsteller behaupten. Das ist das Curialsystem des Mittelalters, hundertmal dargestellt, von den Inquisitoren gehandhabt und praktisch von der Curie durchgeführt.

In den Pseudo-Isidorischen Decretalen (c. 850 entstanden) wird dieses System zum ersten Male zusammengefaßt: „Der Papst sei den Bischöfen Protection schuldig, als seinen Dienern: denn im Stuhl Petri seien alle Kirchengewalten vereinigt, Erzbischöfe und Bischöfe lediglich seine Gehülfen." „Nulli vel tenuiter sentienti vel pleniter sapienti dubium est, quod Ecclesia Rom. fundamentum et forma sit ecclesiarum, a qua omnes Ecclesias principium sumpsisse nemo recte credentium ignorat, quum, licet omnium apostolorum par esset electio, b. tamen Petro concessum est, ut ceteris praeemineret, unde et Cephas vocatur, quia caput¹) est et primus omnium apostolorum. Et quod in capite praecessit, in membris sequi necesse est. Quamobrem S. Rom. Ecclesia, ejus merito Domini voce consecrata, et ss. patrum auctoritate roborata, primatum tenet omnium Ecclesiarum, ad quam tam summa episcoporum negotia et judicia atque querelae, quam et majores Ecclesiarum quaestiones, quasi ad caput, semper referenda sunt. Nam et qui se scit aliis esse praepositum, non moleste ferat, aliquem esse sibi praelatum: ipsa namque Ecclesia, quae prima est, ita reliquis Ecclesiis **vices suas** credidit **largiendas,** ut in **partem** sint vocatae **solicitudinis,** non in plenitudinem potestatis." Die Entscheidungen des Papstes sind nach Pseudo=Isidor allgemeines Gesetz, die Provincial= synode bedarf seiner Bestätigung, causae majores, namentlich jede Art Appellation sind seiner Jurisdiction vorbehalten. Auch das Im= perium stehe in geistlichen Dingen unter dem Papste, der sorgen müsse, daß es darin keinerlei unberechtigten Einfluß geltend mache.²)

Wenn nun auch diese Pseudo=Isidorischen Principien nicht sofort allseitig zur Geltung kamen, mit dem Decrete Gratians und dem Corpus juris canonici fanden sie überall Eingang. Von da an ist kirchenrechtlich der Bischof nur päpstlicher Bevollmächtigter, der seine Vollmacht als ordinaria zwar auf Lebenszeit hat, sie aber nur so hat, weil der Papst sie ihm so übertragen hat. Denn dieser als Stell= vertreter Christi ist dergestalt in Alleinbesitz aller Kirchengewalt, daß anders als auf seiner Concession kein kirchliches Regierungsrecht beruhen kann. Innocentius III. c. 3. X. de translat. episc. (1, 7): Rom. Pontifex, qui non puri hominis, sed veri Dei vicem gerit in terris.³) Die Glosse zu dieser Stelle: Unde dicitur habere

---

¹) vgl. die vorigen Curialisten.
²) O. Mejer, KR. S. 30 f.
³) Innocent. III. c. X. de translat. episc. (1,7.): non enim humana, sed potius divina potestate conjugium spirituale dissolvitur ... auctoritate Rom. Pontificis, quem constat esse vicarium Jesu Christi. Und c. 1. X. de transl. ep. (1, 7): Quum ex illo generali privilegio, quod B. Petro et per eum Ecclesiae Rom. D. N. indulsit, canonica postmodum manaverint instituta. ...
Innoc. III. Epp. 1, 350: Sic Ap.ca Sedes inter fratres et coepiscopos nostros pastoralis dispensavit oneris gravitatem, sic eos in creditae sibi solicitudinis partem assumsit, ut nihil sibi subtraheret de pleni-

coeleste arbitrium, et ideo etiam naturam rerum immutat, substantialia unius rei applicando alii, et de nullo potest aliquid facere, et sententia quae nulla est facit aliquam; quia in his quae vult ei est pro ratione voluntas, nec est qui ei dicat, cur ita facis? Ipse enim potest supra jus dispensare, idem de injustitia potest facere justitiam, corrigendo jura et mutando, et plenitudinem obtinet potestatis. — Zenzelinus († 1325) ad c. 4. Extr. Joh. XXII. 14: Credere autem, Dominum Deum nostrum Papam ... sic non potuisse statuere prout statuit, haereticum censeretur.

Einmal das Papstthum auf diese schwindelnde Höhe gestellt, konnte natürlich auch der keineswegs ursprüngliche Satz nicht mehr genügen: Prima sedes a nemine judicatur. Nach dieser Anschauung, wie wir sehen werden, mußte der Papst doch noch Gott Rechenschaft ablegen und das war immerhin bei der schrankenlosen Willkür, welche er sich auf Erden erlauben konnte, ein beengendes und beunruhigendes Gefühl. Man erfand bald ein Mittel. Seit Augustinus Triumphus († 1328), Summa de pot. eccl. qu. 6. a. 1. hieß es: Nullus ... potest appellare a Papa ad Deum ... quia una sententia est et una curia Dei et Papae. Ein jüngerer Zeit= und Gesinnungsgenosse des Aug. Triumphus war Alvarus Pelagius († 1330): de planctu ecclesiae libri II.

Aus dieser plenitudo potestatis folgten aber noch gar viel andere Rechte der Päpste, eigentlich Alles, was man beanspruchen wollte; kraft ihrer kann jetzt der Papst die Bischöfe versetzen und entsetzen und hat er nunmehr neben ihnen eine concurrirende Regierungsgewalt, d. h. eine immediata et ordinaria jurisdictio et potestas, welche er auch seinen Legaten übertragen kann. Auch bleibt er als Auftraggeber der Bischöfe befugt, von ihren Verfügungen jederzeit jede Art Appellation zu empfangen, oder auch einzelne Geschäfte ihnen sonst aus der Hand zu nehmen (avocare). Tit. X. de appellat. (2, 28), Alexand. III. c. 2: appellationibus ... pro quacunque levi causa fiant, non minus est, quam si pro majoribus fierent deferendum. — c. 12: sacri canones et ante et post litis contestationem ... singulis facultatem tribuunt appellandi.

---

tudine potestatis, quominus de singulis causis ecclesiasticis inquirere possit, et quum voluerit, judicare. Id. in c. 5. X. de concess. preb. (3, 8): Ap.ca Sedes ... retenta sibi plenitudine potestatis, ad implendum laudabilius officium pastorale quod omnibus eam constituit debitricem, multos in partem solicitudinis evocavit, sic suum dispensans onus et honorem in alios, ut nihil suo jure subtraheret, nec jurisdictionem suam in aliquo minueret.

Von jetzt ab liegt die kirchliche Gesetzgebung und Dispensations=
befugniß nur noch in seiner Hand. Innocent. III. c. 4. X. de
concess. praebend. (3, 8): secundum plenitudinem potestatis
de jure possumus supra jus dispensare. Bonif. VIII. c. 1. de
constit. i. VI. (1, 2): Rom. Pontifex, qui jura omnia in scrinio
pectoris sui censetur habere, constitutionem condendo posteriorem
priorem, quamvis de ipsa mentionem non faciat, revocare noscatur.
Auch die Concilien haben jetzt lediglich durch den Papst Autorität
und Kraft: Paschalis II. (a. 1102) Cap. Significasti (4) X. de elect.:
quum omnia concilia per Rom. Ecclesiae auctoritatem et facta sint et
robur acceperint, et in eorum statutis Romani Pontificis patenter ex-
cipiatur auctoritas. Und Alvarus Pelagius, de planctu Eccles. 1, 6:
Papa super omnia, etiam generalia concilia est, et ab ipso ipsa
recipiunt auctoritatem et licentiam congregandi se etc.[1]

Die aus dieser Machtfülle abgeleitete Bestätigung des Kaisers,
sowie der Kurfürsten ꝛc. ꝛc. gehört nicht weiter hieher. Wohl aber
das ist zu bemerken, daß eigentlich in diesem Systeme die päpstl.
Infallibilität ihren Grund hat, die auch darum gerade von den
Vertheidigern dieses Systemes, wie Turrecremata, Thom. v. Sarzano,
Cajetanus, Jacobus Almainus gelehrt wird.[2]

Man möchte vielleicht geneigt sein zu glauben, daß derartige
Excentricitäten in unserer Zeit nicht mehr vorkommen könnten. Ab=
gesehen davon, daß sie durch die Anerkennung des Princips selbst
auch anerkannt und berechtigt wären, erschien vor einigen Monaten
eine Conciliumsschrift, welche mit wenigen Worten das Nämliche sagt.
Ich meine die Oracula Pontificia von Gual pag. 59: „Verum ligatane vel definita esse poterant in coelis, quae a Petro vel
ejus successore erronee ligata vel definita fuerint in terris?
Ubinam tunc illud QUODCUNQUE sine restrictione rerum et
temporum?"

Das Alles beseitigte das Concil von Trient, indem es die
Ausdrücke: plenitudo potestatis, Vicarius Christi, in partem solicitudinis ablehnte und dagegen den langwierigen Kampf

---

[1] Pillips KR. II, 334 f. sagt in papalist. Sinne darum ganz
correct: „Das versteht sich ja von selbst, die Bischöfe haben ja keine
Freiheit, sie müssen ja, über den Erdkreis zerstreut oder mit einander ver=
sammelt, den Ausspruch, wie der Papst ihn verkündigt, als unverbrüchliche
Wahrheit hinnehmen.

[2] Alzog, KG. II, 190. Als letzter Grund gilt den Infallibilisten
doch der Gehorsam gegen den Papst, wie jüngst wieder Hergenröther
in s. Anti=Janus ausführte. Als ob Gehorchen und Glauben identische
Begriffe wären! Man vermengt zudem die potestas jurisdictionis mit dem
magisterium! Cf. Pillips KR. II, 322.

darüber führte, daß die Bischöfe, sowie ihre Residenz jure divino seien. Nicht minder gehört hieher deren Kampf gegen das proponentibus legatis. Das Vaticanum, so hoffe ich und mit mir wohl sämmtliche Theologen Deutschlands, wird in die Fußtapfen seines Vorgängers zu treten nicht verschmähen; im Gegentheil muß dieses auch für jenes maßgebend sein.

Wir werden nun die Fragen zu beantworten haben:
1) Hatte das Papalsystem je die Billigung der Kirche erhalten?
2) Hat es ein Fundament in der alten Kirche?
ad 1.

a) Dieses die ganze Kirche corrumpirende System, hat nicht nur nie die Billigung der Kirche erhalten, sondern so oft es an diese als Gesammtkirche herantrat, stets deren Verdammung erfahren müssen. Und wenn auch auf einigen mittelalterlichen Concilien einzelne Thesen dieses Systems theils praktisch durchgeführt, theils formell anerkannt wurden, so habe ich schon oben darauf hingewiesen, daß diese sogen. allgemeinen Concilien des Mittelalters sämmtlich des Charakters der Oecumenicität entbehren und namentlich das Concil von Trient die Anerkennung der einschlägigen Bestimmungen dieser angeblichen allgemeinen Concilien ablehnte, eine Nothwendigkeit, über die die Kirche nie hinwegkommen kann, wenn sie sich nicht selbst aufgeben will. Wenn ich hier wiederholt von dem Charakter dieser mittelalterlichen sogen. allgemeinen Concilien sprechen muß, will ich nicht vergessen, daß sie schon ihrer Form nach keine allgemeinen Concilien sein können. Man hat auch jetzt beim Vaticanum die Form dieser mittelalterlichen Concilien Seitens der Curie gewählt und vorgeschrieben, und Seitens des Episcopates wurde dem Papalsystem getreu die Aeußerung laut: Wenn der Papst auf einem Concile gegenwärtig sei, sei für dessen Decrete die Form der päpstlichen Erlasse zu wählen. Das ist wohl im Sinne und Systeme der Curialisten gelegen, wie ich oben schon nachwies, die Kirche selbst kennt dieses Recht des Papstes nicht. Man sollte darum nicht so leicht über die Formel der Conciliumsdecrete hinweggehen; denn 1) liegt darin eine Approbation eines Stückes des Papalsystems, das die Kirche mit aller Gewalt von sich abwehren muß; 2) wird durch Annahme dieser Formel des Papalsystems der Charakter der Oecumenicität des Vaticanums selbst problematisch. Herr Erzb. Manning sagte in seiner Conciliumsschrift (gegen die Münchener Schule): wir werden sagen: „Dem hl. Geiste und uns hat es gefallen!" Ich möchte nur wünschen, daß der Hr. Erzb. Manning diese Formel nicht dem Papalsysteme bereits geopfert hätte. Ich sage, diese Formel ist sogar für ein öcumenisches Concil nothwendig und wesentlich, weil so oft ein solches wirklich gehalten wurde, wie zu Constanz, Basel (soweit sie öcumenisch sind) und Trient, die papalistische abgelehnt wurde. Es ist unrichtig, wenn man überhaupt behauptet, daß diese Formel durch die Anwesenheit des Papstes berechtigt sei; denn auf den ersten allgemeinen Concilien, wie ich weiter unten zeigen werde, hatten die päpstl. Legaten volle Gewalt des Papstes, so daß sie in dessen Namen zustimmten und von einer päpstl. Bestätigung der Concilien gar nicht weiter die Rede war; trotzdem aber ist eine solche Formel von den Concilien nicht angenommen worden. Im Gegentheil kann man beweisen, daß der Versuch dazu schon auf dem Concil zu Chalcedon gemacht wurde; allein, ohne daß wir die Verhandlungen darüber kennen, die Synode lehnte eine solche Zumuthung ab und sprach in ihrem Namen, Mansi VI, 1047. Der päpstliche Legat Paschasinus erklärte nämlich zugleich im Namen der übrigen päpstl. Legaten:

Unde sanctissimus et beatissimus archiepiscopus magnae et senioris Romae Leo, per nos et per praesentem sanctam synodum, una cum ter beatissimo et omni laude digno b. Petro ap., qui est petra et crepido catholicae ecclesiae, et rectae fidei fundamentum, nudavit eum tam episcopatus dignitate, quam etiam et ab omni sacerdotali alienavit ministerio. Die so von den vorsitzenden päpstl. Legaten formulirte Sentenz wurde aber einfach nicht angenommen, denn die dem Dioscur zugesandte Sentenz (Mansi VI, 1095) lautet einfach auf den Namen der Synode: a sancto et universali concilio esse ab episcopatu depositum, et ab omni ecclesiastica functione submotum — und wiederholt sich ebenso in dem Schreiben an den Alexandrinischen Clerus (l. c.).

Dagegen will ich nicht sagen, daß die Formel wie sie der Papalismus auf das Vaticanum jetzt und auf allgemeine Concilien überhaupt anwenden möchte, gar keine Berechtigung habe. Diese Art von Concilienformel ist uralt, allein sie gilt nur für „abendländische Synoden", deren Beschlüsse der Papst in seinem Namen gefaßt darstellte. Das geht aus verschiedenen päpstlichen Zeugnissen hervor. So schreibt P. Julius I., Mansi II, 1219:

Nam tametsi solus sim, qui scripsi, non meam tamen solius sententiam, sed omnium Italorum, et omnium in his regionibus episcoporum scripsi. Ego autem omnes nolui scribere, ne a multis onerarentur: certo ad constitutum tempus convenere episcopi, et ejus sententiae fuere, quam vobis iterum significo. Quapropter, dilectissimi, etiamsi solus scribo, scribere me tamen communem omnium sententiam vos scire volo.
— Hieher gehört auch was eine Synode in Italien unter P. Felix III. (a. 485) aussagt, Mansi VII, 1140:

Quoties intra Italiam propter ecclesiasticas causas, praecipue fidei colliguntur domini sacerdotes (= episcopi), consuetudo retinetur, ut successor praesulum sedis apostolicae ex persona cunctorum totius Italiae sacerdotum, juxta solicitudinem sibi ecclesiarum omnibus competentem cuncta constituat, qui caput est omnium.

Dieses „Gewohnheitsrecht" braucht und soll durchaus nicht geschmälert werden; allein man darf nicht zugeben, wie das Curialsystem behauptet, daß es ein wesentliches Recht des Papstes sei und daß sich dieses Recht auf allgemeine Synoden beziehe. Nimmt daher das Vaticanum diese Formel an, so läuft es nothwendig Gefahr, seine Autorität in Frage zu stellen.

Damit ist aber eigentlich die erste Frage erledigt: Hatte das Papalsystem je die Billigung der Kirche erhalten? Man kann also factisch sagen: die Päpste, welche es allein schufen, haben es auch bestätigt auf ihren „abendländischen Synoden", und zwar auf ihren eigenen Namen. Die Christenheit ließ sich dies lange gefallen, bis endlich das Maß voll war, indem drei Päpste zu gleicher Zeit diese schrankenlose Gewalt übten und drei Curien etablirt wurden, welche sich als die Curien Gottes gerirten. Da folgten sich die Concilien von Pisa, Constanz und Basel. Sie waren nichts weiter als die nothwendige Reaction gegen das in seinem innern Wesen unwahre Papalsystem. Die Päpste suchten dagegen wieder auf den angeblich allgemeinen Concilien zu Florenz und im Lateran eine Reaktion in Scene zu setzen. Die Christenheit antwortete auf der einen Seite damit, daß sie diese Concilien bis zur Stunde noch nicht allgemein als öcumenische anerkennt, auf der anderen mit der luther. Reformation. Und als trotzdem die Curie auf dem Concil zu Trient ihre Prätensionen geltend machen und durchsetzen wollte, da mußte sie es erfahren, daß sie nicht nur das nicht erreichen konnte, ja daß sie nicht einmal den Canon durchzusetzen vermochte:

„Es werde mit dem Anathem belegt, wer behauptet, daß der hl. Petrus durch die Einsetzung Jesu Christi nicht der erste unter den Aposteln war, nicht sein Vicarius auf Erden gewesen sei, oder daß es nicht nothwendig sei, daß sich in der Kirche ein Papst als Nachfolger des hl. Petrus befinde, der rücksichtlich der Autorität der Regierung ihm ganz gleich sei, so wie auch, daß seine rechtmäßigen Nachfolger auf dem röm. Stuhle bis auf den heutigen Tag nicht den Primat in der Kirche genossen haben, und daß sie nicht Väter, Hirten und Lehrer aller Christen gewesen seien, so wie auch, daß ihnen von unserem Herrn Jesu Christo in der Person des hl. Petrus nicht die volle Gewalt verliehen worden sei, die allgemeine Kirche zu weiden, zu leiten und zu regieren."[1]

---

[1] Pallavicini l. c. pag. 72 f.

Man war eben zu sehr gewitzigt und hatte aus Erfahrung erkannt, welche Tragweite im Sinn der Curie in all diesen Ausdrücken liegt. Dagegen konnte darum auch der Hauptvertheidiger des Papalsystems, der Jesuitengeneral Salmeron, nicht aufkommen. Alle Distinctionen und dialektischen Wendungen konnten die Väter des Concilium nicht bestimmen, dem Papalsysteme den Stempel ihrer Bestätigung aufzudrücken.

b) Es wird nun aber die Frage nicht überflüssig erscheinen: Durch wen und wie wurde das Papalsystem in die Praxis der Kirche eingeführt? Wir können aber dafür den evidentesten histor. Beweis liefern.

(Die Fortsetzung ist nicht mehr in meinen Händen.)

Beilage IV.

Légation de la Confédération de l'Allemagne du Nord près le St. Siége.

Rome, le 23. Avril 1870.

Monseigneur,

Le Gouvernement Impérial de France nous a donné connaissance du memorandum relatif au Concile, que Sa Sainteté a daigné recevoir des mains de l'Ambassadeur de France.

Le cabinet des Tuileries ayant demandé au gouvernement de la Confédération de l'Allemagne du Nord, d'appuyer les observations qu'il vient de soumettre au Saint Père comme Président du Concile, nous n'avons pu hésiter à nous associer à une démarche considérée comme opportune, comme urgente même, par beaucoup de catholiques désireux de voir aboutir les déliberations du Concile à une oeuvre de paix religieuse et sociale.

En effet, le gouvernement de la Confédération, témoin de l'agitation profonde qui règne au sein de l'Eglise en Allemagne, manquerait à ses devoirs, s'il ne voulait pas constater l'identité des appréciations développées dans la pièce française avec les graves préoccupations qui en Allemangne se sont emparées des esprits, effrayés à l'idée que des résolutions conciliaires prises en dépit de l'avis presque unanime de l'Episcopat Allemand, ne puissent créer des situations pénibles en imposant aux consciences des luttes sans issue.

Ce n'est pas tout. Il est de notoriété publique que les

Evêques Allemands — qui à nos yeux comme aux yeux du Saint Siége sont les représentants légitimes des catholiques allemands, pas plus que l'Episcopat de l'Empire Austro-Hongrois n'ont pu s'approprier les vues qui paraissent dominer au Concile.

Par des documents publiés aux journaux et dont l'authenticité n'a jamais été contestée, nos Evêques ont rempli le devoir de signaler d'avance les déplorables résultats qui seraient à craindre si l'autorité suprême de l'Eglise et la majorité du Concile voulaient, sans tenir compte des votes contraires d'une minorité importante, procéder à la proclamation de certains décrets, qui en introduisant sous forme de définitions dogmatiques des modifications profondes dans la délimitation de l'autorité attribuée à chaque dégré de l'hiérarchie, ne pourraient manquer d'altérer en même temps la position réciproque des pouvoirs civils et ecclésiastiques.

De tels décrets, loin d'être seulement une menace vague pour l'avenir, semblent plutôt calculés de manière à faire renaître et à entourer d'une nouvelle sanction dogmatique d'anciennes constitutions Pontificales, suffisamment connues et constamment combattues par la société civile de toute époque et de toute nation. Vouloir proclamer ces principes aujourd'hui du haut de la chaire Pontificale, les vouloir soutenir par tous les moyens de persuasion dont l'Eglise dispose, ce serait nous le craignons, jeter le trouble dans l'ensemble des rapports de l'Eglise avec l'Etat et amener des crises, dont le gouvernement Pontifical, malgré sa sagesse traditionelle, ne se rend peut-être pas compte, parcequ'il est moins que nous en mesure de juger la disposition des esprits dans nos pays.

Il y a un point sur lequel il importe de diriger tout particulièrement l'attention du St. Siége.

En Allemagne les chrétiens catholiques et noncatholiques doivent vivre paisiblement les uns à côté des autres.

Sous l'influence des relations quotidiennes et d'un contact continuel un courant s'est formé, qui sans effacer les divergences a fini par rapprocher les différentes confessions, de manière à pouvoir espérer qu'un jour on parviendrait à réunir toutes les forces vives du christianisme pour combattre en commun les erreurs dont le monde subit déjà l'influence au grand détriment des sentiments réligieux.

Or — il est à craindre que ce mouvement de rapprochement ne soit violemment arrêté si l'évènement venait à prouver que les tendances, que nos évêques combattent et contre lesquelles l'opinion publique fait valoir tous les arguments qu'elle puisse dans le besoin de défendre contre toute atteinte la base de notre existence nationale, devaient l'emporter du concile, jusqu'au point d'être imposée au monde comme règle de foi réligieuse et par conséquent comme règle de conduite politique.

Nos populations — il est impossible de s'y méprendre — y verraient la reprise d'anciennes luttes, parcequ'elles ne pourraient être rassurées par une argumentation qui tendrait à représenter la conduite politique des catholiques comme entièrement indépendante de ce qui leur serait enseigné comme devoir religieux.

Il n'est pas impossible que le gouvernement de la Confédération, auquel les reproches de ne pas s'être opposé à temps à ce qu'à tort ou à raison on a appelé les projets de Rome n'ont pas manqué, n'aurait plus en matière réligieuse la liberté d'action dont jusqu'à présent il s'est servi dans l'intérêt de l'Eglise catholique.

En soumettant ces observations au Saint Siége nous sommes nullement inspirés des idées de ceux que la Cour de Rome considère peut-être comme ses adversaires. Nous n'avons aucun intérêt à affaiblir l'autorité du Souverain Pontife.

C'est comme puissance amie et pour rendre un nouveau service au Saint Siége que nous voudrions par la franchise avec laquelle nous nous exprimons sur les difficultés de notre situation et sur les dangers d'une crise religieuse, contribuer à écarter des délibérations du Concile tout ce qui pourrait compromettre la position généralement satisfaisante de l'Eglise catholique en Allemagne.

Si nous pouvions nous flatter d'avoir coopéré à un tel résultat nous n'en serons pas seulement redevables à la sagesse du St. Siége, mais nous y trouvions un motif de plus pour persévérer dans la ligne de conduite que nous avons toujours suivie dans nos relations avec la Cour de Rome.

Veuillez agréer, Monseigner, l'assurance réitérée de ma plus haute considération.

A Son Eminence
Monseigneur le Cardinal Antonelli
Secrétaire d'Etat de Sa Sainteté.

Beilage V.

(Vgl. Tagebuch S. 210.)

Zu wünschen wäre, daß im II. dogmatischen Schema pag. 18 Cap. X. „Romanam" gestrichen würde. In der alten Kirche war die Gesammtkirche die apostolische Kirche und nur sie findet sich in den Glaubensbekenntnissen. In keinem Glaubensbekenntnisse der alten Kirche trifft man den Zusatz „Romana", wie man in der Zusammenstellung der Bekenntnisse bei Denzinger, Enchiridion sehen kann, pag. 2—9; 11; 16 f.; 40; 65; 132; 152. Selbst die Confessio fidei Tridentina, l. c. pag. 292, hat nicht „Romana" aufgenommen und noch heute beten wir in dem apostolischen Glaubensbekenntnisse nicht „apostolische römische Kirche". Wohl aber findet sich der Zusatz in der von P. Innozenz III. den Waldensern vorgeschriebenen Confessio, l. c. pag. 160 f.; in ganz eigenthümlicher Weise in der Confessio des Kaisers Michael Paläologus, l. c. pag. 168 ff. Dagegen fehlt der Zusatz wieder in dem Decrete Eugens IV. pro Jacobitis, l. c. pag. 213.

Es wird überdies zu sehr durch diesen Zusatz ausgeprägt, daß von den alten apostolischen Kirchen, welche die orientalische Kirche ausmachten, keine mehr übrig sei, ja ausgesprochen, daß die jetzige orientalische Kirche nicht blos schismatisch, sondern überhaupt eine wesentlich falsche Kirche sei, da es heißt: Haec autem vera ... Ecclesia ... est ... apostolica Romana. Man hat auf dem Concil von Trient beim Sakrament der Ehe so sehr Rücksicht auf die griechische Kirche genommen, daß man keine auch nur indirekte Verdammung derselben aussprach; soll das Vaticanum nicht die nämliche Rücksicht haben?

Beilage VI.

Bitte um Vertagung des Concils wegen unausstehlicher Hitze.

Beatissime Pater!

Episcopi infrascripti, tam proprio quam aliorum permultorum Patrum nomine a benignitate Sanctitatis Vestrae reverenter, fiducialiter et enixe expostulant, ut ea quae sequuntur paterne dignetur excipere:

Ad Patres in Concilio Lateranensi V. sedentes hoc habebat, die decima septima Junii, Leo X. P.: Quia jam temporis dispositione .... concedimus, simulque Concilium Pontifex ad tempus autumnale prorogabat.

Pejor certe impraesentiarum conditio nostra est. Calor aestivus, jam desinente mense Junio, nimius est, et de die in diem intollerabilior crescit; unde RR. Patrum, inter quos tot seniores sunt, annorum pondere pressi, et laboribus confecti, valetudo graviter periclitatur.

Timentur imprimis febres, quibus magis obnoxii sunt extranei hujusce temperiei regionis non assuefacti.

Quidquid vero tentaverit et feliciter perfecerit liberalitas S. V., ut non paucis episcopis hospitia bona praeberentur, plerique tamen relegati sunt in habitationes nimis angustas, sine aëre, calidissimas omninoque insalubres.

Unde jam plures episcopi ob infirmitatem corporis abire coacti sunt; multi etiam Romae infirmantur, et Concilio adesse nequeunt, ut patet ex tot sedibus quae in aula conciliari vacuae apparent.

Antequam igitur magis ac magis creverit aegrotorum numerus, quorum plures periculo hic occumbendi exponerentur, instantissime postulamus, B. Pater, ut S. V. aliquam Concilii suspensionem, quae post Festum s. Petri convenienter inciperet, concedere dignetur.

Etenim, B. Pater, cum centum et viginti episcopi nomen suum dederint, ut in tanti momenti quaestione audiantur, evidens est discussionem non posse intra paucos dies praecipitari, nisi magno rerum ac pacis religiosae dispendio. Multo magis congruum esset, atque necessarium brevem aliquam, ob ingruentes gravissimos aestatis calores, Concilio suspensionem dari.

Nova vero Synodi periodus ad primam diem mensis Octobris forsitan indicari posset.

Sanctitas Vestra, si hoc, ut fidenter speramus, concesserit, gratissimos sensus nobis populisque nostris excitabit, utpote quae gravissimae omnium necessitati consuluerit.

Pedes S. V. devote osculantes nosmet dicimus
    Sanctitati Vestrae
      humillimos et obsequentissimos
       famulos in Christo filios.[1]

---

[1] Der Abschreiber bemerkt: Die Schrift wird nun an die mehr ruhigen Bischöfe getragen, um von ihnen unterschrieben zu werden. Die famosen und liberalen sollen sie nicht unterfertigen. Sie wird natürlich ohne Effekt bleiben. Bis jetzt unterzeichnet: Tuamensis (Mac-Hale), Albiensis (Lyonnet), Sangallensis (Greith), Niciensis (Sola von Nizza).

Beilage VII.

Rom, den 10. Juli 1869.

Verehrtester Herr Stiftspropst!

Längst wollte ich Ihrem mir in Ihrem letzten Briefe, für den ich Ihnen herzlich danke, ausgedrückten Wunsche nachkommen, wurde aber leider durch verschiedene Umstände, hauptsächlich aber durch den angegriffenen Zustand meiner Gesundheit daran verhindert. Die wenigen Nachrichten, die ich Ihnen über die künftige Kirchenversammlung geben kann, sind leider auch diesmal nichts weniger als tröstlich. Es ist zur Zeit eine Aufgabe, der ich mich nicht gewachsen fühle, unter den zahllosen in sich widersprechenden Aeußerungen des Papstes und Antonelli's mich zu Recht zu finden. Es dürfte Ihnen gewiß bekannt sein, daß, seit Fürst Hohenlohe die Betheiligung und das Verhältniß der interessirten Staaten zum Concil angeregt hat, trotz der scheinbaren Ablehnung der Großstaaten eine zur Zeit noch fortdauernde Bewegung entstanden ist, die in dem Verlangen der interessirten Staaten gipfelt, schon jetzt positive Angaben über die Vorlagen zu erhalten, die den versammelten Bischöfen zur Annahme empfohlen werden sollen. Von gut unterrichteten Prälaten war mir versichert worden, daß sämmtliche 17 Fragen, die von Card. Caterini zur Zeit des Centenariums dem gesammten Episcopate vorgelegt wurden, auch beim Concil auf Grund der von den Bischöfen in Beantwortung der erwähnten Fragen erfolgten Meinungs-Aeußerungen behandelt werden sollten. Ein Bekannter von mir fand nun kürzlich Gelegenheit, Antonelli hierüber zu befragen, und erhielt von demselben, in sichtlicher Erregung, nur ausweichende Antworten. Da nun in diesen 17 Fragen eine nicht geringe Anzahl sich auf das Verhältniß zwischen Staat und Kirche beziehen, so z. B. auf Civilehe, Verhältniß zwischen Staat und Bischöfen, zwischen Katholiken und Protestanten u. s. w. (abgedruckt in den Stimmen über das Concil aus Maria Laach Nr. 3), so fällt die von vielen Prälaten in Rom aufgestellte Behauptung, das Concil werde sich überhaupt mit Fragen gar nicht beschäftigen, die die Kirche mit den Staaten in Konflikt bringen könnten, in ihr Nichts zusammen. Seit die beunruhigenden Aeußerungen, die man hier nur zum Bedauern ihrer eigenen Urheber gemacht hat, eine noch stets im Wachsen begriffene Opposition hervorgerufen haben, hat man rasch das System der Vertheidigung gewechselt, indem man ohne Unterlaß erklärt, selbst über die Intentionen der zur Zeit noch in allen Welttheilen zerstreuten Bischöfe nichts zu wissen; bei dieser Gelegenheit wird dann natürlich über jene blinden Eiferer losgezogen, welche nicht nur aus blinder böswilliger Leidenschaftlichkeit die Intentionen einer Versammlung zu verdächtigen suchen, die sich ihrem Wesen nach allen Vermuthungen entzieht. Fragt man dann, was denn die fortgesetzte Arbeit der vorbereitenden Congregationen bedeute, so wird man freilich auf eine präcise Antwort verzichten müssen. Daß in Wahrheit diese Congregationen das Concil, wie man es hier zu Ende gebracht sehen möchte, bereits fertig ausgearbeitet haben, unterliegt keinem Zweifel. Für die erwähnte Behauptung bürgt eine Aeußerung des Cardinals (Antonelli) — im Gegensatz zu seiner früheren — worin er offen zugestand, der heil. Vater werde mit ganz positiven Vorschlägen vor's Concil treten, und seine Autorität lasse an der Annahme keinen Zweifel aufkommen. Dabei unterläßt man aber nicht, nach Möglichkeit zu verbreiten, die Commissionen hätten fast nur Form-Fragen zu erledigen, und man wisse in Rom nicht mehr als anderwärts, mit welchen Fragen das Concil sich zu beschäftigen gedenke. In letzter Zeit ist hier die Besorgniß wegen der Haltung des französischen Episcopats sehr gewachsen und, wie ich glaube, nicht ohne Grund. Einerseits sollen die Bemühungen zweier bedeutender Theologen, Trullet's und Freppel's, nicht ohne Einfluß auf die Festigkeit der französischen Bischöfe gewesen sein, andererseits soll die Haltung des Card. Bonnechose viel zur Ermuthigung seiner Collegen beigetragen haben. Letztgenannter schrieb nämlich vor etwa zwei Wochen einen Privatbrief, dessen Inhalt mir von zwei Seiten übereinstimmend in folgender Weise mitgetheilt wurde. Der Cardinal beklagte sich in dem erwähnten Schreiben, daß man in Rom auf die Stimme der Mäßigung nicht hören wolle, und daß man es bis jetzt immer vermeide, eine definitive beruhigende Erklärung zu geben. Er erklärte weiter, der französische Episcopat in seiner großen Majorität wolle den Frieden mit dem Staat und werde nie die Hand zur Sanctionirung der extremen Tendenzen leihen. Er theilte noch mit, es sei sogar schon ein Collectiv-Schritt des französischen Episcopats behufs Vorstellungen in Rom projectirt gewesen, der nur deßwegen unterblieben sei, weil sich Mgr. Darboy an die Spitze gestellt hatte und man unter Führung eines Prälaten, der in Rom so wenig persona grata sei, nichts zu erreichen hoffen konnte. Freppel, der, wie manche behaupten, bestimmt war, Baroche zum Concil zu begleiten, äußerte vor seiner Abreise, es scheine ihm gut, que l'état aie ses mains dans la pâte. Diese erst seit Kurzem zu Tage getretene Opposition wird übrigens auf die Haltung der Curie keinen anderen Einfluß üben, als daß die Bemühungen, die allarmirte öffentliche Meinung einzuschläfern, verdoppelt werden dürften.

Die Stellung der Staaten zum Concil ist noch immer nicht

definitiv festgestellt. Wie bekannt, hat Banneville Anfangs Juni in
sehr kategorischer Weise angefragt, ob man nicht gesonnen sei, die
beunruhigenden Gerüchte bezüglich der Vorlagen, die dem Concil gemacht werden sollten, zu dementiren, und ob man nicht bald Schritte
zu thun gedenke, um den katholischen Staaten die Betheiligung am
Concile durch eigene Abgesandte nahe zu legen. Auf diese Inter-
pellation antwortete Card. Antonelli, von dem, was in den Commissionen vorgehe, wisse er nichts, und was die Vertreter der Staaten
beim Concil anlange, so liege es in den veränderten Verhältnissen
zwischen Kirche und katholischen Staaten, daß erstere gegenwärtig die
Initiative gegenüber von Staaten, die sie theils verfolgen, theils mit
Gleichgiltigkeit behandeln, nicht ergreifen könne. Bemerkenswerth ist,
daß es sich immer nur um die Anwesenheit der Gesandten handelt,
daß aber Niemand Rechte für dieselben zu verlangen gewagt hat, die
jene Anwesenheit nützlich und bedeutungsvoll machen könnten. Banneville äußerte, jene Unterredung habe ihn profondément humilié. Seit
dieser Zeit sind aber die Gegensätze noch viel schroffer geworden, und
man bereut, nicht von Anfang an sich gegen jede unliebsame Einmischung sicher gestellt zu haben. Das Nächste war, daß man auf
eine indirecte Anfrage über die Zulassung von Gesandten nichtkatho-
lischer Mächte (mit einer großen Anzahl katholischer Staatsangehörigen)
mit einem entschiedenen Nein antwortete. Bald darauf scheint der
Konflikt mit dem Bischof in Linz bestimmenden Einfluß auf die Entschließungen der Curie geübt zu haben; denn seit der Zeit fand Antonelli es für gut, verschiedenen Personen gegenüber offen auszusprechen,
es sei möglich, aber nicht wahrscheinlich, daß überhaupt Gesandte zugelassen würden, und vor etwa 8 Tagen erklärte er einer dieser Personen, er habe reiflich über diese Frage nachgedacht und sei zu der
Ueberzeugung gekommen, bei dem gegenwärtigen Stand der Dinge sei
es ganz unmöglich, noch weiter an die Zulassung staatlicher Vertreter
zu denken. Frankreich allein zuzulassen sei nicht thunlich, und wo
seien die anderen katholischen Staaten, die ihre Betheiligung an der
Kirchenversammlung nicht schon unmöglich gemacht hätten? Uebrigens
fügte der Cardinal bei: le pape fera ce qu' il voudra.

Ueber die Bewegung, die sich nun allmälig in Deutschland kund
zu geben beginnt, ist man hier nicht sehr ergrimmt, man weiß, daß
man auch in Deutschland auf eine rührige Partei zählen kann, und
freut sich auf die Vorbereitung von Ausscheidung der Kirche schädlicher
Elemente,[1] um dann mit dem Kern abermals die Welt zu einem

---

[1] Ich erinnere daran, daß der Papst in dieser Zeit die denkwürdige
Aeußerung that: Was liegt daran, wenn Deutschland abfällt; es „dient nur
zur Reinigung der Kirche"!

Römischen Katholizismus zurückzuführen. An Zuversicht hat überhaupt die extreme Partei nicht eingebüßt, wie sie denn auch an Zahl eher zu= als abnimmt. Kürzlich kam ich mit einem als sehr aufgeklärt geltenden hohen Prälaten auf den Syllabus zu sprechen, der mir er= klären wollte, die Thesen desselben seien jetzt schon Dogmen, da, wie er sagte, les affaires entre état et église sont éminemment matière de dogme. Dasselbe wollte mir de Rossi plausibel machen. — — —

Cher et vénéré Maître.¹)

J'ai vu M. de Montalembert avant-hier, et il m'a raconté que M. Daru, notre ministre des affaires étrangères, était venu lui apprendre que le patriarche syrien, qui a été victime à Rome de la violence que vous savez à l'occasion des droits des Orientaux qu'il a voulu maintenir, s'est placé sous la protection de notre ambassadeur Mr. de Banneville, et que les onze évêques qui sont sous sa juridiction, voyant clairement où l'on en voulait venir relativement à l'Orient, ont immédiatement signé la contre-pétition des Non-Infaillibilistes.

Voilà donc onze voix acquises à la vérité par le fait de la violence. On est toujours puni par où l'on a péché. Cependant le procédé m'attriste, parcequ'il indique combien la notion de l'évêque comme juge a annihilé celle de l'évêque comme témoin. Les évêques maintenant semblent n'être que des docteurs qui arrivent au concile avec leurs idées particulières, s'inquiétant fort peu de représenter et de faire valoir la foi de leurs églises. C'est la destruction de l'ancienne définition de l'Eglise catholique et du droit des fidèles. — — —

Paris, 17. fev. 1870.

Rome, le 4 Mars 1870.²)

Cher Ami.

— — — Je suis vos actes avec tout l'intérêt que peut inspirer et l'amour de la vérité, de l'Eglise et la plus sincère amitié. J'ai lu avec plaisir votre lettre à la Gazette d'Augsbourg, sans cependant adhérer à ce que vous dites contre l'occuménicité du Concile de Florence; et j'espère que vous voudrez bien expliquer nettement votre pensée à ce sujet. J'applaudis aux

---

¹) Von einem Geistlichen in Paris.
²) Von einem der hervorragendsten französischen Bischöfe.

adresses qui vous arrivent de toute part; et je sais bien bon gré à la majorité des évêques Allemands qui a voulu rester étrangère à la lettre que vous a écrite M. de Ketteler. Vous nous promettez un nouvel écrit qui n'arrive jamais assez tôt.

Ici les progrès de la minorité sont visibles. Les esprits s'éclarent; les courages se raffermissent; il est évident que la portée la plus considérable du Concile, par les lumières et l'importance des sièges, ne vaut point du tout qu'on change la constitution de l'Eglise, et qu'on rende à jamais l'Eglise incompatible avec la société moderne. Mais le parti extrême s'exaspère de cette résistance inattendue; et il poussera aux mesures violentes. Vous savez que jusqu'ici rien n'a marché dans le Concile, par l'incroyable incapacité de ceux qui le dirigent et de ceux qui l'ont préparé. Un nouveau règlement vient de nous être donné qui ne fera qu'augmenter les embarras. Dans ce règlement, on a introduit le principe de la majorité absolue; et il semble qu'on veuille le substituer à celui de l'unanimité morale. C'est le seul moyen pour le parti de faire triompher les doctrines et les projets. Mais on ne peut penser sans effroi aux résultats de votes dogmatiques décidés par une simple majorité conciliaire. Il y aura-là des ferments de schisme et le plus triste avenir pour l'Eglise.

Nous avons signé des observations respectueuses, qui sont une vraie protestation contre le nouveau règlement.

En résumé, mon opinion est qu'on ne pourra rien faire et que nous allons à une prorogation inévitable.

Le P. Gratry nous est venu en aide; mais il a suscité les plus violentes colères. — — —

Extrait d'une lettre . . . .[1]) Du 26 Décembre 1870.

J'ai été tristement émue des détails que vous me donnez sur le clergé d'Allemagne, qui était notre espérance, mais je ne puis croire, quelque soit l'aveuglement de Rome, qu'on en vienne à une excommunication formelle contre ceux qui ne se soumettent point, puisque le Concile n'étant pas terminé, il n'y a point eu de promulgation synodale, c'est du moins à cette considération que s'accrochent nos pauvres Evêques français, et c'est l'argument

---

[1]) Der Brief ist von einer vornehmen französischen Dame, welche mit den Bischöfen der Minorität sehr viel verkehrt.

dont ils se servent pour se dispenser de s'expliquer. Ceux qui n'ont point promulgué le dogme, affirment que rien ne les oblige à le faire avant la clôture solennelle du Concile, qui n'est que suspendu. Le dogme n'a été promulgué ni à Paris, ni à Orléans, ni à Marseille. Quant à cette dernière ville, j'ai tout lieu de croire qu'il ne le sera point tant que Mgr. Place sera notre Evêque. Le seul acte de soumission qu'il ait fait a été d'insérer dans un postscriptum du mandement du 4 Août „Le moment n'est pas encore venu de vous entretenir en détail des travaux du Concile, il faut pour cela attendre sa clôture, mais du moins, puisque les deux décrets qu'il a rendu, et qui ont été revêtus de la confirmation du Saint Père sont connus, la paix de l'Eglise et le devoir qu'impose la conservation de la sainte unité, dont le prix doit être encore mieux apprécié aujourd'hui, . . . demandent que ces constitutions soient reçues avec déférence, respect et soumission par tous les enfants de l'église, et je suis convaincu que personne ne manquera à ce devoir." Depuis il n'a pas ouvert la bouche. J'aurais mieux aimé pour mon compte qu'il n'inprimât pas cette phrase ambiguë, mais vous voyez cependant qu'il n'y a rien là qui ressemble à un acte de soumission formelle ou à une adhésion donnée à ce qui s'est passé à Rome. Cette phrase au reste représente exactement, autant que j'en puis juger les dispositions intimes de notre Evêque, il croit que le système de la primauté admis, tel qu'il est enseigné en France, on doit soumission et respect aux Constitutions apostoliques et qu'on ne peut en conscience s'elever contre elles; jusqu'à présent il n'affirme pas que l'assemblée du Vatican soit un Concile, ni que le dogme soit un dogme, mais il ne veut pas non plus dire le contraire, parceque, dit-il, le bien de l'unité est si grand qu'il mérite beaucoup de sacrifices;[1]) il pense que l'avenir seul révélera les jugements de Dieu, si dans cent ans d'ici, lorsque toutes les passions seront calmées, l'Eglise reconnaît le Concile du Vatican et enseigne le dogme, c'est que l'un et l'autre sont de foi, si au contraire c'est l'opposé qui arrive, ce sera Dieu qui se chargera lui-même de faire reconnaître la vérité. En attendant, ce pauvre Evêque souffre le martyre, car cette phrase n'a contenté personne. Son indigne clergé, dès qu'il ne se croit pas menacé par la révolution, relève la tête contre son Evêque. Il a révoqué dernièrement le curé de sa cathédrale; j'ai entendu dire

---

[1]) Diese Phrase hat später wortwörtlich auch B. Hefele in seinem bekannten Circular gebraucht. Von wem stammt sie wohl?

que les Evêques français abusaient de leur autorité sur le clergé inférieur; celà est possible, mais il n'en est pas moins certain que depuis le concordat, à part un certain nombre de curés inamovibles, tous les autres dépendent absolument de l'Evêque. Ce curé en a appelé à Rome, son appel a été admis et l'Evêque reçoit toutes sortes d'avanies, et cela dans une crise comme celle que subit notre pays, lorsque la France est en danger de mort, et l'église de France menacée de périr avec elle. La pauvre France s'est suicidée, mais le catholicisme l'y a bien aidé. Nos effrayables malheurs, au lieu de produire une amélioration dans notre situation religieuse, ne servent qu'à mettre nos plaies en évidence; tout ce qui ne croit pas affiche davantage son incrédulité, blasphême le Dieu qui s'est fait prussien et insulte à nos prières. Jamais la loi du Dimanche n'a été plus outragée, ou obligé le plus souvent les gardes nationaux à faire l'exercice le Dimanche matin, de telle sorte que M. de F. pour ne pas manquer la Messe, doit y aller à 5 hre du matin. Le préfet, à Marseille et à Toulouse, donne le scandale d'enterrements civils, sans croix ni prêtre, auxquels assistent toutes les autorités constituées; et puis, à côté de celà, il n'y a pas de mesquines et superstitieuses dévotions, que l'on n'imagine, pas de prophéties assez stupides et assez démenties par l'évènement, aux quelles on ne voit les personnes les plus haut placées dans la société ajouter créance, pas de miracle absurde qu'on n'adopte; un jour c'est un certain scapulaire, qui doit préserver de tout accident ceux qui le portent, le lendemain je ne sais qu'elle prière, révélée à je ne sais quelle religieuse, qu'il faut coudre sur son habit, puis une nouvelle Jeanne d'Arc qui va faire des révélations au gl. Trochu etc. etc. Et un des motifs du déchaînement de ce diocèse contre Mgr. Place, c'est qu'il se refuse absolument d'autoriser ces dévotions nées d'hier, et ne cache pas son peu de confiance dans la prophétie de Blois. Cette absence complète de virilité dans les âmes chrétiennes, ces petitesses, tous ces symptômes enfin qui annoncent que nous n'avons plus l'idée que Dieu est un esprit, et qu'il veut être servi en esprit et en vérité, me navre, car si la religion, qui seule pouvait nous sauver, ne nous donne, au lieu de la vérité, que mensonges et superstitions, de quel côté pourra venir le salut? Je suis très frappée de ce que vous me dites à ce sujet, car je crois comme vous, que c'est le mensonge qui nous tue et que tant qu'on ne verra pas cela, nous roulerons d'abîmes en abîmes . . .

Berlin, 14. September 1870.

Mein lieber Freund!

Ihre beiden Briefe und die Sendungen der (Nürnberger) Erklärung und der Acton'schen Brochure habe ich richtig erhalten. — — Entschuldigen Sie mich (deshalb), wenn ich nicht sofort geantwortet und notiren Sie meinen Namen, wenn es noch Zeit ist, unter die Unterzeichner der Nürnberger Erklärung, der Gott guten Erfolg verleihen möge. — Sie sagen, Alles werde gut gehen, wenn unsere Bischöfe fest bleiben. Aber das ist ja leider nicht der Fall; in Fulda ist ein Hirtenbrief entworfen, der die Oecumenicität der 4. Sitzung und des ganzen Vaticanums ausspricht, und zu meinem Bedauern sind auch Krementz und Namszanowski trotz aller Bemühungen unsererseits der Erklärung beigetreten, die freilich immer noch nicht publicirt ist und vielleicht bei der bevorstehenden Krisis in Rom auch nicht sogleich publicirt werden wird. Kennen Sie denn auch nur einen einzigen Bischof der Minorität, der seinen in Rom eingenommenen Standpunkt nach dem 18. Juli noch aufrecht zu erhalten und offen auszusprechen wagt? Quis est ille? procul et de ultimis finibus pretium ejus! Ich weiß — Hefele etwa ausgenommen — keinen einzigen. Schreiben Sie mir indessen doch bald etwas Näheres über die Situation. Berlin ist ein Nest des krassesten Infallibilismus, der momentan selbst in die Regierungskreise einzudringen strebt und scheint. Ueber Bischof Förster hört man die wegwerfendsten Urtheile von den hervorragendsten katholischen . . . . u. s. w. — — — Wenn nicht Alles trügt, werden wir mit der Einnahme von Paris auch zugleich den Untergang des Kirchenstaates in nächster Frist erleben, und der 18. Juli von Rom und Paris kann am 18. September oder Oktober d. J. vielleicht schon eine Parallele finden, welche man die Nemesis oder Ironie der Weltgeschichte nennen muß. Deus providebit. — —

Gruß von H. Bischof Namszanowski an Sie. — — In treuer Freundschaft und Ergebenheit

Ihr ꝛc. ꝛc.

Berlin, 22. September 1870.

Lieber Freund!

— — — Erst jetzt[1]) bin ich übrigens in den Besitz des Originals des Nürnberger Protestes gekommen, da Ihre Sendung

---

[1]) Im vorigen Brief heißt es übrigens schon, daß die Erklärung bereits in den Händen des Schreibers sei.

unter Kreuzband so lange bei H. Bischof Namszanowski liegen geblieben war. Ich vermisse in derselben leider die Hervorhebung des Mangels des Consenses, der für mich . . . der Hauptgrund gewesen, dem Proteste mich anzuschließen. Auch der Passus „daß als göttlich geoffenbarte Lehre eine Meinung erklärt werden könne, deren Gegentheil bis dahin frei gelehrt und in vielen Diöcesen geglaubt wurde" scheint mir nicht richtig ausgedrückt zu sein, und die Erwähnung der Gründe, „deren streng wissenschaftliche Ausführung vorbehalten bleibt", möchte ebenfalls deshalb nicht passend sein, weil man doch diese Ausführung vorher wissen muß, bevor man sie billigt. Unter diesen Umständen und zumal bei der Stellung, welche die Minoritätsbischöfe gegenwärtig einnehmen, scheint es mir besser, den Protest — jetzt nach dem Fuldaer Hirtenschreiben — nicht mehr zu veröffentlichen; ich wenigstens kann ihn jetzt, nachdem ich ihn im Original gelesen und nicht mehr blos nach . . . . Referat kenne (sic!), nicht mehr unterzeichnen. . . .

Schreiben Sie mir doch recht bald etwas über die jetzige Lage der Dinge, und ob und wann und wie der Nürnberger Protest sich noch realisiren soll, der jetzt jedenfalls eine andere Fassung erhalten muß, da die Ereignisse ihn überholt haben und die Haltung der Bischöfe in Fulda dabei offenbar berücksichtigt werden muß. — —

Inzwischen Gott befohlen! ꝛc. ꝛc.

Im Verlage der Unterzeichneten sind ferner erschienen:

Documenta

ad

illustrandum Concilium Vaticanum

anni 1870.

Gesammelt und herausgegeben

von

Dr. J. Friedrich,
Professor der Theologie in München.

2 Bde. 48¼ Bog. gr. 8. br. 3 Thlr. 10 Sgr. ob. 5 fl. 36 kr.

Sendschreiben

an

einen deutschen Bischof

des vaticanischen Concils

von

Lord Akton.

1¼ Bog. 8. 2 Sgr. oder 6 kr.

Nördlingen.

C. H. Beck'sche Buchhandlung.

www.ingramcontent.com/pod-product-compliance
Lightning Source LLC
Chambersburg PA
CBHW022101300426
44117CB00007B/537